개정 7판

사회복지법제론

나남
nanam

윤찬영

서울대 사회복지학과 졸업
서울대 대학원 사회복지학과 석사 · 박사
현재 전주대학교 사회복지학과 교수
　　(사) 사회복지법제학회 회장

주요 논저로 《사회문제와 사회복지》(공저), 《사회복지의 이해》,
《학교사회복지의 이론과 실제》(공저), "사회복지법의 체계화를 위한 연구" 등

나남신서 599

사회복지법제론

1998년 2월 15일 제 1 판 발행	2000년 3월 15일 제 1 판 3쇄
2001년 9월　5일 개정증보판 발행	2004년 3월　5일 개정증보판 4쇄
2004년 9월 15일 개정 3 판 발행	2006년 3월　5일 개정 3 판 3쇄
2007년 3월　5일 개정 4 판 발행	2009년 9월 15일 개정 4 판 5쇄
2010년 3월　5일 개정 5 판 발행	2011년 9월　5일 개정 5 판 3쇄
2013년 3월　5일 개정 6 판 발행	2014년 9월　5일 개정 6 판 2쇄
2017년 3월　5일 개정 7 판 발행	2021년 9월　5일 개정 7 판 2쇄

지은이 • 尹燦榮
발행자 • 趙相浩
발행처 • (주) 나남
주소 • 10881 경기도 파주시 회동길 193
전화 • (031) 955-4601 (代)
FAX • (031) 955-4555
등록 • 제 1-71호(1979. 5. 12)
홈페이지 • http://www.nanam.net
전자우편 • post@nanam.net

ISBN 978-89-300-3599-6
ISBN 978-89-300-8001-9 (세트)

책값은 뒤표지에 있습니다.

사회복지법제론

윤찬영 지음

나남
nanam

Introduction to Social Welfare Law

7 th Edition

by

Yoon, Chan-Young

nanam

2016년 이 책의 7번째 개정을 준비하려다가 개인적으로 건강상의 문제가 생겨서 잠시 일손을 놓았다. 요양을 위해 일시적이나마 휴식을 취했다. 그러나 국가적으로 엄청난 소요가 발생하여 마냥 편하게 쉴 수 없었다. 대통령의 이른바 비선실세(秘線實勢)로 지칭되는 자들에 의한 국정농단(國政壟斷) 사태가 알려지고 언론보도와 특별검사의 수사에 의해 감춰진 모습들이 드러나면서 국민들은 엄청난 혼란과 분노에 휩싸이게 되었다. 이에 대통령 하야를 요구하는 촛불집회가 봇물 터지듯 이어졌고, 국회는 드디어 12월 9일에 헌정사상(憲政史上) 처음으로 대통령을 탄핵하였다.

민주공화국에서는 도저히 상상할 수 없는 엄청난 일들이 국민들 몰래 청와대와 그 주변에서 벌어졌으며, 그 과정에서 국가의 공적 자원과 일들이 개인의 탐욕과 이익을 위해 완전하게 유린되었다. 지난 2012년 대선에서 복지국가 건설의 기치를 내걸고 당선된 대통령이 임기 초반부터 노령수당 공약을 보기 좋게 깨트리더니 급기야 이렇게 대대적인 변고가 생긴 것이다.

근대 법치국가의 등장한 이래 법치국가의 한계를 넘어선 것이 복지국가였다. 늦었지만 우리도 복지국가를 이루리라는 기대는 완전히 깨져 버리고 오히려 전근대적이고 야만적인 왕조국가로 전락한 모양새다. 그 대통령이 국회의원 시절 발의하여 전부개정한 사회보장기본법이 가진 문제점을 극복하기 위하여 사회보장급여법이 제정되어 시행되었다. 또한 이에 따라 사회복지사업법도 개정의 압박 속에 놓여 있다. 아무튼, 사회보장급여법의 등장은 사회복지법의 영역과 사회복지제도 및 실천 현장에 커다란 변화를 가져올 것이다.

이에 이번 이 책의 개정은 사회보장급여법의 소개를 중심으로 이루어졌다. 그리하여 사회보장급여법의 입법 취지와 내용, 사회보장기본법 및 사회복지사업법 등과의 관계 속에서 다루었다. 개인사와 국정 모두 극심한 혼란을 겪은 시기 중에 집필을 시도하여 부족한 점이 많은 개정이다. 안타깝지만 차후 개정에서 내용을 더욱 보강해야겠다.

외환위기로 어수선하던 1998년 이 책이 세상에 나온 지 벌써 19년이 지나 스무 살을 눈앞에 두고 있다. 이제는 대통령 탄핵에 따른 개헌 논란이 뜨겁다. 스무 해 가깝게 계속 출간되어 온 이 책이 대한민국 사회복지의 입법사와 더불어 작으나마 소중한 존재로 남을 수 있기를 소망하며, 함께 해주신 사회복지학도들과 나남출판사에 감사의 인사를 올린다.

2017년 2월
대통령 탄핵 정국에서
윤찬영

개정 5판을 낸 지 또다시 3년이 지났다. 그동안 사회보장기본법이 전부개정되었고, 이른바 도가니사태로 인하여 사회복지사업법도 인권을 강화하는 방향으로 개정되었다. 국민기초생활보장법도 변화가 있었다. 그 밖에 많은 법들이 바뀌었다. 부양의무자 관련 및 사회복지서비스 신청과 관련된 판례도 나왔다.

이러한 사회복지법 현실의 변화를 반영하자니 너무 고단한 작업과정을 거쳐야 했다. 조문과 항의 번호도 바뀌고, 법률용어도 바뀌고, 자잘한 내용의 첨삭도 많았다. 법을 설명하는 것은 일단 정확한 법을 전제로 하기 때문에 일일이 손보며 고쳐야 했다.

18대 대선에서 주요 후보들이 저마다 복지국가를 건설하겠다고 목청을 높였다. 그중 한 분이 당선되었으니 이제 복지국가를 기대할 수 있을까? 복지국가의 기틀이 사회보장기본법 전부개정법률에 담겨져 있다. 그 내용대로라면 엄청난 후속 입법들이 필요하다. 앞으로 펼쳐질 사회복지법 영역의 변화는 실로 대단할 것으로 본다.

이제 사회복지실천 현장에서 사회복지법을 모른다면 제대로 성과를 내거나 대처할 수 없을 것이다. 사회복지사가 사회복지법을 모르고 실천하는 것은 부끄러운 일이다. 그러므로 사회복지법은 사회복지실천의 필수적인 도구이다.

그럼에도 불구하고 일선 학교에서 사회복지법제를 공부하면서 사회복지법을 제대로 찾아보지 않는 현실이 여전히 있다고 한다. 사회복지사 국가시험에 대비하기 위해서라도 교과서와 함께 사회복지법을 반드시 찾아보기 바란다.

이번 개정 6판은 법개정에 따라 제 13장 사회보장기본법, 제 14장 사회복지사업법, 제 15장 국민기초생활보장법의 내용을 대폭 수정하였다. 이제 우리 사회복지법도 그 양과 연륜 면에서 상당한 정도가 되었기 때문에 각 법률의 연혁을 도표로 정리하여 알아보기 쉽게 제시하였다.

또한 최근 판례를 보충하여 사회복지법을 둘러싼 소송의 내용과 의미를 알 수 있도록 하였다. 그리고 지난 3년간 추가된 사회보장국제협약들을 소개하였다. 아울러 많은 입법들의 변화와 소소하게 바뀐 내용들을 반영하느라 이 책 처음부터 여러 곳을 수정하지 않을 수 없었다.

이 책이 나온 지 벌써 15년이 되었다. 처음부터 지금까지 개정할 때마다 줄곧 책의 출판에 필요한 사항들을 살펴주시고 도움을 주신 나남출판 조상호 사장님과 방순영 편집장님께 감사드린다.

사회복지학도들이 사회복지법을 이해하는 데 좋은 길잡이가 되기를 소망하며, 모쪼록 올해가 복지국가의 원년이 되기를 바란다.

2013년 2월
천잠산 기슭에서
윤 찬 영

사회의 변화는 참으로 빠르다. 개정 4판이 나온 후 3년간 많은 법들의 변화가 있었다. 일일이 포착하여 가감할 수 없을 정도로 내용의 변화들이 있었다. 게으른 탓에 차일피일 하다가 이제야 개정하게 되어 후학들과 독자들에게 송구스러운 마음 금할 수가 없다.

이번 개정판에서는 그동안 바뀐 법 내용을 추수하기에도 버거웠다. 그러나 총론 내용에 대해서도 약간의 보완과 수정을 했다. 특히, 기본법, 국제법, 조례 등에 대하여 좀더 보강했고, 인권과 시민권에 관하여 수정, 가필했다.

또한 이제 우리 사회복지법의 역사도 반세기를 넘어 상당한 축적과 변화를 보이기 때문에 사회복지법의 역사를 좀더 이론적 관점과 이념적 관점에서 보강하였다. 사회복지법의 변화를 어떻게 설명해야 하는지 늘 고민거리였다.

그리고 판례를 몇 개 추가하여 소개했다. 주로 사회복지법인과 시설에 관한 것이다. 민간사회복지의 주체들에게도 사회복지사업이 법률행위 내지 법적 관련성이 큰 일이라는 것을 명심할 수 있으면 좋겠다.

아울러, 이것은 '사회복지정책론'의 과제이기도 한데, 사회복지정책을 연구하는 분들이 정책의 차원을 헌법, 기본법, 법률, 명령, 조례의 차원에서 인식하고 분석할 수 있었으면 좋겠다. 사회복지정책의 범위에 속하지만, 법적 관점으로 보면 차원이 다양한 것이다. 이에 대한 분별력을 키우는 것이 필요하다고 본다. 이것은 다음 기회의 숙제로 미루어야 할 것 같다.

이번 개정판을 집필하는 과정에서 바뀐 법의 내용을 일일이 찾아 수정하는 피곤한 일을 스스로 맡아 준 대학원생 구정화에게 깊은 감사를 드린다. 또한 늦은 원고를 감히 채근도 하지 못하며 조마조마 기다려 준 나남출판사 가족들에게도 머리 숙여 감사드린다.

모쪼록 이번 개정판이 사회복지법을 공부하는 학생들은 물론, 사회복지법과 관련된 일을 하는 현장의 사회복지사들, 해당분야 관료, 정치인들 모두에게 유용한 안내자가 되었으면 하는 바람이다.

60년 만에 찾아온다는 백호(白虎)의 해에 출간하게 된 것을 영광으로 생각하며 ….

2010년 3월
천잠산 기슭에서
윤 찬 영

10년 전의 모습이 아련히 떠오른다. 처음 이 책을 집필한답시고 연구실에 틀어박혀 독수리 타법으로 자판을 콕콕 찍던 것이 벌써 10년 전일이다. 그리고 책이 출판된 지 9년의 세월이 흘렀다. 처음 이 책을 쓸 때에는 10년 정도는 손댈 일이 없을 것이라는 흐뭇한 상상을 해가며 독수리의 피로를 위로하곤 했었다. 그런데 벌써 세 번째 개정을 하게 됐다. 판수로는 4판째이다. 여전히 독수리는 자판 위에서 어설픈 손가락짓을 해대고 있다. 왜 이리 법이 자주 바뀌는지 짜증스럽기도 하다. 그러나 각 법들마다 문제로 지적된 사항들이 개선되는 모습을 보면 보람도 느낀다.

그동안 여러 대학의 학생들을 가르쳐 봤다. 인연이 있는 몇몇 대학에 〈사회복지법제〉과목의 강의를 해주었다. 특강까지 합쳐 계산한다면 전국의 많은 대학의 학생들을 만났다. 대개 학생들은 이 과목이 어렵고 힘들다는 하소연을 했다. 그들의 눈빛과 한마디 말이 커다란 부담으로 다가왔다. 최대한 재미있고 쉽게 강의를 하겠노라고 다짐하며, 나는 거의 연예인이 공연하듯 학생들을 향하여 이 과목에 흥미를 가질 수 있게 하려고 애를 써봤다. 법학의 기본지식도 없는 학생들에게 사회복지의 개념과 쟁점을 법적 차원의 문제로 제기하고 해법을 모색하려니 참으로 힘들었다. 학생들도 힘들었겠지만 가르치는 나도 힘들었다.

사회복지법학의 이론적 고민과 연구도 해야 하지만, 그동안 나는 가르치는 문제로 고민해왔다. 이제까지 연구한 것만이라도 충분히 전달하여 학생들이 습득할 수 있도록 해야 한다는 책임감을 많이 느꼈다. 그렇게 하는 과정 속에서 나는 이 과목의 속성에 대해서 성찰하게 되었다.

우선, 교과목으로서 〈사회복지법제〉는 사회복지학도에게 외국어와 같은 과목이다. 외국어를 처음 배울 때, 단어와 발음이 낯설어 주눅이 드는 것처럼, 법률적 용어, 개념, 논리 등이 하나같이 생경하고 와 닿지 않는다. 분명히 우리말과 글로 이루어져 있는데도 무슨 뜻인지 선뜻 파악하기 어렵다. 그래서 학생들에게 이 과목을 공부할 때는 새로운 외국어를 배운다고 생각하도록 부탁하고 싶다. 그래서 처음 이 과목을 대할 때부터 외국어로 대접해달라는 말이다. 외국어를 공부할 때 가장 많이 사용하는 방법은 반복학습이다. 외국어가 입, 눈, 그리고 손에 익숙해질 때까지 반복적으로 학습하지 않는가? 그렇다. 이 과목을 공부할 때 교과서를 반복해서 여러 번 읽으라는 부탁을 하고 싶다.

아울러 한 가지 더 부탁한다면, 외국어 공부를 할 때 사전을 필수적으로 사용해야 하듯이, 이 과목을 공부할 때에는 법전을 반드시 사용해야 한다. 인터넷을 통해 법률관련 사이트에 들어가서 필요한 법, 시행령, 그리고 시행규칙을 찾아 인쇄하여 제본하면 훌륭한 법전이 된다. 그리하여 교과서를 읽을 때 관련되는 법규의 조항들을 찾아 읽으면서 공부하면 이해가 훨씬 잘될 것이다.

그리고 〈사회복지법제〉를 공부할 때, 수학을 공부하듯이 해야 한다. 수학은 규칙적·지속적으로 공부하지 않으면 실력을 쌓기 어렵다. 그것도 단계적으로 기초부분부터 차근차근 순서를 지켜야 한다. 다른 과목들도 마찬가지겠지만, 특히 수학은 이러한 필요성이 절실한 과목이다. 〈사회복지법제〉 또한 마찬가지다. 꼼꼼하게 기본적인 것부터 착실하게 습득해 나가야 나중에 법전을 보면서 개념을 조직화하고 문제점을 발견해내는 수준까지 이르게 될 것이다. 결국은 영어와 수학을 공부하듯이 해야 한다는 말이다.

이번 이 책의 개정은 최근에 일부 개정된 사회보장기본법, 사회복지사업법, 국민기초생활보장법 등의 내용을 새롭게 보충·수정하고 복잡한 법들의 내용을 정리하여 총체적으로 볼 수 있도록 하려고 노력했다. 예컨대, 조례로 정해야 하는 사항들을 모아서 정리하고, 각 법률에 규정돼 있는 각종 위원회들을 도표로 정리하는 등의 작업을 해보았다. 학생들이 사회복지법을 포괄적으로 이해하도록 돕기 위해서이다.

또한 사회복지법의 체계와 권리에 대하여 이론적으로 더욱 보강했다. 사회복지법의 체계를 확립하는 것은 이론적으로 매우 중요한 작업이다. 사회복지법의 본성을 파악하게 하고 법들의 관계를 파악해줄 수 있는 것이 바로 법체계이기 때문이다. 그리고 인권, 시민권, 기본권, 수급권 등 권리와 관련하여 사회복지를 이해하는 것이 이 과목이 추구하는 궁극적 목표일 것이다. 이를 위해 논리적 보강작업을 시도해보았다. 전편에 비하여 독자들의 이해도가 증진될 것으로 기대한다. 아울러 사회복지법의 발전에 따라 판례도 늘어나서, 이번에는 새로운 판례들을 여러 개 소개했다. 사회복지법을 이해하는 데 판례연구가 많은 도움을 줄 것이라고 믿는다.

항상 시간에 쫓겨 허둥지둥하는 습성을 버리지 못해 이번에도 고생을 많이 했다. 그래도 인내심을 가지고 격려해주신 나남출판 관계자들께 감사드린다. 올해가 황금돼지의 해라고 한다. 양극화의 절벽에서 황금돼지의 희망이 피어날 수 있기를 기대해본다.

2007년 1월
천잠벌에서
윤 찬 영

신자유주의가 횡행하는 시대에 사회복지는 파도를 타는 낙엽처럼 위태롭게 보인다. 중심을 잡지 못하고 나부끼는 모습이다. 그래도 물에 빠지지는 않고 계속 떠돈다. 구조조정, 실업, 신빈곤, 생활고를 비관한 자살 등 많은 문제들이 폭발하고 있다. 신자유주의가 뿌려놓은 재앙들이다. 그래서 여전히 사회복지의 중요성은 강조된다. 그러나 신자유주의의 위세 앞에 사회복지는 더욱 나약하고 초라한 모습이다.

더욱이 참여정부에 들어와 정부조직 개편으로 보건복지부의 일부 업무가 여성부로 이관되기 시작했다. 새로운 건강가정기본법도 많은 반대와 논란 속에 제정되었다. 가정의 건강성을 따지고 가정을 정부가 육성하겠다는 것이 신자유주의시대의 입법치고는 너무 곰팡내가 난다. 사회복지계의 저항은 소리 없이 묻히고 말았다. 또한 국민연금법도 네티즌들의 저항에 시달려야 했다. 괴담처럼 인터넷 공간을 휩쓸었던 국민연금의 8대 비밀은 논리의 모순과 불합리성에도 불구하고 가히 파괴적 힘을 보였다. 국민연금의 개정이 논의되고 기초연금법의 도입이 거론되었다.

지난 개정증보판을 낸 이래 사회복지법의 최대의 변화는 사회복지사업법의 개정이었던 것 같다. 지난 2003년에 개정된 사회복지사업법은 지역사회복지를 강화하는 방향으로 획기적으로 개정되었다. 입법예고가 이루어진 지 거의 4년 만에 국회를 통과하였다. 이제 본격적인 지역사회복지의 시대가 열리게 되었고 지역사회복지협의체를 통한 지역사회복지계획의 수립과 실행, 평가가 체계적으로 이루어지게 되었다. 그리하여 지역복지의 지역 간 격차도 우려하게 되었다. 지역주민들이 서비스를 신청할 수 있는 권한도 주어졌다. 참으로 획기적인 법개정이었다.

또한 사회복지사업법 시행령이 개정되면서 사회복지사 1급 자격취득을 위한 국가시험 응시자격에도 변화가 생겨 대학원 출신의 경우 반드시 사회복지현장실습을 해야 하고, 국가시험 과목도 이수과목 중 필수과목 8개로 조정되었다. 그 결과 사회복지법제 과목이 국가시험의 필수과목이 되어 많은 수험생들에게 부담을 주게 되었다. 필자에게도 부담이 되고 있다. 애초에 수험서로 기획한 책이 아닌데, 본의 아니게 수험서 역할을 하게 되었다.

그동안 많은 사회복지법제 책들이 쏟아져 나왔다. 갈수록 대동소이해지는 내용을 보면서 긍정과 부정의 생각이 교차한다. 이 책이 처음 출간되고 나서 그 이후 나온 책들이 이 책의 체계와 내용을 많이 따라 주고 있어 사회복지법제론이 점차 자리를 잡아가고 있다는 느낌이 든다. 또한 보람도 느낀다. 하지만 연구서로 시작된 이 책의 내용이 대개의 교과서나 수험서처럼 정형화되어 가는 것 같아 안타까움도 느낀다. 여전히 남는 과제는 각론이다. 그 많은 사회복지법 내지 관련법들을 한 책에 담아 출간하는 책들을 보면 그냥 법령집이라는 생각이

든다. 인터넷이 발달한 세상에 법규와 법령은 인터넷을 통해 얼마든지 볼 수 있고 독자 스스로 편집하여 법전으로 쓸 수도 있는데, 굳이 많은 사람들이 똑같은 책으로 편집해 출간할 필요가 있나 하는 씁쓸한 생각이 든다. 각론의 내용이 법리적 논쟁이나 해석보다는 법규를 그대로 옮겨 적는 촌극은 이제 지양해야 할 것 같다.

이번 이 책의 개정은 사회복지사업법 개정에 따라 제 14장 사회복지사업법 부분을 많이 보충하였다. 그리고 우리나라 사회복지 입법의 변천을 제 12장에 새로 추가했다. 사회복지법의 역사를 스케치하듯이 정리해보았다. 그리고 타 법과 사회복지법을 비교하는 부분(제 3장 제 4절)을 보강하였고, 제 6장의 권리로서의 사회복지를 좀더 강화했다. 그리하여 인권, 기본권, 시민권, 수급권 등에 대해 정리하여 사회복지법 연구의 목적성을 강조하였다. 아울러 최근 추가된 외국과의 사회보장협정을 소개하였고, 기타 문장을 일부 수정하고 바뀐 법률 명칭과 조항들을 조금씩 손보았다.

책을 새로 쓰는 것보다 고치는 것이 훨씬 복잡하고 잔손질이 많이 가는 것 같다. 쉽게 생각했던 작업으로 방학을 꼬박 보내게 되었다. 내년이면 고등학교에 진학하여 고생문으로 들어가게 될 딸에게 중학교 마지막 여름방학을 이용해 금강산 구경을 시켜주겠노라고 약속했었으나 빈말이 되고 말았다. 덩달아 좋아하던 아들에게도 실망을 안겨주었다. 사회복지학을 전공한 교수로서 가족복지가 중요하다고 입버릇처럼 떠들었는데, 참으로 실없는 사람이 되어버렸다. 정작 중요한 내 가족복지는 늘 팽개치고 있다가 모처럼 가족들과 한 약속도 집필을 핑계로 지키지 못했으니 말이다. 내년이면 해방 60주년인데, 내년에는 꼭 가족들 손잡고 그리운 금강산을 가보고 싶다.

아울러 게으른 사람에게 탓하지 않고 출판일정을 지켜주신 나남출

판 조상호 사장님과 방순영 부장님께 감사드린다. 모쪼록 이 책이 사
회복지인의 길을 가고자 하는 많은 사회복지학도들에게 반딧불 정도
의 빛이라도 되었으면 하는 바람을 가져본다.

2004년 8월
천잠산 아래에서
윤 찬 영

개정증보판 머리말

참으로 많이 바뀌었다. 이 책 초판이 나온 지 3년 반이 흘렀는데, 그 동안 많은 법들이 양적으로나 질적으로 상당한 변화를 보여주었다. 그래서 애초에 총론과 각론 두 권으로 기획했지만, 잦은 법개정으로 각론의 집필에 대해 엄두를 내지 못하다가 사회보장기본법, 사회복지 사업법, 국민기초생활보장법 등 주요 3법을 기존의 총론에 보태어 한 권의 책으로 내기로 했다.

사실, 처음 이 책을 준비할 때에만 해도 사회복지법을 주목하는 사 람들은 별로 없었다. 그래서 사회복지법에 대한 이론과 실정법의 분 석·소개를 별책으로 구성해보려 했던 것이다. 그러나 최근 3~4년 동안 사회복지분야는 입법의 홍수시대를 맞이하게 되었다. 필자가 1994년부터 참여연대 사회복지위원회 활동을 할 당시에는 법의 내용 도 부실했고, 한 번 제정된 법은 거의 바뀌지 않았었는데, 1997~98년 을 지나면서 관련법이 개정되기 시작했고, 그것도 몇 번씩이나 개정 되는 상황을 맞이했다. 덕분에 이 책 각론의 출판기회를 계속 미루었 던 것이다.

이번에 개정증보판 원고를 손질하며 많은 생각이 교차했다. 글 쓰는 작업이라는 것이 항상 빚진 사람처럼 쫓기고 눈치 보며 초조한 심정으로 시간을 보내야 하기도 하지만, 또한 정신없이 개정된 법을 따라 자구 하나하나 손보는 일이 너무 짜증스럽고 괴로운 일이기도 하지만, 3년 전 필자가 문제로 지적한 것들이 상당부분 개정되어 입법의 수준이 진전되었다는 것은 무엇과도 바꿀 수 없는 보람이다.

　생활보호법의 대상자 선정기준에서 연령기준이 철폐되고 수급자의 권리성을 인정하는 국민기초생활보장법으로 바뀐 것, 장애인복지법에서 장애인의 범위가 대폭 확대된 것, 아동복지법에서 아동학대의 구성요건이 구체화된 점, 위헌소지를 경고했던 가산점제도의 위헌판결, 국가의 재정책임이 강화된 점, 각종 위원회들에 관한 규정들이 실효성 있게 강화된 점, 지방자치단체의 조례역할이 강화된 점 등이 많은 변화들이다.

　그동안 여러 대학에서 사회복지법제 과목을 강의했다. 지방대학에 몸담고 있으면서 다른 대학의 강의, 그것도 서울소재 대학 및 대학원 강의를 한다는 것은 참으로 어려운 일이었지만 혹시라도 내 강의를 들은 학생들 중에 사회복지법학을 전공하겠다는 학생들이 나오지 않을까 하는 기대로 그 어려움을 극복할 수 있었다. 사회복지학과 법학 2개의 전공을 요구하는 대단히 광범위한 이 분야를 전공하려는 사람이 거의 없는 현실에서 사회복지현장, 종교계, 시민사회계 등의 강연기회를 마다하지 않고 다니면서 사회복지법과 조례의 필요성과 중요성을 역설했다. 가끔씩 전국 곳곳의 현장에서 또는 연구자들과 학생들이 법에 대해 문의해오곤 했다. 그때마다 보람도 느꼈지만 사실 부족함에 대한 죄책감이 더 컸다. 역시 많은 연구자의 필요성을 절감하며 하루빨리 제대로 공부한 사회복지법 전공자가 나서기를 기대한다.

　사회복지실천에서 법의 중요성이 현실적으로 받아들여지고 있다는 것은 매우 고무적인 일이다. 그동안 우리는 법의 존재를 외면해 온 것이 사실이다. 물론 법으로써 사회복지실천이 이루어지는 것은 아니다. 실천의 조건을 변화시킬 뿐, 실천의 기법이나 실천가의 자질개발이 선행되지 않고서는 사회복지실천을 이룰 수 없는 것이다.

　이제 이 책을 출간하면서 다음에 다시 개정판을 낼 때는 또 다른 보람을 느낄 수 있기를 기대한다. 이번에는 근로자복지기본법 제정을 계기로 노동법과 사회복지법의 관계, 유족급여 문제, 사회보장급여의 과세 문제, 사회보장법에서의 구상권 문제 등을 언급했고, 국민기초생활보장법에서 조건부수급의 위헌적 소지를 경고했다. 또한 새로이 추가된 3개 법률의 문제들을 지적했는데, 이것들의 개선을 위해 더욱 노력해야 할 것 같다. 이 책의 모든 내용에 대해서는 전적으로 필자의 책임이며 연구자와 독자들의 질책을 달게 받고자 한다.

　아울러 그동안 여러 가지 조언과 격려를 아끼지 않으셨던 성공회대학교 이영환 교수님, 이화여대 양옥경 교수님, 충남대학교 정연택 교수님, 호남대학교 오승환 교수님, 협성대학교 김진구 교수님, 경남대학교 진재문 교수님, 동의대학교 유동철 교수님, 병상에서 투병 중이신 경성대 박종우 교수님 등 학계의 선후배 교수님들께 이 자리를 빌려 감사드리며, 집필하는 동안 하루하루의 일희일비에 마음을 써주신 동료 박명선 교수님께 진심으로 고마움의 인사를 드린다. 각론의 출판을 독촉했던 전국의 많은 연구자들과 독자들에게 심심한 사과와 감사의 말씀을 전하는 바이다. 그리고 가족들과 휴가 한 번 변변히 못 보낸 것을 이해해 줄 정도로 성장한 딸 예린, 자기 책도 써달라고 조르는 철부지 아들 대기, 묵묵히 참고 기다려준 아내에게 미안한 마음을 전한다. 마지막으로, 원고를 재촉하면서도 격려해주신 나남출판 조상호 사장님과 방순영 부장님의 너그러움에 고개 숙여 감사드린다.

2001년 8월
전주 平將齋에서
윤 찬 영

머리말

우리나라에서 '법'이 주는 인상은 그리 좋은 것이 아니다. 법에 대해 일반 국민들이 가지고 있는 관념은 권력과 연관된다. 예로부터 힘없는 일반 사람들은 자기 자식들에게 판·검사가 될 것을 강하게 희망하였다. 그리하여 대학의 법대는 항상 최고의 자리에 군림하였던 것이다. 필자 역시 어린 시절 법대를 목표로 공부하였으나 목적을 달성하지 못하였다. 그리하여 법대에 대한 미련을 버리고 사회계열에 입학하였다. 그리고 우여곡절 끝에 사회복지학과에 진학하게 되었다. 그러나 부모님의 법학에 대한 미련은 필자로 하여금 법학 부전공을 선택하도록 하였다.

우리나라의 법대는 흡사 고시학원과 같았다. 법해석학이 지배하는 풍토에서 사회과학도인 필자는 제대로 적응할 수 없었다. 대학을 졸업하면서 법학과 작별을 하고 사회복지학과 대학원에 입학하였다. 세월이 흘러 지난 1989년에 전주대학교에 자리를 잡고 후학들을 가르치게 되었는데, 당연히 사회복지법제론은 필자의 몫이었다.

그런데 사회복지법을 가르치려 해보니 마땅한 교재도 없었고, 뭔가 법학적 색채를 띠는 강의를 하기가 대단히 어려웠다. 주위의 선후배 및 동료들은 법학 부전공의 경력을 가지고 있는 필자에게 사회복지법 제론을 전공으로 선택하라는 조언을 심심찮게 해왔다. 사회복지학과 법학을 두루 공부한 사람이 이 분야를 계속 연구하는 것이 유리하기도 하면서 일종의 사명이라 하였다. 그리하여 내키지는 않았지만 일종의 책임감에서 나의 사회복지법 연구가 시작되었다.

사회복지법을 연구하면서 가장 괴로웠던 것은 고독이었다. 같이 논의할 만한 상대가 없어 항상 혼자 고민하고 문제와 해답을 찾아 헤맸다. 그래서 지금도 간직하는 간절한 소망 중의 하나는 사회복지법 연구자들이 등장하는 것이다.

그러다가 지난 1994년 시민운동단체인 참여연대가 발족하면서 필자는 그 단체의 사회복지위원회에서 활동하게 되었다. 여기에서 함께 일할 상대를 만났는데, 그가 바로 사회복지법 소송을 거의 전담하다시피 한 이찬진 변호사였다. 그는 처음에는 사회복지에 대해 낯설어 하더니 지금은 상당한 수준에 올라 있다. 국민연금, 의료보험, 노인복지 등에 관련된 소송 4건을 줄줄이 제기하고 이어서 생활보호법, 노인복지법, 사회복지사업법, 의료보험법 등의 개정운동을 전개하면서 사회복지법의 중요성과 필요성에 대해서 많은 사람들의 공감을 얻게 되었다. 필자는 이 과정에서 법이 사회복지 실천의 중요한 수단이 될 수 있다는 것을 확인할 수 있었다. 그리하여 아직은 취약한 사회복지법을 강화하고 인권을 바로 세우기 위해서 학자의 한 사람으로서 기본적인 사회복지법이론의 정립에 노력해야 할 필요가 있다는 것을 깨달았다.

사회복지법을 연구하면서 가장 시급하다고 느낀 것은 아직은 미미한 존재에 불과하지만 사회복지법의 존재 자체를 세상에 알려야 하겠다는 것이었다. 이 과정에서 법학도들이나 타 분야의 사람들이 보여 준 태도는 참으로 참담한 것이었다. 그런 법도 있느냐, 그것도 법이라 할 수 있느냐, 법과 사회복지가 무슨 관련이 있느냐, 법이 있다고 사회복지에 뭔가 달라진 것이 있느냐는 등 듣는 필자에게는 참으로 자존심 상하는 것들이었다.

1960년대 초, 박정희 군사정권에 의해 사회보장에 관한 법률, 생활보호법, 의료보험법, 산업재해보상보험법 등이 제정되면서 비로소 입법화되기 시작한 사회복지법의 역사도 어언 40년의 역사를 이루어가고 있다. 그런데도 아직 그 존재에 대해서 참다운 가치를 인정받지 못하는 것은 정치·경제·사회·문화 등 환경적 요인도 크다고 할 수 있겠으나 우리 사회복지학도들의 자세에도 문제가 있었다고 본다.

사회복지학은 응용과학으로서 인간과 사회의 제반문제를 해결하기 위한 다학문적 노력을 전제로 한다. 이를 게을리하면 결코 이 사회의 문제를 해결할 수 있는 어떤 이론도 실천도 제시할 수 없는 것이다. 따라서 사회복지학도는 정치학, 경제학, 사회학, 심리학 등 주변의 사회과학과 끊임없는 교류를 통한 학문의 정진에 힘써야 할 것이다. 법학 역시 우리가 관심을 가져야 할 분야 중의 하나이다.

이 책은 이러한 과정을 통해 축적된 지식과 방법론을 토대로 하여 썼다. 학부생이나 대학원생 모두에게 특히 사회복지법에 대한 연구의 기초를 제시하기 위하여 노력하였다. 그리하여 총론과 각론 두 권의 책으로 기획하여 우선 총론을 출판하게 되었다. 그러나 아직도 부족한 점이 너무 많다. 이것은 환경의 열악성과 필자의 무능이 중첩된 결과일 것이다. 사회복지학도 여러분께 널리 양해를 구하는 바이다.

이 책이 주장하고자 하는 바는 우선, 사회복지법이 무엇이냐 하는 질문에 대한 답을 찾는 것이었다. 다시 말해서 사회복지법도 법다운 모습을 갖추고 있는가 하는 점에 대해서 그 모습을 체계적으로 밝혀내려고 노력하였다. 다음은, 사회복지서비스나 급여에 대해서 권리의 기준에서 이해하고 분석, 비판할 수 있는 틀을 찾아내는 데 주력하였다. 사회복지가 단순히 자선의 산물이거나 지배계급의 음모에 의해 이루어지는 것이 아니라 헌법 또는 법적 권리로서 존재하고 작용해야 한다는 것을, 또 실제로 그렇게 작용할 수 있다는 점을 강조하고자 하였다.

그리하여 제1부에서는 사회복지법의 개념과 기본적 인식에 대한 법과 사회복지의 관계, 시민법에 대응하는 사회법으로서의 사회복지법의 의미, 사회복지법의 개념적 범주 등을 다루었고, 제2부는 이 책의 가장 비중있는 부분으로서 사회복지법의 체계성과 권리성을 논증하였다. 이러한 것을 기초로 하여 제3부에서는 현실적으로 실정법을 어떻게 다룰 것인가 하는 문제를 짚어 보았다. 마지막으로 제4부에서는 앞에서의 이론과 주장을 토대로 직접 소송을 제기하였던 사례들을 소개하면서 사회복지법학의 중요성, 유용성, 목적 등을 강조하였다.

개인적으로 몹시 바쁜 와중에서 이제 출간의 순간을 맞이하니 성취감과 자괴감이 엇갈린다. 젊은 나이에 감히 책을 집필함에도 불구하고 격려해주신 은사님들, 항상 애정 어린 관심을 표해주신 동료 교수님들과 학계의 선후배님들, 참여연대의 동지들과 전북지역 운동단체에서 수고하고 계신 여러분들, 졸고의 출간을 허락해주신 나남출판 사장님과 도와주신 직원들에게 심심한 감사를 드린다. 또한 집필을 핑계로 도서관장의 책무를 다하지 못했음에도 불구하고 격려해주신

총장님과 도서관 직원 여러분께 죄송함을 금할 수 없다. 그리고 무엇보다도 가장 소홀하게 대했던 아내와 아이들과 부모님께 한없는 고마움과 죄송함을 전한다.

끝으로 이 책이 세상에 나와서 주어진 사명을 발휘하기를 기대하며, 앞으로 사회복지법에 대한 이론적 발전에 보탬이 되었으면 하는 바람이다.

1998년 2월
모악산을 바라보며
윤 찬 영

사회복지법제론

차 례

제 1 부 사회복지법 입문

제 2 부 사회복지법체계와 권리성

제 3 부 사회복지법의 분석방법

제 5 부 한국사회복지법의 이념과 역사적 전개

부 록

제 1 부

사회복지법 입문

• • •

사회복지법을 다루는 학문의 영역을 일단 '사회복지법학'이라 부르자. 사회복지법학은 사회복지학과 법학의 교집합 영역이다. 좀더 구체적으로 표현한다면, 사회복지법학은 사회복지에 대한 법학적 문제제기라 할 수 있겠다. 따라서 이 분야를 연구하기 위해서는 사회복지학과 법학을 동시에 이해하고 이에 접근할 수 있어야 한다. 이 점이 사회복지법의 연구를 어렵게 만드는 요인이다.

사회복지법은 기존의 법학에서 중요한 관심분야는 아닌 것 같다. 특히 우리나라같이 실용적 법해석학이 지배하는 풍토에서 사회복지법은 그 존재조차 인식되지 못할 정도이다. 법적 다툼으로 소송이 빈발하는 영역의 법들에서 법해석은 결정적 과제가 되지만, 사회복지법과 같이 그러하지 않은 영역의 법들은 법해석과 거리가 멀기 때문에 법학 교육과 연구에서도 소외된다. 또한 사회복지학에서도 법학적 지식의 결핍으로 활발한 연구대상이 되지 못했다.

그리하여 제1부에서는 사회복지학도가 사회복지법에 접근하기 위해 갖추어야 하는 기본적 지식, 즉 사회복지법의 출현과정, 개념과 범위, 법원(法源)과 효력 등에 대해서 살펴보고자 한다. 이것은 사회복지의 출현과정, 개념과 범위 등을 법학적 관점에서 재정리하는 의미를 가지며, 또한 현실적으로 사회복지법이 존재하는 형태와 그 법적 효력 등을 알아보고자 하는 것이다.

제1장
사회복지법의 형성과 발달

사회복지법은 산업화와 자본주의의 발달, 그리고 정치적 변동에 따라서 나타난 사회복지제도와 함께 형성되고 발전한 법이다. 그러나 사회복지제도의 제반 급여나 서비스가 지배계급의 사회통제적 음모에 의해 단순하게 '주어지는' 것이라면, 그것은 하나의 '권력관계'에 따르는 부산물일 뿐이며, 또한 하나의 시혜적 조치라면, 그것은 단순한 '사실관계'에 지나지 않는다(이상광, 1988: 314).

이렇게 정치적 음모나 시혜에 따르는 사회복지제도는 언제라도 쉽게 폐기될 수 있는 불안정한 존재일 뿐이며, 이 경우 국민은 사회복지법의 주체라기보다는 수동적 정책의 대상이 될 뿐이다. 물론, 법적 장치 없이 장기간 사회복지 서비스가 이루어진다면 일종의 관습법으로 인정될 여지가 있을지 몰라도, 성문법주의(成文法主義)를 지향하는 우리의 법현실을 염두에 두고 본다면 이는 대단히 불확실하고 불안정한 것이 된다.

사회복지제도가 진정한 '법(률)관계'로서 존재할 때 비로소 국가와 국민 사이에 사회복지에 관한 권리·의무관계가 형성될 수 있는 것이다. 국가의 정책이나 제도는 법적 근거가 있어야 비로소 공식적 제도로 존재할 수 있다는 것은 지극히 당연한 사실이다(Calvert, 1978: 1). 사회복지제도 역시 마찬가지이며, 법에 기초한 사회복지라야 자선과 음모의 차원을 넘어설 수 있는 것이며, 이때 사회복지법은 사회복지의 제공자와 수급자를 규범적으로 결속시키게 되는 것이다.

1. 자본주의의 전개와 사회복지법의 형성

전통적 농경사회에서는 개인의 기본적 욕구(needs)의 충족이 주로 가족과 지역사회라는 공동체 내에서 이루어졌다. 생산수단인 토지를 소유하여 일종의 경영주가 되는 가장이 가족구성원을 총체적으로 지휘하면서 가족구성원의 무상(無償)노동을 지배했다. 당시 가족의 생활 및 소비지출은 가장이 관리·지배하는 농업경영에 의한 수입에 의존했다. 이에 가장은 소유, 경영, 수입 등에 지배적 권능과 책임을 가지면서 동시에 가족구성원의 생활보장까지 담당했던 것이다. 따라서 이 당시 가족이란 가장의 지배·관리하에서 생산, 경영, 소비생활의 공동체로서 존재했다. 가족구성원의 노동은 경제적 의미에서는 무상노동이 아닐지 모르나 법적으로는 경제적 노동관계처럼 대등한 당사자 사이의 권리·의무관계는 아니었다(渡邊洋三, 1981a: 173).

그러나 자본주의사회의 출현은 가족이 지니고 있었던 생산과 소비의 기능을 분리시켰다. 가족은 단순한 소비생활의 공동체로 전락하게 되고 농민은 임금노동자화된 것이다. 그리하여 가족의 생존과 부양 문제는 임금노동자인 가장의 노동수입, 즉 임금에 의존하게 되었다.

그렇다면 법적 부양책임자인 가장이 받는 임금은 단순히 노동력의 대가(對價)로서만이 아니라 그 가족구성원의 생존비용까지 포함할 수 있어야 하는 것이다. 그러나 자본주의사회에서 임금이란 노동력의 가격일 뿐 노동력을 소유한 '인간'과 그 가족의 생존에 대한 배려가 안정적으로 이루어지는 것이 아니다.

따라서 시민사회의 가족법상 부양책임과 자본주의의 분배기제 사이에 모순이 발생하게 되었으며, 이는 사회적 차원에서 생존과 부양에 대한 새로운 법리(法理)를 요구하게 되었던 것이다.

또한 생산의 현장을 포함한 자본주의사회의 모든 공간은 기계화, 대량화, 도시화 등을 통해 조직되면서 노동자 개인의 생존을 위협하는 많은 사회적 위험(social risk)을 만들어내게 되었다. 시민사회에서 이러한 문제는 불법행위에 관한 법규에 의해 손해배상의 법리로 처리되었다(渡邊洋三, 1981a: 192). 불법행위에 따른 손해배상이란 가해자의 행위와 피해자의 피해 사이에 사회통념상 어느 정도 인정될 수 있는 인과관계(因果關係)를 전제로 한다.

그러나 사회관계가 복잡해지면서 점차 가해자를 확인하기가 쉽지 않은 사회적 위험들이 나타나게 되었다. 이것을 사회복지학에서는 '비복지'(diswelfare 또는 disservice)라 하며(Reisman, 1977: chap. 7), 이러한 비복지(非福祉)로 발생하는 일체의 손실을 '사회비용'(social cost)이라 한다(Titmuss, 1974: chap. 5). 사회비용은 그 원인자(原因子)의 확정, 보상의 할당, 발생 당시의 예방에 대한 지식과 방법의 부재 등 어려움이 존재한다. 따라서 개인들 간의 손해배상제도를 통해서 생활상의 사회적 위험을 해결할 수는 없게 되었으며, 이에 따라 각종 사회보장제도와 대인(對人)서비스 등이 등장하게 된 것이다.

결국, 사회복지법은 자본주의사회를 지탱해 온 기존의 법체계로 해석하거나 해결할 수 없는 새로운 문제 현상이 나타나게 되면서 이에 대한 대응으로 발전해 온 법영역이라 할 수 있을 것이다.

2. 사회복지법의 기원

사회복지법의 기원을 어디에서 찾을 것인가? 그 대답은 그리 간단치 않다. 사회복지 역사에서 보편적으로 거론되는 영국, 독일, 미국 등 주요 국가의 사회복지 역사를 법적으로 살펴보면서 그 해답을 모색해본다.

1) 영국의 빈민법과 공장법

영국은 일단 국가적 차원에서 빈민문제를 다루었고 19세기 말 이후 공공부조법으로 발전해갔던 빈민법(Poor Law, 1601)을 사회복지법의 기원으로 삼을 수 있을 것이다(西原道雄, 1987: 2).

그러나 빈민법 자체를 사회복지법으로 보기는 어렵다. 이 법은 엘리자베스 1세 여왕이 기존의 법들을 집대성한 법으로서 그 이전에 존재했던 법들에 비해서 덜 억압적이기는 하지만(Frazer, 1984: 33), 여전히 빈민들을 억압하고 통제 또는 관리하는 법으로서의 성격이 강해 오히려 형사법(刑事法)적 성격을 띠는 법이다(Rimlinger, 1971: 19; Jassonson, 1988: 20). 왜냐하면 이 빈민법은 지방의 교구별로 이루어졌던 구빈행정을 중앙정부 차원으로 체계화시킨 진일보한 면도 있지만, 노동이 가능한 빈민들(the able-bodied poor)에 대한 노동유인(work incentive)을 위해 가혹한 형벌을 규정했고, 또한 치안판사가 빈민 감독관(overseer)을 임명하도록 한 점 등을 고려해볼 때, 이는 경찰행정 또는 형법적 기능을 수행한 것으로 볼 수 있기 때문이다.

빈민법이 유랑빈민을 프롤레타리아(proletariat)화하는 기능을 수행하고 있을 때, 빈민아동의 노동문제가 대두되어 공장법의 출현을 보게 되었으며, 이는 노동법으로 발전해 나갔다. 빈민법에서 보호아동을 도제(徒弟)로 할 수 있도록 규정한 것이 산업화의 진전에 따라 결국 소년노동의 문제로 등장하게 되었던 것이다. 따라서 빈민법의 노동에 대한 규제적 부분들이 공장법(工場法)에 의해 부분적으로 대체되었던 것이다(김치선, 1992: 18~19). 공장법은 1802년 최초로 제정된 이후 1833년에는 근대적인 최초의 사회정책적 의미를 갖는 공장법이 제정되었다.

동시에 자유주의의 등장은 1834년 빈민법 개정을 이루게 했다. 이는 자유주의적 시민법의 원리가 반영된 법으로서 산업자본주의가 등장함에 따라 전면적 시장사회의 출현과 지배를 필요로 했던 당시의 지배계급이 노동력을 상품화하기 위해 만든 생존권 박탈의 입법이었다(Polanyi, 1957: 82~83, 102). 즉, 빈곤문제에 대해서 개인적 책임을 강조하는 입장을 취하여(Rimlinger, 1971: 51~60), 노동능력이 없는 빈민들을 가치 있는 빈민(the deserving poor)으로 규정하여 열등처우의 원칙(the principle of less eligibility)에 따라 최소한의 보호에 그쳐, 여전히 현대적 사회복지법과는 거리가 멀었다.

그 후 빈민법은 20세기 초 자유당 정부의 대대적 사회정책 입법에 의해 주요 원칙들이 붕괴되고(한국사회과학연구소, 1983: 137 이하), 제2차 세계대전 이후 복지국가의 출범으로 폐기되었다.

2) 독일의 사회보험법

독일은 후발 산업국가로서 산업화가 매우 빠른 속도로 이루어지면서 급속한 도시화, 노동계급 형성, 사회주의사상의 영향 등으로 전통적 지배계급인 지주계급(Junker), 신흥 자본가계급, 노동계급 사이에 치열한 계급갈등이 전개되었다.

당시 독일의 집권자 비스마르크(Bismarck)는 지주계급 출신으로서 사회주의운동을 전개하는 노동계급을 사회주의자 진압법(*Sozialisten-gesetz*)이라는 한시법(限時法)으로 억압하면서 동시에 지주계급의 경쟁계급인 자본가계급을 통제하고 노동계급을 끌어들이기 위해 질병보험법(1883), 재해보험법(1884), 노령 및 폐질보험법(1887) 등의 사회보험입법을 추진했다. 이것은 사회민주주의에 포섭되지 않은 노동자들에게 사회민주주의에 대한 면역제로서 사회보험입법을 제시한(Gitter, 1992: 64~68), 이른바 '당근과 채찍'정책이었다(Momsen, 1981: 133~134).

　이렇듯 산업의 발전이 지체되었던 후진국 독일이 오히려 세계 최초로 사회보험입법을 제정할 수 있었던 것은 매우 특이한 현상으로 볼 수 있다. 이것을 법사적(法史的)으로 본다면, 독일은 집단주의적 경향을 띠는 게르만법의 전통을 가지고 있었기 때문이라고 할 수 있을 것이다(윤찬영, 1995: 3). 이러한 사회보험법들은 근대적 의미의 사회보장 입법으로서의 형식을 갖추고 있었기 때문에 급여청구권이 단순한 반사적 이익이 아니라 법적 청구권으로 존재했다(이상광, 1988: 157). 그러나 노동자의 권리나 참여보다는 가부장적 국가의 권리를 강조한 특징으로 미루어 볼 때(Momsen, 1981: 135), 아직은 전통적 법사상과 단절되지 못한 것으로 볼 수 있다.

　그러나 비스마르크의 사회보험법은 사회민주주의와 노조운동을 와해시키기는커녕 오히려 노동자들의 참여와 권리의식을 향상시키고 노동자 조직의 강화를 초래하여 비스마르크의 정치적 의도와는 달리 사회복지 발전에 기여하게 되었다(Gitter, 1992: 128 이하).

3) 미국의 사회보장법

자본주의사회의 치명적 약점이라 할 수 있는 공황은 자유주의적 성향
이 강한 미국에도 사회보장 입법을 출현시켰다. 대공황으로 인한 광
범위한 실업과 빈곤이 전 사회적 문제로 등장하게 되자 미국정부는
뉴딜(New Deal)정책의 일환으로 1935년 사회보장법(Social Security Act)
을 제정하게 되었다.

이 법은 세계 최초로 '사회보장'이라는 용어를 공식화하고 사회보장법
이라는 새로운 법영역을 탄생시켜 현대 미국 사회복지제도의 근간을 이
루어, 이른바 미국 복지국가의 권리장전(權利章典)으로 불린다(Jansson,
1988: 137). 당시 미국 대법원이 뉴딜 입법에 대해 부분적으로 무효화
결정을 내릴 정도로1 미국의 사상적 전통과 풍토에서는 가히 혁명적이
라 할 수 있는 요소들을 가지고 있었다(Marmor & Mashaw, 1988: 70~
71). 사회보험 입법들 역시 자유주의자들로부터 사회주의 입법이라는
비판을 받았었다.

그러나 이 법은 수혜자를 자선의 대상에서 벗어나게 한 발전적 측
면을 가지고 있음에도 권리의 주체로까지는 인정하지 못했고, 행정적
측면에서도 지방정부를 통해 재정을 조달하고 가치 있는 빈민(the
deserving poor)만 연방정부에서 부조하도록 하는 등 빈민법적 전통을
따르는 체계를 유지하고 있었다(LaFrance, 1979: 13~14).

더욱이 뉴딜정책의 기본입장이 국가가 국민의 생존을 직접적으로

---

1 미국 대법원은 농업조정국(AAA)과 산업부흥청(NRA)을 설치·운영하는 법
  조항에 대해 위헌판결을 내렸다. 전자는 곡물가격 하락을 방지하여 농민들의
  경제력을 유지해주기 위해 곡물생산을 조정하기 위한 기구였고, 후자는 노조
  의 단결권과 단체협약권을 국가가 보장하기 위한 기구였다. 이것들은 자유주
  의자들의 반발에 부딪혀 위헌판결을 받게 되었다.

책임지겠다는 취지보다는 노동자들로 하여금 민간기업에 취업케 하여 스스로 생존을 유지할 수 있도록 하는 목적을 가지고 있었기 때문에 (한국사회과학연구소, 1983: 273), 본격적 복지국가의 이념을 담은 사회복지 입법으로 평가하기는 어렵다.

3. 법치국가에서 복지국가로

근대 시민국가는 국가의 발달단계 관점에서 볼 때 '부르주아적 민주국가'라 할 수 있다(김태성·성경륭, 2000: 27~29). 당시 신흥 부르주아계급은 전통적 신분질서를 타파하고 자유·평등·박애의 이념을 내걸고 새로운 시민사회와 시민국가를 형성했다.

　이러한 시민국가는 개인의 자유로운 경제활동을 보장받기 위해 법 앞에서의 만인의 평등을 강조하는 법치주의(法治主義)를 확립했다. 즉, 모든 인간은 자유로운 존재이며 자유를 보장하기 위해서는 누구나 법 앞에서 〔동등한 경우에 동등한 대위〕를 받아야 한다는 것이다. 물론, 여기에서 모든 인간이란 시민혁명의 주체세력인 시민계급을 일컫는 것이며 이는 결국 유산(有産)계급만을 지칭하는 것이었다.

　이러한 법치주의를 관철시키기 위해 필요했던 실천적 이념은 '법의 지배'(rule of law) 원칙이었다. 이것은 곧 '법률우위의 원칙'으로 나타났다. 법치주의를 실현하기 위해서 입법·사법·행정의 삼권분립에 따르는 국가권력의 분화가 전제로 요구되었으나 실제로는 입법부의 권위가 행정부를 압도했던 것이다.

　그러나 자본주의 경제가 독점화되면서 극심한 불평등과 빈곤문제가 발생하게 되자 그 동안 방임적 입장을 취하고 있던 국가가 새로운 국면(局面)의 조정자로서 역사의 전면에 등장하기 시작했다. 따라서 사회정책의 계획, 운영 및 실시에 행정권의 역할이 점차 강화되고 법의 지배원칙은 서서히 붕괴하기 시작했다. 즉, 전통적으로 자본주의사회에서 국가는 절대권력으로부터 법치국가 이념을 통해 개인의 시민권과 참정권을 보장했지만, 이것을 실질적으로 보장하기 위해서는 사회적, 경제적, 문화적 제반 자원에 대한 권리를 보장하지 않으면 안 되었던 것이며, 이는 필연적으로 적극적인 국가의 개입을 필요로 하게 된 것이다.

그리하여 국가조직에서 제정법이나 판례보다는 행정부의 재량권, 유연성 및 정책 등에 관한 강조가 이루어지게 되었다(Samford & Galligan, 1986: x). 즉, 위임입법, 행정입법, 정부부처의 시행규칙 제정 등이 증가하게 되어 법률의 규정이나 원리보다는 관계공무원이나 전문가의 재량권을 강화시키게 된 것이다(Adler & Asquith, 1981: 1).

이것은 무엇을 의미하며 또한 왜 그러한가? 원래 법이란 그 속성상 '법적 안정성'과 '구체적 타당성'을 추구한다(곽윤직, 1990: 85~87). 법적 안정성이란 법적 확실성과 같은 의미로서 법률행위의 주체들이 행위에 따른 효력에 대해서 일정하게 기대할 수 있도록 신뢰성을 가져야 한다는 것을 의미한다. 그러므로 동일한 행위에 대해서 누구에게나, 언제나 동일한 효력이 발생되어야 하는 것이다. 법적 안정성의 중요성은 조삼모사(朝三暮四)라는 고사성어가 웅변적으로 말해준다.

또한 법은 사회의 산물로서 사회의 구체적 사정(事情)과 거리가 멀다면 제대로 기능할 수 없기 때문에 법은 구체적 사실에 대해 타당성(또는 정당성)을 확보해야 하는 것이다. 예를 들어, 산업화로 핵가족이 보편적 가족형태로 자리 잡고 있는데, 법이 아직도 대가족을 전제로 하고 가족관계와 가족복지에 대한 사항을 규율하고 있다면, 이는 구체적 타당성을 상실한 법으로서 규범적 의미와 가치가 현저히 떨어지는 것이다.

그러나 법적 안정성과 구체적 타당성은 상호모순의 관계를 가지고 있다. 법적 안정성만을 강조하여 사회현실의 변화를 외면한 채 구시대적 규범을 강조한다면 구체적 타당성을 상실하게 되고, 반면에 구체적 타당성을 강조하여 잦은 법개정을 시도한다면 법적 안정성은 붕괴되고 마는 것이다.

사회복지법도 이러한 사정으로부터 자유롭지는 못하다. 법적 안정성과 구체적 타당성을 동시에 추구한다는 명목으로 국가의 복지행정이 법은 그대로 방치한 채 법률의 위임한계를 넘어 행정규칙의 범람 속에서 이른바 각종 고시(告示), 지침, 내규 등의 형태로 이루어진다면(한국법제연구원, 1992: 31), 수급권자의 권리를 침해할 수 있는 위험성이 다분한 것이다.

이러한 위험성에도 불구하고 이것은 변화하는 사회·경제적 상황에 민감하게 대응할 수 있는 효과적 방법이라고 평가할 수 있고, 한편 서구적 관점에서는 자유주의적 이념의 관철로부터 복지적 형평성과 연대성을 지향하는 쪽으로 변화했다는 점에서, 즉 구체적 타당성을 확보했다는 점에서 일단 긍정적으로 보인다(양건, 1990: 191).

그러나 1970년대 이후 자본주의의 위기가 닥치면서 복지국가의 위기시대가 도래했고, 이러한 상황에서 행정권은 사회복지예산의 감축, 동결, 증가의 억제, 민영화 등 사회복지정책의 축소를 따르지 않을 수 없게 되었다. 다시 말해서, 경제적 또는 재정적 압박이 사회복지를 종속시키면서 사회복지법의 이념을 후퇴시켜 결국, 사회복지법에서 '법의 우위'는 지켜지지 않고 오히려 '경제의 논리'가 행정을 지배하게 된 것이다(김유성, 1992: 130).

따라서 사회복지 분야에서 새로운 '법의 지배' 또는 '법률 우위의 원칙'을 확보하는 '사회(복지)적 법치국가'의 달성이 중요한 과제가 된다. 즉, 법치국가의 자유주의적 지향이 가져온 사회문제는 행정 우위의 행정국가를 등장시켰고 이것은 복지국가라는 절정에 이르게 되었는데, 자본주의 경제 침체를 빌미로 법치주의 붕괴와 행정 우위의 현실이 오히려 사회복지의 약화를 가져오게 되었기 때문에, 이제는 사회복지의 법적 이념이 행정권에 의해 침해되지 않도록 자유주의시대의 것과는 구별되는 새로운 형태의 법치국가, 즉 사회적 법치국가를 확립하는 것이 사회복지법학의 중심적 목표과제가 되는 것이다.

제 2 장
사회복지법의 이해

제 1 장에서 사회복지법의 탄생 배경을 자본주의사회의 역사적 맥락에서 살펴보았다. 공동체를 유지해오던 전통사회가 해체되면서 탄생한 시민사회는 새로운 법질서를 확립했고, 이러한 시민사회는 자체의 모순으로 새로운 형태의 법질서를 필요로 하게 되었다. 여기에서 전자의 법질서란 시민법(*Zivilrecht*)을 일컫는 것이고, 후자의 법질서란 사회법(*Sozialrecht*)을 의미한다.

이제 제 2 장에서는 사회복지법의 개념을 좀더 구체적으로 파악하기 위해서 근대 시민사회 탄생 이후 자본주의사회를 지도했던 시민법의 원리와 독점자본주의 단계를 거치면서 등장한 사회법의 원리에 대한 법사(法史)적 비교를 통해(Fuchs, 1992: 13) 사회복지법의 지도원리를 도출해보고, 나아가 사회복지법에 대한 개념적 범주를 파악해보고자 한다. 이러한 과정은 사회복지법이 타 영역의 법들에 대해서 갖는 본질적 성격을 나타내 준다. 즉, 사회복지법 전반을 지배하는 법적 지도원리를 파악할 수 있게 해주는 것이다.

1. 시민법의 원리와 그 비판

1) 시민법의 형성과 의의

시민법은 시민사회를 전제로 하여 출현한 법이다. 시민사회란 봉건사회 이후 절대왕정이 지배했던 중상주의(*mercantilism*) 체제의 구질서(*old regime*)를 무너뜨리고 자본주의사회를 확립한 시민계급(부르주아)이 시민혁명을 통해 건설한 새로운 역사적 시대를 말한다. 시민사회는 기본적으로 보편적 상품교환 사회이며, 상품교환 과정에서 나타나는 시민 개개인의 권리와 의무를 보장하는 법체계가 곧 시민법인 것이다(渡邊洋三, 1981a: 161).

르네상스와 종교개혁을 통해 봉건적 사조가 몰락하고 근대적 사상이 도래하면서 인간의 자유와 창의성을 강조하는 인문주의(*humanism*)가 대두했다. 법적으로도 개인주의 속성이 강한 로마법의 영향력이 두드러지게 나타났다. 그리하여 인간은 공동체로부터 해방되어 이제는 의무에 의해서가 아니라 이익에 의해 지배되는 개인이라는 인식이 법의 출발점을 이루게 되었다.

이러한 시민법의 사상적 연원을 보면 자연법사상에서 유래하는데, 이때 자연법이란 중세 기독교가 지배하던 시기의 아퀴나스(T. Aquinas)나 아우구스티누스(St. Augustinus) 등의 사상과 같은 기독교적 자연법사상이 아니라 그로티우스(H. Grotius), 홉스(T. Hobbes), 루소(J. J. Rousseau) 등과 같은 계몽주의사상가들이 꽃피웠던 자연법사상을 말한다(김려수, 1962: 14~15).

자연법이론의 대표로 꼽히는 로크(J. Locke)의 자연법사상을 개괄해보면 시민법의 이해에 도움이 될 것이다. 로크에게 자연권이란, 홉스의 그것과는 달리, 그에 상응하는 의무를 수반하는 것이다. 이러한 자연권의 내용 중 첫째는 인간은 생명에 대한 권리를 가진다(Fink, 1983: 50~51)는 것이다. 이것은 인간이 육체를 소유한다는 의미에서 일종의 소유권을 의미하는 것이다. 이러한 권리는 타인에게 처분할 수 없는 불가양도(不可讓渡)의 권리로서 봉건적 신분사회를 타파할 수 있는 결정적 권리이다.

둘째, 인간은 자신이 행한 노동의 산물에 대해서 권리를 갖는다 (Fink, 1983: 51~53). 사람들은 원료품에 자신의 노동을 투하하여 그 원료품을 자신의 소유로 만들게 되는데, 이렇게 해서 자연의 일부분을 사유화하면 타인은 이를 절대 침해할 수 없으며 소유자는 타인의 침해를 저지할 수 있는 권리를 갖는다. 그러나 어떤 사람이 타인의 노동력을 구매하는 경우에―자본가가 노동자의 노동력을 구매하는 경우―그 노동은 구매한 사람, 즉 자본가의 노동이 된다. 따라서 자신의 노동력을 판매하는 사람, 즉 노동자는 자본가라는 타인의 도구가 되며, 시민으로서의 권리를 상실하게 되는 것이다.

이러한 로크의 사상은 그 시대의 시민계급으로부터 동조를 받을 수밖에 없었다. 이와 같은 관념으로부터 출발한 시민법은 궁극적으로 상품가치법칙에 따라 등가교환(等價交換)적 정의(正義)를 법적 정의로 한다(渡邊洋三, 1981a: 161). 이러한 정의관에 입각해 보장되는 권리·의무의 근거는 시민 당사자 간의 의사표시에 의한 합의의 원칙이다. 따라서 국가는 권리·의무의 당사자가 아니라 제 3자로서 존재하며 법은 오로지 개인과 개인 사이의 관계를 규율하는 것이다.

2) 시민법의 인간관

일반적으로 모든 법은 인간에 의해 제정되고, 인간을 규율하며, 인간에 의해 폐기된다. 이렇게 인간에 의해 그 운명이 결정되는 법은 그 적용대상이 되는 인간들에 대해서 일정한 존재와 행동양식을 상정하기 마련이다(최종고, 1971: 21). 이렇게 상정된 인간의 행동을 전제로 하여 법규가 마련되는 것이다. 그렇다면 시민법이 상정했던 인간은 어떤 인간인가? 즉, 시민이란 법적으로 볼 때, 어떠한 인간형을 말하는가?

법에서 인간에 대해 언급하는 것은 법이 인간을 어떻게 평가하는가 또는 법이 인간에 대해 어떻게 작용하며 혹은 어떻게 작용할 것인가 하는 관점이 아니라, 법 자신이 작용하려고 의도하는 인간을 어떻게 표상할 것인가, 즉 법은 어떤 종류의 인간을 겨냥하는가 하는 것이다 (Radbruch, 1981a: 19).

시민법에서 상정한 새로운 인간형은 이윤추구와 타산(打算)으로 일관하는 상인상(商人像)을 따라 조형되었다(Radbruch, 1981a: 22). 아직 봉건적 가부장제 법질서가 잔존했던 경찰국가시대를 지나 계몽주의시대가 도래하면서, 로마법이 출발점으로 삼았던 그 인간형 위에 법질서가 정비되기 시작한 것이다. 즉, 대단히 이기적일 뿐 아니라 자기의 이익을 추구하는 데에 아주 영리한 개인으로서 스스로 잘 이해하는 이익만을 추구하며, 그리하여 모든 사회적 구속으로부터 자유롭고 법률적 구속에 대해서는 단지 자신이 이해하는 자기의 이익에 따라 그것을 참기 때문에 그에 복종하는 인간형이 설정된 것이다(Radbruch, 1981a: 23).[1]

---

1 경제학의 가장 기초가 되는 수요-공급 곡선의 전제가 되는 시장에서의 행위자들과 시민법에서 상정하는 시민은 기본적으로 같다. 경제원론 교과서들을 참조해보기 바란다.

이는 현실 속에서 구체적으로 존재하는 인간이라기보다는 추상적 평균인을 전제한 것이다. 여기에서 추상적 평균인이란 교양과 재산을 가진 부르주아계급의 성인 남성을 지칭하는 것으로서 기본적으로 자유권을 행사할 수 있는 능력이 있다는 것을 나타낸다.

이와 같은 인간관을 바탕으로 형성된 근대 자본주의 시민사회의 법을 시민법(Zivil Recht oder Bürgerliches Recht)이라 한다. 시민법의 개념도 논자(論者)에 따라 다양하기는 하지만(최종고, 1971: 2), 여기에서 시민법이란 현실생활의 세계에서 자유, 평등, 독립의 인간관계에 고유한 법규범의 체계로서, 역사적으로는 자본주의 경제사회의 초기 역사적 단계, 즉 중산적 생산자층이 지배적 구성원이었던 사회의 산물인 것이다. 이러한 시민법의 원칙은 주로 사법(私法) 영역에서 발전했다.

3) 시민법의 이념과 한계

시민사회의 정치경제적 이데올로기이자 시민법의 이념적 지향이 되었던 것은 '자유'와 '평등'이라고 말할 수 있다. 이것은 신분사회에서 인간을 억압했던 각종 억압으로부터의 자유와 신분에 따르는 불평등으로부터 법 앞에서의 평등을 의미하는 것이다.

중세 말기에 원거리 무역 등을 통하여 부(富)를 축적하게 된 신흥 부르주아는 중세적 구속으로부터 벗어나고자 봉건 영주로부터 자치권을 획득하여 동업자들간의 도시를 만들고, 그 당시 실권이 없었던 왕권과 결탁하여 왕권을 강화시키면서 봉건 영주들과 귀족들의 구속에서 벗어나기 시작했다. 그러나 부르주아의 재정적 후원에 힘입어 권력을 강화하던 왕권은 갈수록 절대화되어 오히려 부르주아의 경제활동에 지장을 주고 더 많은 부담을 주어 결국은 이들과 충돌하게 되었다. 그리하여 시민계급은 봉건적 구속과 절대왕권의 통제로부터 자유와 평등을 주된 이념으로 하는 시민혁명을 달성하게 된 것이다.

이렇게 해서 새롭게 건설된 시민사회는 곧 자본주의사회였으며, 법 앞에서 평등한 시민계급은 주로 소자본가들로 이루어졌다. 이들은 자유방임적 시장경제 속에서 완전경쟁을 통해 자유로운 이윤추구 활동을 벌이게 되었다. 이 시기는 아직 프롤레타리아가 계급으로서 등장하지 못한 시기였기에 자유와 평등은 곧 부르주아의 혁명 전리품과도 같았다. 따라서 자유 개념은 일체의 구속으로부터 해방을 의미하는 소극적 자유였고, 평등 또한 법 앞에서 만인이 평등하다는 형식적 의미의 평등이었다.

그러나 자유경쟁은 산업자본과 금융자본의 융합으로 독점자본을 낳게 되고, 이에 따라 자본주의는 자유와 평등의 이념에서 그 한계를 드러내게 되었다. 독점자본주의 단계에서는 이미 양적으로도 많은 노동자들이 생겨나게 되었고, 이들은 점차 계급으로 조직화되면서 자본과 갈등 또는 대립관계를 형성하게 되었다. 그리하여 이제 자유란 가진 자들의 전유물이며 노동계급에게는 강요된 노동에 종사하며 생존을 유지해야 하는 자유밖에는 남지 않았다. 따라서 이들 간의 평등은 형식적으로만 의미가 있었을 뿐, 자본과 노동은 원초적으로 불평등한 관계였다.

이렇게 보면, 시민혁명 이후 시민사회를 규율하는 새로운 법으로서 등장한 시민법이 추구했던 자유와 평등의 이념은 다수의 무산(無産) 대중들에게는 무의미한 구호에 지나지 않았던 것이다. 이들에게 실질적으로 자유와 평등을 부여해주는 새로운 법질서가 요구되었다.

4) 시민법의 지도원리와 한계

이러한 시민법의 법적 지도원리로서 작용했던 몇 가지 원칙과 그 한계점을 살펴보면 다음과 같다.

(1) 계약자유의 원칙

계약은 가장 기본적인 법률행위이다. 현대사회는 이러한 계약에 기초한 사회라고도 할 수 있다. 거의 모든 인간의 행위가 계약에 기초한다. 법률행위라 함은 일정한 법적 효력을 목적으로 하는 의사표시를 말하는 것인데, 따라서 계약은 쌍방 또는 다자(多者) 간에 일정한 법적 효력을 목적으로 상호 합의하는 의사표시 행위이다. 이러한 계약을 자유롭게 체결할 수 있다는 것이 계약자유의 원칙이다.

이 원칙은 법적으로 평등한 시민들 간에 자유로운 의사표시에 의한 구체적 합의에 의해서 법적 권리 · 의무관계가 형성된다는 원칙에 따르는 것으로서(渡邊洋三, 1981a: 161), 인간은 자신의 자유의지에 따라 자유롭게 계약을 체결할 권리가 있다는 원칙이다. 이 원칙은 이익과 그것을 실현하기 위한 수단을 인식하고 실행하는 시민 개인의 영리함과 활동성이 전제된다(Radbruch, 1981a: 25). 이는 인간이 거울 속의 자기 모습과 같듯이 계약체결자들은 서로가 동일하게 자유권을 행사할 수 있는 능력이 있으며, 따라서 대등한 지위에서 합리적 의사표시로 자유로운 거래를 할 수 있다는 것이다. 이러한 자유로운 계약에 의해 합의된 내용을 이행하지 않을 때, 그것은 곧 불법행위가 되어 계약의 일방은 상대방에게 손해배상을 청구할 수 있다.

그러나 자본주의적 생산양식이 발전할수록 생산수단을 소유하지 못하고 오로지 자신의 육체적 노동력에 의존해야 하는 광범위한 무산대중이 형성되면서, 즉 거의 대등한 소자본가들의 자유로운 경쟁원리가 지배하던 시대를 벗어나 자본주의가 독점자본주의 단계로 이행하면서 사회적 불평등 현상이 보편화되자 시민법의 허구성이 드러나게 되었다.

계약자유의 원칙에 기초하여 이른바 등가교환적 정의라는 미명하에서 노동력과 임금의 교환관계가 성립되었는데, 이때 계약이라는 법률행위의 주체인 자본가와 노동자 사이에 과연 자유의지에 의한 계약관계가 가능할 정도로 쌍방이 실질적으로 평등한가, 생존을 위해 강요된 노동에 종사해야 하는 노동자가 자신의 생존을 자유롭게 통제할 수 있는 것인가 하는 문제들이 제기된 것이다. 더욱이 노동력이라는 상품의 특성은 그 소유자인 노동자의 육체와 불가분(不可分)의 관계를 가지고 있기 때문에 노동환경 및 조건, 노동력 재생산의 문제 등에 대한 고려가 필요하다. 이러한 점들이 자유로운 계약의 내용에는 포함될 수 없었던 것이다.

(2) 사유재산 또는 소유권 절대불가침의 원칙

이것은 계약자유의 원칙을 기초로 하는 원칙이다. 여기에서 불가침(不可侵)이란 상호존중 또는 상호승인 과정을 통해서 가능한 것인데, 계약관계가 이루어지지 않고서는 존재할 수 없는 원칙이다.

모든 물건이 사용가치로서의 의미만 지닌다면 소유권은 인간의 물질에 대한 관계로 표현될 것이다. 그러나 물건이 상품성을 띠면서 교환가치를 갖게 되면 소유권은 물건의 분배를 둘러싼 인간들 사이의 관계로 탈바꿈하게 된다. 따라서 이 경우에 소유권은 적극적으로 물건을 향유하려는 측면뿐만 아니라 타인을 배척하려는 소극적 측면을 동시에 가지게 되는 것이다(Radbruch, 1981b: 192). 이러한 사상은 앞에서 살펴본 로크의 사상과 관련이 깊으며, 이것이 자본주의사회를 형성, 유지케 해주는 시민법의 본질적 원칙이라고 할 수 있다.

그러나 자유로운 계약에 의해 확보된 소유권의 절대불가침 원칙이 충분히 지켜질 수 있는 것은 자원이 풍부하거나 오직 소소유자(小所有者)들만이 평등하게 병존하던 시대에 사람과 사람 사이에 상호존중을 청구할 수 있는 권리로서 의미가 있었으나, 자본의 자기증식(自己增殖) 법칙에 의해 가진 자와 가지지 못한 자의 구별이 확연해지고 소유권 승인에 대해 어떠한 이익도 가지지 못하는 계급이 형성되면서 상호성에 의한 계약은 정당성을 상실하게 됐다(Radbruch, 1981b: 193 ~ 194). 결국에는 이 원칙 역시 독점자본주의 단계에 이르러서 광범위한 실업과 빈곤 등의 사회문제가 발생하면서 더 이상 시민사회의 지주적 원칙으로 존재하기 어렵게 된 것이다.

(3) 과실에 대한 자기책임의 원칙

이 원칙은 앞의 두 원칙에 의해 시민법의 당연한 귀결이 된다. 시민법이 전제하는 인간상에 따르자면, 개인 각자는 합리적으로 행위하기 때문에 자신이 선택한 행위는 그것이 위법한 행위일지라도 그 결과에 대해서는 스스로 책임져야 하고 또한 책임질 수 있어야 한다는 뜻이다.

따라서 개인은 자신의 행위로 타인에게 끼친 손해에 대해서는 그 행위가 위법할 뿐만 아니라 동시에 고의(故意)나 과실(過失)에 기초한 경우에 책임을 지고, 그렇지 않은 행위에 대해서는 책임을 지지 않는다는 원칙이다. 자유로운 경제활동과 그에 따라 축적된 재화에 대한 신성한 권리가 보장되는 반면, 결과적으로 타인에게 손해를 입히고 이에 대해 고의는 물론 명백한 과실이 있는 경우에 개인은 책임져야 하는 것이다.

그러나 이 원칙은 결국 유산자(有産者)를 위한 원칙일 뿐이다. 이 원칙은 자본주의사회에서 기업의 활동을 자유롭게 해주는 데 결정적으로 기여했다. 자신의 고의 또는 과실만 아니라면 개인(주식회사 같은 법인까지 포함하여)은 타인에게 손해를 입히는 행위도 할 수 있다는 논리이기 때문이다.

특히 이 원칙은 산업재해 문제에서 위력을 발휘했다. 산업재해의 문제는 자본주의 초기에는 개인들 간의 불법행위에 대한 법리로 처리되었다. 독일의 경우에는 민사소송제도를 통해(Wickenhangen, 1980: 23~24), 영국의 경우에도 보통법(common law) 하의 불법행위법이나 계약법의 일반원칙에 의해 처리되었다(문원주·조석련, 1992: 88). 이 것은 사용자의 항변권을 인정하고 노동자가 사용자에게 과실이 있었다는 것을 입증하도록 하는 등 개인주의적 시민법의 정신이 그대로 반영된 것이다.

그렇다면 과실에 대한 자기책임의 원칙은 그 이면에 또 하나의 원칙을 가지는 것이 된다. 즉, 가해자(자본가)의 명백한 과실이 인정될 수 없는 경우라면, 피해자(노동자)는 자신이 입은 손해(재해)에 대해서 자신의 과실로 인정해야 한다는 논리이다(윤찬영, 1995: 43). 따라서 자기의 과실로 손해를 입은 것으로 인정되는 개인의 피해는 법적 문제를 야기하지 않으며, 단지 사실적 문제로 남게 된다는 것이다.

이와 같은 자기책임의 원리를 확대해석해보면, 가령 '빈곤'이라는 생활상의 결과도 결국 빈민 자신의 고의 또는 과실에 의한 것이기 때문에 빈곤으로 인한 생사(生死) 결정도 개인 본인에게 책임이 있는 것이다. 자본가의 지휘·통제 아래에 있는 노동자의 재해나 빈곤 역시 자본가의 명백한 고의나 과실이 확인 또는 입증되지 않는다면, 그것은 순전히 노동자 자신이 책임져야 한다는 것이다.

그러나 시민사회는 이른바 '보이지 않는 손'(*invisible hands*)에 의한 예정된 조화를 성취하지 못했다. 자본주의적 생산양식은 자체 모순을 드러냈고, 경쟁적 자본주의는 독점의 단계에 이르게 되었으며, 이는 필연적으로 불평등이라는 문제를 야기하게 되었다. 또한 산업화의 가속은 급격한 사회변동을 수반하게 되었다. 이러한 과정에서 나타나게 된 사회문제나 비복지(Titmuss, 1976: 62~63)는 개인들에게 생활상의 위험으로 작용하게 되었고, 이는 사회적 비용(*social cost*)의 문제를 제기하게 되었다(Titmuss, 1974: chap. 5). 따라서 개인들은 자신의 생활세계에서 더 이상 주인이 될 수 없었고 책임을 부담하기도 어렵게 되었던 것이다.

이와 같이 자유주의에 기반을 둔 자기책임의 원칙은 빈민을 포함한 사회적 약자에 대해서 자기책임에 충실하지 못한 존재로 낙인을 부과하며, 오히려 현재 처해 있는 빈곤을 정당화하는 논리로 되었으며 이들에 대해 시민권의 소유자로서의 자격까지도 박탈하는 결과를 가져오게 한 것이었다.

2. 사회법의 등장과 그 원리

1) 시민법 원리의 수정과 사회법의 등장

이상과 같이 시민법이 상정한 추상적 평균인이란 존재하지 않는 한낱 허구라는 것이 19세기 자본주의의 역사 스스로 검증한 것이다. 시민사회의 변화는 추상적 보편성만을 추구하는 법의 기능장애를 일으키게 했다. 시민법의 원칙들이 적용될 수 없는 다수의 구체적 인간 존재에 대해서 법은 더 이상 외면할 수 없게 된 것이다.

시민법은 앞에서 살펴보았듯이 자본주의사회를 유지·발전시키는 법적 지주로서 존재했으나 그 현실적, 역사적 한계로 수정되지 않을 수 없었다. 단순히 개인의 행복과 이익을 추구하는 법리는 전체 공동체의 안녕을 추구하는 법리로 전환될 수밖에 없었다. 시민사회에서 국가는 자유로운 경제활동에 대해 방임적 태도를 취했으나 이제는 공공의 복리, 사회질서의 유지, 신의성실, 권리남용 금지 등의 법리를 통하여 계약자유를 제한하는 적극적 역할을 수행하게 되었다. 즉, 자유로운 계약은 공동체의 복리와 사회질서의 유지를 위해 일정한 제한을 받게 되었고, 계약의 이행 역시 신의(信義)에 좇아 성실하게 이루어지도록 요구되었고 권리의 행사 역시 남용할 수 없도록 제한되었다.

또한 소유권 절대의 원칙도 공공복리나 권리남용 금지 등의 법리를 통해 제한하게 되고, 과실에 대한 자기책임의 원칙도 고의 또는 과실이 없어도 책임져야 하는 무과실 손해배상책임제도로 전환되는 등 철저하게 개인주의적이고 자유주의적인 시민법의 원리는 공동체의 생존과 안녕을 고려하는 단체주의적 법원리를 도입하게 되었다.

이러한 수정과 변화는 각 국가의 헌법에도 규정되기에 이르렀으며, 우리나라 헌법에서도 경제민주화(헌법 제119조), 모든 국민의 인간다운 생활을 할 권리(헌법 제34조), 공공복리에 의한 재산권의 유보(헌법 제23조 제2항), 자유권 유보(留保)의 근거로서 공공복리(헌법 제37조 제2항) 등을 규정하고 있다.

이에 따라 우리나라 민법의 경우에도 이와 같은 수정된 시민법의 원리가 적용되는데, 예를 들어 권리의 행사와 의무의 이행은 신의를 좇아 성실해야 한다는 신의성실의 원칙(민법 제2조 제1항), 권리는 남용하지 못한다는 권리남용 금지의 원칙(민법 제2조 제2항), 선량한 풍속이나 사회질서에 위배되는 법률행위의 무효화(민법 제103조) 등이 그것이다.

이렇게 시민법의 원칙은 변용될 수밖에 없게 되었고, 이러한 정도의 제한으로도 한계가 명확했기 때문에 더 나아가 새로운 원리와 내용을 갖는 사회법의 등장을 보게 된 것이다. 사회법의 구체적 개념은 후술하겠지만 매우 다양한 의미를 가지고 있다. 독일의 경우 사회법은 사회적 급부법(Sozialleistungsrecht)의 의미로서 사용되고 그 중심은 사회보장에 있지만(Zacher, 1981: 9), 개인에 대한 공동체적 도움이라는(Richter, 1979: 51) 사회정책적 목적을 통해 형성된 규범으로서 일단 이해하도록 하자(Zacher, 1981: 9).

2) 시민법과 사회법의 관계

그러나 여기에서 우선적으로 짚고 넘어가야 할 문제는 시민법과 사회법이 상호 간에 어떠한 관계를 맺는가 하는 점이다. 시민법의 원칙을 대폭 수정하면서 등장한 것이 사회법이라 할 때, 시민법의 원칙을 '수정했다'는 사실은 시민법과 사회법이 어떠한 관계에 놓여 있다는 뜻인가? 즉, 사회법이 시민법의 연속선상에 있는 법인가, 아니면 사회법은 시민법과 단절된 전혀 새로운 형태의 법인가 하는 문제제기인 것이다.

이것을 어떻게 해석하느냐에 따라 사회법, 더 나아가 사회복지법의 성격을 달리 파악하게 되며, 또한 사회복지의 실정법 해석이나 그 발전방향에 대해서도 상이한 시각을 지닐 수 있다.

결국 이것은 자본주의적 시장관계와 사회정책이 상호 어떠한 관계를 유지하고 있느냐 하는 쟁점과도 직결되는 문제인 것이다. 시민법과 사회법의 관계에 관한 논점은 사회복지학에서 경제성장과 사회복지정책의 관계에 대한 질문과 그 궤를 같이한다.

(1) 조화론적 시각

먼저, 시민법과 사회법의 관계를 상호 조화롭게 해석하는 시각이 존재한다(정인섭, 1991: 36~38). 이것은 시민법과 사회법이 별개로 각자 고유영역에서 각각의 원리에 따라 성립하는 것으로서 서로 분업 또는 협업적 관계를 유지하는 것으로 보는 시각이다. 이것은 국가의 사회복지정책 강화가 경제성장에도 도움을 준다는 논리와 그 맥을 함께 하는 것이다.

이러한 시각에서 사회법은 나름대로 독자적 영역을 확보하면서도 근대 법질서의 기본원리인 계약자유, 소유권 존중 등을 부분적으로 조정하여 오히려 시민법의 본질적 기능을 강화시켜 주는 것으로 이해된다. 예를 들어 사회보장법 중 사회보험법을 살펴보자. 사회보험법에서는 소득 및 인간적 생존 보장을 위해서 부등가교환적 정의(正義)를 추구하지만 기본적으로 등가교환적인 보험이라는 기술을 채용하고 있다. 또한 공공부조법도 국가와 빈민 사이에 일방적 이전의 교환체계가 형성되어 있어 부등가교환적 정의를 추구하고 있지만, 수급자에게 자신의 자산이나 근로능력을 최대한 활용할 것을 요구하거나 친족부양이나 타법률에 의한 부양을 우선적으로 적용할 것을 요구하는 등 반대급부를 요구하는 등가교환적 보족성(補足性)의 원리를 추구하고 있다. 이처럼 사회보장법은 이러한 점들로 인해 시민법적 속성을 유지하도록 하는 것으로 해석될 수 있는 것이다(渡邊洋三, 1981a: 164~165).

이러한 조화론적 입장에서 와타나베(渡邊洋三)는 사회법의 한 분야인 사회보장법을 시민법의 발전과정에 있는 법으로서 설명한다(渡邊洋三, 1981a: 166~167). 즉, 사회보장법은 개인간의 부등가교환이 사회적 정의로 될 때 성립하는 것이며, 이 경우 부등가교환은 시민법상의 '증여'와 유사하다고 본다. 그러나 사회보장은 시민법상의 증여계

68

약과 같이 은혜롭고 일방적인 것이 아니라, 타인의 것에 있는 자기의 몫과의 관계에서 오는 것으로서, 현재 타인의 것은 내일의 자기의 것이며 그 역(逆)도 성립한다는 것이다. 예를 들어, 현대사회의 특성상 오늘 비장애인이 내일 교통사고나 재해로 장애인 또는 빈민이 될 수도 있는 것이다. 따라서 장애인이나 장해자(障害者)를 위해서 사회보험상의 기여금이나 세금을 내는 것은 본인이 장해자가 되었을 때 보호를 요청할 수 있는 권리를 포함하게 된다는 것이다.

이것은 윌렌스키(Wilensky)와 르보(Lebeaux)가 그들의 저서 《산업사회와 사회복지》(Industrial Society and Social Welfare)에서 현대 사회복지의 속성을 '낯선 타인에 대한 도움'(caring for strangers)으로 이해하는 것과 같은 맥락이다(Wilensky & Lebeaux, 1980: 122; Watson, 1980: chap. 4). 즉, 현대사회에서 사회복지란 일대일의 대면적 관계에서가 아니라 낯선 타인들과의 관계 속에서 도움을 주고받도록 조직화되어 있다는 뜻이다. 사회보험제도, 조세제도를 통해 이루어지는 공공부조 및 사회수당제도 등은 개인의 의지와 별도로 그가 모르는 타인에게 도움이 전달되도록 조직되어 있어 결국 개인들은 서로 도움을 주고받는 관계를 형성한다는 것이다.

따라서 사회보장은 시민법상 개인적 자조(自助)의 원칙을 현대적 이념에 따라 집단적 자조로 변화시키는 것이며, 그것이 하나의 권리체계로서 존재한다는 특성을 가지고 있다는 것이다.

그런가 하면, 사회법을 시민법에 대한 하나의 특별법으로 보는 견해도 있다(西原道雄, 1987: 31). 이 견해에 따르면, 사회법이 시민법적 질서를 보강해주고 동시에 시민법의 내적 비판으로 등장하여 시민법적 질서를 관철시켜 그 붕괴를 막아 준다는 것이다.

이렇게 인식하는 근거는 사회법의 중요한 부분인 노동법과 사회보장법이 근본적으로 사법(私法)질서와 맞닿아 있기 때문이라는 것이다 (西原道雄, 1987: 33~34). 즉, 노동법은 사적(私的) 계약관계를 대상으로 하며, 사회보장법도 가족법상의 부양관계를 변용하거나 상법상의 보험계약을 기술적으로 도입한 것이기 때문에 사회법은 사법과 공법(公法)이 융합된 영역으로서 시민법적 질서를 보강해주는 것이라는 주장이다.

이러한 조화론적 시각은 시민법의 허구성을 비판해 온 노동계급의 규범의식, 즉 생존에의 요구가 규범적으로 정당하다는 생존권 의식의 실천적 지향이 사회법을 탄생케 했다는 역사적이고 역동적인 측면을 간과한 한계를 지니고 있다(윤찬영, 1995: 47). 또한 이것은 1980년대 이후 나타나는 '사회법의 시민법화' 현상과 같은 역류된 현상을 정당화시켜 줄 소지가 다분한 것이다(정인섭, 1991: 39~40). 여기에서 사회법의 시민법화란 국가복지의 책임을 시장기제로 환원하려는 신보수주의가 추구했던 복지국가의 축소전략을 법적 관점에서 표현한 것이다. 즉, 사회법에 전통적 시민법상의 법리를 가미하여 결국은 시장논리를 통해 재화를 분배하려는 기도인 것이다.

이와 같이 사회법과 시민법을 상호 조화로운 관계 속에서 보려는 입장은 사회법이 예정하는 인간의 입장에서 보는 관점이 아니라 기존의 지배질서를 유지하고자 하는 세력의 입장에서 보거나 그에 도움을 주는 체제유지적 관점의 산물로 평가할 수 있다.

(2) 갈등론적 시각

조화론적 시각과는 달리, 사회법과 시민법을 대립적으로 파악하는 경우도 있다. 사회복지정책이 경제성장에 걸림돌이 된다거나 사회복지정책은 시장의 원리에 반(反)한다고 보는 입장과 같은 것이다. 시민권이론으로 유명한 마샬(T. H. Marshall)의 주장이 그러하다. 마샬은 시민권이 진화되어 가는 과정을 분석하면서, 영국의 경우 18세기에서 19세기에 걸쳐 공민권(civil right)이 확립되었고, 참정권(political right)은 19세기와 20세기 사이에, 사회권(social right)은 20세기 중반에 형성되었다고 했다(Marshall, 1963: 81).

그는 시민권을 계급론적 관점에서 파악하는데(Marshall, 1977: 121), 우선, 자본주의는 효과적 기능수행을 위해 공민권과 참정권의 분화를 필요로 했다는 것이다. 왜냐하면 공민권과 참정권은 평등개념에 기초한 것이기 때문에 자본주의의 운용을 위협하거나 붕괴시키지 않고 오히려 자본주의의 계약제도, 공정한 계약, 경제적 개인주의 등을 가능케 해주었기 때문이라는 것이다. 그러나 사회권에 와서는 얘기가 달라진다는 것이다. 사회권은 복지제도의 기초가 되는 것으로서 자본주의적 원칙과 대립하고 있으며, 따라서 20세기의 시민권인 사회권은 자본주의사회의 계급구조와 일종의 전쟁상태에 있다고 본다.

마샬의 논리를 종합해보면(Turner, 1986: 25), 첫째, 자유주의적 또는 공리주의적 권리관은 계급이익의 표현이며 이것은 본질적으로 개인주의적인 것으로서, 이러한 권리들은 자본주의와 양립할 수 있을 뿐 아니라 자본주의 시장구조는 이러한 권리들을 요구한다는 것이다. 그러나 둘째로 대표자 선출과 사회적 참여를 위한 노동계급의 투쟁으로 말미암아 새로운 형태의 권리로서 사회권이 등장하게 되었고, 이는 사회복지제도의 기초로서, 공민권과 참정권과 같이 환상에 불과했던 형식적 평등원칙에 대립한다는 것이다.

이러한 마샬의 입장은 사회법과 시민법의 관계를 대립적이고 갈등적인 것으로 파악하게 해준다. 그는 사회복지제도의 발달을 노동계급의 투쟁 속에서 찾았으며, 따라서 노동계급의 이해는 자본주의적 논리와 맞서는 것이라는 인식을 가지고 있었던 것이다.

사회법과 시민법을 갈등관계 또는 대립관계로 보는 시각은 사회권 또는 사회복지원리의 특성을 부각시킬 수 있는 장점은 있으나 사회법 또는 사회권을 지나치게 일면적이고 단선적으로 이해하는 결함을 가지고 있다. 따라서 사회법이 시민법의 논리에 배치되는 실천적 원리를 견지한다고 해도 자본주의사회는 계속 존재하고 또한 그 사회문제 역시 여전히 존재하는 현실을 설명할 수 없는 것이다(윤찬영, 1995: 49).

(3) 변증법적 시각

시민법은 자본주의적 상품관계에서 유통적, 교환적 측면만을 규정하고 있을 뿐, 그 배후에서 작용하는 생산관계와 그것에서 파생하는 분배문제에 대해서는 도외시한다. 즉, 시민법은 자본주의사회의 외형적 현상만을 반영하고 규율할 뿐 그 본질적인 부분에 대해서는 침묵하고 있다는 것이다. 바로 이러한 자본주의의 배후에 대해 일대 수정을 추구하는 것이 사회법이기 때문에 사회법은 시민법에 대해 현상적으로는 역사적 연속성을 공유하면서도 대립적 속성을 띠고 있다. 그러므로 양자의 관계를 변증법적 관점에서 보아야 할 필요가 있는 것이다(윤찬영, 1995: 49~50).

사회법이 단순히 시민법을 보완하려는 것이라든지, 아니면 대립적이라든지 하는 따위의 설명은 지나치게 도식적이며 정태적(靜態的)인 인식이다. 사회법은 시민법을 근거로 하여 탄생했지만 궁극적으로는 시민법을 지양(止揚)하려는 법으로 보아야 한다.

사회법을 인식할 때, 거시적이고 역사적인 안목을 가지고 법질서의 변화과정에 주목해야 할 것이다. 왜냐하면 사회법은 변화하는 법이기 때문이다. 그것은 주어진 역사적 제(諸) 조건의 모순적 상황으로부터 생겨난 법이며, 시민법적 현실의 모순과 부단히 상호작용하는 법이다.

따라서 사회법은 시대와 사회마다 현상적 존재양태가 다를 수밖에 없다. 경우에 따라서는 현실적으로 시민법적 요소를 상당히 내포할 수도 있고 또한 존재하는 기존의 시민법적 법질서와 충돌하며 문제를 야기하는 경우도 있을 것이다. 그것은 자본주의적 시장관계에서 나타나는 계급적 이해의 갈등이 함수관계로 표현될 것이기 때문이다.

3) 사회법 및 사회복지법의 원리

이제 시민법 원칙에 대한 수정원리로서 현재 그것의 대립물로 존재하면서도 조화적 기능도 수행하는 것으로 보이기도 하면서, 또한 지속적으로 생성·변화해 온 사회법의 성격을 정리해보자.

(1) 계약의 공정성

시민법은 쌍방의 자유로운 결정으로 상호계약을 체결하는 평등한 권리주체만을 알고 있었을 뿐, 기업주에 대해 열세에 처해 있는 노동자는 알지 못했으며 이러한 열세를 보완하기 위한 노동계급의 연대성도 알지 못했다(Radbruch, 1981a: 29). 시민법상의 계약자유의 원칙은 시민사회 초기에 신분구속적 사회에서 탈피하여 자본주의 발달에 기여한 원칙이었으나, 이것이 내재하는 남용의 가능성은 현실적으로 노동과 자본 사이의 불평등을 그대로 반영하게 되었다(오규석, 1993: 249 ~250). 이러한 계약자유의 원칙은 결국 이를 통해 사람에 의한 사람의 지배를 정당화시켰던 것이다.

상대적으로 열세에 있는 노동자가 자본가와 어느 정도 대등하게 계약을 맺기 위해서는 시민법체계에서와 같이 자연인 일대일의 계약이 아니라 노동자가 집단적으로 계약의 주체가 될 수 있는 것에 합법성을 부여할 필요가 있었다. 즉, 노동조합과 같은 단체를 계약이라는 법률행위의 주체로 인정해야 하고 또한 계약내용에서도 노동시간 및 노동조건에 대해서 일정한 제한범위를 설정해주는 것이 필요하였다.

이와 같이 노동자들의 연대에 기초한 노동조합의 구성과 노동운동은 계약자유의 원칙에 일대 수정을 가하는 새로운 법영역을 탄생케 했다. 이렇게 해서 자유계약의 원칙을 수정한 법영역은 노동법을 중심으로 발전했다(김치선, 1992: 88).

물론, 사회보험법의 경우에도 계약자유의 원칙이 수정된 것으로 볼 수 있다. 사회보험이란 국가와 개인 사이에 강제계약을 통해 이루어지기 때문이다. 그러나 기본적으로 사법적(私法的)인 관계에서 계약의 당사자인 자본과 노동의 사이에 국가가 계약자유의 원칙을 수정하는 의미로 개입하는 것은 국가와 국민 사이의 공법적(公法的) 관계에서 이루어지는 강제계약과 그 성격이 다르다고 보아야 할 것이며, 이러한 측면에서 계약자유의 원칙의 수정은 우선적으로 노동법을 탄생시켰고 더 나아가 사회보험법까지 탄생시킨 것으로 볼 수 있다. 실제 역사적 발생순서로 보아도 노동법이 사회보험법보다 먼저 생겼으니 말이다.

또한 비교적 최근에 등장한 입법으로서 소비자를 기업의 독점적 이윤의 횡포로부터 보호하기 위한 소비자보호입법이나 주택의 임차인을 보호하기 위한 법들도 주로 계약자유의 원칙에 대한 통제적 입법으로 볼 수 있다. 자본주의사회에서 사람들이 생존에 필요한 재화를 얻는 것은 계약관계를 통해서 가능한데, 이러한 법들은 실질적으로 대등하게 계약에 참여할 수 없는 약자를 위한 입법이다. 또한 계약에 참여하기 어려운 노동무능력자와 노동능력은 있으나 계약관계에 참여의 기회가 실질적으로 제한되어 있는 실업자 등에 대해서는 국가가 법으로 생존을 보장해 계약자유 원칙의 사각지대를 보완하는 것이다.

(2) 소유권의 사회성

경쟁적 자본주의가 독점화되면서 불평등은 심화되었고, 이는 사회로 하여금 더 이상 사적 소유권의 신성불가침을 용납하기 어렵게 만들었다. 즉, 물권(物權)과 채권(債權)을 포함하는 사적 소유권은 사회적으로 행사되는 것을 기대해 개인에게 맡겨지는 것으로 해석되기 때문에 만일, 이 기대가 충족되지 않을 경우에는 언제든지 철회할 수 있는 한정적 조건부로서의 권리이지 그 자체로서 무한정의 신성불가침의 권리는 아니게 된 것이다(Radbruch, 1981b: 195).

그리하여 국가는 무제한적 소유에 대해서 일정한 제한을 가하기 시작했다. 소유권이란 재화의 사용·수익·처분에 대한 권한을 그 내용으로 하기 때문에 재화의 보유 자체를 제한하기보다는 소유권의 내용에 따라 적절한 제한을 가하기 시작한 것이다. 예를 들어, 세법상 조세를 통한 통제, 이자의 상한선을 규제하는 법, 각종 경제활동의 규제에 관한 법 등이 자본의 무제한적 소유에 대한 제동장치로서 작용하게 된 것이다.

대부분의 현대국가는 이러한 소유권의 사회성에 대한 것을 헌법을 통해 규정하고 있다. 그 효시는 독일 바이마르(Weimar) 공화국 헌법 제153조로서 소유권의 내용과 한계를 법률에 유보했으며 같은 조 제3항에서는 소유권의 사회적 의무를 명시했다. 우리나라 현행 헌법도 제23조 제1항에서 재산권의 한계를 법률에 위임하고 있으며, 같은 조 제2항에서는 재산권의 행사는 공공복리에 적합하도록 해야 한다는 의무규정을 두고 있다. 따라서 소유권은 개인의 무제한적 권리가 아닌 것이다.

이렇게 경제법은 독점화된 자본주의경제에 대해 정치권력의 개입을 긍정하고, 국가가 국민경제의 건전성을 보존하고 국민의 복지증진을 위해 경제를 통제하기 위한 법인 것이다(김려수, 1964: 164).

또한 사회복지법도 소유의 물적 기초가 취약한 자에게 소득의 재분배, 실질적 평등의 추구 등을 통해 소유권을 오히려 강화시켜 주고 상대적으로 가진 자에 대해 그 소유권 및 재산권을 통제하는 기능을 수행하기도 한다(윤찬영, 1994a: 180).

(3) 집합적 책임

시민법상 과실에 대한 자기책임의 원칙은 자본주의사회의 구조적 모순, 산업사회에서의 변동과 갈등으로 나타나는 사회문제와 관련이 깊다. 자본가와 유산자는 이제 더 이상 자신의 고의 또는 과실에 대해서만 책임을 지면 모든 것이 문제가 되지 않는 상황에 있지 못하게 되었다. 그러나 고의나 과실은 개인의 구체적 행동 속에서 밝혀질 수 있는 것이지 구조적 문제에 대한 기준으로는 적합하지 못한 것이다.

산업재해 문제를 예로 들어보자. 산업재해 문제에 대해서 사용자의 과실책임주의에 입각해 불법행위법이나 계약법의 원리로 해결하던 시민법적 접근은, 영국의 경우 사용자의 무과실책임주의를 도입한 '노동자보상법'(Workmen's Compensation Act) 같은 제도로 변천했고, 이는 또한 용어도 배상(liability)에서 보상(compensation)으로 변화하게 된 것이다(윤찬영, 1992: 562). 배상은 불법행위에 대한 손해배상을 의미하며, 보상은 적법행위에 따르는 손실에 대한 보상을 의미한다.

그러나 이것은 책임의 기준에서 볼 때, 기본적으로 노동보호법적인 성격을 갖는, 아직은 과도기적 제도로서 자본과 노동의 관계에 초점을 둔다고 볼 수 있다(윤찬영, 1992: 563). 다시 말해서, 자본과 노동력의 소유가 분리되는 자본주의체제하에서 노동력을 지배하는 노사관계의 구조 자체가 재해의 위험을 필연적으로 내포하고 있다고 보고, 그에 대한 보상책임을 노사관계에 관련시켜 자본의 책임을 물으려는 목적을 갖는 것이라 하겠다(김진국, 1987: 31).

그러나 무과실책임주의도 재해의 결과가 피재(被災)노동자와 그 유가족의 생존과 생활에 미치는 치명적 영향을 보장해주지는 못하고, 자본주의적 생산관계의 사회적 성격으로 인해 산업재해를 하나의 사회문제로 인정할 수 있기 때문에 개별자본가 개인에게 책임을 묻는 것보다는 총자본이 위험공동체를 조직해 집합적 책임을 지도록 한 것이 사회보장의 일환으로 도입된 산업재해보험제도인 것이다.

한편 봉건사회의 공동체적 성격이 파괴되면서 상호의존성 또는 호혜성의 기제가 더 이상 작동하지 않게 되어, 자본주의사회의 논리에 따라 자본이나 노동력을 소유하지 못한 사람들은 자신의 욕구충족의 길을 차단당할 수밖에 없게 되었다. 또한 노동력을 소유한 사람들도 자신의 노동력을 판매할 기회를 갖지 못하는 경우, 계약자유의 원칙으로 자본에 비해 상대적으로 열등한 처우를 받는 경우에 자신의 생존 또는 생활상의 문제를 다른 방법으로 만회할 수는 없게 되었다.

시민법의 시계(視界)에는 이러한 부류의 사람들이 포착될 수가 없었다. 설사 빈민법 등을 통하여 빈민들에게 급부를 제공하는 경우에도, 현상적으로 가지지 못한 존재로서 파악은 되었지만 그것은 시민사회의 개인으로서 독립성이 부정되는 것이었기 때문에 현대적 사회법상의 인간의 사회성과는 근본적으로 다른 것이었다(김유성, 1992: 132~133).

그리하여 시민법이 지향해오던 법적 보편성의 추구는 더 이상 설득력을 가질 수 없게 되었고, 그 대신 특정한 사회적 범주를 갖는 사람들을 위한 법이 필요하게 되었던 것이다.

요컨대 집합적 책임의 원칙이란 개인의 인간적 욕구를 충족할 수 없는 상황을 발생시키는 사회문제는 유산자이든 무산자이든 특정 개체에게 과실책임을 물을 수 없고 공동체의 책임이라는 원리로 승인해야 한다는 것을 강조한 것이다. 이것은 재해, 질병, 빈곤 등의 본질적 원인이 개인의 고의나 과실과 같은 결함에 있는 것이 아니라 사회구조 자체에 있다는 것을 인식하고 사회가 공동으로 책임질 수 있는 제도를 마련해야 한다는 것을 뜻한다.

이렇게 자기책임의 원칙을 수정하여 집합적 책임의 원칙으로 전화(轉化)시키고자 하는 사회법은 주로 사회보장법, 사회복지서비스법, 기타 사회정책관련법 등을 중심으로 전개되어 나갔다.

4) 사회법 및 사회복지법의 사명과 변동

이상과 같이 사회법 또는 사회복지법은 사회변동에 의해 끊임없이 생성되는 새로운 사회적 약자, 사회적 소수자 집단을 대변하고 그들의 권익을 옹호하기 위한 법이다.

오늘날 우리나라에서도 노숙인, 독거노인, 편부모가정, 다문화 가정 등 새로운 욕구집단이 생겨나 급격히 증가하고 있다. 이에 대처하기 위하여 노인장기요양보험법, 다문화가족지원법, 노숙인 등의 복지 및 자립지원에 관한 법률 등이 제정되고, 모자복지법이 모·부자복지법으로 개정되었다가 다시 한부모가족지원법으로 개정되었다.

이와 같이 사회변동의 피해자가 누구인가, 누가 사회적 도움을 필요로 하는 집단 또는 계층인가를 찾아내어 그들의 이익에 봉사하고자 하는 규범적 목적을 갖는 법을 새롭게 창조하여 나타나고 발전하는 것이 사회법, 특히 사회복지법이다.

따라서 사회복지법에 대한 관심은 새로운 사회적 소수자, 배제된 집단을 찾아내는 성찰과 이를 위한 가치규범을 만들어 내는 것이 사회복지법학의 사명이요 실천이라 하겠다.

또한 자본주의 경제위기는 전통적 시장경제 방식과 이에 대응했던 전통적 사회복지제도의 방식에 변화를 요구하고 있다. 경제적 약자를 위한 금융경제인 마이크로 크레딧(*micro credit*), 공익적 목적을 위한 기업방식의 실천인 사회적 기업 등이 그것이다. 이러한 제도와 실천은 필연적으로 새로운 법의 등장을 요구하게 되는데, '사회적 기업 육성법'을 예로 들 수 있겠다.

이 법에 따르면, "사회적 기업"이라 함은 취약계층에게 사회서비스 또는 일자리를 제공하여 지역주민의 삶의 질을 높이는 등의 사회적 목적을 추구하면서 재화 및 서비스의 생산·판매 등 영업활동을 수행하는 기업이다(사회적 기업 육성법 제2조 제1호). 여기에서 전단부는 사회적, 공익적 목적을 말하는 것이고, 후단부는 기업활동을 의미한다. 그리하여 이 법은 사회적 기업을 지원하여 우리 사회에서 충분하게 공급되지 못하는 사회서비스를 확충하고 새로운 일자리를 창출함으로써 사회통합과 국민의 삶의 질 향상에 기여하는 것을 목적으로 한다(같은 법 제1조). 또한 2012년 1월에는 협동조합기본법이 제정되어 12월부터 시행되었다.

이렇게 경제분야와 복지분야가 융합하는 새로운 법영역의 출현은 곧 사회법의 역동적 변화의 모습을 나타내는 것이다. 이와 같이 사회법, 특히 사회복지법은 사회변동으로 발생하는 새로운 사회적 문제와 위험, 새로운 취약계층이라는 구체적 존재를 찾아 그를 위한 집합적 책임을 이행하는 것과 관련된 새로운 법을 창조한다.

제3장
사회복지법의 법원과 개념범주

사회복지법을 연구할 때, 초심자들을 당황하게 만드는 대표적 예는 사회복지법에 관련된 용어의 난립과 그에 따르는 개념상의 복잡성이다. 이것이 정리되지 않고서는 사회복지법에 대한 논의 자체가 어렵게 된다. 그리하여 이 장에서는 사회복지법의 존재형태인 법원(法源)에 대해서 살펴보고, 기존의 사회복지법 개념의 문제를 해부한 뒤 좀 더 타당하고 체계적인 사회복지법의 개념적 범위를 설정해보고자 한다. 그리고 사회복지법과 연관되는 제반 영역의 법들과의 비교를 통해 사회복지법의 개념을 명확히 하고자 한다.

1. 법원의 개념

법원(法源)이란 '법의 연원'(Rechtsquelle, source of law)의 축약어이다. 법원의 의미는 다음과 같이 다양하게 사용된다(엄영진, 1989: 123).

(1) 법을 형성하는 기관으로서 신, 군주, 국민 또는 국가 등
(2) 법을 구성하는 재료로 종교, 도덕, 관습, 판례, 조리, 학설 등
(3) 법률지식을 얻는 자료로서 법전, 판결록, 저서, 논문 등
(4) 법이 존재하는 형식으로서 성문법 및 불문법 등

이 중에서도 법원이라 할 때에는 첫째, 실질적이며 광의의 개념으로서 법을 형성하는 원동력 또는 법규범의 타당성의 근거 또는 근원으로서의 법원을 말하거나, 둘째, 형식적이며 협의의 개념으로서 법의 존재형식 또는 현상형태의 의미로 사용된다(손주한, 1981: 55; 엄영진, 1989: 123). 그러나 가장 흔히 사용되는 개념은 법의 존재형태를 가리키는 것으로서 법관이 재판의 기준으로 적용하는 객관적 법규범을 법원이라고 한다.

일반적으로 법원에는 그 표현양식에 따라 성문법(成文法)과 불문법(不文法)이 있다. 성문법에는 헌법, 법률, 명령, 조례, 규칙, 국제조약 등의 국제법규 등이 있고, 불문법으로는 관습법, 판례법, 조리(條理) 등이 있다.

여기에서 판례법을 주목할 필요가 있다. 우리나라에서 일반인들은 판례도 법인 것처럼 받아들이는 경향이 있다. 그러나 성문법주의를 채택하는 우리나라에서 판례는 엄연히 법이 아니고 그냥 판례일 뿐이다. 불문법의 전통을 가지고 있는 영·미법계에서는 판례도 주요한 법원으로 인정되어 판례법이 성립되지만, 대륙법계를 따르는 우리의

입장에서는 판례는 법원이 아니다. 예컨대, 판례에서 어떤 결정을 내렸다 하더라도 이후 다른 사안에서 반드시 그 판례를 따라야 할 의무는 없다. 얼마든지 선행 판례와 상반되는 판례가 가능하다. 판례는 참고사항이지 구속력 있는 법규범이 아니기 때문이다. 그러나 현실적으로 상급 법원의 판례나 선행 판례를 쉽게 무시할 수는 없다. 대개 존중되는 경향이 있으며, 일단 판례가 주어지면 일반 국민들의 법감정에서도 그것을 법규범으로 받아들이려는 경향이 있기 때문에 판례는 불완전하나마 법원으로서의 기능을 담당하는 것으로 보아야 한다. 우리나라 사회복지법 분야에서도 점차 판례가 증가하는 추세에 있기 때문에 앞으로 이 부분에 대한 연구가 필요할 것이다.

어쨌든 사회복지법의 법원이란 사회복지에 관한 실정법(實定法)의 인식근거 또는 그 존재형식을 말하는 것으로서 사회복지와 관련하여 그 급여 및 서비스의 내용, 서비스를 제공하기 위한 조직과 그 관리·감독의 기준이 법률 등에 의해 어떠한 형식으로 표현되는가 하는 것(佐藤進, 1985: 158), 즉 사회복지법의 원천과 존재양식을 의미한다.

또한 단일 법률로 되어 있지 않고 사회복지 및 관련 용어로 법의 명칭이 규정되어 있지 않더라도 일부 조항이 사회복지에 대해서 규정하고 있다면 그것은 사회복지법의 법원으로 보아야 할 것이다(장동일, 1996: 60). 그리고 성문법으로 규정되어 있지 않더라도 성문화된 사회복지법을 보충하는 기능을 수행할 수 있는 불문법이 존재한다면, 그 역시 사회복지법의 법원으로 보아야 한다. 판례가 대표적 예가 될 것이다.

2. 사회복지법의 기존 개념

이제 사회복지법의 법원을 토대로 하여 사회복지법의 개념을 범주화하여 살펴보자. 어떤 법들을 사회복지법이라 하며, 사회복지법에는 어떤 법들이 포함되어 있는가, 사회복지법의 존재형태는 어떠한가 등의 질문에 대해서 답을 구해 보고자 한다.

또한 아직 이론적으로 미흡한 사회복지법학의 이론체계를 확립하기 위해서 일차적 연구과제 역시 사회복지법의 존재의 범주를 확정짓는 것이다(윤찬영, 1995: 55). 이는 사회복지의 개념이 다양한 만큼 사회복지법에 대한 개념적 정의도 다양하여 매우 어려운 작업이다.

일본에서도 1960년대에서 1970년대에 걸쳐 사회복지법의 체계에 관한 연구들이 성황을 이루었는데(小川政亮, 1978: 378~382), 아직 만족할 만한 결과가 수립된 것은 아니다. 영·미권에서도 'welfare law', 'poverty law', 'social security law', 'social welfare law' 등 유사한 용어들이 혼용되는 실정이다(Mesher, 1979: 34). 한편 독일의 경우에는 1969년 브란트(Willy Brandt) 정부의 정책발표에서 시작되어 1971년 전문가위원회가 구성되면서 본격화되어 편찬된 사회법전(*Sozialgesetzbuch*, 약칭 'SGB')과 같은 통일법전이 마련되어 일단은 형식적 의미의 사회법의 범주를 확립하기는 했지만, 이것 역시 실질적 의미의 사회법 개념과 일치하는 것이 아니며(Rüfner, 1991: 10ff.), 앞에서도 살펴보았듯이 '사회법'이라는 용어가 '사회복지법'의 범주와 일치하는 것도 아니다.

그리하여 우선적으로 여러 학자들의 사회복지법 개념을 살펴본다.

1) 사회복지법과 사회보장법의 분리설

사회복지법을 개념화하는 데 가장 큰 혼선을 빚는 쟁점이 사회복지법과 사회보장법의 관계이다. 이것은 사회복지의 개념을 넓게 이해할 것인가 아니면 좁게 이해할 것인가에 따라 달리 설정될 것이다. 이 중에서 사회복지를 협의의 개념으로 이해하여 사회복지법을 사회보장법과 구별되는 다른 법으로 보는 입장이 있었다(김만두, 1991). 이것은 주로 일본 학계의 학설이었는데, 현재 우리나라에서 이 입장을 취하는 이는 거의 없는 것 같다. 그러나 이 쟁점을 분석해보면 사회복지법의 성격을 이해하는 데 도움을 준다.

이처럼 사회복지법과 사회보장법을 서로 다른 법으로 보는 근거는 다음과 같다.

첫째, 일반적으로 우리나라 법체계가 일본법을 따르는데, 좁은 의미의 사회복지법체계를 채택하는 일본의 예에 따라 우리의 사회복지법도 협의(狹義)의 개념으로 해석해야 한다는 것이다(김만두, 1985a: 20).

일본의 경우 과거 이른바 '사회복지 6법'(생활보호법, 아동복지법, 신체장해자복지법, 정신박약자복지법, 노인복지법, 모자 및 과부복지법 등)이라 해서 주로 사회복지서비스법을 중심으로 구성되어 있다. 이렇게 하는 가장 커다란 이유는 사회복지법의 범위를 광의로 해석할 경우에 사회보장법, 사회정책입법, 교육관계법 등을 포함해야 하기 때문에 사회복지법의 경계와 범위가 불명확하게 되고, 이에 따라 사회복지의 독자성, 고유성, 전문성 등을 해치게 되기 때문이라는 것이다(野川照夫·松本眞一, 1980: 2~3).

실제로 생활보호법이나 사회복지서비스법 등을 살펴보면 일본의 법과 매우 유사하다는 것을 발견할 수 있다. 단, 국가의 책임이나 급여의 범위 및 수준 등은 약화시키거나 삭제하고 개인이나 민간에 대한 규제는 강화하는 경향을 보인다(윤찬영, 1995: 57).

그러나 그렇다고 해서 법리성에 대한 고찰도 없이 일본식의 체계를 따라야 한다고 주장하는 것은 지나치게 편의적이고 심지어 학문적 사대주의가 아닌가 의심스럽다. 일본은 제 2차 세계대전 이후 신(新) 헌법을 제정하고 나서 1967년 사회보장제도 심의위원회의 '사회보장제도의 총합조정에 관한 권고'에서 사회보장을 빈곤계층대책, 저소득계층대책, 일반계층대책 등으로 구분하여 빈곤계층에게는 공적 부조, 저소득계층에게는 사회복지, 일반계층에게는 사회보험, 모든 소득계층에 공통되는 시책으로 공중위생을 제공하는 사회보장체계를 갖춘 것으로 알려져 있다(山本正淑·小山路南, 1975: 2~3).

이것은 일본 헌법이 국가의 사회복지, 사회보장 및 공중위생에 대한 책임을 규정한 것과 무관하지 않다고 볼 수 있다(京極高宣, 1987: 213~316). 즉, 소득수준에 따라 우선적 보호가 필요한 계층부터 그에 적합한 제도를 실시해 나간다는 입법정책적 순서를 표현한 것으로 볼 수 있는 것이다.

따라서 사회보장법과 별도로 사회복지법이라는 용어를 특화시킨 것은 정책목적상 사회복지서비스법의 중요성을 강조한 것으로 해석해야 적절할 것이다. 사회복지법이 곧 사회복지서비스법이라고 등치시키는 것은 그것이 포괄하는 범위를 고려해볼 때 곤란하다고 생각된다.

둘째, 우리나라 사회복지사업법 제 2조에서 사회복지사업의 정의를 내린 것을 그 근거로 하고 있다. 이 조항에 따르면 사회복지법에는 국민기초생활보장법, 아동복지법, 노인복지법, 장애인복지법, 모·부자복지법, 영유아보육법, 성매매방지 및 피해자보호 등에 관한 법률, 정신보건법, 성폭력범죄의 처벌 및 피해자보호 등에 관한 법률, 입양촉진 및 절차에 관한 특례법, 일제하 일본군위안부에 대한 생활안정지원 및 기념사업 등에 관한 법률, 사회복지공동모금회법, 장애인·노인·임산부 등의 편의증진보장에 관한 법률, 가정폭력방지 및 피해자보호 등에 관한 법률, 농어촌주민의 보건복지증진을 위한 특별법, 식품기부활성화에 관한 법률, 의료급여법, 기초노령연금법, 긴급복지지원법, 다문화가족지원법 등이 포함된다.

이 근거에 의해 사회복지가 곧 사회사업을 지칭하는 것으로 해석하는 것이다. 이것은 대단한 범주 착오이다. '사회복지'와 '사회복지사업'은 분명히 그 포함관계에서 일치하는 것은 아니다. 사회복지사업법은 일본이 전쟁 중이었던 1938년에 제정했던 '사회사업법' 대신에 신헌법의 정신에 따라 1951년 '사회복지사업법'으로 개정된 경험이 있다. 이것은 신헌법 제25조(우리 헌법 제34조에 해당됨)의 이념에 따라 전통적 사회사업에 사회복지의 이념을 강화하고자 한 것이었다(京極高宣, 1987: 213). 따라서 사회복지사업이란 오히려 사회복지보다는 사회사업에 가까운 표현이라 하겠다.

또한 사회'사업'이란 단어는 일본에서 social 'work'를 번역한 것이다. 따라서 사회사업이나 사회복지서비스를 사회복지와 일치하는 것으로 보는 것은 적절치 못한 것이다. 오히려 사회복지는 상위의 개념으로서 사회사업이나 사회복지서비스를 포함하는 것으로 보아야 할 것이다. 이와 같은 맥락에서 사회복지사업법에서 명시한 법들을 중심으로 《사회복지서비스법》이라는 책을 펴낸 박석돈 교수의 표현이 상대적으로 적절하다 하겠다(박석돈, 2000).

또한 지금은 '사회보장기본법'이 제정됨에 따라 폐기된 '사회보장에 관한 법률'을 참조해보면, 다음과 같이 규정한다.

제 2조 (사회보장의 정의) 이 법에서 '사회보장'이라 함은 사회보험에 의한 제급여와 무상으로 행하는 공적 부조를 말한다.

즉, 사회보장이란 사회보험과 공적 부조(현재의 용어는 공공부조)를 포함하는 것으로 규정하고 있다. 이것은 사회보장을 내용적으로 정의한 것이라기보다는 사회보장의 방법상의 차원에서 개념을 규정한 것으로 보아야 할 것이다.

또한 1995년 사회보장에 관한 법률을 폐기하고 새롭게 제정된 사회보장기본법 제 3조 제 1호에서는 다음과 같이 규정한다.

> 1. '사회보장'이라 함은 질병·장애·노령·실업·사망 등의 사회적 위험으로부터 모든 국민을 보호하고 빈곤을 해소하며 국민생활의 질을 향상시키기 위해 제공되는 사회보험·공공부조·사회복지서비스 및 관련 복지제도를 말한다.

이 규정에서는 사회보장을 내용적으로 정의하면서도 제도적 방법상 광범위하게 규정하고 있다. 특이한 것은 공적 부조를 공공부조로 개칭했다는 것이다.

두 법의 규정을 통해서 볼 때 공공부조법인 생활보호법(현재는 국민기초생활보장법, 이하 국민기초생활보장법과 동일하게 해석해도 무방함)은 분명히 사회보장법에 포함되는 법이다. 그런데 김만두 교수의 주장대로라면 생활보호법은 사회복지법(실제로는 사회복지서비스법)에 속하는 것이다.

사회복지법을 사회보장법과 다른 법으로 보고 이때의 사회복지법이 주로 사회복지서비스법을 말한다면 생활보호법의 위치가 문제가 된다. 즉, 생활보호법은 사회보장법인가, 사회복지법인가, 아니면 양쪽에 다 포함되는 것인가 등의 문제가 제기될 수 있다.

우선적으로 과거 생활보호법(현재의 국민기초생활보장법)은 빈민의 문제를 다루는 사회보장법이다. 그러나 빈곤이라는 문제는 경제적 결핍과 동시에 그 이면에 상처 깊은 정서적 문제가 존재하기 때문에 이 부분에 대한 접근 없이 물질의 제공만으로는 해결될 수 있는 것이 아니다(Towle, 1987: 4). 따라서 생활보호법상의 시설보호 등과 같은 비금전적 서비스를 강화하기 위해서 사회복지사업법의 구속을 받도록 규정한 것이라고 보는 것이 적절할 것이다. 실제로도 생활보호법상 주로 자활보호(제11조)와 시설보호대상자(이 시행령 제6조 제2호)가 사회복지사업법의 규정을 받게 되어 있었다.

종합하여 말하자면, 사회복지서비스법과 사회보장법은 구별될 수 있다. 그러나 사회복지법과 사회보장법은 서로 다른 별개 영역의 법이 아니다. 실제로는 사회복지서비스법을 말하면서도 그것을 사회복지법이라고 단정하고 사회보장법과 다른 법이라고 주장하는 것은 무리라고 할 수 있겠다.

셋째, 헌법상의 규정을 들어 사회복지법과 사회보장법을 구별한다. 즉, 헌법 제34조 제2항은 "국가는 사회보장·사회복지의 증진에 노력할 의무를 진다"고 규정하고 있다. 여기에서 엄연히 명문화된 규정으로 사회보장과 사회복지를 독립적으로 규정하고 있기 때문에 헌법의 입장은 사회복지를 좁은 의미로 보는 것이며 따라서 사회보장법과 사회복지법은 서로 다른 별개의 영역이라는 것이다.

그렇다면 앞에서 살펴보았던 생활보호법의 경우는 어디에 포함시켜야 하는가 하는 문제가 다시 제기될 수 있겠다. 김만두 교수의 주장대로라면 이는 사회복지법에 포함되는 것이고 따라서 보편주의적 사회보험법은 사회복지법에서 제외되는 것으로 보아야 하는데, 이는 매우 편협한 복지관(福祉觀)이라 하겠다(윤찬영, 1991: 68). 또한 이것은 사회보장법의 범위에 대해서도 문제를 야기한다. 공공부조를 제외한 사회보험만이 사회보장에 포함된다는 해석이 되기 때문이다.

한편 이러한 헌법 조문의 해석은 해석론상으로도 문제가 있다. 물론 성문법을 해석할 때, 법문(法文)의 자구(字句)에 나타난 의미를 확정하는 문리해석(文理解釋)이 일차적으로 중요하지만, 이것은 법령의 진정한 의미가 무시될 수 있는 한계가 있고 또한 법 자체가 흠결(欠缺)이 없고 논리적으로 자족성(自足性)을 갖는 완벽한 실체가 아니기 때문에 자구에 매달리는 문리적 해석방법은 경직된 방법으로 볼 수 있다. 예컨대, 현행 헌법 제37조 제1항은 "국민의 자유와 권리는 헌법에 열거되지 아니한 이유로 경시되지 아니한다"라고 규정하고 있다. 이 규정을 보건대, 현행 우리 헌법은 국민의 기본권 규정에 대해서 입법기술상 열거주의를 취하는 것이 아니라 예시주의를 취하고 있다는 증거이다(윤찬영, 1991: 68).

따라서 헌법 제10조의 "모든 국민은 인간으로서의 존엄과 가치를 가지며, 행복을 추구할 권리를 가진다. 국가는 개인이 가지는 불가침의 기본적 인권을 확인하고 이를 보장할 의무를 진다"는 규정을 목적론적으로 해석하여 적용할 필요가 있다. 이 규정을 유추해석해보면 헌법의 기본권 조항의 자구에 대한 해석에서도 자구 자체에 지나치게 구속될 필요가 없다고 보아야 한다. 물론, 이렇게 하더라도 명시된 법조문의 근본적이거나 중요한 뜻을 해쳐서는 안 된다.

헌법 제34조 제2항은 제1항의 "모든 국민은 인간다운 생활을 할 권리를 가진다"는 사회권적 기본권에 상응하는 국가의 의무를 규정한 조항이다. 따라서 이 조항에서 '사회보장·사회복지'라는 표현은 사회복지나 사회보장의 개념을 명확히 표현할 수 없어 기술적으로 예시된 것이기 때문에 양자가 서로 다른 것이라든지 또는 그 포함관계가 분명하게 나타난 것은 아니다(윤찬영, 1991: 68).

문제의 이 조항은 5공화국 헌법에서 규정된 것이다. 3공화국 및 4공화국의 헌법에서는 "국가는 사회보장의 증진에 노력해야 한다"라고 규정되어 있었다. 따라서 헌법을 기초한 사람들이 사회보장이나 사회복지의 개념에 대해서 명확한 이해를 하고 있었는지 의문스럽다.

먼저 이 조항은 다음과 같은 일본 헌법 제25조를 참고한 것이다.

> 제25조 ① 모든 국민은 건강하고 문화적 최저한도의 생활을 할 권리를 갖는다.
> ② 국가는 모든 생활부면에서 사회복지, 사회보장 및 공중위생의 향상과 증진에 노력해야 한다.

또한 5공화국 헌법개정 당시 몇 가지 시안이 있었는데 이 조항을 중심으로 정리해보면 〈표 3-1〉과 같다(김철수, 1985).

이 표에서 볼 수 있듯이 공화당 안은 '사회보장, 사회보험', 대한변협 안은 '사회복지와 사회보장', 통일당 안과 신민당 안은 '사회보장', 국회개헌특위 안은 '사회보장·사회복지' 등으로 표기하고 있다. 공화당 안에서 보듯이 사회보장과 사회보험이 정말 별개의 것이라서 별도로 표기했다고 보아야 하는가? 다른 안들도 마찬가지이다. 사회보장과 사회복지가 서로 다른 독자적 범주이기 때문에 별도로 표기했다고 보아야 하는가? 이와 같은 안들을 보면 각 제안자들은 사회복지나 사회보장에 대해서 최소한 그 용례(用例)조차 구별하지 못하는 것임을 알 수 있다.

이렇게 불분명한 표현을 한 것은 결국 일본 헌법을 참고하는 과정에서 발생한 것이다. 일본 헌법 제25조는 미군 점령기인 1946년에 미군의 의도에 따라 규정된 것이며 사회복지, 사회보장, 공중위생 등의 나열식 표현은 과학적 근거에 의한 것이라기보다는 단지 미국의 관습적 표현에 따른 것으로 볼 수 있다(孝橋正一, 1977: 19~20).

따라서 현행 우리 헌법의 제34조 제2항에서 자구 그대로 사회복지와 사회보장을 각각 독립적 범주로 파악하는 것은 문제가 있으며, 이에 따라 사회복지법과 사회보장법을 서로 다른 법이라고 보는 것은 적절하지 못하다.

〈표 3-1〉 5공화국 헌법개정 시안

6인 학자 안 (김철수 외 5인)	제33조 ① 모든 국민은 인간다운 생활을 할 권리를 가진다. ② 생활능력이 없는 국민은 국가에 대해 생활보호를 청구할 권리를 갖는다.
공화당 안	제20조 ① 모든 국민은 인간다운 생활을 할 권리를 가진다. ② 국가는 모든 국민의 생활을 보장하기 위해 적절한 사회보장, 사회보험의 증진에 노력할 의무를 진다. ③ 생활능력이 없는 국민은 법률이 정하는 바에 의해 국가의 보호를 받는다.
대한변협 안	제32조 (사회보장) ① 모든 국민은 인간다운 생활을 할 권리를 가진다. ② 국가는 사회복지와 사회보장의 증진에 노력해야 한다. ③ 생활능력이 없는 국민은 법률이 정하는 바에 의해 국가의 보호를 받는다.
통일당 안	제23조 국가는 사회보장의 증진에 노력해야 하며 노령, 질병, 기타 근로능력의 상실로 생활능력이 없는 자는 법률이 정하는 바에 의해 국가의 보호를 받는다.
국회개헌특위 안	제32조 ① 모든 국민은 인간다운 생활을 할 권리를 가진다. ② 국가는 적절한 사회보장·사회복지의 증진에 노력할 의무를 진다. ③ 생활능력이 없는 국민은 법률이 정하는 바에 의해 국가의 보호를 받는다.
신민당 안	제30조 ① 모든 국민은 인간다운 생활을 할 권리를 가진다. ② 국가는 사회보장의 증진을 위한 필요한 예산을 매년 계상(計上)해야 한다. ③ 생활능력이 없는 국민은 법률이 정하는 바에 의해 국가의 보호를 받는다.

넷째, 사회보장은 갹출을 전제로 하는 것이고 사회복지는 무갹출을 전제로 하기 때문에 사회보장법과 사회복지법은 서로 다르다는 주장이다. 여기에서 다시 한 번 공공부조가 논란이 된다. 무갹출을 원칙으로 하는 공공부조가 사회보장에서 하나의 방법론인 것은 분명하다. 그런데 이것이 사회보장법에는 포함되지 않고 사회보장법과는 구별되는 사회복지법에 포함된다는 것은 이해할 수 없다.

또한 사회보장에서 갹출이냐 무갹출이냐 하는 것은 정책적 수단이나 기술상의 문제이지 법리상의 구별 기준이 될 수 없는 것이다(김유성, 1992: 102~103). 실제로 사회보험제도를 운영하면서 가입자의 갹출에 의존하지 않고 정부부담에 의해 이루어질 수도 있는 것이다. 따라서 갹출과 무갹출은 제도의 기술적 선택의 문제일 뿐이다.

다섯째, 사회복지법의 영역을 광의로 해석하게 되면 사회보장법에 대한 독자성을 상실해버린다는 주장이다. 이러한 주장은 애초부터 사회복지법을 협의로 인식하기 때문에 제기되는 것이다. 여기에는 타당한 이론적 근거가 있는 것이 아니며, 사회복지법과 사회복지서비스법을 등치(等値)시켜서 사회보장법과 분리시키려는 목적론적 해석에 치우친 것이다.

이 주장의 근저에는 사회복지법을 정책적 방법상 사회보험, 공공부조, 사회적 서비스 등으로 분류하려는 의식이 기본적으로 자리 잡고 있는 것으로 볼 수 있으며, 서로 다른 법리로 인해 사회보장법과 사회복지법을 구분하려는 것은 아니다.

2) 사회보장법의 하위개념으로서 사회복지법

이러한 입장은 우리나라 법학에서 취하는 다수설적 입장이다(김유성, 1985, 1992; 박송규, 1988; 전광석, 1990; 민경식, 1992; 장훈, 1984). 이 주장에서는 사회복지법을 단순히 사회보장법과 구별되는 독립적 법영역으로 보는 것이 아니라 사회보장법이라는 커다란 범주에 포함되는 하위개념으로 파악한다. 즉, 사회보장법은 사회보험법, 공공부조법, 사회복지법 등으로 구성되는 것으로 보기 때문에 사회복지법은 사회보장법의 일부분일 뿐이라는 것이다. 그리하여 사회복지법 대신에 사회보장법이라는 용어를 일반적인 것으로 취급한다.

왜 이와 같이 주장하는 것일까? 그 지적(知的) 근원을 살펴보자. 최초로 사회보장(social security)이라는 용어가 사용된 것은 1935년 미국의 사회보장법(Social Security Act)에서 유래한다. 그러나 제2차 세계대전에서 영국과 미국은 연합군의 중심이었고 독일의 나치즘에 대항하는 정치적 슬로건으로 이 용어를 채택했기 때문에 독일에서는 오랫동안 '사회보장'이라는 용어를 거부했다(유광호, 1985: 165). 그리하여 지금까지도 소수의 사회민주주의계열 저술가들이 주로 사용하는 '사회보장'이라는 용어는 독일에서 미처 통일되지 못하는 실정이다. 그 대신, 두 가지 용어가 사용되고 있는데, 사회보증의 뜻을 지닌 'soziale Sicherung'과 사회안정의 뜻을 가진 'soziale Sicherheit'이다. 전자는 실천적 행위를 강조하는 용어인 반면, 후자는 정책목표로서의 의미가 강조된다(Kaufmann, 1973: 91~92).

그러나 독일은 이미 1880년대에 비스마르크에 의해 세계 최초로 사회보험입법을 제정했다. 사회보장이라는 용어는 사용하지 않았지만 실질적으로 근대적 사회보장제도의 출발점으로 볼 수 있는 것이다. 이리하여 독일은 주로 사회보험법을 중심으로 사회보장제도가 발전되었다.

최초의 산업화된 국가인 영국에 비해 거의 1세기 정도 늦게 산업화를 추진했던 독일이 그럼에도 불구하고 이렇게 사회보험법이 발달하게 된 이유는 무엇인가? 이것은 현대화이론이나 산업화론으로 설명되지 못하는 부분인데, 법적 관점에서 설명하자면 다음과 같다.

로마법을 계수(繼受)하여 주로 사법(私法)이 지배했던 영·미법계(法系)에 비해 독일은 전통적으로 공법(公法) 관계가 발달했다. 또한 독일은 로마법을 계수한 이후에도 여전히 게르만법적 사상이 남아 있었다. 집단주의적 성향이 강했던 게르만법의 전통은 영·미에 비해 보험제도의 발달을 가능케 했다. 이것은 독일이 사회보험을 도입할 수 있게 해준 요인으로 작용했던 것이다.

이와 같은 특징을 갖는 독일의 법체계는 일본에 계수되었고, 일본의 법체계는 식민통치를 통하여 우리나라에 이식되어 현재까지 영향을 미치고 있다. 그 결과 우리나라 법학의 입장에서는 사회보장법에 관한 관점도 독일과 일본의 영향으로 사회보험법 중심으로 보는 것 같다.

그래서 영·미권에서 발달한 사회복지서비스의 개념을 정확하게 포섭시키지 못하는 것 같다. 예를 들어, 김유성 교수는 영국에서의 사회보장 개념을 'social service'로 이해하고 있으며(김유성, 1992: 42), 또한 사회복지의 개념에 대해서 '애매하다', '불명확하다', '일률적으로 결정할 수 없다' 등(김유성, 1992: 18, 29) 자신 없는 태도를 보이면서도 사회보장법의 개념에 사회복지법을 포함시키고 있다.

또한 사회복지법을 주로 사회복지서비스법과 동일시하여 사회복지법의 예로서 아동복지법, 모자복지법, 노인복지법, 장애인복지법 등을 제시하는데(김유성, 1992: 제 2편), 이러한 사회복지서비스법의 일반법인 사회복지사업법은 제외시키고 있다. 사회보험법과 공공부조법을 총괄하는 과거의 '사회보장에 관한 법률'을 다루면서 '사회복지사업법'을 논의 대상에서 제외시키는 근거는 무엇인가? 우리나라의 법학자들이 집필한 사회보장법 관련 저술들 중에서 사회복지사업법을 다루는 책은 한 권도 없다. 이것은 결국 사회복지의 전반적 체계에 대한 이해가 부족한 탓으로 돌릴 수밖에 없을 것 같다.

이상의 논의를 종합해보면, 법학에서의 입장은 독일중심의 사회보장법을 토대로 하면서 영·미식의 사회복지서비스를 대충 사회복지라고 보고 이를 사회보장의 하위개념으로 편입시키는 편의적 해석을 하고 있다고 볼 수 있다. 이는 현행 우리의 입법과도 어울리지 않는 해석이다. '사회복지사업법' 제2조, 폐기된 법률이지만 '사회보장에 관한 법률' 제2조, '사회보장기본법' 제3조 등을 종합해볼 때, 사회복지법이 곧 사회복지서비스법도 아니고 사회복지법이 사회보장법을 구성하는 하위범주도 아닌 것이다.

따라서 이러한 주장은 사회보장법과 사회복지법을 각각 독립된 별개의 영역으로 보는 앞의 분리설에서의 주장과 마찬가지로 사회복지의 범위를 사회복지서비스 분야에만 고정시켜 사회복지를 지나치게 한정적으로 인식하는 것이며, 사회보장 중심의 독일식 전통의 법개념을 고수하려는 자세에서 기인한다고 본다.[1] 사회복지의 법체계는 독일법계에만 한정시킬 수 없는 것이며 영·미식의 제도까지 우리나라에 도입된 현실을 고려한다면 사회복지법에 대한 이해는 독일법계를 초월하여 좀더 유연하게 이루어져야 할 것이다.

---

1 2003년 한국사회법학회에 이어 2009년 한국사회복지법제학회가 창설되었다. 특히, 한국사회복지법제학회는 법학자, 사회복지학자, 사회복지실천가들이 함께하는 학회로서 이제 "사회복지법"이라는 용어에 대해 법학과 사회복지학이 대체로 합의해가고 있다는 것을 반증하는 것으로 볼 수 있다.

3) 사회법과 동의어로서 사회보장법

사회복지법의 개념적 범주를 파악하는 데 또 하나의 혼란을 주는 것이 '사회법'이다. 이 사회법의 의미를 어떻게 이해하느냐에 따라 사회복지법이나 사회보장법의 의미 또는 개념범주도 달라질 수 있는 것이다.

사회법에 대해서는 시민법과 관련하여 그 지도원리에 대해서 역사적 관점에서 이미 살펴보았지만, 사실 사회법이라는 법영역은 아직 확실하게 개념적으로 확정되어 있는 것 같지는 않다. 그러나 이 용어는 프랑스 및 독일 등 일부 대륙법계 법학자들에 의해 일찍부터, 즉 1930년대부터 사용되어 온 국제적 용어이다.

이러한 사회법의 용례는 다음과 같다(최종고, 1971: 6). 첫째, 법률사상의 조류를 가리키는 경우로서 개인법에 대항하는 법으로서 사회법을 의미한다. 둘째, 현행 법체계의 한 영역을 가리키는 말로서 공법 및 사법과 더불어 양자에 속하지 않는 새로운 영역으로 지칭되는 사회법을 의미한다. 셋째, 법사회학적 고찰에서 법원(法源)을 가리키는 경우로서 국가법에 대응하는 민간사회의 사회법을 지칭하는 의미로 쓰인다. 넷째, 법학의 한 분야로서 노동법, 경제법, 사회보장법 등을 통칭하여 부를 때 사회법이라고 한다.

여기에서 우리가 주목하고자 하는 것은 넷째의 경우이다. 즉, 사회법이 노동법, 경제법, 사회보장법을 모두 포괄하는 법인가 아니면 사회보장법만을 사회법이라 해야 하는가의 문제인 것이다.

사회복지법 및 사회보장법과 관련하여 사회법을 어떤 범위로 인식해야 하는가에 대해서 그 이해의 수준에 따라 다시 네 가지 범주로 나누어진다(이상광, 1988: 10~14). 첫째, 최광의(最廣義)로서 사회정책 및 사회복지에 관련된 공법 및 사법으로 보는 경우, 둘째, 광의로서 노동법과 협의의 사회보장에 관한 법을 사회법으로 보는 경우, 셋째, 협의의 개념으로서 협의의 사회보장에 관한 법만을 사회법으로 보는 경우, 넷째, 사회보험법만을 사회법이라 칭하는 경우 등이다.

여기에서 법학의 다수설적 입장은 세 번째의 것으로 볼 수 있다(이상광, 1988: 15; 전광석, 1994: 39~42; Stern, 1986: 제6장; Fuchs, 1992; Richter, 1979). 이것은 사회보장법을 사회법과 동일시하는데, 나름대로 사회보장법의 독자적 성격을 부각시키고 그 존재의 위상을 강화하기 위해 사회보장법을 노동법과는 구별되는 법으로서 인식하려는 것 같다.

그러나 이러한 주장은 앞의 1)과 2)에서의 견해들과 마찬가지로 사회보장의 범위를 확대해석하여 사회복지를 사회보장의 하위개념으로 인정한다(김유성, 1992: 16~18). 즉, 사회복지의 개념을 사회복지서비스에 한정시키고 이것이 사회보장의 개념에 포함되는 것으로 이해하며, 이러한 사회보장법은 노동법이나 경제법과 구별되는 사회법이라는 것이다.

사회복지제도의 변천과정에서 생성된 사회복지제도의 한 영역으로서 사회보장을 본다면 이는 거꾸로 된 것으로 볼 수 있다. 또한 앞에서 설명했듯이 시민법에 대비되는 사회법이 단순히 사회보장법만을 가리킨다는 것은 문제가 된다. 물론, 독일의 경우 사회보장법을 실정법상 '사회법'(Sozialrecht)이라는 용어로 쓰고 있지만, 실정법상의 개념이 반드시 학문적 개념과 일치해야 하는 것은 아니다.

이러한 사회법의 개념적 범주를 이해하기 위해서 법사(法史)적 비교가 필요할 것이다. 즉, 근대 시민법의 기본구조가 현실적으로 다수 구성원의 생활유지를 곤란하게 한다는 점으로부터 생존권의 이념과 법리가 형성되고 그 생존권을 핵심으로 사회복지법이 출현한 것으로 볼 수 있으며, 이는 대륙법뿐만 아니라 영·미법의 시각에서도 마찬가지다. 전술했던 것과 같이 영국에서 권리는 시민권(*civil right*), 참정권(*political right*), 사회권(*social right*)의 순으로 발전되었다(Marshall, 1963: 81).

그러므로 사회법, 사회보장법, 사회복지법 등의 개념을 명확하게 이해하기 위해서는 앞에서 살펴보았듯이 전통적 자유주의시대의 시민법의 원칙을 살펴보고 이에 대한 수정과 비판으로부터 사회법이 생성되었다는 점을 명심할 필요가 있다.

4) 사회복지법의 대체용어로서 사회사업법

일본의 경우, 사회보장법의 범위에 포함되는 법 또는 사회보장법과 유사하지만 독자적 체계를 구성하는 법을 '사회복지법'으로 칭하기(荒木誠之, 1993: 201~205; 佐藤進, 1990: 제3장)보다는 '사회사업법'이라고 칭하는 학자들이 있어(小川政亮, 1992; 孝橋政一, 1991: 18~26), 사회복지법의 개념을 정리하는 데 혼란을 더해주고 있다.

이렇게 사회복지법이라는 용어보다 사회사업법이라는 용어를 선호하는 이유는 무엇인가? 오가와[小川政亮]는 적극적 의견은 피력하지 않고, 사회사업법을 다음과 같이 정의한다(小川政亮, 1992: 1).

사회사업법이란 자본주의의 진행에 수반하여 생겨나는 —특히, 국가독점자본주의의 현 단계에서 나타나는— 대중적 빈곤을 중핵(中核)으로 하는 제반 사회문제에 대해 무산(無産)·노동계급(勞動階級)에 속하는 국민대중 제반의 절실한 생활요구에 관해, 국가 및 지방자치단체에서 기본적으로 체제의 성격으로부터 나오는 어떠한 한계 내에서 일정한 양보의 형태로서 정립되는 것이다.

이러한 정의는 사회복지법과 사회사업법을 질적으로 구분해주지 못한다. 그의 설명에 의하면, 사회사업법은 사회보장법의 일환으로 생각할 수 있고 그 내용상 사회복지서비스 등을 포함한다는 것이다. 따라서 그의 논조는 사회복지법과 사회사업법을 구별한다기보다는 '사회복지법'이라는 용어보다 '사회사업법'이라는 용어를 선호한다는 뜻으로 볼 수 있다. 즉, 사회보장법이라는 상위범주에 사회복지법이 포함될 수 있다는 것을 시사하면서 동시에 사회복지법이라는 용어는 사용하지 않고 그 대신에 사회사업법이라는 용어를 선택한 것이다.

반면에 고하시 쇼이치〔孝橋正一〕는 사회사업'법'에 대한 정의를 내리지는 않았지만, 일반적으로 '사회복지'라는 용어는 비과학적인 것이며 '사회사업'이 진정한 용어임을 강력하게 주장하고 있다. 즉, 그에 따르면, 원래 사회사업이란 용어는 미국에서 일본으로 수입된 것인데, 이는 자본주의의 유지·존속을 전제로 하는 개량주의의 소산이라는 것이다. 그런데 일본 정부가 아무런 합리적 이유나 상황의 변화 없이 사회사업을 '사회복지' 또는 '사회복지사업'으로 개명하여 개념과 실천상의 혼란을 야기했다는 것이다.

여기에서 그의 주장은 진정한 사회복지란 사회주의사회를 전제로 했을 때 가능하다는 것이다. 그러나 그가 말하는 사회주의사회가 구체적으로 어떠한 사회인지 설명되고 있지 않으며, 사회복지를 사회주의의 소산으로 규정하는 것은 지나치게 현실로부터 벗어난 인식이라고 생각된다.

따라서 일본식의 용례라 할 수 있는 사회사업법은 사회복지법을 대체하는 용어로서 사회복지법과 구별되는 특수한 것이라고 볼 수 없으며, 단지 관례상의 선택으로 보인다.

3. 사회복지법의 개념

그렇다면 이제 복잡한 논의를 결론지어 사회복지법이란 무엇을 말하는지를 정리해보기로 하자.

일반적으로 법과 사회복지의 관련성은 다음과 같이 세 가지 차원에서 설명될 수 있다(Carrier & Kendall, 1992: 64). 첫째, 사회복지법(*welfare law*)으로 표현되는 경우, 둘째, 복지로서의 법(*law as welfare*)을 생각할 수 있다. 이는 법률부조서비스 등과 같이 법 자체가 복지적 기능을 하는 경우를 일컫는다. 셋째, 법을 통한 사회복지(*welfare through the law*)가 있는데, 이것은 교정복지(*correctional welfare*)와 같이 법을 도구로 하는 사회복지를 말한다.

이 책에서 사용하는 사회복지법의 개념은 위의 첫째 경우에 해당되는 것인데, 사회복지법이란 용어는 사회복지와 법의 복합적 용어이다. 사회복지의 개념 이상으로 사회복지법의 개념적 정의는 매우 복잡하다는 것을 앞에서 살펴보았다. 그러나 실정법(實定法)을 중심으로 그 경계를 확정함으로써 개념적 범주를 설정해볼 수 있을 것이다.

이렇게 사회복지법의 범주를 확정하는 것은 사회복지법의 내적 관련구조로서의 체계를 구축하기 위한 전제가 되며, 사회복지법의 정체(正體)를 명확히 해주는 것이며, 유사하지만 서로 다른 법영역과의 경계를 구별해주는 것이다(遠藤昇三, 1991: 155).

1) 문제의 소재

기존의 용례들에서 볼 수 있었듯이 사회보장법과 사회복지법의 관계, 사회사업법과 사회복지법, 사회법과 사회복지법의 관계 등이 사회복지법의 개념을 이해하는 데 가장 큰 혼란을 야기하고 있다.

이렇게 상황이 복잡하게 된 연유는 독일법을 계수한 일본법의 용어들이 우리나라에 그대로 이식된 데 있다고 할 수 있다. 사회사업(*social work*), 사회보장(*social security*), 사회복지(*social welfare*) 등은 영·미권에서 유래한 용어이다. 반면에 독일에서는 이러한 용어보다는 사회법(*Sozialrecht*), 사전배려(*Vorsorge*), 보상(*Entschädigung*), 부조(*Hilfs*) 및 촉진(*Förderung*) 등의 용어를 많이 쓰고 있다.

따라서 우리나라와 같은 제3국, 그것도 식민통치를 겪은 나라에서는 사회복지법과 관련된 용어들을 통일적으로 파악하기가 쉽지 않다. 게다가 일본은 영국과도 한때 동맹관계를 유지했고 패전 이후 미국의 지배를 받았기 때문에, 이러한 영향으로 독일법체계뿐만 아니라 영·미식 사회복지 관련 용어들이 도입되어 용례상 난맥상을 보여준다. 이러한 일본법의 용어들을 우리는 그대로 받아들여 사용한 것이다.

2) 사회복지의 개념

사회복지의 개념은 논자에 따라 넓게 또는 좁게 이해되고 있다. 다양한 사회복지의 개념을 한 마디로 요약하는 것은 쉽지 않지만, 산업화의 진전에 따라 사회복지에 대한 인식은 보완적인(*residual*) 것으로부터 제도적인(*institutional*) 것으로 변화되면서(Wilensky & Lebeaux, 1980: 120~121), 좁은 개념보다는 넓은 개념으로 인식되고 있다.

이러한 변화의 기저에는 현대사회에서의 가족체계와 시장체계의 실패가 작용한 것으로 보인다. 윌렌스키(H. L. Wilensky)와 르보(C. Lebeaux)의 사회복지에 대한 정의를 보면, 인간의 자연스러운 욕구충족의 통로는 가족제도와 시장제도라 할 수 있다. 인류 역사의 변천과정에서 자본주의적 생산양식의 출현은 가정과 생산지를 분리시키고 아울러 생산과 소비를 분리시켰다. 따라서 인간은 정서적 발달과 기본적 사회화의 욕구를 가족체계 내에서 충족시키고, 물질적 욕구는 시장을 통해 충족시켜야 했다. 그러나 시장체계는 끊임없이 가족체계를 분화시켰으며, 시장체계 자신은 또한 자본주의의 독점화현상에 따라 붕괴위기를 재생산했다. 이러한 과정에서 제3의 욕구충족 기제로서 사회복지는 보편적이고 정상적인 제도로 자리 잡게 된 것이다.

따라서 사회복지는 가족체계와 시장체계의 붕괴로 보편화된 사회문제를 해결하고 충족되지 않은 개인의 욕구를 사회적으로 충족시켜 주는 제도인 것이다. 어떠한 사회문제와 어떠한 사회적 욕구를 어떻게 해결하고 충족시킬 것인가 하는 것은 사회복지의 중요한 과제이다.

3) 사회사업법의 문제

일반적으로 영·미권에서는 사회사업을 전문직업으로 파악한다(Fried-lander & Apte, 1980: 4; Dolgoff & Feldstein, 1984: 99; Heffernan, 1992: 6). 즉, 사회사업이란 사회적 서비스의 전달과 사회복지제도 내에서 활동하는 전문화된 직업을 말한다. 우리나라에서도 사회사업은 사회복지정책과 제도의 체계 속에서 하나의 전문직으로 전개되는 실천체계로서 사회복지의 기술론적 입장을 강조하는 것으로 보고 있다(한국사회복지협의회, 1993: 142).

물론, 사회복지법에 규정된 전문가는 여러 종류가 있고, 사회사업가(social worker: 우리나라에서는 '사회복지사'가 법정 명칭이다)는 그중에서 하나의 전문직이다. 이러한 사회복지 전문직이 다른 분야의 전문직과 구별되는 특징은 개인과 그 개인을 둘러싼 사회환경과의 상호작용에 개입함으로써 사회적 조건의 변화와 개인의 변화를 동시에 추구한다는 데 있다.

일반적으로 '사회복지'는 하나의 사회제도 또는 사회체계로서 존재하고 '사회사업'은 그 안에서 타 전문직과 협조하는 하나의 전문적 직업활동이기 때문에(Johnson, 1990: 14) 양자의 관계는 상호보완적인 것으로 보는 것이 유용하다(장인협, 1986: 36). 즉, 사회복지의 개념이 목적이나 이념을 강조한다면, 사회사업은 그것을 위한 기술과 실천에 초점을 둔다. 사회복지의 내용을 이루는 방법론적 도구들 중에서 정책, 제도, 법률 등의 방법 이외에 서비스 형태의 역동적이고 전문적인 활동을 사회사업이라 하는 것이다. 그러므로 사회사업은 사회복지라는 상위개념에 포함되는 하위개념 중의 하나라고 할 수 있다.

따라서 사회복지법을 사회사업법이라고 해야 할 합리적 근거는 없다. 사회사업법이라는 명칭은 사회복지서비스법에 국한시키는 것이 오히려 합리적이며, 그것은 사회복지법의 한 분야를 이룬다고 보아야 할 것이다.

굳이 사회복지법을 사회사업법이라는 명칭으로 고수하려면, 사회사업가(사회복지사)가 직접적으로 개입하지 않는 사회보험입법 또는 기타 사회정책 관련 입법들은 포함시키기 어렵게 된다.

따라서 모든 사회복지 대상자의 권리·의무 관계를 중심으로 하는 사회복지법의 범위 속에서 사회복지서비스라는 방법론과 관련된 규정들의 총체를 사회복지서비스법이라 칭하는 것이 좋을 것이다. 이때, 사회복지서비스법이란 사회사업법과 동일한 의미로 해석해도 무방할 것이다.

사회복지법의 대상자들은 자본주의사회의 모순과 불안정성으로 말미암아 항상적으로 가족체계와 시장체계로부터 욕구충족이 이루어지지 못한다. 물론, 가족체계는 시장체계와 밀접하고도 유기적인 관계를 형성하고 영향을 주고받는 것이 사실이기는 하지만, 사회사업법은 그중에서도 시장체계보다는 가족체계와 관련된 욕구충족을 위한 사회복지서비스법인 것이다.

따라서 사회사업법이란 시장체계 속의 가족체계로부터 탈락한 자또는 불안정한 구조와 상황에 있는 가족을 지원해주고 강화시켜 주는 제반 조치 및 관계당사자들에 대한 규정의 총체인 것이다. 그리고 이것은 사회복지법을 구성하는 하나의 하부영역이 되는 것이다.

4) 사회보장법의 문제

사회보장이 추구하는 목표는 결국에는 시장의 실패로 인한 개인과 가족의 생존을 일정 수준에서 보장하고자 하는 것이다. 현상적으로는 사회보장의 급여를 개인과 가족이 수혜하게 되지만 이것은 시장의 실패로 인한 개인과 가족의 약화를 보강해주는 것이고 국가가 시장 밖에서 자원의 공급자로 기능하는 제도이기 때문에 사회보장은 가족의 실패보다는 시장의 실패를 중점적 대상으로 하는 것이다.

또한 사회보장의 방법론을 역사적으로 볼 때, 영·미권에서는 빈민대책으로서 공공부조가 선행하고 노동자를 대상으로 하는 사회보험제도가 나중에 도입되었다(연하청 외, 1988: 310). 물론, 유럽지역에서도 마찬가지이기는 하지만, 독일의 경우 비스마르크의 집권기에 세계 최초로 사회보험제도를 실시했는데, 여기에는 중세기적 전통이 강하게 남아 있었던 독일과 오스트리아 지역의 동업자조합(Guild), 관세기금(Customary Fund), 우애조합(Friendly Society) 등의 전통과 그 당시 성행했던 상업보험의 발달 등이 기여한 것으로 볼 수 있다(Marmor &

Mashaw, 1988: 18). 이러한 사회보험제도는 미국이 1935년 뉴딜정책의 일환으로 도입하여 비로소 '사회보장'(social security)이라는 명칭으로 승화된 것이다.

이와 같이 사회보장제도는 자본주의 시장의 치명적 실패라고 할 수 있는 대공황(Great Panic)에 대한 대응책이었다. 이러한 과정에서 사회보장의 방법론상 양대 지주라 할 수 있는 사회보험과 공공부조가 형성된 것이다. 이는 실로 법제적 측면에서 볼 때, 영미법과 대륙법(독일법)의 만남이라 할 수 있는 것이다.

이러한 사회보장은 영국의 베버리지(W. Beveridge) 계획에 의해 복지국가의 중추적 제도로서 자리 잡게 되었던 것이다. 사회보장은 복지국가의 이념을 토대로 현대적 사회복지제도로서 완성되었던 것이다. 그러므로 사회보장이란 사회복지의 역사 속에서 하나의 방법론적 경향으로서 사회복지의 범주에 포함되는 하나의 영역을 일컫는 것이 된다. 즉, 사회보장의 개념에는 다양한 사회정책 및 조세복지(fiscal welfare)와 직업복지(occupational welfare), 민간의 사회적 서비스 또는 자발적인 협동적 복지활동 등 중요한 사회복지의 범주들을 포함하지는 않는 것이다(Friedlander & Apte, 1980: 5).

따라서 역사적 형성의 과정과 계기, 실정법상의 규정 등을 망라해 볼 때, 사회보장법은 사회복지법의 영역 내에 위치시켜야 할 것이다. 주로 일본의 학자들이 사회복지법을 좁은 범위의 개념으로 인식하여 사회보장법을 사회복지법의 상위 범주로 파악하고(荒木誠之, 1993; 佐藤進, 1990), 우리나라 법학계에서도 이러한 입장을 취하는데(김유성, 1992; 전광석, 1993), 이러한 용례는 독일로부터 영향받은 바가 큰 것 같다.

독일에서는 일반적으로 '복지'(Wohlfahrt)라는 용어에 대해서 매우 인색한 경향이 있다. 대체로 사회정책(*Sozialpolitik*), 사회보장(*Soziale Sicherung oder Sicherheit*), 사회보험(*Sozialversicherung*), 사회국가(*Sozial-staat*) 등과 같은 용어는 많이 사용되지만 '사회복지', '복지국가' 등의 용어는 별로 사용되지 않는다.

5) 사회복지법의 개념범주

이와 같이 볼 때, 사회복지를 하나의 체계로 인식하여 그것을 상위의 개념으로 본다면, 사회사업이나 사회보장은 중간개념 또는 하위개념으로 위치시킬 수 있겠다(김상균, 1987: 14~15). 따라서 앞에서 논의했던 사회사업법, 사회복지서비스법, 사회보장법 등은 그 내용상 사회복지법을 구성하는 중요한 하부영역의 법들이다. 이러한 법들의 이념이나 목적은 사회복지라는 상위의 목적에 종속되는 것이며, 단지 실천적 방법상의 차이로 구별될 뿐이다.

결론적으로 궁극적인 목적적 이념을 나타내는 사회복지법은 다음과 같이 그 실천적 방법상의 차이를 갖는 하부 구성요소인 사회보장법, 사회복지서비스법(사회사업법), 기타 사회정책관련법 등으로 이루어진다고 하겠다.

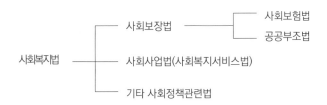

4. 사회복지법과 관련법의 비교

사회복지법의 개념범주를 확정하는 데 중요한 것은 유사한 용어들 간의 개념구분뿐만 아니라 사회복지법과 관련을 맺는 법들과 그 개념 및 기능상의 경계를 구분하는 것이다.

1) 노동법과 사회복지법

(1) 개념적 차이

사회복지법과 노동법은 일단 넓은 의미에서 사회법에 포함된다고 볼 수 있다. 이 두 법은 근대 시민법의 개인주의적 원리를 수정하여 국가가 시민사회에 개입하는 형태로 표현된 새로운 법영역이다. 따라서 이 두 법은 인간적 생존을 보장하기 위해 사회적 약자에 대해 권리·의무의 관계 속에서 보호와 지원이라는 규범목적상의 동질성을 갖는다고 하겠다(윤찬영, 1991: 70; 장훈, 1984: 121~124).

실제로 노동법의 역사를 보건대, 영국의 신빈민법(New Poor Law) 이전에 빈민법(Poor Law)은 요보호 아동들을 도제(徒弟)로서 공장노동에 종사하게 했는데, 이들에 대한 가혹한 착취가 사회문제로 대두되면서 소년노동에 대한 보호장치로서 공장법(Factory Acts)이 등장하게 되었다. 이것이 노동법의 기원을 이루게 되었다는 점을 볼 때 노동법과 사회복지법은 기원적으로 상호연관되는 역사적 배경을 가지고 있다는 것이다.

그런데 사회보험법의 경우 논란의 소지가 있다. 사회보험법은 사회보장법에 속하기 때문에 결국 사회복지법에 속하는 법영역으로 볼 수 있는데, 사회보험이 주로 노동법적 법관계를 기초로 성립하는 것이 일반적이어서 사회보험법을 노동법의 한 부류로 다루려는 입장들이 있다(정인섭, 1991; 김치선, 1992).

주로 법학의 입장이 이러한데, 이러한 입장이 가능한 것은 첫째, 실제 사회보험법에서 요보장사고(要保障事故)로 규정하는 실업이나 산업재해 등은 노동관계에 기반을 둔 특유한 사회적 위험이고, 그 밖에 상병(傷病), 폐질(廢疾), 질병(疾病), 노령(老齡) 등의 생활상의 위험 역시 상당 부분이 노동관계를 계기로 하여 발생하며, 이들은 사회보험법상 제공되는 급여의 법정 지급사유로 규정되어 있고, 급여수준을 결정하는 기준도 노동관계상의 임금을 기초로 하여 이루어지고 있기 때문이다.

둘째, 사회법의 역사적 전개과정을 볼 때, 노동법이 우선적으로 등장하고 사회보험법이나 공공부조법은 그 이후에 발달했기 때문이다. 노동법의 기원은 1832년 영국의 공장법으로 평가되는데(Marx, 1967: chap. X, Part III; Mishra, 1977: 62; Gough, 1979: 55~56), 사회보험법은 1880년대 독일에서 비롯되었다. 이때 사회보험법은 노동법상의 대상자와 동일했기 때문에 사회보장법이 노동법에서 분기(分岐)되었다고 볼 수 있는 것이다.

그러나 한편 사회보장법에 속하는 공공부조법은 계보적으로 볼 때 빈민법의 연장선상에서 파악할 수 있는데(西原道雄, 1987: 2), 빈민법을 자본주의의 발달과정과 연결시켜 본다면, 그것은 자본주의사회가 봉건사회를 해체하고 새로운 체제를 확립해가는 과정, 즉 자본의 원시적 축적단계에서 전통사회의 농민을 프롤레타리아 계급으로 새롭게 탄생시키기 위해서 사용된 강제적 입법이었던 것이다(Marx, 1967: 734). 이렇게 해서 형성된 노동계급은 자본의 잉여가치 착취대상이 되었으며 이들의 노동력 보전을 위해 등장한 것이 공장법이었다. 반면에 빈민법은 1834년 자유주의적 이념에 따라 개정되면서 노동무능력자들을 주로 다루게 되었으며, 1909년 이후 유명무실했으나 결국 공공부조법으로 전환하게 되었다.

그러나 노동자의 문제가 노동법만으로는 해결될 수 없게 되었으며 노동관계에서 파생하는 사회적 위험으로부터 그들의 생존과 생활을 보장해 노동력을 보전시키기 위한 사회보험법이 등장하게 된 것이다.

이러한 사회보험법은 점차 그 대상을 확대해 일반 국민 모두를 포함하는 방향으로 발전하게 되었다. 다시 말하자면, 노동법이 계급관계에 대한 조정적 입법이라면 사회보험법은 계급성을 탈피해 생활관계를 조정하려는 입법으로 자리 잡게 된 것이다. 따라서 노동법과 사회보장법의 관계는 그 포함관계를 단언하여 규정할 수 없는 것이다.

노동법의 한 분야로서 사회보장법을 다루려는 경향은 독일법의 태도에서 유래하는 것으로 볼 수 있다. 독일에서는 19세기에 다른 선진국들에 비해 약 1세기 정도 뒤늦은 산업화를 급속도로 추진하게 되었으며, 이 과정에서 급격한 도시화와 저임금의 문제는 빈곤문제를 야기하게 되었고 사회주의사상의 영향을 받은 노동자들이 계급의식을 갖게 되면서 노동운동이 거세게 일어났다. 이에 1873년 사회정책학회 (Verein für Sozialpolitik) 가 결성되었는데, 이들은 독일의 사회문제를 노동문제로 규명했으며, 사회정책 역시 노동정책을 중심으로 이루어지는 것으로 개념화되었다(강철구, 1983).

독일에 대비되는 국가로서 영국의 경우에는 사회정책이 소득보장정책을 중심으로 이루어지기 때문에 사회보장이 그 주류를 이루고, 반면에 독일의 경우에는 사회정책의 중심이 노동정책이기 때문에 사회보장은 그에 부수되는 정책으로 받아들여지는 것이다(홍경준, 1992: 191~194).

우리 법체계가 대륙법계, 특히 독일의 법체계를 따르고 있다는 점을 고려하여 독일식의 사회정책 개념을 원용해 노동법의 하위영역으로 사회보장법을 인식한다면, 다음과 같은 문제점에 봉착하게 된다.

우선, 노동법은 개별적 또는 집단적 노동관계의 규율을 통해 노동자의 권익을 보호함으로써 노동자들의 인간다운 생활을 확보해 준다는 점에서 그 직접적 규범목적이 있지만, 사회복지법은 노동자뿐만 아니라 특정한 생활상의 위험에 당면하게 되는 국민 전체에게 복지급여를 통해 그 생활상의 위험으로부터 보호받도록 하여 인간다운 생활을 보장해 준다는 점에 그 직접적 규범목적이 있는 것이다(이상광, 1988: 114).

따라서 노동법은 단체나 집단에게도 법률행위 주체로서의 자격을 인정하고 불특정 다수의 노동자를 위한 법인 것이다. 반면에 사회복지법은 특정화된 수혜자 개개인 — 그들이 노동자라 할지라도 — 또는 가족을 대상으로 하는 법인 것이다. 이러한 점에서 두 법은 차이가 있다.

또한 노동법과 사회복지법 모두 동일한 노동자를 대상으로 하는 경우에도 노동법은 생산현장에서 자본가와 직접적으로 계급적 관계를 형성하는 노동자를 대상으로 하여 주로 양자 간의 계약관계에 대한 법적 규율을 하는 반면, 사회복지법에서는 노동자의 생활상의 측면, 즉 생활인 또는 소비자로서의 노동자를 전제로 하여 노동자의 의미는 부차적이고 생활주체가 법의 주체이자 대상이 된다는 점에서 차이가 있다(김유성, 1992: 98). 즉, 노동법은 기본적으로 자본과 노동 간의 사법적(私法的) 관계를 기초로 하는 법이고, 사회복지법 특히 사회보장법은 국가와 개인 간의 직접적 급여관계를 토대로 하는 공법관계(公法關係)에 대한 법이다. 그리하여 노동법이 기초로 하는 '노동관계'는 법률관계적 고용계약에 의해 형성된 것을 의미하는 반면에, 사회복지법 대상자로서의 노동자의 '노동관계'란 사실적 관계를 기초로 한다(이상광, 1988: 115). 즉, 사회복지법에서는 고용계약의 존재여부를 떠나서 노동자가 사용자의 지시에 따라 업무를 수행하고 그에 대한 보수를 받는 사실상의 취업관계에 있기만 하면 그 대상자가 될 수 있는 것이다.

노동법을 인식하는 방법도 다양하다. 전통적 민법상의 고용계약을 중심으로 파악하는 방법과 자본에 대한 노동의 종속성을 중심으로 파악하는 방법이 있다(김정배, 1998: 16~18). 전자는 보수적 입장으로서 노동법을 시민법의 연장으로 보기 때문에 사용자와 노동자가 평등한 계약의 주체라고 본다. 후자는 인격적·법적 종속성, 경제적 종속성, 계급적 종속성에 따른 고용계약으로 분류한다. 이 입장에서 노동법을 본다면 그것은 시민법과 질적으로 다른 사회법으로 볼 수 있을 것이다.

이렇게 본다면, 노동법은 주로 시민법상의 계약자유의 원칙을 토대로 국가가 이에 개입하여 이 원칙을 수정하고 조정하는 법이고, 사회복지법은 자기책임의 원칙을 뛰어넘어 집합적 책임의 원리에 따르는 법이다. 그리고 사회복지법은 이러한 집합적 책임의 원리를 중심으로 소유권 절대의 원칙과 계약자유의 원칙을 수정하여 제도적 방법론으로 포함시킨다. 예를 들어, 사회보험법은 강제가입을 원칙으로 한다는 점에서 계약자유의 원칙을 근본적으로 수정하는 것이며, 사회보험료의 차등부과 또는 조세를 통한 급여의 제공 등은 수직적 재분배의 기능을 담당하기 때문에, 이는 가진 자의 소유권에 통제를 가하는 것이며 상대적으로 가지지 못한 자의 소유권을 보강해주는 것이 된다.

(2) 실정법상의 비교

이와 같이 노동법과 사회복지법이 서로 다른 법리와 특징을 가지고 있다 해도 양자의 범위에 모두 포함되는 것으로 보이는 법이 있다. 산업재해보상보험법과 실업보험법(우리나라는 고용보험법)이 그것이다. 이들 법은 사회보장적 취지에 따라 사회보험 방식으로 재해나 실업을 당한 노동자의 생활을 보장해주거나 고용을 보장해주는 법으로서 사회복지법에 포함된다고 볼 수 있다. 그러나 대부분의 노동법 관련 저서들은 이러한 법들을 노동법으로 간주하고 있다(김치선, 1992).

산업재해보상보험법을 예로 들어보자. 이것을 노동법으로 간주하는 이유는 우선 실정법적으로 볼 때, 산업재해에 관한 사항들이 근로기준법에도 규정되어 있고 우리나라 산업재해보상보험법이 완전한 사회보장법의 법리를 반영하고 있지 못하기 때문이다.

일반적으로 볼 때, 불법행위의 법리를 대체하는 보험원리의 도입으로 사회보험이 등장했는데, 이에 따라 보험제도는 임의적 사보험(私保險), 강제적 사보험(즉, 책임보험), 사회보험 등으로 분화하게 되었다. 여기에서 강제적 사보험의 전형으로는 자동차손해배상책임보험을 들 수 있는데, 이것은 개인의 자기책임의 원리와 사회책임의 원리가 혼합된 보험제도이다(渡邊洋三, 1981: 192~193).

산업재해의 문제는 자본주의 초기단계에는 사용자와 피용자 간의 불법행위에 대한 손해배상의 법리로서 처리되었다. 즉, 사용자의 고의 또는 과실에 의해 피용자에게 재해가 발생했다는 것이 입증되면 사용자는 손해배상을 해야 했다. 이것이 사용자의 무과실책임주의로 발전하여 사용자는 피용자에게 명백한 고의 또는 과실이 없는 한 재해에 대해서 배상을 해주어야 했던 것이다. 그 후 보험제도가 도입되면서 산업재해의 문제는 사용자들의 책임보험제도로 발전하게 되었다. 여기까지는 발생된 재해의 인과관계를 기초로 성립된 제도이다. 더 나아가 피재(被災)노동자와 그 유가족의 생존보장에 중점을 두는 사회보장적 사회보험제도가 도입된 것이다(윤찬영, 1992: 558~562). 따라서 사회보장법이 등장하는 데 보험제도의 기술이 커다란 기여를 한 것이다.

그런데 현재 우리나라의 산업재해보상보험법은 책임보험 수준에 머물러 있는 것이다. 따라서 사회보장법으로의 이행을 앞둔 과도기적 위치에 처해 있고 또한 생산현장에서의 노동자를 대상으로 한다는 점이 노동법으로 간주되도록 하는 것이다.

그러나 근로기준법에서의 산업재해보상은 개별 사업장별로 사용자와 피용자 사이에 산업재해에 대한 개별적 처리에 대해서 국가가 입법적으로 규정한 것이며, 산업재해보상보험법은 사회보장의 차원에서 피재근로자의 생활보장을 위해 국가가 직접적으로 개입하는 법률이다. 현대사회에서 노동자의 재해문제는 개별 사업장의 문제로 국한하기에는 보편적 현상이며, 피재노동자 및 그 유가족의 인간다운 생존을 침해하는 치명적인 사회적 위험이기 때문에 노동환경, 노동시간 등과 같은 노동조건에 대해서는 재해예방과 노동자의 인권을 위해 노동법으로 규정하고, 사후적 생활상의 보상과 보장은 사회보험법에 맡기게 된 것이다.

(3) 노동법과 사회복지법의 절충

2001년 7월 18일 근로자복지기본법이 제정되어 현재까지 이어지고 있다. 법의 명칭에서도 볼 수 있듯이, '근로' 또는 '근로자'라는 용어와 '복지'가 합성된 법들이다. 따라서 노동법으로 보아야 할 것인가 사회복지법으로 보아야 할 것인가가 논란이 될 수 있다.

이 법은 근로자복지정책의 수립 및 복지사업의 수행에 필요한 사항을 규정함으로써 근로자의 삶의 질을 향상시키고 국민경제의 균형 있는 발전에 기여함을 목적으로 한다(법 제1조). 그리하여 기업은 물론 국가가 법 시행의 주체로서 등장하며(법 제4조 및 제5조),

또한 근로자복지정책의 기본원칙도 중소·영세기업에 근무하는 근로자, 저소득 근로자와 장기근속 근로자를 우대하도록 규정하고 있다(법 제3조). 이것은 사회복지의 원칙과 기업복지의 원칙을 절충하는 것이다. 이 법에 의해 근로자에게 시행되는 조치들을 종합해보면, 국가복지, 기업복지, 근로자 자주복지 등을 혼합해 놓았다.

따라서 이 법은 기본적으로 노동법적 관계를 토대로 해서 기업이 근로자복지를 위해 책임을 이행하도록 하며, 우리사주조합 같은 자주복지 프로그램도 촉구하며 동시에 국가가 민간기관(주택업, 금융업, 복지시설 등)을 통제하며 근로자에게 지원이 이루어지도록 하여 넓은 의미의 사회복지법으로서 성격도 가지고 있다.

(4) 결론

결론적으로 노동법은 법주체로서의 노동자와 자본가 사이의 계약관계를 국가의 입법적 개입을 통하여 조정하려는 법이고, 사회복지법은 국가와 개인 사이에 생활상의 위험을 매개로 직접적 권리·의무관계를 규정한 법이다. 사회복지법의 경우, 특히 사회보험법의 경우에 법 관련 당사자로서 자본가가 등장하기도 하지만, 이 경우에는 자본가와 노동자 상호관계에 국가가 개입한다고 할 수 있는 것보다는 생활인 또는 소비자로서의 노동자에 대한 총자본의 조력(助力)의 의무를 규정한 것으로 해석해야 할 것이다(윤찬영, 1991: 70~71).

즉, 자본가는 노동자의 복지를 위해 보험료를 부담하게 되어 있는

데, 이는 자본가와 노동자 사이의 계약상의 문제가 아니라 국가가 노동자의 생활수준을 보장하기 위해 자본가로 하여금 이러한 목적실현에 기여할 것을 강제한 것이 된다.

　노동법과 사회보장법 모두 노동자를 대상으로 규율하는 법인데, 두 영역의 법을 비교할 때, 두 가지 관점이 필요한 것 같다. 첫째는 어떤 법이 노동자에게 어떤 이익을 제공하는가 하는 점이고, 둘째는 국가의 개입이 어떤 법을 통해서 상대적으로 쉽게 이루어지는가 하는 점이다. 우선, 노동자의 이익이라는 관점에서 볼 때, 노동법은 노동자 개인을 보호하는 이익을 주며, 사회보장법은 노동자 개인과 그 가족을 동시에 보호하는 이익을 제공해준다. 기업복지관련법 역시 노동당사자를 우선적으로 보호하지만 점차 노동자 가족들에 대한 서비스까지 확대되는 추세이다. 그렇다면, 노동자와 그 가족의 복지를 위해 기업복지관련법이 얼마나 기여할 수 있는가? 그것은 국가개입의 용이성에 따라 다른 것 같다. 이것이 두 번째 관점이 필요한 이유이다. 이에 대한 해답은 자본과 시민사회의 역량에 따라 달라질 것이다. 국가가 입법을 통해 개입할 때, 자본보다는 가족에 개입하는 것이 더욱 용이하다고 볼 수 있다. 따라서 모든 국민이나 일반 가족을 대상으로 사회보장법을 통해 복지급여나 서비스를 제공하는 것이 자본에게 직접적으로 노동자와 그 가족의 복지를 위해 부담하라고 하는 기업복지관련법보다는 더욱 쉽게 추진할 수 있다고 본다.

　최근에 나타나는 경향은 앞에서도 살펴보았듯이 노동법과 사회복지법의 혼합된 입법들이 등장하고 있다. 이것은 '사회법'이라는 한 단계 높은 수준에서 통합적으로 이해되고 고찰되어야 할 것이다. 이에 따라 앞으로 노동법과 사회복지법에 관한 학제 간 연구의 필요성이 높아지고 있다고 볼 수 있겠다.

이러한 필요를 시급히 요구하는 것이 바로 비정규직 노동자의 문제이다.[2] 현대 자본주의 경제하에서 범람하는 비정규직 노동자의 문제는 자본주의 경제의 전통적 실업문제와 구분된다. 정규직 노동자를 전제로 했던 과거 자본주의 경제에서 실업문제는 일시적인 것으로 간주되었으며, 실업상태에 있을 때 국가의 사회보장에 의해 보호를 받다가 다시 노동시장으로 편입되는 경향이었다.

비정규직 노동자는 노동과 실업의 중간형태라고 해야 할 것이다. 비정규직 노동자는 노동을 하고 있지만 정규직 노동자의 지위에 부수하는 처우와 복지를 받지 못한다. 노동자의 신분이지만 정규직 노동자가 아니기 때문에 노동법적 보호에서도 배제되고, 노동하고 있기 때문에 국가의 이전지출에 의한 급여나 보호를 받지 못하는 사각지대에 놓이기 된다.

따라서 비정규직 노동자에 대한 복지적 보호는 기업복지 등을 통한 사업장 내에서의 보호와 국가의 새로운 복지제도를 통한 보호 등 이중적 보호 또는 최소한 어느 한쪽의 확실한 보호가 필요할 것이다. 즉, 비정규직 노동자는 노동법적 접근과 사회복지법적 접근이 함께 모색되어야 한다.

2) 행정법과 사회복지법

(1) 행정법으로서의 사회복지법

행정법은 사회법과 밀접한 관련을 가지고 있다. 따라서 사회복지법 역시 행정법과 상당히 밀접하게 관련된 법이다. 일반적으로 행정법은 행정권의 조직과 작용 및 행정구제에 관한 법인데(석종현, 1988: 2),

---

2 비정규직 노동자에 대한 사회적 보호에 대하여는 정이환 외, 《노동시장의 유연화와 노동복지》(인간과 복지, 2003) 참조.

사회입법의 대부분이 국가의 주요 행정의 일부로서 국가관청에 의해 실시된다는 사실 자체가 사회법 또는 사회복지법으로 하여금 행정법과 밀접한 관계를 맺지 않으면 안 될 내재적 구속이 되는 것이다(이상광, 1988: 101). 실제로도 행정법학에서는 행정작용법의 한 분야로서 급부행정법영역을 다루는데, 사회보장행정을 급부행정법에 포함시켜 다룬다(석종현, 1988; 김남진, 1992).

그렇다면 사회복지법은 행정법의 일부분으로 포함시킬 수 있는 것인가? 전광석 교수는 사회보장법을 급부행정법 중에서도 특히 사회행정법으로 파악하는데(전광석, 1993), 이때 사회행정법은 좁은 의미에서의 사회보장법으로 이해되는 것이며 사회보험체계(국민건강보험법, 국민연금법, 산업재해보상보험법, 고용보험법 등), 사회보상체계(국가유공자 등 예우 및 지원에 관한 법률, 의사상자(義死傷者) 등 예우 및 지원에 관한 법률, 범죄피해보호법 등), 사회부조(국민기초생활보장법, 의료급여법, 재해구호법 등) 및 촉진체계(아동복지법, 노인복지법, 한부모가족지원법, 장애인복지법 등)로 이루어진 법체계를 말한다는 것이다.

이와 같이 보면, 행정법이 사회복지법과 관련이 있다는 것은 부인할 수 없을 것이다. 특히 현대국가가 지향해 온 복지국가화 경향은 국가의 개입을 정당화하고 시민법시대의 소극적 국가를 적극적 개입 국가로 전환시켰다. 즉, 사회복지의 주체로서 등장한 국가에 의해 주도되는 복지행정을 규율하는 법들이 사회복지법이기 때문에 사회복지법은 기본적으로 행정법적 속성을 가지고 있다고 보아야 할 것이다.

(2) 사회복지법과 행정법의 차이

그러나 행정법이 국가행정을 규율대상으로 한다는 점에서 볼 때, 현대사회와 같이 국가가 국민생활의 많은 부분에 개입하는 현실을 고려한다면 대부분의 법은 행정법이라 할 수 있을 것이다. 다시 말해서, 대부분의 공법은 모두 행정법이라 할 수 있을 것이다.

따라서 일반 행정법으로부터 전문적 영역의 법을 구별하는 것이 필요하게 된다. 사회복지법 또는 사회보장법이 기왕에 존재하고 있기 때문에 사회복지 또는 사회보장 행정법이라는 존재가 가능하게 되는 것이다.

또한 사회복지법은 그 고유한 특성상 행정법과 구별할 필요가 있다. 행정법은 그것이 아무리 급부행정법이라 해도 급여 제공의 주체라는 입장에서 주체와 대상 간의 급여 전달과정을 중심적으로 규율하는 법이고, 반면에 사회복지법은 사회적 자원의 할당의 원칙과 수급권자의 입장을 보호하는 것이 규범적 목적이라 할 수 있겠다. 특히 급여와 관련해서는 수급권자의 법적 이익이 행정법상의 원칙에 앞서 우선적으로 보호되어야 하는 것이다.

일반적으로 사회복지법상의 행정행위는 일반행정에 비해 확정력 또는 불가변력(不可變力)이 강하기 때문에(이상광, 1988: 103~104), 한 번 취해진 사회복지에 대한 행위는 취소하기 어려운 것이다. 따라서 사회복지법상 행정공무원의 행정행위는 일반 행정법적 원칙보다 사회복지법의 규범력에 종속되어야 할 것이다. 그러나 사회복지행정상 조직 및 행정행위에 부수하는 조건들에 대해서는 일반 행정법적 원칙을 도입해야 할 것이다.

따라서 행정법은 사회복지법상 국가조직과 급여 및 서비스 전달과 절차에 관련된 법으로서 의의가 있다. 그러나 이러한 경우에도 수급권자의 상황을 반드시 우선적으로 고려해야 할 것이다. 왜냐하면 사회복지행정법이란 국민의 생존권 확보를 위한 국가의 책임이라는 규범목적을 이행하기 위한 기술적이고 절차적인 법일 때 존재의 의미가 있기 때문이다. 즉, 사회복지법의 목적에 봉사하는 것이 행정법이어야 하는 것이다.

3) 조세법과 사회복지법

(1) 조세법과 사회복지법의 관련성

조세법과 사회복지법은 그 본래의 목적은 다르면서도 기능적 측면에서 유사한 면을 보이고 있다. 티트머스에 의하면(R. M. Titmuss, 1976), 개인의 욕구충족에 대한 집합적 개입은 사회의 분화에 따라 사회복지, 직업복지, 재정복지 등으로 분업화된다고 주장했다. 따라서 재정복지인 조세복지 역시 사회복지학의 중요한 연구분야가 된다고 볼 수 있다.

예를 들어, 조세법상 실시되는 소득공제제도와 조세감면제도, 부(負)의 소득세(NIT: *negative income tax*) 등은 최저한의 소득보장 또는 소득의 재분배 기능이라는 측면에서 비록 소극적이기는 하지만 적극적인 사회복지법상의 급여제도와 거의 유사한 기능을 담당하고 있다고 말할 수 있겠다(이상광, 1988: 115; 이두호, 1991: 141~146). 또한 사회정책의 재원이 조세수입에 의존하는 경우가 많기 때문에 사회복지법을 포함하여 사회법과 조세법의 관계는 매우 밀접한 상태이다(장재식, 1990: 23).

사회보험의 경우 강제로 부과되는 기여금(보험료)과 직접세인 소득세는 그 양태가 매우 유사하다. 특히 그 조세가 목적세인 경우 더더욱 그러하다. 사회보험의 기여금에 대해서 소득공제나 세액공제가 이루어지는 경우와 그렇지 않은 경우, 사회보장의 재원이 조세에 의한 경우, 기여금의 체납시에 국세징수절차에 따라 압류 등의 조치가 이루어지는 경우(국민건강보험법 제81조 제3항, 국민연금법 제95조 제4항 등), 사회복지급여에 대해 과세하는 경우 등은 사회복지법이 조세법과 매우 밀접한 관계에 있다는 것을 보여주는 예이다.

이와 같은 경우들은 사회보험의 강제성으로 기여금이 조세화되어 간다는 것을 의미한다(이상광, 1988: 117). 또한 조세와 사회보험료를 산정 기준이 되는 소득이 반드시 일치해야 할 이유는 없지만 독일과 오스트리아가 사회법의 단일법전화를 추진하는 과정에서 사회법상의 '소득'의 개념을 소득세법상의 '소득'에 일치시키고자 했던 점으로 미루어 볼 때(이상광, 1988: 118), 조세법과 사회복지법에서 동일한 기준으로 '소득' 개념을 사용하는 것은 많은 편의를 제공해 준다.

그런가 하면, 사회복지법상의 급여에 대해서 소득세를 부과해야 할 것인가 하는 것이 문제가 될 수 있다. 물론, 현재 우리나라의 소득세법과 조세감면규제법 등에 의해 사회보장급여는 비과세 대상이 된다. 그러나 앞으로 사회보장제도가 발달하여 정부의 이전지출이 증가하게 되면 논란이 될 문제이다. 사회복지법상의 원리에 따르면 인간다운 생존의 보장이나 실질적 평등의 추구, 욕구의 충족 등을 위해 제공된 급여에 대해서 과세하는 것은 바람직하지 않을 것이다. 만일, 사회보장급여에 대해 과세가 이루어진다면 오히려 소득격차가 심화될 우려가 있어 형평성을 해칠 것이다. 반면에 '소득 있는 곳에 조세가 있어야 한다'는 조세법상의 원리에 따르자면 사회복지급여 역시 과세의 대상이 되어야 할 것이다.

이러한 문제는 사회복지급여가 사회보험과 같은 쌍방교환적 급여인가 아니면 공공부조나 사회수당과 같이 일방교환적 급여인가, 사회보험료에 대해 소득공제가 이루어지는가의 여부, 비과세의 경우 노동유인이 떨어질 것인가, 개인의 담세(擔稅) 능력, 사회복지급여의 수준과 국가재정의 문제 등을 종합적으로 고려하여 정책적으로 결정되어야 할 것이다. 이 문제는 사회복지법과 조세법의 충돌에 관한 문제로서 복잡한 입법정책적 문제라 하겠다. 향후 우리나라의 사회보장급여가 발전하여 국민들이 국가로부터 다양한 급여를 받게 된다면, 정책적 쟁점이 될 문제이다.

사회복지법에 의한 급여 중에서 국민기초생활보장법상 급여는 이것이 없으면 생존할 수 없는 사람들에게 지급하는 것이기 때문에 이에 대하여 국가가 과세한다면, 이는 사회복지법의 원리를 본질적으로 침해하는 것이 된다. 현재 우리나라 소득세법에서도 공공부조 급여에 관하여는 과세에 대한 규정을 두지 않고 있다. 이것은 우선, 형식적 의미에서, 조세법률주의에 따라 소득세법이 세원으로서 공공부조 급여를 규정하고 있지 않기 때문에 과세의 대상이 되지 않는다는 뜻이며, 실질적 의미에서는 조세형평주의에 따르는 것이다. 즉, 생존비용에 해당되는 공공부조급여에 과세한다는 것은 조세형평의 원리에 맞지 않는다는 것이다.

그렇다면 쟁점은 사회보험 급여에 대한 과세로 압축될 것이다. 우리나라 소득세법에서는 비과세대상 소득을 규정하고 있다(법 제12조). 국민연금법에 의하여 받는 장애연금, 유족연금과 반환일시금, 고용보험법에 의해 받는 실업급여, 산업재해보상보험법에 의하여 받는 요양급여, 휴업급여, 장해급여, 유족급여, 유족특별급여, 상병보상연금, 장해특별급여, 장의비, 기타 공무원연금법, 사립학교교직원연금법, 군인연금법 등에 의하여 받는 유족연금, 장해연금, 요양비·요양일시금·장해보상금·사망조위금·사망보상금·유족보상금·유족일시금·유족연금일시금·유족연금부가금 등 각종 급여들이 비과세대상 소득으로 규정되어 있는 것이다. 이것 역시 조세법률주의에 따라 과세하지 않는 소득으로 소득세법이 규정하고 있다. 그러나 공공부조 급여와 달리 열거주의적 입법방법으로 비과세 목록을 제시하고 있기 때문에, 향후 법개정에 의해 과세소득으로 전환될 가능성도 없지 않다. 실제 선진국들의 경우 공적연금 급여에 대해 과세하는 나라들이 많다.

결국, 향후 국가의 사회보장부담비용, 수급자의 담세능력이 종합적으로 고려되어 과세여부가 결정될 것이며, 사회복지법이 추구하는 생존권의 보장과 조세법이 추구하는 조세형평주의가 적절하게 균형을 이루는 점에서 입법이 이루어져야 할 것이다.

(2) 조세법과 사회복지법의 차이

이렇게 사회보장의 재원조달의 측면이 조세법과 밀접하다고 해도 사회복지법과 조세법은 분명히 다르다. 우선, 입법 목적상의 차이가 있다. 조세는 국가가 그 경비에 충당하기 위해 일반 국민들 — 법인을 포함하는 — 로부터 구체적 대가 없이 일방적으로 강제로 징수하여 불특정 다수의 국민을 위한 국가적 일반사업에 쓰이는 반면(장재식, 1990: 5), 사회보험료는 특정화된 개별 수급자에게 급여를 제공하기 위해, 즉 인간다운 생활의 보장, 최저생활수준의 보장 등의 목적을 구체적·개별적으로 실시하기 위해 사회보험 가입자, 사용자, 정부 등으로부터 징수하는 것이기 때문에 양자는 차이가 있다. 각종 소득공제와 세액공제, NIT 등은 조세복지제도의 일환으로 볼 수 있기 때문에 이것들은 사회복지법적 조세법으로 보아야 할 것이다(장재식, 1990: 155~156).

판례도 사회보험료와 조세를 엄밀히 구분하고 있다. 국민건강보험법이 의무적 가입을 규정하고 임의해지를 금지하면서 보험료를 납부케 하는 것은, 경제적 약자에게도 기본적 의료서비스를 제공하기 위한 국가의 사회보장·사회복지 증진의 의무(헌법 제34조 제2항)라는 정당한 공공복리를 효과적으로 달성하고, 조세가 아닌 보험료를 한 재원으로 하여 사회보험을 추구하기 위한 것이다(2000헌마668). 또한 국민연금제도는 반대급부 없이 국가에서 강제로 금전을 징수하는 조세와는 성격을 달리한다. 비록 국민연금법 제95조가 연금보험료의 강제징수에 관하여 규정하고 있으나 이는 국민연금제도의 공익성을 고려하여 법률이 특별히 연금보험료의 강제징수규정을 둔 것일 뿐, 그렇다고 하여 국민연금보험료를 조세로 볼 수 없다. 따라서 국민연금제도는 조세법률주의에 위배되지 않는다(99헌마365).

그리고 조세와 사회보험료는 개인의 재산권을 합법적으로 침해하여 국가가 강제로 징수한다는 점에서 공통점이 있지만, 반대급부의 면에서 확연히 구별된다. 사회보험은 '보험'이라는 기술적 방법상 어느 정도 쌍방적 교환(bilateral exchange)의 성격이 인정되기 때문에 보험가입자는 일정한 요건을 갖추면 보험급여에 대한 권리를 갖게 되어 있다. 반면에, 조세는 일방적 이전(unilateral transfer)에 해당되기 때문에 개인은 국가를 상대로 자신이 납부한 조세에 대해 구체적 반대급부를 청구할 수 없는 것이다.

(3) 조세와 사회보험료 사례

2009년 6월 7일, 서울행정법원 행정12부는 퇴직공무원 A씨가 '소득세법상 세금을 내지 않는 연금소득을 기준으로 건강보험료를 부과한 것은 부당하다'며 국민건강보험공단을 상대로 낸 보험료부과처분 취소소송에서 원고패소판결을 내렸다.

1999년 은퇴한 A씨는 공무원연금과 부인의 특례노령연금으로 생활하면서 국민건강보험의 지역가입자가 됐다. 국민건강보험공단은 2005

년부터 2008년까지 건강보험료 5백만 원을 부과했는데, A씨는 비과세 대상인 연금소득에까지 건강보험료를 부과했으므로 보험료 중 일부 금액은 취소돼야 한다며 소송을 낸 것이다.

그러나 재판부는 "보험료 산정의 근거가 되는 소득을 비과세 대상인지 여부에 따라 달리 취급하라는 규정은 없다"며 연금소득에 보험료를 부과한 것은 적법하다는 판결을 내린 것이다.

이 판례를 이해하기 위해 우선, 연금소득은 퇴직자의 노후소득의 기본적인 부분이며, 생존의 기초가 된다는 점을 전제해야 한다. 이러한 연금소득의 수급권은 양도, 압류하거나 담보에 제공할 수 없다. 다만, 연금인 급여를 받을 권리는 이를 대통령령이 정하는 금융기관에 담보로 제공할 수 있고, 국세징수법·지방세법 기타 법률에 의한 체납처분의 대상으로 할 수 있다(공무원연금법 제32조). 국민연금 급여수급권 역시 양도·압류하거나 담보로 제공할 수 없다(국민연금법 제58조 제1항). 이는 연금이 생존권의 기초가 되기 때문에 법률로 보호하려는 것이다.

그러나 이러한 연금소득 역시 소득이기 때문에 "소득 있는 곳에 조세 있다"라는 세법의 원칙을 적용하면(소득세법 제3조 제1항) 소득세 부과의 대상이 된다. 연금소득은 종합소득에 포함되기 때문에(소득세법 제4조 제1호) 소득세 부과대상이 된다. 다만 앞의 (1)에서 살펴보았듯이 연금소득 중 일부가 비과세 대상이 될 뿐이다(소득세법 제12조 제4의 3호).

일반적으로 연금소득에 과세여부는 사회복지법과 조세법이 충돌하는 지점에서 발생하는 논점이다. 노후 생존권을 보장하려는 공적 연금법의 취지를 반영한다면 연금소득은 완전히 비과세 대상이 돼야 한다. 그러나 모든 소득에 대하여 과세하는 조세법의 원칙을 적용한다면 반드시 과세해야 한다.

그러므로 연금소득에 대한 과세여부는 법리적 해석의 문제라기보다 국가의 입법정책의 선택사항이다. 실제로 외국의 경우, 연금소득에 대한 과세여부와 공제여부는 해당국가의 정책에 따라 다르게 나타나고 있다. 우리나라는 공적연금 보험료에 대하여 소득공제를 해주는 대신에 연금급여에 대하여는 과세하는 법정책을 가지고 있다.

그런가 하면, 사회보험의 보험료와 조세는 강제로 징수된다는 점에서 외형상 동일시되는 특성을 가지고 있다. 즉, 보험료를 납입하는 것과 세금을 납부하는 것이 실질적으로 큰 차이가 없다. 실제로 사회보험료를 체납하면 국세체납처분의 예를 준용한다(국민건강보험법 제89조 제3항, 국민연금법 제95조 제4항). 그러나 조세와 보험료는 엄연히 다르다.

국민건강보험 지역가입자의 보험료는 보험료부과점수(법 제69조 제5항)에 따라 부과되는데, 동 시행령에서 보험료부과점수의 산정기준에 연금소득을 포함하고 있어(동 시행령 제42조), 연금소득은 국민건강보험료를 산정하는 기준에 산입되는 것이다.

그러나 이것 역시 국가가 사회보험료 부과대상에서 공적 연금급여를 제외시키는 법규정을 두면 제외시킬 수 있다. 이 경우에는 같은 사회보장법에 해당되지만 노후 생존을 보장하는 공적 연금법과 건강을 보장하는 건강보험법의 입법목적을 고려하여 결정할 문제이다. 연금급여의 수준과 건강보험 재정의 건강성을 고려하여 보험료 부과대상 및 정도를 규정하면 되는 것이다. 그러나 현행 법규정으로는 공적 연금급여도 종합소득에 포함되므로 국민건강보험료를 산정하는 기준에 포함되는 것이다. 하지만 과세기준과 사회보험료 부과의 기준이 되는 '소득'의 개념과 기준을 통일적으로 적용할 필요는 있다. 소득세법에서 필요경비 등을 공제한 소득을 기준으로 하는 것과 사회보험법상 공제절차 없이 모든 소득을 기준으로 하는 것은 전혀 다르기 때문에 앞으로 이 문제에 대한 정책적 해결이 요구된다.

앞으로 노인인구가 급증하면서 공적 연금 수급자도 대폭 증가할 것이므로, 연금급여에 대한 과세와 보험료 부과는 정책적 쟁점이 될 수밖에 없을 것이다. 이에 대한 연구와 논리개발이 사회복지법학의 시급한 과제라고 할 수 있겠다.

4) 민법과 사회복지법

사법(私法)은 사회복지법에 여러 가지 영향을 주었다. 특히 사회보험법은 사법상의 제도를 공법적으로 수정한 법으로서 사회보험법 생성 초기에나 지금까지도 사법적 원리에 의해 영향받고 있다. 예컨대 사회보험법상의 급여관계를 일종의 채권·채무관계로 파악하고 이에 관한 특별한 법이 없을 경우 민법의 규정을 준용할 수 있는 것이다.

그러나 사회보험법관계는 단순히 재산권적 관계를 규율하는 것이 아니라 수급권자의 사회적 보호라는 공익적 규범목적을 가지고 있어 사법관계(私法關係)의 적용이 매우 제한을 받기도 한다.

(1) 민법과 사회복지법의 관련성

사법의 기초가 되는 민법(民法)은 사회복지법과 어떠한 관련성을 맺는가? 민법이 사회복지법관계에 적용되는 방법은 대체로 다음과 같은 세 가지 경우로 요약할 수 있겠다(이상광, 1988: 107~110).

첫째, 유추(類推)를 통한 방법이 있다. 사회복지법에서 민법과 다른 규정을 두고 있을 때에는 별 문제가 없겠으나 규정이 없는 이른바

'입법의 흠결(欠缺)'시에 사회복지법의 본질적 특성과 규범목적의 범위 내에서 민법의 규정이 유추될 수 있다.

이러한 경우에 적용되는 것으로는 법인, 행위능력, 의사표시, 대리, 이자, 소멸시효, 상계(相計), 채권의 압류, 양도, 담보, 부당이득의 반환청구, 불법행위 등에 관한 규정들이 있다. 예를 들어 사회복지사업법 제 32조는 민법의 법인에 관한 규정을 준용할 것을 규정한다.

둘째, 민법의 일반원칙(신의성실의 원칙, 권리남용금지의 원칙 등)이 사회복지법에서도 일반원칙으로서 직접적으로 적용되는 경우가 있다. 여기에는 찬성과 반대의 주장이 엇갈릴 수 있다.

반대하는 주장은 국가와 국민 간의 관계가 사법관계에서처럼 밀접하지가 않기 때문에 민법의 일반원칙이 직접 적용될 수는 없다는 것이다. 그러나 독일과 오스트리아의 판례와 학설의 통설(通說)은 복지국가에서 국가와 국민 사이의 관계는 밀접한 사인(私人)들 사이의 관계와 같이 볼 수 있다고 주장한다. 그리하여 국가와 국민 개인 사이에서도 상호 간에 권리의 실현과 의무의 이행은 신의를 좇아 성실하게 해야 한다는 것이다.

이러한 원칙이 직접 적용될 수 있는 경우는 ① 관리운영주체의 하자있는 행위로 수급권자에게 이익이 된 위법한 행정행위를 취소할 때, ② 사회복지급여에 관한 관리운영주체의 확약(確約)이나 의무를 위반한 때, ③ 수급권자의 위법 또는 의무위반으로 권리를 상실한 때 등과 관련되는 것이다.

셋째, 민법상의 개념이 사회복지법규의 기초가 되어 있는 경우가 있다. 이러한 경우에 민법상의 규정은 사회복지법 해석에 중요한 영향을 미치게 된다. 예를 들어, ① 친족상속법의 규정상 친족의 범위가 변경되었을 때 사회복지법은 기존의 친족 개념과 범위를 고수할 것인가 하는 것이 쟁점이 되며, ② 사회보험의 가입자격을 판단할 때 사회복지법에서는 사실적 노동관계가 중요하다 할지라도 당사자가 이미 회사와 맺은 고용계약이 있을 때에는 그 내용이 판단의 중요한 전제가 되는 것이다.

(2) 친족상속법과 사회복지법

민법의 영역 중에서도 친족상속법은 사회복지법과 매우 밀접한 관련성을 가지고 있다. 특히 친족법 중에서 부양관계에 대한 법규들이 사회복지법과 중심적으로 관계된다.

친족법은 일반적으로 부양의무자로 하여금 피부양자를 부양하도록 규정하고 있다. 이것은 피부양자의 인간다운 생존을 목적으로 하는 사회복지법과 상호보완적이면서도 중복되는 측면이 있다. 그리하여 부양의무자가 실제로 피부양자를 부양하는 경우 사회복지법상의 급여는 제공될 필요가 없는 것인가 하는 문제를 생각해볼 수 있겠다.

친족법상의 부양은 부양자와 피부양자 사이의 채권·채무관계이고, 사회복지법상의 급여는 객관적 요보호상태를 상정하고 이에 따라 국가가 급여를 제공하는 것이다. 개별적 부양이 이루어지든 아니든 사회복지법은 부양을 필요로 하는 사회적·객관적 상태에 대한 국가의 책임을 이행하려는 법이기 때문에 친족법상의 부양관계와는 별도로 규정되는 것이다.

현대사회에서 가족의 붕괴와 해체는 가족의 구조적인 부분뿐만 아니라 가족의 기능적인 면에서도 발생하는 것이어서 부양의 문제는 사회적 성격을 띠게 되는 것이며, 이에 따라 개인적 부양의 문제와는 별도로 사회적 차원의 부양을 사회복지법이 규정하게 되는 것이다. 이것이 곧 '부양의무의 사회화' 경향을 말하는 것이다.

따라서 이것이 사회복지법에 반영되기 위해서는 피부양자에 대한 자산조사제도가 없는 보편적 사회수당의 제도가 도입되어야 한다. 현재 우리나라 국민기초생활보장법과 같이 자산조사를 실시해야 하는 공공부조법에서는 부양의무자3가 존재하면 원칙적으로 수급자격을 인정하지 않는다(국민기초생활보장법 제5조). 이렇게 보편적 노령수당이나 아동수당이 없이 공공부조에 의존하는 것은 부양의무를 사회화하는 사회복지법의 원리에 도달하지 못한 입법의 태도이다.

상속의 경우에 민법과 사회복지법은 더욱 차이가 난다. 왜냐하면 사회복지급여 수급권은 일반 재산권처럼 소유권이 인정될 수 없기 때문에 사망하는 수급권자가 상속법에서처럼 유언을 통해 자신의 수급권을 상속시킬 수 없는 것이다. 사회복지법의 규범목적상 특별규정을 두어 미지급된 사회복지급여의 수급권자를 지정하게 하는 것은 용인되고 있다. 예를 들어, 산업재해보상보험법 제81조, 국민연금법 제55조, 기초노령연금법 제9조 등은 수급권자가 사망했을 경우 미지급 급여를 청구할 수 있는 자의 범위와 순위를 규정하는데, 특히 국민연금급여의 경우에는 배우자·자녀·부모·손자녀 또는 조부모로서 사망 당시 생계를 같이하고 있던 자에게 미지급 급여의 청구권을 인정하고 있다. 이것은 사회복지법이 상속을 인정하는 것은 아니고, 수급권자와 함께 보호하려고 하는 생활공동체의 사실관계를 더욱 중요하게 보기 때문인 것이다.

또한 국민연금법이나 산업재해보상보험법 등에서 유족급여 제도를 규정하고 있다. 이 또한 법적 논거(論據)를 필요로 한다. 사회보험의 가입자가 아닌 사람에게 급여를 제공하는 이유는 무엇인가? 또 연금

---

3 물론 민법상의 친족의 범위보다 국민기초생활보장법에서 친족의 범위가 훨씬 좁다.

수급자가 사망하면 유족에게 유족급여가 제공되는데, 본인이 받던 급여보다는 감액된 금액을 준다. 이것은 왜 그러한가?

일단, 유족급여는 민법상 손해배상이나 위자료 등과는 성질이 다르다. 따라서 본인의 과실로 사망한 경우에도 과실상계(過失相計)를 하지 않고 법정(法定) 급여를 지급한다. 이것은 수급자와 유족의 생활공동체를 법적으로 승인하는 것이며, 또한 수급자가 대개 남성 가구주라는 점을 고려할 때 유족은 여성, 아동, 노인 등이기 때문에 사회적 약자에 대한 배려라고 볼 수 있다. 그러므로 유족급여는 수급자가 사망한 후에도 유족들의 생활을 안정시키기 위한 목적을 가지고 있다(대판96다38933). 그리하여 사회복지법, 특히 사회보험법에서 유족의 범위는 민법상의 유족의 범위와 다르게 실제로 부양받고 있던 자를 유족으로 한다. 이것은 유족의 생존과 생계를 보장하기 위한 규범적 배려 때문이다.

그러나 사회보험의 기여자가 아닌 유족은 본인이 받던 급여액보다는 낮은 수준으로 받는 것이 보험의 원리상 당연한 것으로 받아들여지는 것 같다. 유족은 사회보험의 계약당사자가 아니며, 가입자가 아닌 유족에게까지 완전한 급여를 제공하면 보험재정에 엄청난 부담을 주게 되며 또한 수급자간의 형평성에도 맞지 않는다. 유족이 없는 수급자도 있고 있더라도 인원이 다를 것이기 때문이다. 그리고 유족이 보험재정에 직접적으로 기여한 것이 아니기 때문에 소득과 기여금에 비례하여 급여를 제공할 수는 없고 기본적 생존배려의 차원에서 유족급여를 제공하기 때문에 유족급여는 수급자 본인의 급여액보다 적을 수밖에 없을 것이다.

(3) 제 3자 관계

사회복지법 중에서 특히 사회보장법에서는 관리운영의 주체와 수급권자 간에는 원칙적으로 사법자치(私法自治)가 인정되지 않는다. 그러나 관리운영주체 또는 수급권자와 제 3자 간에는 사법적 법률관계가 형성될 수 있다. 그 대표적인 것이 피보험자의 가해자에 대한 구상(求償) 또는 대위(代位) 관계, 사회보장법관계의 당사자와 요양취급기관의 법률관계 등이다(이상광, 1988: 112~113).

첫째, 피보험자의 가해자에 대한 관리운영주체의 구상관계는 피보험자가 제 3자의 불법행위로 사회보장급여를 받게 될 때 발생한다. 피보험자는 그 경우에 그 사유를 근거로 하여 사회보장급여를 받게 되지만 그렇다고 해서 피보험자에 대한 가해자의 책임이 면제되는 것은 아니다. 예를 들어, 갑(甲)이 을(乙)에게 폭행을 당하여 상해(傷害)를 입었을 경우 갑이 국민건강보험급여로 치료를 받더라도 갑에 대한 을의 행위는 불법행위로서 책임이 있는 것이다.

그리하여 이 경우에 관리운영주체·피보험자·가해자(제 3자) 간에는 삼각관계가 형성되는 것이다. 이때 피보험자가 가해자에 대해 가지게 되는 손해배상청구권은 법적으로 관리운영주체에게 승계되는 것이며, 관리운영주체는 가해자에 대해 사회보장급여의 범위 내에서 구상할 수 있는 권리를 취득하게 된다.

이러한 예로 국민건강보험법 제 58조(구상권), 국민연금법 제 114조(대위권), 산업재해보상보험법 제 87조(제 3자에 대한 구상권), 범죄피해자보호법 제 21조 제 2항 등이 있다. 이러한 경우에 발생하는 법률관계는 명백히 사법적 관계이지만 사회복지법관계와 밀접한 관계를 갖는 것으로 볼 수 있다.

그러나 공공부조법에서의 국가의 구상권은 논란의 여지가 있다. 부양을 하지 않는 부양의무자에 대해 국가가 구상권을 행사하는 것은 (국민기초생활보장법 제46조 제1항) 부양관계를 철저하게 채권·채무 관계로만 파악하는 것이 된다. 이에 반해 노인복지법 시행령 제23조에서는 부양의무자가 있어도 부양의무자로부터 적절한 부양을 받지 못하는 때에는 그 비용을 수납 또는 청구하지 않을 수 있다고 규정하고 있다. 우리 법의 태도가 일관되지 않는 부분이다. 사회복지법으로서 규범적 정당성을 강조할 것인가 아니면 민법상 부양관계를 우선적으로 적용하여 채권·채무관계로 보고 국가 또는 보장기관의 구상권을 인정할 것인가 하는 것은 입법정책상 논란이 된다.

이 문제는 법리적 문제와 더불어 사회의 법감정과도 밀접한 관련이 있다. 자신의 부모를 부양하지 않은 사람에 대하여 아무런 조치도 취하지 않을 수 없다고 보는 감정과 자신의 부모를 부양하지 못하는 사람에 대하여 구상권을 행사해봤자 실익이 별로 없을 것이고 결국 노인들만 고통을 겪을 것이므로 그냥 국가가 생계를 보장하는 것이 낫다고 보는 감정이 있을 것이다. 실제로 우리나라에서는 노인부양구상권의 법제화에 대해 27.2%가 반대하고 47.0%가 찬성한다는 조사결과가 보고된 적도 있다(박재간 외, 1996).

전통적 "효"사상은 부모부양을 하지 않는 자에 대해 부정적이다. 그러나 실제 경제적 부담, 가족 간의 단절과 해체 등의 문제로 부모부양을 하지 않은 사람들에 대해 국가가 일일이 구상권을 행사하여 부양비용을 징수할 수 있다 하더라도 그 노부모들은 법률적으로 부양받지 못하게 된다. 부양의무자가 존재한다는 사실 자체가 수급자가 되는 요건에 위배되기 때문이다. 그러므로 공공부조법에서 국가의 구상권 규정은 심각하게 재고해야 할 것이다. 그러나 이 문제는 실제 제도운영에서 보장기관이 구상권을 행사하더라도 수급자의 자격유지에는 영향을 미치지 않도록 하고 있어 현실적으로 문제가 발생하지는 않는다. 그렇지만 법률에서 이 부분에 대해 명확하게 규정하고 있지 않은 채 행정적으로 이루어지고 있어 문제다.

결국은 사회복지법이 민법과 어느 정도 구별되는 법리를 취할 것인가의 문제로 보인다. 민법은 부양의 책임을 개인과 가족에게 부과하는 법이지만 사회복지법은 국가의 책임을 인정하는 법이다. 빈곤한 사람에 대한 부양의 1차 책임을 가족에게 돌릴 것인가 아니면 국가에게 돌릴 것인가의 문제이다.

둘째, 사회보장의 관리운영주체는 현물(現物) 또는 서비스 형태의 급여를 반드시 스스로가 직접적으로 제공해야 하는 것은 아니다. 필요에 따라서 관리운영주체는 요양취급기관으로 하여금 요양 등의 급여를 수급권자에게 제공하도록 할 수 있다. 국민건강보험상의 요양급여(제41조)나 산업재해보상보험법상의 요양급여(제40조) 등은 요양기관이 급여 제공의 주체인 관리운영자와 수급권자 사이에서 이를 매개해주는 역할을 수행한다.

여기에서 이러한 요양취급기관은 행정행위를 통하여 '지정'되거나 또는 관리운영주체와 '사법적(私法的) 법률행위'의 방법을 통해 법률관계를 맺게 된다. 국민건강보험법 제42조와 산업재해보상보험법 제43조 등은 각각 보건복지부장관과 노동부장관으로 하여금 요양기관을 지정하도록 규정하고 있다. 이러한 '지정' 또는 기타 사법적 법률관계의 성격이 어떠한 것인가에 따라 관리운영주체와 요양취급기관, 요양취급기관과 수급권자 사이에 커다란 영향을 미칠 수가 있는 것이다.

5) 사회보험법과 책임보험법

넓게는 사회복지법, 좁게는 사회보장법에 속하는 사회보험법과 유사한 기능을 하면서도 차이를 보이는 것이 책임보험에 관한 법이다. 책임보험이란 특정한 사고로 인한 인적, 물적 손실에 대해 가해자가 피해자에게 개별적으로 배상(賠償)하는 대신, 가해자가 될 가능성이 있는 주체들을 의무적으로 보험에 가입시켜 손해배상을 집단화하는 대응방법이라 하겠다.

따라서 책임보험법의 목적은 피해자의 피해를 보상하는 것에 직접적 규범목적이 있는 것은 아니다. 그것은 가해자의 책임을 보험의 방식으로 보장하는 것을 일차적 목적으로 하는 것이며 피해자에 대한 보호는 간접적인 것으로 보아야 할 것이다.

현재 산업재해보상보험법과 자동차손해배상보장법이 이에 속한다. 일정 규모의 사업장의 사용자와 자동차를 소유한 사람은 산업재해나 자동차 사고 발생 시 가해자로서의 손해배상책임비용을 보장받을 수 있도록 의무적으로 책임보험에 가입해야 하는 것이다.

이러한 책임보험은 사회보험과 유사한 측면이 있다. 첫째, 책임보험은 법에서 정한 일정한 조건을 가진 자는 의무적으로 보험에 가입해야 한다는 점에서 사회보험과 유사하다. 1인 이상의 상시(常時) 근로자가 있는 사업장의 사용자는 산업재해보상보험에 의무적으로 가입해야 하며, 모든 자동차보유자는 의무적으로 책임보험이나 책임공제(責任共濟)에 가입해야 하는 것이다(자동차손해배상보장법 제5조 제1항). 이러한 강제가입은 사회보험과 유사한 성격을 갖는 것이다.

둘째, 책임보험 역시 궁극적으로는 피해자에 대한 보상이나 보호를 목적으로 한다는 점에서 사회보장적 성격을 띠고 있다. 산업재해보상보험법과 자동차손해배상보장법 모두 제1조(목적)에서 이와 같은 규범적 목적을 규정하고 있다. 산업재해를 당한 근로자와 그 유가족, 자동차 사고로 피해를 당한 사람과 그 유가족에 대해서 보험자는 손해배상을 해주는 것이다.

이와 같이 책임보험법은 사회보장법적 기능을 수행하고 있지만 몇 가지 다른 측면이 있다. 첫째, 사회보험은 국가의 책임으로 국가기관이나 공단과 같이 국가가 지정한 공법인(公法人)에 의해서 운영되지만 책임보험은 보험업법에 의한 민간보험자에 의해 운영된다. 물론 산업재해보상보험법은 국가에 의해 운영되고 있다. 둘째, 사회보험은 그 재원의 조달과 관련하여 노·사·정에 의한 3자부담의 원칙 아래에서 경우에 따라 이자(二者)부담이나 일자(一者)부담이 이루어지지만, 책임보험은 가입자만이 부담하는 제도이다.

이렇게 볼 때 책임보험은 사회보험과 사보험(私保險)의 중간 형태에 위치하는 것으로 볼 수 있다. 피해자를 보호하기 위해 잠정적 가해자를 의무적으로 가입시킨다는 점에서는 사회보험적 성격을 갖지만 민간 보험회사에 의해 운영되고 또한 피해자의 생활보장보다는 사고나 재해의 인과관계를 엄격하게 규명해서 책임을 확인하고 그에 따르는 손해배상을 한다는 점에서는 사보험적 성격을 갖는 것이다. 그리하여 책임보험의 운영에서는 피해자의 생존권 보장이라는 사회복지법적 목적보다는 책임관계의 규명과 그에 대한 배상이라는 민사법적 원리가 크게 작용하는 것이다.

그런데 여기에서 한 가지 언급해 두어야 할 것은 산업재해보상보험법에 대해서이다. 노동법과 사회복지법의 관계에서도 논했듯이 산업재해보상보험법은 개인적 차원의 손해배상 법리로 해결하던 것에서 책임보험의 단계를 거쳐 사회보장제도로 진화하는 것이기 때문에 명확한 성격규정이 곤란한 점이 있다. 현재 우리나라의 산업재해보상보험제도는 재해를 당한 근로자와 그 유가족에게 보상하고 국가에 의해 운영되는 등 사회보험의 형태를 띠고 있지만 사용자만의 단독부담, 산업재해 발생에 대한 업무와의 인과관계 요구 등으로 책임보험의 성격이 강하다.

또한 자동차손해배상보장법은 '배상'(賠償), 산업재해보상보험법은 '보상'(補償)의 법리를 따르기 때문에 양자는 서로 다른 측면이 있다. '배상'은 불법행위에 대해 그 책임부담을 말하는 것이며, '보상'은 적법행위로 인한 손실에 대해서 보전(補塡)하는 것을 말한다. 책임보험은 불법적 사고 등에 대한 보험제도이기 때문에 기본적으로 배상의 법리가 지배하는 영역이다. 산업재해보상보험법이 책임보험과는 달리 보상의 법리를 채택하고 있지만 진정한 사회보장법이 되기 위해서는 보상보다 '보장'(保障)의 법리를 취해야 할 것이다.

6) 성년후견제도

성년후견제도를 도입하는 민법개정안이 2011년 2월 18일 국회를 통과, 3월 7일 공포되어 2013년 7월 1일부터 시행된다.

원래 후견인은 과거 민법에서 의사표시능력이 미약한 금치산자(禁治産者), 한정치산자(限定治産者), 미성년자들을 위하여 도입되었던 민법상의 제도이다. 각종 계약 등 법률행위를 하는 데 있어서 이들을 보호하고, 이들로 인하여 선의의 제3자들이 피해를 받지 않도록 하기 위하여 후견인제도를 두었던 것이다.

그러나 성인이면서 금치산자나 한정치산자는 아니지만, 노인이나 장애인들에게는 법률행위는 물론 일상생활의 지원을 위한 후견인제도의 도입이 필요하다. 그리하여 민법에서도 법률행위와 일상보호를 위한 후견인제도가 도입되었다(민법 제947조). [4]

이것은 장애인 인권운동 차원에서 제기된 것이지만 노인들에게도 적용될 수 있는 제도이다. 그런데, 이렇게 사회복지제도로서 의미를 갖는 제도가 일반법인 민법에 규정되어 있다는 점이 특징이자 문제가 될 수 있다.

따라서 이것은 민법과 사회복지법의 만남 현상 중 하나가 될 것이다. 이와 관련하여 몇 가지 과제를 생각해보자.

첫째, 제도를 구체화하기 위하여 민법에 시행령이나 시행규칙을 둘 수 있는가? 일반적으로 행정법은 행정부가 법을 집행하기 위하여 필요한 규범들이어서 시행령과 시행규칙 같은 행정입법들을 제정하여 시행하고 있다.

그런데 민법에 사회복지법과 같은 내용이 들어가면서 이러한 필요가 발생한다. 성년후견제도만을 다루는 특별법을 제정하든지, 사회복지법에서 성년후견제도의 내용을 포함하는 입법을 하든지, 민법의 관련 규정을 더욱 구체화하든지 좀더 연구가 필요하다.

둘째, 사회복지법의 정비가 필요하다. 사회복지사업법상 사회복지서비스 신청, 또는 장애인복지법, 정신보건법, 노인복지법에 성년후견서비스 관련 규정들을 도입하는 방안을 연구해야 할 것이다.

셋째, 미성년후견제도의 개발이 필요하다. 사실, 사회복지 차원에서 미성년자인 아동들에 대한 후견조차 제대로 정립되어 있지 못하

---

4 제947조(피성년후견인의 복리와 의사존중) 성년후견인은 피성년후견인의 재산관리와 신상보호를 할 때 여러 사정을 고려하여 그의 복리에 부합하는 방법으로 사무를 처리하여야 한다. 이 경우 성년후견인은 피성년후견인의 복리에 반하지 아니하면 피성년후견인의 의사를 존중하여야 한다.

다. 아동복지의 차원에서 아동복지법, 입양특례법 등에 미성년후견제도의 내용을 포함시킬 필요가 있다.

이러한 과제들을 연구하고 실현시키기 위해서 민법상 의사표시, 능력, 후견 개념과 원리를 사회복지법과 연계시킬 수 있는 개념과 방법들을 개발해야 할 것이다.

제 2 부

사회복지법체계와 권리성

• • •

사회복지법제론의 총론적 수준에서 가장 근본적인 물음은 사회복지법이 체계를 가지고 있는가, 있다면 어떠한 체계인가 그리고 이러한 법체계 속에는 사회복지의 대상자가 되는 사람들의 권리성이 인정되는 것인가 하는 것들이다. 제1부에서 사회복지법의 개념과 그 범주를 살펴보았지만, 사회복지법 연구에 입문할 때 흔히 겪게 되는 곤란은 도대체 사회복지법이 무엇인가 하는 문제와 더불어 사회복지법을 어떻게 체계적으로 이해할 것인가 하는 문제이다. 그리고 핵심적일 뿐만 아니라 실천적 의미에서도 가장 중요하다고 할 수 있는 복지권(welfare right)을 사회복지법체계가 내포하는 것인지에 대해 논증해야 하는 것이다.

이러한 문제에 답하기 위해서 우선 '법체계'(legal system)의 개념을 이해하는 것이 필요할 것이다. 혹자는 사회복지법의 체계를 사회복지제도의 내용에 따라 사회보험법, 공공부조법, 사회복지서비스법 등으로 분류하기도 하는데, 이는 법리적 관점에서 볼 때 차별성이 있는 분류가 아니다.

일반적으로 헌법, 민법, 형법 등은 단일한 법전으로 존재하고 그 하위법률들이나 특별법들이 나름대로의 체계를 구성하는 반면에, 사회복지법은 통일된 단일의 법전이 없이 다양한 개별 입법들이 난립하고 있고, 또한 다른 영역의 법에도 사회복지와 관련된 규정들이 산재해 있어 독자적 법체계의 구성이 어려워 보인다. 심지어 독일의 뤼프너(W. Rüfner)는 "명백할 정도로 타당하고 보편적으로 승인될 만한 사회법의 체계가 확립된 것도 아니며, 이것은 앞으로도 기대하기 어렵다"(Rüfner, 1991: 10ff.)는 견해를 밝히면서 사회법체계의 난맥상을 지적한다.

• • •

그런데 1985년 영국의 파울러(Fowler) 백서에 의한 사회법의 대개혁과 독일에서 사회법의 통일법전화를 위한 시도들이 있었다는 사실을 염두에 둘 때(이상광, 1988: 35), 사회복지법의 독자적 체계수립이 불가능하다고만 할 수는 없을 것이다.

일반적으로 사회법의 체계를 확립하는 것은 결코 쉬운 일이 아니다. 따라서 사회복지법의 체계를 수립하는 것도 단순한 작업은 아니다. 사회복지입법이 정해진 체계 속에서 질서정연하게 형성되어 온 법도 아니고, 필요에 따라 개별적으로 입법화되었기 때문에 기존법률들을 체계적으로 분류하는 것조차 상당히 어렵다. 하지만 기존 제도 상호간의 조정이라든지 전체적 발전방향의 지향을 고려할 때, 또한 사회복지법 연구의 일차적 필요상 체계화의 작업은 시도되어야 할 것이다.

이렇게 사회복지법의 체계성을 논의하는 근저에는 궁극적으로 사회복지법상의 급여 및 서비스에 대한 개인의 권리성을 도출하기 위한 목적이 있다. 권리성이 인정되지 않는 데 대해서 굳이 체계성을 논하는 것은 별 의미가 없는 것이다.

그리하여 사회복지법의 체계성과 권리성은 사회복지법제론 분야에서 가장 주목해야 할 핵심적 주제이며 이 책 또한 이 부분에 가장 심혈을 기울이는 것이다. 논의의 전개를 통해 사회복지법의 체계성을 수립하고 사회복지법상 개인의 권리성을 인정하는 것이 제2부의 중심적 목적이자 주제이다.

제4장
외국의 사회복지법체계론

우리 사회복지법의 체계를 모색하기 위해서 법체계에 관한 이론이나 관점 이전에 우리와 같은 법계에 속하는 독일과 일본의 사회법 또는 사회복지법체계론을 살펴보기로 한다.

1. 독일의 사회복지법체계론

독일은 사회법에 대해 전통적으로 학문적 체계보다는 실정법적 체계를 따라 사회보험(*Sozialversicherung*), 사회원호(*Sozialversorgung*), 사회부조(*Sozialhilfe*) 등으로 체계화했다(이상광, 1988: 294; Jäger, 1987: 16). 그러나 사회법전(SGB) 제정 이후에는 사회보상 개념의 강조와 사회원호 급여의 적극성으로 인해 학문적으로 다양한 관점에서 다음과 같은 체계화가 시도되었다(이상광, 1988: 294~295).

첫째, 기여금의 존재여부에 따라 사회보험법과 공공부조법으로 분류하는 방법이 있다. 이 방법은 사회보상법이 규정하는 국가유공자보상법 등을 기여금의 전제 없이 급여가 이루어진다는 이유로 공공부조법에 편입시킨다.

그러나 사회보상법의 급여는 비록 기여금을 전제로 하지 않지만 인적 (人的) 손실이라는 반대급부를 전제로 인과적(因果的) 사회급여가 이루어지기 때문에, 합목적성(合目的性)의 원리가 지배하는 공공부조법에 포함시키는 것은 사회적 급여의 성격을 무시한 법체계라 할 수 있다.

둘째, 사회급여의 기능에 따라 3분설과 2분설로 나누어 볼 수 있다. 3분설이란 차허(H. F. Zacher)에 의하면, 사전배려체계(*Vorsorge-systemen*), 보상급여체계(*Entschädigungssystemen*), 부조 및 촉진체계 (*Hilfs-und Förderungsystemen*) 등의 분류체계이다.

2분설은 블레이(H. Bley)에 의하면, 발생한 손실에 대한 급여체계 (*Schadenausgleich*)와 특별한 경제적 부담을 경감시켜 주거나 원호 또는 장려, 촉진 등을 위한 급여로서 불이익에 대한 급여체계(*Nachteil-ausgleich*) 등으로 체계화된다. 여기에서 손실에 대한 급여체계에는 사회보험법과 사회보상법이 포함되며, 불이익에 대한 급여에는 사회부조법이 포함되는 것으로 해석된다.

그러나 이와 같은 분류체계는, 3분설이든 2분설이든, 법리적 측면보다는 급여내용의 기능에 따른 것으로서 법체계의 기준으로는 만족스럽지 못하다.

셋째, 국내 학자들 중에서 독일 법체계론의 영향을 받아 나름대로 사회복지법의 체계를 제시하는 경우가 있다. 먼저, 사회법의 기본 원리를 기초로 각국의 입법례에 따라 체계화할 것을 강조하면서 이상광은 사회보험법, 사회보상법, 사회원호법 등으로 체계화하고 있다(이상광, 1988: 296~306).

여기에서 '사회보험법'이란 보험의 원리를 기초로 하여 개인이 위험공동체로서의 인적 공동체를 구성하고, 그 구성원이 일정한 기여금을 지불하고, 급여가 기여금과 관계를 갖게 되는 특성을 띠는 법이다. '사회보상법'이란 국가와 민족공동체를 위한 활동과 같이 공익적 행위로 사망 또는 노동력 상실 등의 손실을 입은 자와 그 유가족에게 보상적 급여를 제공하는 법이다. '사회원호법'은 사회보험법이나 사회보상법에 의해 사회보장이 충분히 되지 못한 사람들의 경제적 부담을 경감시키거나 복지를 증진시켜 주기 위한 공공부조법 또는 사회부조법과 거의 일치한다.

이와 유사한 것으로 전광석은 차허(Zacher)의 분류방식과 같이 사회급여의 '원인관계'와 '급부내용의 결정기준'에 따라 사전배려체계, 사회보상체계, 사회부조 및 촉진체계 등으로 체계화한다(전광석, 1994: 70~74).

여기에서 '사전배려체계'란 개인에게 일정한 사회적 위험(노령, 질병, 장해 등)이 발생하면 구체적 욕구가 존재하는가의 여부에 관계없이 추상적으로 욕구상황이 야기된다는 전제 아래 개인이 위험발생 전에 미리 부담을 갹출하여 법적 원인관계를 성립시키고, 위험이 현재화하면 이로부터 개인을 보호하기 위해서 반대급부를 지급하는 제도로서 각종 사회보험과 공무원부양제도(Beamtenversorgung)가 여기에 속한다. '사회보상체계'란 특별하게 공동체 전체에 그 책임이 귀속되는 인적 또는 물적 손실에 대한 국가적 차원에서의 보상을 그 내용으로 한다. 이는 법적 원인관계를 전제로 하고 사회적 위험 발생시에 법률에 의해 추상적으로 욕구상황이 의제(擬制)된다는 점에서 사전배려체계와 유사하지만, 사회보험이 그 위험공동체의 보험료를 재원으로 하는 반면, 사회보상체계는 국가적 연대성의 표현이므로 국가가 주체가 되어 일반예산을 재원으로 한다는 점에서 차이가 있다. '사회부조 및 촉진체계'는 법적 원인관계를 전제로 하지 않는 순수한 사회정책적 목적에서의 급여라는 점에서 앞의 두 체계와 다른데, 여기에는 일반 사회부조 및 촉진체계와 특별 사회부조 및 촉진체계가 있다. 전자는 자산조사 또는 욕구조사를 수반하여 최저한의 생활을 보장하기 위한 급여를 제공하는 것이고, 후자는 일정한 생활상의 위험 극복과 개성 신장을 위해 추상적으로 법률에 의해 욕구상황을 의제하고 지원해주는 급여체계를 말한다.

또한 유광호도 이와 비슷한 분류체계를 제시하는데, 사회보험, 공적 부양, 사회부조, 특수형태 및 사회복지서비스 등으로 체계화한다 (유광호, 1986: 169). 공적 부양은 사회보상의 다른 표현으로 보이며 특수형태 및 사회복지서비스는 촉진체계를 포함하는 것이다.

이상과 같은 국내 학자들의 독일 사회법 분류체계들은 이제까지 독일에서 행해진 것을 소개했다는 점에서 그 의미가 있다고 본다. 그러나 앞에서도 거론했듯이 독일에서 타당하고도 보편적으로 승인될 만한 사회법의 내부적 구성체계가 아직 발견되지 않고 있으며, 앞으로도 기대하기 어려운 실정이다.

다만 기존의 사회법체계를 보면 다음과 같다(Rüfner, 1991: 15). 사회법은 ① 급여의 적용범위(Leistungsbereich) ② 급여의 근거(Seistungsgrund) ③ 급여의 목적(Leistungszweck) 등에 따라 분류할 수 있는데, 급여의 적용범위에 따른 분류체계는 공식적 분류체계로서 별 의미가 없다. 이는 사회법전의 조항 중에서 급여목적 및 원칙에 관한 총칙규정(제3조~제10조), 수혜자와 각 급여간의 근거규정(제18조~제29조), 기타 개별 조항 등으로 분류하는 것인데, 외면적이고 형식적인 의미를 가질 뿐이다. 단, 이것은 상이한 급여범위에서 유사한 욕구상황이 발생했을 때 급여를 조정해야 하는 경우에 특별히 의미를 가질 수 있다.

급여의 근거에 따른 분류체계로는 첫째, 사회보험, 사회부조, 사회원호 등의 분류체계가 있다. 이것은 전통적 분류체계에 속하는 것으로서 대체로 사회법의 역사적 발전과정을 토대로 한 것이다(Zacher, 1990: 2f). 그런데 사회보험과 사회부조를 제외한 나머지 영역의 사회원호는 현대의 사회법에 포함시키기 어려운 문제점이 있다.

둘째, 비교적 새로운 분류체계로서 사전배려(Vorsorge), 보상(Entschädigung), 조정(Ausgleich) 등의 분류가 있다. 여기에서 조정이란 전통적 분류에서 원호(Versorgung)와 유사한 성격을 갖는데, 이는 사회국가(Sozialstaat)의 목적에도 어긋나고 헌법적 근거에도 위배되는 문제가 있다.

셋째, 이에 대한 대안으로 제시된 사전배려, 보상, 부조(Hilfe), 촉진(Förderung) 등의 분류체계가 존재한다.

그런데 급여의 근거에 따른 분류체계는 어느 정도 급여범위의 공식적 체계에 접근하지만 모든 세목들을 증명할 수는 없기 때문에 급여의 목적, 욕구, 위험 등에 따른 체계화가 필요하다. 즉, 여기에서 보험 또는 예방의 원리, 보상(또는 부양)의 원리, 원호의 원리, 촉진의 원리 등이 어떠한 법이론적 근거에서 체계화의 기준으로 제시되었는가에 대한 설명이 없어 미흡한 점으로 남는다.

급여목적에 따른 분류체계는 급여근거가 애매한 경우 체계화에 도움을 줄 수 있다. 예를 들어, 재해보험(Unfallversicherung)의 경우는 순수하게 보험의 원리만 가진 것이 아니라 보상적 요소 또는 촉진적 요소도 가지고 있다. 따라서 이 경우에는 급여의 목적이 무엇인가 하는 질문이 필요하게 된다. 급여목적에 따라 생존을 위한 급여, 특별한 생활수준에서 과잉욕구에 대한 급여, 건강을 위한 급여, 취업 및 사회복귀를 위한 급여 등으로 나누어 볼 수 있을 것이다.

2. 일본의 사회복지법체계론

이상과 같은 독일식의 분류체계는 일본에 영향을 미쳤으며, 이에 오가와는 사회복지법을 다음과 같이 체계화했다(小川政亮, 1992: 3~5). 그는 사회복지법을 사회사업법이라 칭하면서 ① 사회사업의 조직·재정에 관한 법, ② 사회사업급부에 대한 권리보장에 관한 법으로 분류하고, ①에는 사회복지사업법, 후생설치법, 민생위원법 등을 포함시킨다. ②는 다시 ㉠ 일방적 급부의 형태로 보장활동이 실행되는 보호법—부조법(생활보호법), 구조법(재해구조법 등), 육성법(아동복지법, 노인복지법 등), 갱생법(범죄자예방갱생법 등), ㉡ 저소득자에 대해 자립조장의 목적을 갖는 대부(貸付) 형태의 보장활동에 대한 원조법—공익질옥법(公益質屋法), 모자 및 과부복지법 등—으로 체계화했다. 그리고 나중에 여기에다 하나의 분류를 추가했는데, ㉢ 전쟁 기타 공권력적 활동에서 생명이나 신체 등에 손해를 입은 희생자와 유족에 대해 국가가 보상하는 원호법이 그것이다. 이 중 원호법을 사회복지법에 포함시킬 것인지는 논란의 여지가 있다.

그런데 이와 같은 방법으로 체계화하는 것은 사회보험법의 영역이 배제된 채 공공부조법이나 사회복지서비스법만을 중심으로 제도의 방법이나 기능에 따른 분류에 그치고 있어 법리상의 분류체계로 받아들이기는 어렵다. 제3장에서도 논의했듯이 보험과 부조란 제도적 실천의 방법론상의 차이일 뿐이며, 보호·원조·원호 또는 부조·구조·육성·갱생 등은 제도의 기능을 표현하는 것으로서 이들의 법적 성격에 차별성이 있는 것은 아니다.

그런가 하면 호리〔堀勝洋〕는 크게 사회보험법과 사회부조법으로 분류하고 각종 수당에 관한 법과 사회복지서비스법을 사회부조법에 포함시켜 분류체계를 제시한다(堀勝洋, 1994: 110). 이것 역시 사회보험법을 포함하고 있다는 점에서 오가와의 분류체계보다는 포괄적이기는 하지만, 결국 법리적 분류가 아니라 기능적 분류체계에 지나지 않으며 또한 그 분류 자체도 적절하지 못한 단점이 있다.

이렇게 법리상의 분류체계로 볼 수 없다는 반론에 따라 제시된 체계화에 관한 시론(試論)으로서 1970년대부터 오쿠라〔小創讓二〕등과 아라키〔荒木誠之〕가 제기한 방법이 있다. 오쿠라는 욕구의 충족에 대응하여 '비소득(사회복지서비스)을 주로 하는 것'과 '현금급부를 주로 하는 것'으로 분류했고(김유성, 1992: 103~114), 아라키는 상병(傷病)·노령(老齡)·폐질(廢疾) 등의 생활위험과 생활불능에 대해 상실된 소득의 보상을 목적으로 하는 '금전급부'의 부문과 노동능력(소득능력)의 상실 또는 훼손에 대해 그 회복을 기도하고 정상적 생활능력을 유지시킬 것을 목적으로 하는 급부부문으로서 '장해보장급부'로 분류했다(荒木誠之, 1993: 243~255).

이러한 방법들은 급부의 형태, 성격, 기능 등에 착안하여 구성한 것으로 보이는데, 기존의 분류체계에 비하여 착상은 좋으나 이 또한 찬성하기 어려운 점이 있다. 예를 들어 대부분의 현행법들은 각각의 법에서 다양한 급부의 형태를 규정하는데, 사회복지제도에서 이루어지는 급부의 형태는 가장 기본적인 것으로서 현금급부와 현물급부가 있으나 그 밖에도 기회, 서비스, 양도가 제한되는 물품, 유가증권, 세액공제 등 다양하게 존재한다(Gilbert et al., 1993: 99~107). 이렇게 다양한 급부의 형태는 정책의 목적과 의도에 따라 선택되는 것으로서 다분히 입법정책상의 문제이지 법리상의 분류기준은 될 수 없다고 판단된다.

한편 급여의 종류나 기능 이외에 다른 기준을 가지고 일본 후생성이 사회복지 6법에서 분류한 방식에 따른 체계가 있다(佐藤進·右田紀

久惠, 1982: 14~15). 이는 사회복지행정의 대상에 따라 ① 사회복지일반(사회복지사업법, 사회복지사업진흥법, 민생위원법 등) ② 서비스급부전체에 관련된 것〔생활보호, 아동복지, 모자복지, 모자보건, 정신박약자복지, 노인복지, 매춘방지, 재해구조, 소비생활협동조합, 공익질옥, 전상병자원호(戰傷病者援護) 등〕으로 체계화했다. 이것은 오가와의 체계에 영향을 준 체계인데, 대상을 중심으로 체계화한 면에서 일고의 가치는 있으나 그야말로 행정적 편의에 따라 분류한 것이지 법적 원리와는 무관한 방법이다.

이렇게 볼 때, 일본에서의 체계화 노력은 오가와의 분류체계와 같이 독일의 영향을 받은 것이 중심이 되면서 새로운 방법들이 제시되고 있지만 법체계의 기준들이 여전히 비(非)법적인 것에서 벗어나지 못하고 있다.

3. 우리나라의 법체계론

1) 김유성의 체계론: 독일식과 일본식의 혼합 체계론

독일식이나 일본식과 유사한 방식으로 사회복지법의 체계화를 시도하는 국내의 학자로는 우선 김유성 교수를 들 수 있다. 그는 보장제도를 기준으로 사회보장법을 사회보험법, 공적 부조법, 사회복지법 등으로 체계화하는 방법을 제시하면서 동시에 일본의 아라키의 방법에 따라 소득보장급여법과 장해보장급여법으로 체계화하는 방법을 제시했다(김유성, 1992: 120~121).

먼저 전자의 경우, 여기에서 사회복지법이란 협의의 개념으로서 사회복지서비스법에 국한한다. 따라서 법학자인 김유성 교수가 사용하는 사회보장법은 매우 광의의 개념인 것이다. 이것은 제 3 장에서도 살펴보았듯이 사회복지법의 개념적 정의나 범주에서 문제가 있는 것이며, 또한 이러한 식의 체계화는 사회복지제도의 내용과 기능을 기준으로 한 것일 뿐 사회복지'법'의 체계로서는 부적절하다.

그리고 후자의 경우도 법이론적 측면의 분류체계인 것으로 설명되고 있으나, 금전적 급여와 비금전적 급여가 법적으로 어떠한 차별성이 존재하는지 구체적 언급이 없어 상세히 알 수가 없다. 유가증권을 포함하는 현금 및 현물급여와 비물질적 서비스 사이의 법적 기준은 소유권의 양도가 발생하는지의 여부와 개인의 자유권의 유보를 승인받아야 하는지 정도이다. 다시 말해서, 금품을 제공하는 급여는 받는 자에게 양도됨으로써 소유권이 인정되는 것이고, 비물질적 서비스는 제공자가 수혜자에게 개입해야 되는 관계로 수혜자의 일정한 동의를 얻어야 하고 특히, 수혜자의 사생활이나 자기결정권 등의 자유권을 침해할 수 있는 문제가 생길 수 있는 것이다. 이러한 차이 때문에 구별되기도 하지만 이러한 기준이 '사회복지'법의 체계화 기준으로서 설득력이 있는 것인지 의문이다.

2) 장훈의 체계론: 권리중심 체계론

장훈 교수는 사회보장법의 원리를 헌법상 생존권과 법률적 사회보장에의 권리 및 지배원리로서의 욕구 등으로 설명하면서(장훈, 1984: 72~86), 사회보장법의 법적 독자성과 법리적 체계성을 명백히 하기 위해서는 생존권 원리의 특수한 발현형태인 '사회보장의 권리'를 보장하는 법체계이어야 함을 강조한다(장훈, 1984: 96~97). 이를 위해 헌법의 생존권 규정을 중심으로 사회보장헌장 또는 사회보장통합법을 통해 분산되어 있는 개별법들을 일원적 체계로 정비하고, 권리에 관한 입법의 실효성 제고(提高)를 위해 재정조치와 행정기구의 정비가 필요하다고 본다(장훈, 1984: 92).

이에 따라 그는 사회보장법의 체계를 사회보장급부의 체계와 이를 집행하는 사회보장행정 체계로 나누고 전자를 소득보장급부법 체계, 의료급부법 체계, 공해·공중위생·주택 등을 포함하는 사회적 급부로 구별한다.

이것은 법리성, 특히 권리성에 근거한 체계화가 필요하다고 하면서도 실제의 체계화는 법리적 기준을 도입하지 못했다는 비판을 면하기 어려울 것이다. 이는 김유성 교수가 소개한 일본의 아라키의 분류체계 기준과 거의 동일한 기준으로 볼 수 있기 때문에 같은 문제점을 지니고 있다고 보인다.

3) 이상광의 체계론: 독일식 체계론

여기서는 사회복지 개념을 비교적 협의의 개념으로 이해한다. 사회법 전체를 사회보험법, 사회보상법, 사회원호법으로 구분한다(이상광, 1988). 독일의 경우, 세계 최초로 사회보험법을 도입했으며, 세계대전을 일으키면서 많은 전사상자와 유족을 발생시켜 사회보상제도를 발전시켰다. 그 이후 서구의 공공부조 및 사회복지서비스, 그리고 각종 촉진제도 등을 도입했는데, 그것을 사회원호의 범주로 이해한다.

따라서 이 체계를 따르면, 우리가 말하는 사회복지 개념은 사회보상까지 포함하는 매우 넓은 개념이거나 사회원호의 한 부분을 이루는 좁은 개념으로 이해된다.

이러한 분류체계는 독일 사회법 제도의 역사적 변천과 발달에 충실한 분류에 근거한 것으로서, 나름대로 논리적 근거는 있으나 사회원호법에 속하는 법들의 속성을 좀더 세밀하게 분류할 필요가 있다.

4) 김만두의 체계론: 일본식 체계론

철저하게 일본식의 분류체계론을 따르는 김만두 교수는 ① 사회복지 조직에 관한 법 ② 사회복지 서비스에 관한 법 ③ 사회복지 재정에 관한 법 ④ 사회복지 권리실현, 확보에 관한 법 등으로 체계화하는데(김만두, 1991), 이는 일본의 오가와의 체계화 방법을 원용(援用)한 것이다.

이것은 일차적으로 사회복지법의 개념범주를 협의로 보는 입장이기 때문에 제 3장에서 이미 살펴보았듯이 재고(再考)해야 한다. 또한 앞의 ④ 대신에 법적용 대상자로 바꾸면, 이것은 길버트(N. Gilbert) 등이 제시하는 사회복지정책의 네 가지 차원이 되어버린다.

따라서 이러한 체계화 역시 법적 체계로 보기는 어려운 측면이 있다.

5) 박석돈의 체계론: 법전에 따른 체계론

박석돈 교수는 우리나라의 현암사(玄岩社)가 발행하는 《법전》(法典)의 분류를 지지하는데(박석돈, 1994: 57), 이에 따르면, ① 사회복지일반에 관한 법률[사회보장에 관한 법률(현재는 사회보장기본법), 사회복지사업법] ② 사회복지서비스에 관한 법률(노인복지법, 생활보호법, 의료보호법, 재해구호법) 등으로 분류한다. 그리고 여기에다 다른 법체제에 속하는 관련법들을 포함시켜야 한다고 주장한다.

이 분류체계는 사회복지법 분야의 법률 중에서 기본이 되고 상위

(上位)의 위치를 갖는 두 법을 별도로 분류하고 있어, 일단 수직적 법체계에 대한 암시를 주고 있다. 그러나 하위법률들에 대해서 더 이상의 체계적 분류가 이루어지지 않고 있어 아쉬움이 있다.

6) 박능후의 체계론: 가치기준의 체계론

이것은 다른 체계론에 비하여 좀더 이론적인 체계화의 시도로서 사회정책상의 가치를 기준으로 사회법을 체계화하려는 것이다. 여기에서 사회법이란 사회보험법, 공공부조법, 협의의 사회복지법 등을 포함한다(박능후, 1991). 이러한 법들이 사회정책을 구성하는 것이며, 사회법을 체계화하기 위해서 사회정책의 가치를 기준으로 해야 한다는 주장이다.

이러한 시각에서 사회정책상의 가치들인 평등(equality), 공평(equity), 적절성(adequacy) 중에서, 평등과 공평을 사회법상의 중요한 원리로 인정하여, 사회법의 개별 법규의 분류체계 이외에 법규의 내용에 평등과 공평이라는 기본적 가치가 부응할 때 비로소 체계적이라는 주장이다(박능후, 1991: 64).

그러나 이러한 주장은 사회정책상의 가치를 기준으로 사회법을 어떻게 체계화할 수 있는지에 대해서는 더 이상의 논의를 진전시키지 못하고 있다. 사회복지법의 체계화를 수립하기 위해서 사회복지법의 개념적 범주에 대한 전제가 있어야 하는데, 이 주장은 범주 설정에서 논리적 검토 없이 막연하게 사회법이라는 대상을 전제로 하고 있다. 게다가 사회정책상의 가치와 법적 원리를 혼동함으로써 논의의 전개를 더욱 미궁으로 빠뜨려 주장자 자신조차 결론을 주저하고 있다.

결국, 이러한 방법은 사회복지법의 분류체계를 위한 것은 아니고,

오히려 사회복지법의 체계화를 위한 법학적 관점에서 벗어나 사회복지학적 관점을 중심으로 이루어진 시도라는 점에 그 의의가 있다.

7) 신섭중 등의 체계론: 제도적 체계론

신섭중 교수 외 다수가 공저한 《사회복지법제》에서 제시한 사회복지법체계는 상세한 설명은 없으나 현행 사회복지제도와 연관시킨다는 전제로 다음과 같이 제시하고 있다(신섭중 외, 2001: 106~107).

이에 따르면, 사회복지법체계의 구성을 크게 사회보장법과 사회복지관련법으로 나눈다. 전자는 사회보장 일반에 관한 법, 사회보험법, 공공부조법, 사회복지서비스법 등으로 구분되고, 후자는 공중위생관련법, 주택관련법, 노동과 고용관련법, 교육관련법, 재활관련법 등으로 구성된다.

이러한 체계화 방법은 사회복지제도 및 관련제도를 기능적 관점에서 다소 편의적으로 분류한 것으로서 제도의 분류 자체에 대해서도 문제점이 있지만, 역시 법리적 분류체계와는 거리가 멀다.

8) 김근조의 체계론: 입법목적에 따른 체계론

사회복지법에 대한 김근조의 분류체계는 생존(계)적 입법, 생활보장 및 생활향상 입법, 사회적응원조 입법 등으로 체계화를 제시하고 있다(김근조, 1994: 51~55). 이것은 사회복지법의 급여나 서비스가 충족시키고자 하는 목적의 기능적 정도를 나타내는 것으로서 공공부조법, 사회보험을 포함하는 각종 사회정책입법, 사회복지서비스법 등으로 분류하는 것과 같은 것이다.

따라서 이러한 방법 역시 용어의 표현만 다를 뿐, 사회복지제도의 내용과 기능에 따르는 분류체계로서 법리적 체계화로서는 부족한 면이 있다.

9) 장동일, 현외성의 체계론: 기본원리에 따른 체계론

장동일 교수는 사회복지법의 기본원리를 사회보험의 원리, 사회보상의 원리, 사회부조의 원리, 사회원조의 원리로 구분하고 이들에 속하는 법을 사회보장법으로 분류한다. 사회보장법은 사회보장에 관한 일반법률, 사회보험법, 사회보상법, 사회부조법, 사회원조법으로 구성된다. 이러한 사회보장법과 보건위생관련법, 고용관련법, 교육관련법, 재활관련법 등의 사회복지관련법을 합하여 사회복지법으로 본다.

이와 유사하게 현외성 교수는 사회원조법을 사회복지서비스법으로 칭하고, 사회복지관련법에 주택관련법을 추가하고 있다.

이러한 분류체계는 비교적 이론적인 기준을 통해 분류하고 있지만, 각 원리들을 평면적으로만 나열하고 있어 구조적이거나 관계적인 측면을 반영하지 못한 약점을 가지고 있다.

4. 기 타

사회보장에 관한 한 국제법적 지위를 갖는다고 할 수 있는 국제노동기구(ILO)의 '사회보장의 최저기준에 관한 조약'(102호)은 의료·질병·실업·노령·산업재해·가족·분만·폐질·유족 등 아홉 가지의 사회적 위험에 따른 급여체계를 제시했고, 미국의 보건복지부(Department of Health and Human Services)도 이와 유사하게 노령·폐질·유족, 질병·분만, 산업재해, 실업, 자녀 등 5개 부문으로 체계화했다.

이와 같은 방식은 사회적 위험에 따르는 체계화로서, 같은 사회적 위험에 대한 급여라 할지라도 그 원인에 따라 지급근거가 다를 경우 통일적 체계로 보기 어려운 점이 있다(이상광, 1988: 295). 또한 이것은 주로 사회보장제도의 급여에만 한정된 급여체계로서 사회복지법의 체계화로 보기는 어려운 점이 있다.

제 5 장
사회복지법의 체계화

그렇다면 사회복지법을 어떻게 체계화할 수 있을 것인가? 각국에서의 사회복지법 체계화와 국내 학자들의 체계화에 대한 시도들을 살펴보았듯이, 이것의 관건은 사회복지의 내용을 어떻게 법이라는 형식에 포섭시켜서 사회복지의 원리와 법적 원리를 동시에 담아낼 것인가 하는 점과, 법체계는 과연 분류체계만을 의미하는가 하는 점이다.

그리하여 이 장에서는 이러한 난제를 해결하기 위한 실험적 모델을 제시하고자 한다. 우선, 법체계가 의미하는 바를 고찰해보고, 그것을 사회복지와 접목시키는 시도를 해보고자 한다.

1. 법체계의 관점

일반적으로 체계(system)란 상호관련된 개체들이 일정하게 통제된 원리나 원칙에 의해 전체를 구성하는 것을 말한다. 따라서 체계화란 개체들로부터 공통적 속성을 추출하고 상호관련성을 밝혀내는 과정이다. 법 역시 하나의 체계를 이루는 사회적 실체인데, 일반적으로 '법체계'(legal system)라는 용어의 용례(用例)를 살펴보면, 대체로 두 가지 의미를 가지고 있다.

첫째, 법체계라 함은 법이라는 규범이 다른 사회적 규범과 구별되는 법의 구분표지(區分標識)를 말한다(정순희, 1982: 3). 즉, 이것은 법의 개념과 관련된 것으로서 법의 자기동일성(自己同一性)을 확인할 수 있는 법 판별기준에 따라 법체계가 이루어진다고 할 수 있겠다. 이러한 법 판별의 기준은 학자들마다 다양하게 제시하는데, 예를 들어 오스틴(J. Austin)의 '주권자의 명령', 켈젠(H. Kelsen)의 '근본규범', 하트(H. L. A. Hart)의 '인식규칙', 드워킨(R. M. Dworkin)의 '원리' 등이 그것이다.

이와 같은 법체계의 개념을 사회복지법에 적용시켜 보면, 사회복지법체계란 사회복지법의 개념과 동의어로 이해될 수 있다. 다시 말해서, 사회복지법이 다른 영역의 법들과 구별될 수 있는 특징적 기준에 의해 인식될 수 있다. 특히 법규범의 세계에서 많은 종류의 법들과 사회복지법이 구별될 수 있는 기준은 법적 지도원리라 할 수 있겠다. 이 책의 제2장과 제3장에서 살펴본 사회복지법의 지도원리 및 개념범주를 바로 사회복지법체계라 할 수 있다는 것이다.

이러한 사회복지법체계는 역사적 관점에서 논증될 수 있다고 본다. 제1장에서 살펴보았듯이 사회복지법은 산업사회 또는 자본주의사회의 역사적 전개과정 속에서 등장한 법으로서 자본주의사회를 견인해온 전통적 시민법의 현실적 모순성에서 배태한 새로운 법영역이기 때문에, 사회복지법이 등장하게 되는 배경, 시민법과의 차별성 등을 고찰해보면 사회복지법의 체계적 성격이 드러나게 될 것이다. 따라서 이는 사회복지법이 타 영역의 법에 대해서 갖는 외재적 체계성이라 할 수 있겠다(윤찬영, 1994b: 78).

둘째, 법규범 내에서 다양한 법들의 배열 및 상호관계를 의미하는 법체계의 개념이 있다. 일단 외부적 규범에 대해 해당 법규범의 경계를 확정짓고 나서, 당해 법규범 내에 존재하는 법들이 상호분류되고 관계를 갖게 되는 기준과 원리에 따르는 법체계 개념이 존재하는 것이다.

이러한 체계화엔 우선적으로 분류가 필수적이다. 분류(classification)는 배타적(exclusive)이고도 총망라적(exhaustive)이어야 한다(Borgtta & Borgatta, 1992: 2188). 다시 말해서, 모든 구성요소인 각 개체들이 하나의 영역에 포함되어야 한다는 뜻이다. 사회복지법의 체계라는 관점에서 볼 때, 모든 사회복지법들을 포괄할 수 있으며 또한 각 법들이 분류체계의 하위영역에 겹치지 않게 분류되는 체계를 말한다.

또한 이 밖에도 분류체계가 갖추어야 하는 요소로서 일관성(consistency)과 계층적 특성(hierarchical distinctiveness)을 들 수 있다(Dunn, 1988: 178~179). 이것은 상하위(上下位) 또는 수평적 범주가 모두 일관된 원리에 기초하고 있어야 하며 동시에 각 단계와 구분된 영역마다 서로 다른 독특한 성격을 가져야 한다는 뜻이다. 즉, 동일 범주의 법으로서 보편적 원리와 각각의 특수한 성격을 동시에 갖추고 있어야 한다는 것이다. 사회복지법체계의 관점에서 본다면, 각 법들은 상위법이든 하위법이든 일관된 공통적 규범을 공유하면서도 각 단계와 위치에 따르는 특성을 반영하도록 체계화되어야 한다는 것이다.

따라서 분류체계의 기초 또는 차원은 명확해야 하고 또한 중요한 것이어야 한다. 이와 같은 분류체계 속에서 각 개체가 속해 있는 하위영역을 곧 유형(*type*)이라 한다. 사회과학에서는 일반적으로 모든 유형보다 하나 또는 소수의 유형을 강조하는데(Borgatta & Borgotta, 1992: 2188~2189), 여기에서 단일 유형을 형성하는 것은 베버(Weber)식의 이념형(*ideal type*)을 말하는 것이다. 그러나 이것은 경험적으로 존재하지 않지만 하나의 비교준거로서 작용할 수는 있다.

두 개의 유형화로 흔히 쓰이는 전략은 양극단의 유형화이다. 예를 들면, '공동사회와 이익사회', '일차적 집단과 이차적 집단' 등과 같은 분류이다. 제2장에서 기존의 전통적 법영역인 '시민법'과 시민법을 수정하는 원리에 입각한 '사회법'을 양극에 놓고 비교한 것은 여기에 속하는 것으로 볼 수 있다.

그런데 이러한 유형화는 그것이 기초로 하는 상호관련되는 차원들을 분명히 할 수 없는 약점이 있는데, 다시 말해서 양극단 사이에 존재하면서 양극의 요소를 공통적으로 가진 개체가 존재하기도 하고 또는 각각 독립적으로 존재하지만 일정한 관계를 갖는 개체들도 존재한다는 것이다. 이를 극복하기 위해서는 하부구조(*substruction*)의 개발이 필요하다(Borgatta & Borgatta, 1992: 2189). 왜냐하면 상호관련되는 차원 또는 기준들의 입장에서 보면 개체나 범주들은 독립적으로 존재하면서 전체를 형성하기도 하고(집합개념에서의 합집합), 상호교차하면서 기준이나 차원을 공유하는 경우(집합개념에서 교집합)도 있기 때문에(Dunn, 1988: 179~181), 이러한 경우들을 고려한 하부구조의 발견과 형성이 분류체계에서 중요한 관건이 된다.

2. 사회복지법의 다면적 체계 구성

앞에서와 같은 법체계화의 관점에 따라 사회복지법의 포괄성과 배타성, 일관성과 특수성, 상하관계 등을 반영하는 분류체계와 다른 법들과 구별되는 특성을 살린 내용체계를 구성해보자.

전자의 체계는 사회복지법의 개념적 범주에 포함되는 법들 간의 관계와 유형에 대한 체계화이고, 후자는 각각의 입법들이 내용적으로 갖추어야 하는 체계성을 의미한다. 그리고 전자는 다시 법의 위계(*hierarchy*)에 따른 수직적 체계화와 법률 수준에서 법률들 간의 수평적 분류체계로 구분하여 시도해보고자 한다.

1) 수직적 체계화

법규범은 그것이 존재하는 형태에 따라서 수직적 위계질서를 형성하고 있다. 같은 법규범이라 할지라도 효력의 강약과 우선순위 등에서 차이가 있다. 이러한 법의 위계는 헌법을 정점으로 하여 법률, 명령, 조례, 규칙 등의 순으로 이루어져 있다. 이러한 수직적 단계 속에서 하위규범들은 상위규범에 구속되어 그것을 위반할 수 없으며, 동시에 상위규범의 추상성을 구체화시켜 주는 역할도 하게 된다.

사회복지법 역시 법규범이기 때문에 이러한 법적 질서 속에서 존재하게 된다. 이에 따른 사회복지법의 수직적 체계를 헌법단계에서부터 살펴본다.

(1) 헌 법

사회복지법을 지도하는 최고의 규범은 타영역의 법과 마찬가지로 역시 헌법이라 할 수 있다. 헌법의 구성은 전문(前文)과 총강(總綱)을 제외하면, 크게 기본권에 관한 조항과 정부기구에 관한 조항, 그리고 경제에 관한 조항 등으로 이루어져 있다. 우리 헌법은 독일 바이마르 헌법과 유사하게 경제에 관한 독립적인 장(章)을 두는 것이 특징이다. 사회복지법의 최고의 규범으로서 헌법의 내용은 국민의 기본권에 관한 조항과 경제에 관한 조항들이다.

우선, 기본권에 관한 조항에 대해 살펴보자. 기본권(Grundrecht)이란 헌법이 보장하는 국민의 기본적 권리를 말하는데, 현행 헌법에서는 평등권, 자유권적 기본권, 경제적 기본권, 정치적 기본권, 청구권적 기본권, 사회권적 기본권 등을 규정하고 있다. 이러한 모든 기본권의 가장 상위의 규범이 되는 것은 다음과 같은 헌법 제10조이다.

> 제10조 모든 국민은 인간으로서의 존엄과 가치를 지니며, 행복을 추구할 권리를 가진다. 국가는 개인이 가지는 불가침(不可侵)의 기본적 인권을 확인하고 이를 보장할 의무를 진다.

이 권리의 성격과 해석에 대해서는 다음 장에서 논하기로 한다. 그러나 제10조의 규정이 헌법상 모든 기본권의 내용과 해석을 규정하는 최고의 규범이라는 것만 지적하고자 한다.

이러한 제10조의 규정을 받는 기본권으로서 사회복지법과 관련된 것이 사회권적 기본권이다. 이것은 생존권적 기본권이라고도 한다. 헌법에 규정되어 있는 여러 가지의 사회권적 기본권 규정에서 가장 최고의 규범이 되는 것은 제34조 제1항의 규정이다.

제34조 ① 모든 국민은 인간다운 생활을 할 권리를 갖는다.

이 조항의 법적 성질에 대해서도 다음 장에서 논하기로 한다. 다만, 여기에서는 제34조 제1항이 포괄하는 범위에 대해서 살펴보자. 헌법 제31조 교육에 대한 권리, 제32조 및 제33조 근로에 대한 권리, 제34조 사회복지에 대한 권리, 제35조 건강·환경·주거에 대한 권리, 제36조 가족과 모성에 대한 권리 등이 제34조 제1항의 규정을 받는다고 볼 수 있다.

그런데 여기에서 문제가 되는 것이 제30조의 규정이다.

제30조 타인의 범죄행위로 생명신체에 대한 피해를 받은 국민은 법률이 정하는 바에 의해 국가로부터 구조를 받을 수 있다.

이 규정에서 말하는 법률이란 '범죄피해자보호법'이다. 이 규정이 문제가 되는 것은 이것이 청구권적 기본권인가 아니면 사회권적 기본권인가 하는 점이다. 특히 이것은 내용적으로도 애매하지만, 법조문의 배열상에서도 청구권적 기본권(제28조, 제29조)과 사회권적 기본권(제31조 이하) 사이에 있어 어느 기본권의 범주에 포함시켜야 하는지 논란이 될 수 있다. 즉, 국가배상청구권인가 아니면 생존권적 기본권인가 하는 것이다(김철수, 1994: 588; 권영성, 1994: 633~635; 전광석, 1993: 227~237).

범죄피해자구조를 정당화하는 이론으로는 다음의 것들이 있다.

- 국가책임이론: 치안유지라는 국가의 의무를 이행하지 못한 결과에 따르는 책임으로서 국가가 배상책임을 진다.
- 위험공동체이론: 모든 개인이 범죄에 희생당할 동일한 확률을 가지

고 있으므로 마치 보험제도에서와 같이 위험분산을 위한 연대공동체가 필요하다.

- 사회복지이론: 범죄피해로 생활상의 불이익이나 생존상의 위협을 받은 개인에 대한 사회국가적 배려를 해야 한다.

이러한 이론들은 시민사회와 국가의 역할관계의 변천에 따라 발전했다고 보인다. 마치 산업재해보상제도가 사용자의 과실책임주의에서 무과실책임주의로, 더 나아가 사회보험 또는 사회보장제도로 발전해 온 것과 유사하다. 즉, 자본주의 초기단계에서 자유방임적 시장경제체제가 유지될 때에 국가는 시민사회에 대해 단순히 치안이나 국방 등의 문제를 책임지던 시대, 이른바 '경찰국가' 또는 '야경국가'시대에는 범죄에 대해서 국가의 과실책임이 문제가 되었을 것이나, 점차 국가의 개입이 요구되면서 국가의 무과실책임의 일환으로 국가책임론이 등장하게 되었고, 사회보험이 도입되고 난 이후 위험공동체론이 대두하게 되었으며, 복지국가 또는 사회국가를 지향하는 현대에 와서는 사회보장 또는 사회복지제도로서 인식되게 되는 것이다.

현재 우리 헌법은 복지국가적 이념을 표방하고 있다. 지금 논의하는 사회권적 기본권 규정들 이외에도, 전문(前文)에서 "… 각인의 기회를 균등히 하고 … 국민생활의 균등한 향상을 기하고 …"라고 선언하고 있으며, 제119조 제2항은 소득분배의 적정성, 경제력 남용의 금지, 경제민주화 등을 규정하고 있어 복지국가의 헌법으로서 손색이 없다.

따라서 범죄피해자보호에 관한 헌법 조문이 다소 애매하게 규정되어 있기는 하지만, 헌법의 복지국가적 이념의 추구라는 정신을 고려할 때 사회권적 기본권의 하나로 인정하는 것이 합리적일 것이다.

이와 같이 헌법 제30조부터 제36조까지를 사회권적 기본권에 포함시킬 수 있다. 현재 각 조항들은 나열적으로 규정되어 있고 특별한 규정순서의 기준도 찾기 어렵기 때문에, 이 권리들이 마치 개별적으로 독립된 권리로 존재하는 것처럼 보인다.

그러나 제34조 제1항에 규정된 '인간다운 생활을 할 권리'를 사회권적 기본권의 가장 핵심적인 권리로 보아야 할 것이다. 이 조항은 다른 조항들과 비교해볼 때, 표현상 가장 포괄적이고 추상적으로 규정되어 있어 사회권적 기본권의 '일반조항'으로서 의미를 갖는다고 하겠다. 또한 인간다운 생활을 할 권리는 역사적으로 볼 때에도, 이미 1919년 독일 바이마르공화국 헌법에서 최초로 규정된 이래 세계인권선언에서 '인간의 존엄성에 상응하는 생활', 유엔의 경제적·사회적·문화적 권리에 대한 국제조약에서 '적절한 생활조건' 등의 표현으로 강조된바(김철수, 1994: 501~505), 이 규정은 사회권적 기본권상 최고의 규범으로 보아도 무방할 것이다. 즉, 인간다운 생활을 할 권리란 헌법 제30조 이하 제36조의 모든 권리의 상위규범으로서, 사회권적 기본권에 속하는 제반 권리들은 이 권리의 실현에 기여하기 위한 것들이며 그 궁극적인 규범적 목표 역시 이 권리에 귀착되는 것으로 볼 수 있을 것이다.

한편 우리 헌법은 경제에 관한 장을 별도로 두는데, 특히 제119조가 사회복지와 관련이 된다. 제23조 제1항과 제2항의 재산권 규정과 함께 살펴보자.

제23조 ① 모든 국민의 재산권은 보장된다. 그 내용과 한계는 법률로 정한다.
② 재산권의 행사는 공공복리에 적합하도록 해야 한다.

우리나라는 기본적으로 자유시장 경제체제를 선택했기 때문에 개인의 소유권은 존중되지만 개인의 재산권은 사회적 구속을 받을 수 있다는 것이다.

> **제119조** ① 대한민국의 경제질서는 개인과 기업의 경제상의 자유와 창의를 존중함을 기본으로 한다.
> ② 국가는 균형 있는 국민경제의 성장 및 안정과 적정한 소득의 분배를 유지하고, 시장의 지배와 경제력의 남용을 방지하며, 경제주체간의 조화를 통한 경제의 민주화를 위해 경제에 관한 규제와 조정을 할 수 있다.

경제에 관한 장 중 핵심적인 이 조항은 자유시장경제와 사회적 시장경제의 조화를 우리 경제체제의 원칙으로 규정한 것이다. 따라서 이것은 복지국가의 경제원칙을 규정한 것이기 때문에 제34조 제1항의 인간다운 생활을 할 권리 규정과 밀접한 관련성을 가지고 있는 것이다.

따라서 현행 헌법규정에서 사회복지의 규범은 전문(前文)의 일부 내용과 경제조항인 제119조 그리고 제10조의 기본권 일반조항을 배경으로, 제34조 제1항을 정점으로 하여 제30조 이하 제36조의 규정들이다.

(2) 법률

법률은 법규범의 위계에서 헌법 다음 단계의 규범이다. 이것은 헌법상 입법권을 갖는 국회에서 제정하거나 행정부에서 제출하여 국회의 의결을 거쳐 만들어진다(헌법 제52조). 이때 재적의원 과반수의 출석과 출석의원 과반수의 찬성으로 법률안이 의결된다.

그러나 현행 헌법상 대통령에게 주어지는 법률안거부권(헌법 제53조 제2항)은 국회의 입법권을 제한하는 대통령의 막강한 권한 중의 하나이다. 대통령의 법률안거부권이 행사되면 국회는 15일 이내에(헌법 제53조 제2항) 재의(再議)하여 재적의원 과반수의 출석과 출석의원 3분의 2 이상의 찬성으로 전(前)과 같은 의결을 하면 그 법률안은 법률로서 확정된다(헌법 제53조 제4항). 물론, 재의되지 못하거나 찬성을 얻지 못하면 법안은 자동적으로 폐기되는 것이다.

사회복지법에서도 이 법률안거부권에 의해 희생된 법안이 있었다. 지난 1989년 3월 24일, 통합관리방식을 골자로 하여 국회에서 모처럼 여·야가 만장일치로 통과시킨 '국민의료보험법안'이 당시의 노태우 대통령에 의해 거부되어 결국 법안이 폐기된 적이 있다.

이와 같이 법률이란 헌법기구인 국회와 행정부 그리고 대통령의 권력관계에 의한 산물로서 탄생하는 것이다. 사회복지법 역시 법률로서 존재하고 효력을 얻기 위해서는 이러한 과정들을 거쳐야 한다. 대통령의 법률안거부권의 행사기준이 명시되지 않고 있어, 이것이 자의적으로 남용되면 자칫 국민의 기본권을 침해할 수 있다. 특히 사회복지법과 같이 국민의 사회권적 기본권 실현과 관련되는 법률들에 대해서는 일정한 제한이 가해질 필요가 있다고 본다.

여기에서는 일단 발효된 사회복지법들을 중심으로 살펴보자. 제3장에서 보았듯이 사회복지법의 하위범주는 사회보장법, 사회복지서비스법, 기타 사회정책관련법 등으로 이루어진다. 여기에서 각 하위범주에 소속되는 법들도 나름대로 수직적 구조를 가지고 있다. 헌법으로부터 위임에 의해 형성된 법률들은 각각 하위 법규범, 즉 명령들에 구체적 사항을 위임할 수 있는 것이다. 그러나 사회정책관련법들은 국가의 사회정책으로서 주택정책, 의료정책, 고용정책, 조세정책 등 다양하게 존재하며, 광범위한 법률에 산재되어 있어 더 이상의 수직적 체계화는 생략하기로 한다.

법률 차원의 규범 중에서도 중심적이고 지도적인 규범을 갖는 것이 이른바 '기본법'이다.[1] 이것은 헌법과 일반 법률 사이에 위치하는 법률로서 양자를 연결해주는 역할을 한다. 즉, 기본법은 그것과 관련되는 헌법의 이념을 구체화하고 하위법률들을 구속하고 지도하는 역할을 수행하는 법이다.[2]

과거 1963년에 박정희 군사정권의 국가재건최고회의에서 제정된 사회보장에 관한 법률이 사회보장법 분야의 기본법으로서의 위치를 담당했으나, 단 한 번의 개정도 없이 유명무실하게 사문화되었다가 1995년에 폐기되고 새로이 사회보장기본법이 제정되었다. 사회보장에 관한 법률은 제1조(목적)에서 '인간다운 생활의 보장'과 '효율성'이라는 다소 이질적 목적을 설정했고, 제3조에서는 경제우선의 원칙과 자립우선의 원칙 등을 천명하여 사회보장법으로서 갖추어야 하는 사회적 연대성, 공동체 책임의 원리 등이 희석되었고, 사회보장의 기본적 조직원리와 재정원칙 등에 대해서도 규정이 없어 기본법으로서는 부적절했다.

반면에 사회보장기본법[3]은 제정법 당시 사회보험, 공공부조, 사회

---

1 2013년 1월 현재 우리나라에는 법률의 명칭상 57개의 "기본법"이 존재한다.
2 기본법의 의미는 (1) 사회의 기본원칙이나 일정한 법분야의 제도나 정책의 기본원칙을 정하는 법: 민법, 지방자치법, 근로기준법 등, (2) 법률의 명칭에 "기본법"이라 명기한 법률: 교육기본법, 건축기본법, 소방기본법 등, (3) 국가의 기본조직을 정하는 법으로서 헌법과 거의 동의어로 쓰이는 법: 독일연방공화국기본법, 사우디아라비아의 통치기본법 등으로 정리할 수 있다. 박영도, 《기본법의 입법모델 연구》(한국법제연구원, 2006), 19~20쪽.
3 2)의 분류에 따르면, 사회보장기본법은 (2)에 해당되며, 사회복지분야의 국가정책의 기본원칙을 정한 법규범이다.

복지서비스, 관련 복지제도를 총괄하는(법 제 3조) 사회복지분야의 기본법이다. 명칭에서 '사회복지'가 아니라 '사회보장'이 사용되어 자칫 과거의 사회보장에 관한 법률처럼 사회보험과 공공부조만을 규정하는 법일 것 같은 오해를 주고 있어 명칭에 대해 재고해야 할 것이다.

아무튼 이 법은 사회복지법체계에서 헌법 다음으로 중요한 위치를 차지하는 법률이다. 모든 사회복지법은 사회보장기본법의 지도와 구속을 받게 되어 있다. 이 법의 내용에 대해서는 각론에서 다루게 되겠지만, 여기에서 미리 언급하건대, 제 9조(사회보장을 받을 권리)에서 모든 국민에게 사회보장에 대한 권리를 인정하는 것이 아니라 '관계법령이 정하는 바에 따라' 권리를 인정하고 있어 스스로 기본법으로서의 성격과 하위법률들에 대한 지도력을 부정해버리는 규정을 두는데, 이는 향후 개정의 쟁점이 되어야 할 것이다.

그러나 이 기본법을 중심으로 사회보장과 사회복지서비스 분야의 하위법률들이 자리를 잡게 되는 것이다. 그리하여 우선, 사회보장법 분야를 보면, 국민연금법·공무원연금법·군인연금법·사립학교교직원연금법·국민건강보험법·산업재해보상보험법·고용보험법, 노인장기요양보험법 등의 사회보험법과 국민기초생활보장법·의료급여법 등의 공공부조법과 재해구호법·의사상자(義死傷者) 예우 및 지원에 관한 법률·범죄피해자보호법 등이 있다. 여기에서 재해구호법 등은 일종의 공공부조법으로 볼 수 있겠으나 성격이 다른 면이 있다. 이에 대해서는 다음 절(수평적 체계화)에서 논하기로 한다.

사회복지서비스 분야에서는 사회복지사업법이 일반법으로서 기능한다. 이 법의 특별법 또는 하위법으로는 이 법 제 2조의 규정에 따라 국민기초생활보장법, 아동복지법, 노인복지법, 장애인복지법, 한부모가족지원법, 영유아보육법, 성매매방지 및 피해자보호 등에 관한 법률, 정신보건법, 성폭력범죄의 처벌 및 피해자보호 등에 관한 법률, 입양촉진 및 절차에 관한 특례법, 일제하 일본군위안부에 대한 생활안정지원 및 기념사업 등에 관한 법률, 사회복지공동모금회법, 장애인·노인·임산부 등의 편의증진보장에 관한 법률, 가정폭력방지 및 피해자보호 등에 관한 법률, 농어촌주민의 보건복지증진을 위한 특별법, 식품기부활성화에 관한 법률, 의료급여법, 기초노령연금법, 긴급복지지원법, 다문화가족지원법 등 25개 법률이 있다.

또한 사회복지서비스법들 역시 적용대상 층별로 특별법을 두는 경우가 있다. 예를 들어, 장애인고용촉진 및 직업재활법은 장애인복지법 제30조에 따르는 특별법이고, 고령자고용촉진법은 노인복지법 제23조에 따르는 특별법이다.[4]

기타 복지제도관련법들은 매우 다양하게 존재하고 또한 단일 법률보다는 개별 법률의 일부 규정이 사회복지법에 포함되기 때문에 여기에서 일률적으로 다루기가 곤란하다. 따라서 향후 과제로 남긴다.

이와 같이 법률 단계에서는 기본법을 상위법으로 하여 다양한 법률들이 존재하며, 이 법률들은 또 일반법과 특별법의 관계를 유지하고 있다. 특별법 우선의 원칙에 따라 특별법이 일반법에 우선하여 적용되지만, 이것들은 상하위법의 관계를 가지고 있기 때문에 특별법이 일반법 또는 기본법의 규정을 위반하는 것은 위법이다. 예를 들어,

---

4 일반적으로 법의 명칭에 진흥법(과학교육진흥법, 문화예술진흥법 등), 육성법(생명공학육성법, 사회적 기업 육성법 등), 조성법(무역거래기반조성에 관한 법률, 산업기술기반조성에 관한 법률 등), 촉진법(고령자고용촉진법, 뇌연구촉진법 등) 등을 사용하는 경우, 대개는 기본법과 별 차이가 없는 법들이다. 법의 내용과 관계 등을 종합적으로 따져 보아야 하며, 명쾌하게 구분하기가 어렵다. 법의 명칭에 이러한 지위와 특성을 부여하는 것은 어디까지나 입법자의 주관적 판단이 작용한다. 박영도, 앞의 책, 21~24쪽.

장애인복지법이 장애인복지 분야에 우선적으로 적용되지만 그것은 사회복지사업법의 원칙적 규정을 위반할 수는 없는 것이다.

따라서 법 내용의 포괄성과 구체성에 따라서 기본법과 하위법으로 수직적 체계화를 할 수 있다.

(3) 시행령과 시행규칙

우리 법률은 대륙법계에 속하기 때문에 영·미법계의 법률과는 달리, 입법이 제정 또는 개정되어 현실적으로 적용되기 위해서는, 다시 말해서 실효성을 갖기 위해서는 법률의 하위규범인 시행령(施行令)과 시행규칙(施行規則)이 제정되어야 한다. 이것은 반드시 그래야 하는 것은 아니지만, 현실적으로 법률규정들이 추상적이고 보편적인 규정들이 많아 현실에 적용하기 위해서 구체적 세부규정들을 필요로 하기 때문이다.

여기에서 시행령이란 대통령의 명령으로서 대통령령(大統領令)을 말한다. 대통령은 다음과 같은 헌법 제75조의 규정에 의거해 법률에서 구체적으로 위임받은 사항에 관해 위임명령(委任命令)을, 그리고 법률을 집행하기 위해 집행명령(執行命令)을 발(發)할 권한을 갖는다.

> **제75조** 대통령은 법률에서 구체적으로 범위를 정하여 위임받은 사항과 법률을 집행하기 위해 필요한 사항에 관해 대통령령을 발할 수 있다.

또한 시행규칙이란 헌법 제95조에 따라 국무총리나 행정 각부의 장(長)이 법률이나 대통령령의 위임에 의한 위임명령이나 직권에 의한 직권명령(職權命令)을 발할 권한에 따라 제정하는 명령규범이다.

제95조 국무총리 또는 행정각부의 장은 소관사무에 관해 법률이나 대통령령의 위임 또는 직권으로 총리령 또는 부령(部令)을 발할 수 있다.

일반적으로 위임명령이나 집행명령은 국민의 권리·의무에 관한 사항까지도 규율할 수 있는 '법규명령'이고, 행정내규나 규칙과 같은 '행정명령'은 국민의 권리·의무와는 무관하게 행정기관 내부에서만 효력을 갖는다(권영성, 1994: 868). 따라서 행정부서 내부에서 제정되어 시행되는 각종 내규(內規), 지침(指針), 고시(告示) 등은 법규의 성격을 갖지 못한다.

이와 같이 하나의 법규범이 실효성을 갖기 위해서는 법률과 그에 따른 시행령과 시행규칙을 필요로 하는 것이 우리 법제의 특징이다. 그러므로 법의 실효성을 확보하기 위해서는 필요한 사안에 대해서 법을 제·개정하는 것 못지않게 시행령과 시행규칙을 제·개정하는 것이 중요하다.

그러나 이러한 실효성의 체계는 국민의 권리와 관련하여 중대한 문제를 야기할 수 있다. 첫째, 앞에서도 살펴보았듯이, 법률은 그것을 입법부에서 제안하든 행정부에서 제출하든 또는 민간에서 입법청원을 제기하든 간에, 입법부에서 공식적 심의와 의결을 거쳐 통과되어야 법률로서 성립된다. 그러나 시행령과 시행규칙은 엄연한 법규임에도 불구하고 이러한 절차를 거치지 않고 제정 또는 개정된다. 따라서 국민의 권리에 관련된 사항들이 국회의 통제 없이 자칫 행정부의 자의적 판단과 결정에 좌우될 수 있는 위험이 있다.

둘째, 국민 개개인의 현실생활과 권리실현에 직접적으로 영향을 미치는 것은 사실 법규보다는 행정부 내부의 각종 지침이나 내규라고 할 수 있다. 이러한 것들은 법규범도 아니고 단지 행정부 내부에서 법에 따른 행정적 집행을 위해 필요한 사항들을 정리한 자신들의 방침인데, 오히려 이러한 것들이 국민의 권리실현을 중대히 침해하거나 방해하는 경우들이 많다.

결국, 이러한 문제는 법률-시행령-시행규칙-내부지침 등의 법구조 속에서는 필연적으로 나타날 수밖에 없다고 할 수 있다. 물론, 사후 적으로 헌법 제107조 제2항에 따라 위법심사청구소송(違法審査請求訴 訟) 등을 통해 문제제기를 할 수 있는 가능성은 있지만, 사회복지법에 서의 권리 또는 그 바탕이 되는 욕구는 긴급성과 절대성을 요하는 경 우가 많기 때문에 이에 대한 예방적 장치의 도입이 더욱 효과적일 것 이다. 따라서 수급권자의 권리 및 그 보장에 영향을 줄 수 있는 사항 들은 다소 구체적이라 하더라도 모법(母法)에서 규정하는 것이 실효 성을 보장할 수 있을 것이다.

(4) 조례 및 규칙

헌법 이하 법률, 시행령, 시행규칙 등이 중앙정부가 제정하는 법규범 이라면, 조례와 규칙은 지방자치단체가 정하는 법규범이다. 조례가 지방정부에서의 법률에 해당된다면, 규칙은 명령에 해당되는 것이다. 1991년 기초자치단체와 광역자치단체에 지방의회가 구성되었고, 이어 서 1995년 지방자치단체장 선거가 실시되어 이제 본격적으로 지방자 치제도가 실시되는 현실에서 조례 및 규칙, 특히 조례의 제정과 개정 은 매우 중요한 의미를 갖는다.

① 조례의 중요성

지방자치단체가 갖는 권능으로서 자치입법권, 자치행정권, 자치재정 권 등을 들 수 있다(권영성, 1994: 269). 지방자치단체에게 이 모두가 중요한 권능이지만, 우선적으로 규범과 행정의 틀이 갖추어지는 것이

순서일 것이다. 즉, 중앙정부와 지방자치단체 간의 역할과 사무 등의 권한과 책임이 법적으로 규정되어야 지방자치단체가 재정적으로 자립하든 중앙정부의 지원을 받게 되든 자치적 정책집행을 할 수 있을 것이다(윤찬영, 1996: 118).

우리 헌법 제117조 제1항은 지방자치단체로 하여금 자치입법권을 갖도록 규정하고 있다. 자치입법으로는 지방의회가 정하는 조례(지방자치법 제16조)와 지방자치단체장이 법령과 조례의 범위 안에서 정하는 규칙(지방자치법 제16조)이 있다. 따라서 앞에서 언급했듯이 조례를 중앙정부의 법률에 비유한다면 규칙은 시행령 또는 시행규칙과 같은 것이다(윤찬영, 1997a: 18).

조례란 규범의 적용을 받게 되는 지역주민에게 더욱 가까이 있는 자가 규범을 제정하도록 함으로써 규범제정자와 수범자의 간격을 좁히고, 지역특성을 고려해야 하는 입법자의 부담을 경감시켜 탄력적 규율을 가능케 하는 것이다(권영성, 1994: 269). 다시 말해서, 일반적으로 법률이 추상성이나 보편성을 띠고 있고 시행령이나 시행규칙은 중앙정부의 판단과 사정에 따라 제정되는 것이기 때문에 지역에 거주하는 사람들의 사정을 충족시키기 어려운 점이 있다.

따라서 조례의 제정이 활성화되면 지역주민의 의사를 최대한 반영하고 법규범의 구체성을 확보할 수 있게 되며 중앙행정과 조화를 꾀할 수 있게 된다. 그러나 이제까지의 조례들은 중앙정부의 정책에 수동적으로 협력하는 형식적 입법이 대부분이었다. 그리하여 지방자치 시대에는 조례의 중요성이 더욱 강조된다.

자치입법권은 곧 조례제정권을 의미하는데, 조례제정권이라 함은 조례를 제정, 개정, 폐지할 수 있는 권한을 의미한다. 지방자치법 제15조에 따르면, 19세 이상의 주민이 일정한 요건을 갖춰서 지방자치단체장에게 조례의 제정, 개정, 폐지를 요구할 수 있다. 그렇다면 지방자치단체가 갖는 조례제정권은 조례의 폐지권도 포함한다고 볼 수 있다.

그러나 조례의 폐지는 함부로 할 수 없다고 보아야 한다. 왜냐하면, 조례 중에는 법률의 위임에 의하여 필수적으로 제정해야 하는 조례들이 있기 때문에 지방의회가 조례 폐지권을 갖는다고 해석하더라도 필수적 조례까지 폐지할 수 있다고 보기는 어렵다(박봉국, 1992: 72~73).

이렇게 본다면, 조례의 제정은 지방의회의 권한이자 책임으로 규정할 수 있겠다. 지방의회가 조례를 제정할 수 있는 자치입법권을 가지고 있으나 동시에 의무와 책임을 가지고 있다고 해야 할 것이다. 그러나 필수적 조례조차 제정하지 않았을 때, 이를 강제하거나 불이익을 줄 수 있는 법적 근거규정은 없어 지방의회의 의지와 능력에 맡겨야 하는 상태이다.

조례의 중요한 기능들을 법률과의 관련성 속에서 정리해보면 다음과 같다.

- 조례는 새로운 규범을 창조하는 기능을 한다. 즉, 조례는 이른바 '살아 있는 법'으로서 일상생활 가운데 지역주민들을 지배하는 불완전하고 미성숙한 행위규범을 완전히 성숙한 제정법으로 유도하는 기능을 수행할 수 있는 것이다.
- 조례는 법률의 제정을 선도하는 기능이 있다. 일반적으로는 법률제정 후에 조례를 제정하는 절차를 생각하게 되지만, 역으로 지역주민들의 욕구를 수렴하여 조례의 제정이 이루어지고, 이것이 다른 지역으로 확산되어 전국적 쟁점이 된다면 전국단위의 입법까지 연결될 수도 있는 것이다.

- 조례는 법률을 보완하는 기능을 한다. 조례는 추상적 지방자치 행정이나 지역사회 관련 법규범을 창조적으로 입법함으로써 법률의 공백을 메우고 국가의 정책전환을 촉구함으로써 법령을 보완하는 결과를 가져오게 할 수 있다.
- 조례는 법률과 사회적 현실 간의 괴리를 조정하는 기능을 한다. 헌법을 정점으로 하는 법질서와 일상생활을 규율하는 행위규범이 항상 일치하는 것은 아니다. 그렇기 때문에 조례는 이러한 법질서와 사회적 사실 간의 괴리를 제거하는 조정기능에서 법률보다 순발력 있는 현실적합성을 가질 수 있는 것이다.

② 조례의 효력과 한계

조례는 당해(當該) 지방자치단체가 관할하는 지역 안에서만 효력을 갖는다. 이것이 조례가 갖는 공간적 효력의 범위이다. 그러나 조례가 전체적 국법질서와 모순이 되거나 이에 위배되어서는 안 된다. 그러므로 형식적 의미에서 조례는 수직적 법단계의 질서에 따라 법률과 명령보다 하위규범에 위치하며 따라서 이를 위반하는 조례는 무효라 할 것이다.

헌법 제117조 제1항과 지방자치법 제15조는 조례에 대해서 규정하는데, 이것들이 조례의 형식적 효력의 범위를 의미한다. 먼저 헌법의 규정을 보자.

제117조 ① 지방자치단체는 주민의 복리(福利)에 관한 사무를 처리하고 재산을 관리하며, 법령(法令)의 범위 안에서 자치에 관한 규정을 제정할 수 있다.

여기에서 '법령'이란 헌법, 법률 및 그에 근거한 명령을 말한다. 즉, 시행령과 시행규칙까지 포함하는 것이다. 그러나 반드시 법령의 개별적인 특징적 조항만을 의미하는 것이 아니라 관계법령의 여러 조항들을 종합적으로 고려하여 그 범위 안에서 조례를 제정해야 한다.

그러므로 '법령의 범위 안에서'란 두 가지 의미가 있다고 볼 수 있다. 첫째, 법령에서 구체적으로 위임된 사항을 조례로 정하는 경우와 둘째, 법령에 규정이 없다 하더라도 '법령에 위반되지 않는 범위 내에서' 조례를 제정하는 경우가 그것이다. 이것은 조례를 제정할 수 있는 법령상의 근거가 별도로 존재하지 않는다 해도 법령을 위반하는 것이 아니라면 조례를 제정할 수 있다는 의미이다.

그러나 여기에서 한 가지 문제점을 지적할 수 있다. 독일과 일본의 헌법은 '법률'의 범위 안에서 조례를 제정할 수 있다고 규정하는데, 우리나라의 경우 '법령'의 범위 안에서 조례를 제정할 수 있다고 규정하여 위임명령에도 위반될 수 없도록 한 것은 균형이 맞지 않는 것으로 판단된다.

왜냐하면 첫째, 조례는 주민의 대표기관인 지방의회가 제정한 것임에 반해 명령은 중앙의 행정기관에 의해 제정되는 것이기 때문이다. 민주적 정당성과 대표성이라는 점에서 지방의회의 자치입법이 중앙행정부서의 명령에 구속된다는 것이 규범적으로 균형이 맞지 않는 것 같다. 둘째, 중앙의 행정기관에 의한 명령이 지방자치단체의 조례 제정을 제약하는 것은 중앙정부와 지방정부 간의 견제와 균형이라는 지방자치제도의 의의를 반감시킨다는 점 때문이다.

다음으로 지방자치법을 보자. 지방자치법 제22조는 다음과 같이 규정한다.

제 22조 (조례) 지방자치단체는 법령의 범위 안에서 그 사무에 관하여 조례를 제정할 수 있다. 다만, 주민의 권리 제한 또는 의무 부과에 관한 사항이나 벌칙을 정할 때에는 법률의 위임이 있어야 한다.

지방자치단체는 '그 사무에 관해' 조례를 제정할 수 있다는 것인데, 이것이 조례의 내용적 효력의 범위인 것이다. 지방자치단체의 사무는 크게 자치사무, 단체위임사무, 기관위임사무로 분류해볼 수 있다. 자치사무란 지방자치단체의 고유사무로서 지방자치법 제9조 제2항에서 규정된 사무를 말하며, 단체위임사무란 개별 법령에 의해 자치단체에 위임된 사무를 말하는 것이고, 기관위임사무란 지방자치단체의 장에게 위임된 사무로서 국가사무를 말한다. 여기에서 조례의 제정이 가능한 부분은 자치사무와 단체위임사무이며, 기관위임사무는 조례 제정권 밖의 사무로 볼 수 있다(1992. 7. 28. 대판92추31).

또한 지방자치단체는 법률의 위임 없이 주민의 권리를 제한하거나 의무를 부과해야 하는 사항이나 벌칙 등을 정하는 조례를 제정할 수 없다. 여기에서 벌칙은 형벌과 행정벌을 통칭하는 개념인데, 지방자치단체가 별도의 형벌을 부과하는 조례를 제정하는 것은 죄형법정주의(罪刑法定主義)의 원칙에도 위배되기 때문에 금지된다 하더라도 지역의 질서를 바로잡기 위한 과태료 등의 행정벌은 부과할 수 있도록 하는 것이 지방자치제도의 취지상 균형에 맞지 않을까 생각된다.

그리고 법령에서 명백한 국가사무로 유보하지 않았다 하더라도 국가 전체를 통하여 획일적으로 규율해야 할 사항과 국가 전체 또는 전 국민에게 영향을 미치는 사항에 관해서는 조례로 제정할 수 없다. 이에 지방자치법 제11조는 법률에 규정이 있는 경우를 제외하고 다음과 같은 사무에 대해서는 지방자치단체가 처리할 수 없도록 규정하고 있기 때문에 조례의 제정 역시 불가능한 것으로 해석해야 한다.

1. 외교, 국방, 사법(司法), 국세 등 국가의 존립에 필요한 사무
2. 물가정책, 금융정책, 수출입정책 등 전국적으로 통일적 처리를 요하는 사무
3. 농산물·임산물·축산물·수산물 및 양곡의 수급조절과 수출입 등 전국적 규모의 사무
4. 국가종합경제개발계획, 국가하천, 국유림, 국토종합개발계획, 지정항만, 고속국도·일반국도, 국립공원 등 전국적 규모나 이와 비슷한 규모의 사무
5. 근로기준, 측량단위 등 전국적으로 기준을 통일하고 조정하여야 할 필요가 있는 사무
6. 우편, 철도 등 전국적 규모나 이와 비슷한 규모의 사무
7. 고도의 기술을 요하는 검사·시험·연구, 항공관리, 기상행정, 원자력개발 등 지방자치단체의 기술과 재정능력으로 감당하기 어려운 사무

여기에서 한 가지 생각해볼 수 있는 것은 사회보험 등 사회보장에 관한 것이다. 사회보험이 보장하고자 하는 사회적 위험은 특정지역에서만 발생할 가능성이 있는 것이 아닌 전국적 문제이기 때문에 이것 역시 조례제정 사항은 아니라고 할 수 있다. 그러나 지방자치단체가 관할하는 지역의 주민들에게 사회보험료를 보조해주는 등의 내용을 담은 조례의 제정은 가능하리라 본다.

③ 조례에 관한 판례
이러한 조례제정의 범위와 관련하여 매우 중요한 판례 하나를 소개한다(대판96추244).

가. 개요

1996년 11월 7일 광주광역시 동구 의회가 당시 생활보호법상 생계보호를 받을 수 없었던 자활보호대상자에 대한 생계비 지원을 위한 조례를 의결했으나 광주광역시장의 재의(再議) 요구 지시에 따라 동구청장은 의회에 재의를 요구했다. 이에 대해 동구의회는 12월 13일 당해 조례 원안을 수정 없이 재의결했다. 이에 동구청장은 이 조례가 법령(지방재정법, 생활보호법 및 동 시행령 등)의 범위를 넘어 제정된 것이라 주장하며 무효확인 소송을 제기했다.

즉, 생활보호법 및 지방재정법에 따르면 자활보호대상자에게는 생계보호가 제공되지 않는데, 지방자치단체가 이에 대해 생계비를 지급하고자 하는 것은 법령의 범위를 벗어난다는 주장이다.

나. 쟁점

• 지방재정법 위배

지방재정법 제 14조 제 1항은 그 각 호의 소정의 경우를 제외하고는 지방자치단체가 개인에게 기부·보조 또는 공금의 지출을 할 수 없도록 규정하는바, 이 조례에서 자활보호대상자에 대한 생계비 지원은 각 호 소정의 어느 경우에도 해당하지 아니하므로 이 조례안은 지방재정법 제 14조 제 1항에 위배된다고 원고(광주광역시 동구청장)는 주장했다.

• 생활보호법 위배

이 조례안은 법률의 위임 없이 조례로써 생활보호법이 정하는 보호의 대상 및 방법을 확대한 것이어서 상위법인 생활보호법의 규정에 위배된다고 원고측은 주장했다.

또한 생활보호법 제36조는 보호대상자에 대한 보호업무에 소요되는 비용을 국가와 지방자치단체가 일정 비율로 나누어 부담하도록 규정하고 있음에 비하여 이 조례안은 보호대상자의 보호에 필요한 재원의 전액을 당해 지방자치단체의 출연(出捐)에 의하도록 규정하고 있으므로 생활보호법 제36조에 위배된다고 원고측은 주장했다.

다. 판단

• 지방재정법 위배의 주장에 대해

지방자치단체는 주민의 사회보장·사회복지의 증진에 노력할 의무(헌법 제34조 제2항, 제117조) 및 그 사무를 처리함에서 주민의 편의 및 복리증진을 위해 노력해야 할 의무(지방자치법 제8조 제1항)를 지는 것이고, 지방자치법 제9조 제2항 제2호 (다)목은 "생활곤궁자의 보호 및 지원"을 지방자치단체의 사무의 하나로 예시하는 바, 이를 종합해볼 때 이 조례안에 따른 생계비 지원은 이에 속하는 것이 분명하므로 지방재정법 제14조 제1항 1호 소정의 "법률의 규정이 있는 경우"에 해당하는 것으로 보아야 할 것이다.

• 생활보호법 위배의 주장에 대해

지방자치단체는 법령에 위반되지 않는 범위 내에서 그 사무에 관해 조례를 제정할 수 있고, 조례가 규율하는 특정사항에 관해 그것을 규율하는 국가의 법령이 이미 존재하는 경우에도 조례가 법령과 별도의 목적에 기하여 규율하더라도 그 적용상 법령의 규정이 의도하는 목적과 효과를 전혀 저해하는 바가 없는 때, 또는 양자가 동일한 목적에서 출발한 것이라고 할지라도 국가의 법령이 반드시 그 규정에 의해 전국에 걸쳐 일률적으로 동일한 내용을 규율하려는 취지가 아니고 각 지방자치단체가 그 지방의 실정에 맞게 별도로 규율하는 것을 용인하는 취지라고 해석되는 때에는 그 조례가 국가의 법령에 위반되는 것은 아니라고 보아야 할 것이다.

이 조례안에서 자활보호대상자에게 지방자치단체가 생계비를 지원한다 하더라도 생활보호법이 의도하는 목적과 효과를 저해할 우려는 없다고 보이며, 비록 생활보호법이 자활보호대상자에게는 생계비를 지원하지 아니하도록 규정하고 있다고 할지라도 그 규정에 의한 자활보호대상자에게는 전국에 걸쳐 일률적으로 동일한 내용의 보호만을 실시해야 한다는 취지로는 보이지 아니하고, 각 지방자치단체가 그 지방의 실정에 맞게 별도의 생활보호를 실시하는 것을 용인하는 취지라고 보아야 할 것이므로 이 조례안의 내용이 생활보호법규정과 모순·저촉되는 것이라고 할 수 없다.

또한 이 조례안에서는 예산의 범위 내에서 지급되는 생계비의 액수를 정하도록 규정하고 있어 당해 지방자치단체의 재정의 건전한 운영에 지장을 초래할 것으로 보이지 아니한다. 따라서 생계비 보조에 소요되는 재원의 전액을 당해 지방자치단체의 출연에 의하도록 했다는 점만으로 생활보호법에 위배된다고 볼 수 없다.

라. 판결
원고의 이 사건 청구는 이유 없으므로 이를 기각한다.

마. 사견
이 판결문에 나타난 이유 외에도 다음과 같은 논거를 생각해볼 수 있겠다. 조례를 정할 때 법령의 범위 내에서 하도록 규정한 취지는 조례가 법령에 비해 하위법으로서 국민의 자유나 권리를 침해할 수 없게 하기

위한 것이다. 그러나 국가의 책임에 관한 부분은 지방자치단체가 좀더
구체적이고 실질적인 책임을 이행하기 위해 조례를 제정하는 것은 법
령의 범위를 넘어선다 해도 굳이 문제라고 할 수는 없을 것이다.

　따라서 헌법 제34조 제2항의 사회보장·사회복지의 증진을 위해
노력할 의무나 지방자치법에 의해 지방자치단체가 주민의 복리증진을
위할 의무를 이행하기 위해서 생활보호법(령)으로 보호해주지 못하는
자활보호대상자에게 일정한 보호를 지방재정법의 한도 내에서 제공하
는 내용을 갖는 조례는 설사 그것이 생활보호법(령)의 범위를 넘어섰
다고 해도 위법하다고 볼 수 없는 것이다.

④ 사회복지조례 관련규정
사회복지에 관한 사무는 다음과 같이 지방자치법 제9조 제2항 제2호
에서 지방자치단체의 사무로 규정하고 있기 때문에 고유사무에 해당
된다고 하겠다.

　1. 지방자치단체의 구역, 조직, 행정관리 등에 관한 사무
　　가. 관할 구역 안 행정구역의 명칭·위치 및 구역의 조정
　　나. 조례·규칙의 제정·개정·폐지 및 그 운영·관리
　　다. 산하(傘下) 행정기관의 조직관리
　　라. 산하 행정기관 및 단체의 지도·감독
　　마. 소속 공무원의 인사·후생복지 및 교육
　　바. 지방세 및 지방세 외 수입의 부과 및 징수
　　사. 예산의 편성·집행 및 회계감사와 재산관리
　　아. 행정장비관리, 행정전산화 및 행정관리개선
　　자. 공유재산관리(公有財産管理)
　　차. 가족관계등록 및 주민등록 관리
　　카. 지방자치단체에 필요한 각종 조사 및 통계의 작성

2. 주민의 복지증진에 관한 사무

   가. 주민복지에 관한 사업

   나. 사회복지시설의 설치·운영 및 관리

   다. 생활이 곤궁(困窮)한 자의 보호 및 지원

   라. 노인·아동·심신장애인·청소년 및 여성의 보호와 복지증진

   마. 보건진료기관의 설치·운영

   바. 전염병과 그 밖의 질병의 예방과 방역

   사. 묘지·화장장(火葬場) 및 납골당의 운영·관리

   아. 공중접객업소의 위생을 개선하기 위한 지도

   자. 청소, 오물의 수거 및 처리

   차. 지방공기업의 설치 및 운영

3. 농림·상공업 등 산업 진흥에 관한 사무

   가. 소류지(小溜池)·보(洑) 등 농업용수시설의 설치 및 관리

   나. 농산물·임산물·축산물·수산물의 생산 및 유통지원

   다. 농업자재의 관리

   라. 복합영농의 운영·지도

   마. 농업 외 소득사업의 육성·지도

   바. 농가 부업의 장려

   사. 공유림 관리

   아. 소규모 축산 개발사업 및 낙농 진흥사업

   자. 가축전염병 예방

   차. 지역산업의 육성·지원

   카. 소비자 보호 및 저축 장려

   타. 중소기업의 육성

   파. 지역특화산업의 개발과 육성·지원

   하. 우수토산품 개발과 관광민예품 개발

4. 지역개발과 주민의 생활환경시설의 설치·관리에 관한 사무

    가. 지역개발사업

    나. 지방 토목·건설사업의 시행

    다. 도시계획사업의 시행

    라. 지방도(地方道), 시군도의 신설·개수(改修) 및 유지

    마. 주거생활환경 개선의 장려 및 지원

    바. 농촌주택 개량 및 취락구조 개선

    사. 자연보호활동

    아. 지방 1급 하천, 지방 2급 하천 및 소하천의 관리

    자. 상수도·하수도의 설치 및 관리

    차. 간이급수시설의 설치 및 관리

    카. 도립공원·군립공원 및 도시공원, 녹지 등 관광·휴양시설의 설치 및 관리

    타. 지방 궤도사업의 경영

    파. 주차장·교통표지 등 교통편의시설의 설치 및 관리

    하. 재해대책의 수립 및 집행

    거. 지역경제의 육성 및 지원

5. 교육·체육·문화·예술의 진흥에 관한 사무

    가. 유아원·유치원·초등학교·중학교·고등학교 및 이에 준하는 각종 학교의 설치·운영·지도

    나. 도서관·운동장·광장·체육관·박물관·공연장·미술관·음악당 등 공공 교육·체육·문화시설의 설치 및 관리

    다. 지방문화재의 지정·보존 및 관리

    라. 지방문화·예술의 진흥

    마. 지방문화·예술단체의 육성

6. 지역민방위 및 지방소방에 관한 사무

    가. 지역 및 직장 민방위조직(의용소방대를 포함한다)의 편성과 운영 및 지도·감독

    나. 지역의 화재예방·경계·진압·조사 및 구조·구급

여기에서는 사회복지의 개념을 보건 및 공기업까지 포함하여 매우 넓게 설정하는데 주된 것은 '가'에서 '라'까지의 사회복지서비스에 관한 것이다. 게다가 이것은 열거식 규정이 아니라 예시적 규정임을 분명히 하고 있기 때문에 사회복지 관련 사무에 관한 한 지방자치단체에게 많은 선택의 범위를 제공하는 것이다. 따라서 지방자치단체는 법령에 위반되지 않는 한 사회복지에 관한 조례를 폭넓게 제정할 수 있다고 볼 수 있다.

실제, 사회복지법에서도 조례로 규정하도록 강제하거나 권고하는 사항들을 몇 가지 제시해본다.

1. 사회복지사업법 제7조 제4항 사회복지위원회의 조직·운영에 관하여 필요한 사항은 보건복지부령이 정하는 바에 따라 해당 시·도의 조례로 정한다.

2. 사회복지사업법 제7조의 2 제4항 지역사회복지협의체 및 실무협의체의 조직·운영에 관하여 필요한 사항은 보건복지부령이 정하는 바에 따라 시·군·구의 조례로 정한다.

3. 사회복지사업법 제15조 제2항 제1항의 규정에 의한 복지사무전담기구의 사무의 범위·조직 기타 필요한 사항은 해당 시·군·구의 조례로 정한다.

4. 사회복지사업법 시행령 제7조 제1항 법 제14조의 규정에 의한 사회복지전담공무원은 사회복지사의 자격이 있는 자 중에서 임용하되, 그 임용 등에 관하여는 지방공무원임용령이 정하는 바에 의한다. 다만, 사회복지전담공무원 중 별정직 공무원인 자의 임용 등에 관하여는 당해 지방자치단체의 조례가 정하는 바에 의한다.

5. 사회복지사업법 제8조 제3항 복지위원의 자격, 직무, 위촉절차 등에 관하여 필요한 사항은 보건복지부령으로 정하는 바에 따라 시·군·구의 조례로 정한다.

6. 국민기초생활보장법 제20조 제1항 이 법에 의한 생활보장사업의 기획·조사·실시 등에 관한 사항을 심의·의결하기 위하여 보건복지부와 특별시·광역시·도 및 시·군·구(자치구를 말한다)에 각각 생활보장위원회를 둔다. 다만, 시·도 및 시·군·구에 두는 생활보장위원회는 그 기능을 담당하기에 적합한 다른 위원회가 있고 그 위원회의 위원이 제4항에 규정된 자격을 갖춘 경우에는 시·도 또는 시·군·구의 조례가 정하는 바에 따라 그 위원회가 생활보장위원회의 기능을 대신할 수 있다.

7. 국민기초생활보장법 시행령 제26조 제2항 기금은 해당 지방자치단체의 조례로 정하는 바에 따라 다른 사회복지 관련 기금과 통합하여 설치·운영할 수 있다. 이 경우 기금은 다른 사회복지 관련 기금과 계정을 분리하여 운용·관리하여야 한다.

8. 의료급여법 제6조 제4항 제1항의 규정에 의한 시·도 및 시·군·구 의료급여심의위원회의 위원은 특별시장·광역시장·도지사(이하 "시·도지사"라 한다) 또는 시장·군수·구청장이 다음 각 호의 1에 해당하는 자 중에서 위촉·지명하며 위원장은 당해 시·도지사 또는 시장·군수·구청장으로 한다. 다만, 제1항 단서의 규정에 의하여 다른 위원회가 의료급여심의위원회의 기능을 대신하는 경우 위원장은 조례로 정한다.

9. 의료급여법 시행규칙 제28조 제8항 시·도지사는 조례가 정하는 바에 따라 의료급여기금계정에 예비비를 계상할 수 있다.

10. 의료급여법 시행규칙 제28조 제9항 의료급여기금의 관리·운용에 관하여 법·령 및 이 규칙에서 정한 것 외에 필요한 사항은 지방자치단체의 조례로 정한다.

11. 아동복지법 제12조 제2항 심의위원회의 조직·구성 및 운영 등에 필요한 사항은 대통령령으로 정하는 기준에 따라 해당 지방자치단체의 조례로 정한다.

12. 장애인복지법 제13조 제2항 제1항의 지방장애인복지위원회를 조직·운영하는 데에 필요한 사항은 대통령령으로 정하는 기준에 따라

지방자치단체의 조례로 정한다.

13. 영유아보육법 제6조 제1항 보육에 관한 각종 정책·사업·보육지도 및 어린이집 평가인증사항 등을 심의하기 위하여 보건복지부에 중앙보육정책위원회를, 특별시·광역시·도·특별자치도(이하 "시·도"라 한다) 및 시·군·구(자치구를 말한다. 이하 같다)에 지방보육정책위원회를 둔다. 다만, 지방보육정책위원회는 그 기능을 담당하기에 적합한 다른 위원회가 있고 그 위원회의 위원이 제2항에 따른 자격을 갖춘 경우에는 시·도 또는 시·군·구의 조례로 정하는 바에 따라 그 위원회가 지방보육정책위원회의 기능을 대신할 수 있다.

14. 영유아보육법 시행규칙 제24조 제9항 어린이집의 운영 위탁에 관한 구체적인 사항은 국립어린이집의 경우 보건복지부장관이 정하고, 공립어린이집의 경우 지방자치단체의 조례로 정한다.

15. 긴급복지지원법 제12조 제4항 시·군·구에 〈국민기초생활보장법〉 제20조 제1항 본문에 따른 생활보장위원회가 있는 경우 그 위원회는 조례로 정하는 바에 따라 긴급지원심의위원회의 기능을 대신할 수 있다.

16. 정신보건법 시행령 제9조 제5항 제4항에 따른 사무기구의 설치·운영에 관한 사항은 시·도 또는 시·군·구의 조례로 정한다.

17. 건강가정기본법 시행령 제3조 제3항 제1항에 따라 지방자치단체가 설치·운영하는 건강가정지원센터의 조직과 운영에 필요한 사항은 해당 지방자치단체의 조례로 정한다.

18. 국민연금법 제60조 이 법에 따른 급여로서 지급된 금액에 대하여는 조세특례제한법이나 법률 또는 지방자치단체의 조례가 정하는 바에 의하여 조세, 그 밖에 국가 또는 지방자치단체의 공과금을 감면한다.

19. 자원봉사활동기본법 시행령 제10조 제4항 지방자치단체는 제3항의 규정에 의한 보험의 가입절차 및 방법 등에 관하여는 조례로 정한다.

조례로 정해야 할 사항들은 대개 관련 위원회, 기금, 시설, 위탁 등에 관한 사항들이 많지만, 18과 19의 조례는 공과금과 자원봉사 보험 등과 관련하여 지방자치단체의 자율적 권한을 부여해주고 있다. 그러나 지방자치단체들은 적극적이고 창의적인 조례제정에 나서지 못하는 실정이다.

⑤ 지역사회복지와 사회복지조례

지역사회복지에서 지방자치단체의 역할과 책임을 강화하려면 사회복지관련 조례의 제정과 실시가 중요하다. 지역사회복지를 강조하는 현행 사회복지사업법의 정신에 따라 지역사회복지계획을 수립하여 시행하려면(법 제15조의 4), 사회복지조례를 활성화하는 것이 매우 중요하다.

그러나 현실은 그렇지 못한 실정이다. 앞에서 예시한 것처럼 법률에 "조례로 정한다"라고 규정되어 있는 필수적 조례조차 제대로 제정되지 않는 경우들이 있다. 대개의 지방자치단체는 조례제정에 소극적이다. 심지어 무시하기도 한다. 조례를 제정하지 않았다고 해서 지방자치단체 또는 그 단체장이 처벌을 받거나 문제가 되는 것은 아니기 때문이다. 오히려 중앙정부가 마련해 준 표준조례안을 그대로 옮기거나 약간의 자구수정을 통해 조례를 제정하는 경우가 많다. 지방자치단체가 자신의 자치입법권을 스스로 부정하는 꼴이다.

사정이 이렇다보니 필수적 조례도 아닌 조례를 제정하라고 하는 것은 무리한 요구일 수 있다. 그래도 각 지역의 특성상 꼭 필요한 복지제도가 있을 것이다. 필수적 조례도 제대로 제정하지 않는 자치단체에게 이러한 임의적 조례를 제정하라는 주문은 비현실적일 수도 있다.

앞에서 살펴 본대로 '법령의 범위' 안에서 조례를 제정해야 한다는 것이 오히려 지방자치단체가 조례제정을 회피하는 근거규정으로 악용되었다. 법률규정에는 없지만 지역주민의 필요를 위해 새로운 복지제도를 도입하거나 추가적 급여 또는 서비스를 제공하는 내용의 조례는 법령의 범위를 벗어났다며 제정을 거부하기 일쑤였다. 그러나 급부행정인 사회복지 영역에서 중앙정부가 하지 못하는 것을 지방자치단체가 추가적으로 실시하는 것은 법령의 범위를 벗어난 것이 아니라는 대법원의 판결(대판96추244)이 나온 이후 지방자치단체의 궁색한 변명은 더 이상 정당성을 갖지 못하게 되었다.

법령에 없거나 부족한 내용을 조례로 제정하고자 할 때, 현재 지방자치단체가 불가(不可) 한 이유로 내세우는 것은 재원의 부족이다. 가뜩이나 노인인구 등 요보호대상층은 증가하는데, 사회복지서비스 지방이양과 정부보조금 감소로 지방자치단체의 복지재정이 압박을 받다보니 새로운 지역복지 프로그램이나 제도를 도입하는 것에 대해 소극적일 수밖에 없다.

그런가 하면, 유사한 조례들이 널리 퍼져 있으나 지역 간 격차를 나타내는 경우들도 있다. 예를 들어, 많은 자치단체들이 "공공시설 내의 매점 및 자동판매기 설치에 관한 조례"를 실시한다. 명칭은 다소 다르더라도 내용은 비슷하다. 장애인복지법 제42조에 따라 공공시설 내에 식료품·사무용품·신문 등 일상생활용품을 판매하는 매점이나 자동판매기의 설치를 허가하거나 위탁할 때에는 장애인이 신청하면 우선적으로 반영하기 위하여 이러한 조례를 제정하여 실시한다. 이것은 필수적 조례는 아니지만 전국의 많은 자치단체들이 조례로 제정하여 실시한다.

이와 유사한 규정이 노인복지법, 한부모가족지원법, 국가유공자 등 예우 및 지원에 관한 법률 등에도 있다. 따라서 이를 시행하려는 자치단체는 장애인뿐만 아니라 노인, 한부모가정, 독립유공자, 국가유공자 및 그 유족의 신청이 있을 때, 그것을 어떤 기준으로 어떻게 조정할 것인지 조례에 규정해야 한다. 이 조례가 처음 제정된 때에는 주로 장애인만 그 대상으로 하는 추세였으나, 최근 들어서는 법률에 규정된 여러 대상들을 모두 포괄하는 방향으로 개선되고 있다.

그러나 아직도 자치단체에 따라 큰 차이를 보이고 있다. 장애인과 노인, 한부모가족, 독립유공자 등 다양한 대상층을 조례에 포함하는 자치단체가 있는 반면에, 5 오로지 장애인만을 대상으로 하는 지역들도 있다. 물론, 이 조례가 없는 자치단체들도 있다. 대체적으로 자동판매기나 매점의 설치공간이 많은 대도시에서는 비교적 충실하게 법령에 따른 조례를 제정한 반면, 낙후된 지역은 관련조례가 없거나 있어도 여전히 장애인만을 대상으로 하는 경향이 강하다.

또한 국민기초생활보장법 제18조 제3항 제2호(자활기업에 국·공유지 무상임대), 장애인복지법 제48조(국유·공유재산의 우선매각이나 유상·무상대여), 사회적 기업 육성법 제11조(국·공유지임대), 중소기업 진흥에 관한 법률 제35조(국유지와 공유지의 매각 등), 전통시장 및 상점가 육성을 위한 특별법 제18조(국·공유지 사용료 등 감면)는 국·공유지의 임대, 무상임대, 대여, 매각, 사용 등에 관하여 규정한다. 그러나 이를 집행할 지방자치단체에서는 이에 관련된 조례가 존재하지 않는다.

이러한 경우, 앞의 공공시설 내 자동판매기 설치와 매점위탁의 예처럼 다양한 법률들에서 국·공유지 사용과 관련한 혜택을 규정하고 자치단체의 다양한 부서들에 이 업무가 분장되어 오히려 실적이 저조

---

5 "대구광역시 공공시설 내의 매점 및 자동판매기 설치 조례"는 장애인, 노인, 한부모가족뿐만 아니라 2003년 중앙로 화재참사 사망자의 유족까지 그 대상으로 포함하고 있다(본 조례 제1조).

하다. 이것이 현실적으로 적용되려면 자치단체들이 이것을 조율, 조정하는 기준과 절차를 정하는 내용의 조례를 제정, 실시해야 한다. 실제로 자활공동체, 장애인단체, 사회적 기업 등이 국·공유지를 이용하는 사업을 시도하려고 해도 제대로 이루어지지 않고 있다.

이러한 현상은 법률체계의 문제이기도 하다. 특히 공공시설 내 자동판매기나 매점 등의 운영을 허가, 위탁하는 것은 모두 보건복지부 소관 법률이기 때문에 법률상 조정하는 방법을 생각해볼 수도 있다. 그러나 일선에서 법률을 집행하는 것은 지방자치단체이므로 조례로 조정하여 시행해야 한다.

국·공유지의 이용도 마찬가지이다. 법률상으로도 지방자치단체에서도 서로 다른 부서가 업무를 관장하고 있고, 자치단체의 재산을 관리하는 부서도 다르기 때문에 국·공유지의 이용은 그야말로 사문화된 규정일 뿐이다.

지방자치단체의 집행부나 지방의회에 자주적 조례 제정에 대해 적극적 역할을 요구하는 것은 당연해 보이지만 아직까지는 현실적으로 기대하기 어려운 실정이다. 자주적인 사회복지조례가 지방자치 4기 이후 양적으로 늘어났지만 아직도 질적으로는 매우 미흡하다(김광병, 2012: 146). 그래서 지역의 사회복지운동단체나 사회복지 전문가들의 노력이 필요하다. 지역사회주민의 복지증진과 삶의 질 향상을 위해서는 사회복지사의 전문적 실천이 반드시 법적 관심과 협력과 병행되어야 한다(Fook, 1993).

이렇게 조례가 제정되어 실시된다면 다른 자치단체에도 파급효과를 기대할 수 있으며, 이렇게 되면 머지않아 법률이 제·개정되는 결과를 가져올 것이다. 지역에서의 사회복지실천이 전국적 변화를 가져오게 하는 것이다.

(5) 정관

사회보장사업이나 사회복지사업이 국가기관이 아닌 공법인이나 특수법인에 의해 운영될 때, 이러한 법인들은 자체적으로 정관(定款)을 갖도록 되어 있다. 예를 들면, 국민건강보험법 제13조의 규정에 따라 국민건강보험공단은 법인격(法人格)을 갖게 되며, 또한 법인은 정관을 작성해야 한다. 국민연금법 역시 국민연금관리공단을 두고 공단은 법인으로 하며(제24조, 제26조), 정관 기재사항과 변경에 대해서 규정(제28조)을 두고 있다. 사회복지사업법 역시 민간기관이 사회복지사업을 운영할 경우 사회복지법인이라는 특수법인으로 운영하도록 규정하고 있고, 사회복지협의회도 법인의 형태로 존재하며 따라서 법인의 정관에 관한 규정(제17조)을 두고 있다.

따라서 사회복지법 관련 법인들은 법에 규정된 정관의 필수적 기재사항을 준수하고 필요에 따라 임의적 기재사항을 규정할 수도 있다. 정관은 법인의 조직과 활동에 대한 내부적 근본규칙으로서 의미를 가지기 때문에 일반법적 원리상 주무부처의 장관으로부터 인가를 받아야 한다. 즉, 민법상 법인에 관한 규정에 구속을 받는다고 볼 수 있다(사회복지사업법 제32조).

예를 들어 국민건강보험공단은 재단법인(財團法人)의 성격을 갖기 때문에 민법 중 재단법인에 관한 규정을 준용해야 하며(국민건강보험법 제40조). 국민연금법상의 국민연금관리공단 역시 재단법인의 성격을 갖기 때문에(제48조) 정관 기재사항에 '자산 및 회계에 관한 사항'(제26조 제1항 제8호)을 규정하고 있다. 사회복지사업법 및 관련 사회복지서비스법상의 사회복지법인 역시 재산의 출연(出捐)을 요구하고 있기 때문에(사회복지사업법 제23조) 재단법인의 성격을 갖는다. 단, 한국사회복지협의회와 한국사회복지사협회는 사단법인으로서의 성격을 갖는다(사회복지사업법 제33조 및 제46조 제3항).

이러한 법인들의 정관은 특수한 목적, 즉 사회보장 또는 사회복지 서비스와 관련된 업무를 수행한다는 법의 목적에 위배되는 경우에는 물론 주무부서인 보건복지부장관의 인가가 불가능하겠지만 사후적으로라도 위법성이 발견되었을 경우에는 그 정관의 규정은 무효로 해야 할 것이다.

(6) 국제법

이제까지 논의되었던 규범들은 국내법에 한정되었던 것이다. 그러나 이제 국가 간에 체결된 조약이나 국제기구에의 각종 협약이나 규약에 대해서도 논의해야 할 것이다. 예를 들어, 우리나라는 유엔 인권선언의 '경제적·사회적·문화적 권리에 관한 국제협약'(A규약)에 가입해 있는데, 이것의 법적 성격과 지위 역시 수직적 법체계에서 다루어야 할 문제이다.

인권 A규약 제9조는 사회보장권, 제10조는 가정 등의 보호, 제11조는 인간다운 생활권, 제12조는 건강권, 제13조와 제14조는 교육받을 권리 및 무상교육에 대해 규정하고 있다. 이것은 사회복지법의 국제법으로서 명백한 의의를 갖추는데, 이는 우리 헌법규정과 관련되는 조항들이다. 따라서 이를 국내법적으로 어떤 단계에 위치시켜야 하는지가 쟁점이 되는 것이다. 더 나아가 이러한 권리규정들을 근거로 소송을 제기할 수 있으며 또한 소송에서 전제가 되었을 때 어떻게 적용할 것인가 하는 점들이 문제가 될 것이다.

그리하여 국제법의 국내법적 효력이 관건이 된다. 대부분의 국가들은 나름대로 국제법을 인정하고 있고 특히 헌법에서 이를 규정하는데, 국가들마다 국제법과 국내법의 관계에 대해서 약간씩 다른 입장을 취하고 있다.

① 국제법과 국내법의 관계

국제법과 국내법의 관계에 대해서 대체로 두 가지 입장이 있다. 첫째로, 양자를 별개의 법체계에 속한다고 보는 이원론(二元論)의 입장과, 둘째로, 동일한 법체계에 속한다고 보는 일원론(一元論)의 입장이 있다. 이원론에 따르면 국제법은 국제관계에서만 효력을 갖는 것이고 국내법은 국내에서만 효력을 갖기 때문에 서로 저촉되거나 영향을 미치지 않는다고 본다. 반면에 일원론의 입장에서 보면, 국제법과 국내법이 동일한 법체계에 포함되기 때문에 상호 저촉되는 경우가 발생할 수 있다는 것이다.

그리하여 일원론은 다시 국제법우위론과 국내법우위론으로 갈린다. 국제법우위론은 국내법을 국제법에 의해 위임된 부분법(部分法)의 질서로 본다. 따라서 양자가 충돌할 때에는 국제법이 국내법을 깨뜨리는 것으로 해석된다. 반면에 국내법우위론의 입장에 따르면, 국제법이 어느 한 국가에서 인정될 수 있는 것은 그 국가의 헌법이 국제법을 승인했기 때문이므로 국제법은 국내 헌법보다는 하위규범이라는 것이다.

그렇다면 우리나라의 입장은 어떠한가? 헌법 제6조 제1항은 다음과 같이 규정하고 있다.

제6조 ① 헌법에 의해 체결공포된 조약과 일반적으로 승인된 국제법규는 국내법과 같은 효력을 가진다.

이 조문은 조약의 경우 국내법인 헌법의 우위를 분명히 하고 있지만 국내법과 국제법의 우위를 분명하게 나타내고 있지 못하다. 즉, 국내법우위론으로 해석될 수도 있고 국제법우위론으로 해석될 수도 있다(김철수, 1994: 211). 왜냐하면 일반적으로 승인된 국제법규가 헌법을 포함한 국내법규와 동일한 효력을 갖는다고 규정하고 있기 때문에 양자 간에 충돌이 생길 때 문제가 된다.

'일반적으로 승인된'의 의미가 무엇인가? 또한 '국제법규'는 국제관습법이나 각종 국제적 선언도 포함하는가? 이러한 부분들이 해석상 모호한 문제를 야기한다. 일반적으로 승인되었다는 것은 반드시 국내법적 공포(公布) 절차를 거치지 않았다 하더라도 보편적으로 세계의 국가들이 승인하는 상태라면 그대로 국내법적 효력을 갖는다고 보아야 할 것이다. 또한 이러한 국제법규란 국제사회에서 보편적으로 승인되는 각종 불문법적 관습법과 선언 등을 포함한다고 보아야 할 것이다.

그런데 이렇게 승인된 국제법규는 그 내용에 따라 국내법상 헌법에 해당되는 것도 있고 헌법보다는 하위규범에 속하지만 법률보다는 상위규범인 것도 있고, 때에 따라서는 법률이나 명령, 규칙 수준의 것들도 있다. 따라서 국제법규를 국내에 적용할 때에는 그것이 국내법상 어떤 지위를 갖는가 하는 점을 판단해야 한다.

또한 국제법규가 국내법적으로 승인된 것인지, 또한 국내법의 단계에서 어느 단계에 속하는 것인지 등의 문제를 누가 판단할 것인가 하는 점들이 문제가 된다. 결국, 이것은 사법부가 재판의 전제가 되었을 경우 사례에 따라 판단할 수밖에 없을 것이다. 그러므로 법관은 그것이 일반적으로 승인된 국제법규인가를 조사하고 그 다음으로 헌법에 저촉되는지 여부를 심사해야 할 것이다. 이에 따라 국제법규의 국내법적 효력을 인정 또는 거부할 수 있을 것이며 헌법재판소에 위헌심사를 제청할 수 있을 것이다.

② 사회보장에 관한 한국과 외국과의 조약
국제화 내지 세계화의 추세에 따라 국가 간에도 사회보장문제가 발생한다. 이에 우리 사회보장기본법 제8조에서는 상호주의 원칙을 규정한다.

이러한 체제에 따라 우리나라도 몇 개 국가와 사회보장 조약 내지
협정을 체결하는데, 몇 가지 소개를 한다.

가. 대한민국 정부와 이란 정부 간의 사회보장에 관한 협정
(Agreement on Social Security between the Government of
the Republic of Korea and the Imperial Government of Iran)

이 협정은 1977년 5월 11일 테헤란에서 서명되었으며 1978년 6월 10
일 조약 646호로 발효되었다. 이 협정에 따라 양국의 국민은 상대국
에서 고용될 때 상대국의 사회보장법령으로부터 면제된다. 양국민은
각각 자신의 본국 사회보장법령에 따른다.

나. 대한민국 정부와 캐나다 정부 간의 사회보장에 관한 협력
(Agreement on Social Security between the Government
of the Republic of Korea and the Government of Canada)

이 협정은 1997년 1월 10일 서울에서 체결되었으며, 1999년 5월 1일
조약 1485호로 발효되었다. 우리나라의 국민연금법 및 그 시행령과
시행규칙, 캐나다의 노령보장법과 그에 따라 제정된 규칙 및 캐나다
연금제도와 그에 따라 제정된 규칙에 적용되는데, 5년 이내의 기간
상대국에 체류할 때 본국의 연금관련제도를 계속 유지, 적용받게 하
며 이를 이유로 불이익을 받지 않게 하기 위한 것이다. 또한 상대국의
연금 가입기간을 인정하여 상대국에 체류하면서 연금급여를 받을 수
있게 조정할 수 있는 내용들을 담고 있다.

다. 대한민국 정부와 영국 정부 간의 사회보장에 관한 협력
(Agreement on Social Security between the Government of the Republic of Korea
and the Government of the United Kingdom of Great Britain and Northen Ireland)

이 협정은 1999년 4월 20일 서울에서 서명되었으며 2000년 8월 1일 조
약 1529호로 발효되었다. 우리나라 국민연금법 및 동법 시행령 및 시

행규칙과 영국의 1992년 사회보장관리법, 사회보장보험료 및 급여법, 사회보장법 및 그에 따르는 규정, 북아일랜드의 1992년 사회보장법 및 그에 따르는 규정들에 적용된다. 이에 따라 양국 국민은 본국의 사회보장 법령의 적용을 받다가 상대국의 영역 안에 있게 될 때, 상대국 법령에 의해 상대국 국민과 동등한 권리와 의무를 갖게 된다.

라. 대한민국과 미합중국 간의 사회보장에 관한 협정
(*Agreement Between the Republic of Korea and the United States of America on Social Security*)

이 협정은 2000년 3월 13일 워싱턴에서 서명되었고, 2000년 12월 8일 국회에서 비준동의되어 2001년 4월 1일 조약 1552호로 발효되었다. 협정은 우리나라의 국민연금법 및 산업재해보상보험법과 미국의 사회보장법과 내국세법에 적용된다. 이 협정에 따라 양국 국민은 자기 나라에서 적용을 받던 연금 등에 관하여 상대국 영역에 거주하더라도 그 피부양자와 함께 급여의 수급자격 및 지급에 관한 상대국의 법적용에서 상대국 국민과 동등한 대우를 받는다. 동시에 자국 영역 밖에 거주하는 이유로 현금급여의 수급권 또는 지급을 제한하는 자국의 법의 규정도 상대국에 거주하는 자에게는 적용되지 아니한다.

마. 대한민국과 독일연방공화국 간의 사회보장에 관한 협정
(*Agreement Between the Republic of Korea and the Federal Republic of Germany on the Social Security*)

이 협정은 2000년 3월 10일 베를린에서 체결되었고, 2000년 12월 8일 국회에서 비준동의를 거쳐 2003년 1월 1일 조약 1613호로 발효되었다. 우리나라의 국민연금법, 독일의 공적 연금보험법, 철강근로자보충보험법, 농민노령보장법이 이 협정의 적용을 받는다. 이에 따라 양국 국민(1951년 7월 28일의 난민의 지위에 관한 협약 제1조와 1967년 1월

31일의 난민의 지위에 관한 의정서의 의미에서 난민, 1954년 9월 28일의 무국적자의 지위에 관한 협약 제1조의 의미에서 무국적자 포함6)은 거주하는 상대국의 국민과 동등한 대우를 부여받는다. 또한 자국의 법령에 따르는 급여는 양국 영역 밖에서 통상 거주하는 상대국 국민에게도 양국의 영역 밖에서 통상 거주하는 자국 국민에게 지급되는 것과 동일한 조건으로 지급된다.

바. 대한민국 정부와 중화인민공화국 정부 간의 연금가입 상호면제를 위한 잠정조치에 관한 교환각서
(*Exchange of Notes Constituting an Agreement on the Provisional Measures for the Mutual Exemption of Pension Coverage Between the Government of the Republic of Korea and the Government of the People's Republic of China*)

이 각서는 2003년 2월 28일 북경에서 서명되었으며 2003년 5월 23일 조약 1633호로 발효되었다. 이것은 아직 협정은 아니지만 양국 국민들이 자국에서 강제적 연금에 가입이 되어 있을 때 상대국에서 연금가입의 의무를 면제하자는 각서이다. 우리나라의 국민연금법과 중화인민공화국의 기본양로보험 관련법에 적용된다. 따라서 우리나라에 와 있는 중화인민공화국의 산업연수생과 중화인민공화국에서 취업중인 우리나라 근로자들의 연금가입 문제는 양국의 협정체결을 통해서 그 의무가 면제된다.

사. 대한민국과 네덜란드왕국 간의 사회보장에 관한 협약
(*Convention on Social Security Between the Republic of Korea and the Kingdom of the Netherlands*)

이 협약은 2002년 7월 3일 헤이그에서 체결되었으며, 2003년 6월 30일 국회의 비준동의를 거쳐 2003년 10월 1일부터 조약 1649호로 발효되었

---

6 독일은 세계대전, 분단, 통일 등으로 인하여 외국인 문제가 중요한 정치적 쟁점이 되며, 그리하여 난민, 망명자, 피난민들에 대한 법적 보호를 한다.

다. 이 협약은 우리나라의 국민연금법과 네덜란드의 노령보험, 장애보험, 유족보험, 질병보험, 실업보험, 아동수당에 관한 법령 등에 적용되며, 양국 국민들의 이중적 사회보장 가입을 방지하기 위해 체결되었다. 그리하여 양국 국민은 상대국에서 체류 또는 거주하는 동안 상대국 법령의 적용에서 상대국 국민과 동등한 권리와 의무를 갖는다. 단, 우리나라 국민연금법상 반환일시금에는 적용하지 않는다.

아. 대한민국 정부와 탄자니아합중국 정부 간의 대한민국봉사단 파견에 관한 양해각서
  (Memorandum of Understanding between the Government of the Republic of Korea and
  the Government of the United Republic of Tanzania on Korea Overseas Volunteers Program)
이 양해각서는 2002년 1월 22일 양국 간에 서명되어 발효되었다. 양국의 상호이해 증진 및 경제·문화관계 강화에 기여할 목적으로 한국해외봉사단사업에 따라 탄자니아에 파견되는 봉사단 활동의 법적 지위를 제공하기 위하여 체결되었다.

  이에 따라 탄자니아는 대한민국봉사단에게 국제여비, 월생계비, 필요한 자재 및 의료보급품, 의료혜택 및 입원치료 등 기타 여러 가지 면제 및 혜택을 부여하기로 하였다.

자. 2000년 3월 10일 서명된 대한민국과 독일연방공화국 간의
  사회보장에 관한 협정의 이행을 위한 약정
  (Agreement for the Implementation of the Agreement between the Republic of
  Korea and the Federal Republic of Germany on Social Security of 10 March 2000)
이 약정은 2003년 3월 18일에 서명되었고 2004년 5월 11일 발효되었다(고시 494호). 이것은 2000년 3월 10일에 서명된 대한민국과 독일연방공화국 간의 사회보장에 관한 협정 제19조 제1항에 기초하여 양국의 연락기관을 정하고, 연락기관의 의무 등을 규정하였다.

차. 대한민국 정부와 이탈리아공화국 정부 간의 사회보장에 관한 협정
   (*Agreement between the Government of the Republic of Korea*
   and the Government of the Italian Republic on Social Security)

이 협정은 2000년 3월 3일 서명되어 같은 해 12월 8일 국회의 비준을
거쳐 2005년 4월 1일 발효되었다(조약 1723호). 이것은 양국 간 이동
하는 자 또는 양국에서 근로 중인 자의 양국의 사회보장제도상의 이
중가입을 방지하기 위하여 체결되었다. 우리나라의 국민연금법과 이
탈리아의 '근로자의 장애·노령 및 유족에 관한 일반강제보험법'이 적
용대상이다.

카. 대한민국과 일본국 간의 사회보장에 관한 협정

이 협정은 2004년 2월 17일 서명되어 같은 해 12월 29일 국회의 비준
을 거쳐 2005년 4월 1일 발효되었다. 이것 역시 이탈리아와의 협정과
마찬가지로 우리나라의 국민연금법과 일본의 국민연금, 후생연금보
험, 국가공무원 공제연금, 지방공무원 공제연금, 사립학교교직원 공
제연금에 적용하기 위해 체결되었다.

타. 대한민국 정부와 요르단왕국 정부 간의 한국해외봉사사업단에 관한 약정
   (*Agreement between the Government of the Republic of Korea and the Government*
   of the Hashemite Kingdom of Jordan on the Korea Overseas Volunteers Program)

이 약정은 2006년 3월 22일에 서명되고 발효되었다. 탄자니아와의 양
해각서와 같은 취지로 체결되었다.

파. 대한민국 정부와 우즈베키스탄공화국 정부 간의 사회보장협정
   (*Agreement on Social Security between the Government of the Republic*
   of Korea and the Government of the Republic of Uzbekistan)

이 협정은 2005년 5월 10일에 서명되어, 2006년 2월 9일 국회의 비준을
거치고 2006년 5월 1일 발효되었다(조약 1779호). 이 협정 역시 양국에

서 근로하는 양국 국민의 연금제도 이중가입을 방지하기 위하여 체결되었다. 그리하여 우리나라의 국민연금법과 우즈베키스탄의 '시민의 국가연금보장에 관한 법'과 '외국투자에 관한 법'이 적용대상이 된다.

하. 2006년 6월 이후 체결된 조약

- 대한민국 정부와 카자흐스탄공화국 정부 간의 한국해외봉사단사업에 관한 협정(2006. 9. 22).
- 대한민국 정부와 파나마공화국 정부 간의 한국해외봉사단사업에 관한 협정(2006. 12. 1).
- 대한민국 정부와 몽골 정부 간의 사회보장에 관한 협정 (2007. 3. 1).
- 대한민국 정부와 헝가리공화국 정부 간의 사회보장에 관한 협정 (2007. 3. 1).
- 대한민국 정부와 프랑스공화국 정부 간의 사회보장에 관한 협정 (2007. 6. 1).
- 대한민국 정부와 호주 정부 간의 사회보장에 관한 협정 (2008. 10. 1).
- 대한민국 정부와 콜롬비아공화국 정부 간의 한국해외전문가봉사사업의 수립을 위한 약정(2008. 10. 3).
- 대한민국과 불가리아공화국 간의 사회보장에 관한 협정 (2008. 10. 30).
- 대한민국 정부와 체코공화국 정부 간의 사회보장에 관한 협정 (2008. 11. 1).
- 대한민국 정부와 아일랜드 정부 간의 사회보장에 관한 협정 (2009. 1. 1).

- 대한민국과 슬로바키아공화국 간의 사회보장에 관한 협정
  (2009. 2. 9).
- 대한민국과 폴란드공화국 간의 사회보장에 관한 협정 (2009. 2. 25).
- 대한민국 정부와 벨기에 왕국 간의 사회보장에 관한 협정
  (2009. 6. 9).
- 대한민국과 루마니아 간의 사회보장에 관한 협정 (2010. 6. 23).
- 대한민국과 오스트리아공화국 간의 사회보장에 관한 협정
  (2010. 9. 13).
- 대한민국과 덴마크왕국 간의 사회보장에 관한 협정 (2011. 8. 11).
- 대한민국과 인도공화국 간의 사회보장에 관한 협정 (2011. 10. 7).

③ 사회보장에 관한 국제조약 및 선언

양차 세계대전은 인류의 황폐화를 가져왔다. 이에 인간의 기본적 권리를 보장하고자 하는 국제적 움직임이 강화되었고 이에 따라 국제노동기구(ILO), 세계보건기구(WHO), 국제사회보장협회(ISSA) 등의 국제적 기구들이 사회보장 또는 사회복지의 국제화를 추진했다. 이러한 기구들은 인간의 기본적 생존의 조건들을 보호 또는 보장하기 위한 국제적 조약과 선언들을 제기했다.

그리하여 그중에서 ILO는 1919년 임산부 보호에 관한 조약 제3호로부터 1935년 타국 이주자의 연금수급권의 보전에 관한 조약 제48호에 이르기까지 다음과 같은 조약 및 권고들을 제기하여 각국의 사회보장 발전에 기여했다(이상광, 1988: 178~179).

가. 의료보험에 관한 조약
- 조약 제 24호 의료보험에 관한 조약(산업) 1927.
- 조약 제 25호 의료보험에 관한 조약(농업) 1927.

나. 연금보험에 관한 조약
- 조약 제 35호 노령연금보험에 관한 조약(산업 등) 1933.
- 조약 제 36호 노령연금보험에 관한 조약(농업) 1933.
- 조약 제 37호 폐질연금보험에 관한 조약(산업 등) 1933.
- 조약 제 38호 폐질연금보험에 관한 조약(농업) 1933.
- 조약 제 39호 유족보험에 관한 조약(산업 등) 1933.
- 조약 제 40호 유족보험에 관한 조약(농업) 1933.
- 조약 제 48호 타국 이주자의 연금수급권의 보전에 관한 조약 1935.

다. 산재보험에 관한 조약 및 권고
- 조약 제 12호 근로자의 재해보상에 관한 조약(농업) 1921.
- 조약 제 17호 근로자의 재해보상에 관한 조약(재해) 1925.
- 권고 제 23호 근로자의 재해보상에 관한 권고(관할) 1925.
- 조약 제 18호 근로자의 재해보상에 관한 조약(직업병) 1925.
- 권고 제 19호 내국인근로자와 외국인근로자의 동등한 취급에 관한 권고(재해보상) 1925.
- 조약 제 42호 근로자의 재해보상에 관한 조약(직업병)(개정) 1934.

라. 실업보험에 관한 조약 및 권고
- 조약 제 44호 실업급여에 관한 조약 1934.
- 권고 제 44호 실업급여에 관한 권고 1934.

마. 임산부보호에 관한 조약
- 조약 제 3호 임산부보호에 관한 조약 1919.

제 2차 세계대전이 끝날 무렵부터 종전 후에도 인간의 기본적 권리로서 사회복지 또는 사회보장에 관한 권리들이 국제적으로 선언되고 승인되기 시작했다. 그 예를 보면 다음과 같다.

가. 대서양헌장 (1941)

1941년 8월 영국의 처칠 수상과 미국의 루스벨트 대통령이 대서양에서 회담을 갖고 독일의 나치즘(Nazism) 타파와 종전 후의 세계 재건을 위한 대서양헌장을 발표했는바, 8개 공동원칙 중 "더욱 나은 근로기준과 경제적 혜택, 그리고 사회보장을 모든 사람에게 보장해줄 것을 목적으로 하며, 경제적 분야에서 모든 국가의 완전한 협력을 이룰 것"을 명시했으며 또한 '공포와 결핍으로부터의 자유'를 천명했다.

이것은 2차 세계대전 이후 각국이 복지국가를 추진하게 되는 중요한 계기를 이루게 된다.

나. 필라델피아 선언 (1944)

1944년 4월부터 5월까지 필라델피아에서 개최된 ILO 제 26회 대회에서 사회보장에 관한 중요한 선언이 채택되었다. 이는 세계대전의 경험 속에서 종래의 사회보험과 사회부조에 대한 재편이 필요하다는 것을 인정했기 때문이다. 따라서 이것은 전후 자본주의 국가들의 정책을 국제적으로 표명한 것으로 받아들여진다.

여기에서 채택된 것은 소득보장에 관한 권고(제67호), 의료보호에 관한 권고(제69호), 군대 및 유사직업 또는 전시고용으로부터 풀려난 자에 대한 소득보장 및 의료에 관한 권고(제68호) 등인데 소득보장과 의료보호에 관한 권고의 주된 내용은 다음과 같다.

㉠ 소득보장 권고

이 권고의 내용은 "노령을 포함하여 노동이 불가능하거나 사망에 의해 소득이 보장되지 않는 경우에 합리적 수준의 소득을 보장하여 궁핍을 구제하고 빈곤을 방지하지 않으면 안 된다"라고 규정하면서, 기본적으로 "소득보장은 가능한 한 사회보험의 기초 위에서 이를 조직"하도록 하고 사회보험의 적용을 받을 수 없는 자에 대한 공공부조는 과도기적 혹은 보완적 수단으로 취급하고 있다. 그러나 사회보험과 공공부조를 모두 소득보장의 수단으로 통일적으로 취급했다는 데 그 의의가 있다.

그리고 사회보험의 적용을 받는 사고로는 질병, 모성, 폐질, 노령, 사망, 실업, 업무상 재해 등을 규정하고, 대상자의 범주에서도 갹출금의 징수가 조직화될 수 있다면 피용자(被傭者)뿐만 아니라 자영업자도 동일한 조건으로 포함시켜야 한다고 했으며(단, 업무상 재해와 실업은 제외), 재원에 대해서는 노·사·정 3자의 부담을 주장했다.

공공부조에 대해서는 자녀의 생활유지와 빈곤한 폐질자, 노령자 및 미망인에 대한 것으로 나누어 일정한 원칙을 제시했다.

㉡ 의료보호 권고

이 권고는 비교적 새로운 것으로서 선진적 견해를 담는데, '모든 계층을 위한 광범위한 의료서비스'를 확립하는 것이 목적이었다. 그리하여 "필요할 때 수시로, 필요로 하는 모든 사람들에게 의료가 주어지고 그것은 수급자의 실제 또는 장래의 필요를 만족시키기에 충분한 것이 될 수 있는 기본후생"이 되어야 한다면서 조직화되고 완전한 의료서비스, 사회보험 또는 공공서비스의 방법을 제시했다.

다. 세계인권선언 (1948)

이 선언은 1948년 유엔 제3회 총회에서 채택된 것이다. 이 선언 제22조는 "모든 인간은 사회의 일원으로서 사회보장을 받을 권리를 가지며 또한 국가적 노력과 국제적 협력을 통하여, 그리고 각국의 조직 및 자원에 맞추어 자신의 존엄과 자유로운 인격의 발전을 실현시킬 수 있는 경제적 · 사회적 · 문화적 권리를 향유한다"고 규정한다. 또한 제25조에서는 "모든 인간은 의식주, 의료 및 필요한 사회후생시설을 포함하여 자신 및 가족의 건강과 복지를 유지함에 충분한 생활수준을 보유할 권리를 가지며, 실업 · 장애 · 질병 · 배우자 상실 · 노령 또는 불가항력적 생활불능의 경우에 생활보장을 받을 권리를 갖는다"라고 규정했다.

라. 사회보장최저기준조약(1952)

ILO의 사회보장조약 중에서 가장 비중이 있는 것은 1952년에 제35회 총회에서 채택된 제102호 조약인 '사회보장최저기준조약'(*Convention Concerning Minimum Standards of Social Security*)이다. 이것은 1941년 '대서양헌장'에서 사회보장에 관한 원칙을 확인 또는 승인하는 결의로서 의미를 갖는다.

이 조약에서 제기한 급여의 부문은 의료급여, 질병급여, 실업급여, 노령급여, 업무상재해급여, 가족급여, 모성급여, 폐질급여, 유족급여 등인데 단, 의료급여는 예방 또는 치료적 급여를 포함하는 것이며 반면에 질병급여는 질병상태에서 기인한 소득의 정지에 대해 보상하는 상병수당(傷病手當)과 같은 현금급여를 말한다.

이 조약에서 강조하는 중요한 원칙은 다음과 같다.

⊙ 대상의 보편주의

사회보장이 사회보험을 중심으로 출발한 때에는 노동자계급이 주된 대상이었지만 새로운 대상들을 포함하여 전 국민을 대상으로 해야 한다는 보편주의적 원칙을 천명했다.

ⓛ 비용부담의 공평성

사회보장의 비용부담은 공동부담 원칙을 채택하여 기여금 또는 조세로 충당하되 재산수준이 낮은 자에게 과중한 부담을 주지 말도록 했으며 피보험자의 경제적 상태를 고려하여 결정하도록 했다.

피용자들의 재정부담은 급여에 필요한 전체 재원의 50%를 넘지 않도록 해야 하며 재원은 급여에만 충당하고 관리운영비 등에 충당하면 안 된다는 원칙을 선언했다. 따라서 국가의 사회보장에 대한 책임은 재정상의 책임까지 이행해야 하는 것이다.

ⓒ 급여수준의 적절성

또한 급여수준에서는 각 개인의 생활수준에 상응하는 급여수준을 유지해야 하며(급여비례의 원칙), 최저기준까지는 누구에게나 동액(同額)의 급여를 제공해야 하고(급여균일의 원칙), 보험급여의 총액과 수급자 개인의 자산을 합하여 최저생활이 보장되도록 해야 한다(가족의 부양수준의 원칙)는 원칙을 제시했다.

마. 사회보장헌장 (1961, 1982)

세계노동조합연맹이 1961년 모스크바에서 제5회 세계노동조합대회를 통해 '사회보장헌장'을 채택했다. 여기에서 노동자 무갹출의 원칙, 의료의 사회화 원칙, 급여의 포괄성 원칙, 대상의 보편주의적 원칙, 무차별 적용의 원칙 등을 제시했다.

이어서 1982년 아바나에서 개최된 제10차 대회에서 새로운 '사회보장헌장'을 채택했다. 새 헌장에서는 사회보장의 권리성의 원칙, 적용사고의 포괄성의 원칙, 대상의 보편주의적 원칙, 최저생활수준 보장의 원칙, 무차별 평등의 원칙, 소송을 제기할 권리, 자본과 국가의 부담 원칙, 운영의 민주적 원칙 등이 제기되었다.

바. 아동권리에 관한 협약(Convention on the Rights of the Child)

이 협약은 1989년 11월 20일 UN 총회에서 제네바선언(1924), UN아동권리선언(1959)에 이어 채택되었다. 후진국에서는 영유아 사망률과 굶어 죽는 아동이 증가하고 선진국에서는 아동학대, 약물, 성매매, 소년범죄 등이 증가하여 아동문제가 국제사회 전반적으로 심각한 상태에 이르렀다는 판단에 따라 이 협약이 제정된 것이다. 그리하여 이 협약은 관념적 구호를 넘어 아동이 실질적으로 권리의 주체로 승인된 기념비적 국제문서로 평가된다(윤찬영, 2002: 11).

전문과 54개 조문으로 이루어져 있는데, 이 권리의 내용을 유형별로 요약한다면 아동의 생존권, 보호권, 발달권, 참여권으로 구분할 수 있다. 이것은 국제인권규약(A, B)이 구체화, 분화된 것으로 이해할 수 있으며, 이 협약은 단순히 정치적 선언에 그치는 것이 아니라 서명국은 비준 2년 이내에 이행보고서를 제출해야 하고 의무를 이행해야 하는 구속력을 갖는 실효성 있는 국제법이다.

우리나라에서는 1991년 11월 20일 비준서를 기탁하였고 같은 해 12월 20일부터 조약 1072호로 발효되었다. 그러나 이혼가정 아동의 부모접견권(제9조 제3항), 입양허가제(제21조 가호), 상소권보장[제40조 제2항 나호(5)]을 유보하여 비준하였다.

사. 장애인의 직업재활 및 고용에 관한 협약

1955년 장애인 직업재활에 관한 권고, 1975년 인적자원개발에 관한 권고 이후 1981년 UN이 선포한 '국제 장애인의 해'를 거치면서 도시와 농촌의 모든 범주의 장애인들에게 고용과 공동체로의 통합을 위하여 기회 및 처우의 평등이 보장될 수 있는 새로운 국제기준에 대한 필요성이 인식되어 1984년 6월 20일 제네바에서 이 협약이 채택되었고, 1985년 6월 20일부터 국제노동기구(ILO) 협약 제159호로서 발효되었다. 이 협약에서 장애인은 "정당하게 인정된 신체적 또는 정신적 손상의 결과로 적절한 직업을 보장받거나, 보유하거나, 진급할 수 있는 전망이 실질적으로 감소된 사람"을 말한다.

우리나라에서는 1999년 11월 15일 비준서를 기탁했고 2000년 11월 15일 조약 제1540호로 발효되었다. 이에 기존의 장애인고용촉진 등에 관한 법률 대신에 2000년 1월 12일 장애인고용촉진 및 직업재활법으로 개정하여 실시하였다.

(7) 행정지침 등

법을 집행하는 행정부서가 법을 집행하기 위해 기술적 측면의 세부사항들을 자체 내의 규정으로 정하여 사용하는 지침, 내규, 고시 등은 그 자체가 법규범이 될 수는 없는 것이지만, 실제로 법적용 대상자들에게는 가장 밀접하게 작용하는 것이어서 주목할 필요가 있다. 법치주의(法治主義)의 원칙에 의해 행정은 모든 법규범에 구속되어야 하지만 행정국가의 형태를 띠는 현대에 와서는 행정당국의 지침 등의 폭이 넓어지면서 법치행정(法治行政)이 문제가 되고 있다.

근대 시민국가 이래 견지해 온 법치주의의 이념은 많은 위기와 위험이 있었지만 아직도 유효하다. 시민국가시대에 입헌주의적(立憲主

義的) 헌법에서의 법치주의라 함은 국가가 공권력을 발동하여 국민의 자유와 권리를 제한하거나 국민에게 새로운 의무를 부과하려 할 때에는 의회가 제정한 법률에 근거가 있어야 하고, 집행과 사법(司法)도 법률에 따라 행해져야 한다는 원리였다.

이러한 법치주의 이념은 지나치게 형식적으로 유지되면서 오히려 법을 지배의 도구와 수단으로 전락시키는 문제를 낳게 되었다. 그리하여 현대 복지국가의 헌법에서는 국민의 자유와 권리를 제한하는 법률은 그 내용과 절차까지도 정의(正義)의 원칙에 합치되는 정당성을 가져야 한다는 실질적·절차적 법치주의가 강조된다(권영성, 1994: 11).

그러나 복지국가는 행정국가적 기능을 수행하고 있기 때문에 급변하는 사회환경과 증폭하는 사회문제에 행정권이 적절하게 적응하고 대처하기 위해서는 행정입법의 기능이 필요하게 되었고, 따라서 국회의 동의절차를 거쳐야 하기는 하지만 행정부가 제정하는 입법이 증가하고 있으며 시행령과 시행규칙 등은 모두 국회의 동의절차 없이 행정부가 만드는 것이다. 더 나아가 이러한 법규범에 따라 행정을 집행하기 위해 행정부의 내부적 지침류가 증가하게 되었다.

제1장에서도 언급한 바와 같이 원래 법이란 그 속성상 '법적 안정성'과 '구체적 타당성'을 추구한다(곽윤직, 1990: 85~87). 예를 들어 교통법규가 자주 바뀐다든지 연금관련법의 기여와 급여에 대한 규정이 자주 개정된다면 많은 혼란을 야기할 것이다. 한편 법은 사회적 산물로서 사회적 사실에 대해서 구체적 타당성을 가져야 한다. 다시 말해 사실에 부합하지 않은 법은 법으로서 준수되기 어렵다는 것이다.

그러나 이 두 가지 목적은 상호모순된 관계를 가진다. 법적 안정성을 강조하다 보면 구체적 타당성을 해칠 우려가 있으며, 반대로 구체적 타당성을 강조하다 보면 잦은 법개정으로 법적 안정성이 침해될 위험이 있는 것이다.

그러나 자본주의의 위기는 곧 복지국가의 위기를 가져왔으며, 이러한 상황변화에 대처하기 위해 사회복지예산의 감축, 동결, 증가의 억제, 민영화 등 사회복지정책의 축소를 가져왔다(김유성, 1992: 130). 따라서 법적인 사항들이 상당부분 행정규칙으로 제정되는 상황을 가져오게 된 것이다.

따라서 각종 지침 등 행정규칙 그 자체는 법규범이 아니기 때문에 일반적으로 법분석에서 제외되는데, 사실은 준(準)법규범으로 작용하고 있으며 오히려 국민의 기본권이나 일반 권리에 막대한 영향을 미치는 경우가 많다. 그러므로 수직적 법체계에서 최일선(最一線) 규범으로 인식하고 이에 대한 비판을 통해 지침의 내용을 법규사항으로 끌어올리고 그 위헌성(違憲性)과 위법성(違法性)을 살피는 것이 중요하다.

(8) 수직적 체계의 적용

사회복지법을 수직적 위계 속에서 체계적으로 파악하는 것은 앞에서도 언급했듯이 위헌성과 위법성의 쟁점에 대한 인식을 갖게 한다. 사회복지정책이나 제도를 계획하고 분석 및 평가할 때 정책과학(政策科學)의 차원에서만 인식하던 것에 '법'의 개념, 특히 수직적으로 체계화된 법체계의 개념을 도입하게 되면, 현실적으로 당해 사회복지제도가 규범적으로 용납될 수 있는 것인가 아니면 다른 규범과 충돌하게 되는 것인가 등의 문제점에 대해서 고려할 수 있도록 하는 안목을 제시한다.

흔히 사회복지분야에서 새로운 제도의 도입이나 개선을 논의할 때 또는 기존 제도의 문제점을 지적할 때 상위규범에 대한 고려 없이 논의하는 경우가 많다. 상·하위 규범 간의 질서를 고려하면서 사회복지의 문제점을 찾고 개선을 추구한다면 당연히 위헌성이나 위법성의 문제를 고려해야 한다. 이를 통해 법적 문제제기로서 사법적(司法的) 심판까지 요구할 수 있는 것이다. 1994년 이래 헌법소원을 포함하여 사회복지 관련 소송들이 줄지어 제기된 것은 시민운동단체인 참여연대 등에서 사회복지법에 대한 관심과 수직적 체계를 통한 법률분석에 따라 문제를 제기했기 때문이다.

모든 법률과 시행령, 시행규칙, 조례, 규칙, 정관 등의 제규범은 일단 상위규범으로서 근본규범인 헌법에 복종해야 하며 이에 위반되었을 때 위헌이 되는 것이다. 위헌에 대한 사법적 확인을 받게 되면 그 규범은 규범력을 상실하게 된다. 또한 헌법 외에 법률 이하의 각 규범들도 상위규범이나 상위법을 위반하게 되면 위법한 규범이 되며, 이 역시 위법성이 사법적으로 확인되면 무효화되는 것이다. 법규범은 아니더라도 행정부서의 내부적 지침이나 고시 등의 행정행위 역시 헌법을 포함한 법규범의 구속을 받기 때문에 위헌성과 위법성의 문제로부터 결코 자유롭지 못하다.

① 생계보호의 수준과 대상자 책정기준

일반적으로 사회복지급여의 수준은 적절성(adequacy)의 문제다(Gilbert, 1993: 58). 따라서 급여의 수준이 적절한 것인가 하는 판단은 시공간적 (視空間的)으로 상대성을 가질 수밖에 없는 것이다. 그러나 적절성의 기준에서 급여의 수준이 지나치게 낮으면 이것은 규범적 문제를 야기하게 되는 것이다.

생활보호법에 따른 생활보호행정을 위해 보건복지부는 생활보호사업지침을 작성하여 배포하면 일선 기관에서는 이를 기준으로 생활보호행정을 수행한다. 지침은 그 자체가 법규범이 아니더라도 실제로 생활보호대상자에게 가장 직접적인 영향을 미치는 것이다.

지난 1994년 2월 87세의 생활보호대상자 부부가 헌법재판소에 이 지침상 생계급여수준이 너무 낮으므로 헌법 제34조 제1항의 인간다운 생활을 할 권리를 침해한다고 주장하는 헌법소원을 제기한 것은 바로 지침의 위헌성 문제를 제기한 것이다. 당시 생계급여는 월 6만 5천 원이었다. 물론, 1997년 5월 29일 헌법재판소가 기각 결정을 내려 합헌(合憲)이라는 판결로 종결되기는 했지만 논리적으로 문제가 많다. 이에 대한 자세한 사항은 권리론에서 취급하기로 하겠다.

아무튼 이 소송은 수직적 법체계에서 가장 하위범주인 행정부의 지침에 대해서 헌법적 문제를 제기했다는 점에서 의미가 있다.

② 국민기초생활보장법의 조건부수급

생활보호법이 폐지되고 새롭게 제정된 국민기초생활보장법은 이른바 "생산적 복지"의 이념을 구현하는 취지에서 근로능력이 있다고 판단되는 수급자에게 자활에 필요한 사업에 참가할 것을 조건으로 하여 생계급여를 지급할 수 있게 규정하고 있다(법 제9조 제5항).

이것은 선(先)급여 후(後)근로의 방식이 아니라 선근로 후급여의 방식이기 때문에, 반론의 여지는 있지만, 근로유인이라기보다는 근로강제라고 볼 수 있다. 이는 헌법이 보장하는 근로의 자유(제32조 제1항 전단)와 직업선택의 자유(제15조)를 침해한다고 볼 수 있으며, 근로를 거부할 경우 생계급여가 제공되지 않기 때문에 인간다운 생활을 할 권리(제34조 제1항)마저 침해하는 것으로 볼 수도 있다.

따라서 조건부수급은 위헌의 소지가 있기도 하기 때문에 사회복지법의 수직적 법체계에 위배될 가능성이 있는 것이다.

③ 사회보험료 체납에 대한 처분

사회보험은 민영보험과는 달리 강제가입의 원칙이 적용된다. 따라서 민영보험에서는 보험료 체납 시 보험계약 자체가 해제(解除) 또는 해지(解止)될 수 있으나 사회보험에서는 보험료의 징수가 강제적으로 이루어진다. 그리하여 보험료를 체납하게 되었을 때, 독촉장을 발부받고도 계속 보험료를 체납하게 되면 보험자는 보건복지부장관의 승인을 얻어 국세체납처분의 예에 의해 이를 징수할 수 있다(국민건강보험법 제81조 제3항, 국민연금법 제95조 제4항).

그렇다면 여기에서 조세와 사회보험료의 법적 성질이 같은 것인가라는 질문이 제기될 수 있는 것이다. 납세는 헌법 제38조에 따라 국민의 의무로 되어 있다. 또한 헌법 제59조는 조세법률주의(租稅法律主義)를 규정하고 있다. 이것은 조세가 개인의 재산권에 대한 일종의 침해이기 때문에 국민의 대표기관으로서 입법기관인 국회가 정한 법률에 의해서만 징수할 수 있다는 법치주의적 원칙의 표현인 것이다(김철수, 1994: 780; 권영성, 1994: 899).

반면에 사회보험료는 일종의 기여금(contribution)으로 수급자 개인만이 부담하는 것이 아니라 경우에 따라서는 사용자와 국가도 함께 부담한다. 즉, 사회적 또는 공동체적 연대성을 기초로 하여 공동으로 재원을 확보하는 것이다. 또한 조세와 달리 사회보험료는 가입자에 대한 급여를 위해서 사용되는 것이다. 따라서 강제성을 제외한다면 조세와 사회보험료는 법적 성질에서 동일성을 가질 수는 없다.

실제로 사회보험료의 체납이 문제가 되는 경우는 지역의료보험 또는 국민연금의 지역가입자의 경우에서다. 직장의료보험이나 국민연금의 직장가입자의 경우는 급여에서 원천징수가 되기 때문에 사용자가 고의 또는 부도에 의해 체납하는 경우 외에는 체납을 생각하기 어렵기 때문이다. 지역의료보험에서는 피보험자가 보험료 전액을 부담하게 되어 있기 때문에(국민건강보험법 제76조 제3항), 다른 가입자와의 형평성에 어긋나며, 국민연금의 지역가입자 역시 본인이 전액 부담하게 되어 있어(국민연금법 제88조 제4항), 이러한 성격이 외형상 조세와 유사해 보이는 것이다.

따라서 보험료 체납 시 조세의 체납과 같이 취급하는 것은 헌법상 보장된 개인의 재산권(제23조)을 침해하는 것으로 해석될 여지가 있다. 사회보장이나 사회복지에 대한 국가의 의무를 이행하는 정도와 비교해볼 때 국가가 사회보험료 체납자에 대해 조세체납과 동등하게 대우하는 것은 문제가 있다.

그러나 그렇다고 해서 보험료 체납에 대해 국가가 아무런 강제 수단을 갖지 못한다는 것은 사회보험의 운영과 유지에 치명적인 것이다. 이것은 국민 전체의 피용률, 사회보장에 대한 국가의 재정책임 이행 정도 등을 종합적으로 고려하여 규정해야 할 것이다. 그리하여 보험료 체납자에 대해 보험급여를 제한하고 교육과 홍보를 통해 보험가입 및 보험료 납부를 유도하거나, 아니면 더욱 강력하게 헌법상 국민의 의무에 사회보험 가입의무나 협조의무를 규정하고 이를 위반했을 경우 법률로 벌칙 등의 제재를 가하는 것이 수직적 법체계성에 따른 위헌성의 시비를 피할 수 있는 길이다. 물론, 이러한 경우에 사회복지에 대한 국가의 책임은 당연히 강화되어야 할 것이다. 그리고 더 나아가 적극적인 방법으로 사회보험료 대신에 조세를 통해 사회복지 재원을 조달한다면 굳이 사회보험료와 조세의 차별성을 논할 필요가 없게 되는 것이다.

실제로 국민건강보험에 의무적 가입을 규정하고 임의해지를 금지하면서 보험료를 납부케 하는 국민건강보험법 규정이 헌법상 재산권 등을 침해하는지 여부(2000헌마668), 강제가입에 관한 국민연금법 규정이 헌법상의 행복추구권을 침해하는지 여부와 헌법상의 시장경제질서에 위반되는지 여부(99헌마365)에 대한 헌법소원이 있었다. 물론 합헌으로 결정이 내려졌지만, 이와 같이 사회보험 가입의 강제성과 이에 따르는 보험료의 강제적 납부가 상위규범인 헌법의 행복추구권(제10조), 재산권(제23조), 그리고 경제질서(제119조 이하) 조항에 위배되는지 여부가 논란이 됐다. 이것은 법규범이 수직적 체계를 이루고 있기 때문에 하위규범이 상위규범을 위반하는지 여부를 따져본 것이다.

④ 국가유공자 및 제대군인에 대한 가산점 조항
대상자의 보상적 욕구에 대해 국가가 합목적적 입장에서 일방적 급여 또는 서비스를 제공하는 경우에, 그 보상의 수준이 지나치게 높게 되면 형평성의 문제와 아울러 타인의 권리침해 상황을 야기할 수도 있다.

예를 들어, 국가유공자 및 그 (유)가족에 대한 취업보호의 일환으로 국가유공자 등 예우 및 지원에 관한 법률에서는 국가기관·지방자치단체 및 교육법 제81조의 규정에 의한 교육기관, 일상적으로 1일 16인 이상을 고용하는 공·사기업체 또는 공·사단체 등의 채용기관(제30조)의 채용시험에서 대상자에게 과목당 만점의 10%를 가산할 것을 규정하고 있다(제34조). 또한 제대군인지원에 관한 법률 제8조 제1항 및 제3항은 제대군인에 대해서도 이 조항을 준용하여 각 과목별 만점의 5% 이내의 범위에서 대통령령으로 정하도록 되어 있다. 이에 따라 동 시행령 제9조에서는 2년 이상 군복무자에 대해서는 5%, 2년 미만의 자에 대해서는 3%를 가산하도록 규정하고 있다.

일반적으로 100점 만점의 과목을 기준으로 채용시험이 이루어지는 현실을 감안할 때, 만점의 10% 가산점이란 과목당 10점을 가산한다는 뜻이다. 따라서 과목 수에 따라 총점은 그 10배의 점수가 가산되고 총평균 점수도 10점이 가산된다는 것을 의미한다. 실제로 평균점수 1점으로 합격과 불합격이 좌우되는 현실에서 10점은 물론 3점도 지나친 가산점이 될 수 있다. 이는 국가유공자 및 그 (유)가족이 받은 피해와 손실에 대해 보상한다는 형평성의 측면이 있기는 하지만 현실적으로 지나친 보상수준이 될 수 있다. 게다가 국민의 헌법적 의무 이행의 일환으로 군복무를 수행한 남성들에게 가산점이 주어진다는 것은 여성과 남성의 성차별 문제를 야기하게 된다.

이러한 가산점은 '기회'(opportunity) 형태로 분배되는 급여로서 대상자에게 기회를 보장해주는 의미가 있다. 그러나 지나치게 많은 가산점은 대상자 개인에 대한 기회의 제공이라는 차원을 넘어 타인의 취업기회를 박탈하거나 제한하는 문제를 야기하게 되는 것이다. 즉, 헌법상 평등권(제11조), 직업선택의 자유(제15조), 공무담임권(제25조) 등을 심히 침해하는 문제가 발생하게 되어 위헌성에 대한 쟁점이 있게 된다. 실제로 헌법재판소는 지난 1999년 12월 23일, 이에 대해 위헌 판결을 내렸다(98헌마363).

가. 개요

여성 5명과 장애인 1명 등 6명은 지난 1998년 각각 7급 및 9급 공무원 시험에 응시했으나 낙방한 후, 제대한 남성 응시자들의 가산점 때문에 자신들이 상대적으로 불이익을 입었다고 판단하여 제대군인지원에 관한 법률 제8조 제1항 및 제3항, 동법 시행령 제9조가 자신들의 기본권인 평등권, 공무담임권, 직업선택의 자유 등을 침해하고 있다고 주장하면서 1998년 10월 19일에 헌법소원을 청구했다.

나. 판단

• 가산점제도의 근거

헌법 제39조 제1항은 국방의 의무를 규정하고 있다. 따라서 병역법에 따라 군복무를 하는 것은 국민의 마땅한 의무이지 국가나 공익을 위한 특별한 희생이 아니다. 이는 국가의 존속과 활동을 위해 불가결한 것이므로 특별한 희생으로 보아 일일이 보상해야 한다고 볼 수 없다.

헌법 제39조 제2항에서 누구든지 병역의무의 이행으로 불이익한 처우를 받지 아니한다고 규정한 것은 군복무자에게 보상조치를 취하라는 것이 아니라 법문 그대로 불이익한 처우를 금지하고 있을 뿐이다. 여기에서 불이익이란 사실상, 경제상 불이익을 모두 포함하는 것이 아니라 법적 불이익을 의미하는 것으로 보아야 한다.

따라서 가산점제도는 헌법 제39조 제2항의 범위를 넘어 제대군인에게 적극적 보상조치를 취하는 제도라고 할 것이므로 이를 헌법 제39조 제2항에 근거한 제도라고 할 수 없다.

또한 헌법 제32조 제6항은 "국가유공자·상이군경 및 전몰군경의 유가족은 법률이 정하는 바에 의해 우선적으로 근로의 기회를 부여받는다"고 규정하고 있으나, 제대군인은 이에 해당하지 아니한다. 구 국가유공자예우 등에 관한 법률에 의하더라도 제대군인은 국가유공자에 해당하지 아니하며(법 제4조), 단지 입법의 편의상 국가유공자를 위한 가산점제도를 제대군인에게 준용할 뿐이었고(법 제70조) 제대군인 지원에 관한 법률이 제정되면서부터는 제대군인을 국가유공자와 분리하여 별도로 규율하고 있다.

따라서 헌법 제32조 제6항도 가산점제도의 근거가 될 수 없으며, 달리 헌법상의 근거를 찾아볼 수 없다.

• 평등권 침해여부

가산점제도는 실질적으로 남성에 비하여 여성, 병역면제자, 보충역으로 편입되어 군복무를 마친 자를 차별하는 제도이다. 이는 제대군인에 비하여 여성 및 제대군인이 아닌 남성을 비례성원칙에 반하여 차별하는 것으로서 헌법 제11조(평등권)에 위배되며, 이로 인해 청구인들의 평등권이 침해된다. 가산점제도가 민간기업에 실시될 경우 헌법 제15조가 보장하는 직업선택의 자유가 문제될 것이다.

• 공무담임권의 침해여부

제대군인 지원이라는 입법 목적은 예외적으로 능력주의를 제한할 수 있는 정당한 근거가 되지 못하는데도 불구하고, 가산점제도는 능력주의에 기초하지 않는 불합리한 기준으로 공무담임권을 제한하고 있다. 이로 인해서 여성과 장애인 등의 공직취임권을 지나치게 제약하므로 헌법 제25조에 위배되어 청구인들의 공무담임권이 침해된다.

다. 결론

제대군인 지원에 관한 법률(1997. 12. 31. 법률 제5482호로 제정된 것) 제8조 제1항, 제3항 및 동법 시행령(1998. 8. 21. 대통령령 제15870호로 제정된 것) 제9조는 헌법에 위반된다.

⑤ 시행령 등의 위법성 문제

시행령은 대통령령으로서 헌법 제75조에 의해 인정되는 법규범이다. 시행규칙은 헌법 제95조에 의해 총리 또는 각 부(部)의 장(長)의 명령으로서 특히 사회복지법령에 따르는 시행규칙은 보건복지부장관의 명령이다. 또한 시행지침은 앞에서도 언급했듯이 그 자체가 법규는 아니지만 행정실무의 중요한 바탕이 되므로 현실적으로 매우 중요한 규정이다. 이러한 규정들이 상위규범을 위반하거나 규정상의 미비점을 가질 때 법은 수직적 체계성을 구축하지 못하는 것이 된다.

1998년 12월 31일 개정되기 전의 국민연금법상 연금의 수준은 법 제47조(기본연금액)와 제48조(가급연금액)에 규정되어 있다. 여기에서 규정된 연금액 산출의 공식에는 가입자 개인의 가입기간 중 표준보수(또는 소득)월액의 평균액을 계산하도록 되어 있었다. 그러나 제47조 제4항은 평균액의 계산방법을 대통령령에 위임하고 있었는데, 이 시행령 제34조 제2항은 평균액에 대해 1천분의 750을 곱하도록 규정하고 있었다. 이는 모법(母法)의 규정대로 계산하는 것보다 연금의 임금대체율을 저하시키는 것이 된다. 따라서 이것은 시행령을 통해 법률의 규정을 위반하는 위법성의 소지가 있었다.

또한 과거 생활보호법 제6조에 따라 동 시행령 제6조는 거택보호대상자, 시설보호대상자, 자활보호대상자 등으로 보호대상자를 구분하고 있었다. 그러나 1997년에 이 법이 개정되기 전까지는 보호대상자의 선정기준에 대한 규정도 없었고 구체적 위임규정도 없어서 입법의 흠결(欠缺)이 있었다. 사회복지법에서 그 대상자를 어떻게 규정하느냐 하는 문제는 규범적 타당성의 측면에서 매우 중요한 문제인데, 보호대상자의 구분과 선정기준을 시행령 또는 시행지침에서 법률의 위임도 없이 규정하는 것은 입법의 미비이며 상위규범과 조화되지 않는 것이다. 특히 시행령 등의 규정이 법률의 취지를 훼손하는 정도일 때 위법성의 문제가 발생하는 것이다. 그러나 1997년에 개정된 법률에서 보호대상자 선정기준과 범위에 대해 일반적 원칙을 규정하고 구체적인 것은 보건복지부장관이 매년 정하는 지침에 위임하여(생활보호법 제3조, 제5조의 2) 이러한 문제를 해결했다고 볼 수 있다.

그리고 1997년 개정으로 현재는 해결된 문제이지만 한동안 위법한 상태에 있었던 것이 노인복지법상의 노령수당에 관한 보건복지부의 노인복지사업지침의 규정이었다. 당시 노인복지법 제13조는 노령수당에 대한 규정을 두고 있었으며 대상자 선정기준에 대해서는 대통령령에 위임하고 있었다. 이에 이 시행령 제17조는 "… 65세 이상의 자 중 소득수준 등을 참작하여 …" 보건복지부장관이 구체적 기준을 정하도록 위임하고 있었다. 그러나 시행규칙에서는 이에 대한 규정이 없이 지침에서 70세 이상의 생활보호대상자로 규정하고 있었다. 시행령에서 위임한 사항은 소득수준 등에 관한 기준이었지 연령에 대한 기준은 아니었다. 그럼에도 불구하고 시행규칙의 규정도 없이 지침으로 70세라는 연령제한을 둔 것은 상위규범이 위임한 한계를 벗어난 분명한 위법이라 할 수 있겠다.

이에 대해서는 지난 1994년 12월 당시 65세 된 생활보호대상자가 노령수당을 받게 해달라는 취지로 '노령수당 지급대상자 선정 제외처분 취소청구소송'을 제기했다. 이에 대법원은 1996년 4월 원고(原告) 승소 판결을 내려 당해 지침은 무효화되었다. 1997년 법개정에 의해 경로연금제도가 신설되면서 이 문제는 해결되었지만, 시행지침이 상위규범을 위반한 사례로서 수직적 법체계를 일탈한 대표적 사례로 꼽을 수 있는 것이다.

또한 개정 전의 노인복지법이 노령수당의 액수와 관련되는 급여수준을 규정하지 않고 시행령 제20조에서 예산의 범위 안에서 보건복지부장관이 정하도록 하여 문제가 되었다. 노인복지법의 목적(제1조)에 맞는 급여수준을 법률로 정하고 이를 산출하는 방법이나 절차를 명령규범에 위임하는 것이 수직적 법체계성을 유지하는 것으로 볼 수 있다. 그러나 1997년에 개정된 노인복지법상의 경로연금은 급여수준에 대해 국민연금법상 특례노령연금의 최저액을 감안하여 결정하도록 규정하고 있어(제10조) 이 문제에 관한 수직적 법체계성을 어느 정도 해결했다고 볼 수 있겠다.

한편 산업재해보상보험법의 경우 산업재해 인정기준에 대해 주무부처인 노동부는 자체적 예규(例規)에 따라 적용하고 있다. 이 법에서 핵심적 관건이 되는 것은 '업무상 재해'의 인정여부인데(윤찬영, 1992), 법률상 업무상의 재해는 산업재해보상보험급여의 구성요건이 되며(제1조), 업무상의 재해란 '업무상의 사유에 의한' 재해를 말한다(제3조). 여기에서 어떠한 경우가 업무상의 사유에 의한 재해에 해당되는가에 대한 구체적인 규정이 없어 행정부서인 노동부의 예규가 이를 대신하고 있다. 행정부서의 예규는 지침과 유사한 것으로서 이러한 상황은 중대한 입법의 흠결이 되기 때문에 수직적 법체계성에 심각한 문제가 된다. 피재(被災) 근로자의 산업재해보상보험 급여청구권의 성립여부가 행정부의 일개 내부지침에 해당되는 예규에 의해 좌우되는 것은 수직적 법체계상 용인되기 어려운 것이다.

⑥ 소결(小結)

현행 사회복지법의 수직적 체계는 규범체계의 속성상 위계로부터 도출되는 것으로서 근본규범인 헌법을 정점으로 하여 형식적으로는 수직적 체계를 유지하고 있지만, 이상에서 살펴본 바와 같이 하위규범들이 상위규범을 위반하거나 있어야 할 규정들이 누락되고 하위규범에만 규정되는 등 상·하 규범 간에 부조화 또는 불일치 현상을 보이는 경우가 있다. 이는 실질적으로 규범간의 위계질서가 형성되어 있지 못함을 말해주는 것이다.

따라서 사회복지법의 수직적 체계성을 확립하기 위해서는 헌법상 생존권적 기본권 규정을 사회로부터 구체적 권리로서 인정받을 수 있도록 해야 한다. 그리고 하위법률들, 각종 명령규범들과 그리고 국민 개인에게 직접적으로 영향을 미치는 행정부의 내부지침들, 공법인의 정관이 상위규범의 규정을 벗어나지 못하도록 입법 및 사법영역에 대한 지속적 문제제기를 할 필요가 있는 것이다. 이것이 사회복지법의 질적 발전을 가져올 수 있는 계기가 되는 것이다.

2) 수평적 체계화

기존의 법체계론에서 볼 수 있었듯이 그것들은 모두 법단계상 수평적 지위를 공유하는 법률들간의 분류체계화의 시도였다. 법리적 체계화보다는 제도적 내용과 기능에 따른 체계화를 시도했던 기존의 경향에 대한 비판적 관점에서 사회복지적 기준과 법리적 기준을 절충한 새로운 체계화를 시도해볼 필요가 있겠다.

(1) 대상자중심의 체계화

전통적 시민법이 적용되던 사회는 자본주의적 시장메커니즘이 지배하던 사회였다. 사회복지는 이러한 시장메커니즘의 작용을 수정하려는 사회적 실천원리이자 방법인 것이다.

일찍이 티트머스는 쌍방적 교환을 특징으로 하는 자본주의적 원리가 그 지배를 통하여 인간을 소외시키는 '경제적 시장'(*economic market*)과 사회적 통합을 추구하는 '사회적 시장'(*social market*)의 개념을 대비시켰다(Titmuss, 1976: 22). 사회적 시장은 경제적 시장에 비하여 '일방적 양도'(*unilateral transfer*)를 특징으로 하는 교환체계(*exchange system*)로 이루어지며, 이것은 소외(*alienation*)를 억제시키고 사회적 통합

(social integration)을 추구한다는 것이다. 그러나 그는 사회적 시장의 구체적인 구성 또는 구조, 지도원리 등에 대해서는 더 이상 언급하지 않았다. 아마도 경제적 시장에 대비되는 개념으로 사회적 시장을 상징적으로 추상화한 것으로 보인다.

그런데 여기에서 사회적 시장의 개념은 사회복지법의 체계화에 대한 실마리를 제공할 수 있다고 생각된다. 즉, 사회적 시장의 개념을 배태한 경제적 시장의 법적 지주(支柱)는 근대 시민사회의 시민법이었다. 시민법은 자유와 평등(여기서의 평등은 '법 앞에서의 평등'을 의미한다)을 기본가치로 내세우고 그 지도원리는 제 2장에서 살펴보았듯이 계약자유의 원칙, 소유권의 신성불가침의 원칙, 과실에 대한 자기책임의 원칙 등이다.

이와 같은 시민법은 쌍방적 교환(bilateral exchange)이 지배하는 자본주의적 시장체계의 원리에 적합한 '추상적 평균인'을 상정하고, 그에 따라 개인들의 행동원리를 제시한 규범이다. 이러한 시민법이 시장사회의 붕괴에 따라 더 이상 제 기능을 수행하기 어렵게 되었고, 일방적 양도를 특징으로 하는 사회적 시장에 적합한 법체계의 필요성이 대두된 것이다.

따라서 제 2장에서 살펴보았듯이 시민법의 제(諸) 원칙에 대한 수정으로서 사회법을 토대로 사회복지법의 체계화를 추구할 필요가 있다.

① '행위'의 법과 '존재'의 법
우선, 시민법은 철저한 자유의 보장을 위한 법치주의의 원칙과 법 앞에서의 만인의 평등을 기치로 내세웠다. 그러나 시민법은 추상적 평균인으로서의 인간상을 상정했기 때문에 실질적으로 자유와 평등을 향유할 수 없게 되어버린 다수의 구체적 인간의 존재를 알지 못했다.

반면에 사회법(사회복지법을 포함하여)은 추상적으로가 아니라 구체적으로 존재하는 인간들에 대한 법규범이다. 즉, 모든 상황의 인간들에게 무차별적으로 적용되는 법이 아니라, 특정한 조건과 상황 속에 있는 사람들에 대해서 별도의 규범체계를 인정한 법체계이다. 여기에서 다시 한번 상기해보면, 사회복지법은 시민법상의 지도원리 중에서 자기책임의 원리를 집합적 책임의 원리로 전환시키고, 소유권 절대의 원칙과 계약자유의 원칙을 수정하는 실천적 방법의 원리를 가지는 법이다.

이렇게 볼 때, 우리는 시민법과 사회복지법의 중요한 차이를 발견할 수 있게 된다. 그것은 무엇인가? 시민법은 법률행위의 주체인 인간을 평균적 추상인(抽象人)으로 상정했기 때문에 시민법이 규율하려는 것은 인간의 존재형식이나 위치보다는 인간들의 '행위'인 것이다. 즉, 모두 합리적이고 영특한 인간들을 전제로 하기 때문에 그들이 어떤 행동을 하면 그에 따르는 일정한 효력을 부여하는 것이 곧 시민법의 역할인 것이다. 자유와 평등이 법적으로 보장된 상태에서 자본주의적 인간들은 계약행위와 그 결과 소유권 행사라는 법률행위의 기제를 통해 자본주의사회에 적응했다. 따라서 부적응의 결과에 대해서는, 즉 자신의 과실에 대해서는 자신이 책임을 지는 것이 너무나 당연한 귀결이었던 것이다.

그러나 사회는 다수의 부적응자(적어도 시민법적 관점에서 본다면)를 양산하게 되었다. 그 원인은 무엇인가? 부적응의 결과를 손해 또는 피해로 볼 때, 그 원인이 되는 가해자 또는 가해행위(加害行爲)를 명확하게 밝혀 인과관계(因果關係)를 규명하는 것은 사회구조가 복잡해짐에 따라 점차 어렵게 되었다. 따라서 확인될 수 있는 원인행위, 즉 불법행위(不法行爲)에 대해서만 책임을 묻게 된다면 그것은 곧 무책임한 사회로 가게 되는 것이다.

그러므로 가해와 피해 사이의 인과관계를 물을 필요 없이 피해상황에 있는 사람들, 즉 구체적으로 존재하는 개인들을 밝혀내고 그들을 중심적으로 고려하는 새로운 법체계가 필요하게 되는 것이다. 개인적으로 욕구의 충족이 어려운 사람들에게 사회가 공동으로 그 책임을 부담하는 것이 필요하게 된 것이다. '행위' 중심의 법제(法制)가 견지했던 인과론적 법논리에서 벗어나 구체적 인간 자체를 보호하고 후원하는 법제를 필요로 하게 된 것이다. 따라서 사회복지법은 개인의 '행위'에 대한 법이 아니라 구체적으로 존재하는 '행위자', 좀더 명확하게 말하자면 '구체적 욕구상황에 존재하는 자'에 관한 법인 것이다.

② 구체적 인간의 법

그렇다면 구체적 인간이란 누구를 지칭하는 것인가? 구체성이란 인간 개인이 놓여 있는 상황을 말하는 것이다. 따라서 구체적 인간을 법적으로 표현하기 위해선 개인의 객관적 상황을 규정해야 하는데, 그것은 일정한 자격과 조건으로 나타날 것이다. 즉, 구체적 인간이라 함은 이유 여하를 불문하고 자본주의적 시민법이 요구하는 행위규범에 적응할 수 없는 상황에 놓인 사람을 말한다.

결국, 구체적 인간의 문제는 사회복지법의 '대상'에 관한 질문이 된다. 일반적으로 누가 사회복지의 대상이 되는가 하는 문제는 한정된 사회적 자원을 누구에게 할당할 것인가의 문제(Gilbert, 1993 : chap. 3)와 같은 질문이며, 급여의 수급자격(eligibility)을 결정하는 원칙과 관계된다.

할당의 원칙, 즉 사회복지대상자 범주는 전통적으로 보편주의(universalism)와 선별주의(selectivity)로 대별하여 왔다(Gilbert, 1993 : 70~

75). 간단히 말해서, 보편주의란 전(全) 인구층에게 하나의 사회적 권리로서 급부를 제공하는 것이고, 선별주의란 개별화된 개인적 욕구에 기초하여 급부를 제공하는 것이다.[7]

보편주의와 선별주의 사이의 쟁점은 특히 영국에서 페이비언 사회주의자(Fabian socialist)와 보수주의자(Conservatist) 간에 격렬한 논쟁으로 유명한데(Pope, 1986: 186~193), 실제로 양자 간의 구별이 확연하도록 가능한 것도 아니며 과대 단순화된 이분법에 지나지 않는다(Titmuss, 1976: 132).

또한 선별주의도 두 가지 형태가 존재한다. 하나는 '부정적' 선별주의로서 주로 개인의 자산 및 소득을 기초로 하여 서비스를 제공하는 것으로 이는 보충적(residual) 복지개념의 산물인데, 서비스 대상자의 개인적 실패를 강조하여 사회적 낙인을 부과하고, 이로 인해 서비스 신청을 주저하게 만들고 사회복지 프로그램의 예방적 성격을 저해하며, 결국 빈민 위주의 서비스로 한정시켜 빈곤한 서비스로 전락시키

---

7 법학에서의 보편주의와 선별주의 개념은 사회복지학에서와 상반되는 측면이 있다. 사회복지학에서는 보편주의의 대표적 형태로 사회보험을, 선별주의의 대표적 형태는 공공부조제도를 예로 든다. 그런데 법학의 입장은 사회보험이란 아무리 많은 사람을 대상으로 할지라도 보험조직에 가입된 사람만을 대상으로 하기 때문에 오히려 선별주의적 제도이고, 공공부조의 경우에는 비록 사회의 일부를 대상으로 하지만 국민 누구나 일정수준 이하의 소득 또는 자산상태를 유지하게 되면 대상자가 될 수 있다는 의미에서 보편적 제도라는 것이다(西原道雄, 1987: 11).

그러나 이러한 법학적 인식은 보편주의와 선별주의에 대한 정확한 이해가 없는 데서 기인한다고 볼 수 있다. 사회보험제도가 대상자 범주에서 보편주의적이라 하더라도 전체 인구를 모두 포괄하지는 못하는 측면을 선별주의로 잘못 이해하는 것이며, 공공부조제도에 관해서도 일정한 기준선 이하의 경제력을 가진 자는 그렇게 된 이유 여하를 묻지 않고 누구에게나 급여를 제공한다는 공공부조상의 '무차별 평등의 원리'를 보편주의로 이해하는 것이다.

는 문제점을 안고 있다(Titmuss, 1976: 134).

다른 하나는 '긍정적' 선별주의라 할 수 있는데, 이것은 특정한 집단이나 지역에 속하는 개인에게 자산조사를 하지 않고 각 집단 또는 지역의 욕구에 기초하여 사회적 권리로서 급여 또는 서비스를 제공하는 것이다(Titmuss, 1976: 114). 이것은 수직적 재분배 효과가 상대적으로 약한 보편주의 방식을 보완해주는 역할을 한다.

여기에 더 나아가 포스트모더니즘(postmodernism)의 영향으로 보편주의와 긍정적 선별주의보다 더 강한 권리성을 추구하는 특권주의(particularism)의 범주개념까지 등장하였다(Thompson & Hogget, 1996). 예를 들어, 모든 아동 및 청소년들이 교육서비스를 받아야 한다면 이것은 보편주의적 범주이다. 그런데 특정 집단이나 지역의 아동 및 청소년들에게 더욱 많은 자원을 제공하면서 교육서비스를 받게 한다면, 즉 장애아동 또는 비행아동 등을 위한 특수교육서비스가 제공된다면 이것은 긍정적 선별주의의 범주에 속한다. 특정종파의 학교, 소규모 학교, 진보적 교육방법을 사용하는 학교 등을 통한 아주 특수한 교육서비스를 제공한다면 이것은 특권주의의 범주에 포함되는 것이다. 그러므로 서비스 수급자의 입장에서 볼 때 보편주의 → 긍정적 선별주의 → 특권주의로 진행될수록 권리는 추상적 성격에서 구체적 성격으로 진화된다.

대상자 범주에 관한 이러한 논쟁에서 법개념적으로 중요한 것은 바로 '권리성'에 관한 것이다. 보편주의와 선별주의는 권리성을 기준으로 구별될 수 있으며, 선별주의도 권리성에 따라 부정적 선별주의와 긍정적 선별주의로 구별되고, 좀더 특수한 욕구를 반영하는 특권주의는 권리의 내용과 형태가 더욱 구체화되고 섬세하다. 이것은 대상자 범주에 따른 사회복지법의 체계가 나름대로 법리성(法理性)을 근거로 이루어질 수 있다는 것을 시사해 준다.

그렇다면 보편주의와 선별주의 또는 특권주의가 왜 상이한 권리성을 갖게 되는가 하는 점을 생각해볼 필요가 있다. 이러한 대상자 범주 기준만으로는 구체적 인간을 파악하기에 곤란하다. 이러한 사회복지 대상자 범주를 기초로 하여 대상자의 구체성을 파악하는 새로운 기준에 대한 모색이 필요하다고 본다.

(2) 욕구개념에 의한 대상자의 구체화

① 욕구개념의 유용성

사회복지대상자 범주를 보편주의, 긍정적 선별주의, 부정적 선별주의, 특권주의 등으로 분류할 수 있는 것은 그들이 가지고 있는 욕구의 성격 때문일 것이다. 따라서 사회복지법의 대상자를 구체화할 수 있는 방법 역시 '욕구'(needs)를 중심으로 분석하는 것이다.

주지하다시피 욕구는 사회복지 또는 복지국가 등을 이해하는 데 근본적 개념이 된다(Plant, 1980: 20). 특히 법적 관점을 고려해볼 때, 욕구와 권리의 관계는 매우 중요하다. 그것은 수급자의 측면에서는 낙인(stigma)과 관련하여 매우 중요한 주제가 되는 것이다(Plant, 1980: 22~25). 욕구의 충족이 하나의 권리로서 받아들여질 수 있다면, 그것은 복지급여가 권리로서 인정되는 것이고 수급자는 사회적 낙인을 받지 않는다.

일반적으로 경제적 시장체계에서의 쌍방적 교환은 그 자체적으로 외형적 측면에서 낙인을 수반하지는 않는다. 그러나 일방적 양도체계를 중심으로 하는 사회적 시장체계에서는 양도가 권리에 의해 성립되느냐 아니면 주는 자의 관용, 자비 등에 의한 자선이나 적선에 의해 이루어지느냐에 따라 그것은 권리일 수도 있고, 단순한 반사적 이익일 수도 있는 것이다. 후자인 경우에는 사회적 낙인이 수반된다. 따라서 욕구의 성격이 어떠한 것인가에 따라 수급자의 권리성 존재여부가 결정될 것이다.

② 욕구의 4분법

그리하여 길버트(N. Gilbert)와 그의 공동연구자들도 자원할당의 기준으로서 전통적 보편주의와 선별주의의 기준이 아닌, 대상에 대한 새로운 관점을 〈그림 5-1〉과 같이 제시하는데(Gilbert, 1993: 84~92), 이것은 보편주의와 선별주의라는 전통적 이분법 대신에 욕구를 기준으로 한 하나의 연속체(continuum)로 환원시킨 것이다.

여기에서 먼저, 귀속적 욕구(attributed need)에 기초한 수급자격이란 경제적 시장의 기존 제도에서 충족되지 않는 욕구를 가진 사람들의 집단에 속하는 것을 말한다. 즉, 이 욕구는 사회체계의 부적절성으로 발생하는 욕구로서 일반시민, 아동, 취업모 등과 같이 개인의 사회적 위치에 따라 결정되는 것이다. 또한 대상자 범주에서 보편주의와 긍정적 선별주의에 속하는 사람들의 욕구가 이와 같다.

따라서 이와 같은 욕구는 규범적(normative) 성격을 갖게 되며, 집합적 할당원칙을 갖게 된다. 이에 따른 사회복지제도에는 제도적 개념이 포함된다. 이러한 욕구를 갖는 대상자는 사회복지급여 및 서비스에 대해 권리를 주장할 수 있게 되는 것이다.

반면에 자산조사에 의해 규정되는 욕구(means-tested need)는 개인이 재화나 서비스를 구매할 수 있는 경제적 능력을 지니고 있지 않다는 증거나 조건에 의해 파악되는데, 이는 개인적 결함이나 실패에 의해 발생한 특수한 상황에 따른 것으로 보는 것이다. 이러한 욕구를 가진

<그림 5-1> 욕구분류의 연속체

귀속적 욕구	보상	진단적 차별화	자산조사에 의한 욕구
제도적 사회복지 개념 ←		→	보충적 사회복지 개념

대상자는 대상자 범주에서 부정적 선별주의에 속하는 것이다. 즉, 빈민이라는 것은 권리·의무 관계에 의해 규정되는 유기적 지위가 아니라 개인의 소득과 가용(可用)자원을 계산하여 개인이 자활할 때까지 임시적 지원을 해주는 근거가 되는 상대적 조건이라는 것이다.

이 경우의 욕구는 경제적 기준에 근거하는 것이며, 개별적 할당원칙이 적용된다. 이에 따른 사회복지제도는 잔여적 개념을 갖게 되는 것이다.

이러한 양극단의 욕구 사이에 보상(compensation)적 욕구와 진단을 통해 차별화된 욕구(diagnostic differentiation)가 존재한다. 여기에서 '보상'이란 사회유기체의 실패 또는 개인에 대한 빚을 의미하는 것으로서, 이에 따른 수급자격은 특별한 사회적, 경제적 기여를 했다든지 아니면 사회로부터 차별, 범죄, 재개발 등에 의한 희생을 당했다든지 하는 경우이다. 따라서 이 경우도 수급자는 규범적 욕구를 갖게 되며, 할당의 원칙도 집합주의적이고, 사회복지개념상 제도적 개념에 접근된다.

이에 반해 '진단적 차별화'는 개인적 결함과 특성에 대해 어느 정도는 산술적 평가를 요하는 것으로서, 개인에게 필요한 재화나 서비스에 대한 전문적 판단에 의해 수급자격이 결정된다. 따라서 욕구의 기준은 진단에 근거하며 개인적 할당원칙이 적용되므로 보충적 사회복지 개념에 가깝다.

③ 4분법의 문제점

그런데 이러한 4분법은 그 제안자들조차 시인하고 있듯이 몇 가지 문제점을 가지고 있다. 첫째, 사회복지에서 자원할당의 기준을 이렇게 나눈다면 잔여적 사회복지제도는 계속적으로 사회복지의 개념 속에 남아 있어야 하는가 하는 문제가 제기될 수 있다(Gilbert, 1993: 87).

보충적 차원에서 사회복지를 이해한다면 충족되지 않는 욕구는 제도나 체계의 실패보다는 우연 또는 개인적 결함에서 기인하는 것으로 인정될 것이다. 즉, 빈곤이나 실업 등 자본주의사회에서 개인의 생존 실현을 방해하는 요인들은 개인의 과실에 기초하는 것으로 인정되는 것이며, 이에 대한 국가의 급여 제공은 모호한 성격을 갖게 된다. 이러한 상황에 속해서 개인에게 급여청구권을 인정하고 그에 대한 반대급부로서 급여를 제공하는 것인가, 아니면 단순히 인도주의적 배려의 차원에서 제공하는 것인가의 논란의 여지가 생기게 되는 것이다. 물론, 자원의 남용을 막고 부정한 수혜를 예방한다는 차원에서 어느 정도는 보충적 복지제도가 현실적으로 필요할 수는 있겠으나, 그렇다고 해서 보충적 복지제도가 지속되어야 한다는 뜻은 아니다(Gilbert, 1993: 87).

둘째, 4분법의 경계가 명확하거나 상호배타적인 것이 아니라 중복되는 부분이 많다는 것이다(Gilbert, 1993: 90). '자산조사에 의한 욕구'라는 것도 욕구의 성격상 귀속적 욕구가 될 수 있으며, 사회보험제도의 경우에는 귀속적 욕구와 보상적 욕구의 이중적 결합에 의해 수급자격이 정해진다. 보험적인 기술상 기여금을 지불해야 급여를 수급할 수 있지만 사회보험급여의 수급자격은 본질적으로 귀속적 욕구에 기초하는 것이다.

사회보험이란 보험방식을 통하여 일정한 사회적 위험으로부터 사회구성원을 보호하고 소득 및 생활을 유지시키고자 하는 '사회적' 목적을 갖는 제도인데, 지나치게 '보험적'인 측면, 즉 쌍방적 교환의 요소에 비중을 두게 되면 '사회적' 성격이 퇴색하는 것이다. 노동자에게만 한정된 사회보험의 경우나 특수직업집단에 대한 사회보험, 예를 들어 공무원연금, 사학연금, 군인연금 등은 보상적 욕구에 중점을 둘 수도 있겠지만 전 국민을 대상으로 하는 사회보험의 경향성을 고려한다면, 이는 귀속적 욕구의 충족방법이며 부수적으로 보험기술상 기여금과의 관계에서 보상적 성격이 나타나게 되는 것이다.

전문적 진단에 의해 차별화되는 욕구 역시 기본적 속성은 귀속적이거나 보상적이다. 예를 들어, 장애인의 장애등급을 판정하거나 정신질환자의 상태를 감정하는 것들은 전문적인 기술적 행위에 지나지 않는 것이며, 이렇게 해서 판명된 개인의 욕구는 귀속적인 것 아니면 보상적인 것이다.

④ 욕구의 재분류

이렇게 혼선이 생기는 것은 사회복지의 대상 및 자격에 관계되는 '욕구'의 성격과 국가가 개인에게 급여를 제공하게 되는 근거를 혼동한 데서 비롯된다. 다시 말해서 국가가 대상자들에게 '왜' 급여를 제공하는가 하는 점까지 포함하여 대상자의 욕구 성격을 분류했던 것이다. 바로 이 부분이 법리적 측면인데, 이와 같은 혼란은 사회복지제도를 분석하면서 법리적 측면에 대해 분석적 고려를 하지 못했기 때문인 것이다.

일반적으로 사회복지법은 급여 제공의 구성요건이 다층구조(多層構造)를 이루고 있다. 사회복지법상 급여의 구성요건을 보면, 첫째, 법의 적용을 받는 대상자 요건이 있다. 이를 '대상자 적격성 요건'이라 하자. 이는 전술(前述)했듯이 사회복지법이 개인의 '행위'에 관한 법이 아니라 '행위자' 또는 '존재'의 '상태'나 '자격'에 관한 법이기 때문이다. 그것은 곧 대상자가 갖는 욕구의 성격을 객관적 상태로 표현한 것이 되는 것이다. 따라서 사회복지법의 대상자는 전 국민이 되기도 하고, 특정한 계층에 한정되기도 한다.

둘째, 급여가 적용되는 사실적 범위에 관련되는 요건이 있다. 이를 급여의 '구성요건'이라 한다. 사회보장법이 적용되는 사회적 위험들이 여기에 포함된다. 예를 들어, 질병·부상·분만·사망·노령·빈곤·실업·업무상 재해 등이 급여의 구성요건이 된다.

셋째, '절차적 요건'으로서 보험료의 납입, 신청, 심사 등의 요건이 필요한 것이다. 구성요건에 해당된다고 해서 곧바로 급여가 제공되는 것이 아니라 수급권자가 보험료 납입, 신청 등의 적극적 행위를 해야 하는 것이다.

그러므로 앞에서의 4분법상의 요소 중에서 '귀속적 욕구'와 '보상'은 욕구의 기본적 성질에 따른 분류로서 대상자 적격성 요건과 구성요건을 동시에 포함하는 개념이다. 그러나 '보상'의 개념 중에서 보험료 등의 기여는 절차적 요건에 포함된다고 할 수 있다. '진단적 차별화'와 '자산조사에 의한 욕구' 역시 급여를 제공하기 위해 도입된 절차적 요건에 해당된다고 보겠다.

따라서 이들은 동질적인 단일한 차원의 연속체에 놓일 수 있는 것들이 결코 아니다. 그럼에도 불구하고 현실에서 이러한 욕구들에 기초한 수급자격이 결정되는 제도가 존재하는 것은, 그것이 논리적으로나 이념적으로 정당하기 때문이 아니다. '진단적 차별화'와 '자산조사에 의한 욕구'에 따르는 제도가 존재한다는 것은 욕구의 발생원인을 개인적 차원에서 확인할 수 있다는 신념에 기초한다고 보인다.

사회복지제도는 개인의 욕구에 반응하는 제도이지만 여기에서 욕구

란 사회적 성격을 갖는 욕구를 말하는 것이다. 즉, 욕구발생의 사회
적 원인 및 연계성과 그 영향의 사회성을 인정하여 '사회적' 방법으로
접근하는 것이 사회복지제도인 것이다. 여기에서 '사회적'이라 함은
'개인적'(individual) 또는 '경제적'(economic) 등의 의미와 대조적인 뜻을
함축하는 것이다. 즉, 비개인적이고 경제 외적 의미를 갖는다.

그러므로 만일 개인의 욕구발생에 개인적 변수가 영향을 미쳤다는
것을 확인하려고 그에 따라 개인에게 책임을 부과하거나 비난을 가하
려는 제도는 제아무리 급여를 제공한다고 해도 '사회'복지제도라고 하
기는 곤란하다. 개인적 차원의 원인을 발견한다 해도 그것을 사회적
관련성 속에서 이해하고 사회적 방법으로 서비스를 제공하는 것이 필
요한 것이다. 전문적 진단이나 자산조사는 기술적 차원에서의 기여에
그쳐야 하며, 이러한 방법을 통해 확인한 욕구를 별개 종류의 욕구로
분류하는 것은 결국, 욕구발생에 대한 개인적 책임과 비난을 가하려
는 의도에 의한 것으로 볼 수 있다.

그러나 현실적으로 '자산조사에 의한 욕구'와 관련되는 공공부조제
도와 '진단적 차별화'에 관련되는 사회복지서비스 등은 욕구의 귀속성
보다는 욕구의 개인적 성격과 정도에 치중하는 면이 강하다. 자본주
의사회의 특성상 이러한 욕구를 가진 집단은 사회의 주변적(marginal)
집단으로 인정되며, 이들에 대한 국가의 급여 및 서비스 제공은 욕구
에 바탕을 둔 권리성에 근거하기보다는 다소 시혜적이고 통제적인 성
격을 띤다고 하겠다. 미국의 공공부조제도의 역사를 실증적으로 분석
한 한 연구에 따르면(Piven & Cloward, 1971), 공공부조가 결국은 빈민
을 통제하기 위한 음모적 정책이라는 것이다. 이를 통해서 알 수 있듯
이, 공공부조대상자의 욕구는 이론적으로 귀속성을 부여할 수는 있지
만 현실적으로는 개인적 차원의 욕구로서 인정되는 것이다.

결론적으로 사회복지법의 분류체계 기준으로서 구체적 인간인 대상자와 그 대상자의 욕구의 성격을 법리성에 연결시키기 위해서는 대상자 적격성의 요건이 일차적 기준이 되는 것이다. 대상자가 갖는 욕구의 성격은 일단 사회적 성격을 띠는 것과 개인적 성격을 띠는 것으로 나누어 볼 수 있겠다. 개인적 차원의 욕구에 반응하는 보충적 사회복지 역시 현실적으로 사회복지의 한 부분을 형성하고 있기 때문에 분석의 대상에 포함시켜야 할 것이다. 공공부조법이나 각종 사회복지서비스법의 대상자인 빈민, 아동, 노인, 장애인 등이 이 영역에 포함된다고 하겠다. 이들의 욕구는 자산조사 또는 전문가의 진단 등의 절차를 거쳐 평가되어야 하는 것이다.

사회적 성격을 띠는 욕구는 그것의 발생과 충족의 근거가 개인에게 귀착되는 것이 아니라 사회공동체로 귀속되는 것이다. 여기에서 욕구의 발생 근거에 따라 대상자 적격성이 결정되는 것이고, 욕구충족을 위해 급여가 제공되는 근거는 후술하게 될 법(률)관계의 개념과 결부되는 것이다.

이렇게 본다면, 사회적 성격을 갖는 대상자의 욕구는 귀속적인 것과 보상적인 것으로 압축해볼 수 있다. 전자는 욕구의 사회성이 당연히 인정되는 것이기 때문에 추상적으로 의제(擬制)되는 경우이고, 후자는 사회에 대한 특수한 기여를 하거나 특정한 희생을 당했다는 것이 구체적으로 확인될 수 있는 경우에 해당된다.

전자의 경우는 사회체제나 구조로부터 욕구가 발생한다고 보아 법적으로 그 대상자 적격성을 인정하게 되는 것이다. 예를 들어, 일반적인 사회적 위험에 따른 욕구가 있는 것으로 의제되는 일반 국민(보편주의적 대상), 사회적 피해자로서 욕구가 의제되는 노인, 아동, 여성, 장애인 등(긍정적 선별주의의 대상)이 해당될 것이다. 이들의 욕구는 귀속적인 것으로 인정된다.

후자의 경우는 특별한 위험을 가지고 있거나 사회에 대한 기여와 희생을 통하여 특정한 욕구를 가지고 있는 것으로 인정되는 집단이나 개인들을 대상으로 한다. 예를 들어, 공무원, 근로자, 군인, 교원 등의 특수직역 종사자와 범죄피해자, 국가유공자, 의사상자(義死傷者), 이재민 등의 구체적이고 특수한 유형의 희생 및 기여를 통하여 발생하는 욕구를 가진 자들이 여기에 포함되는 것이다. 그래서 이들의 욕구는 보상적 욕구라 할 수 있는 것이다.

종합컨대, 사회복지법 대상자의 욕구는 귀속적 욕구, 보상적 욕구, 평가적(또는 절차적) 욕구로 분류할 수 있겠다.

(3) 사회복지 법(률)관계의 기준

① 법(률)관계의 의미

앞에서와 같이 자원할당의 기초로서 대상을 욕구의 연속체적 선상에서 분류하는 것은 자기책임의 원리를 어느 정도로 수정할 것인가 하는 문제와 관련이 되는데, 이는 법적 측면에서 좀더 고려해야 할 과제가 있다. 왜냐하면 이념적으로는 '사회성'이 강조된다든지 귀속적 또는 보상적 욕구에 대해 급여나 서비스를 제공해야 한다고 설명이 되더라도, 그것이 구체적 제도의 형태를 유지하기 위해서는 입법화되어야 하는데, 이를 위해서는 구체적이고 명확한 법규정이 필요하다.

특히 사회복지급여를 제공해야 하는 '법적 근거'가 무엇인가 하는 문제가 해결되어야 한다. 이것은 '법률관계'(Rechtverhältnis)라는 개념과 논리적 연계성을 갖는데, 일반적으로 법률관계라 함은 인간의 다양한 생활관계 중에서 법의 규율을 받는 생활관계를 의미한다(곽윤직,

242

1990: 92~94). 즉, 사실적 생활관계 중에서 법률적 평가의 대상이 되어 일정한 법적 효과를 획득하게 되는 것을 말한다. 예를 들어, 남성과 여성이 사귀는 것은 사실관계에 해당하지만 결혼을 한다는 것은 법률관계에 속하는 사실이다. 또한 남의 일을 도와주는 것은 단순히 사실관계이지만 돈을 받고 일을 해주는 것은 법률관계를 형성하게 된다. 이처럼 법률관계는 궁극적으로 사람과 사람의 관계로 함축되며, 이는 곧 법에 의해 구속되는 자와 옹호되는 자의 관계로 나타나는 것이다.

이러한 법률관계 중에서 사회법관계, 특히 사회복지법(률)관계는 사회적 급여의 수급권자와 제공주체 간에 존재하는 법률관계를 말하는 것이다(이상광, 1988: 308; 김근조, 1994: 61). 이때의 관계는 사회적 급여를 매개로 이루어지는데, 이러한 급여가 제공되는 근거가 무엇인가에 따라 사회복지법(률)관계는 여러 가지로 분류될 수 있으며(이상광, 1988: 336~341), 이는 앞에서 살펴보았던 자원할당의 기초로서 제시된 욕구의 연속체와 관련이 있고 따라서 사회복지법의 체계화의 길을 암시해주는 것이다.

이렇게 법률관계라는 기준을 도입하여 사회복지법을 체계화하는 근거로는 첫째, 앞에서 제시했던 사회적 시장에 대한 재고의 필요성이다. 즉, '교환' 개념을 중심으로 경제적 시장과 사회적 시장을 대비시키는 것은 문제가 있다고 판단된다. 왜냐하면 자본주의사회에서 경제적(쌍방적) 교환은 평등한 것이고, 사회적(일방적) 교환은 불평등한 것으로 인식되기 때문이다(Gouldner, 1960: 165).

사회적 교환은 척도가 불충분하기 때문에 평등교환이냐 불평등교환이냐를 말할 수 없고, 사회적 교환은 교환의 목적물보다는 책임의 이행으로서 의미가 있기 때문에, 교환의 개념보다는 '사회적 관계'(*social relationship*)의 개념으로 이해하는 것이 적절할 것이다(Watson, 1980:

11~12). 예를 들어, 부모가 자신의 자녀에게 음식물과 돈을 제공하는 것은 자녀로부터 받을 것을 예지하여 제공하는 것이 아니라 그 자체로서 부모의 자녀에 대한 도덕적 책임을 이행하는 것이다. 또한 교사가 학생을 가르치는 것도 반대급부를 받기 때문에 그에 상응하는 만큼 가르치는 것이 아니라 교사로서 학생의 성장과 발달에 책임을 지는 관계에 있기 때문에 그 책임을 이행하는 것이다. 마찬가지로 의사가 환자를 치료해주는 것은 치료비를 받기 이전에 의사로서 당연히 환자를 돌보아야 하는 책임을 갖게 되는 관계에 있는 것이다.

이와 같이 사회적 관계란 도덕적 지위 또는 정당성, 정체성(正體性) 또는 공동체성에 대한 호소로서 정당화되는 것이다(Watson, 1980: 13~17). 이러한 사회적 관계가 법적으로 제도화된 것이 국가와 개인 사이의 사회복지법(률) 관계인 것이다.

둘째, 사회복지급여의 구성요건과 절차적 요건이 어떻게 규정되느냐에 따라서 국가와 개인 사이의 법(률) 관계의 성격이 달라진다는 것이다. 사회복지법의 대상자 적격성이 욕구의 '발생' 근거에 관련된 것이라면, 욕구의 '충족'과 관련되는 것은 급여의 구성요건이라 하겠다.

구성요건이 엄격하거나 절차적 또는 추가적 요건이 복잡할수록 욕구충족에서 개인책임을 반영하는 것이 된다. 다시 말해서, 사회복지법상의 급여를 받기 위한 요건과 수급절차가 복잡하고 까다로우면 그만큼 개인적 책임을 강조하는 것이 되며 또한 되도록 수급범위와 정도를 낮추겠다는 뜻으로 해석할 수 있는 것이다. 그러므로 이 경우에 급여 및 서비스의 제공은 시장관계에 친화적 쌍방교환의 성격이 강조되는 것이다. 그 반대의 경우에는 개인책임보다는 사회공동체의 책임성을 강조하는 것으로서 사회시장적 성격에 친한 법(률) 관계가 형성된다고 할 수 있는 것이다.

② 법(률)관계의 종류

사회복지급여의 근거에 따른 사회복지법(률)관계는 인과적 동기(*Kausal-motivation*)와 합목적적 동기(*Finalmotivation*)에 따른 법(률)관계로 나누어 볼 수 있다(Brück, 1976: 58f.).

가. 인과적 법(률)관계

여기에서 인과적 법(률)관계는 다시 두 가지로 나누어 볼 수 있다. 첫째, 입법의 목적론적 관점에서의 인과적 법관계를 들 수 있는데(이상광, 1988: 336~337), 이것을 협의의 인과적 법(률)관계라 한다. 이것은 사회복지법의 입법 목적상 사회복지급여의 지급사유, 예를 들면, 질병・사망・폐질・실업 등이 법정(法定) 원인에 의해 발생했는가 하는 점에 주목하는 것이다. 즉, 법적 구성요건에 해당되는 사실들에 대해서 무차별적으로 급여를 제공하기보다는 적어도 개인에게 책임을 돌릴 수 있는 경우는 급여대상에서 제외하겠다는 목적을 반영하는 것이다. 산업재해보상보험법의 경우, 급여의 지급사유가 되는 '재해'는 '업무상'이라는 법정원인과 인과관계가 성립할 때에 한하여 급여를 지급한다는 것이다.

둘째, 광의의 인과적 법(률)관계로서 이것은 법적용의 방법론상 인과관계를 요구하는 경우이다. 제도 실행의 방법상 수급권자가 일정한 기여를 해야 하는 것을 전제로 급여를 제공하는 경우가 이에 해당된다. 사회보험법에서 기여금과 급여지급 사이에 일정한 인과관계가 있어야 한다는 것이다. 기여금은 급여수준을 기준으로 하기보다는 지불능력, 위험발생의 정도 등에 따라 달라지며, 수급권자 이외에 국가 또는 기업주 등의 제3자도 부담한다는 점과 기여금과 급여 사이에 반드시 액수가 일치하거나 비례하는 것은 아니라는 점에서 민사거래에서의 등가적 유상성(等價的 有償性)과는 다르지만, 급여의 전제조건으로 기여금의 납부가 요구되기 때문에 넓게 봐서 양자 간에 인과관계를 요구하는 것이 된다. 이것은 급여지급사유의 발생원인과는 달리 급여의 지급을 받기 위해 수급권자가 자신의 의무, 즉 보험료의 납부를 이행했는가 하는 반대급부적 조건을 전제하는 것이다.

이와 같은 인과적 사회복지법(률)관계는 비록 급여의 지급사유에 인과성을 요구하는 것이지만 지급사유의 발생이 개인적인 것이 아니라 사회적인 데 있다고 인정되는 경우에 급여를 제공하여 개인의 생활과 노동력을 보전시키겠다는 입법 목적이 내재해 있는 것이다. 그러므로 이것은 자기책임의 원칙을 집합적 책임으로 전환시키는 의미를 갖는 것이다.

그런데 오히려 인과적 사회복지법(률)관계를 규정하는 법에서는 예외적으로 자기책임을 인정해야 하는 인과관계에 대한 규정을 둔다. 국민건강보험법 제53조, 국민연금법 제82조, 산업재해보상보험법 제83조, 고용보험법 제60조, 제61조, 제62조, 제68조 등은 고의나 범죄행위, 정당한 이유 없는 지시위반, 허위 또는 부정한 방법 등 자기책임을 면할 수 없는 사유가 존재할 경우에 급여를 제한하는 규정을 두고 있다. 여기에서 고의나 범죄행위 등에 의해 질병이나 부상이 발생하는 경우는 구성요건 해당성을 조각(阻却)하는 사유가 될 것이며, 지시위반 또는 부정한 방법의 사용 등은 집합적 책임성의 요건을 조각하는 사유가 될 것이다.

이와 같은 원리의 의미는 사회복지법, 특히 사회보험법이 보험이라는 시장사회의 기법을 사용하는 관계로 어느 정도는 쌍방교환적 경제시장의 논리를 유지하려는 것으로 해석해볼 수 있겠다.

나. 합목적적 법(률)관계

합목적적 법(률)관계는 인과적 법(률)관계와는 달리 사회복지급여를 지급해야 할 사유가 특정한 원인에 의해 발생했는가의 여부나 기여금을 지불했는가의 여부를 묻지 않고 급부를 제공하는 법(률)관계를 의미한다. 그러므로 이러한 법(률)관계 내에서는 급여지급사유의 발생만으로 급여가 제공된다. 지급사유가 왜 발생하게 되었는가 하는 것이나 수급권자의 개인적 책임을 묻지 않는 것이다.

이것은 인과적 법(률)관계를 요구하는 법과는 달리 개인의 생존권 보장, 개인의 사회적 욕구의 충족 등 사회정책적 목적을 실현하는 것에 중점을 두는 입법들에서 나타나는데, 이러한 법(률)관계는 주로 공공부조법이나 사회적 수당에 관련된 법들, 그리고 사회복지서비스법 등에서 보편적으로 설정되는 법(률)관계이다.

③ 종합

이상에서 살펴본 것을 토대로 인과적 법(률)관계와 합목적적 법(률)관계를 살펴보면 매우 미묘한 점이 발견된다. 인과적 법(률)관계는 자본주의적 시장의 논리가 어느 정도 작용하고 있다. 명백한 자기책임이 확인될 수 있는 부분에 대해 적용을 배제하고 일정한 기여를 요구하는 것 등은 완전히 일방적 양도체계로 볼 수 없는 것이다. 그러나 인과적 법(률)관계에 포섭되는 대상자들은 사회복지급여에 대해 강한 권리성을 인정받는다.

반면에 합목적적 법(률)관계에서는 지급사유가 되는 사실의 발생에 대해서 그 원인을 묻지 않는다는 점이 이중적으로 해석될 수 있는 가능성이 있다. 사회복지 옹호론자들은 이러한 법(률)관계에 포섭되는 빈민, 노인, 장애인, 아동 등에 대해서 사회적 희생자로서 규정하고 그들의 급부에 대한 우선적 권리성을 부여할 것을 강조하겠지만, 자본주의적 시장경제체제의 우월성을 주장하는 신자유주의자들은 오히려 이들에 대한 급여를 보충적인 것으로 인식하고 권리성에 대해 소극적이거나 부정적일 것이다. 그들은 사회정책적 목적보다는 자본주의 시장경제체제의 유지에 목적을 두기 때문에 오히려 이러한 희생자들을 비난하는(blaming the victim) 이데올로기의 실현을 합목적적인 것으로 보기 때문이다.

(4) 수평적 법체계의 모델

사회복지법의 수평적 체계화를 위한 이상에서의 논의를 종합해보건대, 우선 길버트 등의 욕구분류는 동질적 기준으로 이루어진 것이 아니다. 왜냐하면 귀속적 욕구와 보상적 욕구는 욕구의 성격을 기준으로 한 분류이지만, 진단적 차별화와 자산조사에 의한 욕구는 욕구의 성격이라기보다는 욕구의 확인방법에 따른 표현일 뿐이기 때문이다. 그러므로 이러한 욕구의 연속체를 기준으로 하여 사회복지의 대상자를 분류하여 사회복지법을 체계화하는 것은 한계가 있다.

그럼에도 불구하고 사회복지법의 체계화를 위해서 일단 대상자를 중심으로 체계화의 기준을 마련하는 것은 필요한 것이다. 왜냐하면 보편적이고 추상적인 인간형을 상정했던 시민법과는 달리 구체적 형태로 존재하는 인간들에 대한 규정이 사회복지법이기 때문이다.

이때 대상자라 함은 욕구를 가진 대상자로 인식해야 할 것이다. 그러나 여기에서는 욕구의 실체를 확인하는 것보다 욕구의 성격이 중요한 관건이 된다. 특히 사회복지대상자라는 지위로부터 파생되는 욕구의 성격에 따라서 제도적 실천방법이 달라지기 때문이다.

예를 들어, 스톤(D. A. Stone)은 욕구의 차원을 물질적인(material) 것과 상징적인(symbolic) 것으로 나누고, 욕구의 상징성으로 인해 상대성과 절대성, 직접성과 도구성, 현재성과 미래성, 물리성과 관계성 등으로 그 의미가 분화된다고 주장한다(Stone, 1988: 71~80).

그런데 이렇게 다양한 욕구의 성격 중에서 법리적 중요성을 갖는 것은 욕구의 생성근거에 관련된 것이다. 왜냐하면 사회복지법의 대상자는 추상적 사회평균인이 아니라 구체적 존재이기 때문에 그들이 갖는 욕구에 따라 구체적 존재의 양태에 차이를 보일 것이며, 이 경우에 욕구의 발생 근거가 개인에게 귀착되지 않는다는 것이 곧 공동체의 집합적 책임의 근거가 되기 때문이다. 따라서 이론적 측면에서 보면 개인의 욕구성격은 귀속적인 것과 보상적인 것으로 분류하는 것이 바람직할 것이다.

그러나 현실적으로 보충적 사회복지제도로서 존재하는 공공부조나 사회복지서비스 제도를 염두에 둔다면, 길버트 등의 욕구의 연속체를 대상자 중심의 사회복지법체계의 기준으로 활용할 수 있을 것이다. '진단적 차별화'와 '자산조사에 의한 욕구'는 욕구의 성격상 조사 또는 진단이라는 절차적 성격을 띠고 있기 때문에 하나의 통합된 범주로 파악할 수 있을 것이다.

또한 각 욕구의 충족과 관련하여 국가와 개인 사이에 급여가 제공되는 동기가 무엇인가 하는 점, 즉 급여의 법적 근거가 무엇인가 하는 법관계적 기준이 필요하다. 이러한 법(률)관계는 인과적 법(률)관계와 합목적적 법(률)관계로 구분할 수 있으며, 사회복지법은 이들의 조합으로 분류될 수 있을 것이다. 즉, "국가가 어떠한 대상자들에게 무엇 때문에 급여를 제공하는 것인가" 하는 것은 법적 질문인 것이다. 이 질문에 답하기 위한 두 가지 요소, 즉 '욕구의 성격'과 급여의 '법(률)관계'를 중심으로 사회복지법을 체계적으로 분류하는 것이 가능하며, 이것은 분류체계에서 하나의 새로운 모델이 되는 것이며 이를 도식적으로 표현하면 〈표 5-1〉과 같다.

<표 5-1> 사회복지법의 분류체계 모델

	귀속적 욕구	보상적 욕구	평가적 욕구
인과적 법(률)관계	A	B	C
합목적적 법(률)관계	D	E	F

① 귀속적 욕구 – 인과적 법(률)관계(A)

먼저 A유형을 살펴보면, 이것은 귀속적 욕구를 가진 대상에 대해 인과적 법관계가 적용되는 영역이다. 귀속적 욕구에 대해 수급자격을 인정하면서 동시에 급여지급사유의 발생에 대해서 인과관계를 요구한 다는 것은 논리적으로 모순이다. 따라서 여기에서 말하는 인과성은 방법론적 수단의 차원에서 요구되는 인과성, 즉 광의의 인과성이다. 여기에는 주로 전 국민을 보편적 대상으로 하는 사회보험입법들이 해 당된다. 이러한 보편주의적 제도는 현대인들의 생활상의 사회적 위험 (social risk)에 대한 공동체적 대응으로서 일종의 시민권에 기초한 귀 속적 욕구에 대한 보편적 사회복지라는 합목적성이 요구되지만, 보험 의 기술을 도입하는 관계로 완전한 합목적성보다는 방법론상 인과성 의 논리가 지배하게 된 것으로 볼 수 있다.

또한 대상자 적격성 요건에서는 귀속적이지만 급여를 제한하는 규 정을 통해 인과성의 원리를 적용하는 경우도 있다. 국민건강보험법 제53조와 국민연금법 제82조 등은 인과성의 원리가 적용된 급여제한 에 관한 규정들로서 이 경우에 해당되는 것이다.

국민건강보험법의 예를 보자. 과거에는 의료보험법이 전 국민을 대 상으로 하고 공·교 의료보험법은 특수직역을 대상으로 하는 법이었 으나, 1997년 11월 의료보험법상 지역의료보험 가입자와 공·교 의료보험 가입자를 통합하여 국민의료보험법이 제정되었다. 이것은 의료보험의 통합일원화를 위한 과도기적 입법이다. 따라서 의료보험법과 국민의료보험법은 이러한 분류체계에서 소속될 만한 적절한 영역이 없었다. 그러나 이제는 국민건강보험법으로 통합되어 전 국민을 단일한 법체계에서 포괄하기 때문에 A영역에 포함되는 것이다. 국민건강보험법상 급여지급사유, 즉 구성요건은 질병, 부상, 출산, 사망, 건강증진 등이다(제1조). 이는 귀속적 욕구를 법정화(法定化)한 것이므로 그 발생원인에 대해서는 묻지 않는다. 그러나 같은 법 제53조는 급여의 제한에 관한 규정을 두고 있다.

이러한 제한 사유는 법리적으로 보아 크게 세 가지로 분류할 수 있는데, 첫째, 대상자 적격성을 제한하는 규정이다. 국민건강보험법 제53조 제3항은 보험료 체납 시 급여제한을 규정한 것으로서 급여 대상으로서의 자격을 일시적으로 박탈하는 것이다. 이것은 제도의 실현방법상 보험의 기술적 측면에 따르는 인과성의 원리를 나타내는 것이다.

둘째, 법현실과 관련하여 수급권자의 기여의무를 위반하게 되면 급여가 제한되기도 한다. 국민건강보험법 제53조 제1항 제2호의 요양지시 불이행, 제3호의 자료제출 거부 및 진단 기피 등이 그것이다. 이것들은 사회보험이 갖는 집합적 책임성을 조각(阻却)하는 것이다. 즉, 이러한 경우는 급여를 받기 위해 필요한 개인의 책임을 명백히 이행하지 않은 것으로 보고 국가의 집합적 책임의 원칙이 적용되지 않는다는 것이다.

셋째, 구성요건 해당성 자체를 조각하는 경우가 있다. 국민건강보험법 제53조 제1항 제1호가 여기에 해당된다.

제53조 ① 공단은 보험급여를 받을 수 있는 사람이 다음 각 호의 어느 하나에 해당하면 보험급여를 하지 아니한다.
1. 고의 또는 중대한 과실로 인한 범죄행위에 그 원인이 있거나 고의로 사고를 일으킨 경우

이 조항에 따르면, 자신의 범죄행위나 고의적 사고에 의해 질병, 부상, 사망 등의 구성요건에 해당되는 사실이 발생할지라도 이러한 경우에는 구성요건 해당성 자체를 인정하지 않는다는 것이다.

여기에는 추가적 논의가 필요하다. 이러한 제한은 다른 제한과 달리 인과성에 대한 요구가 급여지급사유의 발생 근거 또는 원인에 대한 것이어서 인과적 법관계의 성격이 약간 다르다. 귀속적 욕구에 대해서는 그 발생사유를 묻지 않는 것이 원칙이지만 범죄행위나 고의적 사고로 발생한 급여의 지급사유에 대해서는 인과성의 원리를 적용하여 급여를 제한하겠다는 취지의 규정이다. 즉, 협의의 인과성 원리까지 적용한다는 뜻이다.

이러한 제한적 규정은 형법상 범죄 또는 민법상 불법행위와 사회복지법 사이에 어떠한 관계성을 부여할 것인가에 대한 논란을 제기하는 것이다. 즉, 범죄자에게도 의료보장을 해야 하느냐의 문제이다. 이 규정은 행위자의 '행위'를 규제하는 형법의 원리와 '존재의 자격'을 중심으로 규율되는 사회복지법 원리 사이의 충돌이라고 볼 수 있다.

일차적으로 형법과 사회복지법은 국가와 개인 사이를 규율하는 법규범으로서 동질성을 가지고 있다. 단, 형법은 개인에게 형벌을 부과하는 법이고 사회복지법은 국가가 개인에게 급여 또는 서비스를 제공한다는 점에서 다르다.

그렇다면 국가가 개인에게 형벌을 부과하는 근거는 무엇인가? 형벌이론에 따르자면, 응보형주의(應報刑主義)와 목적형주의(目的刑主義)

가 있다(유기천, 1992: 12~17). 응보형주의에서는 범죄를 위법한 악행으로 보고, 이러한 행위를 한 자에게 그에 상응하는 형벌을 가하는 것이 곧 정의의 실현이라고 본다. 다시 말해서, 범죄는 악(惡)이며 이에 대해 보복적으로 또 다른 악, 즉 형벌이 부과되어야 한다는 논리이다.

반면에 목적형주의에서는 형벌이 범죄에 대해 사회방위(社會防衛)를 위해 부과되는 것으로 본다. 여기에는 일반예방론과 특별예방론이 있는데, 전자는 일반인이 범죄에 빠지는 것을 예방하기 위해 형벌을 부과한다는 이론이고, 후자는 범죄인을 개선 또는 교육시키면 다시 범죄를 저지르지 않을 것으로 보는 이론이다.

형법과 사회복지법은 그 목적이 다르기 때문에 사회복지법의 원리가 형법의 원리에 종속되어야 할 근거는 없는 것이다. 오히려 상반되는 목적을 가지고 있다는 점을 고려할 때, 형법상 인과관계이론에 사회복지법이 구속될 필요는 없는 것이다. 예컨대 전쟁 중에 부상당한 적군의 병사를 치료해주는 상황을 생각해보자. 동일한 국민이 가입자로 되어 있는 국민건강보험법에서 범죄나 고의적 사고에 의해 급여지급사유가 발생했다고 해서 급여의 제공을 제한하는 것은 지나치게 보험의 논리, 즉 시장논리인 쌍방교환의 원리를 강조한 탓이라는 비판도 가능할 것이다.

따라서 국민건강보험법 제53조 제1항 제1호가 구성요건 해당성을 조각하는 것은 사회복지법으로서의 취지보다는, 방법론상의 인과성에서 더 나아가 입법 목적상의 인과성을 강화하려는 규정으로 볼 수 있겠다.

② 보상적 욕구 - 인과적 법(률)관계(B)

둘째로 B영역의 법은 보상적 욕구를 가진 대상에 대해 인과적 법(률) 관계를 적용하는 법영역이다. 보상적 욕구는 귀속적 욕구와 달리 욕구의 발생에 특별한 원인, 즉 사회적 기여나 희생을 요구하는 것이기 때문에 인과성의 법(률)관계가 요구된다 하겠다. 이 영역에 포함되는 법으로서는 특수직업이나 직종만을 대상으로 하는 사회보험법들이다.

공무원연금법, 사립학교교직원연금법, 군인연금법 등은 특수직종 종사자만으로 위험공동체를 구성해 생활보장을 행하는 것이다. 과거 공무원 및 사립학교교직원의료보험법도 여기에 포함되었던 법이다. 전통적으로 경찰을 포함한 국가공무원, 군인, 교원 등은 국가기구와 그 이데올로기를 수호하는 집단으로서 국가 유지 및 발전에 대한 기여를 인정하여 보상적 사회보장급여를 제공하는 것으로 볼 수 있다.

그리고 근로자만을 대상으로 하는 산업재해보상보험법과 고용보험법 역시 이 영역에 속하는 법이다. 산업재해보상보험법은 그 용어의 표현에서 알 수 있듯이 '보상'과 '보험'이 혼재되어 있는데, 이는 현행법이 보상적 욕구에서 귀속적 욕구에의 대응으로 발전하는 과도기에 있다는 것을 시사해 준다. 우리나라에는 없지만, 만일 모든 국민을 대상으로 하는 일반재해보험법을 전제로 한다면 근로자만을 대상으로 하는 산업재해보상보험법은 특수직종에 대한 사회보험법과 같은 의미를 갖는 것이다. 이 법은 근로자라는 지위에 귀속되는 일반적 생활상의 욕구나 위험보다는 '업무상의 재해'(법 제1조)라는 급여지급사유의 인과성이 거의 절대적 기준으로 되어 있기 때문에 상대적으로 철저하게 인과적 법(률)관계의 지배를 받는 법이다.

산업재해보상보험법이 급여지급사유의 인과성을 강조하는 데에는 역사적 유래가 있다. 이를 간략하게 살펴보면, 1897년 영국의 '노동자

보상법'(*Workmen's Compensation Act*) 이래 재해발생의 업무수행성(*in the course of employment*)과 업무기인성(*out of the employment*)이 '업무상'의 개념으로 인정되어 산업재해 인정에서 엄격한 2요건주의가 적용되었는데(Calvert, 1978: 323~327), 이것이 일본법의 해석에 영향을 미쳤고 우리나라에도 그대로 전수된 것으로 보인다(문원주·조석련, 1992: 182, 203).

그러므로 업무와 재해 사이의 인과관계를 지나치게 엄격하게 적용하는 것은 그만큼 산업재해를 인정받는 것이 어렵다는 의미이고 사회복지법으로서의 취지를 반감시킨다고 볼 수 있다. 또한 인과성의 원리가 지배하는 부분은 급여 외에도 보험료 갹출을 과거 3년간의 재해율을 기초로 산정하고 보험료율에 대해서 실적요율제(고용보험 및 산업재해보상보험의 보험료징수 등에 관한 법률 제14조 제3항)를 채택하고 있다.

한편 고용보험법은 사회보험법 중에서 가장 최근인 1993년에 제정된 법으로서 1995년 7월부터 시행하여 1996년 7월부터 급여가 제공된 법이다. 이 법 역시 대상자를 근로자에 한정했기 때문에 보상적 욕구를 가진 대상층에 적용되는 법이다. 또한 실업(失業)이라는 구성요건을 전제하는 법이기 때문에, 실업이란 자본주의 사회체계로부터 받은 피해와 희생이라는 것을 인정하는 것이므로 보상적 욕구로 간주되는 것이다.

이에 대해 부조나 수당의 방법이 아닌 보험의 방식을 도입하고 있기 때문에 급여의 법적 근거는 인과성의 원리가 지배하게 되는 것이다. 또한 피보험자가 자신의 귀책사유(歸責事由)로 실업상태에 있게 되거나(제58조), 취직 거부 또는 직업훈련 거부의 경우(제60조), 부정수혜(제61조) 등의 경우에도 급여가 제한된다. 이러한 규정들도 이 법이 인과성의 원리를 유지하고 있다는 것을 입증해주는 것이다.

③ 평가적 욕구 – 인과적 법(률)관계(C)

셋째로 C영역의 법은 평가적 욕구를 가진 대상자에게 인과적 법(률)관계에 근거하여 급여를 제공하는 법영역이다. 여기에서 인과적 법률관계는 좁은 의미의 인과적 법률관계를 말한다. 즉, 공공부조나 사회복지서비스 대상자에게 국가의 합목적적 정책에 의해 급여나 서비스가 제공되는 것이 아니라 대상자가 일정한 원인행위를 하거나 조건을 갖추어야 비로소 급여 또는 서비스를 제공하는 법영역이다. 결국은 빈곤의 개인적 원인에 대해서 비난하려는 이념적 의도가 숨어 있는 것이다. 그래서 이는 보기에 따라 매우 인색하고 심지어 잔인한 법이기도 하다.

한편 평가적 욕구-인과적 법관계의 유형에 속하는 법은 과거 빈민법(*Poor Law*) 시대에나 가능했던 법들이다. 현대 사회복지법에서는 예를 찾아보기 어렵다. 역사적으로 볼 때, 영국의 개정 빈민법(*New Poor Law*)에서 가치 있는 빈민(*deserving poor*)과 가치 없는 빈민(*undeserving poor*)을 분류했는데 이것이 욕구를 평가적으로 환원한 것이 되며, 가치 있는 빈민에게만 급여를 제공하면서 일정한 정도로 시민권을 제한하는 경우 등은 급여의 지급근거에서 상당한 정도로 협의의 인과성 원리를 적용한 것으로 볼 수 있다. 그러나 현대사회의 사회복지법에서 이러한 유형의 법은 논의의 대상이 아니라고 본다.

그러나 국민기초생활보장법 제9조 제5항은 "근로능력이 있는 수급자에게 자활에 필요한 사업에 참가할 것을 조건으로 하여 생계급여를 지급할 수 있다"라고 규정하고 있다. 여기에서 "근로능력이 있는 수급자"라 함은 가치 없는 빈민을 말하는 것이며, "자활사업에의 참여"라는 전제조건을 충족해야 비로소 "생계급여"라는 급여를 제공한다는 인과성의 원리를 선언하고 있다. 이것은 우선적으로 급여부터 제공하고 근로 또는 자활사업에 참여를 유도하는 것과는 질적으로 다른 방법이다. 왜냐하면 근로를 하는 것이 우선이고 급여는 그것을 조건으로 하여 나중에 제공되는 것이기 때문이다. 만일 근로를 하지 않으면 급여도 받지 못하는 것이다.

이러한 조건부수급은 앞에서 수직적 체계에서도 위헌의 논란이 될 수 있음을 경고했지만, 수평적 체계에서도 빈민법 시대에나 존재했던 그리고 현대법에는 존재하지 않는 C영역에 포함되는 문제점을 가지고 있는 것이다.

④ 귀속적 욕구 – 합목적적 법(률)관계(D)

넷째로 D영역의 법은 귀속적 욕구를 가진 대상에 대해서 욕구발생의 법정 원인을 묻지 아니하고 합목적적 기준에 의해 급여가 제공되는 법영역이다. 전 국민이나 아동, 노인, 주부, 장애인, 학생 등 특수한 인구층에 대한 무각출의 일방적 양도가 이루어지는 각종 수당(allowance) 제도에 관한 법들이 여기에 속한다.

수당제도는 개인의 소득이나 자산의 많고 적음과 같은 경제적 기준이 아니라 개인의 연령, 가족구성, 신체 및 건강상태 등 인구학적 또는 사회적 요소를 기준으로 하여 대상자를 선정한다. 왜냐하면 현대 사회에서 가족의 많고 적음, 가족 구성의 형태, 노인인가 아닌가, 성인인가 아동인가, 장애인인가 비장애인인가, 질병이 있는가 없는가 등의 인구학적 기준들에 따라 개인의 삶의 수준과 상황은 현격하게 달라지기 때문이다. 이러한 특성들은 소비적 욕구와 소비의 유형에 영향을 미치게 되는데, 이러한 욕구의 충족은 개인 차원에서 이루어지기에는 매우 불평등하거나 위험을 초래할 개연성이 높은 것이다.

이에 수당제도는 공공부조법상의 급여와 마찬가지로 국가가 특정한 개인에게 급여지급사유의 발생원인을 묻지 아니하고 일방적으로 급여를 이전한다는 측면에서 동질성을 갖는다. 즉, 급여의 지급근거라는 측면에서는 양자 모두 합목적적이며 일방적 양도체계로서 특징을 가지고 있다.

그러나 대상자 적격성의 요건에서 양자는 서로 다르다. 수당제도는 개인이 가지고 있는 사회적 신분이나 지위에 대해 당연히 대상자 적격성을 인정한다. 이에 반해 공공부조법이나 사회복지서비스법에서는 욕구의 존재여부와 그 정도를 파악하기 위해서, 즉 대상자 적격성을 판단하기 위해 자산조사나 전문가에 의한 진단이라는 절차를 통해 욕구에 대한 평가를 수행한다. 그러므로 수당제도의 대상자 범주가 긍정적 선별주의에 입각하고 있다면, 공공부조제도의 대상자 범주는 부정적 선별주의에 속하는 것이다. 이로 인해 공공부조나 사회복지서비스는 사회수당에 비하여 사회적 낙인이 부과될 가능성이 큰 것이며, 이를 해소하기 위해 등장한 것이 사회수당제도이다.

따라서 수급자의 권리성을 기준으로 볼 때 수당제도가 공공부조보다 훨씬 우월한 제도이다. 이러한 점에서 수당제도는 사회보험과 같은 특징을 가지고 있다. 그러나 사회보험제도는 보험료 납부를 전제로 하는 쌍방적 교환을 매개로 하여 급여가 제공되는 것인 데 반하여 사회수당제도는 일방적 양도체계를 이루고 있다는 점에서 사회수당제도가 사회보험제도에 비하여 좀더 탈시장적(脫市場的) 성격을 갖는다고 하겠다. 그러나 사회보험 중에서도 직접적 소득보장을 목적으로 하지 않는 의료보험이나 산재보험제도에서 질병 또는 산업재해로 발생하는 소득의 상실을 보충하는 수당제도가 도입되기도 한다. 상병수당과 장해수당 등이 그 예이다.

이러한 사회수당제도는 사회보험제도가 가지고 있는 대상자의 보편성과 급여에 대한 권리성, 그리고 공공부조가 가지고 있는 탈시장적 일방적 양도체계의 특성을 동시에 가지고 있는 제도이다.

따라서 귀속적 욕구에 대한 합목적적 법관계가 지배하는 법영역은 대상자의 사회적 낙인을 배제하고 급여에 대한 권리성을 부여할 수 있기 때문에 사회복지법의 영역 중에서 가장 사회적 시장의 원리가 잘 적용되는 영역이라 볼 수 있다.

물론, 장애인복지법상의 장애수당(제 49조)이나 (구)노인복지법상의 노령수당(제 13조)과 같이 제도나 법의 명칭에 '수당'이 표현되어 있어도 실제 그 내용은 공공부조적 성격을 갖는 것도 있기 때문에, 여기에서 논하는 수당제도는 명목적인 것이 아니라 실질적인 것을 의미하는 것이다.

⑤ 보상적 욕구 – 합목적적 법(률)관계(E)

다섯째로 E영역은 보상적 욕구에 대한 합목적적 법관계가 지배하는 영역이다. 이것은 사회에 대해서 특별한 기여를 했거나 희생을 당한 사람들의 보상적 욕구에 대해서 보험의 방식을 사용하지 않고 합목적적 차원에서 부조와 같은 방법으로 급여 또는 서비스를 제공하는 법 영역이다. 여기에서 특별하다는 의미는 인과관계를 구체적으로 인정할 수 있다는 것이다. 즉, 개인적 희생과 기여가 보상을 요하는 구체적 사실 발생과 직접적 인과관계를 형성한다는 것을 인정할 수 있는 경우를 말하는 것이다.

예를 들어, 국가유공자나 제대군인 등에 대해 일정한 보호를 실시하는 국가유공자 등 예우 및 지원에 관한 법률과 제대군인지원에 관한 법률, 자연재해로 인한 피해를 구제해주는 재해구호법, 타인의 위급한 상황을 구제하는 행위과정 속에서 발생한 자신의 손실에 대해서 보호해주는 의사상자예우 및 지원에 관한 법률, 타인의 범죄행위로 피해를 당한 경우 구조금(救助金) 등의 급여를 제공하는 범죄피해자구조법, 성폭력으로 피해를 본 여성들을 치료하고 보호해주기 위한 성폭력범죄의 처벌 및 피해자보호 등에 관한 법률, 북한에서 귀순해 온 동포들에 대해서 그들의 정착을 도와주고 보호해주기 위해 국가가 급여를 제공하는 북한이탈주민의 보호 및 정착지원에 관한 법률 등이 여기에 해당되는 법률들이다.

　이러한 법들은 보상적 욕구의 발생에 대해 그 인과관계를 확인할 수 있기 때문에 인과적 법관계의 적용이 가능하지만 이 범주에 속하는 욕구는 타인 또는 국가의 손실을 방지하기 위해 자신의 손실을 감수하거나 개인적 탓이 아닌 연유로 손실을 입은 데서 유래하기 때문에, 공동체적 연대성을 위해 부조형태의 일방적 급여 제공을 하는 합목적적 법관계로 규율하려는 입법의지를 나타내는 것이다.

⑥ 평가적 욕구 - 합목적적 법(률)관계(F)

마지막으로 이 영역의 법이 대상으로 하는 범주는 부정적 선별주의에 해당된다고 볼 수 있다. 길버트 등이 제안한 4분법 모델에 따르면 자산조사에 의한 욕구와 진단적 차별화에 의한 대상자들이 여기에 포함된다. 전자는 생활보호법상의 자산조사를 거쳐 확정되는 대상자의 욕구이며, 후자는 사회복지서비스법상 각종 복지조치에 전문가나 관계 공무원의 재량적 판단에 의해 인정되는 욕구를 말한다.

　그러나 이러한 욕구들은 전술했듯이 관념적 또는 규범적인 이론의 수준에서는 욕구발생의 사회성 등을 감안하여 그 귀속적 성격을 인정할 수도 있겠지만, 현실적으로 자본주의사회의 시장체계의 원리상 이러한 욕구를 가진 대상자들은 사회로부터 탈락한 존재로 간주되기 때문에 이들의 욕구는 개인적 책임이 따르는 것으로 평가되는 것이다.

따라서 이들이 급여나 서비스를 받을 자격이 있는 것인가에 대해 심사할 필요가 있는 것이다. 이렇게 해서 파악된 대상자 적격성을 토대로 하여 욕구의 정도를 전문적으로 진단하여 개별화된 급여나 서비스를 제공하는 것이다. 이에 대해 국가는 욕구발생의 인과관계를 묻지 아니하고 일방적 급여나 서비스를 제공하기 때문에 이 영역의 법에서 급여의 근거는 합목적적 법(律)관계에 의하는 것으로 볼 수 있는 것이다.

그러나 오히려 이러한 합목적성에 따르는 일방적 급여로 인해 다른 범주의 사회복지법에서보다 권리성의 인정이 희박하거나 부정되는 경향을 가지게 된다. 사회복지부문에 대한 국가의 재정지출을 기피하거나 축소하려는 신자유주의적 입장에서 볼 때, 이들 대상자 집단은 주변적 집단으로서 의존인구로 간주되고 사회적 부담으로 인식되기 때문이다.

이 영역의 법들은 일방적 급여를 제공하면서도 대상자들에게 도덕률적 차원이기는 하나 반대급부적 제한을 가하고 있어, 합목적적 법(律)관계에 의한 일방적 급여로 파생될 수 있는 문제에 대해서 어느 정도 인과적 원칙을 강조하고 있다. 예를 들면, 국민기초생활보장법 제3조 제1항에서 자신의 자활에 대한 최대한의 노력을 전제로 하는 급여의 원칙을 규정하는 것(보충성의 원칙), 노인복지법 제2조 제3항에서도 노인 자신의 의무에 대한 규정, 한부모가족지원법 제3조 제2항에서 모(母)와 부(父), 아동은 그가 가지고 있는 자산과 노동능력 등을 최대한으로 활용하여 자립과 생활 향상을 위하여 노력하여야 한다는 규정 등을 두고 있다.

이러한 규정들은 곧 대상자 개인들의 탓으로 욕구충족에 문제가 있다고 보는 것이며, 이에 대해 국가나 사회가 도움을 일방적으로 제공해줄 것이니 대상자들은 그에 상응하여 열심히 노력하라는 훈계적이고 도덕적인 내용을 담고 있다. 이것은 법적으로 하등의 강제력도 없

는 불필요한 규정으로서 오히려 대상자들에게 상징적으로 낙인만을
부과하는 역할을 하는 것이다.

그리하여 이 영역의 법은 현대 법사상의 생존권적 이념에도 불구하
고 사회복지분야에서 여전히 잔여적 영역으로 남아 있게 되었다. 따
라서 권리에 의한 급여보다는 제공자인 국가기관의 재량적 정책의지
에 좌우되는 경향이 강하며, 이에 의해 대상자는 열등한 사회적 낙인
이 부과될 가능성이 높게 된 것이다.

⑦ 종 합

가. 이론적 함의

이상에서 살펴본 바와 같이 사회복지법의 수평적 체계는 사회복지법
의 특성과 발달의 방향을 정립할 수 있는 유용한 도구가 될 수 있다.
추상적 평균인(平均人)이 아닌 구체적인 사회적 존재로서 인간을 대
상으로 하는 사회복지법은 결국 그 대상자의 욕구에 대해 집합적 대
응을 모색하는 법이다. 이때 욕구는 사회성을 띠는 것과 개인적 성격
을 띠는 것으로 나누어 볼 수 있겠다. 사회성이란 욕구의 발생근거가
개인적 차원에 있는 것이 아니라 사회적인 데 있다는 뜻이며, 따라서
그에 대한 충족 역시 개인적 차원이 아닌 사회적 차원에서 집합적으
로 이루어져야 한다는 의미이다.

여기에서 욕구발생의 근거에 따라 귀속적 욕구, 보상적 욕구, 평가
적 욕구로 분류될 수 있다. 그리고 국가가 개인에게 그 욕구를 충족해
주는 근거에 따라 인과적 법(률)관계와 합목적적 법(률)관계로 나누어
볼 수 있다.

사회복지법의 수평적 분류 모델을 놓고 볼 때, A·B·D·E영역의

법들은 '제도적' 사회복지 개념에 속하는 법영역이고, C와 F는 잔여적 사회복지 개념에 머물러 있다고 하겠다. 우선, 제도적 개념의 범주에 속하는 사회복지법영역에 대해서 살펴본다.

B유형〔보상적 욕구-인과적 법(律)관계〕과 D유형〔귀속적 욕구-합목적적 법(律)관계〕은 대칭성을 보이고 있다. B는 독일 비스마르크 시대에 입법화된 노동자보험법 등에서 그 유래를 찾을 수 있는데, 우리나라의 대부분의 사회보험입법들의 초기 형태와 특수직종 대상의 사회보험법들이 여기에 속한다. 왜냐하면 제한된 계층만을 대상으로 사회보험제도를 실시하는 것은 보상적 욕구에 근거하는 것이기 때문이다.

이는 특정 대상층에 대한 보상의 필요성과 그들의 재원 부담능력이 결합되어 이루어지는 형태로서 이 영역의 법적용을 받는 대상자들은 대상자 적격성 및 보험료 납입이라는 절차에 의해 급여에 대한 강한 권리성을 인정받게 된다. 즉, 쌍방적 교환체계에 따르는 시장논리가 비교적 강하게 반영되는 영역인 것이다.

이러한 특정계층의 욕구가 일반화되는 것으로 인정되어 추상적으로 욕구를 의제(擬制)하여 전체 사회구성원을 대상으로 하는 사회보험법을 실시하게 되면 A유형〔귀속적 욕구-인과적 법(律)관계〕으로 이행하게 되는 것이다. 공무원 및 사립학교교직원 등을 대상으로 하는 특수직종에 대한 의료보험법이 먼저 제정되어 실시되어 오다가 전 국민을 대상으로 하는 의료보험법이 제정 및 실시되어 나중에 국민건강보험법으로 통합되는 경우와, 그 의료보험법 역시 일정 규모의 기업에 재직하는 계층만을 대상으로 시작하여 전 국민을 대상으로 하게 되는 경우들이 대표적 예가 될 것이다.

반면에 D유형의 법은 장구한 빈민법의 역사를 갖는 영국의 사회복지법 전통에서 그 유래를 찾을 수 있을 것이다. 빈민법이 공공부조법으로 대체되고, 공공부조법은 사회수당에 관한 법으로 발전해 나갔다. 이는 자본주의 시장체계를 통해 욕구를 충족하는 것이 불가능하거나 개인적으로 과중한 비용부담을 초래하는 것으로 인정되는 경우에 그 욕구의 귀속성(歸屬性)을 인정하고 국가의 합목적적 고려에 의해 일방적 이전의 형태로 급여가 제공되는 법영역이다. 물론, 빈민법은 공공부조법에 의해 대체되었기는 하지만, 앞에서도 서술했듯이 공공부조법은 수급자의 권리성을 명문(明文)으로 인정한다고 해도 현실적으로 권리성 인정이 어려운 면이 있기 때문에 새로운 부조제도라 할 수 있는 각종 수당제도가 등장하게 된 것이다.

인간의 생애주기(life cycle) 및 상태에 따라 출산수당, 아동수당, 가족수당, 노령수당, 장애수당 등이 중요한 사회복지제도로 발전되어 온 것이다. 이러한 수당제도는 자산조사를 하지 않고 대상자들에게 일방적으로 제공된다는 의미에서 사회보험과 공공부조의 중간형태에 위치한다고 할 수 있다. 즉, 수당제도는 부조의 형태를 띠면서도 부정적 선별주의에 따르는 사회적 낙인을 불식시키고 오히려 강한 권리성을 부여하는 긍정적 선별주의 제도인 것이다.

이렇게 B영역과 D영역을 양극단으로 하여 이어지는 축을 기준으로 A, B, D, E 네 영역만을 놓고 보면, 반대쪽 대각선상에 존재하는 A영역과 E영역은 그중간적 형태를 이룬다고 하겠다. 과거에 있었던 특수직역을 대상으로 하는 의료보험법들을 예로 든다면, 이러한 법들은 일단 B영역에 속하지만 그 욕구를 일반화시켜 추상적으로 의제한다면 전 국민을 대상으로 하는 국민건강보험법으로 되기 때문에 A영역에 속하게 된다. 더 나아가 조세를 통한 재원으로 무상의 급여를 제공하는 영국의 '국민보건서비스'(National Health Service)와 같은 법으로 전화(轉化)되면 결국 D영역의 법이 되는 것이다.

또한 B영역에 속하는 산업재해보상보험법의 경우, 사회구성원들의 일반적 재해를 대상으로 한다면 이것은 욕구를 일반적인 것으로 의제하는 것이기 때문에 A영역의 법으로 발전하는 것이며, 산업재해 이외의 재해에 대해서 합목적적 고려를 통해 일방적 급여 및 서비스를 제공하게 되면 E영역의 법에 속하게 되는 것이다. 그러나 더 나아가 일반 시민들의 교통사고, 화재 및 각종 사고, 농민들의 농기계 또는 농약에 의한 사고, 학생들의 경우 과학실험이나 체육, 현장교육 등 교육과정에서의 사고, 군인들의 사고 등 모든 국민의 일반적 재해에 대해서 국가가 합목적적으로 배려한다면 이것은 곧 D영역의 법이 될 수 있는 것이다.

잔여적 사회복지에 해당되는 F영역〔평가적 욕구-합목적적 법(률) 관계〕의 법은 국민기초생활보장법과 같은 공공부조법을 포함하는 각종 사회복지서비스법들이 있다. 전통적 빈민법이 공공부조법으로 전화되면서 수급자(受給者)의 사회적 낙인이 완화되고 급여에 대한 권리성이 강화되리라 기대했지만, 자본주의 시장기제는 이를 허용하지 않았다. 결국 공공부조제도는 빈민을 통제하고 노동시장으로 유인하기 위한 제도인 것이다. 이렇게 빈민, 아동, 여성, 노인, 장애인 등 주변적 인구층을 다루는 부정적 선별주의에 해당되는 법들은 사회의 특정한 계층을 대상으로 하기 때문에 대상자 적격성을 심사하고 판정하는 절차가 필요하게 된다. 여기에서 대상자 적격성의 요건을 복잡하고 엄격하게 규정하거나 담당 공무원의 재량을 광범위하게 인정하게 되면, 이를 통한 급여 제공은 매우 제한적인 의미를 띠게 되며 따라서 수급자에게는 권리성보다는 사회적 낙인을 부과하는 결과가 되는 것이다. 실제로 현행 생활보호법이나 사회복지서비스법에서는 구체적인 급여별로 대상자의 적격성 요건들이 추가적으로 규정되는 경우가 많다. 이는 구체적 욕구에 따라 전문적 서비스를 제공하려는 취지로 해석할 수도 있겠지만, 추가적 요건의 추상성(抽象性)은 해당업무의 담당자에게 재량을 허용하게 되는 것이다.

그러나 공공부조법은 주로 물질적 급여 및 서비스를 제공하기 때문에 대상자의 권리성을 인정할 수 있는 방법이 비교적 용이하지만 사회복지서비스법의 경우에는 수급자의 권리성, 구성요건 등을 법제화하기 어려운 문제가 있다.

한편 C영역[평가적 욕구-인과적 법(률) 관계]의 법은 하루빨리 극복되어야 할 법이다. 이는 빈민법의 역사에서 빈민에게 주어진 가혹한 형벌의 역사가 정책당국자들이나 권력자의 의식 속에 잔존하기 때문이다. 빈민은 처벌이나 통제의 대상이 아니라 배려와 인정의 대상이고 권리의 주체가 되어야 한다는 점을 승인해야 할 것이다.

요컨대 욕구가 귀속적일수록 급부에 대한 권리성은 강해진다. 왜냐하면 욕구가 귀속적이라는 것은 욕구의 발생 원인자(原因子)를 특정화할 수 없을 정도로 '사회적'이라는 의미이기 때문이다. 따라서 그 충족은 집합적 방법으로 행할 수밖에 없다는 의미를 지닌다.

그러나 자본주의사회에서 시장체계의 논리는 오히려 보상적 욕구에 대해 더욱 강한 권리성을 인정하는 것 같다. 귀속적 욕구가 발생의 원인자를 특정화할 수 없는 반면에 보상적 욕구는 상당한 정도 특정화할 수 있는 것으로 인정되기 때문에 오히려 이에 대해 강한 권리성을 인정하는 것이다. 그러므로 귀속적 욕구보다 보상적 욕구가 자본주의사회의 논리에서는 받아들여지기가 더욱 용이한 것이다.

또한 빈민, 노동 무능력자 등은 관념적 또는 규범적 관점에서 볼 때, 욕구의 귀속성을 인정할 수 있고 또한 인정해야 할 것으로 보이지만, 현실적으로 이들의 욕구는 사회성의 인정이 미약한 것이 사실이다. 이들을 대상으로 하는 법은 잔여적 영역으로 남아 있게 되는 것이다.

적용되는 법률관계에서도 인과성의 원리가 지배하는 영역의 법들이 합목적성이 지배하는 영역의 법들보다 현실적으로 강한 권리성이 보장되는 것이 현실이다. 합목적성의 원리가 지배하는 법영역은 구성요건의 발생사유, 개인의 희생이나 기여 등을 판단할 필요가 없을 정도로 보호와 보장이 필요한 것이다. 따라서 인과성의 영역과는 다른 논리에 의해 권리성이 인정되어야 하는데, 실제로는 그러하지 못하며 오히려 개인의 자활 또는 자립에 대한 노력의 의무를 규정함으로써 인과성의 색채를 가미하고 있다.

이상과 같이 종합해볼 때, A와 B는 사회보험법, C는 신빈민법류의 신자유주의적 법, D는 보편적 사회복지서비스법 및 사회수당법, E는 사회보상법 또는 사회원호법, F는 선별적 사회복지서비스법 및 공공부조법으로 이해할 수 있다. 이것을 기존에 가장 보편적으로 많이 사용되는 분류체계로 표현해보면 〈표 5-2〉와 같다.

즉, 욕구와 법률관계를 축으로 하는 사회복지법의 분류체계는 기존의 사회복지의 제도적 내용과 기능에 따르는 분류들을 법리적 관점에서 재구조화하여 보여주는 것으로서, 분류된 요소들의 관계와 역사성까지 한눈에 보여주는 것이다.

이상과 같은 수평적 분류체계는 이론적으로 몇 가지 유용성을 지닌다. 이와 같은 분류체계의 법적 의미를 파악해보면 다음과 같다.

첫째, 사회복지제도의 역사적 변천과정을 법적 관점에서 볼 수 있게 해준다. 예를 들어, 의료보험제도를 보자. 비스마르크가 세계 최초로 사회보험법을 제정했는데, 이는 일부 근로자만을 대상으로 한 것이다. 그중 하나인 질병보험 역시 마찬가지로서, 본 분류체계에 따르면 B영역에 속한다. 그러나 이것이 대상의 보편성을 추구하게 되어 전 국민을 대상으로 하는 의료보험제도로 발전하게 되면 그것은 A영

<표 5-2> 사회복지법의 분류체계 모델 2

	귀속적 욕구	보상적 욕구	평가적 욕구
인과적 법(률)관계	사회보험법		신빈민법 (조건부 수급)
합목적적 법(률)관계	사회수당법 (보편적 서비스)	사회보상법 사회원호법	공공부조법 (선별적 서비스)

역의 법이 되는 것이다. 더 나아가 영국의 국민보건서비스(NHS) 같이 보편적 대상에게 일방적 급여를 제공하는 제도로 발전하게 되면 그것은 곧 D영역에 속하게 되는 것이다.

또한 산업재해의 문제 역시 산업재해를 사회보험의 형태로 다루게 되면 B의 영역에 포함되지만 모든 국민의 재해를 보장해주는 사회보험으로 발전하게 되면 A의 영역으로 포함되는 것이다. 빈민문제, 노인문제, 장애인문제, 아동 및 청소년의 문제 등도 특별한 위험을 배려하여 그러한 위험들을 유형화해서 부조적 방법으로 급여 또는 서비스를 제공한다면 그것은 E영역의 법으로 전환될 수 있는 것이며, 더 나아가 수당의 형태로 급여를 제공하게 되면 D영역의 법으로 발전할 수 있는 것이다.

그러므로 D에 가까울수록 사회복지의 이념이 강하게 반영되는 것이며 B에 가까울수록 시장의 원리가 반영되는 것이다. 즉, 이 모델은 사회복지법을 B와 D의 축을 기준으로 분류할 수 있는 틀이 된다. 자본주의사회에서 초기에 등장하는 사회복지법제도들은 B와 E의 형태를 띠게 되지만,[8] 이것은 B→A→D의 방향이나 F→E→D의 방향으로 발전하는 것이다. 이러한 분석은 사회복지제도 발달론의 영역을

---

8 C영역의 법은 자본주의 이전 중상주의시대 전제군주들이 지배했던 시대에 나타났던 빈민법 또는 19세기 자본주의가 지배적으로 등장하면서 자유주의자들에 의해 주창되었던 신빈민법에서 나타났던 것이다.

확대 및 심화시켜 줌으로써 이론적으로도 기여한다고 보겠다.

둘째, 모델의 설명을 통해 여러 차례 언급되었지만, 이 모델은 수급자의 권리성을 분석할 수 있는 틀로서도 유용하다. 규범적 측면과 현실적 측면에서 인정되는 권리성의 정도의 차이를 인식할 수 있게 해주는 것이다. 시장관계적인 쌍방교환적 정의 또는 권리를 강조하는 사회에서는 사회보험법중심의 제도(B와 A)가 발달할 것이며, 탈시장적 이념에 따라 일방적 양도의 원리를 강조하는 사회에서는 D영역의 법제도가 발달할 것이다. 이것은 결국 권리의 정도와 형태를 놓고 이에 관련되는 세력들 간의 정치적 힘에 의해서 결정될 것이다.

따라서 한 국가 또는 사회에서 어느 영역의 법이 수급자에게 권리성을 인정해주는가 하는 문제는 결국 그 국가 또는 사회에서 자본주의적 시장체계의 논리가 사회적 시장체계의 논리에 비해서 상대적으로 얼마나 더 지배력을 가지고 있는가에 따라 달라질 것이다. 규범적으로는 귀속적 욕구와 합목적성의 원리가 더욱 일차적이고 우선적인 권리성을 부여받는 것이 사회적 시장의 원리에 적합할 것이다.

앞에서의 도식에서 A와 B는 D와 E에 비해서, B와 E는 A와 D에 비해서 상대적으로 시장의 논리에 친하기 때문에 실효성이 높은 영역이다. 또한 F의 영역은 욕구의 절박성이나 충족의 필요성에서 일차적이면서도 적극적으로 보호되지 않는 취약한 영역이다. 즉, 빈곤에 대한 공공부조나 제한적 인구층에 대한 사회적 서비스는 앞으로 법적 구속력을 강화해야 할 영역이다.

전반적으로 B로 기울수록 시장친화적 성격을 가지며 그래서 수급자의 권리성이 쌍방교환적 차원에서 강조된다. 반면에 D영역으로 기울수록 사회적 시장의 원리에 친하며 일방적 양도에 의한 사회적 권리실현이 강조된다. F는 A, B, D, E의 연결망에서 다소 벗어나 있는 잔여적 범주로 남게 되어 시장논리에 가장 취약하고 규범적 측면과는 반대로 권리성 인정에서도 취약한 면을 갖게 되는 것이며, C는 신자유주의의 등장으로 시대를 역행한 억압적이고 처벌적인 반복지 법영역이다.

따라서 이와 같은 수평적 법체계는 자본주의적 시장원리와 사회적 시장원리가 어떻게 조합되어 사회복지법을 형성하는가 하는 것을 보여준다. 또한 역사적으로 사회복지법이 변천하는 과정과 앞으로의 발전방향을 동시에 시사해주는 이론적 장점을 가지고 있다. 물론, A·B·C·D·E·F 각 영역의 법이 독립적으로 존재할 수도 있지만, 동일한 대상자에 대한 법도 그 사회에서의 시장원리와 사회적 시장원리 간의 역동성의 결과에 따라 각 유형에 적합한 형태로 존재할 수 있는 것이다. 예컨대 노인에 대한 사회복지법은 공공부조(F), 노령연금보험(A), 무(無)기여노령수당(D) 등 다양한 모형을 선택적으로 또는 동시적으로 고려해볼 수 있다.

나. 현행법에의 적용

우리나라의 현행 사회복지법의 체계를 보건대, 사회보험법의 경우 공무원연금법, 사립학교교직원연금법, 군인연금법, 산업재해보상보험법, 고용보험법 등 B영역의 법이 많은 편이며, 국민연금법, 국민건강보험법 등 A영역에 포함되는 법들도 실시 초기에는 특정계층만을 대상으로 했기 때문에 B영역에 속하는 법이었다고 할 수 있다.

여기에서 연금관계법은 A, B영역 모두에 포함되어 있어 법제도간의 통일성을 저해하고 있다. 연금관계법은 군인, 공무원, 사립학교교원, 직장, 지역 등 다양한 기준으로 분리되어 있어 사회보험으로서의 연금제도가 추구해야 하는 범사회적 연대성이라는 가치가 희석되고 보험료 부담이나 급여수준에서도 차등성을 보여 문제이다. 또한 A와

B영역 모두 인과성의 원리가 엄격하게 적용되고 있어 실제로 국가의 책임이나 보장기능보다는 개인적 책임을 강조하는 경향이 있다.

사회적 시장의 원리가 상대적으로 강하게 반영되는 D영역의 법은 매우 낙후된 수준을 보이고 있다. 1997년 개정된 노인복지법에서 경로연금제도(법 제2장)를 도입하여 F영역에서 D영역으로 향하는 법규정이 도입되었다. 그러나 이것 역시 공공부조 대상자의 범위를 약간 넘어 저소득층까지 포함하는 것이기 때문에 보편적 수당제도로 보기 어렵다. 그리고 기존의 것으로 노인에 대한 경로우대의 일환으로 실시되는 운송시설 및 공공시설에 대한 무료 또는 할인제도(노인복지법 제26조), 모자가정에 대한 국민주택 분양 및 임대시 우선적 할당(모·부자복지법 제18조) 등이 있을 뿐이다.

그리고 D영역의 법은 낮은 급여수준, 지나치게 제한적 대상자 적격성, 국가 및 담당 공무원의 재량권 중심 등의 이유 때문에 수급자는 권리의 주체라기보다는 구제의 대상으로서의 지위를 벗어나지 못하는 실정이다. 또한 가족수당, 아동수당, 부양수당, 장애수당, 노령수당 등의 법제가 발달하지 못하여 완전한 사회복지법으로서의 한 영역을 형성하고 있지 못하다.

E영역의 법은 기존의 사회보험, 공공부조, 사회수당, 사회복지서비스 등과는 다른 여러 가지 사회정책적 영역의 법으로서 개발의 여지가 많은 부분이다. 국가나 사회로부터 입은 손해나 손실 또는 특별한 기여에 대해서 그 유형들을 찾아내고 구성요건화하여 대상자들이 정당한 권리로서 급여를 청구할 수 있도록 보장하는 법제의 개발이 필요할 것이다.

마지막으로 F영역의 법은 가장 취약한 계층을 대상으로 하는 법이지만 이에 대한 국가의 법적 보장 또한 매우 취약한 실정이다. 공공부조법인 국민기초생활보장법은 수급자의 권리성을 공식적으로 인정하고 있지만 실질적 급여수준이나 대상자 선정기준에서 많은 문제를 나타내고 있으며, 심지어 C영역에 포함되는 조건부수급제도를 두고 있어 법 전체적으로 후퇴한 느낌마저 들게 한다. 또한 각종 사회복지서비스법들 역시 그 일반법인 사회복지사업법에서 볼 수 있듯이 국가의 책임보다는 민간기관에 의존하는 성향이 강하고, 국가는 사회복지서비스를 제공하는 민간기관에 대한 통제자로서 규정되는 실정이다.

3) 수직적 체계와 수평적 체계의 혼합

이상에서 사회복지법의 체계화를 위한 새로운 방법론적 시도를 해보았다. 이것들은 현행법을 중심으로 한 것인데, 이제까지의 논의들을 종합적으로 정리해보자.

우선 사회복지법을 법단계에 따라 헌법과 법률로 구분한다. 헌법 내에서도 최고의 규범인 헌법 제10조와 그 규정을 받는 제34조 제1항, 그리고 그 하위에 위치시킬 수 있는 제34조의 나머지 조항들과 제30조 이하 제36조 등 사회복지 관련 조항을 수직적 위계질서에 따라 배치한다.

그리고 법률의 단계에서는 사회보장기본법을 중심으로 일반법률을 하위에 배치한다. 일반법률은 대상자가 가지고 있는 욕구의 성격과 급여의 법률관계를 중심으로 여섯 가지 모델을 중심으로 수평적 분류를 행하고 각 범주에 속하는 법률들의 내용에 따라 다시 상·하위법으로 구분할 수 있다. 국제법의 경우에는 헌법과 법률에 각각 상응하는 규범들이 있으므로 별도로 배치한다.

이와 같이 정리된 내용을 도식화하면 〈그림 5-2〉와 같다.

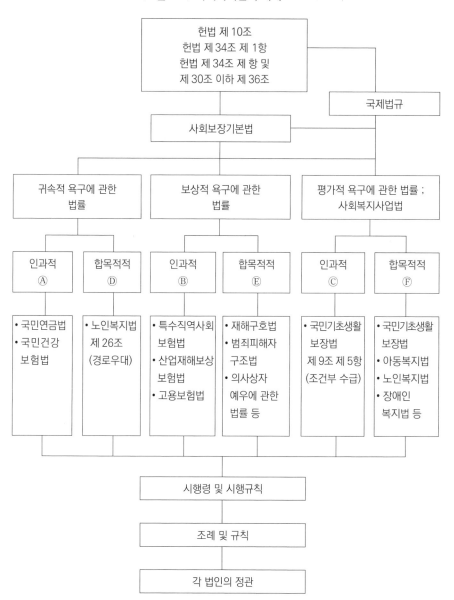

〈그림 5-2〉 사회복지법의 체계도

헌법 제 10조
헌법 제 34조 제 1항
헌법 제 34조 제 항 및
제 30조 이하 제 36조

국제법규

사회보장기본법

| 귀속적 욕구에 관한 법률 | 보상적 욕구에 관한 법률 | 평가적 욕구에 관한 법률 ; 사회복지사업법 |

| 인과적 Ⓐ | 합목적적 Ⓓ | 인과적 Ⓑ | 합목적적 Ⓔ | 인과적 Ⓒ | 합목적적 Ⓕ |

- 국민연금법
- 국민건강 보험법

- 노인복지법 제 26조 (경로우대)

- 특수직역사회 보험법
- 산업재해보상 보험법
- 고용보험법

- 재해구호법
- 범죄피해자 구조법
- 의사상자 예우에 관한 법률 등

- 국민기초생활 보장법 제 9조 제 5항 (조건부 수급)

- 국민기초생활 보장법
- 아동복지법
- 노인복지법
- 장애인 복지법 등

시행령 및 시행규칙

조례 및 규칙

각 법인의 정관

4) 내용적 체계화

이제는 개별적인 각각의 입법들에 대해 자체적 내용의 구성체계를 분석해보자. 즉, 하나의 법률이 사회복지법으로서 존재하고 기능하기 위해서 어떤 내용들을 담고 있어야 하며 또한 이를 위해 어떠한 구조를 갖추고 있어야 하는지를 살펴보는 것이다.

일반적으로 법이 말 그대로 법이기 위해서, 즉 법이 법답게 존재하기 위해서는 법적 효력(Geltung des Recht)을 가져야 한다. 효력이 없는 법은 명실상부한 법이라 할 수 없는 것이다. 여기서 법의 효력이란 규범적 '타당성'(Gültigkeit)과 '실효성'(Wirksamkeit)이 합치될 때 가능한 것이다(엄영진, 1989). 이것은 동전의 양면과 같이 매우 밀접하게 연관되어 있는 요소이다. 규범적으로 정당성 또는 타당성을 갖더라도 실효성이 없는 법은 유명무실(有名無實)하여 곧 사문화(死文化)된 법이며, 정당성은 없더라도 실효성만을 갖는다면 이는 곧 악법(惡法)인 것이다.

따라서 사회복지법 역시 법규범으로 존재하기 위해서는 '사회복지'법으로서 규범적 타당성과 이를 현실적으로 지지해줄 수 있는 실효성을 동시에 갖추어야 하는 것이다. 사회복지법이 이렇게 내용적으로 법적 효력을 갖게 될 때 사회복지법은 비로소 다른 법과 구별될 수 있는 체계성을 갖게 되는 것이다.

(1) 규범적 타당성 체계

사회복지법의 수직적 체계화를 통해서 알 수 있었듯이 사회복지법은 헌법상 사회권 또는 생존권적 기본권이라는 근본규범(根本規範)으로부터 유래한다. 따라서 법률 차원에서의 사회복지법은 헌법상의 국가의 의무이행과 국민의 권리를 보장하는 이념과 원칙을 반영해야 한다. 또한 이러한 전제하에서 사회복지제도와 실천의 본질적 성격을 반영하는 것이 곧 사회복지법이 갖는 규범적 타당성이라 하겠다.

국가가 급여 및 서비스를 제공하는 구조로 이루어져 있는 사회복지법의 규범적 성격은 개별 입법에서 그 목적과 기본이념, 국가의 책임과 개인의 권리 등을 직접적으로 규정하는 조항, 대상자의 요건과 범위, 급여의 지급사유, 급여 및 서비스의 내용과 종류, 재정부담의 원칙 등 간접적으로 이를 지지하는 조항들로 이루어진다.

① 권리성

사회복지법의 대상자들을 권리의 주체로 인정하는 것이 진정한 사회복지법의 태도라 할 수 있다. 따라서 각각의 사회복지법들은 개인의 권리를 명확히 규정하고 그에 따르는 국가의 책임과 의무를 규정해야 한다.

대부분 현행 사회복지법들은 각 법률의 제1조에서 법의 목적을 규정하는데, 대체로 사회복지의 증진을 입법목적으로 하고 있다. 즉, 대부분 법문의 형태가 "ⓐ를(을) ⓑ함으로써 ⓒ의 (사회)복지의 증진에 기여함을 목적으로 한다"로 되어 있다. 여기에서 ⓐ와 ⓑ는 목적 달성의 수단을 나타내는 것으로서 제도나 사업의 추상적 내용만으로 진술되어 있고, ⓒ는 그 법의 적용대상자를 지칭하는 것이다. 이렇게 "권리의 보장"을 명문화한 것은 1997년 사회복지사업법 개정에서 법 제1조에 삽입되었고, 그 후 1999년 장애인복지법 개정에서 제1조에 규정되었다.

그러나 법률로서의 사회복지법은 헌법에서 규정된 사회권 또는 생존권과 그에 따르는 국가의 의무를 이행하기 위한 구체화된 규범이기 때문에, 권리성에 대한 직접적 명시가 없더라도 당연히 권리성을 인정하는 것으로 보아야 할 것이다. 예컨대, 과거 생활보호법 제1조에서 법의 목적을 '최저생활을 보장'하는 것으로 설정하는데, 상위규범인 헌법 제34조 제1항은 '인간다운 생활'을 할 권리를 선언하고 있다. 따라서 생활보호법상 최저한의 생활수준이 곧 헌법상 인간다운 생활수준과 동일한 것인가 하는 질문이 제기될 수 있다. 어의적(語義的)으로 보아도 최저한의 생활수준이 곧 인간다운 생활수준을 의미하는 것으로 받아들이기는 곤란하다. 그렇다면 이렇게 일개 법률이 헌법의 규범적 목적에 이르지 못하는 것은 위헌의 소지가 있다고 볼 수 있다. 이에 반해, 국민기초생활보장법이 '수급권자' 및 '수급자'라는 용어를 사용함으로써 대상자의 권리성을 인정하고 있고, 1999년 개정된 장애인복지법에서 장애인의 인간으로서의 존엄과 가치, 사회참여의 권리를 선언하고 있다(법 제4조).

그러나 그렇다고 해서 사회복지법률이 대상자의 권리를 실질적으로 승인하고 있다고 확신할 수는 없다. 왜냐하면 사회복지에 대한 국가의 책임성 규정에서 문제가 나타나고 있기 때문이다. 사회복지에 대한 국가의 책임이 명문화(明文化)되어 있다는 것은 일단 받는 자의 권리를 법적으로 승인한 것으로 해석할 수 있는 것이다. 왜냐하면 대개의 권리란 그에 상응하는 의무를 전제로 하기 때문이다. 권리에 따르는 의무란 권리의 소유자에게 권리행사와 관련한 일정한 의무를 전제하기도 하지만 권리실현을 위해서는 반드시 그에 상응하는 의무를 가진 상대방을 전제로 하는 것이다.

그런데 현행 사회복지법의 태도를 볼 때, 진실로 받는 자의 권리를 인정하는 것인지 의문을 갖게 한다. 사회보험법의 경우 보험사업을 관장하는 국가의 부서를 명시함으로써 국가책임을 당연 전제하고 있고, 국민기초생활보장법과 같은 공공부조법에서도 국가와 지방자치단체의 책임을 전제하고 있다. 그러나 여기에서 그 책임이 유한책임(有限責任)인지 무한책임(無限責任)인지, 책임을 어떻게 지는 것인지에 대해서 더 이상의 구체적 규정이 없으며, 시행령과 시행규칙에서도 명확하게 제시하고 있지 못하다. 책임의 경계가 불확실한 책임을 과연 책임이라 할 수 있는지 의문이다.

또한 사회복지사업법을 포함하여 대부분의 사회복지서비스법들 역시 국가의 책임을 선언하는데, 대부분이 동시에 개인의 책임(노인복지법, 한부모가족지원법) 또는 전 국민의 책임(아동복지법, 영유아보육법, 장애인복지법, 한부모가족지원법)을 규정하고 있다. 전 국민의 책임이란 다시 말해서 국가의 책임인 것이다. 국가는 사회공동체의 법적 대표로서 그 사회, 즉 국가구성원을 대표하는 법적 책임의 주체인 것이다. 여기에 별도로 실효성도 없는 전 국민의 책임을 규정한 것은 그만큼 사회복지대상자들에 대한 국민적 관심을 촉구하는 선언적 차원에서는 의미가 있을지 모르나 실제로는 별 의미가 없는 것이다. 또한 개인이나 가족의 자립과 보호에 대한 책임을 규정한 것은 자활에 대한 촉구 또는 부정한 수혜자를 염두에 둔 것 같다. 이것은 복지수준이 높은 국가에서 자원의 낭비를 막고자 실효성은 없더라도 선언적이나마 규정해볼 수 있는 것이지 우리나라와 같이 사회복지서비스의 질과 수준이 높지 않은 나라에서 굳이 개인의 책임을 강조하는 것은 오히려 국가의 법적 책임을 희석시키려는 의도가 아닌가 의심이 된다.

이와 같이 헌법의 인간다운 생활을 할 권리에 대한 규정, 법률의 목적 규정, 국가책임 규정 등을 망라해볼 때, 우리 국민은 사회복지에 대한 헌법적 및 법적 권리는 가지고 있는데 그에 대한 국가의 책임은 없거나 미약한 것으로 보인다. 이는 마치 민사법(民事法)에서 존재하는 자연채무(自然債務)와 유사한 것으로 보인다.[9] 그러므로 사회복

---

9 자연채무란 채권(債權)은 존재하는데 이에 대한 상대방의 채무(債務)는 존재하지 않는 것을 말하는 것이다. 예컨대 소멸시효(消滅時效)가 지난 채권의 경우 채권 자체는 존재하지만 법적으로 청구할 수 있는 힘이 없고 채무자는 채무이행에 대한 책임이 없다. 단, 채무자가 채무이행을 하게 되면 채권은 소멸한다. 그러나 이것은 어디까지나 도의적 관계에서 이루어지는 것이지 법적인 것은 아니다.

지법에서 개인의 국가에 대한 권리가 자연채무적 성질이라면 개인은 법적으로 국가의 책임이행을 청구할 수도 없지만 국가 역시 이행할 책임이 없는 것이다. 단, 국가의 입장에서 정치적 도의상 사회복지에 대한 책임을 이행할 수는 있는 것이다.

② 대상자의 요건과 범위
사회복지법이 누구를 대상자로 하느냐 하는 것은 사회복지법에 의한 급여나 서비스에 대해서 권리에 의한 수급을 인정하느냐 하는 문제와 직결되는 것이다. 보편주의적 제도인 사회보험법의 경우 특히 적용대상은 중요한 쟁점이 된다. 전 국민에게 권리로서 주어지는 사회보험급여가 법령에 의해 일부 국민들로 제한된다면, 이것은 규범적으로 타당성을 상실하는 것이 된다. 의료보험법의 경우 1977년 실시 초기에는 상시 근로자 5백 인 이상의 사업장에만 한정적으로 적용되었으나 1989년 이후 그 대상을 전 국민으로 확대해 이러한 우려는 완화되었다.

이와 같이 우리나라의 대부분의 사회보험법들은 제도 실시 초기에는 매우 한정된 범위의 국민을 대상으로 하다가 점차 범위를 보편적으로 확대해가는 경향을 보이는데, 이것은 법의 규범적 타당성을 획득해 나가는 과정으로 볼 수 있다.

그런데 문제는 법률에서는 '모든 국민은 …'이라고 규정되어도 실제로는 대통령령인 시행령에서 적용되는 인구층의 범위를 규정하도록 하고 있어 문제라고 본다. 사회복지에 대한 국민 개개인의 권리가 법적으로는 추상적으로 규정되고 실질적으로는 행정부의 수반인 대통령의 명령에 의해 결정되는 것은 법치주의적 관점에서 볼 때 우려되는 점이 있다. 사회보험법의 대상자가 이러한 방법으로 설정되는 것은 사회복지분야가 법에 의한 지배를 받는 것보다는 정치권력이나 행정지배의 대상이 될 수 있다는 것을 의미한다. 이는 개인의 권리실현이라는 면에서 문제가 될 수 있다.

생각해보자. 의료보험법에서 적용대상을 상시 근로자 500명 이상의 사업장의 근로자로 한정한다면, 이에 해당하지 않는 많은 국민들은 의료보장을 받을 수 없게 되는데, 이것의 합리적 이유는 무엇인가? 이것은 생존권이나 사회권과 같은 권리의 개념 이전에 경제적, 정치적 논리가 지배하고 있다는 증거이다. 실제로 수급권자의 범위는 기본권 존중의 논리보다는 경제우위를 지향하는 정치권력의 정치적 동기가 입법과정에서 결정적으로 작용했던 것이다(이홍재, 1990: 226).

또 하나 쟁점이 되었던 예로서 과거 생활보호법 제3조를 들 수 있겠다. 이 법은 1982년에 개정된 이래 한 차례도 개정되지 않고 있다가 1997년 7월 임시국회에서 개정되었고, 개정된 법률이 시행도 되기 전에 환난(換亂)이 발생하여 국민기초생활보장법으로 대체되었다. 특히 생활보호법 제3조는 보호대상자의 범위를 규정한 것으로서 규범적 타당성의 중요한 척도가 되는데, 1997년 개정법과 국민기초생활보장법의 대비는 〈표 5-3〉과 같다.

공공부조법은 최후의 사회보장법이라 할 수 있다. 사회보험법 등 기타 사회복지관련법들을 통한 급여를 갖고도 최저생활수준을 밑도는 경우 빈곤의 발생사유를 묻지 아니하고 급여를 제공하는 법이다. 그런데 과거 생활보호법(1982)의 경우는 영국의 신빈민법(1834)의 수준이라고 해도 과언이 아니다. 즉, 노동무능력자만을 대상으로 한다는 점에서 현대적 공공부조의 취지를 벗어난 것이다.

우리 법이 흔히 참조하는 일본의 생활보호법에서도 보호대상자의 범위에 관한 규정은 존재하지 않는다. 그 대신에 제2조(무차별 평등)

의 규정에 따라 국민 누구나 일정한 기준에 미달하는 생활수준에 처하게 되면 보호를 신청할 수 있는 것이다(제7조 보호신청의 원칙). 왜냐하면 헌법상 인간다운 생활을 할 권리의 이념에 따라 생활이 곤궁한 자를 보호하는 것을 이 법의 목적으로 하고 있기 때문이다(제1조).

1997년에 우리나라 생활보호법은 개정이 되었지만 구법의 규정을 그대로 둔 채 부양의무자와의 관련성에 대해서만 너그러운 태도로 진화되었을 뿐 공공부조법으로서의 본질적 변화는 이루지 못했다. 결국 국민기초생활보장법에 와서야 공공부조법으로서의 진면목을 갖추게 된 것이다. 이러한 대상자에 대한 규정은 생활보호법이 규범적으로 타당하지 못함을 보여주는 것이다. 〈표 5-3〉에서 3개의 법률에서 대상자 범주를 비교해본다.

대상자 요건과 범위에 관련하여 가장 문제가 되었던 것 중의 하나가 바로 장애인의 범주였다. 과거 장애인복지법에서는 지체장애, 시각장애, 청각장애, 언어장애, 정신장애 등의 경우에만 장애인으로 인정했으나 1999년 개정된 법에서는 장애인의 범주를 신체적 장애와 정신적 장애로 대별하고 신체적 장애에는 주요 외부신체기능의 장애와 내부기관의 장애를, 정신적 장애에는 정신지체 또는 정신적 질환으로 발생하는 장애를 포함시켰다(장애인복지법 제2조). 그리하여 장애인의 종류로서 지체장애인, 뇌병변장애인(뇌성마비 등), 시각장애인, 청각장애인, 언어장애인, 정신지체인, 발달장애인(자폐증 등), 정신장애인, 신장장애인, 심장장애인 등을 인정하였고, 현재는 15개 종류로 확대되었다(같은 법 시행령 제2조 별표 1).

이로 인해 법적 장애인의 범주가 대폭 확대되어 사실적으로 장애를 가진 사람들을 상당수 포괄하게 되었다. 이는 곧 장애인복지법이 규범적으로 그 정당성이 증대되었다는 것을 말한다.

〈표 5-3〉 공공부조법의 보호대상자 범위 대비

생활보호법 (1982)	생활보호법 개정법 (1997)	국민기초생활보장법 (1999)
제3조(보호대상자의 범위) ① 이 법에 의한 보호대상자는 부양의무자가 없거나 부양의무자가 있어도 부양능력이 없는 다음 각 호의 1에 해당하는 자로서 이 법에 의한 보호를 필요로 하는 자를 말한다. 1. 65세 이상 노쇠자 2. 18세 미만의 아동 3. 임산부 4. 폐질 또는 심신장애로 근로능력이 없는 자 5. 기타 생활이 어려운 자로서 이 법에 의한 보호를 필요로 한다고 인정하는 자 ② 제1항 제2호의 18세 미만의 아동을 보호하는 경우에 그 아동의 양육을 위해 필요하다고 인정될 때에는 아동과 함께 그 어머니를 보호할 수 있다.	제3조(보상자의 범위) ① 이 법에 의한 보호대상자는 부양의무자가 없거나 부양의무자가 있어도 부양능력이 없거나 부양을 받을 수 없는 다음 각 호의 1에 해당하는 자로 최저생계비를 감안하여 보건복지부장관이 소득과 재산을 기준으로 하여 매년 정하는 보호대상자 선정기준에 해당하는 자를 말한다. 1. 65세 이상의 노쇠자 2. 18세 미만의 아동 3. 임산부 4. 질병, 사고 등의 결과로 근로능력을 상실했거나 장애로 근로능력이 없는 자 5. 제1호 내지 제4호의 자와 생계를 같이 하는 자로서 이들의 부양, 양육, 간병 기타 이에 준하는 사유로 생활이 어려운 자 6. 기타 생활이 어려운 자로서 자활을 위해 이 법에 의한 보호의 일부가 필요한 자 ② 제1항이 정하는 보호대상자에 해당하지 아니하여도 생활이 어려운 자로서 일정 기간 동안 이 법이 정하는 보호의 일부가 필요하다고 보건복지부장관이 정하는 자는 보호대상자로 본다. ③ 제1항의 부양의무자가 있어도 부양능력이 없거나 부양을 받을 수 없는 경우는 대통령령으로 정한다.	제5조(수급권자의 범위) ① 수급권자는 부양의무자가 없거나, 부양의무자가 있어도 부양능력이 없거나 부양을 받을 수 없는 자로서 소득인정액이 최저생계비 이하인 자로 한다. ② 제1항의 규정에 의한 수급권자에 해당하지 아니하여도 생활이 어려운 자로서 일정기간 동안 이 법이 정하는 급여의 전부 또는 일부가 필요하다고 보건복지부장관이 정하는 자는 수급권자로 본다. ③ 제1항의 부양의무자가 있어도 부양능력이 없거나 부양을 받을 수 없는 경우는 대통령령으로 정한다.

③ 급여수급의 요건 및 급여의 종류와 수준

급여나 서비스를 지급받는 것과 관련해 급여의 구성요건(構成要件)과 급여의 종류 및 제공방법을 어떻게 규정하는가의 쟁점은 사회복지법의 규범적 정당성을 확인할 수 있는 하나의 근거가 된다.

먼저, 구성요건의 문제를 보자. 귀속적 욕구에 대한 법은 법정사유(法定事由)가 존재하기만 하면 급여를 제공하게 되어 있다. 반면에 인과성의 원리가 지배하는 사회보험법의 경우에는 인과성을 인정할 수 없는 경우 급여의 제한을 규정하고 있다. 사회보험 역시 보험이기 때문에 보험사고, 즉 법적으로 인정된 사회적 위험이 불가결의 요소이다. 보험사고는 우연성, 불확정적인 것이어야 하기 때문에(김봉룡, 1988: 459) 피보험자의 고의나 불법행위에 의한 것은 적용에서 제외된 것이다. 실례로 국민건강보험법 제53조, 국민연금법 제82조 이하 제85조, 산업재해보상보험법 제83조 등에서 급여의 제한을 규정한다. 이것은 집합적 책임으로 보상할 만한 가치가 없다고 판단되는 사안에 대해서 자기책임을 요구하는 원리가 반영된 것으로 볼 수 있다.

그러나 산업재해보상보험법과 같이 보상적 욕구에 관한 법은 급여의 구성요건이 까다롭게 규정되어 있다. 같은 법 제1조의 구성요건을 보면 '업무상 재해'이어야 보험급여를 받을 수 있도록 되어 있다. 여기에서 업무상의 재해란 '업무상 사유에 의한' 재해를 말한다(제3조 제1항). 자본가의 이익을 옹호하려는 시민법적 전통의 관점에서는 '업무상'의 개념을 엄격하게 적용했다(윤찬영, 1992: 566). 1897년 영국의 노동자보상법(Workmen's Compensation Act) 이래 '업무수행성'(in the course of employment)과 '업무기인성'(out of the employment)이 '업무상'의 개념으로 인정되었고, 이것이 일본법의 해석에 영향을 미쳤으며, 우리나라에도 그대로 도입된 것이다(문원주·조석련, 1992: 133). 따라서 '업무상의 재해'라는 급여지급의 법정사유의 해석에 논란이 많기 때문에 산업재해보상보험법은 책임보험과 사회보험의 비교에서도 설명되었 듯이 사회보장법으로서 완전한 규범적 타당성을 갖지 못하는 것이다. 급여나 서비스를 제공받는 과정상의 방법도 사회복지법의 규범적 타 당성 판단의 기준이 된다. 대부분의 사회복지서비스법에는 '복지조치' (福祉措置)라는 규정들을 두고 있다. 복지조치는 곧 직권조치(職權措 置)로서 신청주의(申請主義)와 대립되는 개념이다. 즉, 자신의 권리를 바탕으로 급여를 신청하는 것과 달리 직권조치는 행정조직의 판단에 따라 급여가 제공되는 것이다. 그러므로 '조치'라는 것은 형성행위(形 成行爲) 또는 특허(特許)의 성질을 갖는 행정행위(行政行爲)이다(小川 政亮, 1978: 118). 따라서 조치는 행정행위에서 재량행위(裁量行爲)에 속한다.

대부분의 사회복지서비스법에서 조치에 관한 규정은 '… 할 수 있다' 는 임의적 규정으로 되어 있고, 사회복지법의 합목적적 성격상 그것 이 기속적(羈束的) 재량행위에 속한다 할지라도 그것은 엄연히 재량 행위인 것이다. 즉, 재량행위일지라도 사회복지서비스법이 추구하는 합목적성의 범위 안에서의 재량이기 때문에 그 합목적성의 구속을 받 는다는 점에서 기속적 재량행위라고 보는 것이다.

물론, 신청주의냐 직권주의냐 하는 기준은 현실적으로 어느 하나만 이 권리성 인정에 절대적이라 할 수는 없다. 왜냐하면 사회복지서비 스 대상자들 중에는 스스로의 인지능력이나 물리적 능력으로 자발적 신청을 할 수 없는 사람들도 있기 때문에 이러한 경우에는 담당 공무 원이나 사회복지사의 직권에 의해 급여나 서비스를 제공하는 것이 바 람직하기 때문이다. 그러나 적어도 이념적으로는 신청주의에 의한 서 비스수급(受給)이 권리성에 기반을 둔 방법이라 할 수 있다. 직권주의와 같은 재량행위에 의존하는 사회복지법체계는 '법의 지배'(*rule of law*)의 원칙을 무너뜨리게 되고, 대신에 행정권의 지배를 강화시켜 결국은 대상자의 권리성 인정에 인색하게 되는 경향을 띠게 되는 것이다(윤찬영, 1994a: 185~186).

또한 급여 및 서비스의 종류나 품목 그리고 그 수준을 어떻게 설정하느냐 하는 것도 규범적 타당성의 요건이 된다. 대상자의 욕구를 충족시킬 수 있는 급여나 서비스의 품목이 제공되지 않는다면 또는 욕구를 충족시킬 수 있는 정도의 급여나 서비스가 제공되지 않는다면, 다시 말해서 적절성(*adequacy*)을 유지하지 못한다면 이는 사회복지법으로서의 규범적 타당성을 갖지 못하는 것이다. 예를 들어, 장애인복지법이나 관련법들이 장애인들의 이동권을 충족시키는 서비스를 제공하지 못한다든지, 국민기초생활보장법에서 과거 생활보호법에서 제공하지 못했던 주거급여를 제공하는 것은 적절성의 원칙을 어느 정도 충족하게 된 것이지만 전반적 급여수준이 과연 적절한가에 대해서는 의문이 있다. 그 기준이 되는 최저생계비가 낮게 책정되면 급여수준이 적절성을 충족할 수 없기 때문이다. 급여수준이 최저생활수준조차 충족시키지 못한다면 이는 사회복지법으로서의 규범적 타당성을 상실하는 것이다.

④ 재정부담의 원칙

사회복지법이 규범적으로 정당성을 갖기 위해서는 국가의 책임성이 충실하게 이행될 수 있어야 하는데, 이것은 특히 재원의 조달 또는 부담의 원칙에 의해 확인될 수 있다. 사회복지법에 충당되어야 하는 재정을 국가책임의 원칙하에 관철시킬 때 복지성(福祉性)을 갖게 되는 것이다. 즉, 국가는 사회공동체의 대표이자 책임자로서 지위를 갖는 것이며, 이러한 지위에 따라 소득의 재분배 차원에서 재원을 조달하여 부담하지 않으면 그것은 복지적 성격도 갖지 못하는 것이며 대상자의 권리성 보장도 희박하게 되는 것이다.

현재 공공부조법인 국민기초생활보장법은 중앙정부와 지방자치단체 간의 비용분담을 규정해 놓고 있다(법 제43조). 그러나 사회보험법의 경우, 노·사·정의 3자부담을 이상적 원칙으로 상정해볼 때, 국가의 책임은 이행되고 있지 못하다. 이것은 사회보장기본법 제28조 제2항의 규정에 따라 사회보험의 비용은 사용자, 피용자, 자영자가 부담하는 것이 원칙으로 되어 있으며 국가는 관계법령이 정하는 바에 따라 그 비용의 일부를 부담할 수 있게 되어 있다.

사회보험의 비용이란 급여에 소요되는 비용을 말하는데 우리 법에서는 관리, 운영비까지 포함하는 것 같다. 그리하여 개별 법률들을 보면, 국민연금법 제87조가 "… 필요한 비용의 전부 또는 일부를 부담한다"라고 규정하고 있고, 산업재해보상보험법 제3조 제1항은 "국가는 매회계년도 예산의 범위 안에서 보험사업의 사무집행에 소요되는 비용을 일반회계에서 부담해야 한다"고 규정하고 제2항에서는 "국가는 매회계년도 예산의 범위 안에서 보험사업에 소요되는 비용의 일부를 지원할 수 있다"라고 하며, 고용보험법 제5조는 "… 드는 비용의 전부 또는 일부를 일반회계에서 부담할 수 있다" 등으로 규정하고 있다. 급여비용도 아닌 운영비와 관리비 등에 대해서 국민연금법과 산업재해보상보험법만이 강행규정으로 되어 있고, 다른 사회보험법들은 비용의 일부를 부담 또는 지원할 수 있다는 정도의 임의규정으로 되어 있다. 그나마 이러한 규정들은 과거에 비해 모두 진일보한 표현들이다. 과거에는 대개 "관리운영비의 일부를 보조할 수 있다"는 정도로 규정하고 있었다. 더욱이 산업재해보상보험법이 사무집행비 외에 보험사업비용의 일부라도 지원할 수 있도록 규정한 것은 과거에 비해 상당히 진전된 것이다. 이렇게 국가의 부담과 지원이 임의적 규정의 형태로 되어 있는 것은 국민건강 및 생활보장과 의료상품화 간의 모순적 구조(이홍재, 1990: 233)가 극복되지 못한 채 시장논리에 종속되어 있다는 것을 나타내주는 것이다.

사회복지서비스법의 경우에는 재정부담의 원칙이 규범적 타당성 또는 복지적 성격과 더욱 거리가 있다. 사회복지사업법은 지역사회복지 계획수립을 의무화하고(법 제15조의 3 이하) 서비스 신청에 대해 보호계획을 수립하도록 하면서도(법 제2장의 2) 이에 대한 재정책임은 규정하지 않고 있으며, 같은 법 제42조는 국가가 사회복지시설을 설치·운영하는 자에 대해 필요한 비용의 전부 또는 일부를 보조할 수 있는 것으로 규정하고 있다. 장애인복지법 제79조는 복지실시기관이 부담하도록 하고 있으며, 재활상담 및 입소조치 등의 비용을 부담한 기관은 장애인 본인이나 그 부양가족으로부터 비용의 일부 또는 전부를 수납할 수 있도록 되어 있다(제80조 제1항). 단, 국가는 장애인복지시설의 설치 또는 운영에 필요한 비용을 보조할 수 있다(제81조). 노인복지법은 노인일자리전담기관의 설치·운영 또는 위탁에 소요되는 비용, 건강진단 등과 상담·입소 등의 조치에 소요되는 비용, 노인복지시설의 설치·운영에 소요되는 비용을 국가 또는 지방자치단체가 부담하도록 하고(제45조), 아동복지법 역시 국가의 비용보조에 대한 임의성을 규정하고 있고(제59조), 영유아보육법은 과거 수익자부담을 원칙으로 하고 있어 사회복지법 중 시장원리에 가장 가까운 위치를 가지고 있었는데, 현재는 무상보육(제34조), 양육수당(제34조의 2), 보육서비스 이용권(제34조의 3), 비용 지원의 신청(제34조의 4) 등을 통해 비용의 사회회가 급격히 추진되고 있다.

이와 같은 사회복지서비스법에서 규범적 타당성의 측면에서 문제제기할 수 있는 것은 국가부담 규정이 없거나 재정을 '보조할 수 있다'는 규정이다. 물론, 민간의 사회복지사업 주체들이 행하는 사회복지서비스이기 때문에 국가는 관여하지 않거나 재정적 보조에 대해서 당연히 재량권을 갖는다고 말할 수 있다.

그러나 국가가 사회복지서비스 대상자를 위한 구체적 프로그램을 가지고 있지 못한 상황에서 민간사회복지법인과 시설에 의존하고 있다면, 그것은 민간이 국가의 책임을 대행하는 것으로 보아야 할 것이다. 영유아보육시설 외에 국가가 운영하는 국공립사회복지시설이 없을 정도라면 오히려 국가가 민간의 사회복지사업에 대해서 일정한 정도는 재정적 부담을 져야 타당할 것이다. 그런가 하면, 2003년에 개정된 사회복지사업법은 국가가 직접적 서비스를 제공하는 규정을 두고 있음에도 재정부담이나 조달에 대해 언급을 하지 않고 있어 규범적 정당성의 문제가 제기된다.

비용의 보조라는 것은 특정한 사업의 촉진, 장려를 위해 비용을 지출하는 것이고, 비용의 부담이란 책임을 지는 경우에 쓰이는 용어이다(小川政亮, 1978: 146). 우리 법에서는 보조금이란 국가 외의 자(者)가 행하는 사무 또는 사업에 대해 국가가 이를 조성(助成)하거나 재정상의 원조를 하기 위해 교부하는 보조금과 부담금 기타 반대급부를 받지 아니하고 교부하는 급부금이라고 정의하고 있다(보조금의 예산 및 관리에 관한 법률 제2조 제1호). 부담금도 보조금이라 칭하는 것은 용어 선택의 문제가 있는 것으로 판단된다. 그러나 사회복지법의 규정들이 '부담한다'로 표현하지 않고 '보조할 수 있다'로 표현하는 것은 국가책임을 인정하지 않는 것으로 해석된다.

일반적으로 재정책임에 대한 입법의 태도는 크게 두 가지로 나뉜다. 첫째, 법률규정에 의해 국가의 재정지출이 강제되는 경우와 둘째, 정부의 재량적 결정에 의해 지출되도록 하는 경우가 있다(이원희, 1994: 103~108). 전자는 강행규정(强行規定)이고 후자는 임의규정(任意規定)인 것이다. 법령에서 '해야 한다'는 강행규정으로 되어 있으면 국가는 반드시 이에 필요한 재원을 마련해야 하는 것이다. 반면에 '할 수 있다'는 임의규정으로 되어 있을 때에는 국가는 재량적 판단에 따라 재원을 조달할 수도 아니할 수도 있는 것이다. 우리나라 사회복지법과 같이 임의규정이 많은 상황에서 국가의 재정책임을 기대하기는 어려운 것이다.

이와 같이 헌법상 국민의 권리와 국가의 의무, 법률에서 규정된 국가의 책임 등이 명문화되어 있어도 재정부담의 원칙에서 국가가 임의적 태도로 수급자, 민간법인 및 시설의 부담을 요구한다는 것은 사회복지서비스법 대상자의 욕구가 귀속적 욕구로서 인정되지 않고 평가적 성격으로 되기 때문이다. 이것은 합목적을 추구하는 사회복지서비스법의 규범적 타당성 및 복지성을 회피하는 것으로 평가할 수 있겠다.

(2) 실효성 체계

이상에서 사회복지법의 규범적 타당성 체계를 구성하는 요소들에 대해서 살펴보았다. 대부분 이러한 기준에 미흡한 현실이지만, 규범적으로 타당한 법이라 하더라도 그것이 현실화될 수 있는 법적 장치들을 가지고 있지 못하다면 그것은 실효성이 없는 법이 된다.

사회복지법의 실효성은 크게 보아 두 가지 측면에서 체계화할 수 있다. 첫째, 법 일반론적 차원의 것으로 객관적 실효성 체계를 들 수 있겠다. 이것은 각 법률들이 시행령과 시행규칙이 마련되어야 실제로 효력을 발휘할 수 있다는 것을 의미하는 것인데, 이에 대해서는 수직적 체계론에서 다루었기 때문에 여기에서는 생략하기로 한다. 둘째, 사회복지법의 특성을 고려한 실질적 내용 차원에서의 실효성 체계가 있다. 앞에서 살펴본 규범적 요소들을 현실에 적용하기 위해서 갖추어야 할 사회복지 전달체계로서의 조직과 그 인력, 재정조달의 방법, 권리가 침해되었을 때 그의 회복이나 보상을 요구할 수 있는 권리구제 절차, 법규범을 위반할 경우 이를 처벌하여 원활한 법집행에 대해 심리적 강제를 도모하는 벌칙 등이 주된 요소이다.

① 주체 및 관련조직(전달체계, 위원회 등)

사회복지법상의 급여 및 서비스의 공급 주체가 누구인지 명확하게 규정하는 것은 법의 실효성을 위해 우선적으로 필요하다. 왜냐하면, 법적 주체가 설정돼야 법을 시행할 수 있기 때문이다. 또한 사회복지의 주체들이 무엇을 해야 하는지 명확하게 규정하는 것이 필요하다.

사회복지법상 사회복지의 주체는 국가, 지방자치단체 및 지방자치단체장, 법인, 단체 및 개인 등으로 구분된다. 동일한 법 내에서도 이들의 역할은 각각 별도로 규정된다.

사회복지법상의 급여나 서비스가 공급의 주체로부터 수급자에게 전달되기 위해서, 다시 말해서 급여 및 서비스의 실효성을 위해서 전달조직으로서 전달체계(*delivery system*)의 확보와 운영이 필요하다. 이것은 서비스의 공급자와 수급자를 연결시킬 뿐만 아니라 공급자들간의 관계도 정렬시키는 조직체계이다(Gilbert, 1993: 107). 이러한 전달체계의 확립은 자원의 효율적 이용과 대상자의 욕구를 효과적으로 충족시키는 데 결정적 역할을 한다. 따라서 사회복지법의 실효성 증대를 위해서는 잘 정비된 전달체계와 이를 포함하는 전체적 관리체계의 확립이 요구된다.

사회보장기본법 제29조는 국가 또는 지방자치단체의 전달체계 마련의 의무를 규정하고 있다. 특히 전달체계는 지역적·기능적 균형성 (제1항), 조정기능(제2항), 접근성(제3항)을 고려하여 확립하도록 규정하고 있다. 그리하여 사회보험법의 경우, 대부분 국가기관이 사업을 관장하고 있지만 주로 공단(公團) 형태의 공법인(公法人)으로 하여금 사업을 운영토록 규정하고 있다. 국민연금공단(국민연금법 제3장), 국민건강보험공단(국민건강보험법 제3장), 근로복지공단(산업재해보상보험법 제3장) 등이 그러한 것이다.

그러나 관장하는 부서가 보건복지부(국민연금, 국민건강보험), 노동부(산업재해보상보험, 고용보험), 교육과학기술부(사립학교교직원연금), 국방부(군인연금), 행정안전부(공무원연금) 등으로 난립하고 있어, 통합성과 전문성이 떨어지고 인력과 재원의 낭비를 초래하고 있다. 사회보험도 여러 부서로 사회복지서비스도 여러 부서로 분산되어 있어, 거의 유사한 일을 서로 다른 부서에서 서로 다른 조직체를 이용하여 급여 및 서비스를 전달하는 셈이다. 그리하여 사회보험 전체를 통합하거나 연금제도 등을 분야별로 하나로 통합하려 해도 각 전달체계의 인력을 감원하지 않고서는 불가능하게 되었다.

또한 관리체계 면에서 가장 집중적으로 논란이 되어 온 것은 과거 의료보험법상 관리조직체계인 조합주의체계이다. 통합주의자들의 비판에 따르면, 조합주의적 관리방식은 통합주의 방식에 비하여 위험분산, 소득재분배, 재원조달 등의 측면에서 열등한 것으로 판단되었다(국민의료정책심의위원회, 1988; 조흥준, 1996). 그러나 통합된 국민건강보험법의 운영체계에 대한 반발도 통합 초기에 상당했었다. 이와 같이 조직의 문제는 급여의 제공, 재원 조달, 복지이념의 실천 등의 쟁점과 밀접한 관련이 있기 때문에 법의 실효성과 직결되는 중요한 위치를 갖는 것이다.

전달체계의 문제가 가장 심각하게 드러나는 영역은 공공부조법인 국민기초생활보장법과 사회복지서비스법 영역이다. 이들 사업은 보건복지부가 관장하고 있지만 독자적 전달체계를 확보하지 못한 채, 지방자치단체의 기구를 통하여 급여 및 서비스의 전달을 시행하고 있다. 그러나 현재의 체제에서 파생되는 서비스의 전문성 결여, 일반행정에 대하여 종속되는 문제들이 있다.

또한 사회복지법상의 조직으로서 전달체계나 관리조직은 아니지만 중요한 역할을 수행하는 조직으로 각종 위원회가 있다. 각각의 법들은 저마다 해당 위원회 제도를 두는데, 이는 심의(審議)기구 또는 자문(諮問)기구로서 법적 지위를 가지며, 때로는 의결기구로 규정되기도 한다(예: 국민기초생활보장법상 생활보장위원회). 의결이 아니더라도 실질적이고 효과적인 심의와 자문이 이루어진다면 법의 실효성을 증진시키는 데 상당한 정도로 기여할 수 있을 것이다.

그렇다면 사회복지법상 각 위원회들은 법의 실효성 확보에 얼마나 기여하는가? 그것은 각 위원회에 부여된 법적 권한을 통해 가늠할 수 있을 것이다. 사회복지법상 각종 위원회의 소속과 권한을 정리해 보면 〈표 5-4〉와 같다.

모든 사회복지법상의 위원회가 나름대로 실효를 거두기 위해서는 — 모든 위원회가 의결권을 갖지는 못하지만 — 적어도 이와 같은 관계 공무원의 출석 및 설명요구권과 자료제출요구권 정도는 부여되어야 할 것이다.

더 나아가 위원회의 구성에 '수혜자 참여'를 보장하는 것이 바람직한데, 이는 되도록 시행령이 아닌 모법(母法)에서 규정해야 하며, 위원회의 유회(流會)를 방지하기 위해 회기(會期)를 두거나 위원회에 예

·결산 심의권 정도를 부여하는 규정을 두는 것이 적절할 것이다. 이러한 위원회 규정들은 행정권의 자의적 재량에 대해 제한을 가하여 규범의 실효성을 제고(提高)할 수 있는 하나의 장치가 되는 것이다.

한편 공공부문이 아닌 민간부문의 전달체계 역시 사회복지서비스의 특성상 매우 중요하다. 민간부문의 전달체계로서는 수용시설과 이용시설 모두를 포함하여 사회복지시설이 중요한 위치를 차지하고 있다. 사회복지사업법은 민간시설들에 대해 그 설치·운영의 주체로서 과거에는 법인만을 인정했으나 1997년에 개정된 사회복지사업법에서는 보건복지부령이 정하는 시설 외에는 비법인 시설도 인정하고 있다(제37조). 기본적으로 사회복지시설에 대해 법인화를 요구하는 것은 사회복지사업의 공공성 또는 공익성을 유지하기 위한 입법 취지 때문이다.

〈표 5-4〉 각종 위원회의 소속과 권한

법의 명칭	위원회의 명칭	소 속	권 한
사회보장기본법	사회보장위원회	국무총리	심의·조정
사회복지사업법	사회복지위원회	특별시·광역시·도	심의 또는 건의
	지역사회복지협의체	시·군·구 (자치구)	심의 또는 건의
국민기초 생활보장법	중앙생활보장위원회	보건복지부	심의·의결
	생활보장위원회	시·도/시·군·구 (자치구)	
아동복지법	아동정책조정위원회	국무총리	조정·감독·평가
장애인복지법	장애인복지조정위원회	국무총리	조정·감독·평가
영유아보육법	보육정책조정위원회	국무총리	심의·조정
	중앙보육정책위원회	보건복지부	심의
	지방보육정책위원회	특별시·광역시·도 및 시·군·구(자치구)	심의
정신보건법	중앙정신보건심의위원회	보건복지부장관	심의·심사
	지방정신보건심의위원회	시·도지사	심의·심사

그러나 사회복지법인은 본질적으로 재단법인의 성격을 띠는데, 이는 공익을 위해 바쳐진 재산을 토대로 법적 인격을 취득하게 되지만 종종 사유화(私有化)의 관행으로 말미암아 사회적 문제를 야기하기도 한다. 사회복지법인은 재단법인 성격을 갖는 비영리법인이므로 기본적으로 사회적 감시의 대상이 되어야 한다. 자본주의 시장에서 재화는 이윤을 추구하는 것이 존재 목적이다. 그러나 사회복지법인(교육법인이나 종교법인도 마찬가지임)은 이러한 이윤추구를 포기하고 비영리의 공익적 목적을 위해 시장으로부터 이탈한 재화이다. 따라서 비영리 목적을 달성하기 위해 노력하는지 국가 또는 사회로부터 검증받아야 하는 사명을 가지고 있다. 그래서 사회복지법인과 시설은 투명해야 하고 공공적 성격을 유지해야 하는 것이다.

또한 민간 사회복지시설의 법인화는 법인의 자격을 취득하기 위해 법규정이 요구하는 많은 시설물과 인력이 확보되어야 하기 때문에 결국은 시설의 대규모화를 지향하게 한다(박석돈, 1990: 39). 사회복지서비스를 실효성 있게 하기 위해서는 규모가 큰 시설보다는 가정과 같은 분위기를 형성할 수 있는 작은 규모의 시설이 필요하다. 그리하여 사회복지사업법은 이러한 소규모 시설도 법인화하지 않고 사회복지사업을 행할 수 있는 길을 열어 놓았으며, 또한 대규모 시설도 수용인원이 300명이 넘지 않도록 규제하고 있다(제41조). 따라서 소규모 시설에 대한 실효적 규정들이, 특히 시행령이나 시행규칙을 통해서 마련되어야 할 것이다(윤찬영, 1997b). 아동복지시설이나 장애인복지시설은 공동가정(이른바 *group home*)의 설치·운영을 가능하게 한다(아동복지법 제16조 제1항 제10호, 장애인복지법 제48조 제1항 제2호).

② 인력

조직과 더불어 사회복지법의 실효성 체계를 구성하는 중요한 요소가 바로 인력에 관한 규정이다. 사회복지서비스법은 전문인력 없이는 서비스가 제공될 수 없는 성격을 가지고 있다. 서회복지서비스에서 가장 중심이 되는 사회복지사를 중심으로 하여 의사, 간호사, 특수교사, 언어치료사, 물리치료사, 보육사 등 많은 전문직 종사자를 필요로 하는 것이다.

따라서 사회복지사 등 전문가들에 대한 법적 규정을 체계적으로 두는 것이 필요하다. 현재 사회복지사업법에서는 사회복지사 자격증의 발급과 국가시험(제11조, 제12조), 사회복지사 채용요건(제13조), 사회복지전담공무원(제14조) 등에 대해서 규정을 두고 있다.

그러나 사회복지사 등 전문가들의 법적 지위, 권한과 책임 등에 대해서는 규정이 없다. 1997년 7월 임시국회에 제출된 야당의 사회복지사업법 개정안에는 전문가에 대한 규정이 한 장(章)으로 되어 있었는데 최종안에서 삭제되었다. 일본의 경우에는 '사회복지사 및 개호(介護) 복지사법'이 제정되어 있다는 점을 고려해볼 때, 우리 법에서도 최소한 하나의 장 정도의 규범체계는 존재해야 할 필요가 있다. 이러한 규정들을 통해 사회복지사가 서비스를 제공할 때 전문가로서 가질 수 있는 권한과 책임이 분명하게 정리되어야 하고 또한 노동시간이나 보수를 포함한 노동조건 등에 대해서도 부당한 대우를 받지 않도록 분명하게 규정되어야 할 것이다. 현재와 같이 공익을 실천하는 전문가로서의 지위도 근로자로서의 권리도 규정되어 있지 못한 상황에서 사회복지법의 실효성을 기대하기는 어려운 것이다. 이것은 궁극적으로 서비스 대상자의 삶의 질 또는 권리의 증진에 기여할 수 있는 것이다.

한편 전문직 인력뿐만 아니라 자원봉사자와 같은 인력도 사회복지서비스 전달에서 중요한 역할을 맡는다. 자원봉사자 개인의 입장에서 자원봉사는 개인적 사실행위로 간주될 수 있지만, 법정 서비스를 전달한다든지 법에 따른 사회복지사업의 실시과정에 참여하게 될 때에는 이들에 대한 관리, 교육, 등급, 배치, 보호 등에 대해서 법적 규정이 필요하다. 지난 1988년 자원봉사활동에 대한 법안이 준비되었던 경험이 있고, 1994년에도 당시 보건사회부의 '공익자원봉사진흥법안'과 야당인 민주당의 '자원봉사활동기본법안'이 국회에서 논란이 되었는데, 모두 다 정치적 사안이 쟁점이 되어 결국 무산되었다. 2004년 7월 자원봉사활동진흥법안이 국회에 제출되어 논란이 이어지다가 2005년 8월 4일 행정자치부 소관으로 '자원봉사활동 기본법'이 제정되었다. 그런가 하면, 지난 1997년 전문 개정된 사회복지사업법 제7조는 국가 및 지방자치단체가 자원봉사활동을 지원, 육성하기 위한 조항을 신설하여 현재 제9조에서 규정한다. 바람직하건대, 사회복지사 등 전문가에 대한 것과 마찬가지로 자원봉사자에 대해서도 일정한 지원과 보호 또는 보상을 제공하는 규정이 필요하다. 그것은 자원봉사가 활성화되면 사회복지서비스 역시 더욱 효과적으로 전달될 수 있기 때문이다. 그러나 자원봉사에 대한 활성화는 동시에 사회복지에 대한 국가의 책임을 강화하는 것과 병행되어야 할 것이다. 국가책임의 강화도 없고 사회복지사에 대한 규범체계도 없이 자원봉사를 강조하는 것은 논리가 전도되는 것이기 때문이다.

③ 재정조달 방법

국가가 사회복지법과 관련하여 재정을 부담할 것인가의 문제는 원칙적 문제로서 법의 규범적 타당성에 관련되는 쟁점이 되겠지만, 어떻게 재정을 조달할 것인가 하는 문제는 법의 실효성에 관련된 문제이다.

일반적으로 사회보험법은 '보험'이라는 제도적 방식에 의해 시행되기 때문에 중요한 것은 국가의 부담여부와 정도의 문제이지 재원 조달의 방법은 크게 문제되지 않는다. 즉, 규범적 타당성의 문제이지 실효성의 문제는 아닌 것이다. 사회보장기본법 제5조에서는 국가 및 지방자치단체가 매년 사회보장제도에 필요한 재원을 조달하도록 강제하는데, 이는 주로 공공부조 및 사회복지서비스에 대한 국가의 재정책임을 강조하는 것이다. 그러나 보험료 체납 시 국세징수절차를 준용하도록 한 사회보험법 규정들은 보험료 납입과 징수를 강제하려는 실효적 규정이다.

국민기초생활보장법이나 사회복지서비스법에 대한 예산은 국가의 조세수입으로 편성되는 것이 사실이다. 따라서 국가의 모든 재정이 국가의 조세수입으로 이루어지고 일정 정도의 예산을 확보해야 한다는 강행규정을 둔다면 사회복지법의 실효성은 더 이상 문제가 되지 않을 수 있다. 그러나 우리 법은 각종 기금을 유도하는데, 이것은 일종의 지불준비금 또는 책임준비금으로서의 성격을 갖는다. 생활보장기금, 사회복지사업기금, 국민연금기금 등이 그러하다. 그런데 이 기금은 그 절대액이 주로 민간의 출연금으로 조성되고 있어 행정부의 방만하고도 자의적 운영을 가져올 수 있다. 이것은 국가의 책임을 회피하는 법적 근거로 사용될 소지가 많다(박석돈, 1994: 125).

이러한 기금은 법률의 규정에 의해서만 부과할 수 있고 따라서 예결산에 대해 국회의 심의와 동의를 얻어야 하는 '조세법률주의'와 같은 법적 통제장치가 없어 문제가 된다. 특히 문제가 되었던 것은 1993년 제정된 공공자금관리기금법이었는데, 이는 국민연금기금, 공무원연금기금, 사립학교교직원연금관리공단의 자산 등 기타 연·기금 등의 여유자금을 공공자금으로 강제예탁하도록 하고 있어 사회복지법의 실효성에 커다란 타격을 주었다.

④ 권리구제

현실적으로 법이 수급자의 권리성을 인정한다 하더라도, 그 권리가 침해되었을 때 이것을 사실적으로 환원시키거나 보상받기 어렵다면, 그 권리는 실효적이지 못하다. 따라서 아동복지법, 영유아보육법, 장애인고용촉진 등에 관한 법률 등 몇 개를 제외한 대부분의 사회복지법에는 이의신청(異議申請), 심사청구(審査請求) 등 행정적 구제절차를 규정해놓고 있다.

그러나 이러한 절차들은 행정적 구제절차에 불과하기 때문에 여기에 불복하는 경우를 위해 사법적(司法的) 구제절차 확보가 필요한 것이다. 물론, 현행 소송제도에 따라 행정소송을 통해 권리 확인을 받을 수도 있겠지만, 사회복지법에서 보장하는 권리에 내재하는 욕구는 생존과 관련성이 있고 급박한 욕구(urgent need)인 경우가 많은데, 소송절차에 따르는 시간과 비용을 고려한다면 권리확인에 비효율적이다. 국민기초생활보장법에서 급여여부 결정 전에 급여를 제공하게 할 수 있는 긴급급여 또는 사전(事前) 급여제도를 둔 것(법 제 27조 제 2항)은 적절하다고 볼 수 있다. 여기에서 한 가지 유념해야 할 것이 있다. 그것은 바로 2005년 12월 23일 제정되어 실시하는 '긴급복지지원법'인데, 이것은 2010년 12월 22일까지 시행되는 한시법(限時法)으로 제정되었다.[10] 이 법은 생계곤란 등의 위기상황에 처하여 도움이 필요한 자를 신속하게 지원함으로써 이들이 위기상황에서 벗어나 건강하고 인간다운 생활을 영위하게 하려는(법 제 1조) 법이다. 이는 국민기초생활보장법의 긴급급여와는 그 대상이 다르다. 즉, 기존의 공공부조법이나 혹은 이와 관련된 법의 대상자가 아닌 자 중에서 위기상황에

---

10 그러나 2009년 5월 28일 법개정으로 한시법임을 명기한 부칙 조항을 삭제함으로써 일반법률이 되었다.

처한 사람을 대상으로 하는 법이다.

또한 사회복지법과 권리실현의 실효성을 제고하기 위해서 사회복지 대상자를 위한 특별소송의 절차를 마련하는 것을 고려해야 할 것이다. 아니면, 독일과 오스트리아의 경우처럼 사회법원(社會法院)을 별도로 존재시키는 것도 생각해봄 직하다. 물론, 행정법원(行政法院)조차 없는 우리나라에서 사회법원을 기대한다는 것은 현재로서는 어려운 이야기이며, 또한 이것은 사법부의 조직개편과 개혁에 관한 사항이기 때문에 복잡한 문제이다.

⑤ 벌칙

법의 실효성을 확보하기 위해서는 벌칙이 필요하다. 사회복지법상 벌칙에는 형벌(刑罰)과 행정벌(行政罰)이 있다. 일반적으로 형벌은 벌금(罰金), 징역(懲役), 금고(禁錮), 사형(死刑) 등의 사법적 처벌이며 행정벌은 행정절차나 질서를 지키지 않은 데 대한 것으로서 과태료 등의 행정처분이다. 그러나 대부분의 벌칙은 형벌로 규정이 되어 있다. 그런데 사회복지법상의 형벌을 행정벌과 동일시하여 징계벌, 집행벌, 형사벌로 구별하는 경우도 있는데(김근조, 1994: 96), 이는 현행법의 경향을 설명하는 것으로서는 일면 타당성이 있을 수 있겠으나 바람직한 사회복지 형벌의 성격으로는 부적절하다.

이러한 형벌 등의 벌칙들은 법체계의 실효성을 확보하기 위한 물리적 수단이 된다. 모든 형사적(刑事的) 규범은 개인의 재산, 신체의 자유, 명예, 국가의 권위와 안위(安慰), 사회의 안정 등 그것이 보호하고자 하는 법익을 전제하고 있다. 따라서 사회복지법상의 형벌조항들도 사회복지와 관련된 법익을 보호해야 복지형법(福祉刑法)의 규범으로서 의미가 있는 것이다.

일반적으로 범죄와 형벌은 형법이 규정한다. 그러나 사회가 복잡해지고 급변하면서 범죄 또한 더욱 기승을 부린다. 그래서 특수한 범죄에 대하여 특별법들이 제정되었다. 예를 들어, 폭력행위 등 처벌에 관한 법률, 특별범죄 가중처벌법, 성폭력범죄의 처벌 및 피해자 보호 등에 관한 법률, 가정폭력범죄의 처벌 등에 관한 특례법 등이 제정되어 시행되고 있다. 사회복지법에서도 관련된 범죄를 규정하고 이에 대한 처벌조항들을 두고 있다. 이 조항들 역시 형법에 대하여 특별법의 지위를 갖는다.

2009년 이른바 '조두순 사건'[11]의 경우 형법, 성폭력범죄의 처벌 및 피해자 보호 등에 관한 법률, 아동복지법 등을 적용할 수 있다. 이 가운데 성폭력범죄의 처벌 및 피해자 보호 등에 관한 법률이 가장 강한 처벌을 하게 되어 있다.

그러나 검찰은 일반형법의 강간치상죄(형법 제301조)를 적용해 구형했다. 그러나 형법은 무기징역 또는 5년 이상의 징역을, 성폭력범죄의 처벌 및 피해자 보호 등에 관한 법률(제9조 제1항)은 무기징역 또는 7년 이상 징역을 규정하기 때문에 결과적으로 큰 차이는 없었을 것이다. 그래도 굳이 형법을 적용한 취지가 의문이다.

그런데 아동복지법은 아동에 대한 성폭행의 경우 10년 이하의 징역 또는 5천만 원 이하의 벌금에 처하도록 규정하고 있어, 다른 법률과 균형이 맞지 않는다. 만약 위 사건을 아동복지법으로 처벌했다면 훨씬 낮은 형량을 부과하게 된다. 아동복지법이 진정 아동의 복지를 보호법익으로 예정하는 것인지 의심하게 만드는 점이다.

---

11 2009년 전 국민적 분노를 일으킨 사건으로, 범인 조두순이 술에 취한 상태에서 초등하고 저학년 여학생에게 성폭행을 가해 내장, 항문 등이 파손되어 정상적 생활을 할 수 없을 정도의 엽기적 범행을 저지른 사건.

형법 및 형벌규정들은 그 규정을 통해 보호하고자 하는 법익이 있다. 예컨대 살인죄 규정은 인간의 '생명'을 보호법익으로 하는 것이다. 즉, 살인죄를 범하면 상응하는 처벌을 받으니 살인하지 말라는 금지규범인 것이다. 이러한 금지를 통해 인간의 생명을 보호하고자 하는 것이다.

그렇다면 사회복지법에 규정된 범죄 역시 보호법익이 있을 것이다. 추상적이나마 사회적 약자인 사회복지대상자의 "복지"를 보호법익으로 해야 할 것이다. 보호법익을 위해 필요한 것은 어떤 행위를 범죄로 규정하느냐 하는 구성요건과 형량이다. 형량은 일반형법이나 각종 특별법들과 면밀하게 비교해봐야 할 문제이다.

따라서 여기에서는 구성요건의 문제를 살펴본다. 구성요건은 어떤 행위가 범죄행위인가를 규정하는 것이다. 그래서 이것은 최대한 구체적이고 명백하게 규정될 필요가 있다. 그렇지 않으면 오히려 범죄 혐의자를 양산하여 인권침해를 가져오거나 또는 실효적으로 적용되지 못하고 사문화될 수 있다.

예컨대, 사회복지시설의 설치를 정당한 이유 없이 방해한 자는 1년 이하의 징역 또는 3백만 원 이하의 벌금에 처해진다(사회복지사업법 제54조 제1호). 우리는 흔히 장애인시설 등을 설립할 때 지역사회 주민들이 혐오시설이라며 반대하는 집단행동들을 목격하게 된다. 이 법규정에서 "정당한" 이유와 "방해"라는 요건이 매우 애매하고 포괄적이다. 지역주민들의 삶의 질이나 행복추구권 등은 정당한 이유에 해당될 수 있고, 반대의 의사표시를 한 것은 "방해"라기보다 헌법상 표현의 자유, 집회의 자유로 해석될 수 있다.

사회복지시설의 설치를 방해하는 행위를 금지하는 것은 사회복지시설을 통해 생존해야 할 사람들의 생존권, 인간다운 생활을 할 권리,

주거권 등을 보호하고자 하는 것이다. 이러한 권리는 지역사회 주민들도 똑같이 갖는 것이며, 그들이 시설의 설치를 방해한다는 것이 어떤 행위를 말하는 것이지, 어떤 이유가 정당한 이유인지 좀더 명백하게 규정할 필요가 있다. 물론, 모든 행위를 규정할 수는 없지만, 너무 포괄적이거나 추상적으로 규정하는 것은 일반인들의 권리를 침해하게 되어 무용지물의 법이 되고 만다.

이러한 부분에 대한 체계적 정비가 필요하다. 이 또한 사회복지실천의 중요한 방법일 것이다.

사회복지법상 형벌규정이 보호해야 하는 최고의 법익(法益)은 대상자 또는 수급자의 인권 및 수급권을 보호하는 것이라 하겠다. 최근 많은 사회복지관련법들이 개정되면서 대상자 내지 수급자의 권익보호를 강조하는 경향이 받아들여져 이들의 이익이나 권리를 침해하는 경우에 대한 형벌이 강화되고 있다. 이는 법의 실효성 측면을 고려한 발전이라고 보인다.

국가가 사회복지에 대한 헌법 및 법률에 따르는 책임에 대해서는 경제논리 등을 이유로 소극적 입장을 보이면서 수급자들에게는 철저하게 형벌규정을 둔다는 것은 균형이 맞지 않는다. 이러한 태도는 사회복지법상의 형벌규정의 보호이익이 사회복지대상자의 권리에 있는 것이 아니라 국가의 권위와 재산의 보호에 있는 것처럼 보인다.

사회복지법상 형벌이란 국가공무원뿐만 아니라 사회복지시설 및 기관의 장과 종사자, 일반국민 모두가 대상이 되는 것이며, 가장 중요한 보호법익은 사회복지법 대상자의 인간다운 생존을 할 권리인 것이다. 따라서 사회복지법의 대상자에게 실질적으로 효과적 법규범이 되기 위해서는 대상자의 권익을 보호하는 형벌중심의 체계가 확립되어야 할 것이다.

(3) 이론적 함의와 유용성

규범적 타당성은 사회복지법을 진정으로 사회복지법답게 만드는 사회복지적 이념이나 가치, 원리가 얼마나 충실하게 반영되어 있는지를 판단하는 기준이다. 대체로 권리성, 대상자의 요건과 범위, 급여의 요건과 방법, 급여의 종류 및 수준, 재정부담의 원칙 등이 규범적 타당성의 체계를 이루는 요소로 파악된다.

권리성의 기준에서 보면, 사회보험법과 같이 인과성의 법관계가 지배하는 영역의 법은 수급자의 급여청구권이 보장되어 있으나 합목적적 법관계의 지배를 받는 영역의 법들은 국민기초생활보장법상의 급여와 노인복지법상 경로연금제도를 제외하면 대체로 수급자의 권리성 인정에 미흡하다.

또한 욕구의 성격이 귀속적인 경우보다는 보상적인 경우에 더욱 강한 권리성을 부여하는 경향이 있다. 보편적 사회보험법보다 특수직종을 대상으로 하는 사회보험법의 급여수준과 범위가 더 높고 넓은 것역시 특징 중의 하나이다. 또한 F영역의 법들은 개인의 자활, 자립에의 노력의 의무를 규정하거나(노인복지법 제2조 제3항, 한부모가족지원법 제3조, 국민기초생활보장법 제3조 제1항 등), 해당 행정부서의 재량에 의한 대상자의 선정과 복지조치들을 허용하고 있다. 이는 욕구의 귀속성을 인정하고 법정화된 구성요건에 의해 개인의 권리성을 보장하는 입법 취지라기보다는 욕구의 평가를 통해 욕구발생의 책임을 은연중에 개인에게 귀착시키려는 태도로 볼 수 있는 것이다.

대상자 적격성의 요건을 어떻게 규정하느냐 하는 문제도 사회복지법의 규범적 타당성과 관련이 된다. 사회보험법의 경우, 법의 적용대상자의 범위를 대통령령에 위임하는 것이 통상적 예로 되어 있다. 물론, 대상자의 범위를 계속적으로 확대 적용하게 되면 잦은 법개정이 이루어지게 되어 법적 안정성에 대한 시비가 있을 수 있겠으나, 아무런 조건 없이 대상자의 범위를 대통령령에 위임하는 것은 타당성 또는 정당성에 문제가 있다. 이것은 국민의 대표기관인 국회가 제정한 법보다 행정부의 명령규범에 따라 사회복지법의 대상자가 정해진다는 것을 의미하는 것이기 때문에 수급자의 권리성을 존중하기보다는 국가의 재정상태, 개인 및 기업의 지불능력, 기타 정치적 변수 등을 고려하는 측면이 더욱 강하게 반영되는 것이다.

또한 과거 생활보호법의 경우 제3조(보호대상자의 범위)는 노동무능력자를 그 대상으로 규정하고 이에 해당하지 않는 경우에는 보호기관의 재량에 의해 대상자를 선정하도록 규정되어 있었는데, 1997년 법률개정을 통해 대상자의 범위가 실질적인 면에서 약간 보강되었다. 그러나 같은 조의 제1항의 예시들은 여전히 노동무능력자를 대상으로 규정하는데, 이는 빈곤의 원인을 개인적 차원에서 인정하고 이에 따라 사회적 비난을 가하는 수준에서 보호대상자의 범위를 정하는 것이다.

그러나 1997년에 개정된 생활보호법에서는 최저생계비의 기준에 대해 규정하여(제5조의 2), 그동안 보건복지부 지침에 의해서만 이루어지던 자산조사 등 대상자 적격성의 심사기준이 법률로 명문화되어 행정부서의 재량을 기속하게 되었다. 하지만 이 법 시행규칙에 따라 만들어진 생활보호대상자 관리카드를 보면, 제6항에서 빈곤의 원인을 기재하도록 되어 있는데, 여기에는 여전히 개인적 차원의 원인만을 항목으로 제시하고 있다.

그런가 하면, 수급권자 및 수급자의 권리성을 인정했다는 국민기초생활보장법에서도 수급자로 인정되기 위해서 너무 많은 관문을 통과하도록 복잡하게 규정체계가 마련되어 있어 수급자 선정에서 숱한 시비를 낳고 있다.

이렇게 대상자 적격성의 요건을 제한적이고 복잡하게 규정하는 것은 빈곤이라는 생활상의 위험에 대해 개인적 책임을 부각시키고자 하는 취지에 입각해 있는 것으로 볼 수 있다. 진정한 사회복지법의 하나로서 존재하기 위해서는 자기책임을 져야 하는 대상자를 규율하는 법이어서는 곤란하며, 인간다운 생활을 유지하지 못하거나 할 수 없는 모든 사람을 대상으로 해야 할 것이다.

급여의 요건 또는 종류와 방법 역시 사회복지법으로서 갖추어야 할 요건이다. 우리의 사회복지법은 이 부분에서도 낙후성을 면치 못하는데, 인과성의 원리가 지배하는 영역의 법은 이로 말미암아 여러 가지 제한적 요건들을 규정하고 있다. 또한 급여의 수준은 대부분 하위 명령이나 지침 등의 형태로 결정되는 것이어서 규범의 목적을 침해하는 사례가 많다. 예를 들어, 산업재해보상보험법에서 '업무상 재해'의 개념을 지나치게 엄격한 인과성의 논리에 치중하는 기준을 적용한다든지, 국민건강보험법에서 급여를 받는 경우 본인부담금을 높게 책정하고, 요양급여기간을 제한하는 것 등은 급여수준을 지나치게 제한하여 입법의 규범적 목적을 침해하는 경우들이다.

한편 합목적성의 법관계가 지배하는 영역의 법들은 대부분 급여의 구성요건이 정비되어 있지 못하고, 해당기관이나 공무원의 재량적 판단에 따라 급여를 제공할 수 있도록 규정된 것이 많다. 또한 급여의 수준 역시 행정부서의 지침에 따르는 경우가 거의 대부분이다. 이러한 사항들을 법으로 명확히 규정해야 하는데, 이는 사회복지법이 체계성을 확보하기 위해서 앞으로 개발해야 할 과제의 하나라고 하겠다. 특히 D 영역〔귀속적 욕구-합목적적 법(률) 관계〕의 법에는 각종 수당에 관한 법규들이 마련되어야 이러한 문제를 어느 정도 극복할 수 있을 것이다.

국가의 재정부담은 국민 개개인의 사회복지 급여 및 서비스에 대한 권리성 인정에 기여할 수 있는 중요한 요건 중의 하나이다. 합목적성이 지배하는 영역, 즉 D, E, F영역의 법은 조세수입을 통해 재원을 조달하여 국가의 일방적 재정책임이 전제되고 있지만, 인과성의 원리가 지배하는 A와 B영역의 법, 즉 사회보험법들에서는 노·사·정 3자부담의 원칙에 따르는 국가의 재정적 부담이 이루어지지 않고 있다. 현행 법규상 국가는 행정상의 책임만 이행하고 있을 뿐 재정적 책임은 거의 지지 않고 있다. 이러한 현상은 F영역의 법에서도 마찬가지이다. 사회복지서비스와 관련하여 국가는 민간에 책임을 전가하고 있으며, 사회복지서비스를 제공하는 민간에 대해 국가는 단지 재정적 보조 또는 지원을 임의적으로 할 수 있을 뿐이다. 국가가 사회보험 운영이나 사회복지서비스에 대해 실질적으로 재정부담을 하지 않고 보조나 지원의 수준에 그치는 것보다는 규범적으로 재정부담을 원칙으로 하는 것이 사회복지법의 체계성을 확보하는 길이다.

한편 실효성을 갖는 사회복지법이 되기 위해서는 전달체계를 포함하는 조직과 인력에 대한 규정, 재정운용에 대한 규정, 권리구제의 절차와 벌칙에 대한 규정들이 정비되어 있어야 한다. 전달체계는 특히 합목적적 법관계가 지배하는 법영역에서 미비되어 있고, 전달체계에서 핵심적 역할을 수행하는 사회복지사, 사회복지전문요원 등의 사회복지전담공무원, 기타 전문인력 및 자원봉사자 등의 인력에 관한 체계적 규정들이 필요하다. 또한 모든 사회복지법에 규정되어 있는 각종 위원회는 전술했듯이 매우 부실하고 취약한 규정으로 유명무실한 위원회가 많아 법의 실효성 제고에 기여하지 못하는 실정이다.

수급자의 권리성을 확보하기 위해서는 권리가 침해되었다고 판단되는 경우에 이를 회복시켜 줄 수 있는 법적 절차가 보장되어야 한다.

이는 권리실현에 관련되는 것이기 때문에 해당 행정관청을 통해 이뤄지는 이의신청이나 심사청구 외에도 사법적 심사가 현실적으로 보장되어야 하는 것이다. 또한 사회복지법 대상자에 대한 국가의 설명 의무, 각종 정보제공의 의무, 상담에 응할 의무 등 부수의무(Neben-pflichten)는 사회복지법의 실효성을 위해 매우 중요한 것인데(전광석, 1991), 이들에 대한 규정이 사회보장기본법에 어느 정도 되어 있을 뿐 이것의 구체적 절차와 법적 효력 등에 대해서는 소홀하게 규정되어 있는 것이 사실이다. 따라서 권리실현의 행정적인 구체적 절차와 더불어 이를 침해당했을 경우 이에 대한 확인과 회복 또는 보상을 위한 구체적 행정절차와 더불어 현행 소송법체계와는 다른 특별한 소송절차가 마련되어야 사회복지법의 실효성을 높일 수 있을 것이다.

마지막으로 법의 실효성을 확보하기 위해서는 벌칙조항이 필요하다. 현행 사회복지법의 벌칙조항들은 일종의 '복지형법'으로서 기능해야 실효적 체계성을 확보할 수 있다. 즉, 형벌규정을 통하여 국민 개개인의 사회복지급여나 서비스의 수급권을 보호법익(保護法益)으로 해야 하는 것이다. 그러나 현행법들의 벌칙조항을 보면, 국가의 재정 또는 권위, 보험재정의 안정성 등만을 보호법익으로 하고 있어, 사회복지법의 규범성을 실현시킬 수 있는 실효적 규정이 아니라 오히려 규제적 성격을 띠고 있다.

이상을 종합해보건대, 우리 사회복지법은 규범적 타당성과 실효성의 체계가 외환위기를 기점으로 하여 많이 개선되기는 했지만 아직도 상당히 미흡한 것을 알 수 있다. 이러한 법체계 기준은 발전적 사회복지법의 대안을 찾을 수 있는 기준과 법 분석방법론으로도 활용할 수 있기 때문에 이를 통해 개별 입법에 대한 분석적이고 비판적 고찰을 지속적으로 행하는 것이 사회복지법의 내용적 체계성을 확보해줄 것이다.

제 6 장
권리로서의 사회복지

사회복지법에 따라 받게 되는 급여 및 서비스가 개인의 입장에서 볼 때 권리의 산물인기 아니면 국가의 새량석 행정에 따르는 반사적 이익에 그치는 것인가? 이것은 사회복지법제론 전체적으로 볼 때 매우 중요한 쟁점이 아닐 수 없다. 우리가 사회복지의 법적 쟁점들에 대해서 논의하고 분석 또는 비판하는 것은 결국 사회복지법에 대한 개인의 권리성을 확인하고 보장받기 위한 규범적 목적을 위한 것이다. 그러하지 않고 단순한 반사적 이익을 전제한다면 굳이 사회복지법에 대해서 논의할 만한 실익이 없다고 해도 과언이 아닌 것이다.

그리하여 이 장에서는 우선 권리로서의 사회복지를 이론적으로 해명하기 위해 인권과 시민권(市民權) 이론에 대한 고찰을 통해 사회권(社會權) 또는 복지권(福祉權)에 대한 논리를 확립하고, 헌법상 기본권으로서 사회적 기본권을 살펴보고 개별법에 근거한 수급권을 정리해본다.

1. 권리의 개념과 중요성

1) 권리의 의의

일반적으로 권리(權利)란 무엇을 의미하며 왜 중요하게 인식되는 가? 우선, 앞에서 논의했던 법관계 또는 법률관계를 상기해보자. 법률관계는 궁극적으로 사람과 사람, 즉 법률행위의 주체들 간의 관계로 나타난다. 국가와 개인의 관계 역시 이에 포함되는 것이다.

법률관계 또는 법관계가 인과적이든 합목적적이든 그것은 법률관계의 성격에 대한 표현이고, 법률관계 속에는 이미 법에 의해 구속받는 자와 옹호되는 자의 관계를 내포하는 것이다(곽윤직, 1990: 93). 여기에서 전자의 지위는 '의무'이며, 후자의 지위는 '권리'인 것이다. 따라서 법률관계라 함은 곧 권리·의무관계를 말한다.

그렇다면 권리란 무엇인가? 여기에는 몇 가지 학설이 존재했다. 첫째, 권리는 법에 의해 주어진 의사의 힘 또는 의사의 지배라고 보는 의사설(意思說)이 있다. 이 학설의 의미는 다시 말해서, 권리의 소유자가 자기의 의사를 자유롭게 제시할 수 있는 힘을 법이 인정한 것이 권리라는 것이다. 그러나 이 학설은 법학에서 일반적으로 의사무능력자(意思無能力者)로 인정되는 유아 또는 정신병자 등이 갖는 권리에 대해서는 설명할 수 없는 한계가 있다.

둘째, 권리를 법에 의해 보호되는 이익이라고 보는 이익설(利益說)이 있다. 이익설에서는 법이 권리자에게 힘을 주는 것은 일정한 이익을 향유하도록 하기 위한 목적 때문이라고 본다. 그러나 부모가 자녀에 대해서 갖는 친권(親權)과 같은 권리는 구체적 이익을 목적으로 하는 권리가 아니다. 따라서 이익설 역시 이익을 추구하지 않는 권리에 대해서는 설명할 수 없는 한계가 있다.

셋째, 위 두 학설을 통합한 권리법력설(權利法力說)이 있다. 이 학설은 가장 유력한 학설로 받아들여지는데, 이 학설에 따르면 의사능력이 없는 자도 권리의 주체가 될 수 있으며, 또한 생활상의 구체적 이익 그 자체가 권리가 아니라 이익에 대해서 법이 그것을 향유할 수 있는 힘을 제공하기 때문에, 즉 법적 힘에 의해서 권리가 존재하게 된다는 것이다.

따라서 사회복지법상 권리라 함은 법의 적용을 받는 대상자들을 권리의 주체로서 인정하고 사회복지 급여 및 서비스에 대한 이익을 추구할 수 있는 힘을 법이 부여해 준 것이라고 말할 수 있겠다.

이러한 권리는 개인의 법적 지위에 따라 특별한 능력을 부여해주기 때문에 중요한 것이다(Barbalet, 1988: 15). 합법적 지위란 사회가 법적으로 개인에게 어떤 것을 기대해 승인하는 것이며, 이것은 권리의 내용과 밀접해 있는 것이다.

2) 권리와 구별되는 개념들

권리와 유사해 보이거나 질적으로 구별되는 개념들 몇 가지를 소개하고자 한다.

(1) 권한

권한(權限)은 타인을 위해 그 자에 대해 일정한 법률효과를 발생케 하는 행위를 할 수 있는 법률상의 자격을 말한다. 예를 들어, 사회복지법인 조직에서 이사의 대표권이나 이사회의 의결권 등은 법인에 법적 효력을 발생케 하는 것이기 때문에 권리라기보다는 권한으로 보아야 할 것이다.

(2) 권능

권능(權能)이라 함은 권리의 내용을 이루는 각개의 법률상의 힘을 말한다. 예컨대 소유권이라는 권리의 내용은 사용권, 수익권, 처분권 등으로 이루어져 있는데 이것들은 권능에 해당된다.

(3) 반사적 이익

법률이 특정인 또는 일반인에게 어떤 행위를 명(命)하는 경우, 다른 특정인이나 일반인이 특정한 이익을 얻게 되는 경우가 있는데, 이를 반사적(反射的) 이익이라 한다. 반사적 이익은 결코 권리가 아니기 때문에 그 이익을 침해당한다고 해도 상대방에 대해 주장할 수 없는 것이다. 예를 들어, 일정한 거리 범위 내에서 특정업소를 하나 이상 설치하지 못하게 하는 법이 있다면, 그 범위 내에서 업소를 운영하는 자는 반사적으로 독점적 이익을 얻게 되는 것이다.

사회복지법 역시 국가의 필요에 따라 국가가 임의적으로 사회복지 제도를 실시함으로써 대상자들이 얻게 되는 것은 결국 반사적 이익에 지나지 않는다. 만일 국가가 제도를 철폐하거나 급여 제공을 유보해도 이에 대해 항변하거나 이행을 청구할 수 있는 권리는 없는 것이다. 따라서 반사적 이익에 지나지 않는 사회복지 급여 및 서비스는 국가의 재량과 자선적 조치일 뿐 수급자 개인의 권리에 상응하여 주어지는 것이 아니다.

그러나 반사적 이익도 오랫동안 지속되어 일상화되면 권리가 될 수 있다. 처음에는 반사적 이익으로 제공되었지만, 이것이 장기간 반복되면 이익의 향유자는 권리의식을 갖게 되고 따라서 법도 이러한 법감정에 부응하여 이를 권리로 인정하게 될 필요가 생기는 것이다.

2. 인권과 사회복지

인권(人權, *human rights*)은 사회복지학에서 매우 중요하다. 사회복지가 추구하는 가치나 목표를 생각해보면 사회복지의 학문적·실천적 출발점을 인권에서 찾는 것은 당연하다. 그러나 의외로 사회복지학뿐 아니라 사회과학 전반적으로 인권에 대한 집중적이고 체계적 연구가 이루어지지 않았다. 인권에 대한 연구는 주로 법학과 윤리학의 과제인 양 여겨져 왔다. 이는 사회과학이 과학성을 추구함으로써 인권개념을 무시한 데서 기인한다(Freeman, 2001: 21).

그러나 최근 정치학, 인류학, 사회학 등에서 인권을 주제로 한 연구들이 나오는데, 사회복지학에서도 인권에 대한 강조가 이루어지기 시작하였다.

1) 인권의 개념

인권(*human rights*)은 말 그대로 사람의 권리이다. 근대 이후 인권의 개념은 남성의 권리를 의미하였으나 여성주의(*feminism*)의 등장으로 이제 인권은 남성만의 권리(*the rights of men*)가 아니라 여성의 권리까지 포함하여 인간의 권리를 말하는 것이다(Ife, 2001: 134~139). 그러므로 사람으로서 사람답게 살기 위해 요구되는 권리가 곧 인권이다. 인간의 역사를 통해 인간은 신(神)으로부터 지배를 받았으며, 현대사회에서는 특히 물신(物神)으로부터 지배를 받아오고 있다. 즉, 신권(神權)과 물권(物權)으로부터 지배당하는 인간은 심지어 동료 인간으로부터 지배를 받으며 비인간적 상태에 놓이게 되었다. 이러한 인간에게 인간 스스로의 정체성(正體性)을 자각하고 인간답게 존재하기 위해 부여된 정당한 힘을 우리는 인권이라고 부른다. 이러한 인권의 개념은 자연권(natural right)과 동일한 뜻이다. 인간이 태어날 때부터 인간이기 때문에 자연스럽게 인정되는 권리를 말하는 것이다. 그래서 인권은 천부인권(天賦人權)[1]과 같은 말로 쓰인다.

인권은 인간 모두에게 인정되는 권리이다. 인종, 국적, 장애, 연령, 성별, 직업을 떠나 인간이라면 누구나 인간으로서 인정받을 수 있고 주장할 수 있는 정당하고 옳은 자격을 말한다(Freeman, 2001: 20). 따라서 인권은 인류에게 보편적 권리이다.[2]

그러나 인권의 내용과 품목에 관하여 지역별, 문화권별로 상이한 내용을 갖게 된다. 예컨대, 아동에 대한 체벌에서 서양의 인권개념으로는 절대 불가하다고볼 수 있겠지만, 동양의 유교문화권에서는 아동에 대한 교육적 체벌을 허용하는 전통문화를 가지고 있다. 또한 여성의 인권에 대하여 서구적 관점에서 보면, 이슬람권의 여성차별과 억압은 반(反)인권적이다. 그러나 이슬람 문화권에서는 당연한 것으로 여겨진다. 인권의 보편성에 대한 논란이 발생하는 것이다.

인권은 또한 특정 시기와 조건 속에서만 인정되는 것이 아니라 인간이 존재하는 동안 항구적으로 인정되는 권리이다. 따라서 인권의 보편성과 항구성은 인권이 개인의 불가침(不可侵)의 권리임을 말해주는 것이다. 누구라도 타인의 인권을 침해할 수 없는 것이다. 그러나 특수

---

1 이 말은 인권의 개념이 기독교 문명에서 유래되었다는 증거이다. 인권의 근거를 어디에서 찾을 것인가? 근대 초기에 인권의 근거를 신으로부터 찾았다가, 비기독교 세계로부터 저항에 부딪치자 자연권 개념이 등장하였다.

2 인권의 보편성은 도전받는 개념이다. 문화에 따라서 상이한 인권 개념 때문이다. 그래서 인권의 보편성은 종종 문화제국주의적 개념으로 비판받기도 한다. 그러나 나치즘(Nazism)의 대참사 이후 인권의 존재와 보편성이 인정되기 시작했다.

한 입장에 있는 개인의 인권은 타인의 권리나 공동체의 이익을 위해 제한할 수는 있다. 하지만 필요한 만큼 최소한의 제한으로 되어야 하며, 이는 인권 역시 사회적인 것인 만큼 상호의존성을 갖기 때문이다.

그런데 이러한 인권을 누가 거론하고 제기하느냐 하는 문제도 중요하다. 특히 타국의 인권상황을 제기하는 것은 오히려 갈등을 부추기게 되며, 반인권적 상황을 가져 올 수 있다. 중동지역 국가의 여성차별을 서구국가에서 인권탄압이라고 문제를 제기하게 되면 외교적 갈등을 낳게 된다. 과거 중국의 인권문제를 미국이 거론했다가 매우 불편하고 위험한 상황이 벌어진 적도 있다. 또한 가족 내의 폭력이 아동이나 여성에 대한 명백한 인권침해에 해당되고 가정폭력방지법에 반하는 범죄이지만, 사회적 풍토는 가정 내의 일 또는 남의 집 일로 여겨지고 있다. 이것은 인권을 주장하는 주체의 문제를 고민해야 하다는 반증으로 받아들여야 한다.

이와 같이 보편적이거나 절대적인 것으로 인정되는 인권의 개념이 장소에 따라서는 부정될 수도 있는 것이 현실이다. 또는 인권을 거론하는 주체에 따라 달라질 수 있다. 따라서 인권을 주장하고 제기할 수 있는 공신력 있는 제3자가 필요하다. 인권문제를 제기하고 이에 접근, 개입할 수 있는 강력한 제3자의 공식화가 필요한데, 경찰의 역할도 필요하고 언론의 역할도 필요하다. 동시에 사회복지의 역할도 중요하다. 이런 관점에서 사회복지학은 인권을 실천하는 전문직이어야 할 것이다.

2) 인권과 인간의 욕구

사회복지 실천의 기초가 되는 것은 인간의 욕구(*human needs*)이다. 일반적으로 사회복지학에서는 욕구를 실증적으로 파악한다(Ife, 2001:

134~139). 즉, 객관적으로 존재하는 욕구를 전제로 하고 이를 관찰하고 사정(assessment)한다. 그래서 전문적 사회복지사를 필요로 한다. 그러나 욕구개념에는 가치판단적 요소가 내포되어 있다. 무엇이 도움의 대상자에게 가장 필요한 것인가, 가장 옳은 것인가를 판단해야 하는 것이다. 그래서 전문가의 욕구사정과 클라이언트의 자기결정권 사이에 충돌이 생기기도 한다.

욕구가 필요로 되는 것 자체를 말한다면 권리는 욕구의 충족을 통해 성취하고자 하는 목적이라고 할 수 있다(Ife, 2001: 139~140). 예컨대 보육시설에 대한 욕구는 어머니의 사회활동을 할 권리와 아동의 적절한 보호에 대한 권리를 충족하기 위한 것이다. 이렇게 보면, 욕구의 충족은 곧 권리의 충족으로 이어진다. 욕구의 5단계를 제시한 매슬로(Maslow)도 인간의 기본적 욕구는 권리로 간주하는 정당하며, 욕구의 만족은 자연권으로 간주될 수 있다고 하였다(Maslow, 1970: Ⅷ).

인간이 인간답게 존재하기 위해 욕구를 충족해야 하고, 이것은 곧 인권이 보장되는 것이다. 따라서 사회복지 실천에서 욕구를 객관적이고 기계적으로 인식하는 것보다는 도덕적 정당성을 갖는 인권의 요소로 파악하는 것이 필요하다. 인간의 욕구를 정당화하는 것은 곧 인권이며, 인권을 실현하기 위해 인간의 욕구를 파악하는 것이다.

3) 인권과 사회복지

사회복지의 이론과 실천이 인간의 욕구(human needs)에 기초하는 것은 분명하지만, 인권적 이념과 인식을 무시한다면 그것은 사회복지대상자를 인간으로서 보는 것이 아니라 대상화(objectification)하는 것이다. 대상화는 곧 인권을 무시하는 것이 된다.

사회복지를 실천한다는 것은 욕구를 충족하는 것이며, 그것은 곧 인권을 실현하는 것이 된다. 따라서 사회복지는 인권을 실현하는 전문적 실천이다. 욕구를 파악하고 사정하는 것은 사회복지의 전문적 기능이고, 사회복지 실천은 인권을 지향하는 것이다.

사회복지 실천이 욕구를 기본적 근거로 할 때, 인권과 연결될 수 있다는 점도 주목해야 한다. 욕구 역시 인간이 인간으로서 존재하기 위하여 충족해야 하는 것들을 말하기 때문에 욕구의 중심에는 인간이 있다. 따라서 사회복지사가 욕구를 사정할 때는 자기중심적 관점에서 하는 것이 아니라 클라이언트를 중심으로 파악해야 한다. 인간이 욕구를 갖는다는 것은 공동체의 구성원이라는 의미와 평등한 존재라는 의미를 동시에 함축한다. 따라서 이러한 인간적 욕구를 충족하는 것은 도덕적 정명(定命, imperatives)이며, 이것이 곧 인권을 실현하는 것이다.

앞에서 살펴보았듯이, 제3자가 타인의 인권문제를 거론하는 것은 때때로 부적절하거나 인정되지 않는 경우들이 있다. 그러나 공인된 제3자가 타인의 인권침해에 대하여 제기하고 개입할 필요가 있게 된다. 사회복지사가 공인된 제3자로서 인권지킴이 역할을 해야 하는 것이다.

따라서 사회복지 실천은 욕구의 충족이며, 더 나아가 인권의 실현이 된다. 사회복지사는 제3자를 위하여 인권을 실천하는 전문가이며, 사회복지법은 인권법으로서 의미를 갖는다.

4) 인권의 내용과 법

인권은 반드시 법적 개념은 아니다. 인권은 법 이전의 개념이며 법의 근거가 되는 개념이다. 따라서 인권은 법으로 현상될 수 있고, 법 또한 인권을 반영하는 것이어야 한다.

따라서 사회복지법은 그 대상자들의 욕구를 충족하는 내용을 중심으로 이루어져야 하는데, 이것은 기본적으로 인권을 반영하고 보장하는 형식이다. 인권을 지키는 방법에 대하여 여러 가지를 생각할 수 있는데, 그중에서 법이라는 규범을 생각해볼 수 있겠다. 그러나 법의 존재 형식 자체의 한계는 인간의 모든 인권, 즉 모든 욕구를 반영하는 법을 만드는 것은 어렵다. 법의 제정과 아울러 법 외적 실천이 필요하다.

그렇다면 인권의 내용은 어떤 것들인가? 일일이 나열하기는 불가능하고, 크게 자유권(참정권, 재산권 포함), 경제적·사회적·문화적 권리, 환경권과 같은 집단적 권리 등으로 구분해볼 수 있겠다. 대개 사회복지법은 경제적·사회적·문화적 권리를 법적으로 표현한 것이다. 이렇게 보면 인권과 욕구의 개념은 사회복지 개념보다 더 근본적일 뿐만 아니라 더 넓고 큰 개념이다. 인권의 일부를 다루는 것이 사회복지법이다.

3. 시민권의 개념과 역사

인권은 어디에서 오는가? 인권 개념에 정당성을 부여하는 근거는 무엇인가? 그것은 철학적 논쟁에 따라 초기에 신(神)에서 자연으로, 자연에서 이성으로 변천되었다. 그러나 이러한 근거들은 매우 주관적이어서 무엇이 인권인가 하는 질문은 매우 논쟁적일 수밖에 없었다.

이에 근대국가가 형성되면서 인권은 결국 시민사회공동체의 구성원으로서 공유해야 할 권리로 인식되었다. 즉, 근대 시민혁명을 거치면서 시민계급에 의해 시민국가가 탄생하고, 시민국가 내에서 시민으로서 자격을 갖는 이들에게 사회적 계약을 통해 권리를 인정한다는 것이다. 여기에 인권의 내용이 대폭 수용된 것이다. 이것은 인권을 국가단위로 승인하는 것이며, 시민국가 내에서 시민자격을 갖는 성인남성들의 인권이 사회계약을 통해 공인된 것이다. 이렇게 해서 시민권의 개념이 등장하게 되었다. 이 시민권은 시민의 범위가 노동자, 여성 등으로 확대되면서 함께 확장되었다.

그러나 마샬에 의해서 우리에게 잘 알려진 시민권(*citizenship right*)의 개념은 그렇게 간단한 개념은 아니다. 근대사회 이래 각국의 다양한 역사적 경험은 상이한 시민권 개념을 낳게 되었다. 그러나 일단 시민권이란 사회집단, 가족, 개인 등에게 집합적 급여를 제공하는 사회정치적(*socio-political*) 구성원 자격을 규정하는 권리의 집합이라고 정의해본다(Turner & Hamilton, 1994: 1).

1) 시민권 개념의 조류

서양에서 발달한 시민권 개념은 동양에서는 존재하지 않았다. 그러나 절대권력자인 왕이 지배하던 동양에서는 왕의 영향력으로도 어찌할 수 없었던 씨족, 부락, 신분제 등이 존재하여 국가권력인 왕권과 일반 백성들 사이에 어느 정도 분리된 관계가 유지되고 있었다. 그러나 서양에서는 절대왕정에 대한 시민혁명이 일어나면서부터 국가와 시민사회의 분리가 이루어졌고 또한 동양적 소(小)집단이 아니라 철저하게 개인화 또는 개별화된 권리의 형태로 국가와 시민사회가 분리되었던 것이다.

이러한 시민권 개념의 전통은 크게 세 가지 조류로 분류해볼 수 있겠다(Turner & Hamilton, 1994: 7∼8). 첫째, 영국적 전통으로서 시민권을 복지제도와의 역사적 관련성을 중심으로 보는 것이다. 이러한 접근은 자본주의사회에서 사회계급의 본질에 초점을 두고 이루어져 왔다. 그리하여 마샬은 시민권 개념을 시장체계의 불평등과 변덕으로부터 개인을 보호함으로써 자유주의사회의 성격을 수정하려는 하나의 체계로서 보았던 것이다. 둘째, 미국을 중심으로 하는 북아메리카적 전통이 있다. 이것은 시민권의 개념을 민족성과 관련하여 인식하려는 전통인데, 그 핵심적 내용은 인종집단, 민족주의, 그리고 국가 간의 관계에 있다. 이러한 미국적 시민권의 개념은 영국과의 독립전쟁, 남북전쟁(Civil War) 등을 거치면서 민족주의 대두, 인종 분화, 인종의 다양화와 불평등 등의 문제가 발생하면서 인종 간의 융합, 정치적 다원주의 그리고 사회적 평등의 문제 해결을 위한 개념으로서 형성되었던 것이다. 셋째, 유럽 대륙의 전통으로서의 시민권 개념이 있다. 이것은 국가와 시민 간의 관계를 중심으로 발전한 개념이다. 유럽대륙의 지배적 국가였던 프랑스와 독일의 역사적 경험을 통해 영·미권과는 다른 시민권 개념이 형성되었다. 즉, 프랑스 시민혁명(1798)과 독일의 부르주아 혁명의 실패(1848)는 개인과 국가, 사적(私的) 영역과 공적(公的) 영역 간 관계의 문제를 제기하게 되었다. 프랑스의 경우는 절대왕권으로부터 개인의 자유를 확보하는 기제로서 시민권의 개념이 등장하게 되고, 독일의 경우에는 전통적 지배계급으로서 지주계급인 융커(Junker)와 노동계급 사이에서 고전했던 부르주아계급이 개인은 국가개입을 통해 자유로워질 수 있다는 독특한 이념을 발전시키게 되었다. 그리하여 이기적 이익을 제한하는 것을 반대하는 국가의 보호를 요구하는 시민권이 형성되었다. 따라서 유럽의 시민권 개념은 영국의 것과 상반되는 개념으로 보인다.

2) 마샬의 시민권론

여기에서 사회복지법적으로 유의미한 시민권의 개념은 영국적 개념으로서, 마샬의 개념을 중심으로 논의를 전개하고자 한다(Marshall, 1950, 1963). 먼저 시민권의 초기 형태는 공민권(civil right)으로 나타났다. 이는 근대 시민혁명 이후 시민계급이 추구했던 자유주의적 이념에 입각하여 국가권력으로부터 개인의 자유를 방어하기 위한 권리 개념이다. 앞에서 이미 논의했던 시민법은 이러한 시민권을 토대로 하여 이루어진 것이다. 그러나 시민법이 주로 민사법(民事法)에 관련된 것이라면, 시민권은 국가권력과 개인과의 관계 속에서 나타나는 공권(公權)이었다. 즉, 신체의 자유, 언론 및 사상의 자유, 신앙의 자유, 사유재산 보장, 계약자유, 법 앞에서의 만인 평등과 같은 자유권을 의미한다.

이와 같은 공민권은 부르주아지인 시민계급이 자유롭게 경제활동을 할 수 있도록 국가의 간섭으로부터 자유롭기 위한 방어벽이었던 것이다. 시장체계 속에서 모든 시민은 대등하게 자유를 누리며 시장인(市場人)으로서 존재했던 것이다. 이 당시 법은 순전히 부르주아계급의 전유물이었다. 법치주의(法治主義)와 법의 지배의 원칙(principle of rule of law)은 시민계급의 자유를 보장하기 위한 장치였다. 따라서 이때의 자유란 적극적 자유(freedom to)보다는 소극적 자유(freedom from)였던 것이다.

이러한 공민권에 상응하는 국가의 의무란 시민 개인의 자유권을 침해하지 않는 것이었다. 따라서 국가는 야경국가적 성격을 띨 수밖에 없었다. 그러므로 이러한 시대의 사회복지는 설자리가 없었다. 빈민에 대해서 열등처우(less eligibility)의 원칙을 견지했던 신빈민법 정도가 고작이었다. 이 법에 의해 보호를 받는 대상자는 시민권 대신에 국가의 보호를 받았던 것이다.

두 번째 시민권의 형태는 참정권(political right)으로 나타났다. 참정권 역시 시민혁명의 산물로 등장한 것으로서 입법부인 의회와 지방의회에 시민계급의 대표가 진출하기 시작한 것이었다. 그러나 19세기 선거법 개혁운동에서 볼 수 있듯이 투표권 중심의 참정권은 점차 노동계급에로 확대되는 역사적 과정을 거치게 되었다.

공민권을 경제영역에서의 시민권이라 한다면, 참정권은 정치영역에서의 시민권이다. 시민권 발달의 초창기에는 공민권이나 참정권 모두 구지배계급인 봉건계급과 왕권으로부터 시민계급이 독립하기 위한 권리체계였다. 그러나 자본주의 경제체제의 진행과정에서 형성된 자본가계급과 노동계급의 대립과 갈등은 중산계급을 포함하여 노동계급에게 정치과정에 대한 참여를 요구하도록 했다. 즉, 참정권은 신지배계급인 부르주아에 대해 노동계급이 쟁취해낸 전리품이었던 것이다.

따라서 참정권은 민주주의적 시민권으로서의 의미를 갖는다. 투표에서 1인 1표제를 원칙으로 하는 민주주의는 자본주의의 원리와 근본적으로 상치된다. 사유재산제도와 생산수단의 사유화는 필연적으로 수직적 계급지배 현상을 낳게 되지만 분배에 대한 정치적 요구를 위한 참정권은 수평적 평등권을 의미하는 것이다.

마지막으로 등장하게 된 시민권은 사회권(social right)이다. 사회권은 적정 수준(modicum)의 경제적 복지 및 보장으로부터 사회적 유산을 충분히 공유하고 사회의 보편적 기준에 따라 문명화된 삶을 영위할 수 있는 권리에 이르기까지의 전범위의 권리를 의미한다.

이러한 사회권은 공민권과 참정권을 토대로 하여 생성된 역사적 산물이다. 이것은 앞에서 논의했던 사회법의 이념과 원리에 반영된 권리인 것이다. 따라서 사회권은 공민권을 토대로 하면서도 자유권적 공민권의 한계를 극복하려는 변증법적 성격을 띠는 것이다. 물론, 이

과정에서 참정권은 매개적 역할을 담당했던 것이다. 노동계급의 계급
적 이해를 대변하는 정당이 의회에 진출하게 되고, 이를 통해 친노동
계급적 입법이 이루어져 사회보장제도 등이 도입되기 시작하면서 노
동계급과 더 나아가 국민 개인의 생존권 이념이 합법적으로 승인되었
다. 이러한 일련의 권리체계들이 곧 사회권을 구성하는 것이다.

사회권의 발달은 동시에 그에 상응하는 국가의 의무를 확립하게 했
다. 그리하여 공민권 단계에서 단지 야경국가적 입장에 놓여 있던 국
가는 이제 적극적 개입에 대한 권리와 의무를 동시에 갖는 복지국가
의 지위를 갖게 된 것이다.

요컨대 시민권은 자본주의의 전개과정에서 발생한 자본과 노동의
계급관계 그리고 국가권력의 3자관계 속에서 갈등과 대립이 법적으로
정리되고 승인되는 과정의 산물이었다고 할 수 있다. 이제 현대국가
에서는 공민권, 참정권, 사회권 등의 제권리가 완전히 통합된 형태로
인정되는 것이다. 따라서 사회복지법의 관점에서 볼 때 사회권에 기
초한 사회복지법을 확보하는 것이 중요한 과제가 되는 것이다.

4. 헌법상의 기본권

인권과 시민권의 개념은 주관적이거나 정치적이어서 모두에게 동등하
게 적용하기에는 무리가 있는 것이 사실이다. 따라서 이것을 명문화
된 문서로 선언하는 것이 현실적으로 필요하다. 이에 최고법인 헌법
으로 인권 또는 시민권의 내용을 규정한다면 모든 국민에게 평등하게
적용할 수 있을 것이다.

이렇게 인권과 시민권 등의 개념이 헌법적으로 표현된 것이 기본권

이다. 그렇다면 실정법에서 사회복지와 직접 관련되는 사회권은 구체적으로 반영되는가 아니면 그것은 하나의 관념적이고 추상적 권리로 그치는 것인가? 국가와 국민 개인 사이의 권리, 의무관계를 표현하는 헌법에서부터 사회권이 인정되는지 살펴보아야 할 것이다. 이를 위해 우선 헌법상 기본권에 대해 알아보도록 하겠다.

1) 헌법상 기본권의 의의와 성격

근대 시민사회 이래 시민국가의 헌법은 시민혁명의 이념을 표현한 정치적 규범문서라 할 수 있다. 따라서 헌법에서 규정하는 기본권이란 국가와 시민 개인 사이의 관계를 규정한 시민권의 현실적 표현이라고도 할 수 있는 것이다.

일반적 법률이 인정하는 권리 외에 헌법이 인정하는 권리를 기본권 (*Grundrechte*)이라 한다. 인간이기 때문에 당연히 생래적(生來的)으로 또는 천부적으로 누려야 하는 권리를 인권(人權)이라 한다면, 기본권은 헌법이 인정하는 인간의 기본적 권리를 말한다.

이러한 기본권은 매우 중요한 인권이기 때문에 보편적으로 인정되어야 하며 불가침(不可侵)의 권리인 것이다. 따라서 기본권은 헌법이 개정된다 하더라도 국가권력에 의해 훼손될 수 없는 권리인 것이다. 이러한 인권과 기본권 사상은 계몽주의시대 이래 확산되기 시작했으며, 영국의 대헌장(*Magna Carta*, 1215)과 권리장전(*Bill of Rights*, 1689), 미국의 버지니아 권리장전(*Virginia Bill of Rights*), 프랑스 인권선언 (*Declaration des droits de l'homme et du citoyen*, 1789) 등에서 확인되고 선언된 역사적 권리인 것이다. 그 후 독일 바이마르공화국의 헌법에서 모범적 기본권 체계가 규정되고, 각국의 헌법과 국제조직들은 저마다 인권선언을 중심으로 기본권 규정을 두게 되었다.

이렇게 헌법에 규정되는 기본권의 법적 성격에 대해서 몇 가지 쟁점이 있다(권영성, 1994: 323~329; 김철수, 1994: 230~234).

(1) 주관적 공권성(主觀的 公權性)

헌법에 규정된 기본권은 주관적 공권인가 아니면 추상적 권리 또는 프로그램 규정인가 하는 것이 문제가 된다. 다시 말해서, 헌법상 기본권이 개인을 위한 구체적 권리로서 개인이 국가에 대해 청구할 수 있는 권리인가 아니면, 단지 국가의 정책적 계획을 선언한 정도에 그치는가 하는 문제인 것이다.

기본권이 주관적 공권으로서 인정된다면, 그것은 국가의 입법권, 행정권, 사법권을 모두 구속하게 되어, 개인은 국가에 대해 작위(作爲) 또는 부작위(不作爲)를 법적으로 요구할 수 있게 되는 것이다. 다시 말해서, 국가의 구체적 행위를 요구하거나 특정 행위를 하지 않도록 요구할 수 있다는 것이다. 그러나 추상적 권리나 프로그램적 규정으로 본다면 기본권은 반사적 이익에 불과하거나 국가의 단순한 입법방침에 그치게 되는 것이다.

현대적 해석론에서는 기본권을 주관적 공권으로 보는 데 일치하고 있으며, 단지 사회권적 기본권에 대해서만 학설이 갈리고 있다. 이에 대해서는 뒤에서 구체적으로 논의하기로 한다.

(2) 자연권성(自然權性)

헌법상 기본권이 자연법적 권리인가 아니면 실정법상의 권리인가 하는 문제가 있다. 기본권을 자연법상의 권리로 본다면 헌법은 기본권을 확인하고 선언하는 정도로 그치지만, 실정법상의 권리로 볼 경우 헌법에 규정되어야 기본권은 비로소 권리가 된다고 보는 것이다.

'실정권설'의 논리는 다음과 같다. ① 기본권은 실정헌법에 규정된 이상 실정법상의 권리로 보아야 한다. ② 과거 절대군주제 시대에는 자연권이 국가권력에 대해 저항하는 의미를 가졌지만, 현대의 국민주권 국가체제에서는 이러한 의미가 사라졌다. ③ 권리 자체가 실정법을 떠나서는 무의미한 것이다. ④ '자유'와 '자유권'을 구별하여 자유 자체는 전 국가적(前國家的)이라 하더라도 자유권은 어디까지나 국가 내적(內的)인 것이다. 이러한 실정권설의 주장은 지나치게 제정법(制定法) 만능주의에 치우친 법실증주의적 발상이라고 보인다.

반면에 '자연권설'은 다음과 같이 주장한다. ① 기본권이 가지는 자연권적 속성은 시대마다 사회마다 차이가 있을 수 있지만, 기본권은 헌법에 규정되어야 비로소 보장을 받는다기보다는 인간의 본성에서 유래하는, 즉 인간이기 때문에 당연히 갖게 되는 권리이다. ② 인권을 확보하기 위해 민주주의가 도입된 것이며, 이 과정에서 자연권 사상은 저항의 지도이념이었던 점을 무시할 수 없다. ③ 모든 국가권력은 기본권 존중이라는 근본적 규범에 구속되어야 하기 때문에 기본권이란 초국가적 자연권인 것이다. 따라서 자연권설의 요체는 기본권이란 국가의 헌법에 의해 비로소 생성되는 것이 아니라 이미 전(前) 국가적으로 존재하는 자연권을 국가가 헌법을 통해 확인 및 선언한 것이라는 주장이다.

우리 헌법을 보면, 제10조에서 자연법적 권리로 볼 수 있는 인간의 존엄과 가치 및 행복추구권을 불가침의 권리로 인정하고 있고, 또한 제37조 제1항에서는 "국민의 자유와 권리는 헌법에 열거되지 아니한 이유로 경시되지 아니한다"라고 규정하고 있어 실정헌법이 규정하는 자유와 권리 이외의 권리까지도 예상하고 있다. 또한 기본권의 제한에 대해 규정하는 같은 조 제2항 단서에서는 "… 자유와 권리의 본질적 내용을 침해할 수 없다"라고 규정하고 있다. 여기에서 본질적 내용이라는 것 역시 자연권의 개념이 아니고서는 도출할 수 없는 것이다.

따라서 해석을 통해서 본 우리 헌법의 입장은 기본권에 대해서 자연권론에 기초하고 있으며, 규정되지 않은 기본권의 내용과 종류들은 입법 및 사법적 노력을 통해 계속적으로 발견해 나가야 할 것이다.

(3) 기본권의 이중적 성격

헌법에 규정된 기본권이 오로지 개인의 주관적 공권으로서만 의미가 있는 것인가 아니면 국가의 기본적 법질서의 구성요소로서의 성격도 동시에 가지는가 하는 쟁점이 있다. 예를 들어, 법 앞에서의 평등권이라 함은 개인이 불평등한 국가권력의 조치에 대해 평등한 대우를 요구할 수 있는 권리로서 인정되는 반면에, 국가에 대해서도 권력에 의한 자의적 불평등 처우를 금지시키는 법치국가적 이념을 객관적으로 확인하는 민주국가적 법질서의 구성요소 중 하나라는 것을 의미한다는 것이다.

이에 대해 기본권은 주관적 공권인 동시에 국가권력을 제한하거나 기본권에 적합하도록 의무화하는 객관적 법질서로서의 성격을 갖는다고 보는 긍정설과, 독일처럼 이에 대한 구체적 규정이 없는 상태에서는 객관적 법질서로서의 성격을 인정할 수 없다는 부정설이 존재한다.

생각건대 기본권은 개인적 문제에만 국한되는 것이 아니며 사회공동체적 권익에 해당되는 사항이다. 따라서 기본권을 보장한다는 것은 국가권력이 정당성을 확보하는 것이 되며, 이를 위해서는 국가가 기본권에 복종하고 사인(私人)들 간에도 효력이 발생하여 국가공동체 전체의 객관적 법질서로서 인정되어야 한다고 본다. 이것이 기본권 보장을 위한 전제가 된다고 본다.

(4) 기본권 보장과 제도 보장

기본권 보장과 구별되는 개념으로 제도 보장(*institutionelle Garantie*)이 있다. 제도 보장이란 객관적 제도를 헌법에 규정함으로써 당해 제도의 본질을 보장하려는 것이다. 즉, 사유재산제, 복수정당제, 직업공무원제, 지방자치제, 군사제도, 가족제도, 대학의 자치제 등과 같이 국가 자체의 존립에 기초가 되는 일정한 법적, 사회적, 정치적, 경제적, 문화적 제도들을 헌법 수준에서 보장하여 그 본질을 유지하려는 것이다(권영성, 1994: 213).

헌법에 의한 제도 보장은 입법부를 구속하게 된다. 입법부는 헌법의 취지에 맞는 제도에 대해 입법을 해야 할 의무를 가지게 되며 또한 헌법의 취지에 위배되는 내용의 입법을 할 수 없고 그러한 법률로 제도의 본질을 훼손할 수도 없는 것이다.

이러한 제도 보장의 궁극적 목적은 기본권 보장에 있는 것이다. 따라서 기본권과 제도 보장은 일정한 관계를 유지하는데, 대체로 세 가지로 요약할 수 있다(권영성, 1994: 214~215). 첫째, 기본권을 보장하기 위한 수단으로서 제도 보장이 필요한 경우가 있다(제도 보장의 기본권 수반형). 예컨대 참정권 보장을 위해 민주적 선거제도를 보장해야 하는 경우가 이에 해당된다. 둘째, 특정한 기본권의 보장이 곧 특정한 제도의 보장이 되는 경우가 있다(양자의 보장병존형). 예를 들면, 사유재산권의 보장이 곧 사유재산제도의 보장이 되는 경우이다. 셋째, 특정의 제도가 보장됨으로써 부수적으로 또는 간접적으로 특정한 기본권이 보장되는 경우가 있다(기본권의 제도종속형). 예를 들면, 복수정당제도가 보장됨으로써 그 결과로 국민 개인에게 정당설립, 정당가입 및 탈퇴의 자유가 보장되는 것이다.

그러나 제도의 보장에 치중하는 나머지 개인의 기본권을 제약하는 경우가 발생할 수 있다. 헌법 제34조 제2항(국가는 사회보장·사회복지의 증진에 노력할 의무를 진다)에서 사회보장을 하나의 제도 보장으로 본다면, 사회보험의 재정 안정화를 위해 개인의 수급권에 제약을 가할 경우 이는 제도 보장이 인간다운 생활을 할 권리(헌법 제34조 제1항)라는 개인의 기본권을 침해하는 것이 될 수 있다.

따라서 제도 보장은 헌법상 기본권을 보충하고 강화하려는 것일 때 인정할 수 있을 것이다.

2) 기본권의 종류

기본권의 종류는 권리의 주체, 성질, 효력 등의 기준에 따라서 분류하기 나름이지만, 여기에서는 기본권의 내용을 중심으로 정리해보면 대략 〈표 6-1〉과 같다.

〈표 6-1〉 기본권의 유형

기본권의 유형	구체적 내용
포괄적 기본권	인간의 존엄성과 가치, 행복추구권
평등권	법 앞에서의 평등
자유권적 기본권	• 인신(人身)의 자유권: 생명권, 신체의 자유 • 사생활 자유권: 사생활의 비밀과 자유, 거주이전의 자유, 통신의 자유 • 정신적 자유권: 양심의 자유, 종교의 자유, 언론·출판·집회·결사의 자유, 학문과 예술의 자유
경제적 기본권	재산권, 직업선택의 자유, 소비자의 권리
정치적 기본권	정치적 자유, 참정권
청구권적 기본권	청원권, 재판청구권, 국가배상청구권, 국가보상청구권, (범죄피해자구조청구권)
사회권적 기본권	인간다운 생활권, 근로권, 근로 3권, 교육받을 권리, 환경권, 건강권, (범죄피해자구조청구권)

〈표 6-1〉에서 볼 수 있듯이 자유권적 기본권과 경제적 기본권은 시민권론에서 말하는 공민권에 해당되며, 정치적 기본권은 참정권, 그리고 사회권으로서 사회권적 기본권이 존재한다. 법체계론에서 논의했듯이 범죄피해자구조에 대한 권리는 대부분의 헌법학자들이 청구권적 기본권으로서 분류하고 있지만 그 내용이나 취지상으로 볼 때 사회권적 기본권에 포함시킬 수 있을 것이다.

5. 사회적 기본권의 성격

수직적 법체계론에서 살펴보았듯이 기본권 중에서 사회복지법상 규범적으로 가장 중심이 되고 포괄적 권리는 인간다운 생활을 할 권리이다 (헌법 제34조). 기본권의 성격이 구체적 권리로서 인정되고 있지만 사회권적 기본권에 관해서는 이견이 존재한다는 것을 이미 밝혔다.

따라서 여기에서는 인간다운 생활을 할 권리를 중심으로 사회적 기본권의 법적 성격에 대해서 논의해보고자 한다.

1) 사회적 기본권의 연혁과 배경

사회적 기본권(soziale Grundrechte)이라 함은 단체주의적 사회정의의 실현을 국가적 목적으로 하는 사회국가 또는 복지국가에서 국민이 인간다운 생활을 할 수 있도록 국가에 대해서 일정한 급여나 서비스를 요구할 수 있는 헌법상의 권리를 말한다.

19세기 자본주의의 발달은 시민법적 권리를 꽃피우게 했다. 그러나 제1장과 제2장에서 살펴보았듯이 독점자본주의의 출현으로 인한 부

(富)의 편재현상, 불평등의 심화, 실업과 빈곤의 만연, 노동계급 운동의 격화 등은 국가의 개입을 통하여 사회법의 등장을 가져오게 했다.

그리하여 사회적 기본권이 헌법에 처음 등장한 것은 제1차 세계대전 직후인 1919년 독일의 바이마르공화국 헌법에서였다. 이 헌법 제151조는 "경제생활의 질서는 모든 사람에게 인간다운 생활을 보장해주기 위해 정의의 원칙에 합치하지 않으면 아니된다"라고 규정했다.

이러한 바이마르공화국 헌법의 규정은 제2차 세계대전 이후 프랑스, 독일, 일본, 이탈리아 등 각국의 헌법과 세계인권선언, 유럽사회헌장 등에 계승되었다. 우리 헌법은 건국헌법(建國憲法) 이래 사회권적 기본권을 규정했지만 현행 헌법은 사회권적 기본권의 다양성과 구체성에서 가장 뛰어나다고 볼 수 있다.

헌법학자들은 사회(권)적 기본권이라는 용어와 생존권적 기본권 또는 생활권적 기본권이라는 용어를 혼용하는데(김철수, 1994: 493), 사견(私見)에 의하면, 이것은 구별해서 사용할 수 있다고 본다. 앞에서 사회법에 관한 논의에서 볼 수 있었듯이 사회법은 노동법, 경제법, 사회복지법 등으로 발전했다. 따라서 헌법상의 사회권적 기본권도 이와 같이 분화될 수 있으며, 특히 사회복지법에 해당되는 헌법의 사회권적 기본권을 생존권적 기본권으로 칭하는 것이 적절할 것이다. 이에 대해서는 좀더 논의가 필요하리라 본다.

2) 사회적 기본권의 의의와 법적 성격

사회권적 기본권은 국민 개인의 일반생활에 필요한 제반 조건을 국가권력이 적극적으로 개입하여 확보해줄 것을 요청할 수 있는 권리라고 볼 수 있다. 따라서 국가권력의 불간섭을 요구하여 개인의 자유를 확보하기 위한 자유권적 기본권 또는 재산권적 기본권과는 그 성격이 다르다고 하겠다.

우리 헌법은 제34조 제1항의 인간다운 생활을 할 권리를 정점으로 교육의 권리, 근로권, 사회복지 또는 사회보장에 대한 권리, 환경권, 건강권, 범죄피해자구조에 관한 권리 등을 사회적 기본권으로 규정하는데, 이것이 진정한 권리인가 아니면 단순히 국가의 입법적 방침만을 정하는 것인가 하는 점이 논란이 된다.

일반적으로 기본권은 개인이 국가에 대해서 법적으로 청구할 수 있는 권리로 보는 것이 통설적 견해임을 앞에서 살펴보았다. 그러나 사회적 기본권에 대해서는 논란이 있어 이에 대해서 논하고자 한다.

(1) 프로그램 규정설

이 학설은 바이마르공화국 헌법시대에 등장한 학설로서 사회적 기본권을 권리로서 인정하지 않는다. 사회적 기본권은 그 자체로서 구체적이고 현실적인 권리가 아니라 입법에 의해 구체화될 때 비로소 효력을 갖게 된다는 것이다. 따라서 그것은 국가의 사회정책적 목표 또는 정치적 강령을 선언한 것에 지나지 않는다고 보는 것이다. 그러므로 개인은 이에 대한 헌법조항만으로 국가에 대해 그 의무이행을 재판상으로 청구할 수 있는 힘과 자격이 없으며, 또한 국가가 관련된 입법을 제정하지 않는다 하여 사법적으로 강제할 수 없는 것이다.

이러한 프로그램 규정설의 논거는 대체로 다음과 같은 것이다. 첫째, 헌법은 추상적 형태로 사회적 기본권을 규정하고 있기 때문에 이에 대한 국가의 의무가 명확하지 않다는 것이다. 따라서 입법부가 구체적이고 현실적인 입법을 하지 않으면 행정부의 구체적 의무는 존재하지 않는다는 것이다. 둘째, 사회적 기본권이 법적 권리가 되기 위해서는 이를 구체적으로 청구할 수 있는 요건과 절차가 명시되어야 하는데 헌법에는 이러한 규정이 없으므로 구체적 권리로 인정할 수 없다는 것이다. 셋째, 실제적으로 사회적 기본권은 국가의 재정적 능력에 의존할 수밖에 없기 때문에, 헌법에서 사회적 기본권을 규정해도 현실적으로 국가의 지불능력이 이에 미달한다면 이것은 일종의 정치적 공약에 그친다는 것이다.

(2) 법적 권리설

프로그램 규정설과는 달리 사회적 기본권을 법적 권리로 인정하는 학설들이 있다. 그러므로 이에 따르자면, 개인은 국가에 대해 권리를 갖는 것이며 또한 국가는 이에 대해 의무를 지는 것이다. 그러나 이러한 경우에도 개인이 국가를 상대로 하여 직접적으로 사법적 청구를 할 수 있는가 여부에 따라 학설이 갈리고 있다.

① 추상적 권리설

추상적 권리설은 사회적 기본권에 대해서 일단 법적 권리로 인정하는 학설이다. 그러나 권리성의 정도에 대해 추상적인 정도로만 인정할 수 있다는 것이다. 따라서 국민은 국가에 대해 추상적 권리를 가지며, 국가는 입법 등의 정책적 조치를 강구해야 하는 추상적 의무를 지게 된다는 것이다.

이에 대한 논거로서는 첫째, 사회적 기본권과 같이 정비된 법체계를 갖지 않은 기본권이 사법상(私法上)의 권리와 동일한 수준의 구체적 권리성이 인정될 수 없다는 것은 당연하지만, 그렇다고 해서 그것을 단지 프로그램적 규정으로 보는 것은 논리의 비약이라는 점이다. 둘째, 국가의 재정적 능력 등의 이유로 권리보장의 방법이 불안전하

기 때문에 프로그램적으로 해석하는 것은 문제가 있다고 본다. 왜냐
하면, 재판청구권이나 청원권(請願權)과 같은 청구권적 기본권 역시
권리실현을 위해서는 국가가 적극적 행위를 제공해야 하는 사정은 마
찬가지이므로 유독 사회적 기본권에 대해서만 권리성을 부인하는 것
은 옳지 못하다고 보는 것이다.

그리하여 국민은 구체적 급여나 조치(서비스)를 제공할 것을 국가
에 요청할 수는 없지만 이와 관련된 법제의 마련 등을 국가에 대해서
요청할 수 있는 권리는 있다는 것이다. 그리고 이에 대해 국가는 사법
적(司法的) 강제에 의해 의무이행을 할 수는 없지만 법적 의무를 지고
있다는 것이다.

이 학설은 현재 다수설의 입장을 차지하고 있다.

② 구체적 권리설

이 학설은 사회적 기본권을 구체적으로 실현시킬 수 있고 또한 국가
에 대해 요구할 수 있는 권리라고 본다. 구체적 입법이 별도로 존재하
지 않는다 하더라도 헌법규정만을 가지고도 권리를 실현할 수 있다고
보는 것이다. 그리하여 헌법상 사회적 기본권의 규정은 당연히 재판
상의 규범으로서 효력을 갖는다고 본다. 단지 어떠한 소송유형에 따
라 어느 정도로 재판규범으로서의 효력을 갖는 것인가에 대해 다음과
같이 약간의 이견(異見)이 존재하고 있다.

- 사회적 기본권에 관한 소송은 현행법상 소송유형이 존재하지 않
기 때문에 이러한 권리구제 소송은 헌법소송법과 같은 새로운 입
법의 제정을 통하여 가능하다고 보는 설이 있다.
- 행정소송법 제1조 규정에 따라 국가의 부작위위헌확인소송(不作
爲違憲確認訴訟) 또는 작위의무화소송(作爲義務化訴訟)을 제기할

수 있다고 보는 설이 있다. 이것은 국가가 국민의 사회적 기본권을 충족해야 하는 의무가 있음에도 불구하고 이를 근거로 하는 행정청이 이를 실행하지 않는 경우 국가의 작위의무 불이행이라는 측면에서 행정소송법 제1조의 공법상의 권리관계에 관한 문제로 해석해야 한다는 것이다.

- 헌법상 보장되는 권리가 하위법의 흠결(欠缺)로 보장되지 않는다는 것은 인정할 수 없는 것으로서 기본권의 침해에 대해서는 반드시 법적 구제가 가능해야 한다는 설이 있다. 그리하여 헌법재판소법 제68조와 제75조 제2항 또는 제4항에 따라 헌법소원(憲法訴願)으로 사법적(司法的) 구제를 할 수 있다는 것이다.

③ 불완전 구체적 권리설

이 학설은 사회적 기본권에 대해 불완전하나마 구체적 권리로 파악하는 적극적 자세가 필요하다는 것을 강조한다(권영성, 1994: 641~642). 그 이유는 다음과 같다.

- 모든 헌법규정은 공동체 구성원들의 헌법생활에서 그 내용이 반드시 실현되어야 할 재판규범이라는 점이다. 어떠한 헌법규정은 재판규범이고 어떠한 헌법규정은 프로그램규정이라는 해석은 헌법에 그에 관한 명문의 규정이 존재하지 않는 한 독단적이고 자의적인 해석일 수밖에 없는 것이다.
- 경제적으로 열악한 상황에 처한 절대빈곤층과 사회적 빈곤층에게는 자유권적 기본권이나 정치적 기본권보다 사회적 기본권의 실질적 보장이 가장 절실한 의미를 가지기 때문이다.
- 우리나라와 같이 사회국가의 원리를 지향하는 사회국가적 성격을 가진 국가인 경우에는 국가의 과제와 목표는 무엇보다도 사회

적 기본권의 실현에 중점을 두어야 하기 때문이다. 국가적 성격을 사회국가로 규정하고 국가목적을 사회국가원리의 구현이라고 규정하면서, 사회적 기본권을 프로그램적인 것 또는 추상적 권리로 이해한다는 것은 논리적 모순일 수밖에 없는 것이다.

- 헌법재판제도가 확립된 경우에는 헌법재판이라는 방법을 통하여 헌법불합치, 입법촉구 결정을 하는 것이 헌법구조상 반드시 불가능하지 않기 때문이다. 이러한 의미에서 사회적 기본권은 자유권적 기본권처럼 직접효력을 가지는 완전한 의미에서의 구체적 권리일 수는 없다 할지라도, 적어도 청구권적 기본권이나 정치적 기본권과 동일한 수준의 불완전하나마 구체적 권리로서의 성격은 가지고 있다고 할 수 있다.

(3) 복합설

이 학설은 위 3개의 학설 모두를 경우에 따라 긍정하는 학설이다. 즉, 헌법에서의 보장수준, 국가의 적극적 급부의 구체적 내용, 실현가능성 등에 따라 프로그램적 권리가 될 수도 있고 추상적 권리나 구체적 권리도 될 수 있다는 내용의 주장이다(한병호, 1993).

헌법 제34조 제1항의 인간다운 생활을 할 권리규정에서 '인간다운' 의 의미를 어떻게 해석하느냐에 따라 이 권리의 성격은 달라진다고 보는 것이다. 첫째, 인간다운 생활수준을 매우 이상적 차원에서 기준을 설정한다면, 이 권리는 언제나 프로그램적 권리에 지나지 않을 것이다. 현행 헌법 제34조 제2항 이하 제4항에서의 증진, 향상 등은 궁극적 목적 또는 목표로서 의미가 있을 뿐 현재로서는 입법에 의해 실현할 수 없는 수준이 되기 때문에, 이상적 수준의 인간다운 생활 또는 생존이라 함은 실질적 권리가 될 수 없다는 것이다.

둘째, 인간다운 수준을 인간다운 최저생활수준의 실현으로 해석한다면, 현실적 보장요구의 실현가능성도 있지만 여기에는 국가의 적극적 급여의 대상, 내용, 수준 등에 대한 규정들이 필요하게 되는데, 이것은 기본적으로 입법자의 권한사항에 속하기 때문에 이러한 수준의 권리라는 것은 기껏해야 입법청구권 정도가 될 것이며, 따라서 사회적 기본권 또는 생존권적 기본권은 불완전한 권리 또는 추상적 권리의 성격을 갖게 되는 것이다.

셋째, 인간다운 수준을 생물학적 최저수준의 보장으로 이해한다면 구체적 권리설을 인정할 수 있을 것이다. 생물학적 또는 생리학적 측면에서는 급여의 대상을 어느 정도 객관적으로 판단할 수 있고 또한 급여의 내용이 금전급부일 경우에는 현실적으로 실현가능성이 있다는 점에서 사회적 기본권은 구체적 권리로서 인정될 수 있는 것이다.

(4) 제도 보장설

이 학설은 사회적 기본권을 권리로서 보는 것이 아니라, 사회보장 또는 사회복지제도에 의해 결과적으로 기본권이 보장되는 상태를 가져올 수 있다는 점에 착안하여 하나의 제도 보장으로 이해하는 것이다(이상광, 1988: 100; 윤찬영, 1991: 78~80). 따라서 사회적 기본권이 헌법조항에서 명문상(明文上) 권리로서 규정되어 있어도 현실적 제약 때문에 구체적 권리가 될 수 없다고 보는 점에서는 추상적 권리설과 일치하지만, 추상적 권리 개념의 모호함을 극복하기 위해 권리의 개념보다는 기본권을 보장하기 위한 제도 보장의 개념으로 이해하는 것이다.

이 학설은 헌법 제34조 제2항(국가는 사회보장·사회복지의 증진에 노력할 의무를 진다)의 규정에 따라 사회복지 또는 사회보장은 생존권적 기본권 또는 사회적 기본권을 보장하기 위해 헌법상 보장된 제도라고 해석하는 것이다. 따라서 사회복지는 주관적 청구권으로서 존재하지는 않지만, 제도 보장의 성격을 갖는 객관적 법규범이기 때문에 재판규범으로서 기능할 수도 있다는 것이다. 이 경우에 재판규범이 될 수 있다는 것은 개인의 주관적 공권으로서 국가에 대해 사법적으로 급여를 청구할 수 있다는 의미가 아니라, 제도의 마련을 위한 입법부의 적극적 입법을 청구할 수 있다는 의미이다.

3) 판례의 입장

앞에서 언급했듯이 우리나라 헌법학계의 학설은 추상적 권리설이 다수설로 통용되고 있다. 그렇다면 판례(判例)는 어떤 학설을 취하고 있을까? 헌법재판소에서 사회적 기본권과 관련하여 판결한 두 가지 판례와 일본의 판례를 살펴보도록 한다.

(1) 중학의무교육을 받을 권리에 대해(90헌가27결정)

헌법 제31조 제1항은 "모든 국민은 능력에 따라 균등하게 교육받을 권리를 가진다"라고 교육에 대한 기본권을 인정하고 있다. 또한 같은 조의 제3항에서는 "의무교육은 무상으로 한다"라고 규정한다. 중학교 의무교육을 받을 권리에 대한 헌법재판소의 견해를 살펴본다.

먼저, 헌법재판소의 다수의견은 다음과 같다.

> 중학의무교육제의 확대 실시는 국가의 재정적 부담 등의 문제를 전제로 하며 중학의무교육을 받을 권리는 헌법상의 직접적 권리가 아니므로 … 어느 시점에서 의무교육으로서 실시할 것인가는 입법자의 형성(形成)의 자유에 속하는 사항으로서 국회가 입법정책적으로 판단하여 법률로 규정할 때 비로소 헌법상의 권리로서 구체화되는 것으로 보아야 한다.

이에 반해 소수의견은 다음과 같다.

교육을 받을 권리는 능력이 있으면서도 경제적 이유로 교육을 받을 수 없는 자가 교육을 받을 수 있는 교육조건 정비를 국가에 대해 요구할 수 있는 사회적 기본권의 하나이다. 기본권으로서의 중요성을 고려하여 우리나라보다 국민소득수준이 낮은 나라까지도 9년 또는 12년의 의무교육연한을 연장하여 실시하는 것이 세계적 추세이다. 교육을 받을 권리란 교육의 기회균등을 의미하는 프로그램에 그칠 수 없으며 의무교육사항이 결코 기본권과 무관한 급부행정의 영역일 수 없다. 따라서 의무교육의 실시란 국가의 법적 의무의 이행이라기보다 국가의 시혜적 급부라는 전제하에서 국회의 입법형성권의 자유에 의해 위임입법의 범위를 확대시켜도 무방하다는 다수의견에 따를 수 없다.

교육받을 권리 역시 헌법상 사회적 기본권의 중요한 요소이다. 이에 대해 우리 헌법재판소는 다수의견이 학설과 마찬가지로 국가의 재정능력을 이유로 하여 구체적 권리성을 부인하는 추상적 권리설을 따르고 있다. 그러나 소수의견은 구체적 권리설을 주장하고 있다.

(2) 생계보호기준에 대해(94헌마33)

지난 1994년 2월 22일 생활보호대상자인 노부부가 생활보호사업지침에 따라 제공되는 생계급여 수준이 헌법상 인간다운 생활을 할 권리를 침해하는 것으로 위헌임을 확인해 달라는 헌법소원을 헌법재판소에 제기했다. 이것은 우리나라 사회복지분야에서 최초로 제기되어 유명해진 소송으로서, 한국판 아사히(朝日) 소송으로 불리기도 한다.

① 청구이유

가. 청구인의 이 사건 헌법소원 제기 경위

청구인들은 부부지간으로서 모두 생활보호법상의 거택보호대상자로 서 ⋯ 관할보호기관인 피청구인으로부터 보호급여를 받아 1992년에는 1인당 월 4만 6천 원을 받아오다가 1993. 1. 이후 ⋯ 매월 5만 6천 원, 1994. 1. 이후 ⋯ 6만 5천 원의 생계보호를 받는 바, 이와 같은 보호급 여만으로는 청구인들의 헌법상 보장된 행복추구권을 보장하기는커녕 인간다운 생활을 할 권리마저 침해하는 것이므로 청구인은 피청구인 의 위와 같은 보호급여처분이 헌법에 위배된다는 확인을 하여 달라는 것입니다.

나. 행복추구권 및 인간다운 생활을 할 권리의 헌법적 보장

⋯ 헌법이론상 인간다운 생활이라고 함은 인간으로서의 존엄성을 유 지할 수 있는 건강하고 문화적인 생활을 의미하며, 인간다운 생활을 할 권리라고 함은 국가에 대해 인간으로서의 존엄성을 유지할 수 있 을 만한 건강하고 문화적인 생활을 할 수 있도록 국가에게 청구할 수 있는 권리를 의미한다. ⋯ 따라서 생활능력이 없는 국민 역시 법률이 정하는 바에 의해 국가의 보호를 받을 수 있으며 그 보호의 수준 역 시 인간다운 생활을 할 수 있을 정도의 보호를 요청할 수 있는 것 ⋯ 이와 같은 헌법정신에 따라 생활보호법은 보호대상자에 대한 보호의 수준을 건강하고 문화적인 최저생활을 유지할 수 있을 정도로 규정 하고 있습니다(생활보호법 제5조 제1항 참조).

⋯ 인간다운 생활을 할 권리의 법적 성격에 관해 ⋯ 프로그램 규정 설, ⋯ 추상적 권리설, ⋯ 구체적 권리설 등의 학설대립이 있으며, 헌 법학계의 통설적 견해는 추상적 권리설로 보이나 최근 들어 위와 같 은 인간다운 생활을 할 권리와 같은 사회적 기본권을 불완전하나마 구체적 권리로 이해하는 학설이 있는바, 동 학설의 내용은 다음과 같습니다.

즉, 모든 헌법규정은 공동체 구성원들의 헌법생활에서 그 내용이 반드시 실현되어야 할 재판규범이므로 어떤 규정은 재판규범이고 어떤 규정은 프로그램적 규정이라는 헌법상 규정상의 명문규정이 존재하지 아니하며, 경제적으로 열악한 상황에 처한 국민에게는 자유권적 기본권이나 정치적 기본권보다 사회적 기본권의 실질적 보장이 보다 절실한 의미를 가진다고 보아야 할 것이며, 우리나라와 같이 사회국가원리를 지향하는 사회국가적 성격을 지니고 있는 경우 국가의 과제와 목표가 사회적 기본권의 실현에 중점을 두어야 하고, 헌법재판제도가 확립된 경우 헌법재판이라는 방법을 통하여 입법기관에게 입법촉구 결정을 하는 것이 헌법구조상 불가능하지 않다는 점에서 사회적 기본권이 자유권적 기본권처럼 직접 효력을 가지는 완전한 의미에서 구체적 권리라고 볼 수는 없으나 적어도 국가배상청구권 등과 동일한 수준의 불완전하나마 구체적인 법적 권리로서의 성격을 지닌다고 보아야 할 것입니다.

생각건대 헌법은 모든 국민은 인간다운 생활을 할 권리를 가진다고 규정하고 있고, 그 실현을 국가가 보장하도록 한다는 의미에서 국가는 사회보장·사회복지의 증진에 노력할 의무를 지며, 신체장애자 및 질병, 노령, 기타의 사유로 생활능력이 없는 국민은 법률이 정하는 바에 의해 국가의 보호를 받는다고 규정하고 있으므로 우리 헌법하에서는 생활보호법상의 생활보호가 국가의 경제적 능력 여하에 따른 급여 유무 및 수준이 결정되는 반사적 이익이 아니라 국가의 의무로서 그 권리자인 국민에게 제공되는 것으로 해석해야 할 것이며, 따라서 국가의 의무 불이행이 있을 경우 권리자는 적극적으로 권리주장을 할 수 있는 법적 권리라고 보아야 할 것입니다.

다. 현행 생활보호급여의 현황 및 그 위헌성 여부

현행 생활보호법 ··· 에서 규정하는 건강하고 문화적인 최저생활을 유지하는 데 필요한 급여수준을 어떻게 해석할 것인가 ··· 현행 급여수준이 인간다운 생활을 보장하는 헌법의 이념에 부합하는지의 여부가 검토되어야 할 것입니다.

　현재 … 거택보호자에게 지급되는 생계보호 기준은 백미가 1인당 매월 10킬로그램, 정맥이 1인당 매월 2.5킬로그램, 부식비가 1인당 매일 920원, 연료비가 1가구당 매일 675원으로서 1인당 매월 6만 5천 원에 불과한바, 과연 이와 같은 보호수준이 헌법에서 규정하는 인간다운 생활을 할 권리, 생활보호법에서 보호의 기준으로 삼는 "건강하고 문화적인 최저생활을 유지하는 데 필요한 급여수준"인지의 여부가 검토되어야 할 것입니다.

　… 위와 같은 보호수준이 건강하고 문화적인 최저생활을 유지하는 데 필요한 급여수준인지의 여부를 검토하기 위해서는 먼저 우리나라의 1인당 최저생계비 … 와 위 생활보호급여기준을 비교 … 한국보건사회연구원 … 연구 발표한 자료에 의하면 1993년도 1인당 최저생계비에 관해 대도시에서는 금 141,400원, 중소도시에서는 금 126,400원, 농촌지역에서는 106,100원으로서 전국적으로는 금 118,600원 정도로 추정하고 있으며, … 최저생계비는 건강하고 문화적으로 살기 위한 최소한의 생활비로서 굶주리고 헐벗음을 갓 벗어난 생존적 수준보다는 나은 생활로서 이 사회에서 수치심을 느끼지 않을 수 있는 정도의 생활수준을 유지하기 위한 비용으로 파악 … 단순 육체적 생존을 위한 기본 생존적 최저생계비는 1993년 현재 금 105,600원 … .

　… 건강하고 문화적인 최저생활을 유지할 수 있는 수준이라고 함은 단순히 육체적 생존을 위한 기본 생존적 최저생계비라고 볼 수는 없을 것이고 … 이 사회에서 수치심을 느끼지 않을 수 있는 정도의 생활수준을 유지하기 위한 최저생활비용보다 더 높은 수준으로 해석되었으면 되었지 그 이하의 수준으로 해석되어서는 안 될 것이고, … 인간다운 생활의 해석과 관련하여 볼 때 더더욱 단순히 육체적 생존을 의미하는 것은 아니라 … .

라. 결어

… 현재 시행되는 생활보호급여기준 … 단순 육체적 생존을 위한 최저생계비 … 에도 미치지 못하고 있어 … 인간다운 생활을 할 권리를 침해하고 있다 … 결국 … 헌법상 보장된 청구인들의 행복을 추구할 권리 및 인간다운 생활을 할 권리를 침해한 것이어서 위헌 … .

② 답변서

본 건 소송의 피청구인인 당시 보건사회부(현재 보건복지부) 장관은 1994년 4월에 본 건에 대한 답변서를 헌법재판소에 제출했다. 이를 통해 우리 국가의 입장을 확인할 수 있을 것이다.

가. 답변이유

… 위 헌법소원 청구는 요건을 갖추지 못한 부적법한 것이므로 마땅히 각하되어야 하고, … 적법하다고 하더라도 위 생계보호기준에 의한 보호급여처분으로 말미암아 청구인의 기본권이 침해된 바가 없으므로 위 헌법소원 청구는 기각되어야 … .

나. 이 사건 헌법소원의 적법성 여부에 관해

… 피청구인이 고시한 위 생계보호기준은 행정조직의 업무처리에 대한 내부적 지침에 불과하여 국민에 대해 직접적 효력을 가지는 것이 아니라고 할 것이고, 또한 위 생활보호사업지침의 고시행위가 헌법소원의 대상이 되는 공권력 행사에 해당한다고 볼 수도 없습니다. 따라서 청구인의 심판청구는 헌법소원의 대상으로 할 수 없는 행정규칙 자체를 대상으로 헌법소원을 청구한 것이므로 각하되어야 … .

　… 청구인은 행정심판, 행정소송이라는 별도의 권리구제절차를 거치지 아니하고 헌법소원을 제기 … 헌법소원의 보충성의 원칙에 비추어 … 각하되어야 … .

다. 생활보호대상자에 대한 보호급여처분의 위헌성 여부에 대해

㉠ 인간다운 생활을 할 권리의 헌법적 보장의 의미

인간다운 생활을 할 권리의 의의에 대해 물질적 궁핍으로부터 해방을 그 주 내용으로 하는 물질적 최저생활권을 의미한다는 견해와 문화적 최저생활을 보장한 것이라고 주장하는 견해가 대립 ⋯ 실질적 자유와 평등을 구현하려는 헌법상의 사회국가원리에 비추어 볼 때 물질적 최저생활의 차원을 넘어서 문화적 최저생활까지를 보장하고 있다고는 보기 어렵습니다. 인간다운 생활을 할 권리의 참의미는 국민에게 물질적 최저생활을 보장함으로써 자율적 생활형성의 바탕을 마련해준다는 데 있다. ⋯ 보호대상자에 대한 보호의 수준이 건강하고 문화적인 최저생활을 유지할 수 있는 것이어야 한다는 생활보호법 제5조 제1항의 규정은 바람직한 보호수준을 목표로서 제시한 것 ⋯.

㉡ 인간다운 생활을 할 권리가 구체적 권리라는 데 대해

인간다운 생활을 할 권리가 ⋯ 구체적 권리라고 할 수 있기 위해서는 모든 생활수단을 국가가 일일이 급여해주고 국민의 일상생활의 전부가 국가의 사회보장제도에 의해서 규율되는 ⋯ 복지국가를 전제로 하고 ⋯ 충분한 재정 및 예산상의 여건이 확보된 뒤에라야만 가능 ⋯ 우리나라는 이러한 체제 및 여건이 갖추어져 있지 않다. ⋯ 현행 헌법상 인간다운 생활을 할 권리는 '구체적 권리'라고는 할 수 없다. ⋯ 다만 국가는 국민 스스로의 생활설계에 의한 인간다운 생활의 실현이 가능하도록 사회구조의 골격을 형성할 의무를 지는 것이며 국가의 재정사정 등을 고려해서 단계적으로 점진적으로 이행이 가능 ⋯ 또한 ⋯ 바람직하다. ⋯ 미국, 영국, 일본 등 선진국에서도 생계보호수준이 국가의 재정능력에 상응하여 점차적으로 향상되어 온 것은 주지의 사실입니다.

㉢ 보호급여처분의 위헌성 여부

⋯ 1994년 생계보호기준에 의한 보호급여처분이 인간다운 생활을 침해하는지의 여부는 보호급여처분 수준과 최저생계비의 단순비교를 통하

여 판단할 것이 아니라 국가의 재정능력도 함께 고려해야 할 것 ….

국가는 그 동안 어려운 재정여건하에서도 생계보호수준을 지속적으로 향상시켜 왔고 앞으로도 국가재정능력을 고려, 연차적으로 최저생계비 수준으로 향상시킬 계획 … 생계보호 외에도 직업훈련 및 취업알선, 영구임대아파트 우선입주권 부여, 생업자금 융자, 수도료, 전화료, TV 수신료 등 각종 공과금의 감면 등 생활보호대상자들의 인간다운 생활을 할 권리를 보장하기 위해 노력하고 있으므로 청구인들의 인간다운 생활을 할 권리를 침해했다고 할 수 없습니다.

라. 결론

따라서 피청구인이 청구인들에 대한 보호급여처분으로 청구인들의 행복추구권 및 인간다운 생활을 할 권리가 침해되었다고 할 수 없으므로 청구인들의 청구는 기각되어야 한다. …

③ 헌법소원 심판청구이유 보충서

위와 같이 피청구인인 정부당국의 답변에 대해 청구인들은 자신들의 청구이유를 다음과 같이 보충하여 헌법재판소에 제출했다.

가. 피청구인의 답변 요지

피청구인은 … 기각되어야 한다는 취지의 답변을 하고 있으니 이는 다음에서 살펴보듯이 피청구인의 주관적 견해로서 타당하지 않다. …

나. 행정규칙에 대한 헌법소원 가능성

… 위 보호사업지침은 곧바로 생활보호대상자들이 받게 될 급여액과 직결되는 것이므로 위 지침이 국민에게 직접적 효력을 가지는 것으로 보아야 할 것 … 단순한 위 행정부 자체의 내부지침에 불과하다고 볼 수는 없을 것 … 비록 위 지침이 행정규칙의 성질을 가진 것이라 하더라도 헌법소원의 대상이 된다. … 귀 재판소에서도 "행정규칙이 법령의 규정에 의해 행정관청에 법령의 내용을 보충할 권한을 부여

한 경우, 또는 재량권 행사의 준칙인 규칙이 그 정한 바에 따라 되풀이 시행되면 평등의 원칙이나 신뢰보호의 원칙에 따라 행정기관은 그 상대방에 대한 관계에서 그 규칙에 따라야 할 자기구속을 당하게 되고 그러한 경우에는 대외적 구속력을 가지게 된다고 할 것이다"라고 판시하여 이와 같은 행정규칙에 대해 헌법소원이 가능하다고 판시한 바 있습니다(90헌마13 전라남도 교육위원회의 1990학년도 인사원칙에 대한 헌법소원사건 결정례 참조).

따라서 … 헌법소원의 대상이 아니라는 취지의 피청구인의 항쟁은 이유 없는 것 ….

다. 전심절차 미경유에 대한 시비와 관련하여

… 생활보호법 전 규정 기타 일반 행정심판법에 의거하더라도 생활보호대상자들에 대한 급여수준의 불충분에 대해 이의를 제기할 수 있는 행정심판제도는 존재하지 않으므로 … 잘못이라고 볼 수는 없으며 … 방법이 있다고 하더라도 현재 철거민 이주대책과 관련된 철거민의 아파트 입주청구권의 유무에 관해 … 대법원의 판례 취지(대법원 1991. 12. 27 선고 91다17108 판결 참조) 및 … 대법원 전원합의체 판결의 취지에 비추어 볼 때 우리 대법원의 견해는 생활보호법에 따라 생활보호대상자들이 받을 수 있는 보호급여의 법적 성격이 정부의 생활보호정책의 일환으로 생활보호대상자들에게 주어지는 것일 뿐 개인의 주관적 공권을 규정한 것이 아니라는 판단 … 전심절차를 거쳐야 한다고 하더라도 청구인의 경우는 보충성의 원칙의 예외라고 보아야 할 것 ….

라. 위 보호사업지침이 기본권을 침해하는지의 여부와 관련하여

… 이와 같은 헌법상의 의무 이행을 위해 국가는 생활보호법, 노인복지법 등 하위법을 제정한 것이고, 위와 같은 헌법의 취지에 따라 생활보호법 제5조 제1항은 국가가 생활보호대상자들에 대해 일정한 급여를 해야 할 의무를 부과하되, 그 수준을 건강하고 문화적인 최저생활을 유지할 수 있는 정도여야 한다고 규정 … 바람직한 보호수

준의 목표로서 제시된 것으로 볼 수는 없고 … 위와 같은 정도의 급여를 현실적으로 이행해야 할 법적 의무를 부과한 것으로 해석해야 할 것 … 단순히 국가가 시행하는 생활보호행정정책의 수혜자로서 받은 반사적 이익이라고 볼 수는 없고 구체적인 법적 권리라고 보아야 할 것 … .

따라서 … 모법에서 위임한 급여수준에도 미치지 못하는 것 … 궁극적으로 헌법 위반의 문제가 아니라 생활보호법 그 자체의 위반이라고도 볼 수 있을 것 … .

한편, … 예산부족 운운하지만 우리나라의 경제수준이 … OECD에까지 가입 … 세계 경제대국의 하나로 부상하고 … 복지부분에 대한 예산은 전시적 행정을 나타내는 수준에 불과 … 생활보호대상자들에 대한 급여수준이 … 외형적으로 나아지는 것처럼 보이지만 생활보호대상자의 총 수가 감소되는 추세에 있으므로 결국 일정한 예산을 전체 생활보호대상자 수로 나눈 정도의 수준으로 맞춘 후 향상된 것처럼 주장 … 보호수준이 단계적으로 나아진다고 볼 수도 없을 것 … .

따라서 피청구인의 주장은 … 단순히 핑계에 불과 … 생활보호사업은 헌법과 생활보호법상의 법적 의무를 이행한다는 차원에서가 아니라 우리나라도 … 어느 정도의 복지정책을 수행하고 있다는 외관을 나타내기 위한 정책을 수행하는 것이라는 의심을 사지 않을 수 없을 것입니다.

마. 결론

… 헌법에서 국민들의 인간다운 생활을 할 기본권을 규정한 것은 단순한 국가정책의 방향 내지 행정의 이념을 제시한 것이 아니라 … 국가의 보호의무를 규정하는 것 … 생활보호법 역시 … 헌법정신에 따라 … 보호수준이 명목적이 아니라 실질적 수준이 되어야 한다는 것을 법적으로 선언 … 현재 시행되는 … 급여는 생활보호대상자들의 건강하고 문화적인 최저생활은커녕 인간다운 생활을 할 권리조차 보장하는 것이 아니라 … 생활보호사업지침은 헌법정신에 위배 … .

④ 헌법재판소 결정

이에 대해 헌법재판소는 1997년 5월 29일 청구인들의 심판청구를 기각(棄却)했다. 기각결정에 대한 헌법재판소의 판단을 살펴보자.

가. 적법요건에 대한 판단

이 사건 생계보호기준은 생활보호법 제 5조 제 2항의 위임에 따라 보건복지부장관이 보호의 종류별로 정한 보호의 기준으로서 일단 보호대상자들로 지정되면 그 구분(거택보호대상자, 시설보호대상자 및 자활보호대상자)에 따른 각 보호기준에 따라 일정한 생계보호를 받게 된다는 점에서 직접 대외적 효력을 가지며, 공무원의 생계보호급여 지급이라는 집행행위는 위 생계보호기준에 따른 단순한 사실적 집행행위에 불과하므로, 위 생계보호기준은 그 지급대상자인 청구인들에 대해 직접적 효력을 갖는 규정이다.

이 사건 심판의 대상은 보건복지부장관 또는 그 산하 행정기관의 어떤 구체적 보호급여처분(생계보호급여처분) 그 자체가 아니고 보건복지부장관이 법령의 위임에 따라 정한 그 보호급여(생계보호급여)의 기준으로서, 현행 행정소송법상 이를 다툴 방법이 있다고 볼 수 없으므로 이 사건은 다른 법적 구제수단이 없는 경우에 해당하여 보충성 요건을 갖춘 것이라 볼 수 있다.

나. 본안에 대한 판단

자본주의 경제의 발달과정에서 빈곤은 더 이상 개인적인 물질적 결핍의 문제가 아니라 사회적 안정을 위협하는 사회 전체의 문제이고 … 빈곤문제는 국가의 과제로 인식되었다. 이러한 인식으로부터 … 건강하고 문화적인 생활을 보장하는 것이 국가의 책무라고 하는 사회국가원리를 헌법에 규정하게 되었고 … 여러 가지 '사회적 기본권'을 폭넓게 규정함으로써 … 국가의 보호의무를 명시하고 있다.

그런데 모든 국민은 인간다운 생활을 할 권리를 가지며 국가는 생활능력이 없는 국민을 보호할 의무가 있다는 헌법의 규정은 모든 국가기관을 기속하지만, 그 기속의 의미는 적극적·형성적 활동을 하는 입법부 또는 행정부의 경우와 헌법재판에 의한 사법적 통제기능을 하는 헌법재판소에서 동일하지 아니하다.

위와 같은 헌법의 규정이, 입법부나 행정부에 대해서는 국민소득, 국가의 재정능력과 정책 등을 고려하여 가능한 범위 안에서 최대한으로 모든 국민이 물질적 최저생활을 넘어서 인간의 존엄성에 맞는 건강하고 문화적인 생활을 누릴 수 있도록 해야 한다는 행위의 지침, 즉 행위규범으로서 작용하지만, 헌법재판에서는 다른 국가기관, 즉 입법부나 행정부가 국민으로 하여금 인간다운 생활을 영위하도록 하기 위해 객관적으로 필요한 최소한의 조치를 취할 의무를 다했는지를 기준으로 국가기관의 행위의 합헌성을 심사해야 한다는 통제규범으로 작용하는 것이다.

… 사회보장의 방법에는 … '사회보험'과 … '사회부조'의 방법이 있다. 그런데 생활보호법 … 사회부조의 전형적 한 형태이다.

국가가 행하는 생계보호가 헌법이 요구하는 객관적 최소한도의 내용을 실현하는지의 여부는 결국 국가가 국민의 '인간다운 생활'을 보장함에 필요한 최소한도의 조치는 취했는가의 여부에 달려 있다 … '인간다운 생활'이란 그 자체가 추상적이고 상대적인 개념으로서 … 생계보호의 구체적 수준을 결정하는 것은 … 해당기관의 광범위한 재량에 맡겨져 있다. …

그러므로 국가가 인간다운 생활을 보장하기 위한 헌법적 의무를 다했는지의 여부가 사법적 심사대상이 된 경우에는, 국가가 생계보호에 관한 입법을 전혀 하지 않았다든지 그 내용이 현저히 불합리하여 헌법상 용인될 수 있는 재량의 범위를 명백히 일탈한 경우에 한하여 헌법에 위반된다고 할 수 있다.

한편 … 사회부조에는 … 생계보호 외에 다른 법령에 의해 행하여지는 것도 있으므로 … 생활보호법에 의한 생계급여만을 가지고 판단해서는 아니되고 … 각종 급여나 부담의 감면 등을 총괄한 수준을 가지고 판단해야 한다.

… 사실조회 회신에 의하면 … 매월 1인당 6만 5천 원 정도의 생계보호 이외에도 월동대책비로 1인당 1년에 6만 천 원 … 노령수당으로 1인당 월 1만 5천 원 … 매월 1인당 3천 6백 원 상당의 버스승차권이 지급되었으며 … 상하수도료가 감면되며(서울특별시의 경우 2천 5백 원 면제) … 월 2천 5백 원의 텔레비전 수신료가 면제되고 … 전화사용료 월 6천 원까지 면제되 … 2인 1가구를 구성하는 경우의 1994년도 최저생계비는 1인당 매월 대도시에서는 19만 원 정도, 중소도시에서는 17만 8천 원 정도, 농어촌에서는 15만 4천 원 정도임 … .

그렇다면 … 국가가 실현해야 할 객관적 내용의 최소한도의 보장에 이르지 못했거나 헌법상 용인될 수 있는 재량의 범위를 명백히 일탈했다고는 보기 어렵고(보건복지부장관의 사실조회 회신에 의하면 … 1인당 월평균 1995년에는 7만 8천 원 정도, 1996년에는 10만 7천 원 정도 … 1998년까지는 최저생계비 수준을 완전히 보장 …), 따라서 … 생계보호의 수준이 일반 최저생계비에 못 미친다고 하더라도 그 사실만으로는 곧 그것이 헌법에 위반된다거나 … 행복추구권이나 인간다운 생활을 할 권리를 침해한 것이라고는 볼 수 없다 할 것이다.

다. 결론

그렇다면 생계보호기준의 위헌 확인을 구하는 청구인들의 이 사건 심판청구는 이유 없으므로 이를 모두 기각하기로 하여 재판관 전원의 일치된 의견으로 주문과 같이 결정한다.

(3) 아사히(朝日) 소송

일본에서는 이미 1957년 생활보호대상자인 아사히가 생활보호기준에 대해 사법적으로 문제제기를 했다. 아사히는 무의탁(無依託)한 폐결핵 환자로서 생활보호를 받고 있었는데 1956년 8월부터 친형으로부터 약간의 생활비를 받게 되어, 그만큼의 액수를 공제하고 급여를 지급하는 보호변경처분을 사회복지사무소장으로부터 받게 되었다. 이에 아사히는 불복신청(不服申請)을 했으나 각하되고 후생대신에게 불복신립신청(不服申立申請)을 했으나 역시 각하되어 불복신립각하결정(不服申立却下決定)을 취소 청구하는 소송을 제기했다.

그리하여 1960년 1심 판결에서는 승소(勝訴)했으나 1963년 2심에서 패소(敗訴)했고, 이어서 최고재판소(우리나라의 대법원에 해당됨)에 상고(上告)했으나 아사히는 곧 사망하게 되었고 1967년 궐석(闕席) 재판으로 패소했다.

이에 헌법적 쟁점과 관련된 판결의 요지를 살펴보도록 한다.

① 1심 판결요지(동경지방재판소, 1960년 10월 19일 판결)

가. 프로그램 규정인가 권리인가에 대해

헌법 제 25소 제 1항(우리나라 헌법 제 34조 제 1항에 해당)은 국가에 대해서 국민이 건강하고 문화적인 최저한도의 생활을 영위하는 것이 가능하도록 적극적 시책을 강구하는 책무를 부과하여 국민의 생존권을 보장하고, 제 2항(우리나라 헌법 제 34조 제 2항에 해당)은 그것을 위한 시책을 열기(列記)한 것이다. 만약 국가가 이 시책을 취하지 않을 때는 처음부터 법률명령 또는 처분이 이 헌법의 의미를 올바르게 실현하지 않으면 비판을 면할 수 없을 뿐만 아니라, 만약 국가가 생존권의 실현에 노력해야 할 책무를 위반하여 생존권 실현에 장애가 되는 듯한 행위를 할 때는 이것을 무효로 하지 않으면 안 된다.

헌법 제 25조 및 생활보호법 제 3조(우리 법 제 5조에 해당)는 단순히 국가의 사실상의 보호행위에 의한 반사적 이익을 향수(享受)하는 데 머물지 않고, 적극적으로 국가에 대해 보호의 실시를 청구할 권리를 보장한 것이다. 동법 제 64조(… 보호의 결정 및 실시에 관한 사무의 전부 또는 일부를 그 관리에 속한 행정청에 위임한 경우에 있어 당해 사무에 관한 처분에 대해서 심사청구는 … 한다), 제 69조(이 법률의 규정에 근거를 둔 보호실시기관이 행한 처분의 취소의 소는, 당해 처분의 심사청구에 대한 재결을 거친 후가 아니면, 제기하는 것이 가능하지 않다) 가 불복신립(不服申立)의 권리를 인정하는 것은 이것을 증명하는 것이라고 할 수 있다.

나. 후생대신의 보호기준 설정에 대해

보호기준의 산정은 기술적·전문적 검토를 요한다. 그 때문에 법은 후생대신이 정하는 기준에 의해 측정된 요보호자(要保護者)의 수요를 기초로 해서 간접적으로 최저한도의 생활수준의 인정을 제1차적으로 정부의 책임으로 위임하고 있다. 그러나 그것은 끝까지 헌법, 생활보호법 제3조, 동법 제8조 제2항의 규정을 일탈할 수가 없고, 그러한 의미에서 기속행위(羈束行爲)이다. 따라서 이것이 과연 본 법에 적합한지 어떤지는 이것이 투쟁되는 한 법원에서 판단되어야 하는 이유이다.

② 2심 판결요지(동경고등재판소, 1963년 11월 4일 판결)

생활보호법이 헌법 제25조의 이념에 근거하여 보호·수익권을 결정한 취지부터가 1심 판결과 같이 단순한 반사적 이익에 지나지 않는 것에 불과하거나 또한 훈시적 규정도 아니고 구체적 권리이다. 따라서 보호기준에 대해서 사법심사권은 실현된다. 그런데 이 사법심사권은 보호기관이 다수의 불확정 요소의 파악, 총합의 위에서 정립되지 않으면 안 된다고 하는 성격상, 그 설정에 관한 구체적 판단을 실질상 후생대신의 자유로운 재량에 위임한 것을 이해해야 하고, 따라서 당부당(當不當)의 논평을 첨가하는 것은 가능하지만, 행정청의 판단이 법을 일탈하여, 당부당의 문제를 거친 경우가 아닌 한 위법인가 아닌가의 문제로는 되지 않는다.

그러나 보호실시기관의 보호개시 또는 변경의 구체적 보호처분은 기속재량행위(羈束裁量行爲)이다. 따라서 보호기준 그것이 위법이라면 보호개시 또는 변경의 결정은 위법인 것을 피하지 못한다. …

③ 3심 판결요지(최고재판소, 1967년 5월 24일)

… 헌법 제 25조는 모든 국민이 건강하고도 문화적인 최저한도의 생활을 영위할 수 있도록 국정을 운영하는 국가의 책무로서 선언한 것에 불과하며, 직접적으로 개개의 국민에 대해 구체적 권리를 부여한 것은 아니다. 구체적 권리는 헌법규정의 취지를 실현하기 위해 제정된 생활보호법에서 비로소 부여되는 것이다. … 물론, 후생대신이 정한 보호기준은 법 제 8조 제 2항 소정(所定)의 사항을 준수하는 것을 요하므로 결국은 헌법에서 정한 건강하고도 문화적인 최저한도의 생활을 유지함에 족하면 된다.

그러나 건강하고도 문화적인 최저한도의 생활을 유지하는 것은 추상적인 상대적 개념으로서, 그 구체적 내용은 문화적 발달, 국민경제의 진전에 수반하여 향상되는 것으로서, 다수의 불확정적 요소를 종합적으로 고려하여 결정되는 것이다.

그러므로 무엇이 건강하고도 문화적인 최저한도의 생활인가를 인정하고 판단하는 것은 일단 후생대신의 합목적적 재량에 위임하는데, 그 판단은 당부당(當不當)의 문제로서 정부의 정치적 책임을 물을 수 있다 하더라도 직접적 위법의 문제를 발생케 하는 것은 아니다. 다만, 현실의 생활조건을 무시하고 현저하게 낮은 기준을 설정하는 등 헌법 및 생활보호법의 취지·목적에 반하여 법률에서 부여된 재량권의 한계를 넘은 경우 또는 재량권을 남용하는 경우는 위법한 행위로서 사법심사의 대상이 된다.

원심 판결이 본 건 생활보호기준의 적부(適否)를 판단하는 데서 고려하고자 했던 생활 외적(外的) 요소라는 것은 당시의 국민소득 또는 이것을 반영하는 국가의 재정상태, 국민의 일반적 생활수준, 도시와 농촌의 생활격차, 저소득층이 전체 인구에서 차지하는 비율, 생활보호를 받는 자의 생활이 생활보호를 받지 않는 다수 빈곤자의 생활보다 우려되는 것은 부당하다는 일부 국민의 감정 및 예산배분의 사정 등이다.

이상에서와 같은 제요소를 고려하는 것은 보호기준 설정에 대한 후생대신의 재량에 속하는 것인데, 그에 대한 판단은 당부당의 문제를 발생시키는 데 지나지 않고 위법의 문제를 야기하는 것은 아니다.

원심판결이 확정한 사실관계하에서는 본 건 생활부조기준이 입원 입소환자의 최저한도의 일용품비를 지불한 후생대신의 인정판단은 주어진 재량권의 한계를 넘거나 재량을 남용한 위법이 있다라고는 도저히 단정할 수 없다. …

4) 평가

사실, 헌법 제34조 제1항의 규정에 대하여 이렇게 복잡한 논쟁을 할 필요는 없다. 왜냐하면 헌법에 분명히 "권리"라고 규정하고 있기 때문 이다. 문자 그대로 권리인 것이다. 헌법 조문이 "권리"라고 선언하는 데도 권리가 아니라거나 완전한 권리가 아니라고 해석하는 것은 기본 적으로 법과 헌법에 대한 신뢰를 깨뜨리는 해석이다.

그리고 제 학설은 "권리"라는 표현이 없었던 바이마르공화국 헌법에 대해 당대의 헌법학자들이 그 규범적 성격을 놓고 벌인 논쟁에서 비 롯된 것이다. 이것을 우리나라 헌법학자들이 교과서마다 소개하며 자 신의 견해를 제시하고 있고, 사회복지학자들도 이를 그대로 받아들여 소개하고 있다. 이는 불필요한 논쟁이다.

그러나 이 논쟁을 통해서 우리는 사회권 내지 생존권의 법적 성격과 이에 대한 정치적·사회적 입장들을 확인하는 좋은 계기가 될 수 있다.

(1) 제 학설에 대한 평가

우선 사회적 기본권이 권리인가 아닌가 하는 기준에서 볼 때 단순한 프로그램적 규정으로 보는 학설은 독일 바이마르 헌법 시대에 지배적 학설로서 복지국가를 지향하는 현대국가의 헌법이념으로서 적절하지 못하기 때문에 현재로서는 논의의 대상이 되지 못한다고 보아야 할 것이다. 명문상 권리로 규정해놓고 일체의 권리성을 인정하지 않는다는 것은 언어도단(言語道斷)이라 해도 좋을 것이다.

추상적 권리설 역시 결과적으로 프로그램 규정설과 차이가 없는 학설로서 실효성이 의문시된다. 이는 프로그램 규정설과 마찬가지로 구체적 입법이 존재하지 않는 한 헌법조항을 근거로 하여 사법적 구제를 받을 수 없다는 한계를 가지고 있는 것이다. 즉, 권리인정이라는 명분만 있고 실질적으로 개인의 권리를 보장하는 면에서는 프로그램 규정설의 입장과 마찬가지로 취약하다.

구체적 권리설은 이념적으로는 지지할 만하지만 권리의 실현방법과 절차에 대한 이론 구성이 부족하여 타학설에 대한 대응에서 약한 점을 가지고 있다. 불완전 구체적 권리설 역시 헌법재판을 통한 우회적 권리실현의 가능성을 주장하고 있어 구체적 권리성을 일정한 정도로 유보하는 주장이다. 국가에 대해 직접적 청구를 왜 인정하지 아니하고 간접적인 사법적 청구만을 인정하는지 불분명하다.

이에 반하여 복합설은 사회적 기본권의 핵심적 내용을 이루는 인간다운 생활수준에 대해서 분석적으로 접근하는 점이 돋보인다. 그러나 인간다운 생활수준을 건강하고도 문화적인 최저한의 생활수준으로 볼 때, 이에 대한 권리를 추상적 권리로 보는 것은 문제가 있다. 이러한 권리의 보장을 위한 국가의 적극적 급부의 내용과 수준, 절차 등이 입법에 의해 규정되어야 하는데, 이것을 이 학설에서는 입법자의 권한이라고 해석하기 때문에 추상적 권리설을 취한다. 이러한 입법의 내용은 입법자의 권한이 아니라 의무라고 보아야 할 것이다. 따라서 입법자가 의무이행을 하지 않을 때 국민 개인은 이에 대한 입법만을 요구할 수 있는 것이 아니라 더 나아가 헌법조항을 근거로 사법적 청구를 할 수 있는 것으로 해석하는 것이 헌법의 취지에 부합한다고 본다.

제도 보장설은 권리와 권리실현 방법을 구분하지 않는 한계가 있다.

즉, 인간다운 생활을 할 권리를 보장하기 위해 필요한 것이 사회보장 또는 사회복지제도인 것이다(헌법 제34조 제2항). 따라서 사회보장이나 사회복지제도에 관한 입법이 제도 보장에 관한 것이지 인간다운 생활을 할 권리 자체가 제도 보장이라고 보는 것은 논리 구성에 문제가 있다.

(2) 판례에 대한 검토

중학의무교육과 생활보호수준에 관한 헌법재판소의 입장은 기본적으로 추상적 권리설에 입각하고 있다. 따라서 개인은 국가에 대해 직접적으로 급여나 서비스를 사법적으로 청구할 수는 없다는 것이다.

그러나 생활보호급여수준에 대한 헌법소원의 기각 결정문을 보면 인간다운 생활을 할 권리에 대해 이론적으로는 추상적 권리설을 취하는 듯 보이지만, 청구인들의 권리가 국가의 생계급여 및 기타 급여와 감면조치에 의해 침해된 것으로 볼 수 없다는 판단을 하는 것으로 보아 구체적 권리로서 인정은 하되[3] 권리가 침해된 상태는 아니라고 보는 것 같기도 하여 명확하지 못한 측면이 있는 것 같다.

아사히 소송에서도 일본의 지방재판소에서는 구체적 권리설을 취했다. 고등재판소에서는 구체적 권리설을 수용하면서도 당부당(當不當)의 쟁점과 위법성의 쟁점을 구별하는 모호한 논리로 구체적 권리를 무력화시켰다. 그러나 최고재판소에서는 구체적 권리설에서 후퇴하여 추상적 권리로 인정하고 있다. 그리하여 보호수준의 문제는 헌법적 문제라기보다 생활보호법상의 위법성의 문제인 것으로 보고 있다. 물론 이것 역시 당부당의 쟁점에 대한 검토를 거친 후에 위법성을 논할 수 있다는 논리를 전개했다. 즉, 생활보호급여수준을 정하는 행정

---

3 이에 대해 허영 교수(1999)도 헌법상 사회국가의 원리, 국가의 존립근거, 국가의 당위적 과제 등 통합적 관점에서 구체적 권리라고 보고, 헌재의 판결 역시 같은 입장인 것으로 보고 있다.

청의 결정이 정당한 것인지 아니면 부당한 것인지를 먼저 논하고 이 것이 부당하다고 판단될 때라야 위법성의 문제를 논할 수 있는 것이 며 위헌성의 문제와는 거리가 멀다는 것이다.

(3) 사견(私見)

사실, 헌법 제34조 제1항 및 제반 사회적 기본권 조항들은 이미 관련 입법들이 존재하기 때문에 현재로서는 구체적 권리이든 추상적 권리 이든 현실적으로 문제가 되는 것은 아니라고 본다. 왜냐하면, 이러한 학설들은 하위법률이 존재하지 않을 때 헌법상의 조항만으로 사법적 청구가 가능한가에 대해서 다투는 것이기 때문이다.

그러나 헌법조항에 대한 학설은 하위법률의 해석에 대해서도 영향 을 미치게 된다. 헌법의 규정이 구체적 권리가 아니라고 한다면 하위 법률이 굳이 구체적 권리성을 인정하려고 하지 않기 때문인 것이다.

따라서 중요한 쟁점은 헌법상 인간다운 생활을 할 권리로 대변되는 사회적 기본권 또는 생존권적 기본권이 구체적 권리인가 아닌가 하는 것이다. 헌법의 생존권적 기본권 규정은 1919년 독일 바이마르공화국 헌법에서 처음 등장한 이래 20세기 국가독점자본주의 단계에 이른 국 가들의 헌법에 보편적으로 등장하게 되었다(국순옥, 1992: 86~87). 이 조항은 자본주의사회의 사회적 모순을 해결하기 위한 사회민주주의적 규정이었으나 주관적 공권(公權)으로서의 독자적 권리형태로 존재한 것은 아니었고, 단지 경제질서의 목적 규정에 지나지 않았다(국순옥, 1992: 92). 따라서 당시 지배적 학설은 프로그램 규정설이었다.

그러나 역사적으로 이미 선진 국가독점자본주의 단계의 국가들은 복지국가를 경험하게 되었고, 헌법상 복지국가의 원리는 보편적 현상 으로 받아들여지고 있다. 우리 헌법도 전문(前文)에서 "… 국민생활의

균등한 향상을 기하고 …"라고 선언하고 있으며, 제23조 제2항의 재
산권 행사의 공공복리(公共福利)에의 적합 의무, 제30조에서 제36조
에 이르는 사회적 기본권의 보장 규정, 제119조 제2항의 경제민주화
규정 등을 통하여 복지국가로서의 헌법적 기초를 구성하고 있다. 게
다가 헌법상의 국체(國體)와 정체(政體)에 대해 현행 헌법은 민주공화
국으로 규정하고 있다(헌법 제1조 제1항). 물론, 헌법상 '민주주의'와
'자유민주주의'가 혼용되고 있기는 하지만, 복지국가의 이념적 기초가
되는 사회민주주의를 배제하는 것으로 해석할 수는 없는 것이다(김철
수, 1994: 131~132; 권영성, 1994: 180; 김문현, 1992: 290~291).

또한 사회적 기본권의 헌법적 실현형태는 다양하게 존재할 수 있
다. 예컨대, 권한규범·조직규범, 국가목적규정·프로그램규정, 입
법위임, 헌법위임, 제도 보장, 주관적 공권 등을 들 수 있다(한병호,
1984: 151~167). 이것들의 내용을 정리해보면 〈표 6-2〉와 같다.

〈표 6-2〉 사회적 기본권의 헌법적 실현형태

형 태	내 용
① 권한규범· 조직규범	조직된 국가권력에 대해 일정한 사항의 규율을 수권(授權)하거나, 일정한 사항을 규율할 수 있는 권한을 가진 국가권력을 조직하는 규범
② 국가목적규정· 프로그램규정	일의적(一義的)으로 이해할 성질의 것은 아니나 법적 구속력을 갖는 법규범으로 이해할 수 있고, 그 구속력을 국가활동의 일정한 '방향'에서 찾는다면 그것은 곧 국가목적규정을 의미
③ 입법위임	입법적으로 행해져야 할 여러 가지 내용의 것으로서 헌법에 포함되어 있는 입법부에 대한 지시
④ 헌법위임	입법위임의 상위개념으로서 입법·사법·행정의 모든 국가권력에 대한 구속적 지시로서 이해될 수 있으나 대체로 입법위임과 같은 의미
⑤ 제도 보장	주관적 권리가 아닌 객관적 규범으로서 역사적·전통적으로 형성된 기존의 제도 그 자체를 사법·행정은 물론 입법권에 대해 그 본질·중핵(中核)을 헌법적으로 보장
⑥ 주관적 공권	개인이 국가에 대해 구체적으로 청구할 수 있는 권리

표의 내용에 따라 현행 헌법규정을 보면, 헌법 제34조 제1항은 권리의 형식으로 규정되어 있지만 나머지 항(項)들은 그렇지 않다. 제2항에서 국가의 사회보장·사회복지 증진의 의무와 제3항, 제4항, 제6항의 여자노인청소년재해 등에 관한 권익과 복지향상의 의무 및 보호의무는 문언적(文言的) 표현으로는 국가목적규정 또는 프로그램규정으로 볼 수 있고, 제5항의 생활무능력자에 대한 보호의무는 법률이 정하는 바에 의해 하도록 규정되어있기 때문에 입법위임 또는 헌법위임으로 볼 수 있다(한병호, 1993: 216~217).

사회적 기본권을 구체적 권리로 승인하려면 몇 가지 난제(難題)를 해결해야 할 것이다. 크랜스톤(M. Cranston)은 권리가 갖는 속성으로서 실행가능성(practicability), 보편성(universality), 결정적 중요성(paramount importance) 등의 기준을 제시하면서 사회권(social right)의 권리성을 부인(否認)한다(Plant, 1981: 73~74; Watson, 1980: 68~69).

즉, 권리성의 첫째 요건은 현실적 실현가능성이 있어야 한다는 것이다. 권리에는 그에 상응하는 의무가 있게 마련이고, 그 의무의 이행이 현실적으로 가능해야 한다는 것이다. 그리고 그 권리가 진정 권리이기 위해서는 전체 국민이 권리를 소유해야 하는 것이지 특정집단만 소유하는 것은 중요성이라는 면에 위배된다는 것이다.

이와 같은 크랜스톤의 논리, 프로그램 규정설, 추상적 권리설 등을 종합해볼 때, 사회적 기본권의 구체적 권리성을 인정하는 데 그 근거의 제시를 어렵게 하는 이유는 사회적 기본권 또는 복지권이 가지고 있는 '경제적 종속성'과 구체적 권리실현 수단에 관한 '법률의 결여(缺如)' 등으로 압축할 수 있겠다. 즉, 사회복지 및 사회보장에 관한 권리는 국가경제의 형편, 예산상의 지불능력 등에 따라 그 실현이 좌우될 수 있다는 점과 사회복지의 법적 권리가 입법에 의해 구체화되고 있지 못하다는 점이 문제인 것이다.

　이러한 사회적 기본권에 대해서 일단은 소극적 측면에서 '자유권적 효과'는 인정되는 것 같다. 즉, 사회적 기본권을 침해당했을 경우에 그것의 배제를 청구하는 것은 가능하다는 것이다. 그러나 국가개입에 대해 개인의 자유를 확보하기 위한 소극적, 방어적인 자유권적 기본권과 국가의 적극적 개입을 통한 급부나 수익(受益)을 요구하는 적극적인 사회적 기본권은 본질적으로 서로 다른 것으로 보아야 한다.

① 경제적 종속성

일반적으로 말하자면, 자본주의사회에서 권리나 제도는 모두 경제적 변수의 영향 아래 놓여 있다고 보아야 할 것이다. 그중에서도 사회권 또는 사회복지제도는 이와 매우 밀접한 관계에 있다고 볼 수 있겠다.

　여기에서 양자(兩者)의 관계는 인식 차원의 문제이며, 동시에 이데올로기적 문제이다. 즉, 경제와 복지의 관계를 어떻게 보느냐 하는 문제이다. 사회적 기본권에 대해서 경제적 상대성, 아니 더 나아가 종속성이 문제가 된다는 것은 이러한 이념에 기초하는 것이다.

　사회보장기본법의 제정(1995년)으로 폐기된 '사회보장에 관한 법률'의 제3조 제2항 및 제3항의 규정이 이러한 복지이념을 반영했던 것이다. 즉, 동조 제3항은 "사회보장사업은 국가의 경제적 사정을 참작하여 순차적으로 법률이 정하는 바에 의해 행한다"라고 규정하고 있어 사회보장(또는 사회복지)의 경제에 대한 상대적 종속성을 선언했다. 또한 동조 제2항에서는 "정부는 사회보장사업을 행함에서 국민의 자립정신을 저해하지 아니하도록 해야 한다"라고 규정했는데, 이는 이른바 근로의욕(work incentive)을 강조한 규정이다. 즉, 개인의 생존은 일차적으로 개인에게 책임이 부과되는 것이고, 사회보장은 보조적 책임에 그친다는 것을 표현한 규정이다.

이와 같은 이데올로기적 인식은 사회복지의 이념 중에서 좋게 보아야 소극적 집합주의(reluctant collectivism), 그렇지 않으면 반집합주의(anti collectivism)의 입장과 거의 일치한다고 볼 수 있다(George & Wilding, 1985). 즉, 자본주의 시장경제체제에서 국가의 정책적 기조(基調)는 경제적인 것에 우선순위를 두기 때문에 사회복지는 국가의 경제적 부담능력이 있을 경우에만 가능하다는 것이고, 사회복지를 실시한다 하더라도 경제적 생산과 자본주의체제 유지를 위해서, 그것이 국민 개개인의 근로의욕을 저해하지 않아야 한다는 것이다.

이렇게 사회복지가 경제에 대해 종속적 위치를 갖는다면 사회적 기본권은 구체적 권리성을 확보하기 어렵다. 오히려 반사적 이익, 즉 프로그램상의 규정으로 보는 것이 적절할 것이다.

그러나 1995년에 제정된 '사회보장기본법'으로 인해 '사회보장에 관한 법률'은 폐지되었고(사회보장기본법 부칙 제2조), 반면에 사회보장기본법 제5조는 "국가 및 지방자치단체는 국가발전의 수준에 부응하는 사회보장제도를 확립하고 매년 이에 필요한 재원을 조달해야 한다"라고 규정하고 있다. 이것은 사회복지의 경제적 종속성을 일정한 정도로 부정하는 규정이다. 따라서 이제는 헌법상 사회적 기본권에 대해서 전통적 기존의 해석을 벗어나야 할 것이다.

한편 경제적 또는 재정적 이유는 최저한의 문화생활 수준의 감축 또는 확충을 가져오는 변화(양적 변화)를 의미하고 그 권리의 법적 성질의 변화(질적 변화)를 의미하는 것은 아니라는 견해가 있다(안용교, 1986: 447). 즉, 국가의 재정적 형편상 급여의 범위와 수준을 축소하는 것은 가능하지만 그렇다고 해서 이것이 권리성 자체를 부정하는 것은 아니라는 견해이다.

이러한 논리는 자유권적 기본권에도 적용될 수 있다고 본다. 국민의 신체적 자유나 재산권적 자유를 보장하기 위해서도 상당한 경제적 비용이 소요된다. 예를 들어, 치안을 유지하기 위한 경찰제도, 국방을 위한 군사제도, 국가의 일반행정 및 사법제도 등은 이러한 자유를 보장하기 위해 필수적인 것이다. 자유권이나 재산권 등이 단지 국가의 부작위(不作爲)만으로 보장될 수 있다는 것은 허구적 논리이다. 사인(私人)들 간의 기본권 침해에 대해서도 국가가 개인의 자유와 권리를 보장하기 위해 여러 가지 제도와 조직을 유지해야 하는 것이다.

그러므로 국가의 예산상의 이유로 이러한 제도나 조직들이 유지될 수 없다면 과연 실질적 자유권과 재산권 등이 보장될 수 있을 것인가? 오로지 사회적 기본권에 대해서만 국가의 경제적 능력을 문제 삼는 것은 왜곡되고 계급적으로 편협한 논리인 것이다.

이러한 쟁점은 기본권의 제3자적 효력의 문제와 관련이 된다(김철수, 1994: 265~275; 권영성, 1994: 351~357). 근대 입헌주의(立憲主義) 헌법에서 규정된 기본권은 원칙적으로 국가권력에 의한 침해로부터 개인의 자유와 권리를 방어하기 위한 대(對)국가적 방어권(Abwehrenrechte)이었으나, 현대사회에서는 사적 단체나 조직 또는 사인(私人)에 의해 개인의 자유와 권리가 위협받는 예가 빈번하게 발생하게 되어 기본권의 적용범위를 사인들 간의 범위에까지 확대해야 하는 "기본권의 제3자적 효력"의 문제가 등장하게 된 것이다.

우리 헌법상 규정되어 있는 기본권에서도 근로3권, 언론·출판의 자유, 인간의 존엄성 및 행복추구권 등은 사인들 간의 관계에까지 헌법의 규정이 직접 적용되는 기본권이고, 평등권(제11조), 직업선택의 자유(제15조), 사생활의 자유(제17조), 통신의 자유(제18조), 양심의 자유(제19조), 종교의 자유(제20조), 표현의 자유(제21조) 등은 간접

적으로 적용되는 규정으로 볼 수 있다. 즉, 구체적 입법을 통하여 제
3자에 의한 기본권의 침해를 방지하는 규정을 두어 기본권을 보호 또
는 보장해야 하는 것이다.

이렇게 국민의 기본권을 보장하기 위해 국가는 필연적으로 이를 뒷
받침하기 위한 제도, 조직, 사업 등을 마련하지 않을 수 없으며, 더
나아가 이를 위한 예산을 확보해야 하는 것이다. 그런데 유독 사회적
기본권에 대해서만 국가의 예산상의 이유로 권리성을 부인하는 것은
국가 스스로 사회공동체의 대표기구로서의 지위와 자격을 부정하는
것이 된다.

따라서 우리나라의 경제적 수준과 입법의 변천 등을 종합적으로 고
려해볼 때, 사회적 기본권은 구체적 권리로 인정해야 할 것이다. 권
리성을 인정하는 데는 규범적 성격이 중요한 것이지 사실적 실효성을
이유로 권리성을 부정하는 것은 오히려 부정되어야 하는 것이다.

② 하위법의 결여(缺如)
헌법상 사회적 기본권이 규정되어 있다 하더라도 입법의 불비(不備)
에 의해 생존권이 침해될 경우 헌법조항을 근거로 하여 권리의 보장
을 청구할 수 있다고 보는 것이 구체적 권리설의 주장이다.

입법론적으로 볼 때, 헌법에서 사회적 기본권을 구체적이고 절차적
요건과 내용까지 모두 규정한다면 아마도 헌법의 규정은 지나치게 방
대해지고 오히려 빈번한 개정만을 초래하게 될 것이다(이상광, 1988:
99). 따라서 헌법상 사회적 기본권은 추상적으로 규정될 수밖에 없
고, 주로 하위법에서 구체적으로 규정하는 것이 일반적 입법례(立法
例)인 것이다.

그러나 입법권자가 적극적으로 입법의 제정을 하지 않거나 부실하

게 입법했을 경우, 또는 오히려 권리를 침해하는 법을 제정하게 되었을 때 헌법상 사회적 기본권이 구체적 권리가 아니라면 하위법에 의해 박제화(剝製化)된 권리로 되어버릴 것이다.

또한 헌법상으로 사회적 기본권을 구체적 청구권으로 규정했다 하더라도 권리구제에 관한 쟁송제도(爭訟制度)가 입법화되지 않으면, 그 권리 역시 명목상의 권리로 전락하게 될 것이다(이상광, 1988: 99~100).

이렇게 사회적 기본권에 대해 구체적 권리성을 인정하려면 절차적으로도 권리주장, 즉 사법적(司法的) 청구가 가능해야 할 것이다. 현행 헌법 제111조 제1항 제5호는 법률이 정하는 헌법소원에 관한 심판권을 헌법재판소에 인정하고 있다. 이에 헌법재판소법 제68조 제1항은 공권력(公權力)의 행사 또는 불(不)행사로 헌법상 보장된 기본권을 침해받은 자는 법원의 재판을 제외하고는 헌법재판소에 헌법소원심판을 청구할 수 있다고 규정하고 있고, 헌법소원이 받아들여졌을 때 기본권 침해의 원인이 된 공권력의 행사를 취소하거나 불행사가 위헌임을 확인할 수 있으며(헌법재판소법 제75조 제3항), 위헌결정이 내려진 법률이나 조항은 효력을 상실하며(헌법재판소법 제47조), 또한 행정기관의 공권력 행사 또는 불행사로 인한 생존권의 침해는 행정소송의 대상이 되기 때문에(헌법 제107조 제2항), 현행 헌법하에서 사회적 기본권은 하위법률에 의해 권리구제의 절차가 인정되는 것이다. 앞에서 우리나라 헌법재판소의 판례에서도 언급했듯이 생계급여가 헌법상 생존권적 기본권 조항을 위배하는지 여부에 대한 헌법소원이 가능한 것이다.

③ 결론

결국, 사회적 기본권 또는 생존권적 기본권에 대해 구체적 권리성을 인정하지 않는 이유는 재정상의 이유나 하위법의 결여 또는 절차법의 부재 등이지만 이는 사회복지에 대한 국가의 책임과 부담을 회피하려는 핑계성 논리일 뿐이다. 애초에 이러한 조항들을 헌법에 규정하지 않았다면 몰라도, 헌법상 명문으로 규정하는 이상 앞에서 논의한 결과 사회적 기본권은 구체적 권리로 인정되어야 한다.

추상적 권리설의 논리는 허구적일 수밖에 없다. 그러나 구체적 권리설을 인정한다 하더라도 인간다운 생활수준에 대해서는 사법적 판단에 의존할 수밖에 없을 것이다. 사회보장기본법에 따라 국가는 매년 최저생활비를 공표(公表)해야 하기 때문에(제10조 제2항), 이것이 사법적 판단의 기준이 될 것이다.

결론적으로 사회적 기본권 또는 생존권적 기본권은 구체적 청구권으로서 존재하며, 구체적 사안에 따라 그것이 권리를 침해하는 것인지의 여부는 사법적 심판의 대상이 된다고 할 수 있다.

6. 사회복지(보장) 수급권

사회복지법을 통해 국가는 개인들에게 급여 및 서비스를 제공한다. 여기에서 국가와 개인은 급여 및 서비스를 매개로 하는 법률관계를 형성한다. 따라서 개인은 국가에 대하여 급여 및 서비스를 청구할 수 있는 법적 권리를 갖게 되며, 국가는 이에 상응하는 의무를 지게 되는 것이다. 이때 개인이 개별 법률에 근거하여 갖는 급여 및 서비스 청구권을 수급권이라 한다.

그러므로 수급권은 국가행정의 반사적 이익이거나 구빈적 관점에서 자선적 조치의 결과가 아니라, 법적으로 국가에 대하여 청구할 수 있는 정당한 자격을 인정하는 것이다. 이것은 인권이나 시민권과 달리 실정법에 직접적으로 근거한 법적 권리이며, 헌법이 규정하는 기본권과 달리 법률이 정하는 권리이다. 따라서 매우 실질적이며 현실적 권리인 것이다. 인권이나 시민권, 기본권 개념에 비하여 수급권은 매우 구체적이고 직접적인 권리라고 하겠다.

수급권은 그 상위개념인 사회적 기본권 또는 생존권 이념을 실현하기 위한 권리이기 때문에 수급자 개인에게 전적으로 속하는 일신전속권(一身專屬權)으로서의 성격을 갖는다. 따라서 타인에게 양도(讓渡)하거나 저당권 및 질권(質權) 설정이 금지되며 상속의 대상도 될 수 없다.

사회복지(사회보장) 수급권의 성격에 따라 다양한 분류가 이루어진다(현외성, 2003; 김훈, 2004; 신섭중 외, 2001). 대개 실체적 권리, 수속적(手續的) 권리, 절차적 권리 등으로 분류한다. 실체적 권리는 수급권의 내용으로서 사회보험 및 공공부조 등의 급여청구권, 사회복지조치청구권 등이 해당되고, 수속적 권리에는 정보제공요구권, 상담 및 조언제공요구권, 권리실현진행요구권 등이 포함되고, 절차적 권리에는 행정소송권리, 행정참가권리, 사회복지입법청구권 등이 포함된다.

이러한 분류들은 일본의 오가와 교수의 분류를 근거로 하는 것들이다(小川政亮, 1973). 오가와는 수급권을 실체적 급부청구권, 수속적 권리, 자기관철을 위한 권리로 구분한다. 그리고 수속적 권리를 수속전단계와 수속단계로 구분한다.

일반적으로 권리를 분류할 때, 그 실체적 내용에 관련된 것인가 아니면 권리를 실현하는 과정에서 절차적으로 필요한 권리인가를 기준으로 실체적 권리와 절차적 권리로 구분하는데, 여기에서는 수속적 권리를 추가한 것이다. 수속적 권리는 국가가 사회복지급여를 제공하는 데 있어서 상담, 조언, 정보제공, 공지 등 부수적으로 이행해야 하는 의무들에 상응하는 권리이며 또한 급여의 신청절차 등에 관련된 권리이기 때문에 부수적 권리로 이해하면 된다.

수급권은 실질적으로 수급권자 및 수급자에게 중요한 권리이기 때문에 사회복지법들은 이 권리의 내용과 실현절차, 보호원칙과 방법들에 대해 규정하고 있다. 사회보장기본법 등 구체적 법률을 통해 확인할 수 있다. 수급권이 인정된다는 것은 사회복지 급여 및 서비스가 행정적 재량행위가 아니라 국가와 개인 사이에 권리·의무관계에 의해 이루어진다는 것을 의미한다.

그러나 우리 사회복지법은 사회보험법과 국민기초생활보장법 등에서 수급권을 인정하고 있고, 사회복지서비스법에서는 다소 미약한 실정이다. 수급권을 인정하기보다는 행정청의 복지조치가 주된 내용으로 규정되어 있는 실정이다. 2003년에 개정된 사회복지사업법에서 서비스 신청권(법 제33조의 2 이하)이 규정되어 사회복지서비스에서도 이제 수급권 개념이 등장하기 시작했다고 볼 수 있다.

7. 종합

이상에서와 같이 권리로서 사회복지를 이해할 때 인권, 시민권, 기본권, 사회권, 수급권 등 다양한 권리개념들이 있다. 인권은 천부인권, 자연권 등과 동일한 개념으로 이해되었으며, 매우 철학적이고 이념적인 개념이다. 시민권은 인권을 바탕으로 역사적·정치사회적 맥락에서 형성되어 온 개념으로 이해할 수 있으며, 사회복지에 대한 시민권이 형성되어 온 역사를 알 수 있게 해준다. 이렇게 다소 추상적 개념들이 최고규범인 헌법에 규정된 것을 기본권이라고 한다. 인권과 시민권의 내용이 다양한 형태의 기본권으로 존재하며, 그중에서 사회복지와 관련된 기본권을 사회권적 기본권 또는 생존권적 기본권이라 한다. 이러한 사회권적 기본권이 법률의 수준에서 규정하는 구체적 권리가 수급권이다.

따라서 개별법에 규정되어 있는 수급권의 분석을 통해 그것이 법적용 대상자의 어떤 욕구에 대응하는 권리인지, 헌법상 기본권의 이념을 충실하게 반영하는 것인지, 기본적 인권과 시민권의 내용과 이념을 어떻게 반영하는지 평가해야 할 것이다.

그런데, 인권, 시민권, 기본권, 수급권의 개념적 포함관계를 따진다면, 이 또한 그렇게 명쾌하게 답변하기 곤란하다. 인권의 입장에서만 본다면 "인권 > 시민권 > 기본권 > 수급권"으로 표현할 수 있겠다. 인권과 관련하여 실정법 차원에서만 본다면 헌법상의 기본권, 법률상의 수급권 및 기타 권리를 중심으로 이해할 수 있다. 그러나 권리의 범위를 기준으로 포함관계를 논하기는 어렵다. 왜냐하면 시민권 또는 기본권의 내용이 인권으로만 이루어진 것은 아니기 때문이다.

제 3 부

사회복지법의 분석방법

• • •

사회복지학도에게 사회복지'법'이 거리가 멀게 느껴지는 이유는 아마도 법해석의 문제 때문일 것이다. 사회복지학과 법학의 결합으로 접근되어야 할 사회복지법의 연구는 사회복지학도에게 법학적 관점과 방법론에 대한 관심을 요구한다.

특히 실정법을 분석하거나 해석하는 것은 법학을 모르는 사람에게는 다소 부담으로 작용할 것이다. 대개는 "이렇게 해석하는 것이 맞는 것일까", "이 법조문의 표현이 다른 뜻을 의미하는 것은 아닐까" 하는 식의 주저함을 경험하게 될 것이다. 그리하다 보면 주로 문리적(文理的) 해석인 자구(字句)해석에 그칠 수 있다.

그런가 하면 법조문의 배열순서라든지 한 조문의 해석에 영향을 미치게 될 다른 조문의 존재여부, 그것을 찾는 방법 등에 대해서 의문을 갖게 된다. 이렇게 막연한 불안들은 결국 법을 해석하는 방법론에 대한 인식이 없기 때문일 것이다.

법의 해석이란 일반적이거나 추상적 표현으로 이루어진 법규범의 의미와 내용을 명확히 하는 것이다. 그러므로 법의 해석은 법을 구체적으로 적용하기 위해 법규의 의미와 내용을 체계적으로 이해하고 법의 목적에 따라 규범의 내용을 명확히 하는 이론적이고 기술적인 조작인 것이다(엄영진, 1989: 183). 예컨대 헌법 제34조 제1항에서 '인간다운 생활'이란 어떠한 수준을 의미하는가에 대해 분석적으로 논의하는 것이 곧 법의 해석인 것이다.

따라서 제3부에서는 사회복지법을 분석 또는 해석하는 방법론에 관해 논의해 보고자 한다. 우선 법학 방법론에 대해 살펴본 뒤, 이들과 관련되는 사회복지학의 연구경향들을 정리해보고, 이 책에서 제기한 사회복지법체계론을 활용한 사회복지법의 분석방법론을 제기해보고자 한다.

제 7 장
법학 방법론

법을 연구대상으로 하는 법학의 연구방법은 다양하지만 크게 법철학,
법해석학, 법사회학 등으로 분류될 수 있다. 이 밖에도 법사학, 비교
법학, 법정책학 등의 연구방법이 존재하지만 이것들은 순수법학적 방
법이라기보다는 역사학이나 사회과학적 접근방법에 가까운 것들이기
때문에 사회복지학도로서 접근하는 데 상대적으로 어려움이 덜하리라
고 본다.

따라서 여기에서는 주로 법철학, 법해석학, 법사회학 등 3대 방법
론에 대해 소개하고자 한다.

1. 법철학

법철학을 한마디로 정의내리기는 매우 어려운 일이지만, 분명한 것은 법적 지식의 영역으로부터 철학적 문제를 제기하는 것이라 할 수 있다 (심헌섭, 1982: 10). 그러므로 법철학이란 법의 본질, 근본목적이나 이 념을 탐구하고 법학의 방법론을 확립하는 법학의 기초 학문분야이다.

1) 법의 본질적 개념

법의 본질은 법철학적 고찰의 출발점이자 종착점이라 할 수 있다(심 헌섭, 1982: 21). 법철학적 고찰의 대상으로서 법개념을 정의한다고 할 때 누구나 한 번쯤은 그것이 적어도 시공간을 초월하고 어떠한 사상 과 이념, 어떠한 형태의 법에도 모두 타당한 법개념이 존재해야 한다 는 생각을 해볼 수 있는데, 슈탐러(R. Stammler)와 같은 이는 무제약 적 보편타당성을 갖는 법개념을 규명하기 위해 노력했다.

그런가 하면 사회적 사실로 나타나는 관행, 지배, 점유, 의사표시 등의 사회적 질서 자체가 법개념을 이룬다고 보는 에를리히(E. Ehrlich)는 법은 곧 질서(*Das Recht ist Ordnung!*)라고 보았다. 즉, 사회 안에서 나타나는 사실은 사회에서 작용하는 힘의 산물이고 이러한 것 들은 하나의 질서를 창조하게 되는데 이것이 곧 법이라고 본 것이다.

라드브루흐(G. Radbruch) 같은 학자는 법개념을 문화현상에서 찾아 야 한다는 것을 강조한다. 그리하여 우리가 접하는 세계를 존재현실 자연 등과 같은 가치맹목적 세계, 종교와 같은 가치초극(超克)적 세 계, 현실 속에서 가치를 실현하고 또한 가치와 관련해서 현실을 보는 가치관련적 문화의 세계 등으로 구분하면서 법이란 가치관련적 문화

현상이라고 보았다. 따라서 법은 법이념에 이바지하려는 데서 의미를 갖는 것이며 부당한 법은 법이 아니라고 본다.

이에 대해 법은 '있어야 할 법'이 아니라 '있는 그대로의 법'의 개념을 강조하는 베르크봄(K. Bergbohm)과 같은 법실증주의적 견해도 있다. 이러한 입장에서는 현실적으로 기능하는 법은 모두 법이며 그 이외의 것은 법이 아니라고 본다. 이것은 곧 실정법적 개념과 법이념의 분리를 명확히 해야 한다는 주장이다.

그러나 오늘날 실존하는 법, 즉 객관적인 법을 '상호관련되어 있는 법규범의 총체'로 파악하는 데 별 이의는 없는 것 같다(심헌섭, 1982: 48). 여기에서 법규범이 의미하는 바는 무엇인가에 대해 다양한 의견들이 제시되고 있다.

(1) 판단설

이는 법규범을 합리주의적으로 해석하려는 노력에서 나온 것으로서 법규범을 구성요건과 법적 효과의 상호관계에 관한 판단으로 보거나(E. Zietelmann), 일정한 행위에 강제나 형벌의 형태로 제재를 가하게 하려는 국가의 의사(意思)에 대한 판단으로 보려는(H. Kelsen) 학설이다.

(2) 명령설

이 학설은 법규범을 합리적으로만 해석하는 것에 반대한다. 법은 사람들의 사회생활을 규제하기 위해 사람들의 행위를 금지하거나 요구하는 국가 또는 입법자의 의사표시라고 보는 것이다. 즉, 국민의 행위를 지도하고 조종하기 위해 국가가 명령하는 것이 곧 법이라는 것이다.

(3) 평가규범설

이 학설은 법을 단순하게 명령으로 보는 것 이상의 개념을 주장한다. 즉, 어떠한 행위를 시인하게 되면 법은 그것을 요구하게 될 것이고 부인한다면 금지할 것이라는 것이다. 따라서 명령 이전에 인간의 행위에 대한 평가행위가 전제된다고 보는 것이다.

(4) 지시설

이 학설은 명령설과 평가규범설의 대립을 지양(止揚)하기 위해 제시되었다. 법은 곧 지시(指示)라고 보는 것이다. 사람의 행위에 영향을 주기 위해 일정한 평가와 그에 따르는 금지, 명령, 허용 등이 모두 포함되는 것이 지시라는 것이다.

2) 법의 목적과 이념

법의 목적과 이념은 법의 본질적 개념 파악을 위해서 또한 법의 해석을 위해서 반드시 탐구되고 고찰되어야 한다.

　법의 목적과 이념은 크게 두 가지 의미가 있다(엄영진, 1989: 57~58). 첫째, 입법자가 법을 통해 달성하려는 목적을 들 수 있다. 여기에는 다시 개별 법률의 목적과 일반적 법률의 목적으로 나누어진다. 전자의 예로 대부분의 법률들이 제1조에서 "이 법률은 … 을 목적으로 한다"라는 것과 같이 입법의 목적을 명시하는 경우이고, 후자의 예로는 법은 계급지배를 강화하기 위한 도구라든지 법은 갈등을 조정하기 위한 장치라는 표현들이다. 둘째, 법의 목적을 법이 이루려고 하는 기본적 가치나 궁극적 사명으로서 법의 보편적 이념으로 보는 것이다.

　여기에서 둘째의 목적 개념을 제시한 라드브루흐의 법의 이념을 살펴본다(Radbruch, 1981b: 109~115).

(1) 정의

라드브루흐는 정의(正義)를 평균적 정의와 배분적 정의로 구분했다. 여기에서 평균적 정의는 병렬관계에 있는 정의로서 사법상(私法上)의 정의이고 그 본질은 재화들 사이의 절대적 평등이라 했다. 배분적 정의는 상하관계에 있는 정의로서 공법상(公法上)의 정의이고 그 본질은 인격들을 취급하는 비례적 평등이라 했다.

여기에서 평균적 정의는 평등한 권리를 가진 사람들 사이의 정의이기 때문에 당사자들에게 평등한 권리, 평등한 교환능력, 평등한 신분을 부여해주는 배분적 정의가 전제되어야 한다고 한다. 그러므로 배분적 정의가 정의의 원형(Urform)이 된다는 것이다.

(2) 합목적성

법이 정의를 지향한다 하더라도 그것은 충분하지 않다. 정의는 우리에게 같은 것을 같게, 다른 것을 다르게 취급할 것을 지시하면서도 그 이전(以前)에 같은 것과 다른 것을 인정하기 위한 어떠한 관점이 필요한가에 대해서는 아무것도 말하지 아니하고, 또 정의는 취급의 비례를 규정할 뿐 그 구체적 방식을 규정하지 않기 때문이다.

그리하여 합목적성(Zweckmäßigkeit)이 필요한 것이다. 합목적성(合目的性)이란 법이 가치관에 구체적으로 합치되는 것을 의미한다. 이것은 상대성을 띠게 되는데, 법이 국가의 의사(意思)이고 동시에 제도이기 때문에 합목적성은 국가의 목적에 의해 결정되고 동시에 사회적·정치적·사상적 배경에 의해 구체화되는 것이다.

합목적성의 내용은 법에 의해 추구되는 도덕적 최고 선(善)이 된다. 라드브루흐는 이것을 세 가지의 가치체계로 구분했는데(Radbruch, 1981b: 86~95), 개인가치(Individualwerte)·단체가치(Kollektivwerte)·작품가치(*werkwerte*) 중에서 어느 것을 목적으로 하느냐에 따라 개인주의 · 초(超)개인주의 · 초인격주의로 나누었다.

그리하여 개인주의에서는 개인의 복지 또는 개인의 문화적 사명에 봉사하는 것이 법의 목적이 되는 것이고, 초개인주의에서는 개인은 국가의 일부분이며 개인이 이에 봉사하게 하는 것이 법의 목적이고, 초인격주의에서는 학문이나 예술과 같은 작품가치를 위한 것이 법의 목적이 된다는 것이다.

따라서 이러한 합목적성은 서로 대립적 관계에 있으며 상대주의적 가치를 말하기 때문에 각자의 신념과 확신에 따라 결정되는 것이다.

(3) 법적 안정성

각자에게 맡겨진 합목적성을 그대로 방치하게 되면 질서가 형성될 수 없는 것이다. 그리하여 법은 법적 안정성(*Rechtssicherkeit*)을 필요로 하는 것이다. 이것은 법에 의한 안정성을 의미하는 것이 아니라 법 자체의 안정성을 의미한다.

그리하여 법은 내용이 명확해야 하고, 지나치게 자주 변경되어서는 아니되며, 법의 실행은 확실하게 행해져야 하고, 국민의 의식에 맞아야 하는 것이다. 이러한 법적 안정성은 곧 법의 실정성(實定性)을 요구하게 되는 것이고, 이것은 법의 정당성의 전제로 되는 것이다.

3) 법학 방법에 관한 반성

법학의 방법에 관해 이론적 성찰을 추구하는 것 역시 법철학의 중요한 과제이다. 법학은 어떠한 학문인가, 법학은 어떠한 절차를 따라 그 대상인 법을 연구하는가, 법학은 어떠한 분과로 분류되는가 등에 대한 탐구를 하는 것이다.

법학의 연구방법 가운데 가장 전통이 있고 체계적으로 정비된 것이 바로 법해석학이다. 그러나 법해석학의 실용성에 비추어 취약한 학문성의 문제가 제기되면서 순수법학, 목적법학, 자유법학, 법사회학 등 다양한 법학 방법론들이 제시되었다.

2. 법해석학

법의 해석이란 일반적, 추상적으로 규정되어 있는 법규범의 의미와 내용을 명확히 하는 것을 말한다. 예컨대 사회복지사업법 제1조에서 "… 기본적 사항 …"이라는 규정이 있는데 여기에서 기본적인 것이 무엇인지를 해명해내는 것이 곧 법의 해석인 것이다.

이러한 법해석은 현실적으로 실용적인 필요에 의해 발전했는데, 그것은 성문법(成文法) 자체가 불완전하고 추상적이기 때문이다. 법이 모든 인간의 상태와 행위 그리고 모든 사회현상을 완벽하게 예견하면서 규정될 수는 없으며 또한 모든 사실을 일일이 규정할 수 없기 때문에 법규정은 추상적으로 표현될 수밖에 없는 것이다.

그렇다면 법해석은 어떻게 하는 것인가? 여기에서 법해석의 방법론을 소개하고자 한다.

1) 유권해석(有權解釋)

유권해석이라 함은 국가의 권위 있는 기관에 의한 법규의 해석을 말한다. 이것은 논리적 해석이라기보다는 구속력을 가진 해석으로서 강제해석이라고 보아야 한다.

이러한 유권해석은 해석 주체에 따라 입법해석, 사법해석, 행정해석으로 분류될 수 있다. 입법해석은 입법기관이 입법에 의해 문구(文句)의 의미를 밝히는 것인데, 예컨대 법조항 중에는 '용어의 정의'를 하는 규정이 있다. 따라서 이것은 입법 그 자체와 동일시된다. 사법해석은 곧 판결로서 나타나며 행정해석은 행정기관에 의한 회답, 지령 또는 훈령 등이 해당된다.

2) 학리해석(學理解釋)

학리해석은 이론적 학설상의 해석방법이다. 다음과 같이 몇 가지로 구분해볼 수 있겠다.

(1) 문리해석(文理解釋)

문리해석이란 법문(法文)에 나타나 있는 자구(字句)의 의미를 확정하는 것을 말한다. 이것은 법해석에서 가장 기초적이고 제1단계의 해석으로서 의미가 있지만, 지나치게 여기에 치중하게 되면 법의 진의(眞意)를 파악하기 곤란하다.

제3장에서 예를 들었듯이 헌법 제34조 제2항에서 "… 사회보장·사회복지 …"의 표현대로 의미를 이해하여 사회보장과 사회복지의 실질적 의미나 포함관계를 무시한 채 양자는 서로 다른 별개의 것이라는 해석을 하는 경우가 곧 문리해석이다.

(2) 논리해석

논리해석은 법문의 문구에 구애받지 않고 법의 구조, 법질서 전체의 유기적 및 논리적 관계, 입법정신, 법의 연혁(沿革), 법규 적용의 결과 등을 고려하여 법규의 의미를 밝히는 해석방법이다.

여기에는 다음과 같은 방법들이 있다.

① 확장해석

이것은 문리해석의 결과가 너무 협소하여 법의 진정한 의도를 충분히 반영하지 못했다고 판단될 때 넓게 해석하여 법의 타당성을 확보하기 위한 방법이다.

예컨대, 국민기초생활보장법의 해산급여(법 제 13조)는 정상적 출산 행위와 더불어 유산(流産) 내지 사산(死産)도 포함하는 것으로 확장하여 해석할 필요가 있다. 여성이 일단 임신을 하면 그 모성(母性)을 보호해야 하기 때문에 정상적으로 출산하든 사산이 되든 급여를 제공하는 것이 법의 취지에 맞기 때문이다. 실제로 사산인 경우에도 급여가 시급된다(같은 법 시행규칙 제 17조 제 3항).

② 축소해석

이것은 확대해석의 반대 상황에서 적용된다. 예컨대 국민연금법이나 국민건강보험법의 경우 제 1조에서 "… 국민의 …"라고 규정하여 모든 국민이 대상이 되는 것으로 해석될 수 있으나 실제로는 사회보험에 가입된 국민만을 지칭하는 것으로 제한적 해석을 해야 한다.

③ 반대해석

반대해석이란 법문이 규정하는 요건과 반대의 요건이 존재하는 경우에는 법문이 규정하는 반대의 효과를 발생케 한다고 해석하는 것이다. 예컨대 노인복지법에서 경로연금(제 2장)이나 경로우대(제 26조) 서비스는 65세 이상의 자를 대상으로 하기 때문에 65세 미만의 자는 노인복지법상의 급여 및 서비스의 적용을 받을 수 없다고 본다.

④ 보충해석

보충해석이란 법문의 의미가 불분명할 때 이를 보충하여 법의 진의(眞意)에 알맞도록 해석하는 것이다. 그러나 이러한 해석은 법적 안정성을 해칠 우려가 크기 때문에 신중하게 해야 한다. 물론, 자유법운동이나 목적법학의 관점에서 법관의 법해석에 많은 자유재량을 인정하는 것도 의미는 있겠으나 법문의 표현이 명백히 잘못된 경우, 거의 확정적 학설에 위배된 경우, 사회적 수요에 확실하게 반할 때 허용될 수 있을 것이다.

예컨대 국민건강보험법 제48조 제1항 제1호는 "… 범죄행위 …"에 의한 사고에 대해서는 보험급여를 실시하지 않는 것으로 규정되어 있다. 여기에서 범죄행위에 대한 해석이 다양하게 이루어질 수 있다. 사회학적 의미에서의 모든 실질적 범죄를 망라하여 포함시킬 것인가 아니면 형법적 의미의 범죄만을 포함시킬 것인가, 미수(未遂)에 그친 범죄행위도 포함시킬 것인가 등의 쟁점들이 있을 수 있다. 이러한 부분에 대해서는 보충해석이 필요할 것이다.

⑤ 물론해석

이것은 법문이 어떤 사항에 대해 규정하고 있을 때 법문에 명기(明記)되어 있지 않더라도 입법정신이나 사물(事物)의 성격상 당연히 그 규정에 포함되는 것으로 해석하는 것을 말한다.

사회복지법인 임원의 취임을 승인한 주무관청은 불법행위나 부당한 행위가 발견되었을 때 취임승인을 취소할 수 있다(사회복지사업법 제22조 제2호). 따라서 당연히 범죄행위가 발생했을 경우에도 마찬가지로 취소할 수 있는 것이다.

⑥ 연혁(沿革)해석

이것은 법이 성립된 연혁에 기초하여 법규의 의미를 해석하는 방법이다. 법안의 이유서, 입법자의 의견, 의사록(議事錄), 입법정책상의 이유 및 관련인사의 설명 등을 토대로 법규의 의미를 보충하여 그 진의를 파악하는 해석이다.

⑦ 목적해석

목적해석이란 법이 제정된 목적, 즉 입법목적을 고려하여 법의 합리적 의미를 파악하려는 방법이다. 이것은 법을 목적의 결과물로 보고 목적개념을 법학 및 법해석의 지도이념으로 보려는 목적법학에서 강조하는 방법이다.

⑧ 비교해석

이것은 외국법이나 구법(舊法) 등과 비교하여 법규의 의미를 명확히 하려는 해석방법으로서 비교법학에서 강조하는 해석방법이다. 특히 외국법을 많이 계수한 경우에는 그 모법(母法)이 되는 외국법과의 비교해석이 중요하다.

⑨ 유추해석

유추해석은 특정한 사항에 관해 법규정이 있으나 이와 유사한 사항에 관해서는 규정이 없는 경우, 양자(兩者)의 공통적 요소를 찾아 이에 대해 동일한 법리(法理)가 적용되는 것으로 해석하는 것이다. 법이 모든 사회현상과 인간의 상태 및 행동을 일일이 규정할 수 없기 때문에 규범으로서의 법의 효용과 부당한 결과의 발생을 막기 위해서 유추해석이 필요한 것이다.

그러나 경우에 따라서는 유추해석이 심각한 인권침해를 낳을 수도 있다. 그리하여 형법에서는 죄형법정주의(罪刑法定主義)에 따라 유추해석이 금지된다. 그러나 '의심스러운 경우는 피고인에게 유리하게' (in dubio pro reo)라는 원리가 인정되어 피고인에게 유리한 유추해석은 허용된다(유기천, 1992: 30~31).

사회복지법은 개인의 생존권 실현과 관련되기 때문에 유추해석을 금지할 필요는 없다고 본다. 그리하여 사회복지법마다 규정되어 있는 각종 위원회의 경우, 장애인복지조정위원회에 부여되어 있는 관계행정기관 소속직원에 대한 출석·설명요구와 자료제출요구(장애인복지법 제11조 제3항) 권한은 여타 사회복지법상의 위원회에 대해서도 부정할 수 없는 것으로 유추해석할 수 있을 것이다. 분야와 대상만 다를 뿐 거의 유사한 기능을 수행하는 위원회들이기 때문에 가장 강력한 권한 규정을 가지고 있는 장애인복지조정위원회의 권한 규정을 유추해석하여 기타 위원회들도 이러한 권한이 있다고 보는 것이 타당할 것이다.

이와 같이 사회복지법에서도 유추해석이 적용될 수 있으나 단, 사회복지법 중에서 벌칙에 관한 규정들은 형법에서와 마찬가지로 유추해석을 금지해야 할 것이다.

3. 법사회학

1) 법해석학의 변천

법의 해석에서 성문법의 형식논리적 해석에 전념하는 개념법학의 경향은 19세기에 황금기를 누렸으나 성문법 자체가 완벽을 유지하기 어렵기 때문에 이에 대한 비판으로 새로운 경향들이 등장하게 되었다.

개념법학은 개인주의와 결합되어 개인의 자유와 권리를 보장하는 시민법적 전통에 적합했으나 성문법의 불완전성은 법과 현실 간의 괴리를 낳게 되었다. 특히 시민법이 알지 못하는 새로운 존재형태를 갖는 계층과 계급이 출현하게 되고 시민법이 예정했던 사회질서가 변화되면서 개념법학은 비판을 받게 되었다. 다시 말하자면, 개념법학은 시민법의 자기완결성을 전제로 하여 추상적 인격자 상호간의 법적 관계를 법전을 통해 삼단논법적으로 해석하는 데 그쳤기 때문에, 그 배후에 작용하는 사회경제적 세력관계는 법의 시야에 반영될 수 없었던 것이다(정인섭, 1991: 34).

이에 법을 목적의 소산(所産)으로 보고 법해석도 법의 목적에 따라야 한다는 목적법학(Zweckjurisprudenz)이 등장하게 되었다. 목적법학의 입장에서는 개별 법률들이 모두 저마다의 입법목적을 가지고 있고 실제로 그 목적을 제1조에서 규정하는 경우가 대부분이기 때문에 이것을 법해석의 중요한 기준으로 삼는다. 또한 보편적인 법의 목적 또한 인간의 존엄과 가치, 인간성의 존중 등의 사익(私益)과 공공복리(公共福利)의 증진이라는 공익(公益)의 실현으로 보고 이것이 모든 법질서의 해석에 궁극적 기준이 되는 것으로 본다.

그러나 이러한 목적법학은 '목적'에 대한 명확한 개념의 정립에 실패했고 주관주의 또는 추상적 경향을 면치 못했다. 자칫 자의적(恣意的) 목적의 설정에 따른 위험성을 내포하는 문제를 극복하지 못한 것이다.

개념법학에 대한 또 하나의 대안으로 등장했던 것이 자유법론(自由法論)이다. 자유법론(Freirechtslehre)은 개념법학의 법률만능주의적 사상을 배격하고 원초적으로 불완전할 수밖에 없는 성문법의 사회적 적응성에 주목했다. 그리하여 법과 사회적 현실의 괴리를 탄력적 법해석으로 메우고자 하여 법의 사실적 연구 또는 법의 과학적 연구를 강조했다. 따라서 개념법학이 법적 안정성을 중시했다면, 자유법론은 구체적 타당성을 강조했던 것이다.

따라서 자유법론은 그것이 등장했던 19세기 후반에서 20세기 초반의 사회현실을 반영하여 정의와 형평의 실현, 법관에게 자유재량 부과, 관습·이념·조리(條理) 등 다양한 법원(法源)의 인정, 학자의 연구를 통한 새로운 법원(法源)의 발견 등을 주장했다.

이러한 자유법론은 개념법학의 교조주의적 법조숭배(法條崇拜)를 타파하고 '살아 있는 법'을 추구함으로써 법원(法源)의 확대, 법규와 사회현실 간의 간격축소, 법해석에서의 사회적 합목적성 존중, 인접 학문과의 결합촉구 등의 공헌을 했다. 그러나 목적법학에서와 마찬가지로 법해석에서 지나친 재량을 허용함으로써 법적 안정성을 해치는 주관주의적 한계를 벗어나지 못했다. 그럼에도 불구하고 법사회학 출현에 기여한 산파(産婆) 역할을 하게 되었다.

2) 법사회학의 등장

자유법론이 과학적 기초가 미흡한 점을 보강하고 법관의 자유재량이 자의(恣意)에 빠지지 않으려면 이러한 것들을 조절할 수 있는 객관적 기준이 필요하게 된다. 이러한 기준을 찾기 위해 사회학을 포함하여 사회과학적 접근을 도입한 것이 법사회학이다.

이러한 법사회학(sociology of law, Rechtssoziologie)은 법현상을 사회학 또는 사회과학적 방법에 의해 역사적 사회현상으로 인식함으로써 법규범의 사회적 관계와 변화에 대한 법칙을 추구한다.

이것은 규범으로서의 법보다는 사회적 실재(實在)로서의 법현상에 중점을 두기 때문에(양건, 1990: 19) 법해석학과는 판이(判異)한 성격을 띠지만, 법사회학적 방법의 도입은 법해석에서 현실적 사회관계를 고려할 수 있게 해주는 법의 사회과학으로서의 강점을 가지고 있다. 그리하여 법을 해석할 때 중요한 것은 대전제(大前提)로서 법규 자체를 이해하는 것보다 소전제(小前提)로서 사실적 관계를 이해하는 것이다(渡邊洋三, 1981b: 134).

이러한 사실관계를 파악할 때 중요한 것은 사회적 사실을 법적 사실로 재구성하는 것이다(渡邊洋三, 1981b: 146). 따라서 여기에는 사회과학에 관한 이론적 인식이 필요하게 되는 것이다.

오늘날 법제정이나 법해석과 같은 법실천의 도구로서 법사회학을 파악하는 입장이 법사회학의 주류(主流)를 이루고 있다고 볼 수 있는데(양건, 1990: 21), 이러한 법사회학은 국가마다 학자마다 서로 다른 경향을 보이고 있다.

3) 법사회학의 경향

법사회학은 유럽대륙과 미국에서 각각 특징적 경향을 보이고 있다. 유럽의 '법사회학'과 미국의 '사회학적 법학'이 그것이다.

(1) 대륙의 법사회학

유럽에서 법사회학은 주로 이론적, 역사적 접근을 보이고 있다. 법 또는 법사상을 규정하는 조건으로서의 사회적 사실, 사회적 사실에 의해 규정되는 법 또는 법사상, 사회적 사실과 법 또는 법사상과의 관련성 등에 대해서 법학과 사회학의 교류와 대화를 강조한다.

(2) 미국의 사회학적 법학

미국은 실증주의의 영향으로 법사회학 역시 실증주의적 경향을 띠고 있다. 이것은 법의 규범적 측면보다는 법이 어떻게 만들어지고 사회에서 어떻게 작용하며 또한 사회의 구성원들에게 어떻게 받아들여지는가 하는 점들에 대해서 사회학적 실증연구에 비중을 둔다. 그리하여 실험, 면접, 설문조사, 소송기록 분석, 사례조사, 통계조사 등의 방법이 동원된다.

제8장
법해석론적 분석방법

이 장에서는 이미 앞에서 살펴보았던 사회복지법의 체계론과 권리론을 활용하여 사회복지법 해석의 방법을 찾아보고자 한다. 그리고 법해석에 필요한 몇 가지 법적 분류에 대한 기준도 소개하고자 한다.

1. 법분류의 기준과 해석

1) 상위법과 하위법

사회복지법의 수직적 체계화를 통해 살펴보았듯이, 규범이 헌법을 위반하게 되면 위헌(違憲)으로서 효력을 상실한다. 또한 상위법률에 위반하는 규범 역시 위법(違法)하게 되어 무효가 된다. 따라서 법을 해석할 때 해당 규정이 상위법에 근거하는 것인가, 상위법의 위임을 받은 것인가, 상위법의 허용범위 내에 있는 것인가 등을 확인할 필요가 있다. 이에 대한 예는 제5장을 참조하기 바란다.

2) 일반법과 특별법

일반법은 법적용 및 효력의 범위가 넓은 법이고 특별법은 제한된 영역에서 적용되는 법이다. 그러나 일반법과 특별법의 관계는 상대적인 것이기 때문에 특정한 법이 일반법 또는 특별법에 해당되는지의 여부는 2개 이상의 법이나 조항을 놓고 비교해야 하는 것이다.

예컨대 사회복지사업법은 사회보장기본법에 대해서 특별법적 지위를 갖는다. 즉, 사회복지 일반에 대한 규범체계인 사회보장법에 대해 사회복지사업법은 사회복지서비스 분야에 한정되는 법이기 때문이다. 그러나 사회복지사업법은 아동복지법, 노인복지법, 장애인복지법 등에 대해서는 일반법적 지위를 갖는다.

그리고 이러한 법률들에도 역시 각각 특별법이 존재한다. 아동복지법은 영유아보육법, 입양특례법 등에 대해 일반법으로 존재하며, 장애인고용촉진 및 직업재활법과 특수교육법 등은 장애인복지법의 특별법에 해당되고, 고령자고용촉진 등에 관한 법률 역시 노인복지법의 특별법이다. 장애인·노인·임산부 등의 편의증진보장에 관한 법률은 장애인복지법과 노인복지법에 대한 특별법으로 볼 수 있다.

일반법과 특별법은 적용의 면에서 특별법이 일반법에 우선하며 또한 해석에서도 일반법은 넓게, 특별법은 좁게 해석하는 것이 원칙이다. 따라서 사회복지법 해석에서 이와 같은 법률들 간의 관계를 고려해야 할 것이다.

3) 강행법과 임의법

강행법과 임의법 또는 강행규정과 임의규정은 법률 또는 법조문의 적용이 강제적이냐 임의적이냐 하는 것을 기준으로 분류된다. 강행법은 법률행위 당사자의 의사를 묻지 않고 절대적으로 적용하는 법이고, 임의법은 법률행위 당사자의 의사에 따라 적용되는 법이다.

사회복지법에서는 대개 국가 및 지방자치단체가 주체가 되는 행위나 처분들이 많은데, 여기에서 '해야 한다'로 규정되는 것들은 행위주체를 강제하는 구속력을 갖게 되지만, '할 수 있다' 또는 '노력해야 한다' 등의 표현으로 이루어진 규정들은 행위주체의 의지에 따르게 된다.

이에 따라 급여 및 서비스의 처분에 따라 그것을 받는 수급자 입장에서는 강행규정일 때는 그에 상응하는 권리성이 인정되지만 임의규정에 따른 재량급여에 대해서는 반사적 이익을 누릴 뿐이다.

2. 대상자 적격성

제2장에서 다루었듯이 사회복지법을 포함하는 사회법은 시민법과는 다르다. 시민법이 추상적 평균인을 전제로 하는 반면, 사회법 등은 구체적으로 존재하는 인간에게 초점을 두고 있다. 사회복지법은 사회적 위험이나 사회문제에 대해서 자기책임을 물을 수 없는 구체적 인간을 전제로 하는 법영역이다. 따라서 사회복지법은 그것이 어떤 구체적 존재들을 대상으로 하고 있느냐가 확정되어야 할 필요가 있다. 이러한 인간상은 제5장의 수평적 체계화에서 볼 수 있었듯이 '사회적 욕구'를 가진 인간의 모습이었다.

그러므로 사회복지법이 적용되는 대상자의 범위는 특정집단으로부터 전 국민에 이르기까지 다양하게 규정될 수 있으며, 실제로도 그러하다. 그러므로 법의 적용을 받는 대상자를 확정하는 것이 사회복지법 해석의 일차적 단계가 될 것이다.

사회복지법은 그것이 제아무리 전 국민을 대상으로 한다 할지라도 결국은 특정화된 개개인에게 급여 또는 서비스를 제공하는 법이기 때문에 대상자의 규정을 명확히 하는 것이 중요하다. 또한 법적용의 대상이 되는 사람들에게 법적 대상자로 확정될 수 있느냐 하는 것은 매우 중요한 쟁점이 되는 것이다.

그런데 법조문상에 표현되어 있는 적용대상 또는 적용범위를 그대로 수용한다면 대상자에 대한 더 이상의 설명과 분석은 필요 없게 된다. 그러나 우리 법률은 실제 적용되는 인적(人的) 대상의 범위를 주로 시행령 등을 통하여 규정하고 있기 때문에 앞에서 제기한 대상자에 대한 이론적 틀을 기초로 하여 대상자의 범위와 자격조건 등을 확정해야 할 것이다.

예컨대 법조문에 "모든 국민은…"의 형식으로 규정되어 있어도 실제로 모든 국민이 한 사람의 누락도 없이 법의 적용을 받는다고는 할 수 없다. 이때, 모든 국민이란 선언적이고 추상적인 의미가 강하다. 실제로 법이 적용될 때는 현실적 제약이나 가능성 등을 고려하여 대상자의 적용범위를 한정하는 경우가 많다. 특히 사회보험법의 경우 이러한 현상이 현저하다.

그리하여 이러한 경우에는 법률이 대통령령인 시행령에 위임을 하고 시행령에서 구체적 적용범위를 규정하게 된다. 현실적 여건에 따라 적용대상의 범위를 조정해야 하기 때문에 그때마다 번거로운 입법의 개정을 하는 것보다 현실적 필요에 맞추어 행정부에서 정책적으로 조정하는 것이 적절하다고 볼 수 있다.

그러나 정부가 대상자의 적용범위를 자의적 또는 편의적으로 규정하거나 시행령의 개정을 태만하게 할 때, 국민 개인에게는 시행령의 개정을 요구할 수 있는 수준의 권리는 가지고 있다고 보아야 한다. 왜냐하면 대상자의 범위는 권리실현의 전제가 되는 것이기 때문에, 사회복지의 법정급여(法定給與)가 실정법에 의해 배제될 수 있다고 하더라도 최소한 법적용 대상자의 범위 확대를 요구할 수 있는 권리는 있다고 보아야 할 것이다.

또한 대상자 적격성(適格性)이 문제가 될 수 있는 것은 사회복지서비스법 영역이다. 사회보험법과 같이 귀속적이거나 보상적인 욕구를 가진 대상자의 욕구는 비교적 쉽게 객관적으로 의제(擬制)될 수 있지만, 평가적 욕구를 가진 대상자를 전제로 하는 사회복지서비스법에서는 대상자 개인이 가지고 있는 주관적 욕구의 조건들을 고려해야 하기 때문에 대상자의 자격을 규정하는 데 상대적으로 어려움이 있다.

예를 들어, 노인복지법 제25조(생업지원)의 "65세 이상의 자"와 제26조(경로우대) 제1항에서의 "65세 이상의 자"는 해석을 달리해야 할 것이다. 경로우대 프로그램은 65세 이상이라는 인구학적 조건만으로 요건이 충족된다고 볼 수 있지만, 생업지원의 경우에는 65세 이상이라 할지라도 경제적 수준 등을 고려해야 하는 것으로 해석해야 할 것이다. 이것은 법조문이 대상자 적격성의 요건을 명확하게 규정하지 않고 있기 때문이다.

또한 같은 법 제28조 제1항 제3호에서는 노인의료복지시설 입소(入所) 대상자의 상태를 "신체 또는 정신상의 현저한 결함"이 있는 자로 규정하고 있다. 여기에서 현저한 결함이란 어느 정도를 의미하는지 불분명하다. 이 수준을 사회통념상의 기준으로 파악해야 할 것인지 아니면 의학적 수준에서 파악해야 할 것인지 명확한 대상자 적격성의 요건이 규정되어 있지 않다. 시설 입소에 대한 요구들이 많아지면 이것은 법적용의 형평성과 명확성의 문제를 제기하게 될 것이다.

3. 급여의 성립조건

사회복지법상 대상자로 인정된다고 하더라도 급여 및 서비스를 받을 수 있으려면 해당법률에서 규정하는 여러 가지 요건들을 갖추어야 한다. 즉, 법정급여는 일정한 조건들로 이루어진 구조를 가지고 있기 때문에 이에 대한 해석이 필요하다.

1) 구성요건

대상자가 급여를 받는 것이 법률에서 정한 법적 효과 또는 효력이라면, 그것을 받을 수 있는 조건들은 곧 급여의 구성요건(構成要件)이 되는 것이다. 구성요건이란 일정한 법률적 효과를 발생케 하는 사실을 총괄해서 지칭하는 것으로서(곽윤직, 1990: 332) 법이 정한 조건이다. 따라서 법조문이 "… 하(이)면 … 한(된)다"의 형식으로 이루어져 있을 때 전자(前者)의 조건문이 구성요건이 되는 것이다.

예를 들어, 국민건강보험법 제1조에서는 질병·부상·출산·사망을, 국민연금법 제1조에서는 노령·폐질·사망을, 산업재해보상보험법 제1조는 업무상의 재해를 구성요건으로 규정하고 있다. 즉, 이런 사고나 위험이 개인에게 발생하면 해당급여를 제공한다는 뜻이다.

사회복지서비스법의 경우, 예컨대 노인복지법상 노인의료복지시설에 입소할 수 있는 서비스 자격으로서의 구성요건은 "거택에서 보호받기 곤란한" 상태이다(노인복지법 제28조 제1항 제3호). 곤란하다는 상황이 어떠한 것인지 불명확하다. 이러한 형태의 구성요건적 개념은 불확정적 개념으로서 법 집행자의 재량에 의존하게 되며 법적 해석의 문제를 낳게 된다.

따라서 이러한 구성요건들은 명확하게 규정되어야 할 필요가 있다. 사회복지법상 급여의 대상이 되는 개인의 행위나 상태는 매우 다양하기 때문에 이를 명확하게 규정하는 것은 쉽지 않다. 물론, 평가적 욕구를 가진 대상자를 위한 사회복지서비스법에서는 불확정적 개념의 구성요건이 많을 수밖에 없지만, 사회보험법에서도 해석의 여지가 많은 구성요건적 규정들이 있다.

예를 들어, 국민건강보험법을 문구(文句) 대로 문리해석을 하면, 질병에 걸린 가입자는 보험급여를 받을 수 있는 것이다. 그렇다면 질병이란 어떠한 상태를 말하는 것인가? 치료를 받아야 하는 비정상적인 육체적 또는 정신적 상태를 말하는가? 아니면 일시적 노동불능 상태까지 포함하는 것인가? 불치병(不治病)이나 난치병(難治病)도 국민건강보험법상 질병으로 인정되는가? 또한 산업재해보상법상의 질병개념과는 같은 것인가 다른 것인가? 이에 대한 법적 정의가 규정되어 있지 않다. 또한 실제적으로 모든 질병과 질병에 대한 모든 진료에 대해서 보험급여를 받을 수 있는 것은 아니다. 그렇다고 해서 특정한 질병이나 진료행위만을 대상으로 한다는 규정은 국민건강보험법 어디에도 없다. 단지 보건복지부의 행정지침에 의해 결정되는 실정이다. 또한 분만의 요건에는 출산행위 외에 임신상태 자체 또는 산후(産後)의 몸조리도 포함되는가 하는 구체적 사실들에 대한 법적 평가의 문제가 남아 있다.

이러한 문제들은 구성요건 규정의 명확화와 해석을 동시에 필요로 하는 것이며 또한 더 나아가 입법정책의 문제이기도 하다. 따라서 법해석과 정책수립에서 자의적인 것을 방지하기 위해서 명확한 구성요건이 요구되는 것이다.

이를 해결할 수 있는 방법은 법률에 포괄적이나마 질병과 진료의 성격이나 종류를 규정하고 구체적 질병이나 진료방법 및 도구는 시행령이나 시행규칙에 위임하는 것이다. 현재 우리나라는 보건복지부의 지침으로 정하는데, 이는 법규범이 아닌 단순한 행정적 지침에 지나지 않기 때문에 의료보장에 대한 국민의 권리를 보장하는 데 부적절하며, 해석상에서도 자의적이고 재량적인 해석의 여지가 많아 문제가 된다.

2) 적법행위 요건

개인의 불법행위나 위법한 행위에 대해서 국가가 사회복지 급여나 서비스를 제공해야 할 것인가? 즉, 구성요건적 사실이나 상태의 발생이 불법행위 또는 위법한 행위에서 비롯되었을 경우 이에 대해서 사회복지법은 어떠한 태도를 취해야 하는 것일까?

적법행위인가 불법행위인가 하는 것은 또 다른 법적 판단의 문제이기는 하지만, 대개 사회보험법에서는 구성요건의 발생이 적법한 행위에 의할 것을 요구하는 반면 공공부조법이나 사회복지서비스법에서는 이를 고려하지 않는다. 전자는 인과성의 원리가 지배하기 때문이고 후자는 합목적적 고려에 의해 급여가 제공되는 것이기 때문이다. 예를 들어, 범죄로 장애가 발생했을 경우 국민건강보험법상의 급여는 받을 수 없지만(법 제53조 제1항 제1호), 장애인복지법상 장애인으로 인정받는 데 문제는 없을 것이다.

3) 국가책임성 요건

급여가 현실적으로 제공되기 위해서는 당연히 국가가 현금 지불이나 서비스 제공에 대한 준비가 되어 있어야 한다. 이것은 사회복지법이 개인의 자기책임이 아닌 국가의 집합적 책임을 이행하는 법제이기 때문에 당연한 것이다.

따라서 사회복지법의 내용적 체계론(제5장)에서 살펴보았듯이 사회복지법은 재정 또는 비용에 대한 책임, 급여 및 서비스 전달에 필요한 조직과 인력에 관한 규정을 반드시 포함하고 있어야 한다. 이를 위해 재정조달, 전달체계, 전문인력 등에 대해 규정해야 하는 것이다.

사회복지에 대한 국가의 책임을 이행하기 위해서는 재정지출에 관한 규정이 전제되어야 하며, 그것도 강행규정으로 되어 있어야 국가의 예산권을 구속할 수 있는 것이다(이원희, 1994: 103). 이러한 규정이 없이는 급여의 요건을 규정하더라도 실효성이 없게 되는 것이다. 사회보장기본법상 국가 및 지방자치단체는 매년 사회복지예산을 조달하도록 되어 있으므로(사회보장기본법 제5조), 개별 법들에서는 재정조달에 관한 방법이나 재원에 대해서 명시하는 것이 바람직하다.

4. 급여 제공의 조건: 부수적 (또는 추가적) 요건

대상자 적격성과 구성요건을 충족하면 법정급여나 서비스의 수급이라는 법률적 효과를 발생케 되는가? 그렇지 않다. 급여 제공의 절차상 대부분의 사회복지법은 수급자에게 일정한 행위를 요구하는데, 이것이 바로 부수적 또는 추가적 요건이다. 예를 들어, 보험료의 납부, 신청 또는 신고, 특정기관의 이용, 기간의 적용 등이 그것이다.

부수적 요건들은 대개 수급자의 절차적 의무 또는 협조의무를 나타내는 것인데, 이것이 급여 제공의 주체 입장만을 고려하여 지나치게 복잡하거나 까다롭게 규정되면, 수급자의 권리실현이나 급여를 침해하게 된다. 실제로 절차적 규정이 행정담당자의 재량에 맡겨진다든지 너무 복잡하게 되면 수급자는 이에 대한 정보와 이해의 부족, 낙인감, 불편함 등으로 인해서 급여에 대한 신청 자체를 포기할 가능성이 높다 (Huby & Whyley, 1996). 따라서 이러한 규정체계가 악용된다면 사회복지에 대한 국가의 법적 책임을 회피하는 수단으로 전락할 수 있다.

따라서 부수적 요건 역시 구성요건과 마찬가지로 명확성과 구체성을 유지해야 하지만 되도록 간편하게 규정되어야 한다. 법해석의 경우 이러한 부수적 요건을 체계적으로 정리해야 하며 이것이 합리적 수준으로 규정되어 있는가 하는 것을 평가할 수 있어야 한다.

5. 급여의 제한

사회복지법은 앞에서와 같은 요건들을 충족했더라도 특정한 조건에 대해서 급여를 배제하거나 제한하는 규정들을 두고 있다. 이것은 사회복지법의 원리가 개인의 자기책임이 아닌 집합적 책임을 수행하는 것이라 하더라도 개인적 책임으로 돌릴 수 있는 경우에 대해서 급여를 제한하고자 하는 취지 때문이다. 즉, 사회복지법이 추구하는 법익(法益)이 대상자의 인간다운 생존에 있다고 할지라도 국가의 사회복지재정의 보호 역시 중요한 보호 법익이 될 것이다. 대상자에 대해 법적으로 보호할 만한 이익과 가치가 없다고 판단될 때는 국가의 재정과 권위를 보호해야 할 것이다.

그러나 이러한 제한적 규정을 남용하게 되면, 그것은 궁극적으로 집합적 책임을 축소하고 사회복지법의 원리가 파괴되는 것이기 때문에 합리적 이유와 조건에 대해 합리적인 정도의 제한을 가해야 할 것이다.

이에 대해 사회보장기본법은 원칙적으로 사회보장수급권은 제한될수 없다고 규정하고 있지만(사회보장기본법 제13조 제1항), 관계법령이 정하는 경우에 제한을 허용하고 있다(사회보장기본법 제13조 제1항 단서). 그러나 제한하는 경우에도 최소한에 그쳐야 한다는 과잉제한금지의 원칙을 선언하고 있다(사회보장기본법 제13조 제2항).

앞에서 살펴본 사회복지 급여 및 서비스의 법적 구조를 토대로 하여 이를 제한하는 유형을 살펴보자.

1) 대상자 적격성의 조각(阻却)

대상자 적격성을 조각한다는 것은 법의 적용대상자에 해당된다 할지라도 일정한 조건을 갖추지 못하면 급여대상에서 제외한다는 의미이다. 가장 대표적 예는 사회보험법상 보험료를 체납(滯納)했을 경우 한정적으로 급여대상에서 제외하는 것이다. 이것은 보험이라는 기술적차원에서 보험료의 납부와 급여 사이에 일정한 정도의 인과성을 전제하기 때문이다.

예를 들어, 국민건강보험법 제53조 제3항은 보험료를 체납한 자가 보험료를 완납할 때까지 보험급여의 실시를 유보할 수 있도록 규정하고 있다. 그런데 여기에서 문제가 되는 것은 가입자의 보험료 체납이 아니라 사용자에 의해 보험료가 체납되는 경우이다. 명문상의 규정만으로 해석한다면 이 경우에도 가입자는 보험료 체납자이기 때문에 급여를 받을 수 없을 것이다. 그러나 적어도 가입자 본인의 귀책사유가 있는 경우가 아니라면 가입자에게는 급여를 제한해서는 아니 될 것이다(국민건강보험법 제53조 제4항). 사회보험료를 고의로 횡령하거나 체납한 사용자 때문에 선의(善意)의 가입자가 피해를 보는 것은 방지해야 하기 때문이다.

이와 같이 볼 때, 대상자 적격성의 조각이라 함은 수급대상자로서의 자격을 제한하는 것일 뿐 원칙적으로 법적용 대상자의 자격까지 박탈하는 것은 아니라고 해석해야 할 것이다. 이것은 사회복지법의 이념 및 목적과 그 실현의 방법을 종합적으로 고려하는 과정에서의 문제로 볼 수 있기 때문에 법적용 대상자로서의 적격성은 인정하는 것이 이 법의 취지에 부합할 것이다.

2) 적법성의 조각

사회복지법상의 구성요건은 대부분 대상자의 상태나 조건을 규정하는 것들이다. 그러나 대상자의 일정한 '행위'는 적법하지 못한 행위에 의해 발생하는 경우가 있고, 사회보험법에서는 이를 급여의 제한요건으로 규정한다. '노령'(老齡)과 같은 요건은 인위적 행동으로 조작할 수 없는 것이지만 '질병', '사망', '실업' 등은 대상자의 행위를 통해 인위적으로 발생될 수 있는 것들이다.

예를 들어, 국민건강보험법 제48조 제1항 제1호는 범죄행위에서 기인하거나 고의(故意)로 사고를 발생시킨 때는 보험급여를 실시하지 않는다고 규정했다. 대상자 적격성의 문제가 전혀 없는 자가 이와 같은 행위를 하게 되면, 그로 인한 질병, 부상, 사망 등에 대해서는 보험급여를 하지 않는다는 것이다. 고용보험법 제58조 제1항 역시 자신의 귀책사유(歸責事由)나 자기의 사정으로 해고되거나 이직(離職)한 경우 수급자격을 인정하지 않는다.

이러한 행위들로 발생한 구성요건적 상태는 그 발생원인이 적법성을 띠지 못하기 때문에 급여를 제한한다는 취지이다. 이것은 다른 보험가입자들에게 재정적으로 손실을 줄 수 있기 때문이다. 이와 같은 규정은 국민연금법 제82조 제1항 등에도 나타나 있다.

그런데 국민건강보험법 제53조 제1항의 '범죄행위'는 고의 또는 중과실(重過失)에 의한 것이다. 과거 의료보험법에서는 '범죄행위'라고만 규정되어 있어 법의 해석과 적용상 문제가 있었다. 즉, 고의범이 포함되는 것은 당연할 수 있겠으나 과실범(過失犯)도 포함되는가에 대해서는 논란이 있을 수 있다. 대법원 판례에서는 고의범은 물론 과실범도 포함한다고 판시했으나(대법원 1990. 2. 9. 선고. 대판89누2295 판결), 이에 대해서는 다소 이견(異見)이 있을 수 있기 때문에 현행법에서는 중과실에 의한 범죄만 인정하고 있다.

예컨대, 폭행치상(暴行致傷)이나 폭행치사(暴行致死) 등과 같은 범죄행위는 상해죄(傷害罪)와 살인죄(殺人罪)에 대해서는 과실범이라 할지라도 그 원인행위가 되는 폭행죄는 고의범에 해당되기 때문에 이 과정에서 가해자가 입게 된 부상에 대해서 의료보험 급여를 제한하는 것은 현행법의 취지나 해석상 무리가 없겠지만, 과실치상(過失致傷)이나 과실치사(過失致死)와 같은 범죄는 순수한 과실범죄이기 때문에 이 경우에까지 가해자에 대한 보험급여를 제한하는 것은 사회복지법으로서의 취지상 지나친 것이다. 현행법의 규정에서와 같이 이러한 과실범에 대해서는 중과실이 있었는지 여부를 가려야 할 것이다.

3) 국가책임성 조각

급여의 법적 조건이 정당하게 성립되는 것을 가능케 하는 것은 국가의 법적, 재정적 책임이 있기 때문이다. 국가의 책임은 급여요건이 성립될 수 있도록 하는 궁극적 요건이다. 그러나 이러한 국가의 책임성을 담보로 하여 급여를 제공받기 위해서는 이에 상응하는 개인의 책임성이 요구된다. 이것은 급여 및 서비스 수급에서 개인이 법적으로 정당해야 함을 말한다.

그리하여 부정하게 또는 부당하게 급여를 받은 자에 대해서 국가는 환수조치 또는 처벌할 수 있는 권한을 갖게 된다. 국민건강보험법 제57조, 산업재해보상보험법 제84조, 고용보험법 제61조 제1항, 국민기초생활보장법 제46조 제2항 등은 부정한 방법으로 급여나 서비스를 수급한 자에게 급여를 중지하거나 부당이득의 징수, 형벌부과 등의 방법으로 급여를 제한하고 있다. 이와 유사하게 민간사회복지법인이나 사회복지시설이 정부의 보조금을 부당하게 수급했을 때도 반환명령과 일정한 형사처벌을 받도록 규정하고 있다(사회복지사업법 제42조 제3항 및 제53조).

그렇다면 부정한 방법이란 구체적으로 무엇을 의미하는가? 이것은 수급자의 권리나 급여를 제한하는 것이기 때문에 엄격하게 협의(狹義)로 해석해야 할 것이다. '부정한'의 범위를 지나치게 넓게 해석하는 것은 사회복지법의 취지상 바람직하지 못하다.

여기에서 한 가지 문제가 되는 것은, 고의(故意)에 의한 사위나 부정한 행위는 당연히 급여의 제한이나 처벌을 가해야 한다고 할 수 있겠지만 과실(過失)에 의한 행위에 대해서 어떻게 할 것인가 하는 점이다. 과실에 의한 부정수혜의 경우에도 급여의 제한이나 형사처벌을 하는 것은 지나치게 국가의 재정과 권위만을 보호하려는 의미가 강한 것이다. 형법에서도 사기죄(詐欺罪)는 고의범에 한하여 처벌하는 것을 고려한다면 과실에 의한 부정수혜에 대해서는 형사처벌을 면제해야 할 것이다.

그러나 부당이득 징수나 급여의 환수조치는 구체적 사례에 따라 신중하게 적용해야 할 것이다. 급여 및 서비스의 종류와 성격, 지급시기, 수급자의 상태 등을 종합적으로 판단하여 결정해야 할 것이다.

4) 주관적 요인에 의한 급여제한

기타 개인적 조건과 행위에 의해 급여가 제한되는 경우가 있다.

(1) 추가적 요건 불이행

수급자 또한 수급절차 및 과정상에서 일정한 기여와 협조의 책임이 있다. 각종 보고, 자료의 제출, 정당한 수급 등의 의무를 지킬 때 국가의 책임을 요구할 수 있는 것이다. 이것은 국가책임에 상응하는 개인의 최소한의 책임으로 볼 수 있다. 그러므로 무책임한 개인에게 국가의 책임은 없다는 것이다.

그렇다면 수급자에게 급여과정에서 요구되는 기여의무 또는 책임은 무엇인가? 요양지시 등 각종 보호지시에 따를 의무(국민연금법 제82조 제2항, 제73조 제3호, 국민건강보험법 제53조 제1항 제2호, 산업재해보상보험법 제83조 제1항, 고용보험법 제58조, 국민기초생활보장법 제30조 제2항 등), 자료제출 의무(국민연금법 제86조 제1항 제1호, 국민건강보험법 제53조 제1항 제3호 등), 기타 각종 협조의 의무들이 규정되어 있다.

이와 같은 추가적 요건들은 수급자의 부수적 의무로서 급여가 제대로 제공될 수 있도록 수급자도 국가기관에 협조해야 한다는 규범적 의미를 갖는 것이며, 이러한 협조의무를 위반하거나 거부 또는 기피하는 것은 급여에 대한 의사(意思)가 존재하지 않는 것으로 간주되며, 따라서 국가는 이에 대해 책임을 질 필요가 없다는 것이다.

그러나 이러한 급여의 제한 역시 합리적 기준과 정도를 벗어나게 되면 국가책임을 면하려는 반(反)복지적 입법일 뿐이다. 따라서 급여 제공의 절차에서 수급자 개인에게 부과되는 기여의무 등의 부수적 요건은 합리적 한도 내에서 부과되어야 하며, 급여를 제한하더라도 정상적으로 제공되는 급여의 수준과 범위에 대해서는 국가가 충분한 정도의 책임을 져야 하는 것으로 해석해야 할 것이다.

(2) 권리의 포기

타인의 도움을 거부하는 자에게 도움을 줄 수 없듯이 국가의 사회복지 급여나 서비스를 받겠다는 동기가 결여된 사람에게 급여 또는 서비스를 제공하는 것은 불합리하다. 이에 사회복지 대상자는 스스로 수급권을 포기할 수 있는데, 이 경우에는 서면(書面)으로 의사표시를 해야 한다(사회보장기본법 제14조 제1항).

그러나 이것이 타인에게 피해를 주거나 사회보장에 관한 관계법령에 위반되는 경우에는 이를 포기할 수 없다(사회보장기본법 제14조 제3항). 예컨대 유족연금급여 대상자가 사망한 남편과의 특수한 감정 때문에 급여를 포기한다면, 이것은 18세 미만의 자녀의 생존에 피해를 줄 수 있기 때문에 인정될 수 없을 것이다.

(3) 다른 급여의 수급

유사하거나 동일한 구성요건이 적용되는 둘 이상의 급여가 존재할 때, 이미 그중의 한 급여를 받게 되면 다른 급여에 대해서는 기왕에 지급받은 급여액에 한해서 지급을 제한하는 것이다. 대부분의 사회보험법들에서는 이 규정을 두고 있다. 이것은 이중적 중복수혜를 방지하고자 하는 취지를 가지고 있다.

6. 권리성의 확인

사회복지법을 연구하는 전제(前提)이자 궁극적 목표는 사회복지법상의 급여나 서비스가 수급자의 권리와 이에 상응하는 국가의 의무라는 관계 속에서 이루어져야 한다는 것이다.

우리 헌법 제34조 제1항은 모든 국민의 인간다운 생활을 할 권리를 규정하고 있으나, 여기에서 말하는 권리가 진정한 권리인가 하는 문제에 대해서는 국가의 재정책임능력과 의지, 하위법률의 존재 등에 따라 해석이 엇갈리고 있다는 것은 이미 언급했다. 따라서 헌법상의 이 권리를 실질적인 구체적 권리로 주장한다고 해서 현실적 문제가 흔쾌하게 해결되는 것은 아닌 것 같다.

그러나 헌법이 아닌 개별 법률에서 수급자의 권리성의 존재를 명백히 규정한다면 현실적으로 사회복지급여에 대한 권리성의 논쟁은 상당한 정도로 해결될 것이다. 왜냐하면, 물론 개별 법률에서 권리성에 대해 침묵하고 있다면 헌법상의 논쟁이 필요하게 되지만, 이 경우에는 굳이 헌법의 규정까지 거론하지 않아도 되기 때문이다.

따라서 사회복지법률을 분석할 때 사회복지급여에 대한 수급권을 인정하는지의 여부(與否)를 분석하는 것은 매우 중요한 것이다. 사회보장기본법 제9조에서도 "모든 국민은 사회보장에 관한 관계법령이 정하는 바에 따라 사회보장의 급여를 받을 권리(사회보장수급권)를 가진다"고 규정하고 있다. 비록 이 규정이 권리성 인정의 문제를 하위법률에 위임하고 있어 기본법으로서의 권위를 스스로 부정하고 있기는 하지만, 이 규정이 시사(示唆)하는 바는 개별 법률의 태도에 따라 권리성이 인정된다는 것이며, 따라서 우리는 사회복지법을 분석할 때 이 부분에 대해 명확한 분석을 시도할 필요가 있다.

1) 권리 존재의 파악방법

과연 우리의 사회복지법들이 급여 및 서비스에 대한 개인의 수급권을 어떻게 규정 또는 인정하는가? 이를 확인할 수 있는 방법으로서 대체로 다음과 같은 몇 가지 분석방법을 제시해볼 수 있을 것이다.

(1) 명문규정의 파악

우선적으로 법조문의 명문상(明文上) 권리가 있다는 규정이 존재하는지 파악할 필요가 있다. 일단 법규정으로 개인의 수급권이 있다는 조항이 있게 되면 권리성을 인정하는 데 매우 강력한 근거가 되는 것이다. 대부분의 사회보험법에서는 '수급권'(受給權)이라는 용어를 사용하고 있어 사회보험 가입자의 보험급여에 대한 권리성을 인정하고 있다. 또한 국민기초생활보장법 역시 수급권자, 수급자 등의 용어를 사용함으로써 대상자의 권리성을 인정하고 있다.

(2) 국가책임 규정

그러나 헌법 제34조 제1항의 해석이 다양하게 제기되는 것처럼 명문화된 규정조차 국가의 지불능력 등의 이유로 실질적 권리로 인정되지 못하는 경우가 있을 수 있다.

이러한 경우에는 국가의 책임과 의무에 대한 규정을 파악해야 할 것이다. 권리는 그에 상응하는 상대방의 의무와 책임을 전제로 하기 때문에, 국가의 책임이 규정되어 있다면 그것은 일단 수급자의 권리성을 인정하는 것으로 해석할 수 있다.

그러나 국가의 의무와 책임은 명문화된 책임규정만으로는 충분하지 않다. 왜냐하면 단순히 국가 및 지방자치단체가 책임을 진다는 식으로 규정된 조항들은 대부분 선언적 수준에 그칠 수 있기 때문이다. 실제로 대부분의 사회복지서비스 관련법들은 어김없이 국가책임에 관한 조항을 두고 있지만, 책임의 범위와 수준에 대해서는 침묵하는 것이다.

그래서 국가의 재정조달의 방법이나 재정의 원천 등에 대해서 규정이 있는가 하는 것을 파악해야 한다. 재정에 관한 조항에서 국가가 '부담한다'로 규정되어 있다면 그것은 곧 국가의 법적 책임을 인정하는 것이 되며 따라서 수급자의 권리성 또한 인정되는 것으로 해석될 수 있다. 그러나 '보조할 수 있다'로 규정된 것은 국가의 법적 책임을 인정한다고 볼 수 없다. 그것은 단지 추상적 차원에서 도의적 책임만을 인정할 뿐인 것이다. 왜냐하면 '부담'은 법적 책임에 따르는 것이지만 '보조'는 법적 책임과 무관한 '재량적' 행정행위이기 때문이다.

(3) 급여 및 서비스의 강행규정 여부

이것은 국가의 재정책임과도 연계되는 것인데, 급여나 서비스의 이행에 관한 규정이 강행규정인가 아니면 임의규정인가를 파악해야 한다.

'… 할 수 있다'로 표현된 규정들은 임의적 조항이기 때문에 국가의 예산권을 구속하지 못한다. 그것은 국가 및 지방자치단체의 재량적 판단과 의지에 따라 주어지는 급여이기 때문에 이에 대해 수급자는 전혀 권리를 갖지 못하는 것이다. 뿐만 아니라 '노력해야 한다'로 규정된 조항 역시 대상자가 권리성을 주장할 수 없다. 이것은 '… 해야 한다'는 표현 때문에 강행규정처럼 보이지만 구체적으로 급여 및 서비스를 제공해야 할 국가의 책임을 규정했다기보다는 그렇게 될 수 있도록 노력한다는 뜻으로서 선언적 규정이다. 따라서 급여 대상자가 이를 근거로 구체적으로 청구할 수 없는 것이다.

그러나 '… 해야 한다'는 표현으로 이루어진 강행규정은 국가 및 지방자치단체의 예산권에 대해 일정한 구속력을 갖게 되기 때문에 대상자는 이에 상응하는 급여청구권을 가질 수 있는 것이다.

(4) 권리실현 절차

사회복지법상 대상자의 급여에 대한 권리성이 인정된다면 당연히 이를 관철시킬 수 있는 절차가 마련되어야 한다. 이에 대한 세부적 규정들이 마련되어 있지 않으면 실질적 권리행사가 제한받을 수 있게 되는 것이다. 대부분의 법들은 이에 해당하는 절차와 과정에 대한 세부사항들을 주로 시행령과 시행규칙에 위임하는 경향이 있다.

그런데 이러한 '절차적' 규정이 오히려 '실체적' 권리성을 침해할 수도 있다. 대상자의 특성이나 상황적 조건을 무시한 채 행정적 편의성만을 고려하는 서류의 작성 및 제출, 기한의 설정 등은 오히려 권리실현을 방해할 수 있는 것이다.

게다가 이러한 절차적 규정이 법령의 형태로 요구되는 것이 아니라 '지침'의 형태로 요구되는 것일 때 문제가 더 심각하게 될 수 있다. 왜냐하면 법령의 형태로 절차에 관한 규정이 이루어지는 것보다 지침의 형태로 규정되는 것은 외부적으로 나타나기 어렵기 때문에 법을 모르는 대상자들에게 불리할 수 있다. 특히 우리나라에서는 지침의 형태로 이루어지는 규정들이 많기 때문에 이 부분에 대한 면밀한 검토 역시 필요하다고 할 수 있다.

(5) 권리구제 절차

앞에서 제기한 조건들이 충족된다 할지라도 권리성 인정 면에서 문제는 남아 있다. 만일 국가 및 지방자치단체 또는 소속 공무원이 법에 정해진 급여의 이행을 유보하거나 지연시킬 경우 개인이 권리의 확인이나 이행의 청구를 할 수 있는 절차가 마련되어 있지 못하다면 그것은 완전한 권리로 볼 수 없는 것이다.

따라서 권리구제의 절차가 체계적으로 확보되어 있는가를 파악해야 한다. 사회복지법에서는 소송법에서 다루는 사법적(司法的) 절차를 규정할 수는 없고 행정적 구제절차만을 규정한다. 그리하여 청문(聽聞), 심사청구(審査請求) 및 재심사청구, 이의신청(異議申請) 등이 이에 해당하는 절차이다. 이러한 절차들은 반드시 권리의 확인이 아니더라도 행정청의 처분에 대해서 이의(異議)가 있는 경우 제기할 수 있는 구제절차들이다.

청문이라 함은 행정청이 대상자에게 불이익이 되는 어떤 처분을 행할 때 사전에 대상자에게 의견진술의 기회를 제공하는 것으로서 대상자의 권리를 인정하는 조치인 것이다. 청문의 대상자는 대개 사회복지법의 급여 대상자보다는 사회복지법인 및 시설, 의료기관 등 주로 사회복지서비스 제공기관에 대한 조치에 대해서 그들에게 최소한의 방어권을 인정하는 것이다.

심사청구 및 이의신청은 거의 유사한 것이다. 국민연금법, 공요보험법, 산업재해보상보험법 등은 심사청구와 재심사청구, 국민건강보험법에서는 이의신청 후 심사청구를, 국민기초생활보장법과 기초노령연금법에서는 이의신청을, 노인복지법과 장애인복지법에서는 심사청구를 규정하고 있다.

이러한 심사청구 또는 이의신청제도는 행정소송의 소원전치주의(訴願前置主義)에 따르는 행정심판의 일종으로 볼 수 있다. 법의 주체와 객체 사이에 분쟁이나 갈등이 발생했을 때 이에 대해 행정소송을 제기하기에 앞서 행정기관이 내부적으로 행하는 행정쟁송제도의 일환인 것이다. 이것은 행정부 자체의 내부적 통제기능을 담당하는 제도이지만 법적용 대상자에게는 자신에게 취해진 행정조치에 대한 의견을 제시할 수 있는 기회가 되며, 특히 권리성의 확인을 위한 기회가 되는 것이다. 그러나 단순한 반사적 이익의 침해에 대해서는 심사청구 또는 이의신청이 허용되지 않는다(김봉룡, 1988: 590).

따라서 이러한 절차는 권리행사 절차와 마찬가지로 지나치게 복잡하거나 까다롭게 규정된다면 그 자체가 권리침해가 될 것이다. 심사청구와 이의신청 시 제출하는 서류와 서류의 작성, 기한 등에서 현실적합성 및 합리성을 고려해야 할 것이다.

(6) 벌칙

수급권자의 권리나 급여를 침해한 국가기관이나 공무원 또는 제3자에 대해서 행정벌이나 형벌을 부과하는가를 살펴보아야 한다. 이러한 벌칙의 부과는 법의 실효성을 강제하는 수단으로서 기능을 한다. 현실적으로 수급자의 권리를 침해하여도 이에 대해 벌칙이 주어지지 않는다면 그 권리는 실질적으로 행사할 수 없는 것이다.

그러나 우리나라 사회복지법에서 담당 국가기관이나 공무원이 처벌을 받도록 규정한 조항은 없다.

2) 권리성의 실제

사회복지법 중에서 일반적으로 사회보험법은 인과성의 원리에 기초하고 있기 때문에 수급자의 권리성을 인정하고 있다. 따라서 수급자 개인은 자신의 권리에 따라 급여가 제공되지 않을 때 이것의 이행을 사법적으로 청구할 수 있는 법적 힘을 갖게 된다.

사회보험법은 보험이라는 방식을 사용하는 관계로 보험료 납부와 급여 사이에 일정한 인과성의 원리가 지배하기 때문에 여기에 개인과 국가는 쌍방적 교환관계에 놓이게 된다. 따라서 보험료를 납부한 개인은 국가에 대해 일정의 '조건부 채권'과 유사한 형태의 청구권을 갖게 되는 것이다. 그러므로 보험료를 납부하지 않은 개인은 쌍방교환의 당사자로서의 자격이 부인되는 것이다.

이러한 사회보험법상의 수급권은 사회복지 또는 사회보장의 이념을 시장관계적 방식의 제도인 보험과 접합시켜 인정하는 것이기 때문에, 수평적 법체계론에서 살펴보았듯이 자본주의적 시장원리가 지배하는 정도가 강할수록 다른 사회복지법에서보다 한층 더 강한 권리성을 인정받게 된다. 공공부조법인 국민기초생활보장법의 경우는 대상자 선정(選定) 방식에서 직권주의(職權主義)보다는 신청주의(申請主義)를 원칙으로 하고 있기 때문에(법 제21조) 수급자의 권리성을 인정하는 것으로 볼 수 있다.

사회복지서비스법 분야는 대개 임의적이고 재량적 서비스로 일관한다. 2003년 7월에 개정된 사회복지사업법에서 사회복지서비스 신청제도를 도입하였는바, 그것의 권리성은 논란의 여지가 있고(제14장 참조), 아직 실적도 미비한 수준이다.

특히 재정적 측면에서 국가의 서비스에 대한 직접적 부담에 관한 규정보다는 민간에 대한 임의적 보조규정들이 지배적이어서 수급자의 권리성이나 이에 대한 국가의 법적 책임성은 찾아보기 어렵다. 이것은 사회복지서비스법의 대상자가 갖는 평가적 욕구에 대한 기존의 입장에 변화가 없기 때문인 것이다.

제 4 부

권리구제와 사회복지판례

• • •

사회복지법이 사회복지를 필요로 하는 사람들의 진정한 권리장전(權利章典)으로서 존재한다면, 사회복지문제에 대한 사법적(司法的) 소송이 활발히 전개되었을 것이다. 그러나 의료보험법 및 산업재해보상보험법 등 일부 사회보험법에서의 활발한 소송을 제외하고는 거의 찾아볼 수 없었다.

특히 이러한 소송들이 국가와 개인 사이의 개별적 분쟁의 차원을 넘어 사회적 쟁점으로 승화된 것은 거의 없었다. 소송이 반드시 사회적 쟁점으로 승화되는 것이 바람직한 것은 아닐지라도 사회복지법의 소송은 개별적 욕구충족을 위한 방법의 수준을 넘어서 집합적 차원에서 제기될 필요가 있다. 왜냐하면 사회복지법에 관련된 소송은 민사소송과 달리 헌법소송이나 행정소송에 속하는 것들이기 때문이다.

앞에서 이미 살펴보았듯이 각각의 사회복지법에는 권리구제의 절차들이 규정되어 있고, 이것들은 행정청을 상대로 하는 전심절차(前審節次)이다. 이 단계에서 승복할 수 없는 결정이나 분쟁은 행정소송을 통해 해결하도록 되어 있다.

이에 제4부에서는 사회복지법상 권리구제절차와 그동안 제기되었던 사회복지법 관련 소송 중에서 공익소송(公益訴訟)으로 볼 수 있는 판례를 소개하고자 한다.

제 9 장
권리구제의 절차

권리구제에 관한 법을 절차법(節次法)이라 부른다. 예컨대 헌법이나 법률에서 개인이 국가에 대해 사회복지 급여에 대한 권리가 있다거나 국가가 국민 개인에 대해 책임을 지고 있다는 규정들은 모두 실체법(實體法)에 속한다. 그러나 권리에 대한 책임의 이행이 이루어지지 않을 때 이를 실현하기 위한 절차를 규정한 법을 절차법이라 부르는 것이다.

일반적으로 민사소송법, 형사소송법, 행정소송법, 부동산등기법 등이 절차법에 속하는데, 사회복지법의 소송절차만을 다루는 특별소송법은 존재하지 않는다. 독일의 경우에는 사회법원(Sozialgericht)이 설치되어 있고 이에 따라 사회보장소송법(Sozialgerichtsgesetz)이 제정되어 적용되고 있다. 그러나 우리나라에는 특별소송법이나 특별법원이 존재하지 않아 일반적 행정소송의 절차에 따르고 있다.

사회복지법의 대상자가 갖는 욕구의 사회적 성격, 그 충족에 요구되는 긴급성, 생존권 관련 등의 요인을 고려해볼 때 일반적 행정소송 절차와 다른 특별한 절차의 도입이 요구된다고 하겠다. 이를 위해 필요한 법령의 제정, 법원의 조직과 직제 개편 등이 따라야 하겠지만, 예컨대 우선적으로 사회복지 급여 및 서비스의 '가처분제도'의 도입을 생각해볼 필요가 있다. 이것은 형사소송에서 구속적부심제도(拘束適否審制度)와 비교된다. 형사피의자(刑事被疑者)를 구속하여 수사할 것인가를 결정하는 것과 같이 사회복지소송을 청구한 원고(原告)에게 우선 급여를 제공하도록 조치하고 추후 재판결과에 따라 승인하든지 반환청구하면 될 것이다.

　여기에서는 행정소송에 들어가기에 앞서 행해지는 전심절차(前審節次)인 이의신청(異議申請) 또는 심사청구(審査請求)에 대해서 살펴보도록 한다.

1. 전심절차의 대상 및 내용

어떠한 경우에 행정소송의 전심절차로서 구제절차를 밟을 수 있는가? 먼저 사회보험법을 보자. 국민연금법에서는 가입자의 자격, 표준소득월액, 연금보험료 기타 징수금과 급여에 관한 공단의 처분에 이의(異議)가 있을 경우에 심사청구를 할 수 있다(법 제108조). 국민건강보험법에서는 가입자 및 피부양자의 자격, 보험료, 보험급여 또는 보험급여비용 등에 관해 이의가 있을 경우 이의신청을 할 수 있다(법 제87조). 산업재해보상보험법에서는 보험급여에 관한 결정에 대해 불복하는 경우 심사청구를 할 수 있다(법 제103조). 고용보험법에서는 피보험자 자격의 취득·상실 확인, 실업급여에 관한 처분 등에 대해서 심사, 재심사를 청구할 수 있다(법 제87조).

　공공부조법의 경우, 국민기초생활보장법에서는 급여 또는 급여변경 결정에 이의가 있을 경우 이의신청을 할 수 있다(법 제 38조). 즉, 주로 대상자 적격성에 관한 사항들이 대상이 되는 것이다. 왜냐하면 공공부조는 일단 그 대상으로 선정되면 그에 따라 급여는 정해지기 때문에 대상자 선정에서 문제가 발생할 가능성이 높기 때문이다.

또한 사회복지서비스법인 노인복지법에서는 각종 복지조치에 대해 이의가 있을 때 심사청구(법 제 50조), 한부모가족지원법에서는 복지급여에 대해 이의가 있을 때 심사청구(법 제 28조), 장애인복지법에서는 각종 복지조치에 이의가 있을 때 심사청구(장애인복지법 제 84조) 등의 전심절차를 밟을 수 있는 것이다. 이와 같이 사회복지서비스법에서는 주로 급여 및 서비스에 대해서 문제제기를 할 수 있는 것이다. 그것은 사회복지서비스법은 다양한 욕구에 대해 서비스를 제공하는 법이기 때문에 급여 및 서비스에 대해서 문제가 제기될 가능성이 높기 때문이다.

기타 특별한 권리구제절차가 규정되어 있지 않은 법들도 원칙적으로 행정청의 행정처분에 의해 대상자 적격성이나 급여가 결정되는 것이므로 이들 모두 행정심판법이 적용된다고 보아야 할 것이다(전광석, 1997: 87).

이러한 전심절차에서는 반드시 행정처분의 위법성의 문제만을 따지는 것은 아니다. 위법성의 문제는 행정소송에서 쟁점이 되는 것이며, 전심절차에서는 위법성의 문제뿐만 아니라 부당성의 문제까지 폭넓게 제기할 수 있는 것이다.

2. 전심절차의 종류

사회복지법의 전심절차로서는 대개 이의신청과 심사청구가 있다.
사회보험법을 보면, 국민연금법, 산업재해보상보험법, 고용보험법
등에서는 1차적으로 심사청구를 한 뒤 이것에 대한 결정에 불복하는
자는 재심사청구를 하도록 규정하고 있다(국민연금법 제108조 및 제
110조, 산업재해보상보험법 제103조, 제105조, 고용보험법 제87조). 한
편 국민건강보험법에서는 먼저 이의신청을 제기하고 이의 결과에 대
해 불복할 때 심사청구를 제기할 수 있다(법 제87조 및 제88조).
  반면에 공공부조법인 국민기초생활보장법에서는 하급기관과 상급
기관에 대한 2차에 걸친 이의신청 제도를 두고 있다(법 제38조 및 제
40조). 그러나 노인복지법, 한부모가족지원법, 장애인복지법 등 사회
복지서비스법에서는 1차에 한하여 심사청구를 인정하고 있다(노인복
지법 제50조, 한부모가족지원법 제28조, 장애인복지법 제84조). 그런데
여기에서 노인복지법과 장애인복지법에서는 심사청구의 결과에 이의
가 있거나 불복하는 경우에는 행정심판을 제기할 수 있도록 규정하고
있다.
  따라서 2단계에 걸친 전심절차에서 재심사는 행정심판의 절차를 거
친 것으로 인정되며, 재심사청구에서도 승복할 수 없는 사항은 행정
소송을 통해 결정지어야 하는 것이다.

3. 전심절차기관

국민건강보험법의 경우 이의신청 기관은 공단이며(제87조), 심판청구 기관은 건강보험분쟁조정위원회(법 제88조). 국민연금법에서 심사청 구 기관은 공단이며 공단의 국민연금심사위원회가 이를 심사하며(법 제108조 및 제109조), 재심사청구 기관은 국민연금재심사위원회이다 (법 제110조 및 제111조). 산업재해보상보험법에서 심사청구는 근로 복지공단이 관할하며 재심사기관은 산업재해보상보험심사위원회가 맡는다(법 제103조 및 제105조). 고용보험법에서 심사는 고용보험심 사관이 재심사는 고용보험심사위원회가 맡는다(제87조).

국민기초생활보장법의 경우에는 당해 시장·군수·구청장을 경유하 여 시·도지사에게 이의신청을 하며(제38조), 이에 이의가 있을 때 보건 복지부장관에게 이의신청을 할 수 있다(제40조). 그 밖에 노인복지법, 장애인복지법, 모자복지법상 심사청구는 당해 보호실시기관이 그 대상 이 되며, 이 심사결정에 불복하는 경우에는 행정심판을 제기할 수 있다.

4. 청구기간, 결정

1) 청구기간

심사청구 및 재심사청구 등에는 일정한 기간의 제한이 따른다. 권리 구제의 권한을 사용하지 않고 장기간 유예하는 것은 국가의 법질서 및 행정질서에 차질을 가져올 수 있기 때문에 청구사유가 발생하게 되면 일정 기간 내에 이를 행사해야 하는 것이다.

국민건강보험법에서는 처분이 있음을 안 날로부터 90일 이내에 처분이 있은 날부터 180 이내에 이의신청을 할 수 있고(법 제87조 제3항), 심판청구에 대해서는 이의신청 기간을 준용하도록 되어 있다(법 제88조 제1항).

국민연금법에서는 처분이 있음을 안 날로부터 90일 이내에 심사청구를(법 제108조 제2항), 심사청구에 대한 결정통지를 받은 날로부터 90일 이내에 재심사청구를 할 수 있다(법 제110조). 여기에서 원처분이 있음을 안 날이라 함은 처분에 대한 통지를 발송한 날이 아니라 도착한 날로 해석해야 할 것이다.

산업재해보상보험법 역시 심사청구기간 및 재심사청구기간 모두 결정이 있음을 안 날로부터 90일 이내로 규정되어 있다(법 제103조 제3항 및 제105조 제3항). 반면에 고용보험법에서는 심사청구기간은 처분이 있음을 안 날로부터 90일 이내이며, 재심사청구는 심사청구에 대한 결정이 있음을 안 날로부터 90일 이내에 제기할 수 있다(고용보험법 제87조 제2항).

국민기초생활보장법의 경우 원처분에 대한 이의신청 기간은 처분결정을 통지받은 날로부터 60일 이내이며(법 제38조 제1항), 이의신청에 대한 결정에 또 이의신청을 할 때의 기간 역시 이의신청에 대한 결정을 통지받은 날로부터 60일이다(법 제40조 제1항). 또한 한부모가족지원법상 심사청구기간은 결정의 통지를 받은 때로부터 90일 이내에 할 수 있으며(법 제28조), 장애인복지법에서는 심사청구기간이 명시되지 않았으며(법 제84조), 노인복지법에서는 마찬가지로 심사청구의 기간은 규정되지 않았으나 행정심판의 제기기간은 90일 이내로 되어 있다(법 제50조 제3항).

이와 같이 볼 때, 사회복지법상 전심절차의 청구기간과 기간을 산정할 때 그 기산점(起算點)이 법마다 차별적으로 규정되어 있다. 그러나 그 이유에 대해 합리적 근거를 찾을 수 없다(전광석, 1997: 92). 행정심판법은 처분이 있음을 안 날로부터 90일, 처분이 있은 날로부터 180일이 청구기간으로 되어 있다(행정심판법 제18조 제1항 및 제3항). 이에 비하면 사회복지법상 심사청구 및 재심사청구기간은 매우 짧은 것이다. 앞으로 이에 대한 조정이 필요하리라 본다.

2) 결 정

국민건강보험법에서 이의신청에 대한 심사 결정은 신청을 접수한 날로부터 60일 이내에 결정해야 한다(같은 법 시행령 제58조 제1항). 그러나 심판청구에 대한 결정기간에 대해서는 규정이 없다.

국민연금법에서 심사청구에 대한 결정은 신청을 받은 날로부터 60일 이내에 해야 한다(국민연금법 시행령 제100조). 산업재해보상보험법은 심사결정기간을 공단이 심사청구서를 받은 때로부터 60일 이내로 규정하고 있으며 부득이한 사유로 그 기간 내에 결정을 할 수 없을 때는 1차에 한하여 20일 이내에서 연장할 수 있다(산업재해보상보험법 제105조 제1항). 이는 재심사청구에 대한 결정에 준용된다(산업재해보상보험법 제109조).

국민기초생활보장법에서 이의신청에 대한 결정기간 및 재결기간은 모두 이의신청서를 송부받은 날로부터 30일 이내이다(법 제33조 제1항, 제41조 제1항). 노인복지법과 한부모가족지원법상에서는 심사결정기간이 30일이며(노인복지법 제50조 제2항, 모자복지법 제28조 제2항), 장애인복지법에서는 1개월의 기간을 규정하고 있다(장애인복지법 제84조 제2항).

제10장
사회복지법 소송

사회복지법의 적용대상자 개인에게 불리한 행정적 조치는 개인의 인간다운 생존권 실현을 방해하는 것이지만, 그것은 사회 전체적으로 볼 때 한 개인의 이해관계 수준에 그치는 것이 아니라 동일한 법적용의 대상자들에게 적용될 수 있는 공익적 성격을 띠고 있다.

소송이란 법치주의 국가에서 삼권분립을 전제로 사법부가 담당한다. 특히 행정국가적 성격을 띠는 현대국가에서 국가 또는 대자본에 의해 양산되는 사회문제의 심각성에 미루어 볼 때 다툼을 벌이는 개인 양 당사자 중심의 전통적 소송체계는 이제 문제해결의 기제로서 효과성이 떨어지게 되었다.

이에 대한 대안으로 등장한 것이 공익소송이다. 공익소송은 소송의 당사자가 집단이거나 또는 개인이라 할지라도 그것이 다중(多衆)에게 그대로 적용될 수 있는 공공의 이익을 위해 수행되는 소송이라 할 수 있다(이남진, 1995: 26). 현대사회와 같이 대량생산과 대량소비체제의 사회에서 빈발하는 사회문제는 공통의 이해(利害)를 갖는 사람들을 만들 수밖에 없는 것이다. 그러므로 과거에 발생한 손해뿐만 아니라 미래에 발생하게 될 구체적 개연성이 높은 손실이나 정신적 손실들까지도 소송의 대상이 될 수 있는 것이다. 이러한 상황에서 소송 당사자 개인에게만 효력이 적용되는 전통적 소송방식은 현대사회문제의 해결에 취약할 수밖에 없다.

그러나 집단소송이나 단체소송 등이 인정되지 않고 있는 우리나라의 현실에서 공익소송이란 사실 존재할 수 없다. 사안 자체 면에서 공공적이고 공익적 성격을 띤 소송을 개인 당사자가 제기하는 공익소송이 존재하고 있을 뿐이다. 사회복지법 소송 역시 이러한 성격을 띠고 있다고 보아야 할 것이다.

1. 공익소송으로서의 사회복지법 소송

사회복지법상의 각종 급여 및 서비스들은 법적용 대상자들에게는 유일한 생존수단이거나 인간다운 생활의 보장수단 또는 사회적 위험으로부터 보호, 더 나아가 삶의 질을 향상시키는 등의 역할을 수행한다.

그런데 행정소송법 등을 포함하여 우리 법제에서는 개인의 직접적 급여청구권이 인정되지 않고 있다(이찬진, 1995: 32). 단지 행정청에서 대상자 선정 제외 또는 급여결정 제외 등의 처분이 주어졌을 때 앞에서 살펴본 불복절차로서 구제절차가 인정되고 있을 뿐이다. 대상자들의 시급한 욕구충족을 위한 권리실현을 보장하기 위해 잠정적으로 보전하는 가처분(假處分)제도 등이 허용되고 있지 않다. 이것은 국민 개인의 사회복지권 실현에 장애가 되는 것이다.

그러나 이 정도 수준에서나마 사회복지법과 관련된 소송은 매우 빈약한 실정이다. 사회복지법상의 급여가 빈약하기 때문에 소송을 통해 얻을 수 있는 이익도 작고 또한 사회복지법과 관련한 소송을 대리해 줄 수 있는 변호사 또한 절대 부족한 형편이다. 법학 교육에서도 사회복지법은 소외되고 있으며 소송의 현실에서도 그러하다.

　이것은 앞에서도 살펴보았듯이 매우 부실하고 빈약한 사회복지법, 위임입법의 한계가 문제로 되는 각종 시행령, 시행규칙, 더 나아가 시행지침 등이 사법적 통제권에서 벗어나 방치되고 있다는 것을 뜻한다.

　따라서 사회복지에 대한 법적 연구는 절차법적 연구에까지 확대되고 심화되어야 할 것이다. 이것은 사회복지제도의 개선과 국민의 사회권 또는 복지권을 확보하기 위해서도 소송과 입법의 추구가 동시적으로 이루어져야 하는 것이다. 그러므로 사회복지법 관련 소송은 개인의 이익을 추구하거나 개인적 갈등을 처리하는 수준에 머무르지 않는다. 그것은 곧 공익소송으로서의 의미를 갖는 것이다.

　이러한 공익소송은 필연적으로 '운동'의 개념을 수반한다. 왜냐하면 이것은 권리의식과 더불어 전문적 지식이 요구되는 것이기 때문에 한 개인의 힘으로 추구할 수 있는 것이 아니라 사회복지법 대상자와 법률가 및 사회복지사를 포함하여 다양한 분야의 전문가들이 함께 조직적으로 실천하는 운동을 통해 가능한 것이다.

2. 판례의 의의와 중요성

판례는 법 적용의 사례로서 의미를 갖는다. 일반적으로 재판을 통해 결정되는 개별적 사례를 판결이라 하고, 이러한 판결을 통해 이루어지는 이론, 법리 또는 규범을 판례라 한다. 이러한 판례를 법원(法源)으로 인정한다면, 그것은 곧 판례법이 된다.

그러나 판례 자체가 곧 법규범으로 인정될 수 있는 것은 아니다. 판례가 법 또는 법원으로서 인정될 수 있는지 여부는 법계(法系)에 따라 다르다. 우선, 영·미법계에서는 판례법주의를 선택하여 판례의 집합체라 할 수 있는 보통법(common law)과 형평법(equity)이 주된 법원이 된다. 따라서 판례는 하나의 선례(先例)로서 법적 구속력을 갖게 되며, 이것이 곧 선례구속의 원칙이 된다.

성문법주의를 택하는 대륙법계에서는 판례는 법적 구속력을 갖지 못한다. 심지어 상급법원의 판례라 할지라도 하급법원의 판례를 구속하지 못한다. 따라서 법관은 헌법과 법률에 의하여 재판해야 한다. 현실적으로 하급법원의 판사가 상급법원 판사의 판결을 존중할 수는 있지만 그것이 법적 구속력을 갖는 것은 아니다.

우리나라는 대륙법계를 따르기 때문에 성문법주의를 채택하고 있어 판례의 법원성(法源性)은 부정된다. 법관은 헌법과 법률에 의해 그 양심에 따라 독립하여 심판한다(헌법 제103조). 헌법재판소의 재판관도 역시 헌법과 법률에 의하여 그 양심에 따라 독립적으로 심판하도록(헌법재판소법 제4조) 규정하고 있다. 그러므로 법관에게 있어 판례는 법규범으로서 구속력을 갖는 것이 아니다. 오로지 헌법과 법률만이 심판의 기준이 되는 것이다. 그러나 상급법원 재판의 판단은 당해 사건에 관하여 하급심을 기속한다(법원조직법 제8조).

이렇게 보면, 우리나라는 대륙법계의 특징을 가지고 있어, 판례의 일반적 법규범은 부인되고 있으나, 당해 사건에 관하여는 상급심 판례가 하급심을 기속하는 정도의 규범력을 가지고 있다. 그러나 판례가 사실상의 구속력을 가진다는 점을 부인할 수는 없을 것이다. 재판에서 법관은 기존의 판례를 주요한 준거로 참조하는 것이 일반적이기 때문에 판례가 확정적 구속력을 갖지 못한다 하더라도 사실적으로는 상당한 구속력을 갖는다고 볼 수 있다.

이와 같이 본다면, 법계에 따라 판례의 법적 성격과 지위가 다르기는 하지만, 사실상 하나의 법규범과 같이 기능하는 점에서는 유사하다고 할 수 있다. 법률의 규정에는 불확정적 개념, 일반조항, 재량규정 등이 많이 있기 때문에 법률의 해석과 보충은 필연적이다. 제아무리 성문법주의의 완벽성을 추구한다 해도 인간과 사회의 모든 사항을 빠짐없이 규율할 수 없는 근본적 한계가 따르기 마련이다. 그러므로 판례는 이러한 공백을 메우는 중요한 규범적 기능을 하게 된다. 따라서 하나의 선례가 존재한다는 것은 법률의 해석과 적용에 중요한 준거가 되는 것이다.

3. 사회복지법과 판례

사법기관이 존재한 이래 많은 판례가 축적되었지만, 사회복지법과 관련된 판례는 그리 많지 않았다. 국가의 사회복지제도가 발전하지 못했고, 우리 국가의 성격 또한 복지국가와 거리가 먼 권위주의적 국가체제를 이루어왔기 때문에 사회복지법과 관련된 소송은 매우 희귀하다고 할 수 있다.

그러나 산업재해보상보험법이 1960년대 초부터 시행되었기 때문에 가장 많은 판례를 남겼고, 국민연금법, 건강보험법 등 사회보험법의 판례는 제도 시행의 역사만큼 판례들이 축적되었다. 공공부조 관련 판례는 극소수이지만 매우 중요한 논쟁의 가치가 있는 것들이다. 사회복지서비스와 관련된 판례는 거의 없다. 그러나 사회복지사업의 주체인 사회복지법인과 시설관련 판례들이 약간 존재한다. 그 밖에 국가유공자 등과 관련된 판례들이 상당히 축적되어 있다. 각종 유공자에 대한 보상제도는 사회보상제도로서 넓은 의미의 사회보장제도에 속하는 것으로 보아 여기에서 다루고자 한다.

사회복지법에 대한 학술적 연구가 이제 초보적 수준에 이르렀지만, 국가의 사회보장 및 사회복지서비스가 확대될수록 이를 둘러싼 분쟁도 증가하게 되며, 이에 따라 판례 또한 증가하게 될 것이다. 사회보험법과 사회보상법 분야에서 수급(권)자들의 소송제기가 증가했는데, 이것은 권리의식의 표현으로도 이해할 수 있다. 1990년대 중반 이후에는 생활보호법 등과 관련하여 빈민의 권리주장들이 일부 있었다. 사회복지서비스법은 주로 법인이나 시설에서 국가를 상대로 불이익을 호소하는 소송들이 주를 이루었는데, 2003년 개정된 사회복지사업법에서 서비스 신청권을 도입하고 있어, 앞으로 사회복지서비스법 분야에서도 소송이 발생할 가능성이 높아졌다.

사회복지학에서 사회복지법 판례를 연구하는 것은 일종의 사례연구에 해당된다. 법적으로 분쟁이 있었던 제도 및 정책사례를 연구하는 것이다. 이를 통해 몇 가지 기대를 해본다.

첫째, 기존 법제의 문제점 및 적용상의 구체적 문제점들을 발견해낼 수 있는 이점이 있다. 판례는 입법자의 의도와 법적 기술이 현실적으로 어떤 다툼이 있는지 파악할 수 있는 계기가 된다. 입법 당시부터 예상이 가능했던 사항들도 있겠지만, 대개는 법 적용대상자들의 인식과 논리로부터 제기된 문제이기 때문에 예상하지 못했던 문제들이 많다. 이것은 재판의 결과와 무관하게 중요한 점이다. 예를 들어, 1994년에 제기된 국민연금 손해배상청구소송의 경우, 원고가 패소하였지만 결과적으로는 국민연금 제도개선의 도화선이 되었다.

둘째, 판례를 통해 사회복지학 내지 사회복지법학의 이론개발에 기여할 수 있을 것으로 기대된다. 판례는 사실확인을 전제로 올바른 판단을 내리기 위한 법논리적 논쟁을 통해 얻어진 결론이다. 그런데 사회복지법에 대한 판단은 순수한 법논리뿐만 아니라, 사회복지의 가치, 제도, 방법 등에 관한 지식을 수반해야 하기 때문에 사회복지법 관련판례의 고찰을 통해 우리는 사회복지학 이론을 공고히 하고 새로운 이론적 모색을 시도할 수 있다.

4. 판례

앞에서 이미 몇 개의 판례를 살펴보았다. 여기에서는 사회복지학 연구에 시사점을 갖는 몇 개의 판례들을 소개하고자 한다.

| 사회보험법 |

1) 국민연금기금 관련 손해배상청구소송

(1) 소송배경 및 과정

개인의 노후 또는 소득 중단의 경우 소득을 보장하려는 사회보장제도가 연금제도이며, 우리나라에서는 국민연금법이 1986년 제정되어 1988년부터 시행되었다. 이 법은 다른 사회보험이 그러하듯이 정부는 급여비용을 부담하지 않고 가입자와 사용자만이 부담하여 재정을 조달하는 법이다. 그런데 1993년 제정된 공공자금관리기금법에 의해 연금기금이 공공자금으로 강제 예탁되면서 연금기금 운용이 수익성, 안정성의 면에서 부실하고도 방만하게 운용되어 향후 기금고갈의 사태가 우려되었다.

이에 가입자들은 노후의 생존권을 침해당하게 되었고 또한 국가는 부담하지 않고 민간에서만 조성된 연금기금을 정부가 자의적으로 사용하고 있어 국민의 재산권에 대한 침해 또한 발생한다고 보아 손해배상을 청구하게 되었다.

재판 도중 공공자금관리기금법의 위헌성 문제가 제기되어 위헌법률심사제청이 이루어졌으나 헌법재판소가 심판하여 합헌(合憲) 판결을 내려 결국은 원고가 패소하게 되었다.

(2) 쟁점 사항

이 소송에서 쟁점이 되었던 것을 정리해보면 다음과 같다.

첫째, 미래 소득의 손실에 대해서 손해배상의 법리가 가능한가 하는 점이다. 연금제도가 국가의 부담 없이 이루어지는 상황이기 때문에 재산권 침해에 따른 손해배상과 노후의 생존권 침해에 따르는 손해배상의 법리를 주장할 수밖에 없었다.

이에 대해 헌법재판소는 수익률이 떨어지더라도 정부가 장기적으로 안정적인 운용을 한다고 보아야 하기 때문에 장래의 연금수급권을 침해하지 않는다고 판시했다. 이는 기금의 안정성 개념을 잘못 이해한 측면이 있는 것이다.

둘째, 연금기금의 법적 성격이 무엇인가 하는 점이다. 이것은 연금기금의 관리 및 처분에 관한 권한을 판단하는 데 결정적 문제이다. 특히 정부의 부담 없이 적립된 기금이라는 점에서 이는 일종의 신탁재산(信託財産)으로 볼 수 있다. 따라서 수탁자(受託者)인 정부는 선량한 관리자로서의 의무를 다해야 한다고 볼 수 있다.

셋째, 진정으로 손해가 발생했는가 하는 점이다. 이것은 법리적 판단의 문제 이전에 사실관계의 확인에 관한 문제인데, 연금기금의 적립과 정부가 공공자금화하여 사용하는 것의 상관관계를 토대로 연금기금의 수익성과 안전성을 평가하는 것이다. 그러나 헌법재판소는 손해가 발생하지 않는다고 판시했다.

넷째, 국민연금기금운용위원회의 규정이 헌법상 과잉금지의 원칙에 위배되는 것이 아닌가 하는 점이다. 위원회에 관한 규정이 실제로 재정경제장관이 경제적 목적으로 기금을 운용할 수 있도록 되어 있어, 이것은 국민 개인이 자신의 연금기금을 관리하는 데 실질적으로 참여할 수 있는 여지를 박탈했다고 볼 수 있는가 하는 것에 대한 판단의 문제이다. 이에 대해 헌법재판소는 수혜자 대표도 참여시키고 있으므로 위헌이 아니라고 판시했다.

다섯째, 공공자금관리기금법상 국민연금기금의 공공자금에로의 강제예탁은 위헌이 아닌가 하는 점이다. 왜냐하면 강제예탁은 곧 정부가 연금가입자의 돈을 강제로 빌려가는 것이므로 정부가 채무자가 되는 계약으로 볼 수 있다. 따라서 헌법 제58조에 따라 국회의 의결을 거쳐야 하는데 국회는 국민연금기금의 강제예탁에 대해 의결을 한 적이 없다.

그러나 헌법재판소는 이에 대한 판단을 누락시킨 채 판결했다. 단, 강제예탁이 국민의 재산권이나 생존권을 침해하지 않기 때문에 공공자금관리기금법상 강제예탁은 합헌이라고 판단했다.

여섯째, 국민연금기금을 중심으로 하는 공공자금을 정부가 특별회계로 처리하면서도 국회의 예산심의나 확정을 거치지 않은 것은 위헌이 아닌가 하는 점이다. 연금기금은 사회보험료로 이루어진 것임에도 불구하고 마치 조세수입처럼 국가가 특별회계예산으로 편성하여 사용했기 때문에 이는 헌법 제54조의 국회의 예산안 심의, 확정권을 침해했다고 볼 수 있다.

그러나 이 부분에 대해서도 헌법재판소는 판단하지 않았다.

(3) 시사점

비록 패소한 소송이었지만 이를 계기로 많은 사람들이 연금문제에 대해서 인식하게 되었고 정부 또한 국민연금을 개혁하기 위한 계획을 추진하게 되었다. 사회보장 또는 연금제도에 대한 인식이 부족한 헌법재판관들의 판단에 의해 거부되기는 했지만, 이 소송은 노후 생존권에 대한 권리의식을 강화하는 계기가 되었다는 점에서 의미가 있다고 볼 수 있다.

2) 국민연금 병급조정의 위헌여부(97헌마190)[기각]

(1) 사건개요

H는 특례노령연금급여를 받고 있던 중, 국민연금에 가입했던 자녀가 사망하여 유족연금 수급자격을 얻게 되었다. 그러나 국민연금법 제 52조의 규정에 따라 특례노령연금과 유족연금 중 하나를 선택하여 급여를 받아야만 했다. 이에 이러한 병급조정이 기본권 제한의 입법한계를 넘어 재산권인 수급권과 평등권을 침해하는지 여부를 확인해달라는 헌법소원을 제기하였다.

(2) 결정요지

국민연금은 사회보장적 급여로서 급여에 필요한 재원은 한정되어 있다. 그러나 인구의 노령화 등으로 급여대상자는 점점 증가하고 있어 급여수준은 국민연금재정의 장기적 균형이 유지되도록 조정되어야 한다. 한 사람의 수급권자에게 여러 종류의 연금 수급권이 발생할 경우 그 자의 선택에 의하여 하나의 급여만을 지급하고 다른 급여를 정지시킨 것은 공공복리를 위하여 필요하고 적정한 방법으로서 헌법 제37조 제2항의 기본권 제한의 입법적 한계를 일탈한 것으로 볼 수 없다. 또 합리적 이유로 급여를 제한한 것이므로 평등권을 침해한 것도 아니다.

(3) 평가

국민연금은 사회보험으로서 사보험과 마찬가지로 보험기술을 사용하기는 하지만 사보험과 다를 수밖에 없다. 연금액수, 징수방법 등이 법률로 정해져 있고, 연금액수가 사보험과 같은 원리로 정해지는 것이 아니라 법률규정에 의해 정해진다. 그런데, 임의가입자의 경우 연금보험료를 개인이 전액 부담하기 때문에 급여수급권은 헌법 제23조의 재산권으로서 의미를 가진다.

여기에서 여러 종류의 급여 수급권이 발생했을 때, 이를 모두 지급할 것인가 아니면 하나만 지급할 것인가는 입법자가 연금재정, 국민의 생활수준, 물가, 최저생계비 등을 고려하여 법률로 정하는 것이기 때문에 국민연금법 제52조의 병급조정이 헌법 제37조 제2항이 정하는 기본권 제한의 입법적 한계를 벗어나지 않는 한 위헌이라고 볼 수 없는 것이다.

또한 한정된 재원으로 보다 많은 가입자들에게 급여를 지급하기 위해서 한 사람의 수급권자에게 여러 가지 종류의 급여가 해당될 때, 이를 한 가지로 제한하는 것은 헌법 제37조 제2항에 규정된 '공공복리'의 요건에 해당된다고 볼 수 있어 급여지급을 법률로 제한할 수 있다. 따라서 이것은 합리적 제한으로 보아 헌법 제11조의 평등권, 제23조의 재산권, 제34조의 인간다운 생활을 할 권리 등에 위배된다고 볼 수 없다.

3) 국민연금보험료의 강제징수의 위헌여부(99헌마365)

(1) 사건개요

K씨 등 116인이 제기한 소송으로서, 이들은 사업장가입자와 지역가입자들인데, 국민연금관리공단으로부터 연금보험료를 납부하라는 통지를 받았다. 이에 소득재분배와 강제가입을 전제로 한 국민연금법 제75조, 제79조가 헌법상 조세법률주의에 위배되며 재산권과 행복추구권을 침해하고 개인의 자유와 창의를 존중하는 헌법 제119조 제1항에 반한다는 이유로 국민연금법의 이 조항들의 위헌을 확인해달라는 헌법소원을 제기했다.

(2) 결정요지

국민연금은 반대급부 없이 강제징수되는 조세와 성격을 달리한다. 국민연금법 제79조가 연금보험료의 강제징수에 대하여 규정한 것은 국민연금제도의 공익성을 고려한 것이므로 국민연금 보험료를 조세로 볼 수 없다. 또한 국민연금의 소득재분배 효과를 어느 정도로 할 것인지는 입법정책상의 문제이며, 연금보험료의 징수는 재산권 행사의 사회적 의무범위 내에 있다. 따라서 헌법상 재산권을 침해하는 것은 아니다.

국민연금법 제1조의 목적은 정당한 것이며, 국민연금은 보험기술을 통하여 위험을 분산시키려는 제도로서 필요한 최소한도로 개인의 선택권을 제한할 수 있으며, 이 제도가 달성하려는 공익이 개별적 저축과 같은 사익보다 월등히 크기 때문에 헌법 제37조 제2항의 과잉금지원칙에 위배되지 아니하고, 따라서 헌법 제10조의 행복추구권을 침해한다고 볼 수 없다.

우리 헌법 제119조의 경제질서에 관한 조항에 비추어 볼 때, 국민연금은 노후생활을 보장하기 위한 강제저축과 같은 프로그램이다. 이는 상호부조와 사회연대에 기초하여 계층과 세대 간 재분배 기능을 함으로써 오히려 헌법상의 사회적 경제질서에 부합하는 제도라 할 것이다.

(3) 평가

이 헌법소원의 청구인들은 사회보장이나 사회보험에 대한 기본전제 자체가 잘못된 것으로 볼 수밖에 없다. 소득재분배 비율은 입법정책 사항이며 고소득자보다 저소득자가 보험료 대비 급여율이 높다고 해서 대가 없는 조세징수와 같다고 보는 것은 전혀 잘못된 주장이다. 고소득자의 몫을 빼앗아 저소득자에게 이전시켜 고소득자의 재산권을 침해한다는 주장도 터무니없는 것이다. 고소득자가 납부한 보험료보다 급여를 덜 받는 것이 아니기 때문에 재산권 침해로 볼 수 없다.

헌법 제34조 제1항의 인간다운 생활을 할 권리, 제37조 제2항의 국가안전보장, 질서유지, 공공복리 등의 기본권 유보조건, 제119조 제2항의 경제정의 조항 등을 망라해볼 때, 국민연금법상 보험료 강제징수는 오히려 헌법정신과 규정에 부합하는 것으로 보아야 한다.

4) 국민연금 가입연령 제한의 위헌여부(00헌마390)

(1) 사건개요

J씨 등 70~80대 노인 7인이 제기한 소송으로서, 이들은 국민연금 가입의 연령을 18세 이상 60세 미만으로 제한한 국민연금법 제6조가 헌법상 인간으로서의 존엄과 가치, 행복추구권(제10조), 평등권(제11조), 인간다운 생활을 할 권리(제34조) 등을 침해한다며 위헌임을 확인해달라는 헌법소원을 제기하였다.

(2) 결정요지

국민연금의 가입대상, 가입기간, 보험료, 연금수급자격, 급여수준 등은 사회·경제적 사정을 고려하여 입법자가 형성재량으로 결정할 수 있는 사항이다. 그 결정이 입법재량을 벗어나지 않는 한 위헌이라고 할 수 없다.

국가가 인간다운 생활을 할 권리에 대하여 책임을 다했는지 여부는 국민연금만 가지고 판단할 것이 아니라 기타 사회보장정책을 망라하여 종합적으로 판단해야 한다. 국민연금 가입에서 제외됐다는 사실만으로 인간으로서의 존엄과 가치, 행복추구권, 인간다운 생활을 할 권리 등을 박탈당했다고 볼 수 없다.

(3) 평 가

우리나라 국민연금제도는 가입자의 보험료 납부를 전제로 하여 연금을 지급하는 방식을 취하고 있다. 따라서 평균적으로 보아 경제활동으로부터 은퇴한 일정 연령층에 대해서는 별도의 소득보장제도를 고려할 수 있으나 연금제도의 가입을 강제하는 것은 불합리하다. 연금수급 개시연령보다 높은 연령에 있는 사람에게 국민연금에 가입하라고 하는 것은 제도의 취지에 부합하지 않는다.

따라서 제도의 속성과 원리를 고려할 때, 국민연금의 가입연령을 제한하는 것은 연령에 따른 차별대우라고 볼 수 없으며, 국민연금 외에 국민기초생활보장법상의 생계급여, 노인복지법상 경로연금 및 경로우대조치 등 다른 사회보장제도를 통해 저소득 노인들이 인간다운 생활을 할 수 있도록 하고 있어, 국민연금 가입을 제한한다고 해서 인간다운 생활을 할 권리 등을 침해했다고 볼 수는 없다.

5) 국민건강보험 강제가입과 체납 시 급여제한의 위헌여부 (2000헌마668)

(1) 사건개요

Y씨는 국민건강보험 지역가입자로, 미납보험료를 기한 내 납부하지 않아 전화를 압류당하고 독촉장을 받았다. 이에 국민건강보험의 의무가입을 규정한 국민건강보험법 제5조와 보험료 체납 시 급여를 실시하지 않는다는 법 제48조 제3항이 헌법상 인간다운 생활을 할 권리와 재산권을 침해하는지 여부를 확인해달라는 헌법소원을 제기하였다.

(2) 결정요지

국민건강보험법 제48조 제3항은 그 자체로 직접 자유의 제한, 의무의 부과 또는 권리나 법적 지위의 박탈을 초래하는 것이 아니며, 국민건강보험공단의 보험급여거부처분이라는 집행행위를 통하여 비로소 기본권에 대한 현실적 침해가 있게 되므로 기본권 침해의 직접성이 없다.

국민건강보험법이 의무가입을 규정하고 임의해지를 금지하면서 보험료를 납부케 하는 것은 국가의 사회보장·사회복지의 증진의무(헌법 제34조 제2항)라는 정당한 공공복리를 효과적으로 달성하기 위한 것이다. 또한 법 제62조의 보험료가 과도하다고 볼 근거도 없다. 따라서 국민건강보험법 제5조 제1항의 본문 및 제62조가 청구인의 재산권이나 인간다운 생활을 할 권리 혹은 행복추구권을 침해한다고 볼 수 없다.

(3) 평 가

국민건강보험의 재정적 안정을 위하여 보험료를 일정기간 납부하지 않은 가입자에게 보험료를 납부할 때까지 보험급여를 행하지 않을 수 있도록 규정한 법 제48조 제3항은 수급권 자체를 박탈한 것은 아니라고 본다. 급여의 실시 자체를 유보한 것이다. 그것도 보험료를 납부한다는 조건부 급여제한이다. 그런데 판결문은 국민건강보험공단이 실제로 급여거부처분을 했을 때 기본권을 침해할 소지가 있는 것처럼 표현하고 있다. 그러나 같은 조항의 단서에서 체납 보험료를 완납하면 보험급여를 실시한다고 규정하고 있어, 실제 공단의 조치가 발생하더라도 가입자가 체납 보험료를 완납하면 보험급여를 받기 때문에 이것은 일시적 권리제한이라고 볼 수 있고, 건전한 보험재정 유지 등 공공복리와 질서유지를 위한 합리적 제한이라고 볼 수 있다.

강제가입 부분은 앞에서 국민연금법 관련 소송에서의 쟁점이 된 논리와 동일한 것으로 보면 된다.

| 공공부조법 및 사회복지서비스법 |

공공부조법 관련 소송으로는 1994년에 제기된 생계보호기준 위헌확인소송(94헌마33)이 가장 대표적이고 유명하다. 자세한 내용은 제6장을 참조하기 바란다. 여기에서는 다른 소송을 소개한다.

1) 노령수당 부과처분 취소청구소송

(구)노인복지법상 노령수당에 관한 보건복지부의 지침이 위법성의 문제가 있어 소송이 제기된바, 고등법원에서는 원고 패소의 판결을 받았으나 1996년 10월 대법원에서 원고가 승소함으로써 노령수당 수급 대상자 범위가 확대되었고, 1997년 7월 노인복지법이 개정되면서 경로연금제도가 새롭게 도입되는 계기를 마련했다.

(1) 소송배경 및 과정

국가가 시행하는 노인복지사업의 중심은 노인복지법에 있는 것이 아니라 오히려 생활보호법에 의해 이루어져 왔다(윤찬영, 1996: 134). 그러나 (구)노인복지법 제13조에 따라 65세 이상의 생활보호대상자 노인에게 일종의 부가급여(附加給與)로서 제공하는 노령수당제도가 있었다.

그런데 법률에서는 65세 이상의 자 중에서 대통령령으로 정한 자에게 노령수당을 주도록 규정되어 있었다. 해당 시행령 제17조는 65세 이상의 노인 중에서 소득수준 등을 참작하여 대상자를 선정하되, 그 소득수준은 보건복지부(당시 보건사회부)령에 위임했다. 그러나 시행규칙에는 이에 대한 규정이 없었고, 단지 노인복지사업지침에서 70세 이상의 생활보호대상자를 대상자로 규정했다.

이에 1994년 12월 당시 만 65세이던 생활보호대상자 노인이 전심절차를 거친 후 노령수당지급대상자 선정제외처분 취소청구의 소송을 제기하여 결국 승소하게 되었다.

(2) 쟁점 사항

소송과정에서 쟁점이 되었던 것은 (구)노인복지법 제13조와 동 시행령 제17조에 대한 해석의 차이였다. 피고(被告)인 보건복지부와 고등법원 재판부에서는 첫째, 동법의 노령수당 규정이 임의규정이므로 국가의 예산형편에 따라 지급할 수 있는 것이므로 국가의 재량이 인정된다는 것이다. 둘째, 시행령에서 '소득수준 등'을 참작하라고 규정되어 있기 때문에 보건복지부 지침으로 연령의 제한을 설정하여 70세로 규정한 것은 문제가 없다는 것이었다.

그러나 대법원에서 판시한 것과 같이 그것이 임의규정이라 할지라도 시행령에서 위임한 것은 연령기준이 아니라 소득수준과 관련된 경제적 수준이므로 보건복지부가 임의적으로 연령기준을 70세로 높여서 상당수의 대상자를 제외시킨 것은 위법한 행정행위인 것이다.

(3) 시사점

사회복지법상의 급여, 특히 사회복지서비스법에서 규정하는 급여 및 서비스들이 주로 임의적 규정의 형태로 되어 있어 국가의 자선적 조치로 받아들여지는 경우가 많다. 그것도 광범위한 위임으로 복지조치가 이루어지고 또한 위임범위를 넘어선 재량적 행정행위가 법령도 아닌 지침의 형태로 이루어지는 것이 많다. 그러나 입법의 취지와 법규정을 면밀히 살펴보면 나름대로 확보할 수 있는 권리성 급여들이 있다.

이 소송은 이와 같이 대상자의 권리를 무시한 채 관행적으로 이루어져 왔던 자선적 복지행정의 반(反)법치주의적 관행에 대해 문제제기를 한 것이다. 더 나아가 이를 계기로 이 법의 개정과 새로운 제도의 도입을 가져오게 한 계기가 되었던 것이다.

2) 사회복지법인 정관변경 허가의 법적 성질
　　(대법원2000두5661)

(1) 사건개요

모자복지시설과 영유아보육시설 등을 설치 · 운영해 온 사회복지법인이 수익사업으로서 유치원을 설치 · 운영하기로 하여, 당해 법인의 정관 중 사업의 종류에 관한 규정을 신설하여 수익용 기본재산의 임대사업 및 유치원 설치 · 운영의 수익사업을 사업의 종류에 포함시키는 내용을 추가하는 취지의 정관변경허가를 신청하였다. 이에 관할시장은 사회복지법인의 기본재산 일부가 수익사업으로 전환됨에 따라 감소된 목적사업용 기본재산을 보충토록 하고 허가조건을 이행하지 않을 때는 허가를 취소하고 사회복지사업법 제20조의 규정에 의하여 법인설립을 취소할 수 있다는 부관을 붙여 정관변경을 허가하였다.

그런데 당해 사회복지법인이 위 부관상의 출연의무를 이행하지 않자, 시장은 위 정관변경허가를 취소하는 처분을 하였고, 이에 사회복지법인은 이 처분을 취소해달라는 청구를 하였다.

(2) 판결요지

사회복지사업에 관한 기본적 사항을 규정하여 그 운영의 공정·적절을 기함으로써 사회복지의 증진에 이바지함을 목적으로 하는 (구)사회복지사업법(1997. 8. 22. 법률 제5358호로 전문 개정되기 전의 것)의 입법 취지와 같은 법 제12조, 제25조 등의 규정에 사회복지법인의 설립이나 설립 후의 정관변경의 허가에 관한 구체적 기준이 정해져 있지 아니한 점 등에 비추어 보면, 사회복지법인의 정관변경을 허가할 것인지의 여부는 주무관청의 정책적 판단에 따른 재량에 맡겨져 있다고 할 것이다. 주무관청이 정관변경허가를 함에서는 비례의 원칙 및 평등의 원칙에 적합하고 행정처분의 본질적 효력을 해하지 않는 한도 내에서 부관을 붙일 수 있다.

그러므로 원심판결에는 사회복지법인의 정관변경허가 및 부관의 한계 등에 관한 법리오해의 위법이 있다 할 것이므로 원심을 파기하고 환송한다.

(3) 평가

사회복지법인은 사유재산이 아니며 공익성이 요구된다. 따라서 이에 의해 시행되는 사회복지사업 역시 사적 사업이 아니므로 법은 사회복지사업의 공정성, 투명성, 적정성을 요구한다(사회복지사업법 제1조).

사회복지법인의 정관은 법인의 법으로서 근거 법률에 부합돼야 하며, 특히 사회복지사업법 제17조 제1항 각 호에 명기된 사항들을 기재하여야 한다. 이것을 변경하고자 할 때에는 보건복지부장관의 인가를 받아야 한다(같은 조 제2항). 이때 인가의 권한은 사회복지사업법 제52조(권한의 위임) 및 동 시행령 제25조 제1항에 따라 시·도지사에게 위임되어 있다. 시·도지사는 정관변경을 인가할 때 법의 취지를 살리기 위하여 정관에 부관을 붙여 인가할 수 있는 것이다.

따라서 인가된 정관을 지키지 않은 것은 사회복지사업법 제26조(설립허가취소 등) 제1항 제7호에 해당되므로, 당해 시·도지사는 법인의 설립허가를 취소할 수 있으며, 더욱이 변경된 정관의 부관에 이 조건을 명시한 경우의 취소는 정당한 행정행위로 볼 수 있다.

3) 이사회의 의결 없는 사회복지법인 기본재산처분의 효력(대법원2000다20090)

(1) 사건개요

A재단 대표자는 이사회의 의결 없이 법인의 재산을 갑(甲)에게 이전하기로 약정하였다. 그러나 갑은 이사회의 의결여부를 알지 못하는 선의(善意)의 제3자이다. 이사회가 재산의 인도를 거부하자 갑은 A재단을 상대로 재산의 인도를 주장하였다.

(2) 판결요지

사회복지사업법 제32조에 의하여 사회복지법인에 관하여 준용되는 공익법인의 설립·운영에 관한 법률 제1조, 제6조, 제7조, 그 밖에 위 각 법의 여러 규정을 아울러 살펴보면, 공익법인의 설립·운영에 관한 법률 제7조에서 공익법인의 재산처분에 관한 사항 등을 이사회에서 심의·결정한다고 한 것은 공익법인의 특수성을 고려하여 그 재산의 원활한 관리 및 유지 보호와 재정의 적정을 기함으로써 공익법인의 건전한 발달을 도모하고 공익법인으로 하여금 그 본래의 목적사업에 충실하게 하려는 데 그 목적이 있다 할 것이다. 사회복지법인의 대표자가 이사회의 의결 없이 사회복지법인의 재산을 처분한 경우에 그 처분행위는 효력이 없다.

(3) 평 가

보통의 민사적 거래에서는 선의(善意: 그 사정을 모르는 상태)의 제3자를 보호하는 것이 거래의 안정성을 확보하기 때문에 이 사건과 같은 경우 제3자에게 사회복지법인의 재산을 양도해야 할 것이다. 그러나 사회복지법인의 재산은 공익적 목적을 위한 것이고, 법인의 설립목적에 기여하기 위한 것이기 때문에 일반적 민사거래와 같이 볼 수 없다.

따라서 사회복지법인 이사회의 의결이 없는 사회복지법인 재산의 제3자에 대한 양도는 유효한 법률행위로 볼 수 없는 것이다.

4) 장애인을 위한 저상버스 도입에 대한 국가의 의무(2002헌마52)[각하]

(1) 사건개요

2001년 오이도역 수직 리프트에서 장애인이 추락하여 사망한 사건을 계기로 29개의 장애인단체로 '장애인 이동권 쟁취를 위한 연대회의'가 결성되었다. 이들은 2001년 11월 26일 보건복지부장관에게 장애인이 편리하게 승차할 수 있는 저상(低床)버스의 도입을 청구하였으나 보건복지부장관은 건설교통부와 협의해야 한다는 등의 이유를 들며 이를 이행하지 않았다. 그러자 보건복지부장관을 상대로 저상버스를 도입하지 않은 부작위(不作爲)가 행복추구권, 인간다운 생활을 할 권리 등을 침해한다는 주장으로 2002년 1월 22일 이 사건 헌법소원심판을 청구하였다.

(2) 결정요지

행정권력의 불행사에 대한 헌법소원은 공권력의 주체에게 헌법에서 유래하는 작위의무가 특별히 구체적으로 규정되어 있어 이에 따라 기본권의 주체가 행정행위를 청구할 수 있음에도 공권력의 주체가 그 의무를 나태하게 한 경우에 비로소 허용된다.

헌법은 제34조 제1항에서 모든 국민의 "인간다운 생활을 할 권리"를 사회적 기본권으로 규정하면서, 여자(제3항), 노인과 청소년(제4항), 신체장애자(제5항) 등 특정 사회적 약자의 보호를 명시적으로 규정한 것은, '장애인과 같은 사회적 약자의 경우에는 개인 스스로가 자유행사의 실질적 조건을 갖추는 데 어려움이 많으므로, 국가가 특히 이들에 대하여 자유를 실질적으로 행사할 수 있는 조건을 형성하고 유지해야 한다'는 점을 강조하고자 하는 것이다.

장애인의 복지를 향상해야 할 국가의 의무가 다른 다양한 국가과제에 대하여 최우선적 배려를 요청할 수 없을 뿐 아니라, 나아가 헌법의 규범으로부터는 '장애인을 위한 저상버스의 도입'과 같은 구체적인 국가의 행위의무를 도출할 수 없다. 국가에게 헌법 제34조에 의하여 장애인의 복지를 위하여 노력을 해야 할 의무가 있다는 것은 장애인도 인간다운 생활을 누릴 수 있는 정의로운 사회질서를 형성해야 할 국가의 일반적 의무를 뜻하는 것이지, 장애인을 위하여 저상버스를 도입해야 한다는 구체적 내용의 의무가 헌법으로부터 나오는 것은 아니다.

(3) 평가

헌법재판소의 판단대로 국가 또는 지방자치단체가 저상버스를 도입해야 하는 의무가 헌법이나 장애인관련 법률에 규정되어 있지도 않고, 또한 장애인의 이동권을 보장하기 위하여 다양한 방법들이 존재하며, 그중 일부를 시행하고 있기 때문에 반드시 저상버스를 도입해야 하는 것은 아니다. 그러나 실제로 장애인이 이용할 수 있는 교통수단이나 교통시설의 접근도를 고려해볼 때 이 결정은 문제가 있어 보인다.

장애인들이 이용할 수 있는 교통수단과 시설이 충분함에도 불구하고 저상버스 도입을 요구한다면 기본적 이동의 욕구를 반영하는 것으로 보기 어렵다. 그러나 장애인 콜택시의 보급 등 기존의 자원이 충분하게 공급되는지 고려해야 한다. 또한 지하철에서 리프트를 이용하다가 장애인이 사망하는 사건이 발생한 점을 고려한다면 장애인들의 생명을 보호하기 위해서라도 이동에 관련된 편의시설의 설치를 고려해야 한다.

저상버스의 도입이 민간 운송업자에게 부담을 지우는 것이라면, 국가 또는 자치단체의 재정적 지원도 고려돼야 할 것이다.

장애인 이동권의 성격을 어떻게 이해하느냐가 관건이 되는 것 같다. 장애인이 이동할 때 생명이나 신체에 느껴지는 위협이 비장애인과 같도록 보장해야 할 것이다. 장애인의 이동권은 자유권뿐 아니라 생존권의 성격을 갖고 있다. 장애인에게 이동은 생존과 직접적 관련성이 있기 때문이다. 따라서 장애인의 이동을 방해해서는 안 된다.

따라서 자유권적으로만 이해한다면 국가 및 지방자치단체가 반드시 저상버스를 도입해야 할 의무는 없다. 그러나 생존권적으로 이해한다면 이동을 적극적으로 보장해야 한다. 이 경우 반드시 저상버스를 도입해야 하는 것은 아니다. 저상버스이든 무엇이든 이동을 보장할 대안을 제시하고 시행해야 하는 것이다. 국가 및 지방자치단체가 저상버스의 도입이 불가능하거나 부당하다고 판단했다면 다른 대체수단을 도입했어야 한다.

결국, 이동권은 추상적 권리로 이해될 수 있다. 이동에 대하여 직접적으로 국가 및 지방자치단체의 이행을 청구할 수는 없지만 이동이 가능한 수단과 장치의 마련을 요구할 권리는 있다고 보아야 한다. 이동권 보장을 위한 방법의 선택은 행정청의 재량에 속하지만 이동이 가능하게 해야 한다는 점에서 기속적 재량행위라 하겠다. 따라서 저상버스 도입을 거부한 보건복지부장관의 조치는 합법적이고 합헌적이더라도 그것은 매우 부분적일 뿐이다. 저상버스 도입을 거부하는 대신 다른 대안을 제시하여 받아들일 수 있게 했어야 한다. 이런 점에서 헌법정신에 합치되지 않는다고 본다.

5) 장애인고용할당제도가 사업주의 헌법상 권리를 침해하는가(2001헌바96)

(1) 사건개요

D사가 장애인고용부담금등부과처분취소청구 소송을 제기하여 재판이 진행되는 중, 장애인고용촉진 등에 관한 법률(2000. 1. 12 구법)의 규정에 대한 위헌여부를 판단하기 위하여 위헌법률심판제청이 제기되었다. 그러나 기각되었다. 이에 D사는 헌법소원심판을 청구하였다.

(2) 결정요지

장애인은 그 신체적·정신적 조건으로 말미암아 능력에 맞는 직업을 구하기가 지극히 어려운 것이 현실이므로, 장애인의 근로의 권리를 보장하기 위하여는 사회적·국가적 차원에서의 조치가 요구된다. 이러한 관점에서 볼 때, 일정한 범위에서 기업의 자유를 제약하는 것은 불가피한 조치라고 할 수 있다. 기업의 경제상의 자유는 무제한의 자유가 아니라 헌법 제37조 제2항에 의하여 공공복리를 위해 법률로써 제한이 가능한 것이며, 제119조 제2항에서 국가가 경제주체간의 조화를 통한 경제의 민주화를 위해 규제와 조정을 할 수 있다고 천명하는 것은 사회·경제적 약자인 장애인에 대하여 인간으로서의 존엄과 가치를 인정하고 나아가 인간다운 생활을 보장하기 위한 불가피한 요구라고 할 것이어서, 그로 인하여 사업주의 계약의 자유 및 경제상의 자유가 일정한 범위 내에서 제한된다고 하여 곧 비례의 원칙을 위반하였다고는 볼 수 없다.

(구)법 제3조에 의하면 국가와 지방자치단체는 장애인의 고용에 관하여 사업주 및 국민일반의 이해를 높이기 위해 교육·홍보 및 장애인 고용촉진운동을 추진하고, 사업주·장애인 기타 관계자에 대한 지원과 장애인의 특성을 고려한 직업재활의 조치를 강구하여야 하며, 기타 장애인의 고용촉진 및 직업안정을 도모하기 위하여 필요한 시책을 종합적이고 효과적으로 추진하여야 할 책임이 있는 공공적 주체이다. 한편 민간사업주와는 달리 기준고용률을 미달하는 경우 부담금의 납부를 명하고 이를 징수한다든지(구법 제38조) 기준고용률을 초과하는 경우 고용지원금 및 장려금을 지급한다든지(구법 제37조) 할 수 없는 등 민간사업주와는 다른 지위에 있으므로, 국가·지방자치단체와 민간사업주와의 차별취급은 합리적 근거가 있는 차별이라고 할 것이다. 따라서 평등권을 침해한 것은 아니다.

(구)법 제35조 제1항 본문은 장애인고용의무사업주의 범위를 고용근로자수를 기준으로 한다는 기본원칙을 정하였고, 한편 장애인고용

의무제가 적용되는 사업주의 범위는 우리나라의 전체 실업자수와 그 중 장애인실업자수가 차지하는 비율, 경제상황 등을 고려하여 시대에 따라 탄력적으로 정하여야 할 사항이어서, 이를 법률에서 명시하는 것은 적당하지 아니하다는 입법자의 판단이 반드시 잘못되었다고 볼 수는 없다. 뿐만 아니라, (구)법 제35조 제1항은 "… 사업주는 그 근로자의 총수의 100분의 1 이상 100분의 5 이내의 범위 안에서 대통령령이 정하는 비율 이상에 해당하는 장애인을 고용하여야 한다"고 규정하고 있다. 여기에서 이 규정의 해석상 최소한 20인 이상의 근로자를 고용하는 사업주에게만 장애인고용의무가 도출됨을 알 수 있다. 왜냐하면, 기준고용률의 상한인 5%를 상정하더라도 20인이 되어야 1명의 장애인고용의무가 생기기 때문이다. 따라서 동 조항은 포괄위임입법금지원칙 내지는 법률유보원칙에 위반된다고 할 수 없다.

고용부담금제도는 장애인고용의무제의 실효성을 확보하는 수단이므로 입법목적의 정당성이 인정된다. 한편 고용부담금이 부과되는 집단은 일반국민이 아닌 특정집단인 "사업주"고, 부담금은 장애인의 고용을 촉진하기 위하여 전액이 "장애인고용촉진기금"으로 귀속되며, 이 기금은 주로 고용지원금, 장려금 그리고 사업주의 장애인고용을 위한 시설·장비의 설치·수리에 필요한 비용과 융자·지원 등에 지출되고 있다. 즉, 이 부담금은 장애인고용의 경제적 부담을 조정하고 장애인을 고용하는 사업주에 대한 지원을 위해 사용되고 국가의 일반적 재정수입에 포함되는 것이 아니므로 방법의 적정성도 인정할 수 있다. 나아가, 고용부담금의 부담기초액은 최저임금의 100분의 60 이상으로 규정되어 있는 바, 2003년도의 경우에 85%에 불과한 실정이다. 따라서 이 정도의 부담금이라면 사업주의 재산권 등을 과도하게 침해하는 것이라고 할 수 없고, 헌법상 요구되는 장애인의 고용촉진이라는 공익에 비추어 볼 때 법익의 균형성을 크게 잃었다고 볼 수도 없다.

이 사건 고용부담금 규정은 일정한 요건에 해당하는 사업주에게는 일정한 방식에 따라 고용부담금을 차등 없이 부과하고 있다. 따라서 고용의무제가 적용되는 사업주와 그렇지 아니한 사업주 간의 구분 자체에 불합리한 차별이 있는지 여부는 별론으로 하고 고용부담금제도 자체의 차별성은 문제가 되지 않는다고 할 것이다. 고용부담금제도는 그 자체가 고용의무를 성실히 이행하는 사업주와 그렇지 않는 사업주 간의 경제적 부담의 불균형을 조정하는 기능을 하기 때문이다.

이 사건 심판대상조항 중 고용부담금조항(구법 제38조 제1항·제2항·제3항·제5항·제6항, 제39조 제1항)이 헌법에 위반되지 않는다는 점에 대하여는 재판관 전원의 의견이 일치하였고, 장애인고용의무조항(구법 제35조 제1항 본문 중 "대통령령이 정하는 일정 수 이상의 근로자를 고용하는 사업주" 부분)에 대하여는 위헌의견에 찬성한 재판관이 5인이어서 다수이기는 하지만 헌법 제113조 제1항, 헌법재판소법 제23조 제2항 단서 제1호에서 정한 헌법소원에 관한 인용결정을 위한 심판정족수에는 이르지 못하여 위헌결정을 할 수 없으므로, 이 사건 심판대상조항 모두에 대하여 합헌결정을 선고하는 것이다.

(3) 평가

사회적 약자를 위하여 강자의 권리나 이익을 제한하고 약자의 권리와 이익을 도모하는 것은 외견상 불평등으로 보일 수 있다. 그러나 이것은 소위 "긍정적 차별"(positive discrimination) 정책의 일환이다. 이것은 현행 헌법 제10조의 행복추구권, 제32조의 근로의 권리, 제34조의 인간다운 생활을 할 권리, 제119조 제2항의 경제민주화 등의 규정에서 반영되거나 함축되어 있다.

이에 따라 국가 및 지방자치단체, 민간기업 등은 의무적으로 장애인을 일정비율 고용해야 하고, 이를 위반할 경우 부담금을 납부해야 하는 것이 각 기관의 설립목적이나 운영에 결정적 차질을 주는 것이 아닌 한 헌법 제37조의 공공복리에 따른 권리의 유보이기 때문에 헌법상 기업의 각종 자유권을 침해하는 것은 아니라고 본다.

6) 사회복지법인의 기본재산의 용도변경으로 얻은 보상금을 사용한 경우 처벌할 수 있는가 (대판2005도5511)

(1) 사건개요

사회복지법인이 기본재산을 처분하면서 발생한 보상금을 감독관청의 허가 없이 사용한 경우 사회복지사업법 제53조 제1호에 의해 처벌받게 되자 이에 대법원에 상고한 사건이다.

(2) 결정요지

사회복지사업법(이하 '법'이라 한다)은 사회복지법인의 특수성을 고려하여 그 재산의 원활한 관리 및 유지보호와 재정의 적정을 기함으로써 사회복지법인의 건전한 발달을 도모하고 사회복지법인으로 하여금 그 본래의 목적사업에 충실하게 하려는 데 목적이 있고, '용도변경'의 사전적 의미는 '쓸 데를 다르게 바꾸는 것'이며, 법 제23조 제3항 제1호에서는 용도변경 이외에 허가를 받아야 하는 행위로 매도·증여·교환·임대·담보제공을 함께 규정하는바, 이와 같은 위 법률의 입법목적과 용도변경의 사전적 의미 및 다른 행위와의 관계, 그리고 위법률조항의 주된 수범자가 사회복지법인의 대표자 및 임원들인 점 등을 종합하여 보면, 처분의 제한대상으로서 '용도변경'은 '매도·증여

·교환·임대·담보제공이 아닌 방법으로 사회복지법인의 기본재산을 처분하는 행위, 즉 기본재산의 현상에 변동을 일으키는 행위 중 위와 같은 입법목적을 침해할 우려가 있는 행위'라고 충분히 해석할 수 있다고 할 것이므로, 법 제23조 제3항 제1호 중 '용도변경' 부분은 죄형법정주의에서 파생된 명확성의 원칙에 위배되지 않는다(헌법재판소 2006. 7. 27. 선고 2005헌바66 전원재판부 결정 참조).

따라서 법 제23조 제3항 제1호의 '용도변경' 부분이 위헌임을 전제로 하는 피고인의 상고이유의 주장은 받아들일 수 없다.

이 사건 사회복지사업법 위반죄에서 고의의 내용은 법인의 기본재산을 감독관청의 허가 없이 용도변경한다는 사실에 대한 인식이 있으면 족하고, 그 인식은 확정적인 것은 물론 불확정적인 것이라도 이른바 미필적 고의로 인정되는 것인바, 기록에 나타난 공소 외 사회복지법인(명칭 생략)의 2001년 9월 2일자 이사회 결의의 내용 및 감독관청인 대구광역시 수성구청장이 기본재산처분을 허가하면서 한 이 사건 보상금에 대한 조치내용에 비추어 보면, 피고인에게 적어도 이 사건 보상금이 공소 외 사회복지법인(명칭 생략)의 기본재산이라는 점에 대한 불확정적 인식은 있었다고 볼 수 있고, 따라서 피고인에게 그러한 인식이 있었음을 전제로 한 원심의 판단은 정당하고 거기에 상고이유에서 주장하는 바와 같은 위법이 없다.

형법 제16조(법률의 착오)에서 "자기가 행한 행위가 법령에 의하여 죄가 되지 아니한 것으로 오인한 행위는 그 오인에 정당한 이유가 있는 때에 한하여 벌하지 아니한다"라고 규정하는 것은 단순한 법률의 부지(不知)를 말하는 것이 아니고, 일반적으로 범죄가 되는 경우이지만 자기의 특수한 경우에는 법령에 의하여 허용된 행위로서 죄가 되지 아니한다고 그릇 인식하고 그와 같이 그릇 인식함에 정당한 이유가 있는 경우에는 벌하지 않는다는 취지이다(대법원 2006. 1. 13. 선고 2005도8873 판결, 2006. 4. 28. 선고 2003도4128 판결 등 참조).

피고인이 이 사건 보상금이 공소 외 사회복지법인(명칭 생략)의 기본재산인 점에 대하여 인식하지 못하였다는 사정은 자신의 행위가 특별히 법령에 의하여 허용된 행위로서 죄가 되지 아니하는 것으로 그릇 인식한 경우라고 할 수 없으므로 피고인의 행위가 형법 제16조에서 규정하는 법률의 착오에 해당함을 전제로 하는 상고이유의 주장도 받아들일 수 없다.

형법 제20조(정당행위) 소정의 '사회상규에 위배되지 아니하는 행위'라 함은 법질서 전체의 정신이나 그 배후에 놓여 있는 사회윤리 내지 사회통념에 비추어 용인될 수 있는 행위를 말하고, 어떠한 행위가 사회상규에 위배되지 아니하는 정당한 행위로서 위법성이 조각되는 것인지는 구체적 사정 아래서 합목적적, 합리적으로 고찰하여 개별적으로 판단되어야 하므로, 이와 같은 정당행위를 인정하려면, 첫째, 그 행위의 동기나 목적의 정당성, 둘째, 행위의 수단이나 방법의 상당성, 셋째, 보호이익과 침해이익과의 법익권형성, 넷째, 긴급성, 다섯째, 그 행위 외에 다른 수단이나 방법이 없다는 보충성 등의 요건을 갖추어야 한다(대법원 2003. 9. 26. 선고 2003도3000 판결, 2006. 4. 27. 선고 2003도4151 판결 등 참조).

위 법리에 따라 사회복지법인의 기본재산을 용도변경하는 경우 감독관청의 허가를 받도록 규정한 입법취지 및 용도변경이 용이한 현금의 특성상 인정되는 그 사용용처의 적정성 여부에 대한 사전심사의 필요성 등에 비추어 볼 때 사회복지법인의 운영이나 기본재산의 처분과 관련된 용처에 기본재산을 사용하는 경우에도 감독관청의 허가를 받아야 할 필요가 있다고 할 것이므로 피고인이 감독관청의 허가 없

448

이 이 사건 보상금을 사용한 행위가 사회상규에 위배되지 않는 정당한 행위라고 볼 수 없고, 따라서 피고인의 이 사건 보상금 사용행위가 정당행위로서 위법성이 조각된다는 주장도 받아들일 수 없다.

그러므로 상고를 기각하기로 한다.

(3) 평가

사회복지법인 재산을 매도·증여·교환·임대·담보제공 또는 용도 변경하고자 할 때에는 보건복지부장관의 허가를 얻어야 한다(사회복지사업법 제23조 제3항 제1호). 이를 위반했을 때에는 5년 이하의 징역 또는 천5백만 원 이하의 벌금에 처한다(같은 법 제53조 제1호). 이는 사회복지법인의 기본재산을 유지케 하여 사회복지사업을 행함에서 차질이 없게 하려는 취지이다.

판결문에서도 언급했듯이 여기에서 용도변경이라 함은 매도·증여·교환·임대·담보제공 이외의 다른 방법으로 재산상의 변화를 야기하는 것을 말한다. 그러나 부동산을 현금으로 전환하여 일부금액을 다른 용도로 사용한다면, 이 또한 기본재산의 용도변경에 해당되므로 허가권자로부터 허가를 얻어야 할 것이다. 왜냐하면 법인의 재산은 그 존재형태가 어떠하든지 사유재산이 아니라 공적 재산으로 보아야 한다.

사회복지 현장의 관행이 어떠하든지, 그러한 행위가 이사회의 결의를 통해 이루어져 처벌되지 않을 것으로 인식했다고 했더라도 처벌이 면제되는 형법상의 "법률의 착오"가 아니며, 또한 위법성을 조각하는 "정당행위"에 해당되지 않는다.

7) 사회복지시설의 설치·운영허가를 받고도 운영하지 않고 교회시설로 사용하고, 수익사업을 통해 얻은 수익을 다른 사업에 사용하면 이 시설의 설치허가를 취소할 수 있는가 (대판98두11120)

(1) 사건개요

종합복지관의 설치·운영에 관한 허가를 받은 사회복지법인이 일반건축물의 건축도 허용되지 아니하는 자연녹지지역에 사회복지시설로 허가받아 건축한 사회복지시설을 사실상 교회의 전용시설로 사용하면서 사업복지사업을 전혀 시행하지 아니하고, 수차의 사회복지시설사업 활성화 및 시설물 정비 등 시정명령을 이행하지 아니한 경우, 이를 이유로 사회복지시설의 설치·운영허가의 취소처분을 받자 해당 사회복지법인이 이를 취소해 달라는 소송을 제기한 사건이다.

(2) 결정요지

구 사회복지사업법(1997. 8. 22. 법률 제5358호로 전문 개정되기 전의 것) 제11조, 제22조, 제28조 제2항, 제29조, 제30조, 제37조 제1항의 각 규정을 종합하면, 시장·군수·자치구의 구청장이 사회복지시설의 설치·운영에 관한 허가 및 취소권뿐만 아니라 그에 관한 감독권을 가진다.

사회복지법인은 그가 행하는 사업에 지장이 없는 범위 안에서 정관이 정하는 바에 의하여 그 사업운영에 충당하기 위하여 수익사업을 행할 수 있으나, 사회복지시설은 그 시설을 이용하여 사회복지사업을 하는 사회복지법인의 목적용 기본재산으로 원칙적으로 그 시설은 사회복지사업 자체에 쓰여야 하는 것이고, 그 주요 부분이나 대부분을 사회복지사업 자체가 아닌 다른 수익사업에 이용케 하는 것은 사회복지사업의 수행에 지장을 초래하게 하는 것으로 그 수익사업으로 얻게 되는 수익을 사회복지사업에 직접 또는 간접으로 쓴다고 할지라도 사회복지시설 설치·운영의 본질에 반하는 것으로 허용될 수 없다.

사회복지시설의 설치·운영허가의 취소는 사회복지법인의 설립허가취소와는 그 성질이나 법적 효과 등이 다르므로 사회복지법인의 설립허가취소의 경우 취소사유에 해당하더라도 다른 방법으로 감독목적을 달성할 수 없거나 시정을 명한 후 1년이 지날 때까지 이를 이행하지 아니한 경우에 한하여 취소할 수 있다는 구 사회복지사업법 제 20조 제 2항의 규정이 유추적용될 수 없다.

사회복지법인이 교회시설은 물론 일반건축물의 건축도 허용되지 아니하는 자연녹지지역에 사회복지시설로 허가받아 건축한 사회복지시설을 사실상 교회의 전용시설로 사용하면서 사업복지사업을 전혀 시행하지 아니하고 수차의 사회복지시설사업 활성화 및 시설물 정비 등 시정명령을 이행하지 아니한 경우, 이를 이유로 한 사회복지시설의 설치·운영허가의 취소처분은 재량권의 일탈·남용이 아니다.

따라서 이 처분을 취소해 달라는 원고의 상고는 이를 기각한다.

(3) 평가

사회복지시설 설치의 허가를 받고도 제대로 운영하지 않고, 법인을 설립한 교회시설의 용도로 사용한다든지, 수익사업을 통해 얻은 수익의 일부를 다른 용도로 사용하는 것은 사회복지시설의 설치목적에 따른 것으로 볼 수 없고, 따라서 허가권을 가진 관청이 감독권을 행사하며 이의 시정을 요구하고, 반영되지 않을 때에는 허가를 취소하는 것이 당연하다.

사회복지법인과 시설을 종교나 다른 목적을 달성하기 위한 수단으로 삼는 경우들이 있는데, 이는 본질을 망각한 행위이므로 법적으로 용납될 수 없다.

8) 사회복지서비스 신청 1
(청주지방법원 2010.9.30 2010구합691)

(1) 사건개요

C도 E군 소재 시설에서 15~20년간 거주해오던 장애인 Y씨와 P씨는 E군수에게 탈시설 자립생활을 하게 해달라며 주거지원서비스를 요청하는 사회복지서비스 변경신청을 냈다. 자신들의 연고지인 서울에 가서 살고 싶다는 내용이었다.

그러나 국민기초생활보장 수급자가 아니라는 이유로 접수조차 거절당하였다. 사회복지사업법상 사회복지서비스 신청의 자격에는 그런 제한이 없었지만 E군은 법에도 없는 이유를 내세워 이들의 서비스 신청을 거절하였다.

그래서 이들 두 사람은 2009년 C지방법원에 사회복지서비스 변경신청거부처분취소 청구소송을 제기했다. 2009년 9월 30일 원고패소 판결이 나왔다.

이들이 신청했던 사회복지서비스는 주거지원, 자립생활 정착을 위한 경제적 지원, 활동보조, 취업지원 및 기술교육, 의료 및 재활서비스, 기타 정보제공 등이었다. 즉, 탈시설을 위해 주거문제의 해결이 필요하였고, 또한 가재도구 등 최소한의 살림살이를 필요로 하였다. 아울러 신체적 활동을 위해 누군가의 도움이 필요했고 또한 소득을 얻기 위해 일자리를 필요로 했다.

그러나 E군수는 국민기초생활보장법, 의료급여법, 주택공급에 관한 규칙 등에서 규정하는 사회복지서비스만 안내했을 뿐이다.

(2) 결정요지

C지방법원 행정부는 2010년 9월 30일 원고들의 청구를 이유 없다며 기각하였다. 원고들이 항소를 하지 않았기 때문에 이 판결은 그대로 확정되었다. 재판부의 견해를 보면 다음과 같다.

우선 절차적 판단에서, 재판부는 관할지역을 벗어나 타 자치단체에서 거주하는 것을 내용으로 하는 서비스를 신청하였기 때문에 이는 "법이 허용한 한계를 벗어나 현실적으로 불가능한 요구를 하는 경우"에 해당한다며 "법에서 허용할 수 없는 부적합한 신청"으로 보았다. 따라서 "신청단계에서 곧바로 거부처분을 하면 족한 것이지 거기서 더 나아가 그 신청이 받아들여질 수 있는 것임을 전제로 하여 구체적으로 어떤 서비스를 제공하여야 할 것인가를 위한 기타의 사항까지 조사할 의무는 없다"고 하였다.

또한 실체적 판단에서도 다음과 같이 판시하였다. 첫째, 재판부는 지방자치단체장이 관할지역을 벗어나 타 지방자치단체와 서비스 제공을 위해 연계해야 할 의무를 인정하는 것은 현행법상 지나친 확대해석이라고 본다. 원고들은 E군수에게 사회복지서비스를 신청하면서 서울시에 거주할 수 있도록 주거지원을 신청했다. 이에 대한 규정도 없는 상태에서 자치단체장에게 관할지역을 넘는. 그것도 광역자치단체의 관할범위를 넘어 타 시·도에서 서비스를 제공하게 하는 것은 자치단체장에게 이러한 연계조정의 의무가 없다고 보았다.

둘째, 현행법은 탈시설에 대하여 재가복지서비스의 우선 제공의 근거만 제시되어 있을 뿐, 구체적 방법이나 서비스 내용이 규정되어 있지 않아 지방자치단체장이 주거지원 서비스를 거절하더라도 위법한 것은 아니다(참조: 사회복지사업법 제41조의 2, 장애인복지법 제35조, 제53조. 장애인차별금지 및 권리구제에 관한 법률 제4조, 제7조 제2항,

제 8조 제 2항 등). 사회복지사업법은 재가서비스의 우선제공을 규정하고 가정봉사서비스와 주간·단기보호서비스만 규정하고 원고들이 신청한 주거지원에 관하여 직접적인 규정이 없기 때문에 이를 거절하더라도 위법하다고 할 수 없다는 것이다.

셋째, 원하는 만큼의 서비스를 충분히 제공받지 못하였다고 하더라도 그것만 가지고 섣불리 장애인의 인간다운 생활을 할 권리(헌법 제 34조 제 1항)를 침해하였다고 단정하기는 어렵다. 국가가 인간다운 생활을 보장하기 위해서는 국민 전체의 소득과 생활수준, 국가의 재정 규모와 정책, 국민 각 계층의 상충하는 갖가지 이해관계 등 다양한 요소를 고려해야 하고, 서비스의 구체적 수준을 결정하는 것은 입법부 또는 입법에 의해 위임을 받은 행정부 등 해당기관의 광범위한 재량에 맡겨질 수밖에 없으므로 국가가 보호에 관하여 전혀 입법을 하지 않았거나 그 내용이 현저히 불합리하여 헌법상 용인될 수 있는 재량의 범위를 명백히 일탈한 경우가 아니라면, 그것은 헌법상 권리를 침해하였다고 할 수 없다는 것이다.

(3) 평가

이 판례는 법규정에 명시된 지방자치단체장의 직접적이고 구체적인 책임을 중시하였다. 따라서 타 자치단체에서 제공되는 서비스에 대해서 책임질 필요가 없으며, 어떤 서비스를 어떻게 제공해야 하는지 명문화된 규정이 없기 때문에 지방자치단체장이 신청자의 구체적인 서비스 신청에 대해서 응해야 할 의무가 없다고 본 것이다.

이는 법조문의 취지를 너무 좁게 해석한 것으로 볼 수 있다. 사회복지사업법 제 2장의 2 사회복지서비스 신청 관련 조문에는 국민기초생활보장법 수급자만을 대상으로 한다는 규정은 없다. 또한 서비스 내용에 대해 구체적 규정이 없기 때문에 신청을 거부하는 것이 정당하다면, 이 법에 의해 누구도 사회복지서비스를 신청할 수 없을 것이다. 이 부분은 서울행정법원의 판례와 대비된다.

9) 사회복지서비스 신청 2 (서울행정법원2011.1.28. 2010구합28434)

(1) 사건개요

장애인 W씨는 약 19년간 거주해오던 K도 K시 소재 시설에서 나와 S시 Y구에서 자립생활을 하며 Y구청장에게 주거지원서비스를 해달라는 사회복지서비스 변경신청을 했다. 그러나 Y구청장은 W씨가 국민기초생활보장 수급자도 아니고 실비입소자이기 때문에 서비스를 해줄 수 없다며 거부하였다. 이 과정에서 시설 측의 협박이 이어졌고, 가족들로부터도 냉대를 받고 연락도 끊기게 되었다. 이에 W씨는 서울행정법원에 소송을 제기하였다. 서울행정법원에서는 C지방법원과 달리 관련된 법규정들을 적극적으로 해석하여 2011년 1월 28일 원고 승소의 판결을 내렸고, 피고가 항소를 포기하여 원심이 확정되었다.

(2) 결정요지

재판부는 피고가 원고의 서비스 신청에 대해서 복지요구조사를 제대로 처리하지 않은 절차적 하자가 있기 때문에 실체적 하자 여부를 논하기 이전에 위법하다고 판단하였다. 판결의 논리를 요약하면 다음과 같다.

① 당사자 적격성 등에 대한 판단

피고(Y구청장)는 원고가 사회복지시설에 자의로 입소한 자이므로 사회복지서비스 변경신청을 할 자격이 없다고 주장하였다. 또한 사회복지서비스 신청에 대하여 거부한 것이 아니라 안내에 불과한 것이므로 소송의 대상이 되지 않는다고 주장하였다.

그러나 판결에 따르면, 사회복지사업법 제33조의 2 규정에 "사회복지서비스를 필요로 하는 자"라는 요건 외에 별도의 규정이 없기 때문에 원고에게는 사회복지서비스제공 신청권이 있다. 또한 서비스 신청에 대하여 피고가 서비스 제공이 불가능하다고 회신한 것은 단순한 안내에 불과한 것이 아니라 서비스 신청에 대한 거부처분으로 보는 것이 상당하다고 보았다.

② 사회보장행정에 대한 사법심사의 태도

사회보장행정의 절차에 대해 엄격한 사법심사가 필요하다. 헌법 제34조 제1항의 인간다운 생활을 할 권리는 특히 사회적 약자에게 중요하다. 이를 위해 같은 조 제2항에서 국가의 사회보장·사회복지 증진의 의무를 규정한다. 사회복지사업법 제4조 제1항에서 국가 및 지방자치단체의 복지증진 책임, 제5조의 최대봉사의 원칙, 장애인복지법 제34조 제1항 보건복지부장관의 조치 책임, 사회복지사업법 제33조의 3에서 욕구조사 절차 등을 종합적으로 고려할 때, 국가 및 지방자치단체가 사회복지에 대한 책임을 제대로 이행하였는지 그 절차에 대해 엄격하게 심사할 필요가 있다.

③ 복지요구 조사의 범위

사회복지사업법 제33조의 3 제1항 제1호에서 시장·군수·구청장이 보호 신청인의 복지요구를 조사할 책임을 규정한다. 이에 대해 재판부는 지방자치단체장은 관할지역뿐만 아니라 상급 자치단체 관할지역 안에서 제공할 수 있는 서비스자원이 있는지, 필요하면 전국단위까지 조사해야 한다고 보는 것이 상당하다고 하였다.

그 이유는 다음과 같다. 첫째, 사회복지사업법 제5조에 따라 사회복지사업에 종사하는 자는 그 업무를 행함에 있어 최대로 봉사할 의무를 가진다.

둘째, 사회복지사업법 제33조의 2 규정에 따라 신청인의 상대방은 시장·군수·구청장이다. 따라서 신청인이 원하는 서비스가 타 지역의 자원을 필요로 하는 경우에라도 신청인은 당해 시장·군수·구청장에게 신청할 수밖에 없는 것이다. 사회보장기본법 제28조에 따라 국가와 지방자치단체는 관계기관 간 조정을 원활하게 하여야 하고 전달체계를 구축해야 할 책임이 있다. 사회복지사업법 제4조 제5항에 따라 서비스 신청을 받은 자치단체장은 국가 및 타 지방자치단체, 민간기관 등과 연계 노력을 해야 한다. 장애인과 같은 사회적 약자에게는 이러한 원스톱(one-stop) 서비스가 더욱 절실하게 필요하다.

셋째, 사회복지사업법 제6조의 2의 사회복지업무의 전자화, 제7조 제1항의 사회복지위원회의 업무와 제15조의 3 제2항의 시·도지사의 시·군·구 사회복지계획에 대한 종합 조정, 사회보장기본법 제28조의 국가와 지방자치단체와의 조정 등을 종합적으로 해석할 때, 서비스 신청을 받은 시장·군수·구청장은 국가 또는 다른 지방자치단체와 사회복지사업의 원활한 연계를 위하여 노력할 의무를 진다.

(3) 평가

이 판결은 비록 서비스 종류와 내용이 법에 규정되어 있지 않더라도 헌법, 사회보장기본법, 사회복지사업법 등의 제반 규정을 살펴서 지방자치단체장이 신청자의 복지요구조사를 타 지역과 연계 조정하여 실시하도록 적극적 의무를 도출해 냈다. 이러한 점에서 돋보인다. 이는 가히 한국판 옴스테드(Olmstead) 판결이라 할 수 있겠다.

옴스테드 판결이란

이것은 미국 연방 대법원이 1999년 7월 22일에 선고한 판례이다. 이는 미국 조지아(George)주에서 정신장애가 있는 환자들(L.C.와 E.W.)이 주정부를 상대로 자신들이 격리된 환경에서 감금된 것은 부당하다고 소를 제기함으로써 시작된 사건이다. 조지아 주 북부 지방법원이 환자들의 주장을 인용하자 주정부가 항소법원에 항소하였다. 항소법원도 원심판결을 확인하고 환송하자 원고인 조지아 주 정부 인적자원부 행정담당관인 토미 옴스테드(Tommy Olmstead)는 미 연방대법원에 상고를 제기하였다.

사건의 내용을 보면, 두 명의 여성 정신장애인이 주치의가 자신들을 지역사회 기반(community based)의 치료프로그램에 배치하는 것이 적합하다고 결정했음에도 불구하고 조지아 주 정부가 지역사회가 아니라 정신병원에 격리시켰다며 소송을 제기한 것이다. 이에 미 연방대법원은 장애인법(ADA)에 근거하여 "주정부는 장애인을 정신병원 등의 시설에 수용하는 것보다 지역사회 중심의 서비스를 제공할 의무가 있다"고 판결을 내렸다[판결요지의 내용을 간추린 것이다. United States v. Detroit Timber & Lumber Co. 200 US. 321, 337, 26 S.Ct. 282, 50L.Ed.499].

미국 장애인법(ADA)은 장애인의 고립과 격리를 심각하고 만연된 형태의 차별로 기술한다[42 U.S.C. §§12101(a)(2), (5)]. 공적 서비스 영역에서의 차별을 금지하는 ADA의 Title II의 규정에서는 자격을 갖춘 장애인은 장애를 이유로 사회프로그램, 봉사, 활동 등의 참여나 혜택으로부터 제외될 수 없다(§12132)고 규정한다. 이에 대해 미국 의회는 법무부장관이 Title II 규정의 차별금지 조항을 실시하기 위한 시행령을 발하도록 하였다[§12134(a)]. 이 시행령 하나가 이른바 "통합규정"으로 알려진 것인데, "공적 주체는 자격을 갖춘 장애인들의 필요에 적합한 가장 통합된 환경에서의 프로그램을 시행하여야 할 것"을 요구한다[28 CFR §35.130(d)]. 또 다른 시행령 규정 중 "합리적 변경 규정"에서는 공적 주체가 "장애에 기한 차별"을 피하기 위하여 "합리적 변경"을 기하도록 요구하나, 그 주체의 프로그램을 "본질적으로 변화시킬" 수단을 동원할 것까지는 요구하지 않고 있다.

이 소송의 원고들은 자발적으로 입원하였으나 주치의가 지역사회 기반의 프로그램을 통한 치료가 적절하다고 판단했음에도 불구하고 조지아 주 공무원들이 계속 강제입원 조치를 취하자 42 U.S.C. §1983과 Title II의 규정에 따라 지역사회 기반의 프로그램을 통한 치료를 청구하여 소송을 제기한 것이었다. 주 정부는 장애인에 대한 차별 때문이 아니라 재정의 부족 때문이라고 응답하였으나 재판부는 이를 받아들이지 않았다. 지방법원은 Title II의 규정하에서, 불필요한 격리수용은 그 자체로 본질적 차별이며 재정부족을 이유로 정당화될 수 없다고 보았다. 지방법원은 이 경우, 즉각적 이동을 명하는 것은 조지아 주의 프로그램을 "본질적으로 변화"시키는 것이라는 주 정부의 항변도 받아들이지 않았다.

그러나 순회(항소)법원의 판결에서는 주 정부의 재정부족의 이유가 어느 정도 받아들여졌다. 이에 지역사회 기반의 프로그램으로 치료하는 데 드는 추가비용이 불합리한 것인지 여부를 핵심적으로 고려하도록 지방법원에 환송하였다. 지방법원은 기존 입장을 견지하였다.

미 연방 대법원에서는 토마스(Thomas) 판사가 반대의견을 제시했고, 이에 대법원장과 1명의 판사가 합류했다. 이들에 따르면, 지역사회 배치로부터 피고들을 일시적으로 격리하는 것은 "차별"에 해당되지 않으며, 피고들이 장애를 이유로 차별받았다는 점을 입증하지도 않았다는 것이다.

그러나 긴스버그(Ginsburg) 판사와 3인의 판사가 지방법원의 판결을 지지하는 법정의견을 공포하였고, 2인의 판사가 각각 보충의견을 제시했고, 그중 1개의 의견에 대해 또 다른 판사가 합류하였다. 결국, 원고 승소의 판결이었다.

이 판례는 장애인의 탈시설의 법적 근거가 되었다[영·미법계에서는 판례가 법원(法源)으로 인정되지만, 대륙법계에 속하는 우리나라에서는 법원으로 인정되지는 않는다]. 우리나라는 장애인복지법과 장애인차별금지 및 권리구제에 관한 법률에서 장애인의 시설입소 자체를 제한하거나 탈시설을 원칙으로 하는 규정을 두고 있지는 않다. 정신보건법 또한 자발적 입원(법 제2조 제5항)을 권장하는 정도이다. 미국 장애인법(ADA)와 같이 매우 세세한 규정을 두고 있지도 않다.

따라서 탈시설을 추구하던 장애인들은 이 판례를 통해 장애인이 사회복지시설을 벗어나 생활할 수 있는 가능성에 대한 법리적 기초가 될 수 있다고 판단하게 되었다. 즉, 사회복지시설에 격리 수용하는 것 자체가 차별이고, 이는 자치단체의 재정형편 때문에 유보될 수 있는 것이 아니라는 내용이 장애인들에게 탈시설의 가능성에 대한 희망을 갖게 한 것이었다.

이에 힘입어 사회복지사업법의 사회복지서비스 신청(법 제33조의 2 이하)을 근거로 하여 자립생활을 위한 주거지원 서비스를 신청하게 되었던 것이다. 즉, 탈시설을 위해 필요했던 장애인복지법상의 자립생활지원(법 제53조 이하)과 사회복지사업법의 사회복지서비스 신청(법 제33조의 2 이하)의 이념을 종합적으로 보았던 것이다.

이 소송은 장애인들이 장애인복지법상의 자립생활 지원(법 제53조)과 활동보조인 서비스(법 제53조 및 제55조) 등을 근거로 탈시설을 도모하다가 제기된 것이다. 그러나 제53조는 국가와 지방자치단체가 시책을 강구하도록 규정하며, 제55조는 임의규정으로 되어 있다.

따라서 이러한 서비스를 필요로 하는 장애인들이 자치단체에 신청하더라도 자치단체장의 적극적 의무 이행을 청구하기에는 무리가 있다. 그래서 사회복지사업법상의 사회복지서비스 신청(법 제33조의 2) 조항을 이용해 행정당국에 신청했던 것이다.

결국, 형식은 사회복지사업법을 내용은 장애인복지법을 이용한 것으로 볼 수 있다.

그러나 사회복지서비스의 내용을 명확하게 규정하는 것이 앞으로의 입법과제일 것이다.

10) 부양능력 있는 부양의무자가 명백히 부양을 기피하거나 거부하는 것이 '부양의무자 있어도 부양받을 수 없는 경우'에 해당하는지 (대구고법2011.4.29. 2010누2549)[1]

(1) 사건개요

A는 사회복지서비스 및 국민기초생활보장 수급권자 신청을 했으나 부양능력이 있는 장남 B가 있다는 이유로 C구청장이 부적합 결정을 내렸다.

A는 B와 관계가 악화되어 연락이 끊겼으며 부양받을 수 없는 관계에 있기 때문에 수급권자에 해당된다며, C구청장의 처분이 위법하다며 사회복지서비스및급여부적합결정처분취소정구의 소를 제기했다.

---

1 2012년 12월 27일, 대법원 민사재판에서 부부간의 부양의무가 1차 의무이고 자식이 부모를 부양하는 것은 2차 의무라는 판결이 나왔다(대판2011다96932). 이는 앞으로 국민기초생활보장법에서 부양의무 관계와 부양사실을 판단하는 데 새로운 해석의 지표가 될 것 같다.

(2) 판결 요지

국민기초생활보장법의 목적, 급여의 기본원칙, 수급권자의 범위 및 보장비용 징수 등 규정에 비추어보면, 부양능력 있는 부양의무자가 어떠한 이유이든 실제로 명백히 부양을 기피하거나 거부하는 사실이 인정되면 국민기초생활보장법에 따른 수급자권자가 되기 위한 요건인 '부양의무자가 있어도 부양을 받을 수 없는 경우'를 충족한다고 해석해야 한다. 이러한 수급권자에게 보장비용을 지급한 보장기관은 국민기초생활보장법 제46조에 따라 부양능력을 가진 부양의무자에게서 비용의 전부 또는 일부를 범위 안에서 징수할 수 있다.

사실을 전제할 때, C구청장의 처분은 위법하다.

(3) 평가

국민기초생활보장법상 수급자가 되는 요건에 가장 일차적인 것이 부양의무자 요건이다. 그동안 우리나라 행정당국에서는 이것을 지나치게 경직되게 해석하여 부양의무자가 존재하면 일단 수급자 선정을 하지 않는다. 제아무리 가족관계의 파탄 또는 실질적 부양거부나 기피가 이루어진다고 해도 부양의무자가 존재하면 수급자 선정에서 제외하는 행정적 관행을 보였다.

이것은 법의 취지와 조문대로 실질적인 부양기피나 거부가 확인되면 수급자로 선정하도록 요구하는 판결이다. 사실, 획기적이지도 않지만, 현실적으로는 획기적인 판결이다. 부양의무자 존재 때문에 수급자 선정에서 탈락하여 자살하는 많은 노인들의 사건을 볼 때, 매우 획기적이고 정확한 판결이라 하겠다.

5. 맺는말

이제까지 살펴본 바와 같이 사회복지법 관련 소송은 현행 소송법상 개인에게만 효력이 미치는 것이지만, 그것이 가지는 공익적 의미 때문에 재판결과의 승패를 떠나 법제도 자체에 많은 영향을 주게 된다. 현행 소송제도의 비효율성 또는 비경제성이 사회복지법 대상자에게 매우 불리하고 불편하게 작용하지만 낙후된 수준의 사회복지제도의 발전과 개선을 위해 유용한 도구로서 이용되었다는 점에 주목할 필요가 있다.

이와 같은 한계를 극복하기 위해서는 첫째, 사회복지급여의 가처분 제도를 도입할 필요가 있다. 위의 노령수당 소송에서 만약 이 제도가 적용되었다면 원고는 약 2년간의 재판기간 중 어느 정도의 생존권을 확보하고 있었을 것이며, 또한 재판일정을 단축하는 데 도움을 주었을 것이다. 둘째, 앞에서 살펴본 것처럼 전심절차를 통해 소송에서 위법성이나 위헌성을 밝히는 소모적 소송보다는 직접적으로 권리행사를 요구할 수 있는 '의무화소송'을 도입할 필요가 있다. 다시 말해서 기존의 법규와 행정조치의 상호관계만을 다투는 소극적 의미의 소송보다는 개인이 국가에 대해 생존권 보장을 위해 필요한 조치를 취하도록 직접적으로 청구하여 국가의 의무를 이행하도록 요구하는 적극적 의미의 소송제도를 도입할 필요가 있다는 것이다.

요컨대 사회복지법 소송은 공익소송적 의미를 띠고 있어 권리를 위한 투쟁의 과정으로서 중요성을 갖는다. 그러므로 이것은 사회복지의 현장에서 계속적으로 법적 문제제기가 이루어져야 하며 결국 사회복지운동의 차원에서 추구되어야 할 것이다. 또한 동시에 새로운 입법을 위한 법제·개정 운동 또한 병행이 될 때 더욱 효과적이라고 할 수 있겠다. 이것이 바로 사회복지법을 연구하는 궁극적 목적이자 그 유용성인 것이다.

제 5 부

한국사회복지법의 이념과 역사적 전개

· · ·

대한민국 건국 이래 법의 세계에서도 주목받지 못하였고, 사회복지의 세계에서도 이렇다 할 관심을 끌지 못했던 영역이 바로 사회복지법이다. 이승만 정권 때에는 이른바 절대빈곤기였기 때문에 국가와 국민 모두 빈곤하던 시대여서 사회복지와 사회복지법은 커다란 관심의 대상이 아니었다. 고도의 경제성장을 추진했던 박정희 정권 시대에도 사회복지와 사회복지법은 주된 관심의 영역이 아니었다. 개인의 기본적 자유권마저 유보당한 채 오로지 물질적 성장과 국가안보를 국가정책의 축으로 했던 시대였기 때문에 사회복지법은 여전히 주변적 위치에 머물러 있었다.

전두환 정권은 정치적 정당성의 하자 때문에 국민적 지지를 이끌어내기 위해 선심성의 사회복지 입법들을 내놓았다. 그리하여 외형적으로 중요한 사회복지법률들이 이 시기에 입법화되었다. 노태우 정권은 전두환 정권 때 정한 입법들을 시행하는 데 주력하였고, 김영삼 정부에서는 비로소 국제화, 세계화의 추세를 따르는 국가정책을 추진하였고, 그 결과 신자유주의 정책들을 대거 도입하였으며, 사회복지법에서도 이러한 경향들이 반영되기 시작하였다.

외환보유 부족으로 빚어진 국가위기로 국제통화기금(IMF)의 구제금융을 토대로 김대중 정권은 적극적 신자유주의 정책을 펴 나갔다. 신자유주의적 구조조정은 이에 상응하는 사회보장제도를 구축하기 위하여 근로연계복지 등 "생산적 복지" 이념을 반영하는 사회보장제도의 도입과 개편이 가속되었다. 일면 국가복지가 강화되기도 하면서 전반적으로는 신자유주의적 복지정책이 추진되었고, 그에 따른 입법들이 등장하게 되었다.

노무현 정권의 사회복지정책은 이른바 "참여복지" 정책으로 명명되었지만, 생산적 복지정책의 틀 안에서 이뤄지고 있고, 독자적 색채를 갖지 못한 측면이 있다.

이명박 정부의 사회복지정책은 정권 초기 "능동적 복지"를 내세웠지만, 전반적 신자유주의 정책기조가 강화되면서 사회복지법 역시 궤를 함께한다.

사회복지법은 집권정부의 정책적 이념에 따라 달라지는 경향을 보이고 있다. 따라서 사회복지법의 역사를 서술할 때, 각 시대 및 정권의 이념적 지향과 사회복지법의 변화를 포착하는 것이 중요할 것이다.

제11장
사회복지법의 전개

1. 사회복지법사 연구의 의의

사회복지법을 역사적으로 고찰하는 것은 사회복지 역사연구이자 법사연구이다. 법사학(法史學)은 법학과 역사학이 교차하는 영역이며, 사회복지법의 역사를 연구하는 것은 사회복지법사학이라 할 수 있고, 이는 법학, 역사학, 사회복지학의 교집합이라 하겠다.

사회복지법의 역사를 고찰하는 것은 첫째, 사회복지학의 '한' 부분이다. 이는 사회복지학의 소재가 되는 현실의 사회복지제도가 어떻게 변천되었는지를 고찰하는 것으로서 사회복지의 제도사를 연구하는 것이다. 둘째, 법학의 일부분이다. 사회복지법도 법이며, 법이 어떻게 어떤 내용으로 생성되고 변화, 발전 및 소멸되었는지를 고찰하는 한편 법변동의 동력은 무엇이고, 법리적 변화는 무엇이었는가를 고찰하는 것이다. 셋째, 역사학의 일부이다. 대개 중요한 역사적 사건들은 법적 사실로 나타난다. 그러므로 사회복지법사학은 사회복지법의 변동이 어떠한 동인(動因)에 의해 발전적 방향으로 이끌어져 왔는가를 궁극적으로 규명하려는 것이다(Mitteis-Liberich, 1971: 1).

사회복지 역사학에서는 사회복지역사를 접근할 때, 내재적 요인, 매개적 요인, 외재적 요인으로 접근한다(감정기 외, 2002: 44). 내재적 요인에 의한 접근방법은 사회복지제도 내의 이념과 원리, 대상자범위, 급여방식, 재정의 원천 및 책임 등과 같은 요소들의 변천을 탐구하는 것이다. 외재적 요인에 의한 접근방법은 자본주의 생산양식, 산업화, 경제·사회적 구조의 변화가 사회복지에 미치는 영향을 중심으로 접근하는 것이다. 매개적 요인에 의한 접근방법이란 사회복지의 주체와 객체들의 상호작용을 중심으로 외재적 요인과 내재적 요인의 관계에 중점을 두는 접근방법이다.

이 책에서의 서술방법은 내재적 접근방법을 중심으로 한다. 즉, 사회복지법 존재 자체 및 그 내용의 변화를 중심으로 한다. 그러나 이에 대한 배경적 설명으로 외재적 접근을 보충적으로 사용한다.

2. 시대구분

모든 역사서술에서 부딪치는 필연적 문제 중의 하나가 시대구분의 문제이다. 시간적 연속체인 역사의 줄기에 선을 긋는다는 것은 매우 복잡한 쟁점을 동반한다. 이러한 시대구분의 문제는 앞에서 서술한 사회복지역사의 접근방법과도 연계된 문제이다.

대개 국내 교과서들은 사회복지법의 시대구분을 외재적 접근방법을 중심으로 서술한다(신섭중 외, 2001; 현외성, 2003; 박차상 외, 2003). 즉, 해방 이전, 1960년 이전, 1960년대~1970년대, 1980년대 …, 또는 1·2공화국시대, 3·4공화국시대, 5공화국시대, 6공화국시대, 문민정부 이후 시대 등으로 구분하여 사회복지법의 변천을 서술한다.

시대구분에서 각 방법들이 장단점을 가지고 있지만, 외재적 접근을 주로 하는 것은 사회복지법에 대한 법리적 분석과 평가가 결여되어 있거나 아니면 시대구분의 편의성 때문인 것 같다. 외재적 접근을 하더라도 연대기적 구분을 하거나 정권별로 구분하는 것이 가장 손쉬운 방법이기 때문인 것으로 보인다.

외재적 접근을 중심에 놓고 보더라도 박정희 정권이 1960년대 초에 무더기 입법을 단행했던 시대 이전에는 사실 몇 개 법률이 있기는 했지만 사회복지법 영역을 형성하지 못했던 시기이다. 전두환 정권은 정치적 정당성 결여로 정치적 지지 확보를 위해 형식적 사회복지입법을 주도하였다. 이것은 전두환 정권 초기의 일이고 후반부에는 실질적 사회보장제도 구축을 위해 국민연금법 제정, 의료보험법 개정 등 획기적인 입법들을 단행하였다. 노태우 정권은 주로 전두환 정권에서 제·개정한 입법들을 시행하였고, 김영삼 정부에서는 신자유주의적 입법들을 도입하였으며, 김대중 정부에 와서 본격적 신자유주의 정책들이 실시되면서 많은 입법들의 제·개정이 이루어졌다.

따라서 이러한 특성들을 조망해보면, 사회복지법 내부적으로도 변화의 경향을 파악해볼 수 있다. 우선, 박정희 정권 이전에는 사회복지법의 전사(前史)로 규정해야 할 것이다. 이때까지는 아직 제도적 틀을 갖추지 못했으며, 박정희 정권시대와 전두환 정권 초기까지는 사회복지법의 기초가 마련되던 시기였다. 생활보호법과 사회복지사업법을 비롯해 각종 사회복지서비스법들이 제정되었고, 산업화에 따른 문제들 때문에 산업재해보상보험법과 의료보험법을 제정, 시행했던 시기이다.

전두환 정권 후반기인 1986년부터 사회복지법의 본격적 도약을 이루기 시작했다. 국민연금법 제정, 의료보험법의 적용범위를 전 국민으로 확대하는 법개정 등이 이루어졌고, 김영삼 정부에 와서 고용보험법(1993)을 제정하여 4대 사회보험을 완비하였고, 사회보장기본법(1995)을 제정하였다. 산업재해보상보험법 등에 관한 소송들은 예전부터 많았지만, 김영삼 정부 초기에 생활보호법, 노인복지법, 국민연금법 등 사회복지법에 대한 소송들이 제기되기 시작하여 사회복지법에 대한 시민사회의 관심들이 형성되기 시작하였다.

김영삼 정부 말기인 1997년 사회복지사업법이 시민단체 주도로 전문개정이 이루어지고, 생활보호법도 자활을 강조하는 방향으로 개정되었다. 그해 말 정권도 교체되고 IMF의 구제금융으로 인한 신자유주의적 구조조정이 단행되면서 본격적 입법의 홍수시대를 맞이하게 되었다. 국민기초생활보장법 제정을 포함하여 상당히 많은 입법들이 제·개정되었다.

이와 같이 본다면, 사회복지법의 역사적 시대구분은 그 전사시대를 넘어 기초입법시대, 도약기(사회보장법 체계화), 구조조정기(국가책임 강화 및 신자유주의적 입법)를 거쳐 왔다. 물론, 시대구분의 문제는 항상 논란의 여지가 있다.

3. 조선구호령시대: 1960년대 이전

일제시대의 사회복지입법은 빈약하지만, 대개는 식민통치를 목적으로 이루어졌다. 일제는 1927년 빈민조사를 목적으로 "경성부방면 위원규정"을 두고 방면(方面)마다 빈민조사, 선도, 교화, 구제를 실시했다. 이것은 식민지배를 위해 주민감시를 하기 위한 법이었다.

일본은 자국에서 경제공황으로 인해 1929년 제정하여 1932년부터 실시했던 구호법을 식민지에 조선구호령(1944)으로 실시하였다. 이것은 우리나라에서 근대적 공공부조제도의 기원을 이룬다. 65세 이상의 노쇠자, 13세 이하의 아동, 임산부, 불구, 폐질, 질병, 상병 기타 정신 또는 신체의 장애로 노동에 지장이 있는 자를 대상으로 생활부조, 의료부조, 조산부조, 생업부조를 실시하였다.

해방 이후 미군정 당국은 조선구호령을 그대로 사용하였다. 기타 이재민과 피난민 구호를 위한 후생국보 3A호, 3C호 등을 발하여 실시했다.

대한민국 건국으로 제정된 헌법 제19조는 "노령, 질병, 기타 노동능력의 상실로 인하여 생활유지의 능력이 없는 자는 법률이 정하는 바에 의하여 국가의 보호를 받는다"고 규정하였으나 법률제정 이전에 전쟁으로 인하여 여전히 조선구호령을 바탕으로 구호사업이 이루어졌다. 전쟁 중 발생한 고아들을 돌보기 위해 외원단체들이 수용보호를 실시하여 사회복지시설의 혼란과 문제를 정비할 필요가 있어 1952년 '후생시설 운영요강'이 제정되었다.

이 시대에는 전쟁과 국가질서 유지가 중요했기 때문에 군사원호법 (1950)과 경찰원호법(1951)이 제정되었고, 후생시설설치기준령(1950), 사회사업을 목적으로 하는 법인설립허가신청에 관한 규칙(1952), 후생시설운영요령(1952) 등이 있다.

4. 기초입법시대: 1961년~1980년대 전반

1961년 박정희의 5·16군사정변으로 실질적 권력이 국가재건최고회의로 넘겨졌다. 국가재건최고회의는 실질적 정부역할을 하면서 많은 입법들을 추진하였다. 가난으로부터 국민을 구제하겠다는 이른바 혁명공약 때문에 산업화와 경제정책을 준비하면서 군부권력은 이에 따라 사회복지관련 입법들도 추진하였다.

이미 1960년 1월 공무원연금법이 제정되었고, 갱생보호법(1961), 군사원호보상법(1961), 윤락행위 등 방지법(1961), 생활보호법(1961), 아동복리법(1961), 선원보험법(1962), 재해구호법(1962), 국가유공자특별원호법(1962), 군인연금법(1963), 산업재해보상보험법(1963), 사회보장에 관한 법률(1963), 의료보험법(1963) 등이 제정되었다. 대개 쿠데타 이후 사회기강을 규율하기 위해 갱생보호법, 윤락행위 등 방지법이 제정되었고, 국가유공자특별원호법이나 군인연금법 등은 권력의 지지기반을 다지기 위한 입법이고, 산업화에 대비하여 나머지 사회복지법들이 제정된 것이다. 그러나 생활보호법은 조선구호령의 내용과 실질적 차이가 없었고, 의료보험법이나 선원보험법은 실시되지 않았으며, 사회보장에 관한 법률은 사회보장에 대해 매우 소극적 입장을 표명하는 정도의 법률이었다. 산업재해보상보험법은 산업화를 위해 필수적인 법이므로 곧바로 실시되었다.

이후 박정희 정권의 3공화국 시대에는 자활지도사업에 관한 임시조치법(1968), 사회복지사업법(1970)이 제정되었다. 사회복지사업법은 1966년부터 국회에 상정되었으나 1969년에야 통과되었고, 주로 민간 사회사업에 대한 규정들이 중심이었다. 1972년 유신헌법을 통과시킨 박정희 정권은 1973년 사립학교교원연금법과 국민복지연금법을 제정하였다. 공무원, 군인에 이어 교원들에게도 공적연금이 주어짐으로써 권력의 기반으로 인정되었다. 국민복지연금법은 외국의 1960년대까지 주어지던 외국의 무상원조가 1970년대 들어와 차관으로 바뀌면서 경제개발을 위한 내수자본(內需資本)을 동원하기 위한 전략으로 제정되었으나 시행되지 못하였다.

유신정권 말기에 남북문제의 발생으로 박정희 정권은 급박하게 의료보험법을 개정(1976)하여 1977년부터 최초로 의료보험을 실시하였고, 이에 따라 1977년 의료보호법을 제정하였으며, 공무원 및 사립학교교직원의료보험법도 제정하였다.

박정희 사후(死後) 역시 군사 쿠데타와 광주학살을 통해 집권한 전두환의 5공화국 정권은 집권 초기부터 국민들에게 공포정치를 단행하면서도 유화적 조치들을 취해야 했다. 그리하여 정의로운 복지사회구현을 국정목표로 설정하고 사회복지사업기금법(1980), 아동복지법(1981), 심신장애자복지법(1981), 노인복지법(1981) 등을 제정하였다. 실질적인 면에서는 국가가 사회복지서비스를 제공하는 것이 취약했지만, 외형적으로는 사회복지서비스법들을 마련한 것이었다. 1982년 생활보호법 개정으로 자활보호와 교육보호를 보호의 내용으로 추가하였고, 1983년 사회복지사업법을 전면개정하여 사회복지사 자격제도를 도입하였다.

이로써 우리나라는 주요 사회보험법과 공공부조법, 사회복지서비스법을 두루 갖추게 되어 사회복지입법의 기초를 닦았다고 볼 수 있다.

5. 형식적 사회보장법체계 시대: 1986년~1996년

전두환 정권 후반기는 유례없는 경제적 호황을 맞이하였으나 정치적으로는 암흑기였다. 대학생들의 민주화를 위한 분신투쟁이 줄을 이었을 정도였다. 당시 재야에서는 대통령 직선제 개헌을 주장하여 민주화에 대한 열망이 강하였고, 그만큼 정치적 억압도 심했던 시대였다. 이에 전두환 정권은 1986년 9월 1일 대대적 사회복지정책 도입을 선언하였고, 이에 따라 그해 12월 정기국회에서 국민연금법 제정, 최저임금법 제정 등을 이루었다. 1987년 12월에는 의료보험법이 개정되어 농어촌 지역 주민들까지 의료보험에 가입하게 되었다. 이 법들은 1988년 1월부터 시행되었다.

전두환 정권의 뒤를 이어 1988년 2월 25일 출범한 노태우 정권은 대통령 직선제에 의해 성립된 정권이지만, 김영삼 씨와 김대중 씨가 후보단일화를 이루지 못한 데 따른 반사적 이득으로 성립된 정권이었다. 또한 본질적 성격은 전두환 정권과 동일하였다. 노태우 정권 초기인 1989년 모자복지법 제정, 도시자영자를 포함한 전 국민 의료보험 실시, 장애인복지법 제정 등이 이루어졌다. 의료보험은 이미 전두환 정권에서 행한 입법을 시행한 것이고, 오히려 의료보험의 통합관리운영을 골자로 하는 국민의료법안이 국회에서 만장일치로 통과되었으나 노태우 대통령은 거부권 행사를 통해 입법을 저지했다. 아울러 재가 복지를 강조하는 노인복지법 전문개정(1989)이 이루어졌다. 그리고 1990년 저소득 맞벌이 가정의 자녀들이 화재로 목숨을 잃은 사건 때문에 탁아문제가 사회문제로 제기되어 1991년 영유아보육법이 제정되었다. 역시 국가의 재정책임보다는 수익자 부담의 원칙을 골간으로 하여 제정되었다. 이 시대의 특기할 만한 사항은 사회복지전담공무원의 배치를 법적으로 규정한 사회복지사업법의 개정(1991)이다. 이것은 1985년 2·12 총선에서 여당인 민정당이 참패한 이후 기존의 여당의 표밭이라고 봤던 도시 영세민들을 정치적으로 끌어안기 위한 방안을 찾는 과정에서 사회복지계가 전달체계 확립을 요청하였고, 이에 사회복지전문요원제도가 정부에 의해 받아들여졌으며, 1987년부터 시범사업을 통해 배치한 후, 이의 정치적 효과에 매력을 느낀 노태우 대통령이 1990년 6월 29일 6·29 3주년 기념사에서 사회복지전문요원의 전국적 배치를 선언한 데서 기인한다.

1990년 노태우의 민정당, 김종필의 공화당, 김영삼의 민주당이 합당하여 민자당을 결성하여 1992년 대통령 선거에서 민자당의 김영삼 후보가 대통령이 되었으며, 이로써 30년간의 군사정권을 종식하고 이른바 문민정권을 이루게 되었다. 문민정부는 1993년 신경제 5개년계획을 통해 '시장이념과 탈시장 이념의 조화', '경제성장과 부의 분배의 합의점 추구', '세계적 보편성과 한국적 특수성의 조화'라는 전략 속에서 신자유주의 경제체제의 도입과 아울러 이에 따르는 복지정책의 강화를 설정한 것이었다.

김영삼 정권은 경제의 구조조정과 노동의 유연화 정책실시에 대비하여 고용보험법을 제정(1993)하여 1995년부터 시행하였다. 이로써 우리나라는 국민연금, 의료보험, 산업재해보상보험과 더불어 4대 사회보험체계를 구축하게 되었다. 1995년 1월 국민연금법 개정으로 농어촌 자영자에까지 적용범위를 확대하고, 같은 해 12월 사회보장에 관한 법률을 폐지하고 사회보장기본법을 제정하였다. 이를 통해 국가의 사회보장제도를 체계화하고 동시에 민간의 참여를 유도하는 법적 근거를 마련하였다. 이것은 신자유주의를 받아들이면서 그에 상응하는 복지체계를 확립하고자 하는 취지의 입법이었다. 그런가 하면,

1994년 성폭력범죄의 처벌 및 피해자보호 등에 관한 법률을 제정하였고, 1995년에는 정신보건법을 제정하였다.

대체로 이 시기까지 우리나라는 사회복지 분야의 기본법을 제정하고 4대 사회보험법과 상당한 영역의 사회복지서비스법을 제정하는 등 사회복지입법이 전 시대에 비하여 활발하게 변동하는 시대였다. 사회복지법의 외형적 틀을 갖춤으로써 일대 도약기를 이루었던 것이다.

6. 실질적 사회복지입법 및 조정시대: 1997년~현재

1996년은 김영삼 정권이 본격적 신자유주의 경제체제 구축을 위해 노동시장을 유연화하는 노동법 개정에 몰두했었다. 또한 1996년 11월 발생한 에바다농아원 사건은 사회에 충격을 주었고, 이에 1997년 사회복지사업의 사회화, 공공성 및 전문성 확보를 위한 사회복지사업법 전면개정이 이루어졌고, 특히 복지다원주의적 경향으로 개정되어 사회복지시설의 신고제가 도입되었다. 또한 저소득 빈민층의 자활공동체를 지원하기 위하여 생활보호법 개정이 이루어졌다. 대상자 요건을 일부 완화하여 부조기능을 약간 강화하면서 자활후견기관 및 자활공동체 규정을 두어 자활을 강조하는 입법이 이루어진 것이다. 또한 민간자원을 동원하여 사회복지사업에 투입하기 위하여 사회복지공동모금회법이 제정되었고, 가정폭력방지 및 피해자보호 등에 관한 법률이 제정되었다. 노인복지법상의 노령수당에 대한 소송에서 정부의 지침이 불법으로 인정되어 경로연금제도 도입을 골자로 하는 노인복지법 전면개정이 이루어졌다. 또한 1997년 12월 대통령 선거에서 각 후보들이 20년간 끌어 온 의료보험 통합에 합의하여 정기국회에서 국민의료보험법이 제정되었다.

이어 등장한 김대중 정권의 국민의 정부는 건국 이래 최초의 여야
간 정권교체를 이룬 정권이었다. 김대중 정권은 시장경제화, 정치민
주화를 국정지표로 하였다. 그러나 IMF의 구제금융을 받고 시작한
김대중 정권은 대북정책에서는 진보적 정책들도 있었으나 경제사회정
책 전반적으로는 신자유주의적 정책을 강도 높게 추진하였다. 사회
전체적으로 구조조정이 진행되었고, 실업률이 급상승해 경제사회 전
체적으로 해체적 분위기였다. 1998년 국민연금법을 개정하여 전국민
연금시대를 열었고, 연금재정 안정화에 초점을 두었다. 그러나 국민
들의 반발과 저항에 실효를 거두지 못하고 국민연금법은 최근까지도
위기에 처한 법이 되었다. 임시적 통합관리 체제하에 있던 국민의료
보험법과 기존의 의료보험법을 폐지하고 1999년 2월 국민건강보험법
을 제정하여 단일한 통합체계를 구축하였다. 그 해 8·15 경축사에서
김대중 대통령은 "생산적 복지"를 새로운 국정지표로 선언하였고, 생
산적 복지이념을 담은 "생산적 복지의 꽃"으로 지칭되던 국민기초생활
보장법이 8월 12일 국회를 통과하여 9월 7일 공포되었다. 기존의 생
활보호법을 폐지하고 새로운 공공부조법을 제정한 것이었다. 조건부
수급(법 제9조 5항)을 핵심으로 하여 자활을 강조하는 근로연계공공
부조법이 탄생한 것이다. 또한 장애인들의 고용을 위해 장애인고용촉
진 등에 관한 법률(2000)이 제정되었다. 이 시대에는 신자유주의적 규
제완화정책에 따라 민간사회복지에 대한 규제들이 완화되어 사회복지
사업법이 여러 차례 개정되기도 하였다. 또한 장애인복지법이 전면개
정되어(1999) 장애인의 범주가 대폭 확대되었다.

뒤를 이은 노무현 정권의 참여정부는 지역사회 복지강화를 위해 지
역사회복지계획 수립과 지역사회복지협의체 설치를 핵심으로 하는 사

회복지사업법(2003)을 개정하는 한편 농어촌주민의 보건복지증진을 위한 특별법(2004)을 제정, 보육업무의 여성부 이관을 골자로 하는 영유아보육법(2004) 개정 등을 단행하였다.

또한 출발 당시부터 문제가 심각했던 국민연금법을 전면개정하였다. 국민연금법은 1988년부터 시행되었으나, 보험료율 3%로서 연금급여액이 지나치게 낮은 수준이었고, 그러나 기여금에 비해 급여수준은 높은 편이어서 재정적자는 필연적이었다. 이러한 문제를 법률개정과 보험료율 인상을 통해 수정했으나 본질적으로 급여율을 낮춰야 하는 문제에 봉착했다. 참여정부는 정치적 인기저하의 위험에도 불구하고 이를 단행했다. 국민연금의 장기재정 안정을 도모하고, 자녀세대의 부담을 완화하기 위하여 평균적 소득이 있는 자가 40년 동안 가입할 경우 지급하는 급여수준을 당시 평균소득액의 60%에서 2008년에는 50%로 하고, 2009년부터 매년 단계적으로 낮춰 2028년에는 40%로 인하하는 것을 목적으로 2007년 국민연금법의 전면개정을 성사시켰다. 물론, 기존 수급자 및 기존 가입기간에 대하여는 종전대로 지급하여 기득권을 보장하기로 하였다. 이에 맞춰 연금에 가입하지 못한 저소득층 노인을 위하여 2007년 기초노령연금법을 제정하였다.

또한 4대 사회보험 통합 대신에 노동부가 관장하는 고용보험과 산재보험의 보험료 징수업무를 통합하는 법률, 즉 고용보험 및 산업재해보상보험의 보험료징수 등에 관한 법률을 2003년 12월 31일에 제정하여 2005년 1월 1일부터 시행하였다.

고용보험법과 산업재해보상보험법에 각각 규정된 보험관계의 성립·소멸, 보험료의 납부 및 징수 등에 관한 사항을 통합규정하는 단일의 법률을 제정하여 민원인의 보험업무의 편의를 도모하고 보험관리와 그 운영을 효율적으로 하려는 목적에서 법률제정을 한 것이다.

국민기초생활보장법에서 논란이 되었던 부양의무자 규정을 1촌의 직계혈족(2004년 개정), 1촌의 직계혈족 및 그 배우자(2005년 개정)로 계속하여 축소시켰고, 최저생계비 계측기간을 5년에서 3년으로, 공표 시점을 12월 1일에서 9월 1일로 현실화시켰다(2004년 개정). 또한 제한적이기는 하지만 외국인에 대한 적용특례를 도입하였다(2005년 개정). 아울러 자활의 지원 및 중앙자활센터 도입(2006년 개정), 수급자 선정시 금융정보, 신용정보, 보험정보의 제출을 도입(2007년 개정) 등을 추진하였다.

그리고 일시적 보호가 필요한 사람들에게 보호를 제공하기 위하여 5년 한시법으로 긴급복지지원법을 제정하였고(2005년), 기존의 모·부자복지법을 한부모가족지원법(2007)으로 개정하였다.

이명박 정부는 출범 당시 "능동적 복지"를 내세웠으나 개념에 대한 논란이 있은 후 흐지부지 사라졌다. 2008년 다문화가족지원법을 제정하였고, 한시법이던 긴급복지지원법을 개정하여(2009년) 보통의 법률로 전환하였다. 청소년 관련법들의 소관부처를 기존의 문화관광체육부에서 보건복지부로 전환했다.

제 12 장
이데올로기와 사회복지법의 전개

대개 정책과 법들이 그러하지만, 사회복지정책 및 법은 특히 이데올로기와 밀접한 연관성을 갖게 된다. 그것은 자원의 분배와 인간에 대한 처우를 핵심으로 하기 때문에 관련집단의 이해관계가 첨예하게 부딪치게 되어 기본적으로 정치적이고 이념적 성격을 띠게 된다.

따라서 사회복지법은 국가의 사회복지정책의 표현이며, 이것은 또한 법을 제정하는 국가의 이데올로기가 반영되어 있는 것이다. 물론, 민주화된 국가에서 입법은 다양한 집단의 요구가 수렴되어 나타나기도 하지만, 국가와 사회의 이데올로기로부터 자유로울 수는 없다.

이데올로기는 매우 추상적인 것이어서, 이것을 구체화된 법률을 통해 밝히기는 쉽지 않다. 이러한 작업은 추상적 이데올로기의 내용을 분석적으로 세분화하고 구체화하여야 하며, 이것이 법률의 조문을 통해 구현되는 것을 찾아내야 한다.

1. 지배적 이념의 역사

대한민국 건국 이후의 시대를 구분하는 방법은 연구목적에 따라 다양할 수 있겠다. 이념의 변천으로 볼 때, 그것은 대체로 정권의 변천과 궤를 같이 한다고 볼 수 있다.

이승만 정권에서는 반공주의가 지배했으며, 박정희 정권에서는 기존의 반공주의를 계승하면서 경제성장주의를 내세웠으며, 이 두 가지 이념은 우리나라 지배이념의 양대 축을 이루어왔다. 전두환 정권과 노태우 정권에서는 기존의 지배적 이념에다가 지역주의를 확고한 이념으로 자리 잡게 하였다. 지역주의는 봉건적 이념에 적합한 이데올로기이다.

그러나 계속된 민주주의 투쟁으로 30년간의 군사독재체제를 끝내고 김영삼의 문민정부에서부터 최초의 정권교체로 기록되는 김대중의 국민의 정부를 거쳐 현재에 이르고 있어, 민주주의는 국민들이 지키고자 하는 가치로 승인되었다. 동시에 세계화의 추세와 경제위기로 등장한 신자유주의가 우리 사회의 지배적 이념으로 작용하고 있다.

1) 반공주의: 분단이데올로기

해방 이후의 혼란 속에서 박헌영, 여운형 등의 좌파세력들이 제거 또는 무력화된 후 6·25전쟁을 거치면서 남한사회에서는 매우 공격적이고 억압적인 반공주의가 지배하게 되었다. 특히 미국의 지배와 지원 아래 극우 보수주의적 성격을 띠는 이승만 정권의 등장은 향후 우리나라의 정치적 이데올로기가 편향성을 갖게 되는 결정적 계기가 되었다고 본다. 특히 반공법과 국가보안법의 제정은 우리나라의 다양한 사상의 표현과 적용을 원천적으로 통제하였으며, 극심한 이념적 편향을 가져오게 하였다.

따라서 복지국가를 지향하는 서구의 사회민주주의 이념조차 좌경 또는 용공으로 매도되었다. 서구의 복지국가 발달에서 노동운동의 역할은 매우 컸다. 그러나 우리나라에서 노동운동은 반공이데올로기에 의해 억압받았기 때문에 사회 전반적 분배문제를 다루기보다는 사업장 내의 임금인상과 노동조건 등을 문제제기하는 경제투쟁적 성격이 강하였다. 그러므로 노동계급의 취약성은 국가복지를 견인할 수 없었던 것이다. 또한 평등과 같은 사회주의적 이념이나 개념을 기피하게 만드는 것 역시 반공이데올로기 때문이다.

이와 같은 반공주의 내지 분단이데올로기는 건국 이래 현재까지 가장 기본적 지배이념으로 자리 잡고 있다.

2) 경제주의

경제적으로는 절대빈곤과 정치적으로는 독재체제 속에서 군사 쿠데타를 통해 권력을 찬탈한 박정희는 경제성장을 정책의 기조로 제시했다. 그러나 이것은 정책을 넘어 이데올로기화되어 그 이후 우리 사회에 지대한 영향을 미쳤다. 즉, 경제성장지상주의 내지 경제만능주의가 우리 사회를 지배하게 되었다.

절대빈곤의 탈피를 위해 설정되었던 경제성장정책의 방향이 점차 절대화되면서 모든 것이 경제성장을 위해 조직화되고 동원되었다. 경제성장을 위하는 것이라면 그것의 도덕성이나 인간적 문제는 크게 중요시되지 않았으며, 경제성장에 저해가 된다고 판단되는 것은 그것이 아무리 인간적이거나 도덕적이어도 회피되어 온 것이 사실이다.

따라서 국가복지는 항상 "선성장 후분배"라는 정책적 구호에 갇혀 국가복지의 후진성을 낳게 되었다. 이러한 경제주의 이념은 1960년대 경제성장을 시작한 이래 1997년 외환위기와 2009년 금융위기를 거치면서 더욱 강력한 통치이데올로기로 작용하고 있다.

3) 봉건주의(지역주의, 충효이념 등)

우리나라 국민들의 의식과 일상생활 속에 아직도 강력하게 남아 있는 것이 전근대적 봉건주의적 의식이다. 봉건주의적 이념은 근대적 가치나 원리에 의해 상당히 파괴되었지만 아직도 우리의 의식과 문화의 배후에서 작용하고 있어 무시할 수 없을 정도로 강력하다. 서열문화, 소집단집합주의, 연고주의 등은 봉건적 잔재이다.

이러한 봉건주의의 잔재는 사회복지의 발전에도 부정적 영향을 미친다. 갈수록 희석되기는 하지만, 봉건주의는 가족주의를 강조하고 특히 사적 부양을 미덕으로 강조하기 때문에 국가의 일반적 부양기능을 은폐하고, 국가의 복지에 대한 책임을 개인과 가족에 돌리는 경향을 나타낸다. 또한 민간에서도 공적 제도와 조직에 의한 도움이나 나눔보다는 사적 연줄망에 의존하는 것을 정상적으로 보는 경향이 있다.

이러한 봉건주의는 기본적으로 사회복지에 대해 매우 보수적인 입장으로 나타나며 사회복지에 대한 국가책임의 최소화로 표현된다.

4) 민주주의

1987년 6월 항쟁으로 대통령 직선제 개헌을 쟁취한 것은 우리나라 민주화 운동의 역사상 최고의 소득이었다. 이에 근거하여 1997년 비로소 선거를 통한 정권교체가 이루어지게 되었다. 1948년 대한민국 정부가 수립된 지 50년째 되는 해에 처음으로 이루어낸 성과였다.

현재 우리나라는 1987년에 개정한 헌법에 기초하여 국가가 이루어지고 운영되기 때문에, 1987년 이후 현재까지의 정치경제체제를 이른바 '87체제라 칭하기도 한다.

민주주의는 국민들에 의해 헌법이 만들어지고, 국민들이 국회의원은 물론 대통령을 선출하고, 지방자치단체장과 지방의원까지 선출하는 제도를 정착시켰다. 특히 헌법 제119조 제2항이 규정하는 경제민주화는 우리 헌법이 추구하는 민주주의의 이념과 내용을 보여주는 것이다. 정치민주화와 경제민주화를 통하여 사회민주화를 이룩하고자 하는 것으로 볼 수 있다.

이것은 복지국가가 추구하는 이념과 상통하는 것이며, 헌법에 반영된 민주주의는 복지국가의 전제조건으로서 민주주의를 보여준다.

5) 신자유주의

오랜 군사독재를 종식시키고 들어선 김영삼의 문민정부 때부터 신자유주의는 '국제화'와 '세계화'라는 명분으로 우리나라 정책기조로 등장하였고, 환란 이후 집권한 김대중 정부는 구조조정을 내세운 대대적 신자유주의적 정책을 펼쳤다. 노무현 정부에서는 비정규직이 양산되었으며, 이명박 정부는 더욱더 시장주의 노선으로 매진하였다.

신자유주의는 자유시장체제를 정상적인 것으로 보고 자유경쟁을 추구하는 점에서 구자유주의와 같지만, 국가개입에 대해 매우 선별적인 입장을 가지고 있다. 즉, 자본과 시장에 유리한 측면에 대해서는 강력한 국가개입을 요구하면서 그 반대에 대해서는 철저한 국가 불간섭을 요구하는 이데올로기이다. 이는 국제화, 세계화의 흐름과 함께 하며, 전 세계적으로 지배하는 강력한 이데올로기로 자리 잡고 있다.

신자유주의는 세계적 차원의 자유시장경쟁체제를 지지하고, 국가 복지는 최소한의 정도로 요구한다. 즉, 신자유주의적 구조조정은 필연적으로 요보호집단을 대량으로 야기한다. 이에 대해 일하는 것을 전제로 하는 복지(workfare)를 주로 하고, 나머지 직접적 복지급여는 최소한에 그치도록 주문한다.

최근 복지국가의 경우에도 신자유주의의 영향을 강하게 받고 있으며, 우리나라의 경우 국민의 정부에서부터 "생산적 복지", 참여정부의 "참여복지", 이명박 정부의 "능동적 복지"라는 정책기조를 통해 신자유주의 이념을 반영하는 복지정책 노선이 본격적으로 추진되었다.

6) 종 합

우리나라의 지배이념은 분단체제에 기인하여 반공이데올로기가 여전히 체제이념으로 자리 잡고 있으며, 경제성장주의 역시 여전히 지배적 이념이다. 동시에 급격한 경제성장은 의식과 문화적인 면에서 여전히 전근대적 봉건성을 일소하지 못하고 양립하는 문제를 야기하였다.

그러나 이러한 이념적 지배가 가져 온 불평등과 갈등을 극복하기 위한 민주주의에 대한 노력과 운동은 우리 사회의 질적 발전을 견인했다. 민주주의의 발전은 복지의 발전도 함께 가져왔다.

하지만 경제위기에 따른 신자유주의의 도입과 지배로 경제성장주의 이데올로기는 여전히 맹위를 떨치고 있다. 신자유주의는 전통적인 봉건주의적 이데올로기를 분해하는 효력을 발휘하는 정도 내에서는 개혁적인 것으로 보이기도 하지만, 불평등의 조장 및 강화, 실업과 비정규직 양산이라는 점에서 많은 도전에 직면하게 되었다.

이와 같은 신자유주의적 이념은 불평등과 실업 등을 정당화하지만, 사회적 위험을 대량으로 야기하기 때문에 불가피하게 국가복지의 증가를 수반하는 측면도 있다. 특히 국가복지가 취약한 우리나라의 경우 신자유주의의 강화는 부분적으로 국가복지의 강화로 나타나기도 하지만, 본질적으로 친복지적인 이념은 결코 아니다.

이러한 이념적 작용에 따라 우리나라의 사회복지는 전반적으로 국가의 재정책임이 희박한 보수적 경향을 띠고 있으며, 최근 들어 사회복지입법이 활발하게 전개되고 있으나 적극적 민간참여나 지방화를 추구하는 신자유주의적 경향과 맞물려 소극적 복지제도를 이룬다.

2. 사회복지법의 역사적 전개

그동안 사회복지법이 이러한 이데올로기들을 어떻게 표현하고 수용했는지, 대체적 경향을 살펴보자.

1) 보수주의와 경제주의의 결합: 1960년대~1970년대

박정희 정권은 출범 초기부터 강력한 경제성장정책을 추구하였다. 그 결과 사회복지는 전반적으로 위축되었다. 박정희체제가 등장하기 직전인 1961년 1월 공무원연금법이 제정되었고, 박정희 군사정권은 1961년 생활보호법을 제정하였으며, 군사원호보상법, 윤락행위 등 방지법, 갱생보호법, 고아입양특례법, 아동복리법 등을 제정하였다. 이는 전쟁 이후 만연된 사회문제들을 정리하는 의미이기도 하였다. 1963년 군인연금법을 제정하고 산업화에 대비하여 산재보험법과 의료보험법을 제정하였다. 물론 의료보험법은 정상적으로 실시되지 않았다.

또한 사회보장에 관한 기본적 원칙을 정립하기 위하여 사회보장에 관한 법률을 제정하였는데, 이 법 제3조 제2항은 "정부는 사회보장사업을 행함에서 국민의 자립정신을 저해하지 아니하도록 하여야 한다"라고 규정하여 이른바 복지병에 대한 경고를 하였으며, 같은 조 제3항에서는 "사회보장사업은 국가의 경제적 사정을 참작하여 순차적으로 법률이 정하는 바에 의해 행한다"라고 규정하여 "선성장 후복지"라는 정책적 입장을 극명하게 천명하였다. 이 법은 1995년 사회보장기본법이 제정될 때까지 우리나라 사회복지정책의 규범적 기조로 존재했었다.

1970년 1월 사회복지사업법이 제정되어 민간사회복지사업에 대한 국가의 규범이 성립되었다. 이 법은 주로 민간사회복지 주체들에 대한 규정으로 국가의 사회사업을 유보하고 대신에 민간에 의존하며 동시에 규제하려는 입장을 지닌 법이었다.

1970년대 분배를 둘러싼 사회적 갈등은 한편으로는 반공이데올로기를 통해 통제하면서도 1976년 의료보험법을 전면개정하여 1977년부터 시행하게 하였으며, 1973년 경제개발을 위한 내수자본 동원용으로 국민복지연금법을 제정하기도 하였고, 같은 해 사립학교교원연금법이 제정되었으며, 1977년에는 공무원 및 사립학교교직원의료보험법이 제정되었다. 유신체제를 구축한 박정희 정권이 공무원, 군인, 교원 등에 대해 정치적으로 규합하려는 의도로 해석되며, 남북체제간 경쟁이 정점에 달하면서 의료보험을 도입하였다.

이러한 점들은 분단체제에서 반공이데올로기를 강화하고자 하는 방도였고, 또한 경제성장 지원을 위해 국가의 예산부담 없이 노동자들을 동원할 수 있는 의료보험제도를 시작한 것으로 보인다. 따라서 이

시기의 사회복지법은 국가부담을 최소화하며 경제에 부담을 주지 않는 방향으로 설정되었다. 즉, 보수주의적 경향과 경제주의 이념의 결합으로 볼 수 있다.

2) 전체주의의 정당성 확보 위한 보수주의적 외연확대: 1980년대

1980년대 전두환 정권은 정치적 정당성에 치명적 결함을 가진 전체주의적 권력이었기 때문에 정당성 확보를 위한 사회복지입법을 대대적으로 제·개정하였다. 집권 초기부터 노인복지법과 심신장애인복지법 제정(1981), 아동복지법 개정(1981), 생활보호법 개정(1982) 등이 이루어졌다. 그러나 정부의 재정부담이나 구체적 서비스 면에서는 거의 전무한 형식적 입법이었다.

전두환 정권 후반기인 1985년 제12대 총선인 2·12 총선에서 급조된 야당인 신한민주당이 득세하여 여당인 민정당이 위기에 몰리게 되었다. 이에 전두환 정권은 1986년에 1987년 예산을 국민복지형 예산으로 편성하기로 하고,[1] 이어서 야당과 재야에서 대통령 직선제 개헌 요구 운동을 전개하자, 전두환 정권은 당시 9월 1일 국민연금 도입, 전국민의료보험 확대, 최저임금제 도입 등에 대한 "국민복지종합대책"으로 그해 12월 정기국회에서 국민연금법 제정, 의료보험법 개정, 최저임금법 제정 등을 단행하였다(〈조선일보〉, 〈중앙일보〉, 〈한국일보〉, 1986. 9. 2). 당해법률들은 그 시행시기를 각각 1988년 및 1989년으로 부칙에 정하여 노태우 정권이 들어서면서 본격적 실시하게 하였다.

---

1 당시 노신영 총리는 장관들을 소집하여 1988년 국민연금제와 최저임금제 실시, 1989년 전국민의료보험 확대실시를 차질 없이 준비하도록 지시하였다 (〈조선일보〉, 1986. 8. 15).

이 법률들 역시 정부의 재정부담을 도입하지 않았고, 의료보험법의 경우 적용범위를 확대하여 농어민과 도시 자영업자까지 포괄하도록 한 법률이다. 국민연금의 경우 기여율에 비해 급여율을 높게 설정하여 선심성의 의혹이 있었다.

외형적으로는 민주주의의 영향으로 국가복지의 기틀을 마련한 것으로 보이지만, 내용면에서는 여전히 보수주의적 성향이 강하였다.

3) 신자유주의의 지배: 1990년대 이후

(1) 문민정부의 신자유주의적 입법

1993년 문민정부의 출범을 기하여 국제화 및 세계화 담론의 흐름을 타면서 탈규제화, 급속한 자본시장 개방, 민영화, 노동시장의 유연화 등 신자유주의 경제정책이 농후하게 이루어졌다. 그리고 외환위기 직후 집권한 국민의 정부는 IMF가 요구하는 신자유주의 프로그램을 이행하여 이제 신자유주의는 국가의 지배적 틀로서 정착하였다. 그리하여 문민정부가 출범하면서 "신경제계획"을 발표하고 이에 따라 본격적으로 신자유주의적 방향의 정책기조를 선택하였다.

그해에 고용보험법이 제정되었다. 이 법은 원활한 산업구조조정과 그 효율성 제고, 직업안정기능의 활성화 및 인력수급의 원활화, 직업훈련의 촉진 및 경쟁력 강화, 실업자의 생활안정과 재취업 촉진 등을 위해 제정되었다. 과거 1970년대 초 경제개발기구(OECD)에 가입한 회원 각국이 심각한 산업구조조정을 거치면서 실업보험제도를 적극적 노동시장정책으로 전환시켰는데, 우리나라도 이러한 추세에 따라 인력정책의 원활화를 위해 고용보험을 도입하게 된 것이다. 즉, 산업구조조정과 노동시장 유연화에 대비하기 위한 취지였기 때문에 기본적으로 실업보험법을 포기하고 고용보험법 제정 쪽으로 방향을 잡았던 것이다. 따라서 이것은 신자유주의 이념과 관련이 된다고 볼 수 있다.

이후 1995년 코펜하겐(Copenhagen)에서 UN사회개발 정상회의 이후 김영삼 대통령은 "삶의 질의 국제화"를 국가정책의 방향으로 선언하였고, 그해 사회보장기본법이 제정되었다. 이 법은 유명무실한 사회보장에 관한 법률을 폐지하고 사회복지제도 전반의 체계를 구축했다는 점에서 긍정적으로 볼 수 있지만, 법 제9조에서 사회보장수급권을 하위 법률 규정에 위임하고, 법 제27조 제2항에 사회보험에 관하여 국가가 부담하지 않는 것을 원칙으로 하고, 같은 조 제4항은 사회복지서비스에 대하여 수익자부담을 원칙으로 선언하였고, 법 제26조 제1항은 민간참여를 조장하도록 하여 국가책임보다는 복지다원주의적 입장에서 민간의 책임을 강조한 것으로 볼 수 있다.[2] 한마디로 사회복지체계를 정비하면서 신자유주의적 지향점을 갖는 법이라 하겠다.

실제로 1997년 노인복지법 개정에서 신경제계획에서의 실버산업 육성방침에 따라 유료노인복지주택(법 제32조 제1항 제5호), 유료노인전문요양시설(법 제34조 제1항 제4호), 노인전문병원(같은 항 제5호) 등과 같은 유료시설을 법정 노인복지시설로 규정하였다. 이러한 유료 노인시설의 규정은 자본의 참여를 유도하여 노인의 욕구충족을 시장에 맡긴다는 전략이 내재되어 있는 것이다.[3]

---

2 이는 향후 사회보험의 민영화, 실버산업의 도입 등에 대비한 포석으로 볼 수 있다.

3 노인복지법 제31조의 노인복지시설 중 노인주거복지시설은 양로시설, 노인공동생활가정, 노인복지주택으로 구분한다. 여기에서 노인복지주택이라 함은 노인에게 주거시설을 분양 또는 임대하여 주거의 편의·생활지도·상담 및 안전관리 등 일상생활에 필요한 편의를 제공함을 목적으로 하는 시설이다(노인복지법 제32조 제1항 제3호).

또한 1997년에 사회복지사업법이 전문 개정되었는데, 이때 개정방향은 사회복지시설의 민주화와 사회복지사업의 전문화에 초점이 맞춰졌다. 이것은 봉건적 가부장적 체제에 의해 운영되던 민간사회복지시설을 개혁하는 입법이었다. 그러나 사회복지서비스에 대한 국가의 책임이 미흡한 현실 속에서 일방적으로 민간사회복지시설의 개혁만을 요구했다고 볼 수 있다. 사회복지시설에 운영위원회 설치(법 제36조 제1항)와 시설평가제(법 제43조 제1항) 등이 가장 큰 변화였다.

여기에서 특히 시설평가제는 사회복지시설의 경쟁을 장려하고 정부는 이에 대해 보조금 지급 등으로 사회복지시설을 통제할 수 있는 장치로 설정된 것이다. 이는 신자유주의적 입법방향이 사회복지시설의 개혁수단으로 사용된 예로 볼 수 있다. 그것은 사회복지시설이 여전히 봉건적 수준에 머물러 있었기 때문에 신자유주의적 조치가 개혁의 수단으로 사용될 수 있었던 것이다. 그러나 여전히 정부의 사회복지사업에 대한 법적, 재정적 책임에는 질적 변화가 없었다.

현실적으로 노인복지주택이란 쉽게 말해서 아파트와 같은 것인데, 임대 또는 분양자격을 단독취사 등 독립된 주거생활을 하는 데 지장이 없는 60세 이상의 자(노인복지법 시행규칙 제14조 제1항 제2호)로 한정하는 것이다. 그러니까 노인전용 아파트라고 생각하면 된다.

그런데 건설회사들이 노인복지주택을 분양하면서 사기 등 법적 다툼이 전국 곳곳에서 벌어지고 있다. 또한 노인의 자녀가 노인복지주택을 상속한다면, 노인복지법과 동 시행규칙상 60세 미만의 자녀는 당해 노인복지주택을 소유할 수 없다는 규정과 충돌하게 되며, 자녀는 그 노인복지주택을 전매하여 이익을 챙기거나 임대하여 수익을 얻게 될 것이다.

건설회사 역시 부지를 매입할 때부터 엄청난 혜택을 얻는다. 노인복지시설을 짓는 부지이기 때문에 일반택지보다 5분의 1에서 6분의 1 정도 저렴하게 택지를 확보하여 일반 아파트와 같은 가격으로 분양할 수 있다. 각종 세제혜택도 받는다.

사회복지에 민간참여가 어떤 결과를 가져오는지 그 단면을 보여주는 예이다.

(2) 국민의 정부에서의 신자유주의적 입법

국민의 정부는 환난 이후 IMF를 통해 신자유주의를 강화했다. 동시에 확대되는 사회적 위험에 대처하기 위하여 일정 정도 국가복지를 강화하는 경향을 보이기도 하였으며, 1999년 8·15 경축사를 기해 김대중 대통령은 "생산적 복지"정책을 국정지표로 선언하였다.

국민의 정부가 단행한 몇 가지 법적 조치들을 보면, 사회복지에 대한 개혁적 조치로서 인정될 수 있다. 1998년 국민연금법 개정을 통해 대상자 적용범위를 전 국민으로 확대했고, 국민연금기금운용위원회 규정을 개선하였다. 그러나 신자유주의적 정책기조를 통한 비정규직의 확대는 국민연금의 토대를 위협하고 있으며, 연기금의 주식투자는 노후 생존권을 금융자본에 맡기는 격이 되었고, 급여수준의 하향조정은 시장에서 사적 연금에 대한 선호를 부추기는 등 국민연금은 신자유주의정책으로 불안정해지고 또한 신자유주의정책을 강화하는 역할을 하게 되었다. 또한 1999년 국민건강보험법 제정을 통해 20년 이상 끌어 온 의료보험을 잠정적으로 통합하였다. 그러나 국가의 재정부담이 인정되는 것은 아니었다.

한편 고실업시대를 맞이하여 고용보험법의 적용범위 확대와 실업급여의 확대가 이루어졌다. 이것은 IMF가 우리나라의 안전망이 너무 취약하다는 점 때문에 기업구조조정에 따라 고용보험을 확대할 것을 요구한 결과이기도 하다. 신자유주의적 구조조정을 원활하게 하기 위한 방편으로 고용보험의 확대가 이루어진 것이다.

따라서 이러한 경우들은 법 자체로는 수급권이 강화된 측면이 있지만 그것이 신자유주의적 질서를 유지하기 위한 방편이라는 측면에서 보아야 할 것이다.

무엇보다 돋보이는 것은 1999년 8월 12일 제정된 국민기초생활보장법이다. 이것은 과거 생활보호법을 폐지하고 대체입법으로 이루어졌다. 여기에는 1999년 8월 15일 광복절 경축사에서 김대중 대통령이 제기한 "생산적 복지"의 이념이 담겨져 있다. 생산적 복지의 이념을 가장 분명하게 드러낸 것이 동 법 제9조 5항의 조건부 수급이다.

국민기초생활보장법 제9조 제5항은 "보장기관은 대통령령이 정하는 바에 따라 근로능력이 있는 수급자에게 자활에 필요한 사업에 참가할 것을 조건으로 하여 생계급여를 지급할 수 있다…"라고 규정하고 있으며, 수급자가 이에 응하지 않을 때에는 수급자 본인의 생계급여의 일부 또는 전부를 지급하지 아니할 수 있다(법 제30조 제2항). 이 조항들 속에서 인간의 생존권과 자유권을 교환시키고 있다. 국가의 부조로 생존하기 위해서는 국가가 요구하는 일정한 노동을 해야 한다는 것이다. 이는 법적으로 생존권 또는 사회권과 자유권의 대립 문제를 낳는다. 이러한 근로연계 생계급여인 조건부 수급은 수급자의 자유권, 특히 헌법이 보장하는 근로의 자유, 직업선택의 자유를 침해할 우려가 있다. 근로의 의지가 있음에도 불구하고 직업이 없거나 근로를 할 수 없는 사람들에게 특정한 장소에서 특정한 근로를 할 것을 명하는 것은 명백한 위헌적 조치일 수 있다. 그러나 근로의 능력이 있는데도 불구하고 근로의지가 없이 생계급여에 의존하려는 사람에 관하여는 근로를 강제하는 것의 적법성 내지 합헌성이 시비가 될 수 있다. 따라서 이 문제에 대해서는 근로능력과 근로의지를 판단하는 것이 일차적 문제가 되고, 근로의 강제여부는 그 다음 관건이 된다.

또한 사실적 가정파탄 내지 가족해체로 부양의무자가 있음에도 불구하고 부양받지 못하는 사람들의 부양의무자에게 구상권을 행사하는 것(국민기초생활보장법 제46조 제1항)은 철저한 사적 부양을 강요하는 것으로서 빈민에 대한 공적 부양의 책임을 사적 영역으로 이전하는 것이다.

(3) 참여정부의 사회복지법

참여정부의 참여복지정책은 분명한 이념적 색채가 보이지 않는다. 대개 국민의 정부에서 시행했거나 추진했던 정책을 유지, 보완하는 정도로 나타나고 있다. 예컨대, 2003년 7월 30일에 공포된 사회복지사업법 개정법률은 이미 국민의 정부에서 입법예고를 했던 것이다. 지역사회복지를 강화하고 사회복지서비스에 대해서 지방자치단체의 책임을 강조한 법이다. 이 역시 중앙정부의 재정책임에 관한 규정 없이 사회복지서비스의 지방화를 선언, 유도하는 신자유주의적 경향을 띠고 있다.

또한 노인문제를 위해 도입한 노인장기요양보험법은 2007년에 제정하여 이명박 정부에 들어와 2008년 7월부터 시행되었다. 이 법은 고령이나 노인성 질병 등의 사유로 일상생활을 혼자서 수행하기 어려운 노인 등에게 제공하는 신체활동 또는 가사활동지원 등의 장기요양급여에 관한 사항을 규정하여 노후의 건강증진 및 생활안정을 도모하고 그 가족의 부담을 덜어줌으로써 국민의 삶의 질을 향상하도록 함을 목적으로 한다(법 제1조).

이 법 또한 장기요양기관으로서 민간영리단체까지 망라하는 것이어서 자연스럽게 민간참여를 유도하였으며, 노인문제와 욕구를 시장을 통해 해결하고자 하는 시도이다. 따라서 이 또한 신자유주의적 경향을 드러내는 것이라고 볼 수 있다.

신자유주의가 선호하는 전략은 민영화 외에 지방화의 전략인데, 참여정부는 사회복지서비스의 지방이양사업을 통해 광범위한 사회복지사업의 지방화를 도모하였다.

4) 맺는말

이데올로기는 법과 더불어 한 사회구성체의 상부구조를 이룬다는 전통적 맑스주의의 도식이 오랫동안 지배했지만, 이데올로기의 시대는 끝이 났다는 벨(D. Bell)과 같은 산업주의론자들의 주장도 한 시대를 풍미했었다. 그러나 이데올로기는 사람들의 의식과 가치에 관련된 것이기 때문에 사회운동이나 조직화를 통해 저항이데올로기나 대안이데올로기의 형성도 가능하다. 사회복지를 추구하는 이데올로기도 이러한 부류에 속할 것이다.

우리나라는 매우 복잡한 사회세력의 구도와 이데올로기가 혼재되어 있어 이러한 분석들이 현실적합성을 갖기 어려운 것 같다. 그러나 여전히 우리 사회는 자생적 근대화과정을 갖지 못했고, 1987년 6월 민주항쟁 이후 다양한 시민운동이 전개되면서 비로소 근대사회를 형성해 나가고 있다. 이 와중에서 기존의 독재권력과 정치권력들이 시민사회의 형성과 사회복지의 발달을 저해하는 이데올로기를 통해 권력의 정당화를 꾀했었다. 반공주의와 경제성장주의가 대표적 이데올로기였으며, 유교적 봉건주의는 우리 사회 곳곳에 내재한 이데올로기이다.

사정이 이렇다보니 보수적 이데올로기의 지배가 강하여 우리나라의 사회복지법체계는 아직도 국민의 모든 사회적 위험을 꼼꼼하게 보호하는 제도적 망을 형성하지 못한 실정이다. 특히, 기층 민중들의 분배요구에 대하여 과거 군사독재 정권들은 이들을 좌경시하면서 물리적 폭력으로 억압하거나 명목상의 사회복지법 제정으로 대응했었다. 그 결과 우리나라의 사회복지법은 국가책임이 약한 보수주의적 입법상태로 남아 있었다. IMF조차 신자유주의적 구조조정을 요구하면서도 취약한 우리나라 사회보장체계를 염려하여 고용보험 강화, 사회안

494

전망 구축 등을 주문했을 정도이다.

그 이후 문민정부와 정권교체 등은 우리나라에 민주주의가 발전하는 모습을 나타냈고, 이에 따라 사회복지법과 정책 역시 진일보하는 모습을 나타냈다.

그러나 사회복지법의 민주화는 공교롭게도 신자유주의화와 병행되는 모습으로 나타났다(윤찬영, 2007). 국가정책 기조가 신자유주의에 입각해 있는 한, 부분적으로 사회보장법과 제도가 강화되었다 하더라도 그것만으로 사회복지에 대한 국가책임이 강화되었다고 볼 수는 없다. 사회보험의 급여비용에 대해 여전히 국가부담이 존재하지 않는다는 점, 그리고 공공부조에 의존하는 사회보장체계, 그조차도 수급조건의 강화와 수급권의 제한을 통해 이루어지고 있다는 점들이 신자유주의의 세례를 받은 증거로 채택될 수밖에 없다.

사회복지에 대한 국민의 권리강화와 이에 상응하는 국가의 법적, 재정적 책임을 강화하는 것이 사회복지법체계의 규범적 정당성을 확보하는 길이라고 할 수 있겠다. 이에 따라 사회보험에 대한 국가의 재정부담 및 적용대상자의 범위를 실질적으로 확대해야 하며, 빈민을 누락시키지 않고 포괄할 수 있게 하기 위하여 세계적으로 유례가 없는 부양의무자 조건을 폐지하여 공공부조제도의 개별화된 보호를 도입해야 하고, 실업수당, 노령수당, 장애수당 등의 사회수당제도 도입을 통해 사회보장의 사각지대를 제거하여 국민의 인간다운 생활을 할 권리를 충족시키는 법체계를 마련해야 할 것이다.

제 6 부

각
론

· · ·

사회복지법제 교과서에서 다루어야 할 개별법의 종류와 내용은 매우 많다. 가장 기본적인 사회보장기본법과 사회복지사업법을 필두로 하여 각종 사회보험법, 공공부조법으로서 국민기초생활보장법과 의료보호법, 아동복지법, 노인복지법, 장애인복지법 등과 같은 사회복지서비스법, 더 나아가 수평적 분류체계에서 E영역에 속하는 재해구호법, 의사상자예우에 관한 법, 범죄피해자구조법, 국가유공자 등 예우 및 지원에 관한 법률, 그 밖에 사회복지공동모금회법, 사회복지관련 국제법, 조례 등 매우 많다.

단일법 체계가 마련되어 있지 못한 우리 법 실정으로 보아 이 많은 법들을 한 권의 책으로 묶는다는 것은 법전 이외의 역할을 하지 못할 것 같다. 게다가 급박한 사회경제적 환경의 변화와 입법의 미숙으로 자주 개정되다 보니 각론을 모두 구성할 여건이 되지 못하는 것 같다.

개별법들을 볼 때, 사회복지법 영역에서 가장 기초가 되는 사회보장기본법과 사회복지사업법, 사회보장기본법이 가진 문제점을 극복하기 위해 제정된 사회보장급여법, 그리고 최근 가장 쟁점이 되고 있으며 사회복지의 지평을 넓혔다고 평가되는 국민기초생활보장법을 우선적으로 다루어보고자 한다. 나머지 법들은 차후의 기회로 미루고 여기에서는 주요 4법을 중심으로 기술하고자 한다.

총론부분에서 다루었던 사회복지법의 체계, 특히 내용적 체계를 뼈대로 하여 우리나라에서 매우 중요한 4개의 법을 분석하고자 하는 것이다. 나머지 관련법들은 독자들의 관심과 취향에 따라 독자적으로 분석해보기로 하자.

제 13 장

사회보장기본법

1. 법의 연혁 및 의의

1993년 출범한 문민정부의 신경제계획에 따라 1994년 사회보장기본법의 제정이 국회에서 시도되었으나 여·야간의 합의가 이루어지지 않아 결렬되었다가 1995년 정기국회에서 재론되었다. 당시에도 법안의 국회 본회의 상정이 유보될 것으로 보이다가 극적으로 통과되었다. 이로써 1963년에 제정되었던 '사회보장에 관한 법률'이 폐지되고(사회보장기본법 부칙 제2조), 법률 제5134호의 새로운 기본법이 제정된 것이다. 그리고 2005년 1월 27일 개정법률이 공포되었다. 개정법률의 요지는 사회보장심의위원회의 지위를 보건복지부 소속에서 국무총리 소속으로 변경한 것이었다.

사회보장에 관한 법률은 5·16 군사정변으로 등장한 국가재건최고회의가 지배하던 시대에 제정된 법률이다. 이는 당시 사회보장의 전문가들로 구성되었던 사회보장제도심의위원회(이하 '사보심')의 노력으로 제정되었다(손준규, 1983: 84). 당시 군사정권에 의해 개정된 헌법(1962년 12월 26일) 제30조는 다음과 같이 규정되어 있었다.

> 제30조 ① 모든 국민은 인간다운 생활을 할 권리를 가진다.
> ② 국가는 사회보장의 증진에 노력해야 한다.
> ③ 생활능력이 없는 국민은 법률이 정하는 바에 의해 국가의 보호를 받는다.

그러나 당시 군사정권은 국가 재원이 한정되어 있고 또한 정책의 우선순위를 경제개발에 치중하고 있어서 사회복지에 대한 국민적 요구가 많을 경우 이에 대한 대처에 상당히 신경을 쓰게 되었고, 따라서 사회보장에 대한 표현을 약화시키는 데 주력했다(손준규, 1983: 94~95). 이러한 연유로 사회보장에 관한 법률은 중요한 사항들이 삭제되고 형식적 존재로 남게 되었다. 그리고 그 이후로 1995년 사회보장기본법이 제정될 때까지 유명무실한 법으로 아무런 기능도 하지 못한 채 남아 있었던 것이다. 당시 이 법률의 성격을 알 수 있게 해주는 것은 동 법 제3조의 규정인데, 다음과 같다.

> 제3조(사회보장사업의 관장 및 그 내용) ① 정부는 사회보장사업을 행하며 필요하다고 인정할 때에는 그 일부를 지방자치단체 또는 기타의 법인으로 하여금 행하게 할 수 있다. ② 정부는 사회보장사업을 행함에서 국민의 자립정신을 저해하지 아니하도록 해야 한다.
> ③ 사회보장사업은 국가의 경제적 실정을 참작하여 순차적으로 법률이 정하는 바에 의해 행한다. ④ 제1항의 규정에 의해 사회보장사업을 지방자치단체 또는 법인으로 하여금 행하게 할 경우에는 그 비용은 국고가 부담한다.

이 조항, 특히 제2항과 제3항을 보면 당시 이 법률을 제정할 때 사회복지에 대한 입법자의 의지를 확인할 수 있다. 제3항은 사회보장의 경제적 종속성을 선언한 것이며, 제2항은 개인의 노동의욕(work incentive)을 강조한 것으로서 개인의 생존에 대한 책임은 일차적으로 개인에게 존재하는 것이며, 이에 대해 사회보장은 단지 보조적 위치에 있다는 것을 확인하는 것이다(윤찬영, 1991: 76~77). 결국, 사회보장에 대한 국가의 책임을 무의미하게 만든 규정이다. 이로써 박정희 정권 내내 경제개발 및 성장 중심의 정책으로 사회보장 내지 사회복지는 정치적으로나 정책적으로 무관심의 영역으로 남았던 것이다.

다행히 몇 년간의 논의 끝에 30여 년간 사문화(死文化)된 채 존속되어 오던 '사회보장에 관한 법률'을 대체하는 '사회보장기본법'을 1995년 35개 조문과 2개의 부칙으로 제정하게 되었다. 하나의 프로그램이며 제도인 사회복지 또는 사회보장은 헌법상의 추상적 이념만을 토대로 하여 개별적 실정법(實定法)을 제정하기는 어렵기 때문에 헌법과 개별법(個別法)을 연결시켜 주는 기본법(基本法)을 필요로 하는 것이다(전광석, 2000: 175). 이와 같은 기본법적 지위는 미국의 사회보장법 (Social Security Act)과 독일의 사회법(Sozialgesetzbuch)과 같은 것이다 (장동일, 1996: 181). 그러나 우리나라의 사회보장기본법은 사회복지, 사회보장 관련 법들을 집대성해 놓은 단일법이 아니라 하나의 개별 법률로 존재하고 있다.

그런데 여기서 한 가지 짚고 넘어가야 할 문제가 있다. 그것은 왜 '사회복지기본법'이 아니고 하필이면 '사회보장기본법'인가 하는 것이다. 양자(兩者)는 서로 다른 개념은 아니지만, 사회복지학의 일반적 개념범주에 따라 사회복지의 개념이 사회보장을 포함하는 것으로 볼 때에 '사회보장'기본법이라는 법명(法名)은 기본법의 수준에 맞지 않게 다소 협소하게 인식될 수 있다. 그러나 법학에서 일반적 경향이 '사회보장'을 커다란 기본 개념으로 전제하고 '사회복지'는 그에 포함되는 하나의 영역으로서 주로 '사회복지서비스'를 지칭한다는 것은 이미 이 책의 총론에서 다루었다. 이러한 영향으로 본 법은 사회복지기본법이 아니라 사회보장기본법이 된 것이다. 그러나 그 규범적 의미나 법의 기능에서 차이가 있는 것은 아니다. 단지 용어상의 문제일 뿐이다.

이와 같은 사회보장기본법은 과연 어떠한 법인가? 사회복지법의 영역에 포함되는 많은 개별 입법들은 제각기 제·개정되었기 때문에 각 법률들간의 전체적 통일성과 연계성을 기대하기는 어렵다. 따라서 사회복지법전(또는 사회보장법전)과 같은 단일 법전이 필요하겠지만 그것은 독일의 사회법전화(社會法典化)의 역사를 보더라도 결코 쉬운 일이 아니다. 따라서 통일된 단일 법전을 제정한다면 그 법전의 총칙(總則)에 해당되는 것이 바로 사회보장기본법인 것이다(윤찬영, 1995: 102).

그렇다면 실질적으로 사회보장기본법은 문자 그대로 기본법(基本法)으로서의 지위에 맞는 충분한 역할을 수행할 수 있는가? 사회보장기본법은 우선 '기본법'이라는 규범적 지위를 갖기 때문에 헌법의 추상적 규범을 구체화하면서 개별 법률들을 총괄적으로 지배하는 법률이어야 한다. 그리하여 법 제4조에서는 사회보장에 관한 다른 법률을 제정 또는 개정하는 경우에는 이 법에 부합되도록 해야 한다는 것을 명시하고 있다. 따라서 사회보장기본법은 헌법 제34조 제1항의 국민의 인간다운 생활을 할 권리를 실현시키기 위한 구체적 방향을 제시하고 같은 조 제2항에서 선언한 국가의 의무를 담보(擔保)하기 위한 구체적 대안들을 규정해야 할 것이다. 아울러 이를 통해 개별 사회복

502

지법들의 해석 기준을 마련하고 개정의 방향을 제시해야 할 것이다 (윤찬영, 1995: 103).

사회보장기본법이 진정으로 사회복지의 현실에 진보적 변화를 이끌어내고 복지국가를 견인(牽引)하는 법이 되기 위해서는 사회보장수급권(社會保障受給權)의 실질적 권리성을 인정하고 보장해야 한다. 그러나 동법 제9조를 보면, "… 관계법령이 정하는 바에 의해…" 사회보장수급권을 인정하고 있다. 이것은 총론에서 지적했듯이 중대한 사회보장수급권을 기본법에서 인정하려는 입법취지가 아니라 개별 법률에 위임하는 것으로서, 하위 법률들을 지도해야 하는 기본법적 지위를 스스로 제한하거나 부인(否認)하는 것이다.

그러나 이 규정에 대해서 최소한의 존재의 의의를 인정하는 주장도 있다(전광석, 2000: 179). 즉, 개별 실정법에서 개인에게 강행규정의 형태로 급여가 지급된다면 이에 대해서는 청구권이 인정된다고 해석할 수 있다는 것이다. 물론, 우리나라 사회복지법의 저열(低劣)한 현실을 볼 때 사회보장기본법에서 사회보장수급권을 규정한 자체에 의미를 부여할 수도 있을 것이다. 그러나 적어도 사회보장'기본법'이라면 적극적으로 사회보장수급권을 인정해야 할 것이다. 또한 1994년 이 법의 제정을 처음 시도할 때, 당시 야당이었던 민주당의 법안에는 11개 조문에 걸쳐 사회보장을 받을 권리에 대해서 대상층별(장애인, 노인, 아동 및 청소년 등), 영역별(사회보험, 생활보호 등)로 권리성을 규정하고 있었다. 그러나 여·야 간의 협상과정에서 대폭 삭제되어 미봉(彌縫)되고 말았다.

요컨대, 사회보장기본법은 헌법 제34조의 이념에 따라 사회보험, 공공부조, 사회서비스(법 제3조)에 대한 법률을 총체적으로 지휘하는 헌법의 하위규범이자 법률의 상위규범으로서 의의를 갖는다고 하겠다. 그래서 사회보장에 관한 다른 법률을 제정하거나 개정하는 경우에는 이 법에 부합되도록 하여야 한다(제4조).

사회보장기본법은 1995년 12월 제정되어 1996년 7월 1일 시행된 이후, 2005년 1월 사회보장심의위원회 범위가 확대되었고, 민간참여 범위를 개정하였다. 그 이후 정부조직법 개정으로 정부부처 명칭을 개정하느라 2008년 개정되었고, 사회보장정책과 사회복지사업법에 따르는 지역사회복지계획과의 상충을 피하기 위한 개정이 2009년에 이루어졌다. 2010년에도 정부조직법 일부개정에 따라 개정이 되었다.

그러나 2012년 1월에 전부개정이 되어 2013년 1월 27일부터 시행하게 되었다.[1] 개정법은 사회보장의 정의에서 출산, 양육을 새로운 사회적 위험으로 포함하여 보호하고, 사회복지서비스와 관련 복지제도를 사회서비스로 포괄하여 확대하며, 기본욕구와 특수욕구를 고려하여 소득보장과 사회서비스를 보장하는 맞춤형 사회보장제도인 평생사회안전망의 개념을 도입함으로써 복지사회 실현의 토대를 마련하고자 하였다(법 개정 취지문 중에서).

그러나 이렇게 전부개정된 법률은 2014년 12월 30일에 국민기초생활보장법이 일부개정됨(2015년 7월 1일 시행)에 따라 이의 원활한 시행을 위하여 사회보장기본법은 2015년 12월 29일 일부개정을 하게 되었다〔시행 2016. 1. 1〕〔법률 제13650호, 2015. 12. 29, 일부개정〕.

이것은 상위법이라 할 수 있는 사회보장기본법의 개정에 따라 하위법인 국민기초생활보장법을 개정한 것이 아니라 반대로 하위법이자

---

[1] 2010년부터 정치권에서 복지국가 논쟁이 불붙었고, 2011년 12월 국회에서 이른바 "박근혜 법안"으로 일컬어지는 사회보장기본법 전부개정안을 중심으로 통과되어, 2012년 1월 26일 공포되었다

특별법이라 할 수 있는 국민기초생활보장법이 개정되어, 상위법이자 일반법인 사회보장기본법이 개정된 것이다. 그리하여 공공부조의 맞춤형 급여체계의 차질 없는 시행을 위하여 상·하위 법체계의 통일과 균형을 맞추기 위하여 사회보장기본법을 개정한 것이다.

이상의 법적 연혁을 도표로 정리하면 〈표 13-1〉과 같다.

〈표 13-1〉 사회보장기본법 연혁

법 명	제·개정일 (시행일자)	주요 내용	기 타
사회보장에 관한 법률	1963. 11. 5 (1963. 11. 5)	국민의 자립정신, 경제적 사정 참작 등	1995. 12. 30 폐지
사회보장기본법	1995. 12. 30 (1996. 7. 1)	사회보장제도의 운영, 사회보장을 받을 권리, 사회보장심의위원회 등	제정법
	2005. 1. 27 (2005. 1. 27)	사회보장심의위원회 확대, 민간참여의 내용과 범위	일부개정
	2008. 2. 29. (2008. 2. 29)	기획재정부, 교육과학기술부, 보건복지가족부 등	정부조직법개정
	2009. 6. 9 (2009. 6. 9)	사회보장 주요시책과 사회복지 사업법상 지역사회복지계획 조율	일부개정
	2010. 1. 18 (2010. 3. 19)	보건복지부	정부조직법개정
	2012. 1. 26 (2013. 1. 27)	저출산·고령화 위험, 평생사회안전망, 소득보장 및 사회서비스 보장 등	전부개정
	2015.7.24. (2016.1.25)	제주특별자치도 설치 및 국제자유도시 조성을 위한 특별법 전부개정법률	타법개정
	2015.12.29. (2016.1.1)	'최저생계비' 대신 '최저보장수준' 도입	일부개정

2. 입법 내용

1) 전부개정의 취지

법의 개정취지문을 보면 다음과 같이 제시되어 있다.

> 현재 여러 부처에서 사회보장정책을 관장함에 따라 일관성 있고 효과적인 정책 수립 및 집행에 한계가 있다는 지적에 따라 모든 국민이 평생 동안 겪는 다양한 사회적 위험에 대하여 사회정책과 경제정책을 통합적으로 고려하여 국민의 보편적·생애주기적 특성에 맞게 소득과 사회서비스를 함께 보장하는 방향으로 사회보장제도를 확대·재정립함으로써 한국의 상황에 맞는 새로운 중장기 사회보장정책의 비전과 미래지향적인 발전방향을 제시하여 건강한 복지국가를 설립할 수 있는 토대를 마련하려는 것임.

국회에 제출된 법안(박근혜 의원안)에서 제시된 개정취지를 토대로 정리해보면 다음과 같다. 첫째 새로운 사회적 위험의 등장에 대처하기 위함이다. 저출산·고령화로 인한 인구구조의 변화, 산업구조의 변화, 세계경제의 위기 등으로 사회·문화 및 경제적 환경이 변화하면서 개인들은 생애주기별로 다양한 위험에 노출되고 이에 대해 자력으로 감당하기 어려운 상황이라는 것이다.

둘째 평생사회안전망 구축이 필요하다는 것이다. 위와 같은 변화에 대하여 전통적인 소득보장형 복지국가는 더 이상 존립하기 어렵다는 지적이다. 즉, 새로운 복지국가 체계를 필요로 한다는 것이다. 저소득층은 물론 모든 국민들이 평생 동안 생애주기별로 겪게 되는 다양한 위험에 대처할 수 있도록 소득과 사회복지서비스를 함께 보장하는 평생사회안전망을 구축하여 맞춤식 생활보장형 복지국가로 전환해야 한다는 것이다.

셋째 통합적 사회복지정책이 필요하다는 점이다. 정부의 사회보장 정책은 부처별로 분립되어 있고, 경제정책과 사회정책이 분리되어 있다. 이에 이것을 통합적으로 고려하여 한국의 상황에 맞는 중장기적 사회보장정책의 비전과 미래지향적인 발전방향을 제시하여 건강한 복지국가를 설립하고자 한다.

2) 입법목적 및 이념

사회보장기본법의 목적은 ① 사회보장에 관한 국민의 권리, ② 국가 및 지방자치단체의 책임, ③ 사회보장정책의 수립·추진과 관련 제도에 관한 기본적 사항 ④ 국민의 복지증진에 이바지함을 목적으로 한다(제1조). 이에 따라 제2장(제9조~제15조)에서 '사회보장을 받을 권리'에 대해 규정하고, 국가 등의 책임에 대해서는 제5조(국가 및 지방자치단체의 책임), 제6조(국가 등과 가정), 제7조(국민의 책임), 제25조(역할의 조정), 제27조(비용의 부담) 등에서 규정한다. 기본적 사항이 무엇을 뜻하는 것인지 명확하지 않지만, 제3조(정의), 제8조(외국인에의 적용), 제3장(사회보장기본계획과 사회보장위원회), 제4장(사회보장정책의 기본방향) 등에서 사회보장제도 운영과 관련된 사항들을 규정한다.

목적규정을 보면, 사회보장기본법은 헌법 제34조 제1항의 '인간다운 생활을 할 권리'와 같은 조 제2항의 국가의 의무를 구체화시키려는 규범적 목적을 분명히 하고 있다. 이를 위해 사회보장정책의 수립·추진과 관련 제도에 관한 기본적 사항들을 규정하여 하위 법률들에 대한 지표로 삼고자 하는 것이다.

이와 같은 규범적 목적을 달성하기 위하여 "사회보장은 모든 국민이 다양한 사회적 위험으로부터 벗어나 행복하고 인간다운 생활을 향유할 수 있도록 자립을 지원하며, 사회참여·자아실현에 필요한 제도와 여건을 조성하여 사회통합과 행복한 복지사회를 실현하는 것을 기본이념으로 한다"(제2조). 즉, 사회적 위험의 다양화, 헌법상 인간다운 생활을 할 권리에 부응, 자립지원, 사회참여, 자아실현 등을 통하여 사회통합과 행복한 복지사회를 실현하는 것이 이 법이 추구하는 이념인 것이다.

그런데 여기에서 "사회통합"과 "복지사회"는 어떤 것을 말하는가? 사회통합과 복지사회는 다양하게 정의할 수 있겠으나 여기에서는 이념, 즉 가치의 형태로서 사회통합과 복지사회를 선언한 것이다.

사회적 통합(social integration)은 개인과 집단들의 갈등을 극복하고 사회질서를 유지하는 사회통합(social integration)과 사회체계의 단위들 간의 통합을 말하는 체계통합(system integration)으로 이루어진다(Lockwood, D., 1964). 개정안의 취지와 법 내용을 망라해볼 때, 이 법에서 사회통합이라 함은 다양한 사회적 집단들 간의 갈등을 통합하는 것과 제도들 간의 통합을 모두 추구하는 것으로 볼 수 있겠다. 그러니까 사회양극화로 인한 갈등을 사회적으로 통합하는 제도들을 마련하고 이를 체계적으로 통합하는 것을 모두 포함한다고 할 수 있겠다.

또한 이념으로서 '복지사회'란 어떤 사회를 의미하는가? '복지국가'와 같은 것인가, 다른 것인가? 일찍이 복지국가와 복지사회에 대한 논의를 구체화시켰던 롭슨에 의하면(W. A. Robson, 1976), 복지국가에 의해 수여되었던 이기적인 개개인의 권리로부터 더 나아가 개인들이 의무를 수용하고 공동체에 봉사하는 이타적(利他的) 분위기가 형성되는 사회를 복지사회라고 본다. 따라서 진정한 복지국가는 복지사회 없이 존재할 수 없다는 것이다. 또한 티트머스는 일국(一國) 내에서의 복지뿐만 아니라 세계적 차원에서 불평등과 빈곤의 해소를 위해 세계적 차원의 복지사회를 주창했다(Titmuss, 1968: 124~137).

복지국가와 복지사회는 인식 여하에 따라 그 관계가 달리 이해될 수 있다. 복지국가를 더 광의적(廣義的)으로 해석하는 경우에는 복지사회가 이루어져야 비로소 복지국가가 가능하다고 보며, 복지사회를 광의적으로 해석하는 경우에는 복지국가를 초월하여 발전된 것이 복지사회라고 보는 것이다.

그렇다면, 사회보장기본법의 궁극적 이념이라 할 수 있는 복지사회란 무엇인가? 우리나라에서 '복지사회'라는 용어가 처음으로 사용된 것은 1963년 국가재건최고회의의 기본정책 방향에서 "사회보장제도를 수립함으로써 빈곤과 질병, 실업 및 인구과잉 등 사회불안의 요인을 제거하고 사회정의를 실현하여 복지사회 건설에 매진한다"로 기술된 문건(文件)이었다(손준규, 1983: 72). 여기에서 사용되었던 '복지사회'라는 용어는 당시의 종합적인 사회적 수준을 고려할 때 전문적 용어로서 의미를 갖는다기보다는 막연하게 발전된 사회 내지 목표로서의 이상적 사회를 지칭하는 용어였을 것이다(김상균, 1987: 70).

현재 본 법에서 사용되는 복지사회 역시 '복지국가'와 '복지사회'를 명확히 구별하는 학문적 관점에서의 의미보다는 추상적 차원에서 복지가 발달한 사회를 막연하게 지칭하는 일종의 불확정성의 개념이라 해야 할 것이다.

3) 적용범위

(1) 제도적 범위

이 법에서 사회보장이란 출산, 양육, 실업, 노령, 장애, 질병, 빈곤 및 사망 등의 사회적 위험으로부터 모든 국민을 보호하고 국민 삶의 질을 향상시키는 데 필요한 소득·서비스를 보장하는 사회보험, 공공부조, 사회서비스를 말한다(제3조 제1호).

이 법이 보장하려는 제도적 적용범위는 결국 사회보험, 공공부조, 사회서비스 등 세 가지 종류의 제도이다(법 제3조). 이는 사회복지의 제도적 범위를 총괄하는 내용으로서 기존 법에서 사회보험, 공공부조, 사회복지서비스, 관련복지제도 등 네 가지로 구분하던 것을 사회복지서비스와 관련복지제도를 합쳐 사회서비스로 개정한 것이다.

여기에서 사회보험이란 국민에게 발생하는 사회적 위험을 보험의 방식으로 대처함으로써 국민의 건강과 소득을 보장하는 제도를 말한다(같은 조 제2호). 즉, 사회보험은 사회적 위험에 대하여 보험의 방식을 활용하여 건강보장과 소득보장을 추구하는 제도인 것이다.

또한 "공공부조"(公共扶助)란 국가와 지방자치단체의 책임하에 생활유지 능력이 없거나 생활이 어려운 국민의 최저생활을 보장하고 자립을 지원하는 제도를 말한다(같은 조 제3호).

이러한 전통적인 사회보장에 더하여 새롭게 추가된 것이 바로 사회서비스이다. 사회서비스란 국가·지방자치단체 및 민간부문의 도움이 필요한 모든 국민에게 복지, 보건의료, 교육, 고용, 주거, 문화, 환경 등의 분야에서 인간다운 생활을 보장하고 상담, 재활, 돌봄, 정보의 제공, 관련시설의 이용, 역량개발, 사회참여 지원 등을 통하여 국민의 삶의 질이 향상되도록 지원하는 제도를 말한다(같은 조 제4

호). 이것은 기존의 사회복지서비스2와 관련복지제도3를 합한 것으로서 맹우 광범위하다.

이 부분은 이 법에서 매우 강조되는데, 이제 사회복지서비스를 넘어 관련복지제도의 범위까지 섭렵하는 사회서비스가 제공되어야 한다는 뜻이다.

또한 새롭게 추가된 것이 평생사회안전망이다. "평생사회안전망"이란 생애주기에 걸쳐 보편적으로 충족되어야 하는 기본욕구와 특정한 사회위험에 의하여 발생하는 특수욕구를 동시에 고려하여 소득·서비스를 보장하는 맞춤형 사회보장제도를 말한다(같은 조 제5호). 국가가 개인의 전체 생애기간에 대하여 기본욕구와 특수욕구를 동시적으로 고려하여 소득보장도 하고 사회서비스보장도 하는 맞춤형 제도인 것이다.

이와 같이 볼 때, 이 법의 제도적 적용범위는 매우 넓다. 평생사회안전망을 도입하고, 이를 위해 사회보험, 공공부조, 사회서비스를 운영하는 것이다. 그 결과 각 개인의 욕구에 맞는 소득보장과 사회서비스보장이 이루어지도록 하겠다는 것이다.

그런데 이러한 사회보장제도에서 급여 및 사회서비스의 지급 또는 제공요건이 되는 '사회적 위험'을 어떻게 규정하느냐 하는 것은 입법정책의 문제이다. 출산, 양육, 실업, 노령, 장애, 질병, 빈곤 및 사망 등을 사회적 위험으로 규정하고 있다(제3조 제1호). 우선, 법에서 선택된 이러한 위험들과 관련되는 제도는 〈표 13-2〉와 같다.

여기에서 이 법의 특징을 볼 수 있는데, 저출산·고령사회에 대비

---

2 "사회복지서비스"란 국가·지방자치단체 및 민간부문의 도움이 필요한 모든 국민에게 상담, 재활, 직업의 소개 및 지도, 사회복지시설의 이용 등을 제공하여 정상적인 사회생활이 가능하도록 지원하는 제도를 말한다(구법 제3조 제4호).

3 "관련복지제도"란 보건, 주거, 교육, 고용 등의 분야에서 인간다운 생활이 보장될 수 있도록 지원하는 각종 복지제도를 말한다(구법 제3조 제5호).

<표 13-2> 사회적 위험과 관련 법

출산	저출산고령사회기본법
양육	영유아보육법
실업	고용보험법
노령	국민연금법, 군인연금법, 공무원연금법, 사립학교교직원연금법, 노인복지법 등
장애	국민건강보험법, 산업재해보상보험법, 국민연금법, 장애인복지법, 장애인연금법, 노인장기요양보험법 등
질병	국민건강보험법, 산업재해보상보험법, 의료급여법 등
빈곤	국민기초생활보장법
사망	국민연금법, 국민건강보험법, 산업재해보상보험법, 국민기초생활보장법 등

하여 출산과 양육을 사회적 위험으로 규정했다는 점이다. 이것을 전통적인 사회적 위험에 대비하여 "신(新)사회적 위험"이라 한다.

그럼에도 불구하고 여전히 입법상의 누락이 지속된다. 즉, '산업재해'가 사회적 위험으로 규정되지 않았다는 점이다. 물론, 법조문의 표현이 "…등"으로 되어 있고, 또한 학문적 개념으로도 중요한 사회적 위험 중의 하나가 산업재해이며 역사적으로도 사회보험의 시작이 산업재해로부터 이루어졌고 산업재해문제는 자본주의사회 초기부터 사회문제로서 자본과 노동 사이에 갈등의 원천이 되어왔던 점 등을 미루어 볼 때(윤찬영, 1992), 이것은 입법의 흠결(欠缺)로 보아야 할 것이다.[4]

---

4 사회보장기본법 제정 당시 관여했던 민주당의 K의원과의 면담과정에서 필자가 들은 바로는 본 법의 규정상 사회적 위험에 '산업재해'를 명기(明記)하는 것을 행정부 관료들이 반대했다고 한다. 왜냐하면, 사회보장제도는 대부분 보건복지부(당시 보건사회부)에서 관장하기 때문에 산업재해를 규정하게 되면 산업재해보상보험제도를 관장하는 노동부와 충돌이 생길 수 있기 때문이라는 것이다. 그러나 '실업'과 관련되는 고용보험 역시 노동부에서 관장한다는 사실을 상기해본다면 이는 납득하기 어려운 것이다. 입법의 흠결(欠缺)로 보는 것이 옳을 것이다.

(2) 인적(人的) 범위

모든 사회복지법이 그러하듯이 사회보장기본법의 적용을 받는 사람은 대한민국 국민이다. 그러나 노동력의 국제적 이동이 활발한 상황에서 사회복지법은 더 이상 자국민(自國民)만을 대상으로 하기에는 한계가 있다. 우리나라에서도 합법적 산업연수생 또는 불법체류자의 신분으로 생산현장에 종사하는 외국인 노동자들이 있으며, 이들에 대해 국민건강보험법, 산업재해보상보험법 등의 적용여부가 문제가 된다. 따라서 사회복지법과 제도는 이제 자민족(自民族) 중심주의(*Ethnocentrism*)를 벗어나 국제주의(*Globalism*)의 입장을 취해야 할 것이다(윤찬영, 2000a: 159~160).

이러한 조류에 따라 우리 법도 기존의 입장을 탈피하여 외국인에 대해 상호주의를 취하고 있다. 즉, 국내에 거주하는 외국인에 대한 사회보장제도의 적용은 상호주의의 원칙에 의하되, 관계법령이 정하는 바에 따르도록 규정되어 있다(법 제8조). 따라서 외국과 사회보장 관련 조약을 체결한 경우에는 물론 외국에서 우리나라 국민에 대해서도 사회보장제도를 적용한다면 우리나라에 거주하는 그 나라 국민에 대해서도 적용해야 한다. 이러한 경우에 관계법령에 규정이 없을 때에는 사회보장기본법이 상위법이므로 이 규정에 따라 법을 개정해야 하며, 적용의 내용과 절차에 관해는 법령에 구체적으로 규정되어야 할 것이다.

우리나라 사회복지법에서 외국인에 대하여 특례를 인정하거나 외국인과 관련하여 규정한 내용들을 몇 가지 정리해본다.

가. 가정폭력방지 및 피해자 보호 등에 관한 법률

외국인보호시설: 배우자가 대한민국 국민인 외국인 피해자 등을 2년의 범위에서 보호하는 시설(제7조의 2 제1항 제3호)

나. 국민건강보험법

제109조(외국인 등에 대한 특례) ① 정부는 외국 정부가 사용자인 사업장의 근로자의 건강보험에 관하여는 외국 정부와 한 합의에 따라 이를 따로 정할 수 있다.

② 국내에 체류하는 재외국민 또는 외국인으로서 대통령령으로 정하는 사람은 제5조에도 불구하고 이 법의 적용을 받는 가입자 또는 피부양자가 된다.

다. 국민기초생활보장법

제5조의 2(외국인에 대한 특례) 국내에 체류하고 있는 외국인 중 대한민국 국민과 혼인하여 본인 또는 배우자가 임신 중이거나 대한민국 국적의 미성년 자녀를 양육하고 있거나 배우자의 대한민국 국적인 직계존속(直系尊屬)과 생계나 주거를 같이하고 있는 사람으로서 대통령령으로 정하는 사람이 제5조에 해당하는 경우에는 수급권자가 된다.

라. 국민연금법

제126조(외국인에 대한 적용) ① 이 법의 적용을 받는 사업장에 사용되고 있는 외국인과 국내에 거주하는 외국인으로서 대통령령으로 정하는 자 외의 외국인은 제6조에도 불구하고 당연히 사업장가입자 또는 지역가입자가 된다. 다만, 이 법에 따른 국민연금에 상응하는 연금에 관하여 그 외국인의 본국 법이 대한민국 국민에게 적용되지 아니하면 그러하지 아니하다.

② 제1항 본문에 따라 사업장가입자 또는 지역가입자가 된 외국인에게는 제77조부터 제79조까지의 규정을 적용하지 아니한다. 다만, 다음 각 호의 어느 하나에 해당하는 외국인에 대하여는 그러하지 아니하다.

1. 외국인의 본국 법이 대한민국 국민에게 제77조부터 제79조까지의 규정에 따른 반환일시금에 상응하는 급여를 지급하도록 규정하고 있는 경우의 외국인

2. 〈외국인근로자의 고용 등에 관한 법률〉에 따른 외국인근로자로서 이 법을 적용받는 사업장에 사용된 자

3. 〈출입국관리법〉제10조에 따라 산업연수활동을 할 수 있는 체류자격을 가지고 필요한 연수기간 동안 지정된 연수장소를 이탈하지 아니한 자로서 이 법을 적용받는 사업장에 사용된 자

마. 긴급복지지원법

제5조의 2(외국인에 대한 특례) 국내에 체류하고 있는 외국인 중 대통령령으로 정하는 사람이 제5조에 해당하는 경우에는 긴급지원대상자가 된다.

바. 노인장기요양보험법

제7조(장기요양보험) ④ 공단은 제3항에도 불구하고 〈외국인근로자의 고용 등에 관한 법률〉에 따른 외국인근로자 등 대통령령으로 정하는 외국인이 신청하는 경우 보건복지부령으로 정하는 바에 따라 장기요양보험 가입자에서 제외할 수 있다.

사. 사회복지사업법

제18조(임원) ⑤ 외국인인 이사는 이사 현원의 2분의 1 미만이어야 한다.

아. 장애인복지법

제32조의 2(재외동포 및 외국인의 장애인 등록) ① 재외동포 및 외국인 중 다음 각 호의 어느 하나에 해당하는 사람은 제32조에 따라 장애인 등록을 할 수 있다.

1. 〈재외동포의 출입국과 법적 지위에 관한 법률〉 제6조에 따라 국내거
   소신고를 한 사람
2. 〈출입국관리법〉 제31조에 따라 외국인등록을 한 사람으로서 같은 법
   제10조 제1항에 따른 체류자격 중 대한민국에 영주할 수 있는 체류
   자격을 가진 사람
3. 〈재한외국인 처우 기본법〉 제2조 제3호에 따른 결혼이민자
② 국가와 지방자치단체는 제1항에 따라 등록한 장애인에 대하여는
예산 등을 고려하여 장애인복지사업의 지원을 제한할 수 있다.

자. 한부모가족지원법
제5조의 2(보호대상자의 범위에 대한 특례) ③ 국내에 체류하고 있는 외국인
중 대한민국 국민과 혼인하여 대한민국 국적의 아동을 양육하고 있는
사람으로서 대통령령으로 정하는 사람이 제5조에 해당하면 이 법에 따
른 보호대상자가 된다.

4) 책임: 다원주의적 책임관

현대국가가 적어도 복지국가를 지향하는 한 국민의 복지에 대한 책임
은 일차적으로 국가에 있다. 우리 헌법에서도 이러한 국가의 책임을
명시하고 있다(헌법 제34조 제2항). 그리고 총론에서 이미 살펴보았
듯이, 우리 헌법은 복지국가 내지 사회국가 헌법으로서의 기본적 골
격을 유지하고 있다. 따라서 국민 개인의 복지에 대한 책임이 국가에
있다는 것은 당연한 것이다.
  이에 따라 국가와 지방자치단체는 모든 국민의 인간다운 생활을 유지
·증진하는 책임을 가진다(제5조 제1항). 국가와 지방자치단체는 사회
보장에 관한 책임과 역할을 합리적으로 분담해야 한다(같은 조 제2항).

또한 국가와 지방자치단체는 국가 발전수준에 부응하고 사회환경의 변화에 선제적으로 대응하며 지속가능한 사회보장제도를 확립하고 매년 이에 필요한 재원을 조달하여야 한다(같은 조 제3항). 이에 국가는 사회보장제도의 안정적인 운영을 위하여 중장기 사회보장 재정추계를 격년으로 실시하고 이를 공표하여야 한다(같은 조 제4항).

이러한 재정추계는 다음과 같이 이루어진다. 보건복지부장관은 〈사회보장기본법〉 제5조 제4항에 따른 사회보장 재정추계(財政推計)를 위하여 재정추계를 실시하는 해의 3월 31일까지 법 제20조에 따른 사회보장위원회(이하 "위원회"라 한다)의 심의를 거쳐 재정추계 세부지침을 마련하여야 한다. 이 경우 재정추계 세부지침에는 재정의 세부범위, 추계방법, 추진체계, 공표방법·절차 등이 포함되어야 한다(법 시행령 제2조 제1항).

보건복지부장관은 제1항의 재정추계 세부지침에 따라 추계를 실시하는 해의 9월 30일까지 재정추계를 하고, 그 결과를 위원회의 심의를 거쳐 같은 해 10월 31일까지 관계 중앙행정기관의 장에게 통보하여야 한다(같은 조 제2항).

관계 중앙행정기관의 장은 제2항에 따른 재정추계 결과를 바탕으로 정책개선안을 마련하여 같은 해 12월 31일까지 보건복지부장관에게 제출하여야 한다(같은 조 제3항).

보건복지부장관은 제3항에 따라 제출받은 정책개선안을 종합하여 이를 추계 실시 해의 다음 해 3월 31일까지 위원회에 보고하여야 한다(같은 조 제4항).

그런가 하면, 국가와 지방자치단체는 가정이 건전하게 유지되고 그 기능이 향상되도록 노력하여야 한다(법 제6조 제1항). 또한 국가와 지방자치단체는 사회보장제도를 시행할 때에 가정과 지역공동체의 자발적인 복지활동을 촉진하여야 한다(같은 조 제2항).

이에 따라 국민의 책임도 규정한다. 모든 국민은 자신의 능력을 최대한 발휘하여 자립·자활(自活) 할 수 있도록 노력하여야 한다(제7조 제1항). 이는 과거 사회보장에 관한 법률에서도 국민의 자립정신을 강조했던 것과 맥을 같이하는 내용이다.

또한 모든 국민은 경제적·사회적·문화적·정신적·신체적으로 보호가 필요하다고 인정되는 사람에게 지속적인 관심을 가지고 이들이 보다 나은 삶을 누릴 수 있는 사회환경 조성에 서로 협력하고 노력하여야 한다(같은 조 제2항). 그리고 모든 국민은 관계법령에서 정하는 바에 따라 사회보장급여에 필요한 비용의 부담, 정보의 제공 등 국가의 사회보장정책에 협력하여야 한다(같은 조 제3항).

그러나 우리 법의 책임태도는 모호한 측면이 있다. 즉, 사회복지에 대한 책임에서 가족주의(家族主義) 와 국가주의(國家主義) 를 교묘하게 절충하고 있으며(법 제6조), 또한 개인의 책임과 의무도 규정하고 있다(법 제7조). 즉, 사회복지의 공급주체로서 국가 및 지방자치단체, 가정, 지역공동체, 국민 개인 등 다양하게 설정하는 것이다.

이러한 책임규정은 기본적으로 우리 법이 다원주의적(pluralistic) 국가관에 근거하고 있다는 것을 시사(示唆) 해 준다. 다원주의적 국가관은 기본적으로 자유주의 또는 개인주의에 뿌리를 두고 자유방임적 국가관을 약간 정도 수정한 것이다. 그리하여 국가의 적극적 역할이 권위주의적 간섭주의(Authoritarian Paternalism)로 전락할 가능성을 우려하여 국가의 역할을 제한적으로 본다(김성이·김상균, 1994: 181). 그러므로 국가의 역할은 사회를 구성하는 각 집단의 기능을 촉진시키고 집단간의 중재를 하는 정도에 그쳐야 한다는 것이다. 즉, 복지에서 국가주의적 접근보다는 가족주의적 접근을 강조하고 국가는 가정의

복지제공에 대한 부차적(副次的)이고 간접적인 역할을 하는 데 그쳐야 한다고 보는 것이다.

사회복지에 관한 일차적 책임이 국가에 있느냐 가족에 있느냐에 따라 국가주의와 가족주의의 대립이 형성되었다(오정수, 1995: 69~78). 서구에서 이른바 '복지국가 위기' 시대를 거치면서 신보수주의에 의한 가족주의 사회복지모델이 강조되었다.

이러한 가족주의 사회복지모델이라 함은 가족중심적 복지제도나 실천을 말하는 것으로서 복지는 가정에서 제공되는 것이 최선이며 혈연관계를 맺는 가족들에게 그 의무가 있다는 의미이다(오정수, 1995: 71). 이러한 가족주의를 선호하는 근거로서는 첫째, 가족주의에 의한 민간부문의 서비스가 국가주의에 의한 공공부문에 비해 비용적으로 효과적이며, 둘째, 민간부문의 참여로 복지서비스에 대한 소비자의 선택의 자유가 보장되며, 셋째, 국가주의적 서비스는 관료적이지만 민간부문은 혁신과 융통성이 허용되고, 넷째, 민간부문은 시민들의 능동적 참여와 민주성 증진에 기여한다는 점이다(Mayo, 1994: 27).

그러나 서구의 이러한 가족주의적 입장은 국가복지의 기초 위에서 등장한 것이라는 점과 우리나라의 국가복지 수준이 매우 낮다는 점을 상기해보면, 우리나라에서는 일차적으로 국가책임을 확립하는 것이 중요하다.

5) 사회보장수급권

법제정 당시(1995) 야당이었던 민주당의 안(案)이 반영되어 삽입된 것이 사회보장수급권(법 제2장 제9조~제15조)이다. 그러나 기본법으로 이 법이 모든 사회복지법상의 수급권을 인정하는 것은 아니고,

'관계법령이 정하는 바에 의해'(법 제9조) 수급권을 인정하고 있다. 물론, 구체적 사회보장수급권은 개별제도에 따라 행사되어야 하기 때문에 단일법 체계가 마련되어 있지 않은 우리 실정에서는 관계법령에 따라 수급권을 행사해야 할 것이다. 그러나 적어도 이 법이 기본법이라면 사회보장수급권을 보편적으로 인정하고 구체적 존재형태와 권리실현 방법에 대해서 관계법령에 위임하는 것이 바람직하다. 현재의 규정은 기본법으로서의 지위를 스스로 제한하는 규정으로 볼 수밖에 없다.

(1) 사회보장급여의 수준

사회보장기본법은 사회보장급여의 수준과 관련하여 3개의 원칙을 규정하고 있다(법 제10조). 즉, 첫째, 국가는 모든 국민이 건강하고 문화적인 생활을 유지할 수 있도록 사회보장급여수준의 향상에 노력해야 한다(같은 조 제1항). 이는 이 법제정 당시 생활보호법 제5조 제1항(이 법에 의한 보호의 수준은 건강하고 문화적인 최저생활을 유지할 수 있는 것이어야 한다)에서 정한 보호의 수준과 매우 유사하다.

둘째, 국가는 관계법령이 정하는 바에 의해 최저생계비를 매년 공표해야 한다(같은 조 제2항). 여기에 '관계법령'이라 함은 당시의 공공부조법인 생활보호법을 염두에 둔 것이었다. 이에 따라 생활보호법이 1997년에 개정되면서 최저생계비 규정(생활보호법 제5조의 2 신설)이 삽입되었고 같은 조 제2항에 의거하여 보건복지부장관은 매년 12월 1일까지 다음 연도의 최저생계비를 의무적으로 공표하게 했다. 이 규정은 생활보호법을 폐지하고 1999년 새로 제정된 국민기초생활보장법 제6조 제2항에 계속되고 있다.

셋째, 국가 또는 지방자치단체는 제2항의 규정에 의한 최저생계비와 최저임금법에 의한 최저임금을 참작하여 사회보장급여의 수준을 결정해야 한다(같은 조 제3항). 이것은 이 법의 제정을 추진하던 당시 우리나라 생활보호의 보호수준이 지나치게 낮아[5] 그 수준을 향상시키려는 의도에서 최저임금과 최저생계비를 참작할 것을 규정한 것이다. 이것은 이른바 '열등처우'(less eligibility)[6]의 원칙이라도 지키자는 의도에서 제기되었던 것이다.[7] 따라서 이 규정이 사회보장급여 수준의 향상을 방해하게 되는 때에는 폐지해야 할 것이다.

그러나 이와 같은 사회보장급여수준의 원칙은 사회복지법 전체를 규율하는 규범으로 인정되기 곤란하다. 특히 제2항과 제3항은 국민기초생활보장법 같은 공공부조법에만 한정적으로 적용되는 것이기 때문에 별도의 조문으로 배치할 필요가 있다고 본다.[8]

---

5 이 법이 1995년 12월 30일에 국회에서 제정되었지만, 이미 1994년에 제정이 추진되었고, 당시 초안에도 이 규정이 들어 있었다. 참고로 1994년 생활보호법에 의한 생계보호는 1인당 월 6만 5천 원이었고, 당시 보건사회연구원이 발표한 1인당 최저생계비는 대도시에서 19만 원, 중소도시에서 17만 8천 원, 농어촌에서는 15만 4천 원 정도였다.

6 이 원칙은 1834년 영국의 개정 빈민법에서 천명했던 원칙인데, 국가로부터 받는 생계급여의 수준은 그것이 아무리 높아도 정상적 노동을 통해 얻는 소득의 최저수준보다는 낮아야 한다는 원칙이다. 이것은 사회 전체적 근로의욕(work incentive)을 떨어뜨리지 않기 위해서 자유주의자들이 주장했던 원칙이다.

7 이 법의 제정을 추진하던 1994년 당시 민주당 강수림 의원이 입법 발의하는 과정에서 필자가 초안을 준비하면서 열등처우의 원칙이 사회복지의 원칙으로서 부적절하기는 하지만 우리나라의 생계보호수준이 너무 열악하기 때문에 이러한 원칙이라도 도입해서 최소한 급여수준을 유지하자는 제의에서 규정되게 되었음을 밝혀둔다.

8 전광석, 앞의 책, 182쪽도 같은 취지임.

(2) 사회보장급여의 신청

수급권은 신청함으로써 행사된다. 따라서 사회보장급여를 받고자 하는 자는 관계법령이 정하는 바에 의해 국가 또는 지방자치단체에 신청해야 한다(법 제11조 제1항). 사회보장급여의 수급이 권리로서 인정되기 때문에 수급권자는 당연히 신청에 의해 자신의 권리를 행사해야 한다. 다만, 관계법령에서 따로 정하는 경우에는 국가나 지방자치단체가 신청을 대신할 수 있다(같은 항 후단).

그러나 급여를 신청하는 자가 다른 기관에 신청한 경우에는 당해 기관은 지체 없이 이를 정당한 권한이 있는 기관에 이송해야 한다(같은 조 제2항). 이것은 수급권자의 권리실현을 보장하기 위해 국가가 의무의 주체로서 신의성실의 원칙에 따라 책임이행을 하도록 규정한 것이다. 이 경우 정당한 권한이 있는 기관에 이송된 날을 사회보장급여의 신청일로 본다(같은 항 후단).

(3) 사회보장수급권의 보호·제한·포기

사회보장은 관계법령이 정하는 바에 따라 타인에게 양도하거나 담보로 제공할 수 없으며, 이를 압류할 수 없다(법 제12조). 일반적으로 국가가 물질적 급부를 제공하는 사회보장법들은 급부에 대한 양도, 담보, 압류 등을 금지하고 있다. 이것은 국민의 인간다운 생활을 보장해야 하는 국가의 책임(헌법 제34조)과 수급자의 권리 사이에 민사법에서 소유권의 권리관계와 상태를 변동시키는 양도, 담보, 압류 등의 법률행위가 적용되지 않도록 보호장치를 설정한 것이다.

일반적으로 사회복지법의 이념 때문에 사회보장수급권은 제한되거나 정지될 수 없다(법 제13조 제1항). 다만, 관계법령이 따로 정하는 경우에는 그러하지 아니하다(같은 조 단서). 예컨대 각종 국민연금법,

국민건강보험법, 산업재해보상보험법, 고용보험법 등 사회보험법들은 급여의 제한에 대한 규정을 두고 있고 공공부조법인 국민기초생활보장법에서도 급여의 중지에 대한 규정을 두고 있다(국민기초생활보장법 제30조). 이러한 규정들은 사회보장급여를 제공해야 하는 사유의 발생이 불법적이거나 또는 부당하거나 불필요한 경우에 둘 수 있다.

그러나 이러한 급여의 제한 가능성을 무제한으로 허용하게 되면 자칫 사회복지법으로서의 규범적 목적을 해칠 우려가 있게 된다. 따라서 이러한 제한 또는 정지의 목적에 필요한 최소한에 그쳐야 한다(법 제13조 제2항). 이것은 헌법 제37조 제2항에서 선언하는 과잉제한입법금지의 원칙[9]을 사회보장수급권에 적용하는 규정이다. 따라서 관계법령들에서는 권리를 제한하는 규정을 둘 때 제한요건을 명확하게 규정해야 한다. 추상적이거나 모호한 표현으로 권리를 제한하게 되면 자의적 권리침해 현상이 많이 발생할 것이다.

헌법 또는 법률상의 개인의 권리를 제한할 수 있는 것은 오로지 법률에 의해서이다(헌법 제37조 제2항). 그런데 사회보장기본법은 관계법'령'이 정하는 바에 따라 제한할 수 있도록 규정하고 있어 법체계 일반원칙에 부합되지 않는 면이 있다. 그러나 법률로부터 위임받은 명령이라면 사회보장수급권을 제한할 수 있다고 보아, 여기에서 '령'은 법률로부터의 위임에 의한 명령에 한하여 인정해야 할 것이다.

또한 사회보장수급권도 권리이기 때문에 권리의 주체는 권리를 포기할 수 있다. 따라서 사회보장수급권은 정당한 권한이 있는 기관에

---

9 불가피하게 국민의 기본권을 제한하는 입법을 하더라도 일정한 원칙과 한계를 준수해야 한다는 헌법상의 원칙으로서 우리 헌법 제37조 제2항 단서규정이 이에 해당된다. 과잉(입법)금지 원칙에는 목적정당성의 원칙, 방법적정성의 원칙, 피해최소성의 원칙, 법익균형(비례)성의 원칙 등의 부분원칙이 수반된다. 자세한 것은 권영성, 《법학원론》(법문사, 1994), 370~371쪽 참조.

서면으로 통지하여 이를 포기할 수 있다(법 제14조 제1항). 여기에서 정당한 기관이라 함은 사회보장사업을 행하는 기관으로 볼 수 있으며, 포기의 의사표시는 반드시 서면으로 해야 한다는 것이다. 이렇게 사회보장수급권의 포기를 인정하는 것의 의미는 이 권리가 수급권자의 동의 내지 승인을 전제로 성립한다는 것을 암시한다. 예컨대, 국민기초생활보장법 제30조(급여의 중지 등) 제1항 2호는 수급자가 급여를 거부하는 경우 급여를 중지하도록 규정하고 있다. 이때도 거부의 의사표시는 서면으로 해야 할 것이다. 객관적으로 볼 때 도움을 받아야 할 상황에 있는 사람이라도 본인이 도움을 거절한다면 본인의 자유의사를 무시하고 도움을 강요할 수 없다는 뜻이다.

그렇다면 사회보장수급권의 포기는 곧 권리의 상실을 의미하는 것인가? 그렇지는 않다고 보아야 할 것이다. 왜냐하면, 사회보장수급권의 포기는 이를 취소할 수 있기 때문이다(같은 조 제2항). 수급권 포기를 취소하게 되면 수급권의 효력은 일반적 '취소'의 법률행위 원칙에 따라 소급하여 효력을 갖는 것으로 보아야 한다. 포기 의사표시를 서면으로 한정했기 때문에 그에 대한 취소 역시 서면으로 해야 한다고 보아야 할 것이다. 그러나 취소의 기한을 정하지 않은 것은 사회보장수급권의 생존권적 성격을 고려한 것으로 볼 수도 있으나 입법의 불비(不備)로 볼 수도 있다. 또한 사회보장수급권의 포기의 효력은 소급되지 아니한다고 보아야 할 것이다. 국민기초생활보장법 제30조를 보더라도 포기하는 순간부터 효력이 발생하는 것이다.

이러한 사회보장수급권의 포기는 자신의 권리를 포기하는 것이므로 어떠한 경우에도 인정될 수 있다고 볼 수 있으나, 타인에게 해를 주거나 사회보장에 관한 관계법령에 위반되는 경우에는 이를 포기할 수 없다(같은 조 제3항).

그런데 여기에서 포기의 주체는 누구인가? 법문(法文)에는 표기되어 있지 않으나 해석상 수급자 또는 수급권자가 주체가 된다고 해야 할 것이다. 그러나 수급자나 수급권자만이 포기의 주체가 되는 것에는 문제가 있다. 수급자나 수급권자가 아동이거나 정신지체를 포함하는 정신장애인인 경우, 다시 말해서 민법상 법률행위능력이 제한되는 주체들이 포기의 의사표시를 할 수 있는가 하는 점과 이들을 대신해서 친권자나 보호자가 포기할 수 있는가 하는 점들을 생각해볼 수 있다. 생각건대, 미성년자인 아동이나 의사(意思) 능력이 미약한 정신장애인을 대리(代理)해서 그 친권자나 후견인 등이 수급자 또는 수급권자 본인에게 해를 주는 권리의 포기를 금지하기 위한 규정이 아닌가 싶다. 따라서 법 제14조 제3항의 포기 주체는 수급권자의 친권자나 후견인이고 '타인'은 수급권자 본인을 의미하는 경우도 있다고 보아야 할 것이다.

이렇게 복잡하고 어색한 해석을 할 수밖에 없는 이유는 무엇인가? 실제로 사회복지행정에서 이러한 권리의 포기가 문제가 되는가? 이것은 이 규정이 사회복지법에 어울리지 않는 규정이기 때문이다. 즉, 일반적 민사법의 제3자 관계에서 타인에게 피해를 주면서까지 자신의 권리를 포기하지 못하도록 하는 경우가 있는데, 이것을 사회복지법에 규정하다 보니 해석에 무리가 따르는 것 같다. 이 규정은 폐지하든지 아니면 더욱 구체적으로 정교하게 규정하든지 해야 할 것이다.

(4) 불법행위에 대한 구상(求償)

제3자의 불법행위에 의해 피해를 입은 국민이 그로 인해 사회보장수급권을 가지게 된 경우 사회보장제도를 운영하는 자는 불법행위의 책임이 있는 자에 대해 관계법령이 정하는 바에 의해 구상권을 행사할 수 있다(법 제15조).

일반적으로 구상권은 타인을 위해 재산상의 이익을 부여한 자가 그 타인에 대해 가지고 있는 반환청구권을 의미한다. 이것은 곧 이해관계를 공평하게 조절하려는 법이념을 반영하는 것이다. 이러한 구상권은 대체로 세 가지 종류로 구분해볼 수 있다. ① 민법상 물상보증인(物上保證人)의 구상권(제341조)이나 다수당사자 채권관계에서 자기의 출재(出財)로 채무가 변제(辨濟)되거나 공동으로 면책(免責)된 경우(제425조)에 연대채무자의 부담부분에 대해 구상권을 갖는 경우와 같이 공동으로 면책되었을 때 발생하는 구상권,10 ② 민법상 사용자의 피용자에 대한 구상권(제756조), 국가배상법상 국가의 공무원에 대한 구상권(제5조)과 같이 조직의 내부관계를 기초로 하여 출재 원인을 제공한 자에 대해 책임을 묻는 구상권,11 ③ 상법상 제3자의 행위로 발생한 손해에 보험금액을 지급한 보험자가 그 제3자로부터 손해를 전보(塡補) 받을 수 있도록 보험계약자나 피보험자가 제3자에 대해 가지고 있는 청구권을 대위(代位)하는 구상권(682조)12 등으로 나누어 볼 수 있다.

---

10 예를 들어, 갑(甲)과 을(乙)이 합의해 공동으로 병(丙)은행으로부터 융자를 얻었다고 하자. 만기일이 되었으나 을은 변제능력이 없어 갑이 혼자서 공동채무 전체를 변제했다면, 갑은 을에게 을의 채무 지분만큼을 청구하여 받을 수 있는 권리를 갖는다.

11 공무원 갑(甲)이 공무원 신분으로서 공무를 수행하는 과정에서 민간인 을(乙)에게 불법행위를 하여 손해를 입혔다고 하자. 이때 을은 국가기관을 상대로 손해배상을 청구할 수 있으며, 국가기관은 을에게 우선 배상을 해주고 내부적으로 갑에게 배상액을 청구할 수 있다.

12 을(乙)의 불법행위로 갑(甲)이 손해를 입었다고 하자. 갑은 을에게 손해배상을 청구하는 대신 보험회사 병(兵)에게 청구하여 손해를 보전했다고 하자. 이때 병은 보험계약에 따라 갑에게 배상을 해주고 을에게 배상액을 청구할 수 있다.

사회보장법에서도 이러한 구상권 제도를 인정하고 있다. 국민연금 법상 대위권(제94조), 국민건강보험법상 구상권(제53조), 산업재해보 상보험법상 구상권(제87조) 등이 그 예이다. 이것은 앞에서 제시한 ③의 구상권 원리를 사회보험에 원용한 것으로 볼 수 있다. 이것은 사 회보험법이 급여의 지급요건으로서 일정한 사회적 위험의 불확정적 발생을 예정한 것인데, 지급요건의 발생이 구체적으로 타인의 불법행 위에 의한 것이 분명할 때 국가는 불법행위를 야기한 자에게 구상권 을 행사할 수 있다는 것이다.

그러나 공공부조법인 국민기초생활보장법 제46조 제1항과 노인복 지법 제46조 제1항의 구상권의 근거는 무엇이며 어떠한 유형에 해당 되는가? 이는 법적 부양의무자가 피부양자에게 부양을 하지 않았을 때, 국가가 일단 공적으로 부양을 제공하고 부양의무자에게 구상권 행사를 통해 부양의무를 강제하려는 의도로 보인다.

공공부조에서 구상권은 사실적으로 적용되기 어렵다. 그 이유는 우 선 법적으로 부양의무자가 있을 때에는 원칙적으로 수급권자로 선정 될 수 없으며, 부양의무자가 부양능력이 없다고 인정되거나 실제로 부양받지 못하는 사실이 확인되면 수급권자가 될 수 있다(국민기초생 활보장법 제5조). 그러므로 구상권의 대상이 되기 위해서는 일단 부양 의무자의 존재가 확인되고 또한 그의 부양능력과 사실적 부양가능성 이 확인되어야 한다. 그런데 이런 경우에는 공무원의 고의 또는 과실 이나 수급권자의 철저한 은폐행위가 있기 전에는 결코 수급권자로 선 정될 수가 없다. 결국, 부양의무자의 소재가 파악되지 않는다면 일단 국가가 부양해야 하며, 나중에 부양의무자의 존재와 부양능력이 확인 되어야 구상권을 청구할 수 있다. 결국, 공공부조에서 국가가 갖는 구상권은 사실적으로 파탄 또는 해체된 가정에 대한 부양을 거부하고 개인적 부양의 책임으로 전가하기 위한 정당화 명분으로 사용될 수밖에 없거나 사실적으로 유명무실한 제도일 수밖에 없을 것이다. 그러나 실제 행정에서는 부양하지 않는 부양의무자에게 구상권을 행사하면서도 수급자의 수급권은 계속 인정하고 있다. 이는 법규정의 사각지대에 해당된다. 법리적으로 보면, 행정청의 구상권 행사는 곧 수급자의 수급권 박탈과 동시적으로 이루어져야 한다. 그런데 이에 대한 규정이 없다.

6) 사회보장 기본계획과 사회보장위원회

(1) 기본계획과 시행계획

보건복지부장관은 관계 중앙행정기관의 장과 협의하여 사회보장 증진을 위하여 사회보장에 관한 기본계획(이하 "기본계획"이라 한다)을 5년마다 수립하여야 한다(제16조 제1항). 보건복지부장관은 이에 따른 사회보장에 관한 기본계획의 효율적 수립을 위하여 기본계획 작성지침을 작성하여 이를 관계 중앙행정기관의 장에게 통보하여야 한다(법 시행령 제3조 제1항).

이 기본계획은 다른 법령에 따라 수립되는 사회보장에 관한 계획에 우선하며 그 계획의 기본이 된다(제17조). 그래서 다른 법령에 따라 수립되는 사회보장에 관한 계획은 기본계획의 주요 내용을 반영하여야 한다(법 시행령 제4조 제1항).

관계 중앙행정기관의 장은 소관 사회보장에 관한 계획을 수립·변경하는 경우 그 내용을 보건복지부장관에게 통보하여야 한다(같은 조 제2항). 보건복지부장관은 이에 따라 관계 중앙행정기관의 장이 통보한 내용을 종합하여 위원회에 보고하여야 한다(같은 조 제3항).

이것은 과거 박정희 정권 때부터 매 5년마다 경제개발계획을 추진해 우리나라의 경제성장을 이끌어 왔듯이, 사회복지·사회보장에 관하여 국가가 5개년 단위로 기본계획을 수립하여 복지국가의 틀을 마련해 나가려는 정책적 의지를 반영한 것이다.

이러한 기본계획에는 다음과 같은 사항들을 포함하여야 한다(제 16조 제 2항).

1. 국내외 사회보장환경의 변화와 전망
2. 사회보장의 기본목표 및 중장기 추진방향
3. 주요 추진과제 및 추진방법
4. 필요한 재원의 규모와 조달방안
5. 사회보장 관련 기금 운용방안
6. 사회보장 전달체계
7. 그 밖에 사회보장정책의 추진에 필요한 사항

기본계획은 제 20조에 따른 사회보장위원회와 국무회의의 심의를 거쳐 확정한다(같은 조 제 3항). 관계 중앙행정기관의 장은 보건복지부장관으로부터 통보받은 기본계획 작성지침에 따라 소관별 기본계획안을 작성하여 보건복지부장관에게 제출하여야 하고, 보건복지부장관은 이를 종합한 기본계획안을 작성하여 법 제 16조 제 3항에 따른 절차에 따라 기본계획을 확정하여야 한다(법 시행령 제 3조 제 2항).

기본계획 중 대통령령으로 정하는 중요한 사항을 변경하려는 경우에도 기본계획 확정절차와 같다(법 제 16조 제 3항 후단). 여기에서 "대통령령으로 정하는 중요한 사항"이란 다음을 말한다(법 시행령 제 3조 제 3항).

1. 사회보장의 기본목표 및 중장기 추진방향
2. 주요 추진과제 및 추진방법
3. 필요한 재원의 규모와 조달방안
4. 그 밖에 사회보장 전달체계 관련 사항 등 위원회에서 심의가 필요하다고 인정하는 사항

매 5년마다 기본계획이 수립되지만 매년 시행계획도 수립하여야 한다. 보건복지부장관 및 관계 중앙행정기관의 장은 기본계획에 따라 사회보장과 관련된 소관 주요 시책의 시행계획(이하 "시행계획"이라 한다)을 매년 수립·시행하여야 한다(제 18조 제 1항). 보건복지부장관은 이에 따른 사회보장과 관련된 소관 주요 시책의 시행계획의 효율적 수립·시행을 위하여 다음 해의 시행계획 수립을 위한 지침을 작성하여 이를 매년 12월 31일까지 관계 중앙행정기관의 장에게 통보하여야 한다(법 시행령 제 5조 제 1항).

관계 중앙행정기관의 장은 법 제 18조 제 1항에 따라 수립한 소관 시행계획 및 전년도의 시행계획에 따른 추진실적을 대통령령으로 정하는 바에 따라 매년 보건복지부장관에게 제출하여야 한다(법 제 18조 제 2항). 이에 따라 관계 중앙행정기관의 장은 보건복지부장관의 지침에 따라 소관별 시행계획을 작성하여 매년 1월 31일까지 보건복지부장관에게 제출하여야 하고, 보건복지부장관은 이를 종합·검토하여 위원회에서 심의할 수 있도록 하여야 한다(법 시행령 제 5조 제 2항). 보건복지부장관은 시행계획이 위원회 심의를 거쳐 확정된 경우에는 이를 지체 없이 관계 중앙행정기관의 장에게 통보하여야 한다(같은 조 제 3항).

보건복지부장관은 법 제 18조 제 2항에 따라 받은 관계 중앙행정기관 및 보건복지부 소관의 추진실적을 종합하여 성과를 평가하고, 그 결과를 제 20조에 따른 사회보장위원회에 보고하여야 한다(법 제 18조 제 3항).

보건복지부장관은 제3항에 따른 평가를 효율적으로 하기 위하여 이에 필요한 조사·분석 등을 전문기관에 의뢰할 수 있으며(같은 조 제4항), 시행계획의 수립·시행 및 추진실적의 평가 등에 필요한 사항은 대통령령으로 정한다(같은 조 제5항).

이에 따라 보건복지부장관은 시행계획에 따른 추진실적의 평가를 위한 지침을 작성하여 매년 1월 31일까지 관계 중앙행정기관의 장에게 통보하고, 관계 중앙행정기관의 장은 통보받은 평가지침에 따라 전년도 시행계획의 추진실적을 평가한 후 그 결과를 매년 3월 31일까지 보건복지부장관에게 제출하여야 한다(법 시행령 제6조 제1항).

보건복지부장관은 제1항에 따라 관계 중앙행정기관의 장이 제출한 평가결과를 종합·검토하여 위원회의 심의를 거친 후 그 결과를 매년 9월 30일까지 관계 중앙행정기관의 장에게 통보하여야 한다(같은 조 제2항). 관계 중앙행정기관의 장은 제2항에 따라 통보받은 평가결과를 다음 연도 시행계획에 반영하여야 한다(같은 조 제3항).

중앙정부의 기본계획은 지방자치단체의 지역계획과 연계해야 그 효과를 거둘 수 있다. 그리하여 특별시장·광역시장·특별자치시장·도지사 또는 특별자치도지사·시장(〈제주특별자치도 설치 및 국제자유도시 조성을 위한 특별법〉 제17조 제1항에 따른 행정시장을 포함한다)·군수·구청장(자치구의 구청장을 말한다. 이하 같다)은 관계법령으로 정하는 바에 따라 사회보장에 관한 지역계획(이하 "지역계획"이라 한다)을 수립·시행하여야 하고(제19조 제1항), 수립한 계획을 소관 중앙행정기관의 장에게 제출하여야 한다(법 시행령 제7조 제1항). 소관 중앙행정기관의 장은 제1항에 따라 제출받은 지역계획을 보건복지부장관에게 제출하여야 한다(같은 조 제2항).

이러한 지역계획은 기본계획과 연계되어야 한다(법 제19조 제2항).

시·도지사 또는 시장·군수·구청장은 법 제19조 제2항에 따라 지역계획과 기본계획이 연계되도록 하기 위하여 기본계획의 수립 또는 변경이 있는 경우 소관 지역계획에 관련 내용을 반영하여야 한다(법 시행령 제7조 제3항). 지역계획의 수립·시행 및 추진실적의 평가 등에 필요한 사항은 대통령령으로 정한다(법 제19조 제3항).

관계 중앙행정기관의 장은 소관 지역계획의 내용이 기본계획과 부합하지 않는 등 필요한 경우 해당 시·도지사 또는 시장·군수·구청장에게 그 조정을 권고할 수 있다(법 시행령 제7조 제4항).

또한 관계 중앙행정기관의 장은 필요하면 관계법령에서 정하는 바에 따라 소관 지역계획의 추진실적을 평가할 수 있고, 평가한 경우 그 결과를 보건복지부장관에게 제출하여야 한다(같은 조 제5항). 이에 따라 보건복지부장관은 관계 중앙행정기관의 장이 제출한 평가결과를 종합·검토하여 위원회에 보고하여야 한다(같은 조 제6항).

여기에서 지역계획은 사회복지사업법의 지역사회복지계획(사회복지사업법 제15조의3~제15조의6), 지역보건법상 지역보건의료계획(지역보건법 제3조~제6조) 등을 말하는 것이다. 만일, 지역계획이 지역사회복지계획이나 지역보건의료계획 등과 다른 또 하나의 계획을 의미한다면, 기본계획이나 기존 법상의 계획들 중 한쪽은 폐지해야 한다.

그러나 이러한 지역계획들은 매 4년마다 수립되어 기본계획의 주기와 맞지 않는다. 이는 대통령의 임기가 5년이고, 지방자치단체장의 임기가 4년이라는 점에 착안한 것이지만, 정책의 연계성에 혼선을 줄 수가 있다. 행정부의 수반인 대통령이든 지방자치단체의 장이든 각자의 철학과 이념에 따라 사회복지, 사회보장 정책을 수립하고 시행할 수 있겠지만, 중앙정부의 정책과 지방자치단체의 정책이 상호 연계하기 위해서는 주기를 맞출 필요가 있다.

(2) 사회보장위원회 및 실무위원회

기본계획 등 사회보장 시책 등에 대하여 심의와 조정의 기능을 수행하는 위원회가 사회보장위원회이다. 그리하여 사회보장에 관한 주요 시책을 심의·조정하기 위하여 국무총리 소속으로 사회보장위원회(이하 "위원회"라 한다)를 둔다(제20조 제1항).

위원회가 심의·조정하는 사항은 다음과 같다(같은 조 제2항).

1. 사회보장 증진을 위한 기본계획
2. 사회보장 관련 주요 계획
3. 사회보장제도의 평가 및 개선
4. 사회보장제도의 신설 또는 변경에 따른 우선순위
5. 둘 이상의 중앙행정기관이 관련된 주요 사회보장정책
6. 사회보장급여 및 비용 부담
7. 국가와 지방자치단체의 역할 및 비용 분담
8. 사회보장의 재정추계 및 재원조달 방안
9. 사회보장 전달체계 운영 및 개선
10. 제32조 제1항에 따른 사회보장통계
11. 사회보장정보의 보호 및 관리
12. 그 밖에 위원장이 심의에 부치는 사항

이에 위원장은 제16조 제3항에 따라 확정된 기본계획과 제20조 제2항의 사항에 관하여 심의·조정한 결과를 관계 중앙행정기관의 장과 지방자치단체장에게 통지하여야 한다(제20조 제3항).

이에 따라 관계 중앙행정기관의 장과 지방자치단체의 장은 위원회의 심의·조정 사항을 반영하여 사회보장제도를 운영 또는 개선하여야 한다(같은 조 제4항).

위원회는 위원장 1명, 부위원장 2명과 교육과학기술부장관, 행정안

전부장관, 고용노동부장관, 여성가족부장관, 국토해양부장관을 포함한 30명 이내의 위원으로 구성한다(제21조 제1항). 위원장은 국무총리가 되고 부위원장은 기획재정부장관 및 보건복지부장관이 된다(같은 조 제2항). 위원장이 보건복지부장관이 아니라 국무총리라는 점에서 위원회의 위상이 높다고 할 수도 있겠지만, 국무총리실이 실제 행정을 집행하는 기관이 아니기 때문에 사회보장정책의 실효성이 어느 정도 보장될 수 있을 것인지 의문이 된다.

위원장은 위원회를 대표하고, 위원회의 사무를 총괄한다(법 시행령 제8조 제1항). 위원장이 부득이한 사유로 직무를 수행할 수 없을 때에는 위원장이 미리 정한 부위원장 순서로 그 직무를 대행하고, 위원장과 부위원장이 모두 부득이한 사유로 그 직무를 수행할 수 없을 때에는 위원장이 미리 지명한 위원이 그 직무를 대행한다(같은 조 제2항).

위원회의 위원은 다음 각 호의 어느 하나에 해당하는 사람으로 한다(법 제21조 제3항).

1. 대통령령으로 정하는 관계 중앙행정기관의 장
2. 다음 각 목의 사람 중에서 대통령이 위촉하는 사람
   가. 근로자를 대표하는 사람
   나. 사용자를 대표하는 사람
   다. 사회보장에 관한 학식과 경험이 풍부한 사람
   라. 변호사 자격이 있는 사람

위 제1호에서 "대통령령으로 정하는 관계 중앙행정기관의 장"이라 함은 법무부장관, 문화체육관광부장관, 농림수산식품부장관, 지식경제부장관, 환경부장관, 국무총리실장 및 국가보훈처장을 말한다(법 시행령 제9조 제1항). 위원회에는 간사 2명을 두고, 간사는 국무총리

실 사회통합정책실장과 보건복지부 사회복지정책실장으로 한다(같은 조 제2항).

위원의 임기는 2년으로 한다. 다만, 공무원인 위원의 임기는 그 재임 기간으로 하고, 제3항 제2호 각 목의 위원이 기관·단체의 대표자 자격으로 위촉된 경우에는 그 임기는 대표의 지위를 유지하는 기간으로 한다(법 제21조 제4항). 보궐위원의 임기는 전임자 임기의 남은 기간으로 한다(같은 조 제5항).

위원회의 회의 운영은 다음과 같다. 우선, 위원장은 위원회의 회의를 소집하고, 그 의장이 된다(법 시행령 제10조 제1항). 위원장은 위원회의 회의 개최일 7일 전까지 회의의 일시·장소 및 심의 안건을 위원회의 위원에게 통보하여야 한다. 다만, 긴급한 사유가 있는 경우에는 회의 일시 등을 회의 전날까지 통보할 수 있다(같은 조 제2항).

위원회 회의는 재적위원 과반수의 출석으로 개의(開議)하고, 출석위원 과반수의 찬성으로 의결한다(같은 조 제3항). 위원회 심의를 위하여 필요하면 관계 중앙행정기관, 지방자치단체 및 공공기관의 장이나 소속 공무원·임직원 또는 관련 전문가를 참석하게 하여 의견을 듣거나, 관계기관 등에 대하여 필요한 자료 또는 의견의 제출 등을 요청할 수 있다(같은 조 제4항). 즉, 위원회는 관계자 출석요구권과 자료제출 요구권을 갖는다. 위원회에 출석한 위원, 관계기관·단체 등의 직원 또는 전문가에게는 예산의 범위에서 수당과 여비를 지급할 수 있다. 다만, 공무원이 그 소관업무와 직접 관련되어 출석한 경우에는 그러하지 아니한다(같은 조 제5항).

그 밖에 위원회의 운영에 관하여 필요한 사항은 위원회의 의결을 거쳐 위원장이 위원회 운영규정으로 정한다(같은 조 제6항).

위원회를 효율적으로 운영하고 위원회의 심의사항을 전문적으로 검토하기 위하여 위원회에 실무위원회를 두며, 실무위원회에 분야별 전문위원회를 둘 수 있다(법 제21조 제6항). 실무위원회는 위원회에서 심의할 안건에 관한 사항, 위원회로부터 검토를 지시받은 사항, 그 밖에 실무위원회의 운영에 필요한 사항을 검토한다(법 시행령 제11조 제1항).

실무위원회에서 의결한 사항은 위원장에게 보고하고 위원회의 심의를 거쳐야 한다. 다만, 대통령령으로 정하는 경미한 사항에 대하여는 실무위원회의 의결로써 위원회의 의결을 갈음할 수 있다(같은 조 제7항). 여기에서 "대통령령으로 정하는 경미한 사항"이란 법 제16조 제3항에 따라 확정된 기본계획을 변경하지 않는 범위에서의 시행계획의 변경에 관한 사항과 시행령 제3조 제3항 각 호의 사항 중 중요한 사항을 변경하지 않은 범위에서의 기본계획의 변경에 관한 사항을 말한다(법 시행령 제11조 제2항).

실무위원회는 위원장 1명을 포함하여 30명 이내의 위원으로 구성한다(같은 조 제3항). 실무위원회의 위원장은 보건복지부차관이 되며, 실무위원회 위원은 다음 각 호에 해당하는 사람 중에서 보건복지부장관이 전문분야와 성별 등을 고려하여 임명하거나 위촉한다(같은 조 제4항).

1. 관계 중앙행정기관의 고위공무원단에 속하는 일반직공무원
2. 사회보장, 지역사회복지, 경제, 고용 등 관련분야의 전문지식과 경험이 풍부한 사람(〈지방자치법〉 제165조에 따른 지방자치단체의 장의 협의체에서 추천한 전문가를 포함한다)

실무위원회 위원의 임기는 2년으로 한다. 다만, 공무원인 위원의 임기는 그 재임기간으로 한다(같은 조 제5항). 실무위원회의 위원 중

위촉된 위원의 사임 등으로 인하여 새로 위촉된 위원의 임기는 전임자 임기의 남은 기간으로 한다(같은 조 제6항).

실무위원회에 간사 1명을 두고, 간사는 보건복지부 소속 4급 이상 일반직공무원 또는 고위공무원단에 속하는 일반직공무원 중에서 보건복지부장관이 지명한다(같은 조 제7항). 실무위원회의 위원장의 직무 및 회의운영에 관하여는 시행령 제8조 제1항과 제10조를 준용한다(같은 조 제8항).

법 제21조 제6항에 따라 실무위원회에 두는 분야별 전문위원회(이하 "전문위원회"라 한다)는 다음 각 호와 같다(법 시행령 제12조 제1항).

1. 기획조정 전문위원회
2. 사회서비스 전문위원회
3. 사회보험 전문위원회
4. 공공부조 전문위원회
5. 그 밖에 실무위원회의 위원장이 필요하다고 인정하는 전문위원회

전문위원회는 위원장 1명을 포함한 15명 이하의 위원으로 구성한다(같은 조 제2항). 전문위원회의 위원장은 실무위원회 위촉위원 중에서 실무위원회의 위원장이 임명한다(같은 조 제3항).

전문위원회의 위원은 다음 각 호에 해당하는 사람 중에서 실무위원회 위원장이 전문분야와 성별 등을 고려하여 임명하거나 위촉한다(같은 조 제4항).

1. 관계 중앙행정기관의 4급 또는 이에 상당하는 공무원
2. 사회보장, 지역사회복지, 경제, 고용 등 관련분야의 전문지식과 경험이 풍부한 사람(〈지방자치법〉 제165조에 따른 지방자치단체의 장의 협의체에서 추천한 전문가를 포함한다)

각 전문위원회에 사회보장, 지역사회복지, 경제, 고용 등 관련분야를 전공한 박사학위 소지자 등 해당 분야에 학식과 경험이 풍부한 사람 중에서 3명 이내의 상임전문위원을 둘 수 있다(같은 조 제5항). 전문위원회의 위원에게는 사회보장에 관한 전문적인 사항을 조사·연구할 수 있도록 예산의 범위에서 연구비와 여비를 지급할 수 있다(같은 조 제6항).

그 밖에 전문위원회의 운영에 필요한 사항은 위원회의 의결을 거쳐 위원장이 위원회 운영규정으로 정한다(같은 조 제7항).

위원회의 사무를 효율적으로 처리하기 위하여 보건복지부에 사무국을 둔다(법 제21조 제8항). 이에 따라 보건복지부에 두는 사무국에 사무국장을 두며, 사무국장은 고위공무원단에 속하는 일반직 공무원으로 한다(법 시행령 제13조 제1항). 사무국장은 위원장의 명을 받아 사무국 업무를 총괄하고, 소속공무원과 근무 직원을 지휘·감독한다(같은 조 제2항).

위원장은 위원회 및 사무국 업무수행을 위하여 필요한 경우 관계 행정기관·연구기관 또는 단체 등의 장과 협의하여 그 소속 공무원 또는 직원의 파견 또는 겸임을 요청할 수 있다(같은 조 제3항). 제1항부터 제3항까지에서 규정한 사항 외에 사무국의 운영 등에 필요한 사항은 위원회의 의결을 거쳐 위원장이 위원회 운영규정으로 정한다(같은 조 제4항).

이 법에서 규정한 사항 외에 위원회, 실무위원회, 분야별 전문위원회, 사무국의 구성·조직 및 운영 등에 필요한 사항은 대통령령으로 정한다(법 제21조 제9항).

위원회는 심의와 조정 기능을 핵심으로 하지만, 조정을 위해서는 의결권을 인정할 필요가 있을 것이다. 그래서 제21조 제7항은 실무위원회에 경미한 사항의 의결권을 인정하며, 이에 대해 위원회의 의결을 갈음한다고 하였다. 이것으로 보아 위원회는 당연히 의결권을 갖는다고 해석할 수 있겠다.

7) 사회보장정책의 기본방향

사회보장기본법의 법체계상의 위상을 고려해볼 때, 국가의 사회보장정책의 기본방향을 정하는 것은 매우 당연하고도 중요한 것이다. 기본법으로서 유지해야 할 내용이다. 전부개정되기 이전의 법과 결정적으로 다른 부분도 이 대목이다.

(1) 평생사회안전망의 구축

국가와 지방자치단체는 모든 국민이 생애 동안 삶의 질을 유지·증진할 수 있도록 평생사회안전망을 구축하여야 한다(제22조 제1항).

평생사회안전망이라 함은 생애주기에 걸쳐 보편적으로 충족되어야 하는 기본욕구와 특정한 사회위험에 의하여 발생하는 특수욕구를 동시에 고려하여 소득·서비스를 보장하는 맞춤형 사회보장제도를 말한다(제3조 제5호).

이에 따라 국민 개인은 태어나서 사망에 이를 때까지 인간으로서 기본욕구와 각종 사회적 위험에 따르는 특수욕구에 따라 맞춤형 사회보장급여나 서비스를 받을 수 있다는 것이다.

그런데 국가와 지방자치단체는 평생사회안전망을 구축·운영함에 있어 사회적 취약계층을 위한 공공부조를 마련하여 최저생활을 보장하여야 한다(제22조 제2항). 제22조 제1항의 규정은 보편적 대상을 전제로 하는 것처럼 보이는데, 제2항은 선별적 대상 범주를 규정한다.

만일, 평생사회안전망이 공공부조 대상자에만 한정되는 것으로 해석하는 것은 법의 취지를 일탈한 해석으로 보인다. 평생사회안전망이 보편적 대상자 범주를 전제하지만, 특히 빈곤이라는 사회적 위험에 처한 사람들의 기본욕구와 특수욕구를 강조해서 선별적 복지 또한 동시적으로 추구하는 것으로 해석해야 할 것이다.

따라서 이 법에서 평생사회안전망은 원칙적으로 보편적 대상을 추구하는데, 다만 선별적 대상에 대한 우선적 또는 특별한 처우를 강조하는 것이다.

(2) 사회서비스 보장

국가와 지방자치단체는 모든 국민의 인간다운 생활과 자립, 사회참여, 자아실현 등을 지원하여 삶의 질이 향상될 수 있도록 사회서비스에 관한 시책을 마련하여야 한다(제23조 제1항).

기존 법에서 사회복지서비스와 관련복지제도를 합쳐 "사회서비스"로 규정하는 현행법의 정신에 따라 사회서비스 보장이 사회보장정책의 중요한 방향이 된 것이다. 그리하여 국가와 지방자치단체는 사회서비스 보장과 제24조에 따른 소득보장이 효과적이고 균형적으로 연계되도록 하여야 한다(같은 조 제2항). 즉, 이 법은 평생사회안전망을 통해서 소득보장과 사회서비스보장을 양대 축으로 설정하는 것이다.

그러나 사회보장기본법은 보건복지부장관이 관장하는 법이다. 중앙부처의 경직된 칸막이 현상을 볼 때, 과연 이 사회서비스가 보장될 수 있을 것인지 매우 우려가 된다. 보건복지부 내에서도 보건의료 영역과 사회복지 영역이 통합적으로 운영되기 어려운데, 교육, 고용, 주택, 문화, 환경 등의 정책부서와 보건복지부가 함께 사회서비스를 제공하는 것은 매우 어렵다. 물론, 사회보장위원회를 통해서 각 부처 장관들이 조정할 수는 있겠지만, 그 실효성에 대해서는 의문을 갖게 된다.

또한 사회서비스에 대한 법률들의 규정이 제각각이어서 이에 대한 통합적인 조정도 숙제가 되고 있다. 〈표 13-3〉과 같이 '사회서비스'는 다양하고 모순된 개념체계를 가지고 있다.

이와 같이, 사회보장기본법상 사회서비스와 사회적 기업 육성법의 사회서비스 개념이 근접하고, 사회서비스이용 및 이용권 관리에 관한 법률에서의 사회서비스 개념은 이보다 협의의 개념으로서 사회복지서비스와 보건의료서비스를 합한 개념이다. 동일한 주무부처인 보건복지부장관이 관장하는 법들에서 "사회서비스"가 법률마다 다른 개념으로 사용되는 것은 문제이다. 이에 대한 조정이 시급하다.

〈표 13-3〉 사회서비스 등의 법적 개념

사회보장기본법 (제 3조 제 4호)	"사회서비스"란 국가 · 지방자치단체 및 민간부문의 도움이 필요한 모든 국민에게 복지, 보건의료, 교육, 고용, 주거, 문화, 환경 등의 분야에서 인간다운 생활을 보장하고 상담, 재활, 돌봄, 정보의 제공, 관련 시설의 이용, 역량 개발, 사회참여 지원 등을 통하여 국민의 삶의 질이 향상되도록 지원하는 제도를 말한다.
사회서비스 이용 및 이용권 관리에 관한 법률(제 2조 제 1호)	"사회서비스"란 〈사회복지사업법〉 제 2조 제 4호에 따른 사회복지서비스, 〈보건의료기본법〉 제 3조 제 2호에 따른 보건의료서비스, 그 밖에 이에 준하는 서비스로서 대통령령으로 정하는 서비스를 말한다.
사회적 기업 육성법 (제 2조 제 3호)	"사회서비스"란 교육, 보건, 사회복지, 환경 및 문화 분야의 서비스, 그 밖에 이에 준하는 서비스로서 대통령령으로 정하는 분야의 서비스를 말한다.
사회복지사업법 (제 2조 제 6호)	"사회복지서비스"란 국가 · 지방자치단체 및 민간부문의 도움을 필요로 하는 모든 국민에게 상담, 재활, 직업 소개 및 지도, 사회복지시설의 이용 등을 제공하여 정상적인 사회생활이 가능하도록 제도적으로 지원하는 것을 말한다.

(3) 소득보장

사회보장의 일차적인 목표는 국민의 소득을 보장하는 데 있다. 그래서 국가와 지방자치단체는 다양한 사회적 위험에서도 모든 국민들이 인간다운 생활을 할 수 있도록 소득을 보장하는 제도를 마련하여야 한다(제24조 제1항).

국가와 지방자치단체는 공공부문과 민간부문의 소득보장제도가 효과적으로 연계되도록 하여야 한다(같은 조 제2항). 예를 들어, 국가의 공적 연금인 국민연금과 민간 보험회사가 운영하는 퇴직연금, 개인연금 등이 서로 연계되어 국민의 노후 소득보장이 잘 이루어지도록 해야 한다는 것이다.

8) 사회보장제도의 운영

(1) 운영원칙

① 적용범위의 보편성

국가 및 지방자치단체는 사회보장제도를 운영함에 있어 이를 필요로 하는 모든 국민에게 적용해야 한다(제25조 제1항). 이는 사회보장제도가 전 국민을 보편적 대상으로 해야 하는 것을 말한다. 일부 국민에게만 한정되는 선별적이거나 특권적인 사회보장제도를 지양해야 한다는 것이다. 즉, 모든 국민이 사회보장제도에 의해 포섭될 수 있도록 사각지대를 없애고 누구나 사회보장의 수급자가 될 수 있도록 사회보장제도가 총체적으로 구성되어야 하는 것을 말한다.

② 급여수준 및 비용부담의 형평성

국가 및 지방자치단체는 사회보장제도의 급여수준 및 비용부담에서 형평성을 유지해야 한다(같은 조 제2항). 적어도 사회보장제도는 소득 재분배에 기여해야 한다. 따라서 사회보장에 대한 비용부담이나 급여 수준에서 역진적 재분배가 일어나지 않도록 형평성을 유지해야 한다 (산술적 평등). 또한 연금급여와 같은 소득보장제도에서는 기여수준이 높은 자가 급여수준이 높도록 하는 것도 형평성에 맞는 것이다(비례적 평등). 그러므로 '형평성'의 개념은 경우에 따라 달라질 수 있다.

③ 운영의 민주성

국가 및 지방자치단체는 사회보장제도의 정책결정 및 시행과정에 공익의 대표자 및 이해관계인 등을 참여시켜 민주성을 확보해야 한다 (같은 조 제3항). 사회보장위원회 등 각종 법정 위원회의 운영, 장기 발전방안의 수립 등에 참여의 가치를 보장함으로써 민주적 운영을 도모하고자 하는 취지이다. 특히 사회보험의 경우 보험료를 납부한 개인들의 참여가 보장되어야 할 것이다. 공공부조와 사회서비스에서도 그 대상자들을 정책결정에 참여시키는 것은 매우 중요하다.

④ 연계성 · 전문성의 강화

국가 및 지방자치단체는 사회보장제도를 운영함에서 국민의 다양한 복지욕구를 효율적으로 충족시키기 위해 연계성·전문성을 높여야 한다(같은 조 제4항). 이것은 개개의 사회보장제도가 분립적으로 운영되는 데서 오는 비효율성, 갈등 등을 예방하고자 제도간의 연계 및 통합, 조정의 필요성을 강조하는 취지이며, 이를 위해 사회보장의 계획 수립 및 시행에서 전문적 측면을 강조하기 위한 것이다.

이러한 원칙들은 다분히 선언적인 것이기 때문에 개별 법령에서 구체화되어야 할 것이다. 또한 이러한 원칙들은 개별 법령을 제·개정할 때 그것을 지도하는 원칙으로 작용한다.

⑤ 협의 · 조정

사회보험은 국가의 책임으로 시행하고, 공공부조와 사회서비스는 국가와 지방자치단체의 책임으로 시행하는 것을 원칙으로 한다. 다만, 국가와 지방자치단체의 재정 형편 등을 고려하여 이를 협의·조정할 수 있다(같은 조 제5항).

사회보험은 중앙정부의 책임으로 운영하고, 공공부조와 사회서비스는 중앙정부가 지방자치단체와 공동의 책임을 지는 것이다. 그런데 사회보험은 중앙정부가 책임지면서 공공부조와 사회서비스는 왜 지방자치단체에게 부분적이나마 책임을 부과하는 것일까?

서구의 빈민법(Poor Law)의 특징 중 하나는 지방주의(Localism)이다. 즉, 각 지방의 당국이 자신의 관할지역에 거주하는 빈민이나 요보호대상층을 각각 관리하였던 것이다. 이러한 전통은 지금까지 공공부조와 서비스 영역에서 지방정부가 일부분이라도 책임을 지는 것으로 남아있다.

(2) 협의 및 조정

국가와 지방자치단체는 사회보장제도를 신설하거나 변경할 경우 기존제도와의 관계, 사회보장 전달체계와 재정 등에 미치는 영향 등을 사전에 충분히 검토하고 상호협력하여 사회보장급여가 중복 또는 누락되지 아니하도록 하여야 한다(제26조 제1항).

중앙행정기관의 장과 지방자치단체의 장은 사회보장제도를 신설하거나 변경할 경우 신설 또는 변경의 타당성, 기존 제도와의 관계, 사회보장 전달체계에 미치는 영향 및 운영방안 등에 대하여 대통령령으로 정하는 바에 따라 보건복지부장관과 협의하여야 한다(같은 조 제 2항). 이에 따른 협의가 이루어지지 아니할 경우 위원회가 이를 조정한다(같은 조 제 3항).

이러한 협의와 조정을 위하여 보건복지부장관은 사회보장급여 관련 업무에 공통적으로 적용되는 기준을 마련할 수 있다(같은 조 제 4항).

법 제 26조 제 2항에 따라 중앙행정기관의 장과 지방자치단체의 장은 사회보장제도를 신설하려는 경우 매년 4월 30일까지 다음 각 호의 사항을 포함한 협의요청서를 보건복지부장관에게 제출하여야 한다(법 시행령 제 15조 제 1항).

1. 사업 대상, 지원 내용, 전달체계 등 사회보장제도 신설과 관련된 세부사업계획
2. 사회보장제도 신설의 근거에 관한 사항
3. 사회보장제도 신설에 따라 예상되는 사업의 성과
4. 사회보장제도의 신설에 필요한 예산규모에 관한 사항
5. 그 밖에 사회보장제도의 신설에 따른 협의에 필요한 서류

법 제 26조 제 2항에 따라 중앙행정기관의 장과 지방자치단체의 장은 사회보장제도의 변경으로 다음 각 호의 사항이 변경되는 경우(물가상승률, 최저생계비, 최저임금 등 관계법령에서 정하는 사항으로 변경되는 경우는 제외한다) 매년 4월 30일까지 제 1항 각 호의 사항을 포함하는 협의요청서를 보건복지부장관에게 제출하여야 한다. 이 경우 제 1항 각 호의 사항 중 "신설"은 "변경"으로 본다(같은 조 제 2항).

1. 소득, 재산, 연령, 자격 등 대상자 선정기준
2. 국고보조율 등 지방자치단체의 재정부담 수준
3. 그 밖에 급여내용, 전달체계 등 보건복지부장관이 정하는 사항

제2항에도 불구하고 보건복지부장관은 사회보장제도의 중장기 발전방향, 기존 사회보장제도와의 관계, 전달체계에 미치는 영향 등을 고려하여 사전협의가 필요하다고 인정되는 경우에는 해당 중앙행정기관의 장 또는 지방자치단체의 장에게 제1항에 따른 협의요청서의 제출을 요구할 수 있다. 이 경우 해당 중앙행정기관의 장 또는 지방자치단체의 장은 제출을 요구받은 날로부터 30일 이내에 협의요청서를 제출하여야 한다(같은 조 제3항).

중앙행정기관의 장과 지방자치단체의 장은 제1항에 따른 기한 이후에 긴급한 사유 등으로 사회보장제도의 신설 또는 변경이 필요한 경우에는 사업계획을 확정한 즉시 보건복지부장관에게 협의요청서를 제출하여야 한다(같은 조 제4항).

보건복지부장관은 협의에 필요한 자료가 누락되거나 보완이 필요한 경우 해당 중앙행정기관의 장과 지방자치단체의 장에게 기한을 정하여 필요한 자료의 제출 및 수정 또는 보완을 요구할 수 있으며, 요청을 받은 중앙행정기관의 장과 지방자치단체의 장은 특별한 사유가 없는 경우 이에 따라야 한다(같은 조 제5항). 보건복지부장관은 시행령 제14조에 따라 통보된 협의 운용방안에 따라 미리 관계 중앙행정기관의 장과 지방자치단체의 장에게 신설하거나 변경하려고 하는 사회보장제도에 대한 사업계획안의 제출을 요청할 수 있다(같은 조 제6항).

보건복지부장관은 시행령 제15조 제1항에 따라 협의요청서가 제출된 사업에 대한 협의가 완료된 경우에는 위원회에 보고하고 그 결과를 기획재정부장관에게 통보하여야 한다(법 시행령 제16조 제1항).

보건복지부장관은 협의가 이루어지지 않거나 협의 운용방안에서 정한 기한 내에 협의가 완료되지 않은 경우에는 위원회에 상정하여야 한다(같은 조 제2항).

보건복지부장관은 제2항에 따른 위원회의 심의·조정 결과를 해당 중앙행정기관의 장과 지방자치단체의 장 및 기획재정부장관에게 통보하여야 한다(같은 조 제3항).

이것은 협의, 조정, 권고를 넘어 사실상 강제를 의미한다. 즉, 보건복지부장관이 지방자치단체장의 자치권을 제약하는 것으로 보인다. 시행령의 규정으로 본법 제19조에 규정된 지방자치단체의 책임과 이에 따른 권한, 지방자치법상 지방자치단체의 자치권, 사회복지사업법 제33조의2 이하 지방자치단체장의 사회복지서비스 제공에 대한 책임, 나아가 헌법 제117조의 지방자치단체의 자치에 관한 책임과 권한 규정과 충돌의 여지가 있어 문제가 된다.

실제로 2015년에서 2016년에 걸쳐 서울특별시와 경기도 성남시의 청년배당, 청년수당 제도 시행이 중앙정부와 갈등을 빚으면서, 자치단체의 사회보장사업을 중앙정부가 통제하려 한다는 비판적 문제제기가 매우 강하게 제기되었다.[13] 이것의 법률적 문제를 살펴보자.

첫째, 사회보장제도를 신설하거나 변경하는 주체는 중앙행정기관의 장과 지방자치단체장이다(법 제26조 제3항). 양자 모두 보건복지부장관과 협의해야 한다. 그렇다고 해서 이를 근거로 보건복지부장관이 폐지를 권고하는 것은 과잉적용이다(윤찬영, 2016: 8).

---

13 남찬섭, "법적 근거 없는 유사·중복사회보장정비조치", 〈복지이슈 Today〉, 제33호, 서울복지재단, 2015 ; 이재완, "중앙정부가 동네복지까지 간섭하도록 해야 하나" 〈복지이슈 Today〉, 제33호, 서울시복지재단, 2015; 윤찬영, "박근혜 정부, 복지도 '국정화' 하려 하나?", 〈프레시안〉(http://www.pressian.com), 2015.

둘째, 지방자치법 제 66조(지방자치단체의 사무에 대한 지도와 지원) 제2항은 지방자치단체에 대한 기술지원과 재정지원을 규정하고 있다. 이 조항을 근거로 지방사회보장사업의 폐지를 권고한다면 이는 헌법 제117조의 지방자치와 지방자치법의 본질을 훼손하는 것으로 이른바 과잉제한금지의 원칙14에 위배된다고 할 것이다.

셋째, 지방교부세법 시행령 제12조 제1항 제9호의 규정을 들어 협의·조정의 결과를 따르지 아니할 때 교부금을 감액 또는 반환하도록 한 것은 하위규범인 시행령을 통해 상위규범인 사회보장기본법과 지방자치법의 취지를 억압하는 것이므로 위법성 논란이 될 수 있다. 앞에서(제5장 2. (1) (4) ③조례에 관한 판례) 인용한 대판 96 추 244에서도 언급되어 있듯이 지방자치단체의 사회보장사업이 법령에 근거하지 않더라도 그것이 곧 법령의 범위를 벗어난 것이 아니므로 자치입법권에 의해 제정된 조례에 의해 실시되고 있는 지방사회보장사업에 대해 폐지를 권고하는 것은 헌법 제117조의 지방자치를 훼손할 우려가 있어 위헌의 소지가 있다(윤찬영, 2016: 8).

(3) 민간의 참여

국가와 지방자치단체는 사회보장에 대한 민간부문의 참여를 유도할 수 있도록 정책을 개발·시행하고 그 여건을 조성해야 한다(법 제 27조 제1항). 이는 복지다원주의(*Welfare Pluralism*)를 말하는 것이다. 국가의 사회보장정책을 시행함에 있어서 민간 또한 동반자적 주체로서 인정하겠다는 취지를 가지고 있다. 이에 따라 국가 및 지방자치단체는

---

14 헌법 제37조 제2항, "국민의 모든 자유와 권리는 국가안전보장·질서유지 또는 공공복리를 위하여 필요한 경우에 한하여 법률로써 제한할 수 있으며, 제한하는 경우에도 자유와 권리의 본질적인 내용을 침해할 수 없다."

개인·법인 또는 단체의 사회보장에 참여하는 데 드는 경비의 전부 또는 일부를 지원하거나 그 업무수행에 필요한 지원을 할 수 있다(같은 조 제3항). 이것은 민간 복지주체에 대한 국가의 행·재정 지원의 근거가 된다.

국가와 지방자치단체는 사회보장에 대한 민간부문의 참여를 유도하기 위하여 다음 각 호의 사업이 포함된 시책을 수립·시행할 수 있다(같은 조 제2항).

1. 자원봉사, 기부 등 나눔의 활성화를 위한 각종 지원사업
2. 사회보장정책의 시행에 있어 민간부문과의 상호협력체계 구축을 위한 지원사업
3. 그 밖에 사회보장에 관련된 민간의 참여를 유도하는 데에 필요한 사업

가치적으로 복지다원주의를 비판하는 것은 논란의 여지가 있겠으나, 이 규정이 사회보장이나 사회복지에 대한 국가책임을 완화시키는 근거로 악용될 수 있는 것은 문제다. 이른바 사회복지 또는 사회보장의 민영화(privatization)가 허용되는 근거규정으로 사용된다면 매우 커다란 문제를 야기할 수 있다. 즉, 국가책임이 미약한 실정에서 민간의 참여가 강조된다면, 이는 사회보장기본법을 포함해서 사회복지관련법들의 규범적 정당성을 훼손할 수 있기 때문이다.

(4) 비용부담

사회보장비용의 부담은 각각의 사회보장제도의 목적에 따라 국가, 지방자치단체 및 민간부문 간에 합리적으로 조정되어야 한다(제28조 제1항). 이를 구체적으로 살펴보면, 사회보험에 드는 비용은 사용자, 피

용자(被傭者) 및 자영업자가 부담하는 것을 원칙으로 하되, 관계법령에서 정하는 바에 따라 국가가 그 비용의 일부를 부담할 수 있다(같은 조 제2항). 사회보험의 비용부담에서 노(勞)·사(使)·정(政) 3자부담이 아니라 노·사 양자부담이 원칙이다. 원칙상 그러하기 때문에 예외도 있게 된다. 산업재해보상보험법은 사용자만이 단독으로 부담하고, 국민연금법이나 국민건강보험법에서 지역가입자들은 단독부담을 한다.

공공부조 및 관계법령에서 정하는 일정 소득수준 이하의 국민에 대한 사회서비스에 드는 비용의 전부 또는 일부는 국가와 지방자치단체가 부담한다(같은 조 제3항). 이는 공공부조와 사회서비스는 국가와 지방자치단체의 조세수입으로 시행되어야 하기 때문에 당연한 것이다. 다만, 앞에서도 언급하였듯이, 공공부조와 서비스 영역에서는 국가와 지방자치단체가 공동으로 책임을 지는 관습을 반영하는 것이다.

부담 능력이 있는 국민에 대한 사회서비스에 드는 비용은 그 수익자가 부담함을 원칙으로 하되, 관계법령에서 정하는 바에 따라 국가와 지방자치단체가 그 비용의 일부를 부담할 수 있다(같은 조 제4항). 이는 곧 수익자 부담(fee-for-service)의 원칙이다. 반드시 법령의 근거가 있어야 가능한 것이다. 국가나 지방자치단체가 임의로 수익자 부담을 요구할 수는 없다.

(5) 전달체계

국가와 지방자치단체는 모든 국민이 쉽게 이용할 수 있고 사회보장급여가 적시에 제공되도록 지역적·기능적으로 균형 잡힌 사회보장 전달체계를 구축하여야 한다(제29조 제1항). 국가와 지방자치단체는 사회보장 전달체계의 효율적 운영에 필요한 조직, 인력, 예산 등을 갖추어야 한다(같은 조 제2항). 국가와 지방자치단체는 공공부문과 민간부문의 사회보장 전달체계가 효율적으로 연계되도록 노력하여야 한다 (같은 조 제3항).

사회보장정책에서 전달체계의 중요성은 아무리 강조해도 지나치지 않을 정도이다. 그러나 사회보장정책의 단일한 전달체계가 마련되지 않고 개별법마다 별도의 전달체계 규정을 가지고 있는 실정이다. 이에 사회보장기본법에서 단일의 통합된 전달체계 관련 규정을 두는 것이 필요하다. 앞으로 입법적 과제로 본다.

(6) 사회보장급여의 관리

국가와 지방자치단체는 국민의 사회보장수급권의 보장 및 재정의 효율적 운용을 위하여 다음 각 호에 관한 사회보장급여의 관리체계를 구축·운영하여야 한다(제30조 제1항).

1. 사회보장수급권자 권리구제
2. 사회보장급여의 사각지대 발굴
3. 사회보장급여의 부정·오류 관리
4. 사회보장급여의 과오지급액의 환수 등 관리

보건복지부장관은 사회서비스의 품질기준 마련, 평가 및 개선 등의 업무를 수행하기 위하여 필요한 전담기구를 설치할 수 있다(같은 조 제2항). 이는 사회서비스의 품질을 균등화하고 평가 등을 합리적이고 과학적이며 체계적으로 지속하기 위하여 품질관리를 전담하는 기구를 설치할 수 있는 법적 근거를 마련한 것이다. 제2항의 전담기구 설치 ·운영 등에 필요한 사항은 대통령령으로 정한다(같은 조 제3항).

(7) 전문인력 양성 등

국가와 지방자치단체는 사회보장제도의 발전을 위하여 전문인력의 양성, 학술조사 및 연구, 국제교류의 증진 등에 노력하여야 한다(제31조).

이에 따라 보건복지부장관은 사회보장분야 전문인력 양성을 위하여 관계 중앙행정기관, 지방자치단체, 공공기관 및 법인·단체 등의 직원을 대상으로 사회보장에 관한 교육을 매년 1회 이상 실시할 수 있다(법 시행령 제17조 제1항).

관계 중앙행정기관의 장과 지방자치단체의 장은 필요한 경우 제1항에 따른 교육을 보건복지부장관에게 요청할 수 있다(같은 조 제2항).

(8) 사회보장통계

국가와 지방자치단체는 효과적인 사회보장정책의 수립·시행을 위하여 사회보장에 관한 통계(이하 "사회보장통계"라 한다)를 작성·관리하여야 한다(법 제32조 제1항). 기본계획 등을 수립하기 위해서는 기본적인 데이터(*data*)를 관리해야 하는 것은 너무나 당연한 것이다.

이를 위해 관계 중앙행정기관의 장과 지방자치단체의 장은 소관 사회보장통계를 대통령령으로 정하는 바에 따라 보건복지부장관에게 제출하여야 한다(같은 조 제2항). 보건복지부장관은 제2항에 따라 제출된 사회보장통계를 종합하여 위원회에 제출하여야 한다(같은 조 제3항). 이러한 사회보장통계의 작성·관리에 필요한 사항은 대통령령으로 정한다(같은 조 제4항).

보건복지부장관은 법 제32조에 따른 사회보장통계의 작성·제출과 관련하여 작성대상 범위, 절차 등의 내용을 포함한 사회보장통계 운용지침을 마련하여 매년 12월 31일까지 관계 중앙행정기관의 장과 지방자치단체의 장에게 통보하여야 한다(법 시행령 제18조 제1항).

관계 중앙행정기관의 장과 지방자치단체의 장은 제1항에 따른 사회보장통계 운용지침에 따라 소관 사회보장 통계목록을 작성한 후 매년 1월 31일까지 보건복지부장관에게 제출하여야 하고, 소관 사회보장통계목록이 변경된 경우에는 변경일로부터 30일 이내에 보건복지부장관에게 통보하여야 한다(같은 조 제2항).

보건복지부장관은 제2항에 따라 제출받은 사회보장통계 목록에 누락된 것이 있는 경우 보완을 요청할 수 있으며, 해당 중앙행정기관의 장 또는 지방자치단체의 장은 특별한 사유가 없으면 이에 따라야 한다(같은 조 제3항).

관계 중앙행정기관의 장과 지방자치단체의 장은 제2항에 따른 사회보장통계 목록에 따른 소관 사회보장통계를 매년 2월 말일까지 보건복지부장관에게 제출하여야 한다(같은 조 제4항).

보건복지부장관은 사회보장통계의 작성이 필요한 경우 관계 중앙행정기관의 장과 지방자치단체의 장에게 통계자료의 제출을 요청할 수 있다. 이 경우 요청을 받은 관련기관의 장은 특별한 사유가 없으면 이에 따라야 한다(같은 조 제5항).

보건복지부장관은 경제·사회적 환경변화에 따라 새로운 사회보장통계 작성이 필요한 경우 〈통계법〉 제3조 제5호 각 목에 따른 공공기관의 장에게 이에 필요한 통계작성 또는 통계자료의 제출을 요청할 수 있다(같은 조 제6항).

(9) 부수적 의무

국가가 사회보장제도를 운영함에서 재정부담, 조직운영 등 중심적 의무 외에도 제도의 성공적 운영을 위해 부수적으로 유지해야 하는 의무들이 있다. 그것이 곧 국가의 부수적 의무이다.

① 홍보의무

국가와 지방자치단체는 사회보장제도에 관하여 국민이 필요한 정보를 관계법령에서 정하는 바에 따라 공개하고, 이를 홍보하여야 한다(법 제33조).

② 사회보장에 관한 설명

국가와 지방자치단체는 사회보장 관계법령에서 규정한 권리나 의무를 해당 국민에게 설명하도록 노력하여야 한다(제34조).

③ 사회보장에 관한 상담

국가와 지방자치단체는 사회보장 관계법령에서 정하는 바에 따라 사회보장에 관한 상담에 응하여야 한다(제35조).

④ 사회보장에 관한 통지

국가와 지방자치단체는 사회보장 관계법령에서 정하는 바에 따라 사회보장에 관한 사항을 해당 국민에게 알려야 한다(제36조).

9) 사회보장정보의 관리

사회보장정책을 시행하기 위해서는 대상자와 관련된 정보를 포함하여 다양한 정보에 대한 관리가 필수적이다. 현재 사회복지통합정보망(약칭 "사통망")이 가동되고 있는데, 이에 관련된 법적 근거와 구체적인 규정들이 필요하다.

(1) 사회보장정보시스템의 구축·운영 등

국가와 지방자치단체는 국민편익의 증진과 사회보장업무의 효율성 향상을 위하여 사회보장업무를 전자적으로 관리하도록 노력하여야 한다(제37조 제1항). 그리하여 국가는 관계 중앙행정기관과 지방자치단체에서 시행하는 사회보장수급권자 선정 및 급여관리 등에 관한 정보를 통합·연계하여 처리·기록 및 관리하는 시스템(이하 "사회보장정보시스템"이라 한다)을 구축·운영할 수 있다(같은 조 제2항).

보건복지부장관은 이에 따른 사회보장정보시스템을 통해 다음 각 호의 업무를 수행할 수 있다(법 시행령 제19조 제1항).

1. 사회보장수급자 및 사회보장급여 현황관리
2. 사회보장 관련통계의 생성 및 관리
3. 사회보장급여의 신청, 수급자격의 조사업무 및 급여의 적정성 확인, 환수(還收) 등 사후관리 업무의 전자화 및 처리지원
4. 사회보장수급자격의 취득·상실·정지·변경 등 변동관리
5. 사회보장급여 및 보조금의 부정·중복수급 모니터링
6. 다른 법령에 따라 국가 및 지방자치단체로부터 위탁받은 사회보장에 관한 업무

이러한 사회보장정보시스템의 구축·운영은 보건복지부장관이 총괄한다(법 제37조 제3항). 이 과정에서 보건복지부장관은 사회보장정보시스템 구축·운영의 전 과정에서 개인정보 보호를 위하여 필요한 시책을 마련하여야 한다(같은 조 제4항).

보건복지부장관(법 제37조 제7항에 따른 전담기구를 포함한다)은 법 제37조 및 제1항부터 제3항까지의 규정에 따른 사회보장정보시스템의 구축 및 운영 등에 관한 사무를 수행하기 위하여 불가피한 경우〈개인정보보호법〉제23조에 따른 건강에 관한 정보(건강관리, 건강검진 및 의료

비 지원에 관한 정보만 해당한다), 같은 법 시행령 제18조 제2호에 따른 범죄경력자료에 해당하는 정보, 같은 영 제19조 제1호부터 제4호까지의 규정에 따른 주민등록번호, 여권번호, 운전면허번호 또는 외국인등록번호가 포함된 자료를 처리할 수 있다(법 시행령 제19조 제4항).

보건복지부장관은 관계 중앙행정기관, 지방자치단체 및 관련기관·단체에 사회보장정보시스템의 운영에 필요한 정보의 제공을 요청하고 제공받은 목적의 범위에서 보유·이용할 수 있다. 이 경우 자료의 제공을 요청받은 자는 정당한 사유가 없으면 이에 따라야 한다(법 제37조 제5항).

관계 중앙행정기관 및 지방자치단체의 장은 제2항의 사회보장정보와 관련하여 사회보장정보시스템의 활용이 필요한 경우 사전에 보건복지부장관과 협의하여야 한다. 이 경우 보건복지부장관은 관련업무에 필요한 범위에서 정보를 제공할 수 있고 정보를 제공받은 관계 중앙행정기관 및 지방자치단체의 장은 제공받은 목적의 범위에서 보유·이용할 수 있다(같은 조 제6항).

보건복지부장관이 법 제37조 제5항 및 제6항에 따라 사회보장정보시스템의 운영을 위하여 수집·보유·이용·제공할 수 있는 정보의 범위는 다음 각 호와 같다(법 시행령 제19조 제2항).

1. 사회보장수급자 수, 선정기준, 보장내용, 예산, 전달체계 등 사회보장제도 및 사회보장수급자 현황에 관한 자료
2. 사회보장급여의 신청, 수급자격의 조사 및 사후관리에 필요한 자료로서 신청인 및 그 부양의무자에 대한 다음 각 목의 어느 하나에 해당하는 자료. 다만, 부양의무자의 부양을 필요로 하지 않거나 근로능력, 소득·재산상태 등에 관한 조사가 필요하지 않은 경우는 제외한다.

가. 주민등록전산정보 등 인적사항 및 기본증명서·가족관계증
   명서 등 가족관계등록사항
나. 토지·건물·선박·차량·주택분양권, 국민건강보험·국민연
   금·고용보험·산업재해보상보험·퇴직금·보훈급여·공무원
   연금·군인연금·사립학교교직원연금·별정우체국연금, 근로
   장려금, 농업소득보전직접지불금 등 소득·재산에 관한 자료
다. 출입국·병무·교정·사업자등록증·고용정보·보건의료정
   보 등 근로능력 및 취업상태에 관한 자료
3. 사회보장급여 수급이력 및 사회보장급여와 관련된 신청, 제공 및
   환수 등의 업무처리 내역에 관한 자료
4. 사회복지법인 및 사회복지시설, 관련기관 및 단체의 보조금 수급
   이력에 관한 자료
5. 그 밖에 사회보장급여의 제공 및 관리 또는 위탁받은 업무의 처리
   에 필요한 정보로서 보건복지부장관이 정하는 자료

이러한 사회보장정보시스템의 운영·지원을 위하여 보건복지부장
관은 전담기구를 설치할 수 있다(법 제37조 제7항). 여기에서 전담기
구는 〈사회복지사업법〉 제6조의 3 [15]에 따른 기구로 한다(법 시행령
제19조 제6항).

---

15 제6조의 3(정보시스템 운영 전담기구 설립) ① 보건복지부장관은 제6조의 2 제2항
에 따른 정보시스템을 효율적으로 운영하기 위하여 그 운영에 관한 업무를 수행
하는 전담기구를 설립할 수 있다.
② 제1항에 따른 전담기구는 법인으로 한다.
③ 보건복지부장관은 제1항에 따른 전담기구의 설립·운영에 필요한 비용을 지
원할 수 있다.
④ 제1항에 따른 전담기구에 관하여 이 법에서 규정한 사항 외에는 〈민법〉 중
재단법인에 관한 규정을 준용한다.
⑤ 제1항에 따른 전담기구의 설립 및 운영 등에 필요한 사항은 대통령령으로
정한다.

(2) 개인정보 등의 보호

국가가 사회보장정책을 실시하면서 앞에서와 같은 정보시스템을 운영하다보면 개인정보에 대한 침해가 발생할 가능성이 많다. 이에 대한 대비책이 필요하다.

그래서 사회보장 업무에 종사하거나 종사하였던 자는 사회보장업무 수행과 관련하여 알게 된 개인·법인 또는 단체의 정보를 관계법령에서 정하는 바에 따라 보호하여야 한다(법 제38조 제1항).

또한 국가와 지방자치단체, 공공기관, 법인·단체, 개인이 조사하거나 제공받은 개인·법인 또는 단체의 정보는 이 법과 관련 법률에 근거하지 아니하고 보유, 이용, 제공되어서는 아니 된다(같은 조 제2항).

10) 권리구제

위법 또는 부당한 처분을 받거나 필요한 처분을 받지 못함으로써 권리 또는 이익을 침해받은 국민은 〈행정심판법〉에 따른 행정심판을 청구하거나 〈행정소송법〉에 따른 행정소송을 제기하여 그 처분의 취소 또는 변경 등을 청구할 수 있다(제39조).

국민 개인에게 사회보장수급권이 인정되기 때문에 권리의 구제와 회복을 위해 이는 당연히 요청되는 것이며 인정되어야 한다. 또한 노인복지법, 장애인복지법 등 관계법령에 따라 전심절차로서 이의신청이나 심사청구도 인정된다.

11) 의견수렴 등

사회보장정책의 운영원칙 중 중요한 것이 민주성의 원칙이다(제25조 제3항). 이러한 민주성을 지키는 방법으로서 다양한 의견들을 수렴하는 것이다. 이에 국가와 지방자치단체는 국민생활에 중대한 영향을 미치는 사회보장계획 및 정책을 수립하려는 경우 공청회 및 정보통신망 등을 통하여 국민과 관계 전문가의 의견을 충분히 수렴하여야 한다(제40조).

또한 국가기관 내부에서도 긴밀한 협조가 이루어져야 한다. 그래서 국가와 지방자치단체는 사회보장 관련계획 및 정책의 수립·시행, 사회보장통계의 작성 등을 위하여 관련 공공기관, 법인, 단체 및 개인에게 자료제출 등 필요한 협조를 요청할 수 있다(제41조 제1항). 위원회 또한 사회보장에 관한 자료제출 등 위원회 업무에 필요한 경우 관계 행정기관의 장에게 협조를 요청할 수 있다(같은 조 제2항).

제1항 및 제2항에 따라 협조요청을 받은 자는 정당한 사유가 없으면 이에 따라야 한다(같은 조 제3항).

제14장
사회보장급여법

2014년 12월 30일 〈사회보장급여의 이용·제공 및 수급권자 발굴에 관한 법률〉(약칭 사회보장급여법)이 법률 제12935호로 제정되어 2015년 7월 1일자로 시행되었다. 이 법의 제정과 시행은 충격적이었던 송파 세 모녀 사건 그리고 〈사회보장기본법〉과 〈사회복지사업법〉 등 사회복지 분야의 주요 법률들에 대한 문제제기에서 비롯되었다.

1. 사회보장급여법의 의의와 연혁

우선, 이 법률의 제정 이유는 다음과 같다.

> 늘어나는 복지예산과 서비스의 다양화에도 불구하고 현행 복지전달체계가 중앙행정기관별·지방자치단체별로 분절 운영되어 서비스의 효율적 연계를 기대하기 어렵고, 같은 대상자에게 복지혜택이 중복하여 제공되거나 2월 26일 송파구에서 생활고를 비관한 세 모녀가 동반 자살하는 사건이 발생하는 등 도움이 절실한 계층이 복지의 사

각지대에 놓이는 사례가 동시에 발생하고 있음.

개정된 〈사회보장기본법〉은 보건의료, 교육, 고용, 주거 등 다양한 복지서비스를 포괄하는 사회서비스 개념을 도입하여 국민의 보편적·생애주기적인 특성에 맞게 소득과 사회서비스를 함께 보장하는 맞춤형 사회보장제도의 운영을 지향하고 있으나, 이를 실현하기 위한 세부적인 실행방안과 절차가 미비하여 적절한 조사와 지급 이후의 사후관리의 미흡으로 국민의 예측가능성을 담보하지 못한다는 문제가 제기되어 옴.

또한, 기존 〈사회복지사업법〉이 사회복지사업 중심의 서비스 이용 절차와 운영에 한정되어 있어 중앙행정기관과 지방자치단체의 유기적인 연계를 통한 지역단위 사회보장을 제대로 이루어내지 못하는 한계가 있어 이를 보완할 후속조치가 절실히 요구됨.

이에 따라 사회보장급여의 신청, 조사, 결정·지급, 사후관리에 이르는 복지대상자 선정과 지원에 필요한 일련의 절차 및 방법 등에 관한 사항을 구체적으로 규정하고, 소외계층을 발굴하기 위한 신고의무, 보호대상자에게 필요한 급여의 직권신청, 보호계획 수립·지원, 상담·안내·의뢰 등 수급권자 보호를 강화하고 복지사각지대를 해소하기 위한 방안을 제도적으로 보완하려는 것임.

또한, 중앙행정기관·지방자치단체 및 관련 공공기관 간 정보의 연계를 통하여 복지행정 업무를 전자적으로 지원하는 사회보장정보시스템의 원활한 운영을 뒷받침함으로써 복지사업의 효과성을 제고하는 한편, 중앙행정기관과 지방자치단체 간의 유기적 연계와 통일성을 기하여 지역단위의 종합적 사회보장과 지역 간 균형발전을 실현하기 위한 방안 및 지원체계를 정립하여 궁극적으로는 국민이 자신에게 적합한 복지혜택을 선택할 수 있도록 하는 맞춤형 서비스를 제공함으로써 국민의 복지체감도를 향상시키려는 것임.

이와 같이 〈사회보장급여법〉은 사회보장급여의 신청부터 급여가 제공되는 과정과 절차에 대한 문제제기, 사각지대의 발굴에 대한 문제제기, 전부개정된 〈사회보장기본법〉 실현의 과제, 민간 사회복지 주체의 사회복지사업에 초점이 맞춰져 있는 사회복지사업법의 실효성 등에 대한 포괄적 문제의식에서 제정이 추진된 법률이다. 또한 이 법률의 목적을 살펴보자.

> 이 법은 〈사회보장기본법〉에 따른 사회보장급여의 이용 및 제공에 관한 기준과 절차 등 기본적 사항을 규정하고 지원을 받지 못하는 지원대상자를 발굴하여 지원함으로써 사회보장급여를 필요로 하는 사람의 인간다운 생활을 할 권리를 최대한 보장하고, 사회보장급여가 공정하고 효과적으로 제공되도록 하며, 사회보장제도가 지역사회에서 통합적으로 시행될 수 있도록 그 기반을 구축하는 것을 목적으로 한다. (법 제1조).

이 법은 〈사회보장기본법〉에 따른 사회보장급여의 이용, 기준과 절차 등을 특정하고 사각지대에 놓인 대상자를 발굴하려는 목적을 갖는 것이다.

요약하자면, 충격적인 이른바 송파 세모녀 사건[1]을 계기로 우리나라 복지제도와 시스템에 대한 각성이 일어났고, 그것을 총괄하는 〈사회보장기본법〉의 실질화, 〈사회복지사업법〉의 실효화 등이 필요해진 것이다. 그러므로 이 법률은 〈사회보장기본법〉, 〈사회복지사업법〉과 3각 관계 속에서 자리매김되며, 상호적 관련성을 갖는다고 보겠다.

---

[1] 2014년 2월 송파구에 사는 세 모녀가 큰딸의 만성질환과 어머니의 실직으로 인한 생활고에 시달리다가 "정말 죄송합니다"라는 메모와 함께 갖고 있던 전 재산인 현금 70만 원을 집세와 공과금으로 놔두고 번개탄을 피워 자살한 사건이다.

<표 14-1> 사회보장급여법의 연혁

법률명	제·개정일 (시행일자)	주요내용	기타
사회보장급여의 이용·제공 및 수급권자 발굴에 관한 법률	2014.12.30 (2015.7.1)	• 사회보장급여의 정의, 급여의 신청, 　수급자격의 조사, 급여의 결정·제공 등 　사회보장급여의 이용 및 제공을 위한 　기본적 절차	제정
	2015.12.29 (2016.12.30)	• 업무담당자에 의한 급여직권 신청 • 지원계획 수립 위한 맞춤형 급여 • 지원대상자 발굴 위한 정보제공 및 홍보 • 관계 기관 및 단체의 협력 요청 • 복지사각지대의 해소를 위한 신고의무 • 지원대상자 발굴을 촉진하기 위한 민관협력 • 사회보장급여의 제공에 관한 상담·안내, 　의뢰절차 • 전화상담센터 설치·운영 등	
	2016.2.3 (2016.8.4)	• 조사범위 등 기록된 서류 제시	일부 개정
		• 장애인활동 지원에 관한 법률 　일부개정법률	타법 개정

2. 사회보장급여법 제정의 필요성

이 법률은 〈사회보장기본법〉과 〈사회복지사업법〉의 관련성 속에서 제정 추진되었다. 입법의 필요성과 배경을 살펴본다.

1) 사회보장기본법상 사회보장수급과
사회복지사업법상 사회복지서비스 신청권의 불완전성

〈사회보장기본법〉 제정 당시 최대의 논점은 사회보장수급권 인정 여부 였다. 이에 대한 정부와 야당의 입장 차이 때문에 1994년 법제정 추진이 불발로 그쳤으며, 1995년에도 가까스로 통과되었다. 그것은 사회보장수급권을 관계법령이 정하는 바에 따르도록(제정법 제9조) 하는 것으로 절충되었다. 이 법이 기본법이면서도 사회보장수급권에 대하여 보편적 권리로 선언하지 못하고 하위법령에 위임하는 형식으로 법을 제정하였던 것이다. 그리하여 〈사회보험법〉의 경우 보험료 납부를 전제로 하기 때문에 수급자에게 당연하게 수급권이 존재하였지만, 공공부조나 〈사회복지서비스법〉의 경우에는 그러하지 못하였다. 그나마 1999년 〈국민기초생활보장법〉이 제정되면서 공공부조의 급여에 대해서도 수급권을 인정하게 되었다. 그러나 사회복지서비스 분야는 여전히 권리보다 국가 또는 지방자치단체의 복지 "조치"에 의존해왔다.

때마침 2012년 정치권에서 복지국가 논쟁이 치열한 시점에서 전부개정된 〈사회보장기본법〉에서도 사회보장수급권 조항은 구법을 그대로 온존시켰다. 사회보험과 공공부조의 급여는 이미 권리에 근거한 급여로 규정되어 있기 때문에, 이제 남은 것은 사회복지서비스 부분이다.

〈사회복지사업법〉에 사회복지서비스의 신청(법 제33조의 2 이하) 제도가 도입되어 있으나 그것이 권리인지, 권리라면 어떤 권리인지 아직 불투명한 실정이다. 법에 의해 제공되는 사회복지서비스의 내용도 규정되어 있지 않아 권리성을 확정하기 어려운 실정이다.

2) 부처 간 칸막이 현상과 협력의 과제

〈사회보장기본법〉의 제정법 당시에는 사회보장의 개념 속에 사회복지서비스를 포함시켰다(법 제3조 제1호). 전부개정된 신법에서는 이것이 "사회서비스"로 바뀌었고, 포괄하는 범위도 매우 광범위해졌다. 복지는 물론 보건의료, 교육, 고용, 주거, 문화, 환경 등의 분야와 상담, 재활, 돌봄, 정보의 제공, 관련시설의 이용, 역량개발, 사회참여 지원 등의 내용으로 대폭 확장되었다(법 제3조 제4호).

여기에서 각 서비스 분야는 그것을 관장하는 타 중앙부처 및 지방 자치단체와 보건복지부의 협력이 관건이다. 매우 유사한 형태이지만 주관 부처가 달라 제도적으로 통합되지 못하는 사회적 기업(고용노동부)과 자활공동체(보건복지부) 사업이나, 사회복지사를 활용하는 사업이지만 교육과학기술부가 추진하는 교육복지사업 등의 예를 본다면, 부처 간의 칸막이 현상이 얼마나 심각한지 또한 부처 간 상호협력이 현실적으로 얼마나 어려운 것인지를 보여준다.

〈사회보장기본법〉을 관장하는 부처는 보건복지부인데, 이렇게 광범위한 분야의 사회서비스를 어떻게 제공할 수 있을 것인지 실현가능성이 의문시된다.

3) 사회보장 기본계획과 지역계획의 문제

보건복지부장관은 5년마다 사회보장 기본계획을 수립하여야 한다(사회보장기본법 제16조 제1항). 이에 따라 보건복지부장관뿐만 아니라 중앙행정기관의 장은 매년 시행계획을 수립하여야 한다(같은 법 제18조 제1항). 보건복지부장관은 이를 국무총리가 위원장으로 있는 사회보장위원회에 보고하여야 한다(같은 법 제18조 제3항).

이 계획이 성공적으로 수립되고 추진되기 위해서는 각 부처장관들이 보건복지부장관에게 제대로 계획을 보고하여야 한다. 중앙부처들이 과연 보건복지부가 관장하는 사회보장계획에 맞춰 전반적 지휘, 통제를 잘 따를 것인지가 관건이다.

또한 지방자치단체장들도 관계법령에 따른 사회보장에 관한 지역계획을 수립하여야 하고(같은 법 제18조 제1항), 이 지역계획은 기본계획과 연계되어야 한다(같은 조 제2항). 이는 통일적 사회보장계획을 위해 필요한 것으로 볼 수 있겠다. 그런가 하면, 각 자치단체장들은 〈사회복지사업법〉에 의하여 지역사회복지계획을 매 4년마다 수립하여야 한다(사회복지사업법 제15조의 3 이하).

여기에서 중앙정부의 계획과 지방자치단체의 계획 간에 불일치가 초래될 수 있다. 정책과 계획의 통일성을 추구하는 것이 오히려 지방자치단체의 자치 또는 자율성을 훼손할 우려가 있는 것도 사실이다. 지역마다 사회적·문화적·경제적·정치적 사정이 다를 수 있고, 이에 따라 사회복지계획도 중앙정부의 것과 달라질 수 있다. 이와 관련하여 지방자치단체에 대한 자율성을 유지할 수 있는 장치가 필요하다.

또한 5년 단위의 기본계획과 4년 단위의 지역계획을 어떻게 통일적으로 연계시킬 것인가 하는 것도 과제일 것이다.[2]

4) 전달체계 규정의 미흡

〈사회보장기본법〉은 복지뿐만 아니라 교육, 고용, 문화 등 다양한 분야에 걸친 "사회서비스" 도입을 규정하고 있으면서도 이를 전달하기 위한 전달체계에 관하여(법 제29조) 제정법의 내용과 이렇다 할 차이를 보여주지 못하고 있다.

보건복지부와 각 중앙부처 등에서 제공하고 있는 사회서비스·대상자 기준도 다양하고 서비스 내용도 다른데, 이를 위해 통합된 전달체

---

2 5년 주기의 대통령 선거, 4년 주기의 국회의원 총선거와 지방선거의 주기를 어떻게 맞출 것인가의 문제와 유사한 구조를 가진다.

계에 관한 명확한 규정들이 필요할 것으로 본다.

이 부분은 앞으로 이 법 전반적으로 가장 커다란 과제가 될 것이다. 사회서비스의 보장을 위해서는 전달체계가 필수적인데, 이 점에 대해 좀더 구체적이고 현실적인 규정들이 필요하다고 본다. 급여의 전달을 위한 절차와 과정, 그리고 급여의 기준 등이 확립돼야 전달체계를 구축할 수 있을 것이다.

5) 사회서비스에 대한 권리보장(실체적 권리)을 위한 방안의 확립

국가가 제공하는 사회복지는 더 이상 국가의 자선이나 정치적 선물이 아니라 국가와 국민 개인 사이의 법률관계에 근거하여 이루어진다. 헌법상 모든 국민은 인간다운 생활을 할 권리를 가지며(제34조 제1항), 국가는 사회보장·사회복지의 증진에 노력할 의무를 진다(같은 조 제2항). 이를 위해 〈사회보장기본법〉이 제정되었다. 그리하여 〈사회보장기본법〉은 헌법 제34조의 이념을 실천하기 위한 법이며, 모든 사회보장법 또는 사회복지법의 기본이 되는 법이다.

이에 〈사회보장기본법〉은 평생사회안전망을 구축하여(법 제22조) 소득보장(법 제24조)과 사회서비스보장(법 제23조)을 추구한다. 또한 〈사회보장기본법〉은 사회보장 관계법령에서 정하는 바에 따라 모든 국민이 사회보장급여를 받을 권리(이하 "사회보장수급권"이라 한다)를 인정한다(법 제9조). 평생사회안전망을 통하여 국민의 소득보장과 사회서비스보장을 이루는 것이 국민의 사회보장수급권에 대한 국가의 의무이자 책임이다. 특히 공공부조와 사회서비스 관련하여 권리를 보장하는 실효적 체계가 확립돼야 한다. 이를 위해 급여 및 서비스 제공

절차에 관한 입법이 필요하다.

권리가 인정된다고 해도 이를 실현하는 기준과 절차가 마련돼야 실효성을 확보할 수 있다. 권리가 존재하거나 권리를 소유한다는 것은 곧 권리를 실행할 수 있어야 하는 것이다. 현재 사회보장수급권을 실현하기 위한 일반적인 절차 규정이 존재하지 않는다. 다만, 〈사회복지사업법〉에 사회복지서비스 신청에 대한 절차적 규정들이 있고(법 제33조의 2~제33조의 8), 〈국민기초생활보장법〉에 급여의 신청 등 절차적 규정들이 존재한다(법 제21조~제31조). 〈사회복지사업법〉상 사회복지서비스 신청 관련 규정을 일반화한 새로운 사회보장수급권 절차법 제정이 필요하다. 이에 대한 법이 제정되면 〈사회복지사업법〉의 현행 규정들은 삭제되거나 조정돼야 할 것이다.

〈사회보장기본법〉은 제9조 이하에서 모든 국민의 사회보장수급권을 인정하고 있다. 그러나 이 수급권을 실현하는 절차는 규정되어 있지 않기 때문에 사회복지급여 및 서비스의 수급절차에 관한 하위법률의 제정이 필요하다. 권리는 실체적 권리와 절차적 권리가 보장될 때 비로소 완전하게 보장될 수 있다. 권리가 인정된다 하더라도 그것을 실현할 수 있는 절차와 방법이 제도화되지 않으면 그것은 한낱 명목적 권리에 지나지 않는다.

사회복지법들 중에서 가장 체계적이고 구체적인 서비스 신청 관련 조문들을 가진 법은 〈사회복지사업법〉과 〈국민기초생활보장법〉 정도이다. 다른 법률들에는 권리행사를 위하여 급여 및 서비스를 신청하거나 신청 이후의 절차 등에 관하여 구체적으로 규정하는 내용이 거의 없다. 또한 사회서비스 이용 및 이용권 관리에 관한 법률에 절차적 규정이 있다(법 제9조 및 제10조). 그러나 이 법의 규정들은 내용상 〈사회복지사업법〉의 서비스 신청 조문들과 기타 사회복지서비스법에서 정한 서비스 신청에 따라 후속적으로 이루어지는 이용권(*voucher*) 사용에 관한 구체적 규정들이다. 즉, 〈사회복지사업법〉 및 〈장애인복지법〉 등의 규정에 따라 사회복지서비스 신청을 하여 이용권을 통한 서비스를 제공받을 때, 이에 한하여 절차적 규정을 두고 있는 것이다.

〈장애인복지법〉에서는 자녀교육비 및 장애수당 등의 지급신청(법 제50조의 2 이하), 장애인거주시설 이용절차(법 제60조의 2 이하) 등을 규정한다. 결국, 사회복지급여나 서비스의 신청과 제공에 관한 일반적인 원칙과 기준이 없다는 뜻이다. 개별법마다 다르거나 규정이 제대로 마련되어 있지 못한 것이다. 이것은 복지행정의 일관성과 효율성에 문제로 지적될 것이다.

3. 사회보장급여법의 제정

이렇게 〈사회보장기본법〉의 문제를 보충하고 기본법의 내용을 효과적으로 시행하기 위하여 〈사회보장급여법〉이 제정되었다. 이 법은 기본적으로 실효성을 증진키 위한 법이다. 사회보장급여의 기준, 급여 전달의 절차와 과정에 관한 일반규범으로서 기능할 것이다. 그래서 이 법으로 인해 〈사회복지사업법〉, 〈사회서비스 이용 및 이용권 관리에 관한 법률〉 등이 영향을 받게 될 것이므로 이러한 법률들 간 조율이 필요할 것이다. 이 법의 제정으로 사회복지 분야의 법률들이 순차적으로 개정되거나 조정될 수 있다.

1) 용어의 정의

이 법에서 사용하는 중요한 용어들의 정의를 살펴본다.

(1) 사회보장급여

"사회보장급여"란 보장기관이 〈사회보장기본법〉 제3조 제1호에 따라 제공하는 현금, 현물, 서비스 및 그 이용권을 말한다(법 2조 제1호). 급여의 유형은 현금급여, 현물급여, 서비스 및 이용권을 망라한다.

(2) 수급자와 지원대상자 등

"수급자"란 사회보장급여를 받고 있는 사람을 말한다(법 제2조 제3호). "지원대상자"란 사회보장급여를 필요로 하는 사람을 말한다(같은 조 제4호). "보장기관"이란 관계법령 등에 따라 사회보장급여를 제공하는 국가기관과 지방자치단체를 말한다(같은 조 제5호).

4. 기본원칙

이 법이 견지하는 기본원칙은 다음과 같다.

1) 급여신청권의 보편성

사회보장급여가 필요한 사람은 누구든지 자신의 의사에 따라 사회보장급여를 신청할 수 있으며, 보장기관은 이에 필요한 안내와 상담 등의 지원을 충분히 제공하여야 한다(법 제4조 제1항). 사회보장급여를 받으려는 의지가 있는 사람은 누구나 사회보장급여를 신청할 권리를 갖는다. 급여신청권이 보편적 권리임을 선언한 것이다.

2) 능동적 복지

보장기관은 지원이 필요한 국민이 급여대상에서 누락되지 아니하도록 지원대상자를 적극 발굴하여 이들이 필요로 하는 사회보장급여를 적절하게 제공받을 수 있도록 노력하여야 한다(같은 조 제2항). 이는 이명박 정부가 내세웠던 "능동적 복지"의 이념이 반영된 것이다. 사각지대를 축소 또는 해소하기 위하여 사회보장의 주체가 능동적이고 적극적으로 나서야 한다는 것을 강조한 원칙이다.

3) 필요즉응

보장기관은 국민의 다양한 복지욕구를 충족시키고 생애주기별 필요에 맞는 사회보장급여가 공정·투명·적정하게 제공될 수 있도록 노력하여야 한다(같은 조 제3항). 이는 공공부조 제도에서 필요한 원칙으로서 욕구에 부응하는 급여를 제공해야 한다는 원칙이다.

4) 민관연계

보장기관은 사회보장급여와 〈사회복지사업법〉 제2조 제3호 및 제4호의 사회복지법인, 사회복지시설 등 사회보장 관련 민간 법인·단체·시설이 제공하는 복지혜택 또는 서비스를 효과적으로 연계하여 제공할 수 있도록 노력하여야 한다(같은 조 제4항). 〈사회보장기본법〉상 사회보장급여와 〈사회복지사업법〉상 민간 사회복지주체가 제공하는 복지혜택과 서비스를 연계하도록 하는 것이다. 이 법이 〈사회보장기본법〉 및 〈사회복지사업법〉과 밀접히 연관되어 있다는 것을 보여주는 원칙이다.

5) 이용자의 편리성

보장기관은 국민이 사회보장급여를 편리하게 이용할 수 있도록 사회보장 정책 및 관련 제도를 수립·시행하기 위하여 노력하여야 한다 (같은 조 제5항). 사회보장제도는 공급자의 편의가 아니라 이용자의 편리함을 추구해야 한다. 이것은 받는 자(이용자)의 인간다운 생활을 할 권리에 해당하는 것이기 때문이다.

6) 균등 급여의 원칙

보장기관은 지역의 사회보장 수준이 균등하게 실현될 수 있도록 노력하여야 한다(같은 조 제6항). 이것은 사회보장 기본계획(사회보장기본법 제16조)과 사회보장에 관한 지역계획(같은 법 제19조)에 따라 지역 간 격차가 벌어질 것에 대비하여 지역 간 균등의 원칙을 선언한 것이다.

5. 사회보장급여의 이용 절차

사회보장급여를 받고 이용하는 일반적 절차에 대하여 이 법은 다음과 같이 규정하고 있다.

1) 사회보장급여의 신청

지원대상자와 그 친족, 민법에 따른 후견인, 청소년 기본법에 따른 청소년상담사·청소년지도사, 지원대상자를 사실상 보호하고 있는 자(관련기관 및 단체의 장을 포함한다) 등은 지원대상자의 주소지 관할 보장기관에 사회보장급여를 신청할 수 있다(법 제5조 제1항). 급여신청권은 지원대상자에 국한하지 않고 폭넓게 인정하고 있다. 이는 지원대상자의 의사표시능력, 활동력 등을 포괄적으로 고려한 것이라 하겠다.

또한 보장기관의 업무담당자는 지원대상자가 누락되지 아니하도록 하기 위하여 관할지역에 거주하는 지원대상자에 대한 사회보장급여의 제공을 직권으로 신청할 수 있다. 이 경우 지원대상자의 동의를 받아야 하며, 동의를 받은 경우에는 지원대상자가 신청한 것으로 본다(같은 조 제2항). 직권신청도 인정되며, 이는 지원대상자의 동의를 전제로 한다.

전 항의 경우 지원대상자 본인이 아닌 경우의 신청도 본인의 동의를 요하는 것인가? 전 항의 신청권자들은 대개 지원대상자 본인과 매우 밀접한 관계에 있어 본인의 동의를 얻은 것으로 추정할 수 있을 것이다. 그러므로 지원대상자 본인이 동의하지 않았다는 의사표시가 없는 한 동의가 있었던 것으로 추정하는 것이 적절하리라 본다. 이러한 신청이 있을 때 보장기관의 업무담당자는 신청인 또는 지원대상자에 대하여 다음 각 호의 사항을 고지하여야 한다(같은 조 제3항).

1. 근거 법령, 제7조에 따른 조사의 목적, 조사 정보의 범위 및 이용방법
2. 제20조(수급자의 변동신고)에 따른 신고의무
3. 제34조(사회보장정보의 파기)3에 따른 정보의 보유기간 및 파기

---

3 제34조(사회보장정보의 파기) 보장기관의 장 및 사회보장정보원의 장은 사회보장정보를 5년이 지나면 파기하여야 한다. 다만, 대통령령으로 정하는 지원대상자의 보호에 필요한 사회보장정보는 5년을 초과하여 보유할 수 있다.

2) 사회보장 요구 및 수급자격의 조사

보장기관의 장은 제5조에 따른 사회보장급여의 신청을 받으면 다음 각 호의 사항을 조사하여야 한다(법 제6조).

1. 지원대상자의 사회보장 요구와 관련된 사항
2. 지원대상자의 건강상태, 가구구성 등 생활실태에 관한 사항
3. 그 밖에 지원대상자에게 필요하다고 인정되는 사회보장급여에 관한 사항

보장기관의 장은 제5조에 따른 사회보장급여의 신청을 받으면 지원대상자와 그 부양의무자(배우자와 1촌의 직계혈족 및 그 배우자를 말한다. 이하 같다)에 대하여 사회보장급여의 수급자격 확인을 위하여 다음 각 호의 어느 하나에 해당하는 자료 또는 정보를 제공받아 조사하고 처리 (〈개인정보 보호법〉 제2조 제2호의 처리를 말한다. 이하 같다)할 수 있다. 다만, 부양의무자에 대한 조사가 필요하지 아니하거나 그 밖에 대통령령으로 정하는 사유에 해당하는 경우는 제외한다(법 제7조 제1항).

1. 인적사항 및 가족관계 확인에 관한 사항
2. 소득 · 재산 · 근로능력 및 취업상태에 관한 사항
3. 사회보장급여 수급이력에 관한 사항
4. 그 밖에 수급권자를 선정하기 위하여 보장기관의 장이 필요하다고 인정하는 사항
   ② 보장기관의 장은 제1항 각 호의 사항을 확인하기 위하여 필요한 자료의 확보가 곤란한 경우 신청인 또는 지원대상자와 그 부양의무자에게 필요한 자료의 제출을 요구할 수 있다(같은 조 제2항).
   ③ 보장기관의 업무담당자는 제1항 각 호의 사항을 확인하기 위하여 필요한 경우 그 권한을 표시하는 증표 및 조사기간, 조사

범위, 조사담당자, 관계법령 등 보건복지부령으로 정하는 사항이 기재된 서류를 제시하고 거주지 및 사실 확인에 필요한 관련 장소를 방문할 수 있다(같은 조 제3항).

④ 보장기관의 장이 제1항 각 호의 조사를 실시하기 위하여 주민등록전산정보·가족관계등록전산정보, 금융·국세·지방세, 토지·건물·건강보험·국민연금·고용보험·산업재해보상보험·출입국·병무·보훈급여·교정 등 대통령령으로 정하는 관련 전산망 또는 자료를 이용하고자 하는 경우에는 관계 중앙행정기관, 법원행정처, 지방자치단체, 관련기관 및 단체에 협조를 요청할 수 있다. 이 경우 자료의 제출을 요청받은 기관 및 단체는 정당한 사유가 없으면 이에 따라야 한다(같은 조 제4항).

⑤ 보장기관의 장은 제1항에 따른 조사과정에서 지원대상자에게 의견을 진술할 기회를 제공하여야 한다(같은 조 제5항).

⑥ 제1항에 따른 조사의 내용·절차·방법 등에 관하여 이 법에서 정하는 사항을 제외하고는 〈행정조사기본법〉에서 정하는 바를 따른다(같은 조 제6항).

3) 금융정보 등의 제공

중앙행정기관의 장 또는 지방자치단체의 장은 지원대상자와 그 부양의무자에 대하여 제7조 제1항에 따라 금융정보 등에 대한 조사가 필요한 경우 다음 각 호의 자료 또는 정보의 제공에 대하여 동의한다는 서면을 받아야 한다(법 제8조 제1항).

1. 〈금융실명거래 및 비밀보장에 관한 법률〉 제2조 제2호 및 제3호의 금융자산 및 금융거래의 내용에 대한 자료 또는 정보 중 예금의 평균잔액과 그 밖에 대통령령으로 정하는 자료 또는 정보(이하이 조에서 "금융정보"라 한다)

2. 〈신용정보의 이용 및 보호에 관한 법률〉 제2조 제1호의 신용정보 중 채무액과 그 밖에 대통령령으로 정하는 자료 또는 정보(이하 이 조에서 "신용정보"라 한다)

3. 〈보험업법〉 제4조 제1항에 따른 보험에 가입하여 낸 보험료와 그 밖에 대통령령으로 정하는 자료 또는 정보(이하 이 조에서 "보험정 보"라 한다).

보건복지부장관은 〈금융실명거래 및 비밀보장에 관한 법률〉 제4조 제1항 및 〈신용정보의 이용 및 보호에 관한 법률〉 제32조 제1항에도 불구하고 지원대상자와 그 부양의무자가 제1항에 따라 제출한 동의 서면을 전자적 형태로 바꾼 문서에 의하여 금융기관 등(〈금융실명거래 및 비밀보장에 관한 법률〉 제2조 제1호의 금융회사 등, 〈신용정보의 이용 및 보호에 관한 법률〉 제2조 제6호의 신용정보집중기관을 말한다. 이하 "금 융기관 등"이라 한다)의 장에게 금융정보·신용정보 또는 보험정보(이 하 "금융정보 등"이라 한다)의 제공을 요청할 수 있다(같은 조 제2항).

보건복지부장관은 제19조에 따른 사회보장급여의 적정성 확인조사를 위하여 필요하다고 인정하는 경우 〈금융실명거래 및 비밀보장에 관한 법률〉 제4조 제1항 및 〈신용정보의 이용 및 보호에 관한 법률〉 제32조 제1항에도 불구하고 대통령령으로 정하는 기준에 따라 인적사항을 적 은 문서 또는 정보통신망으로 금융기관 등의 장에게 수급자와 부양의 무자의 금융정보 등을 제공하도록 요청할 수 있다(같은 조 제3항). 금융 정보 등의 제공을 요청받은 금융기관 등의 장은 〈금융실명거래 및 비 밀보장에 관한 법률〉 제4조 및 〈신용정보의 이용 및 보호에 관한 법 률〉 제32조에도 불구하고 명의인의 금융정보 등을 제공하여야 한다(같 은 조 제4항). 금융정보 등을 제공한 금융기관 등의 장은 금융정보 등의 제공 사실을 명의인에게 통보하여야 한다. 다만, 명의인이 동의한 경우에는 〈금융실명거래 및 비밀보장에 관한 법률〉 제4조의 2 제1항 및 〈신용정보의 이용 및 보호에 관한 법률〉 제35조에도 불구하고 통보하지 아니할 수 있다(같은 조 제5항). 금융정보 등의 제공요청 및 제공은 〈정보통신망 이용촉진 및 정보보호 등에 관한 법률〉 제2조 제1항 제1호의 정보통신망을 이용하여야 한다. 다만, 정보통신망의 손상 등 불가피한 사유가 있는 경우에는 그러하지 아니하다(같은 조 제6항).

⑦ 금융정보 등의 제공요청 및 제공 등에 필요한 사항은 대통령령으로 정한다(같은 조 제7항).

4) 사회보장급여 제공의 결정

보장기관의 장이 제6조 및 제7조에 따른 조사를 실시한 경우에는 사회보장급여의 제공 여부 및 제공 유형을 결정하되, 제공하고자 하는 사회보장급여는 지원대상자가 현재 제공받고 있는 사회보장급여와 보장내용이 중복되도록 하여서는 아니된다(법 제9조 제1항).

보장기관의 장은 사회보장급여의 제공 결정에 필요한 경우 지원대상자와 그 친족, 그 밖에 관계인의 의견을 들을 수 있다(같은 조 제2항). 보장기관의 장은 제1항에 따라 결정된 사회보장급여의 제공 여부와 그 유형 및 변경사항 신고의무 등을 서면(신청인의 동의에 의한 전자문서를 포함한다)으로 신청인에게 통지하여야 하며, 필요한 경우 구두 등의 방법을 병행할 수 있다. 이 경우 통지에 필요한 사항은 대통령령으로 정한다(같은 조 제3항).

6. 지원대상자의 발굴

이 법이 강조하는 목표 중의 하나가 지원대상자를 발굴하는 것이다.

1) 자료 또는 정보의 제공과 홍보

보장기관의 장은 지원대상자를 발굴하기 위하여 다음 각 호의 사항에 대한 자료 또는 정보의 제공과 홍보에 노력하여야 한다(법 제10조).

1. 사회보장급여의 내용 및 제공규모
2. 수급자가 되기 위한 요건과 절차
3. 그 밖에 사회보장급여 수급을 위하여 필요한 정보

2) 정보공유 등의 협조 요청

보장기관의 장은 관할지역에 거주하는 지원대상자를 발굴하기 위하여 다음 각 호에 해당하는 관계 기관·법인·단체·시설의 장에게 소관 업무의 수행과 관련하여 취득한 정보의 공유, 지원대상자의 거주지 등 현장조사 시 소속직원의 동행 등 필요한 사항에 대한 협조를 요청할 수 있다. 이 경우 관계 기관·법인·단체·시설의 장은 정당한 사유가 없으면 이에 따라야 한다(법 제11조).

1. 〈사회복지사업법〉 제2조 제3호와 제4호에 따른 사회복지법인 및 사회복지시설
2. 〈국민연금법〉 제24조에 따른 국민연금공단
3. 〈국민건강보험법〉 제13조에 따른 국민건강보험공단

4. 〈지역보건법〉제10조에 따른 보건소
5. 〈초·중등교육법〉제2조 각 호의 학교
6. 〈경찰법〉제2조에 따른 경찰서
7. 〈소방기본법〉제2조 제5호의 소방대
8. 그 밖에 대통령령으로 정하는 기관·법인·단체·시설

3) 자료 또는 정보의 처리 등

보건복지부장관은 보장기관이 제10조에 따른 업무를 효율적으로 수행할 수 있도록 지원하기 위하여 〈사회보장기본법〉제37조에 따른 사회보장정보시스템(이하 "사회보장정보시스템"이라 한다)을 통하여 다음 각호의 자료 또는 정보를 처리할 수 있다(법 제12조 제1항).

1. 〈전기사업법〉제14조에 따른 단전(전류제한을 포함한다), 〈수도법〉제39조에 따른 단수, 〈도시가스사업법〉제19조에 따른 단가스 가구정보(가구정보는 주민등록전산정보·가족관계등록전산정보를 포함한다. 이하 같다)
2. 〈초·중등교육법〉제25조에 따른 학교생활기록 정보 중 담당교원이 위기상황에 처하여 있다고 판단한 학생의 가구정보
3. 〈국민건강보험법〉제69조에 따른 보험료를 6개월 이상 체납한 사람의 가구정보
4. 〈국민기초생활보장법〉또는 〈긴급복지지원법〉에 따른 신청 또는 지원 중 탈락가구의 가구정보
5. 〈사회복지사업법〉제35조에 따른 시설의 장이 입소 탈락자나 퇴소자 중 위기상황에 처하여 있다고 판단한 사람의 가구정보
6. 그 밖에 지원대상자의 발굴을 위하여 필요한 정보로서 대통령령으로 정하는 정보

보건복지부장관은 관계 중앙행정기관, 지방자치단체 및 관계 기관·법인·단체·시설의 장에게 제1항 각 호의 자료 또는 정보의 제공을 요청할 수 있다. 이 경우 관계 중앙행정기관의 장 등은 정당한 사유가 없으면 이에 따라야 한다(같은 조 제2항).

보건복지부장관은 제1항에 따른 자료 또는 정보를 사회보장의 사각지대 해소를 위하여 보장기관의 장에게 제공할 수 있으며, 보장기관의 장은 필요한 경우 지원대상자의 동의를 받아 대통령령으로 정하는 법인·단체·시설의 장이 이를 활용할 수 있도록 지원할 수 있다(같은 조 제3항).

4) 지원대상자 발견 시 신고의무

누구든지 출산, 양육, 실업, 노령, 장애, 질병, 빈곤 및 사망 등의 사회적 위험으로 인하여 사회보장급여를 필요로 하는 지원대상자를 발견하였을 때에는 보장기관에 알려야 한다(법 제13조 제1항).

다음 각 호의 어느 하나에 해당하는 사람은 그 직무상 제1항과 같은 사회적 위험으로 인하여 사망 또는 중대한 정신적·신체적 장애를 입을 위기에 처한 지원대상자를 발견한 경우 지체 없이 보장기관에 알리고, 지원대상자가 신속하게 지원을 받을 수 있도록 노력하여야 한다(같은 조 제2항).

1. 〈사회복지사업법〉 제35조 및 제35조의 2에 따른 사회복지시설의 장과 그 종사자
2. 〈장애인활동 지원에 관한 법률〉 제20조에 따른 활동지원기관의 장 및 그 종사자와 같은 법 제16조에 따른 활동지원 인력
3. 〈의료법〉 제2조 및 제3조의 의료인과 의료기관의 장

4. 〈의료기사 등에 관한 법률〉 제1조의 2의 의료기사

5. 〈응급의료에 관한 법률〉 제36조의 응급구조사

6. 〈소방기본법〉 제34조에 따른 구조대 및 구급대의 대원

7. 〈국가공무원법〉 제2조 제2항 제2호에 따른 경찰공무원

8. 〈지방공무원법〉 제2조 제2항 제2호에 따른 자치경찰공무원

9. 〈정신보건법〉 제13조의 2에 따른 정신보건센터의 장과 그 종사자

10. 〈영유아보육법〉 제10조에 따른 어린이집의 원장 등 보육교직원

11. 〈유아교육법〉 제20조에 따른 교직원 및 같은 법 제23조에 따른 강사 등

12. 〈초·중등교육법〉 제19조에 따른 교직원, 같은 법 제19조의 2에 따른 전문상담교사 등 및 같은 법 제22조에 따른 산학겸임교사 등

13. 〈학원의 설립·운영 및 과외교습에 관한 법률〉 제6조에 따른 학원의 운영자·강사·직원 및 같은 법 제14조에 따른 교습소의 교습자·직원

14. 〈성폭력방지 및 피해자보호 등에 관한 법률〉 제10조에 따른 성폭력피해상담소의 장과 그 종사자 및 같은 법 제12조에 따른 성폭력피해자보호시설의 장과 그 종사자

15. 〈성매매방지 및 피해자보호 등에 관한 법률〉 제10조에 따른 지원시설의 장과 그 종사자 및 같은 법 제17조에 따른 성매매피해상담소의 장과 그 종사자

16. 〈가정폭력방지 및 피해자보호 등에 관한 법률〉 제5조에 따른 가정폭력 관련 상담소의 장과 그 종사자 및 같은 법 제7조에 따른 가정폭력피해자 보호시설의 장과 그 종사자

17. 〈건강가정기본법〉 제35조에 따른 건강가정지원센터의 장과 그 종사자

18. 〈노인장기요양보험법〉 제31조에 따른 장기요양기관의 장과 그 종사자 및 같은 법 제32조에 따른 재가장기요양기관의 장과 종사자

19. 〈지역보건법〉 제11조 제1항 제5호 사목에 따른 보건소의 방문간호 업무 종사자

20. 〈다문화가족지원법〉 제12조에 따른 다문화가족지원센터의 장과 그 종사자
21. 〈지방자치법〉 제4조의 2 제4항에 따른 행정리의 이장 및 같은 조 제5항에 따른 행정동의 하부조직으로 두는 통의 통장

보장기관의 장은 제1항 및 제2항에 따른 신고 등을 통하여 사회보장급여가 필요하다고 인정되는 지원대상자에 대하여 제5조에 따른 신청이 이루어질 수 있도록 노력하여야 한다(같은 조 제3항).

5) 민관협력

사회보장기본법 제26조에서 민간참여를 규정하는 자에 따라 〈사회보장급여법〉에서도 지원대상자의 발굴을 위하여 민간의 참여와 협조를 규정하고 있다.

보장기관과 관계 기관·법인·단체·시설은 지역사회 내 사회보장이 필요한 지원대상자를 발굴하고, 가정과 지역공동체의 자발적인 협조가 이루어질 수 있도록 노력하여야 한다(법 제14조 제1항). 시장·군수·구청장(자치구의 구청장을 말한다. 이하 같다)은 지원대상자의 발굴 및 지역사회보호체계의 구축을 위하여 필요한 경우 제41조에 따른 지역사회보장협의체에 관계 기관·법인·단체·시설의 장 및 그 밖에 사각지대 발굴과 관련한 기관·법인·단체·시설의 장 등을 포함시켜 운영할 수 있다(같은 조 제2항). 시장·군수·구청장은 제1항에 따른 지역사회 내 지원대상자를 발굴하는 활동을 촉진하기 위하여 예산의 범위에서 필요한 비용을 지원할 수 있다(같은 조 제3항).

7. 수급권자 등의 지원

1) 지원계획의 수립 및 시행

보장기관의 장은 제9조 제1항에 따라 사회보장급여의 제공을 결정한 때에는 필요한 경우 다음 각 호의 사항이 포함된 수급권자별 사회보장급여 제공계획(이하 이 조에서 "지원계획"이라 한다)을 수립하여야 한다. 이 경우 수급권자 또는 그 친족이나 그 밖의 관계인의 의견을 고려하여야 한다(법 제15조 제1항).

1. 사회보장급여의 유형·방법·수량 및 제공기간
2. 사회보장급여를 제공할 기관 및 단체
3. 동일한 수급권자에 대하여 사회보장급여를 제공할 보장기관 또는 관계 기관·법인·단체·시설이 둘 이상인 경우 상호간 연계방법
4. 사회보장 관련 민간 법인·단체·시설이 제공하는 복지혜택과 연계가 필요한 경우 그 연계방법

보장기관의 장은 지원계획에 따라 사회보장급여가 제공될 수 있도록 노력하여야 하며, 필요한 경우 사회보장급여 제공결과를 정기적으로 평가하고 그 결과에 따라 지원계획을 변경할 수 있다(같은 조 제2항). 또한 보장기관의 장은 수급권자의 지원계획 수립·변경 시 사회보장정보시스템을 통하여 수급자격을 확인할 수 있다(같은 조 제3항). 보장기관의 장은 또한 지원계획의 실행을 위하여 필요하다고 판단되는 최소한의 정보를 관계 보장기관과 공유할 수 있으며, 필요한 경우 수급권자의 동의를 받아 대통령령으로 정하는 법인·단체·시설과 공유할 수 있다(같은 조 제4항). 보장기관의 장은 지원계획 수립·이행 등의 전문

성 향상을 지원하기 위하여 교육, 컨설팅 등 필요한 업무를 〈공공기관의 운영에 관한 법률〉에 따른 공공기관 등 관계기관에 위탁할 수 있다(같은 조 제5항). 제1항 및 제2항에 따른 지원계획의 수립 및 사회보장급여의 제공 등에 필요한 사항은 대통령령으로 정한다(같은 조 제6항).

2) 수급권자 등에 대한 상담·안내, 의뢰 등

보장기관의 업무담당자는 수급권자 또는 지원대상자(이하 "수급권자 등"이라 한다)가 필요한 사회보장급여를 편리하게 이용할 수 있도록 사회보장급여의 명칭, 수급권자의 선정기준, 보장내용 및 신청방법 등에 관한 사항을 상담하고 안내하여야 하며, 이를 위하여 사회보장정보시스템에서 지원하는 정보를 최대한 활용하여야 한다(법 제16조 제1항).

보장기관의 업무담당자는 수급권자 등이 필요로 하는 사회보장급여의 이용이 다른 보장기관의 권한에 속한다고 판단되는 경우 신청인 또는 수급권자 등에게 제1항에 따른 사항과 해당 보장기관을 안내하고, 필요한 경우 해당 보장기관 또는 관계 기관·법인·단체·시설에 사회보장급여 또는 복지혜택·서비스의 제공을 의뢰하여야 한다(같은 조 제2항).

보건복지부장관은 제1항 및 제2항에 따른 상담·안내·의뢰가 사회보장정보시스템을 통하여 효율적으로 이루어질 수 있도록 하여야 한다(같은 조 제3항).

보장기관의 장은 수급권자 등에게 사회보장급여의 이용 및 제공에 필요한 사항을 종합적으로 상담·안내·의뢰하는 등의 업무를 수행하기 위하여 전화상담센터 등을 설치·운영할 수 있다(같은 조 제4항).

3) 이의신청

이 법에 따른 처분에 이의가 있는 수급권자 등은 그 처분을 받은 날로부터 90일 이내에 처분을 결정한 보장기관의 장에게 이의신청을 할 수 있다. 다만, 정당한 사유로 인하여 그 기간 내에 이의신청을 할 수 없음을 증명한 때에는 그 사유가 소멸한 때부터 60일 이내에 이의신청을 할 수 있다(법 제17조 제1항).

보장기관의 장은 이의신청을 받은 날부터 10일 이내에 그 이의신청에 대하여 결정하고 그 결과를 신청인에게 지체 없이 통지하여야 한다. 다만, 부득이한 사유로 정하여진 기간 이내에 결정할 수 없을 때에는 그 기간의 만료일 다음 날부터 기산하여 10일 이내의 범위에서 연장할 수 있으며, 연장 사유를 신청인에게 통지하여야 한다(같은 조 제2항).

이러한 이의신청의 방법 및 절차 등에 관하여 필요한 사항은 대통령령으로 정한다(같은 조 제3항).

4) 수급권자의 보호에 대한 지원

보장기관의 장은 제9조에 따라 급여 제공이 결정된 수급권자를 자신의 가정에서 돌보는 사람의 부담을 줄이기 위하여 상담을 실시하거나 금전적 지원 등을 할 수 있다(법 제18조). 이는 돕는 자를 돕기 위한 근거 규정이다.

8. 사회보장급여의 관리

1) 사회보장급여의 적정성 확인조사

보장기관의 장은 수급자에 대한 사회보장급여의 적정성을 확인하기 위하여 제7조 제1항 각 호에 해당하는 정보를 조사할 수 있다(법 제19조 제1항).

이에 따른 조사의 방법 및 절차에 관하여는 제7조 제2항부터 제5항까지 및 제8조를 준용한다(같은 조 제2항).

2) 수급자의 변동신고

주기적으로 또는 기간을 정하여 사회보장급여를 제공받는 수급자는 거주지, 세대원, 소득·재산 상태, 근로능력, 다른 급여의 수급이력 등 제7조 제1항 각 호의 사항이 변동되었을 때에는 지체 없이 관할 보장기관의 장에게 신고하여야 한다(법 제20조).

3) 사회보장급여의 변경·중지

보장기관의 장은 제19조에 따른 사회보장급여의 적정성 확인조사 및 제20조에 따른 수급자의 변동신고에 따라 수급자 및 그 부양의무자의 인적사항, 가족관계, 소득·재산 상태, 근로능력 등에 변동이 있는 경우에는 직권 또는 수급자나 그 친족, 그 밖의 관계인의 신청에 따라 수급자에 대한 사회보장급여의 종류·지급방법 등을 변경할 수 있다(법 제21조 제1항).

보장기관의 장은 제1항에 따른 변동으로 수급자에 대한 사회보장급여의 전부 또는 일부가 필요 없게 된 때에는 사회보장급여의 전부 또는 일부를 중지하거나 그 종류·지급방법 등을 변경하여야 한다(같은 조 제2항).

이에 따른 사회보장급여의 변경 또는 중지는 서면(수급자의 동의에 의한 전자문서를 포함한다)으로 그 이유를 명시하여 수급자에게 통지하여야 하며, 필요한 경우 구두 등의 방법을 병행할 수 있다(같은 조 제3항).

4) 사회보장급여의 환수

수급자가 제20조에 따른 신고를 고의로 회피하거나 속임수 등의 부정한 방법으로 사회보장급여를 받거나 타인으로 하여금 사회보장급여를 받게 한 경우에는 사회보장급여를 제공한 보장기관의 장은 그 비용의 전부 또는 일부를 그 사회보장급여를 받거나 받게 한 자(이하 "부정수급자"라 한다)로부터 징수할 수 있다(법 제21조 제1항).

보장기관의 장은 수급권이 없는 자에게 사회보장급여를 제공하거나 그 변경·중지로 인하여 수급자에게 이미 제공한 사회보장급여 중 과잉지급분이 발생한 경우에는 즉시 이를 제공받은 사람에 대하여 그 전부 또는 일부의 반환을 명하여야 한다. 다만, 이를 이미 소비하였거나 그 밖에 수급자에게 부득이한 사유가 있는 때에는 그 반환을 면제할 수 있다(같은 조 제2항). 이렇게 징수 또는 반환받을 금액은 각각 그 사회보장급여를 받거나 받게 한 자 또는 부양의무자에게 통지하여 이를 징수하고, 이에 응하지 아니하는 경우 국세 체납처분의 예 또는 〈지방세외수입금의 징수 등에 관한 법률〉에 따라 징수한다(같은 조 제3항).

제1항부터 제3항까지에 따른 징수 및 반환명령의 대상, 범위, 방법 등은 대통령령으로 정한다(같은 조 제4항).

9. 사회보장정보

1) 사회보장정보 및 사회보장정보시스템의 이용 등

(1) 사회보장정보의 처리

보건복지부장관은 보장기관이 수급권자의 선정 및 급여관리 등에 관한 업무를 효율적으로 수행할 수 있도록 〈사회보장기본법〉 제37조 제2항 및 제3항에 따른 사회보장정보시스템을 통하여 다음 각 호에 해당하는 자료 또는 정보(이하 "사회보장정보"라 한다)를 처리할 수 있다(법 제23조 제1항).

1. 근거 법령, 보장대상 및 내용, 예산 등 사회보장급여 현황에 관한 자료 또는 정보
2. 제5조부터 제22조까지에 따른 상담, 신청, 조사 및 자격의 변동 관리에 필요한 인적사항 · 소득 · 재산 등에 관한 자료 또는 정보
3. 사회보장급여 수급이력에 관한 자료 또는 정보
4. 제51조에 따라 보건복지부장관이 위임 · 위탁받은 업무를 수행하는 데 필요한 자료 또는 정보
5. 사회보장정보와 관련된 법령 등에 따른 상담, 신청(제25조 제3항에 따른 신청을 포함한다), 조사, 결정, 제공, 환수 등의 업무처리내역에 관한 자료 또는 정보
6. 사회보장 관련 민간 법인 · 단체 · 시설의 사회보장급여 제공 현황 및 보조금 수급이력에 관한 자료 또는 정보

7. 그 밖에 사회보장급여의 제공·관리 및 사회보장정보시스템 구
   축·운영에 필요한 정보로서 대통령령으로 정하는 자료 또는 정보

보건복지부장관은 사회보장정보를 처리하기 위하여 관계 중앙행정
기관, 지방자치단체, 관계 기관·법인·단체·시설의 장에게 필요한
자료 또는 정보를 요청할 수 있다. 이 경우 관계 중앙행정기관의 장
등은 정당한 사유가 없으면 그 요청에 따라야 한다(같은 조 제2항).

사회보장 관련 민간 법인·단체·시설의 장은 사회보장정보시스템
이 원활히 운영될 수 있도록 적극 협력하여야 한다(같은 조 제3항).

보건복지부장관은 사회보장정보를 사회보장 관련 예측조사, 연구
개발 등에 활용할 수 있도록 지원할 수 있다(같은 조 제4항).

사회보장정보의 처리 방법 및 절차 등은 대통령령으로 정한다(같은
조 제5항).

(2) 사회보장정보시스템의 이용

보장기관의 장은 제5조부터 제22조까지에 따른 업무를 효율적으로 수
행하기 위하여 사회보장정보시스템을 이용하거나 관할 업무시스템과
사회보장정보시스템을 연계하여 이용할 수 있다. 이 경우 보장기관의
장은 사회보장정보시스템을 이용하여 처리하고자 하는 자료 또는 정
보와 그 범위, 처리 목적·방식, 해당 자료 또는 정보의 보유기관(이
하 "정보보유기관"이라 한다) 등을 특정하여 보건복지부장관과 협의하
여야 한다(법 제24조 제1항).

보건복지부장관은 사회보장의 사각지대를 해소하기 위하여 사회보
장정보시스템을 통하여 처리된 정보를 보장기관의 장에게 제공할 수
있으며, 보장기관의 장은 필요한 경우 지원대상자의 동의를 받아 대
통령령으로 정하는 법인·단체·시설의 장이 활용할 수 있도록 지원

할 수 있다(같은 조 제2항).

보장기관이 아닌 다른 기관이 사회보장정보시스템의 이용 및 제공 목적 외의 용도로 사회보장정보를 이용하려는 경우에는 정보보유기관의 장의 심사를 거쳐 보건복지부장관의 승인을 받아야 한다(같은 조 제3항).

제2항에 따라 보건복지부장관이 사회보장정보를 제공하는 경우에는 이용 목적을 고려하여 필요 최소한의 사회보장정보를 제공하여야 한다(같은 조 제4항).

제1항부터 제4항까지에 규정된 사항 외에 사회보장정보시스템의 이용 범위 · 방법 및 절차 등은 대통령령으로 정한다(같은 조 제5항).

(3) 대국민 포털구축

보건복지부장관은 사회보장급여가 필요한 국민에게 사회보장 관련 자료 또는 정보의 검색, 조회 등 온라인 서비스를 제공하는 인터넷 기반의 대국민 포털을 구축 · 관리하고 그 활용을 촉진하여야 한다(법 제25조 제1항).

보건복지부장관 및 보장기관의 장은 제1항에 따른 대국민 포털 등 첨단 정보통신기술을 활용하여 필요한 국민이 사회보장정보를 활용할 수 있도록 노력하여야 한다(같은 조 제2항). 국민이 대국민 포털 등을 통하여 사회보장급여를 신청한 경우에도 제5조에 따른 신청으로 보고, 제6조부터 제22조까지를 준용한다(같은 조 제3항).

제1항에 따른 대국민 포털의 구축 및 관리 등에 필요한 사항은 대통령령으로 정한다(같은 조 제4항).

(4) 사회보장정보의 정확성 유지

정보보유기관의 장은 사회보장정보의 정확성을 유지하기 위하여 노력하여야 한다(법 제26조 제1항).

보건복지부장관은 사회보장정보를 주기적으로 갱신하여야 하며, 그 정보에 오류가 있다고 판단되는 경우에는 원천 자료 또는 정보를 제공한 정보보유기관의 장에게 해당 자료 또는 정보의 수정 또는 보완을 요구할 수 있다(같은 조 제2항).

제2항에 따라 자료 또는 정보의 수정 또는 보완을 요구받은 정보보유기관의 장은 그에 따른 조치결과를 보건복지부장관에게 통보하여야 한다. 다만, 정보보유기관이 〈공공기관의 운영에 관한 법률〉에 따른 공공기관 등의 기관인 경우에는 조치결과를 제출하기 전에 관계 중앙행정기관 또는 지방자치단체의 장과 미리 협의하여야 한다(같은 조 제3항).

(5) 사회보장정보의 표준화

보건복지부장관은 사회보장정보의 공동 활용을 통하여 국민이 사회보장급여의 이용을 편리하게 할 수 있도록 사회보장정보와 관련된 각종 기준, 절차, 방법, 서식 등을 표준화하여 보장기관의 장에게 제시할 수 있다. 이 경우 보장기관의 장은 정당한 사유가 없으면 이에 따라야 한다(법 제27조).

(6) 사회보장정보 등의 협의·조정

보장기관의 장 또는 관계 중앙행정기관의 장이 제23조에 따른 사회보장정보의 처리 등, 제24조에 따른 사회보장정보시스템의 이용, 제27조에 따른 사회보장정보의 표준화, 제51조에 따른 업무의 위임·위탁 등에 관하여 의견이 있는 경우에는 보건복지부장관과 협의하고, 협의가 이루어지지 아니할 경우 〈사회보장기본법〉 제20조에 따른 사회보장위원회(이하 "사회보장위원회"라 한다)가 이를 조정한다(법 제28조 제1항).

보건복지부장관은 제1항에 따른 협의를 원활히 진행하기 위하여 사회보장정보협의체를 운영할 수 있으며, 사회보장정보협의체의 역할 및 운영 등에 필요한 사항은 대통령령으로 정한다(같은 조 제2항).

(7) 사회보장정보원

사회보장정보시스템의 운영·지원을 위하여 사회보장정보원(이하 "사회보장정보원"이라 한다)을 설립한다(법 제29조 제1항). 사회보장정보원은 법인으로 하며(같은 조 제2항), 제51조 제2항에 따른 위탁 등을 받아 다음 각 호의 업무를 수행한다(같은 조 제3항).

1. 사회보장정보시스템의 구축 및 유지·기능개선·관리 등 운영에 관한 사항
2. 제12조 제1항에 따른 자료 또는 정보의 처리 및 사회보장정보의 처리
3. 사회보장급여의 수급과 관련된 법령 등에 따른 신청, 접수, 조사, 결정, 환수 등 업무의 전자적 처리지원
4. 〈사회서비스 이용 및 이용권 관리에 관한 법률〉 등 관계법령 등에 따른 사회서비스이용권의 이용·지급 및 정산 등에 필요한 정보시스템의 운영, 사회서비스이용권을 통하여 사회서비스를 제공하는 사업의 관리에 관한 사항
5. 사회보장 관련 민간 법인·단체·시설에 대한 전자화 지원
6. 사회보장제도의 운영에 필요한 정책정보 및 통계정보의 생산·분석, 제공과 사회보장정책 지원을 위한 조사·연구
7. 제25조에 따른 대국민 포털의 운영에 관한 사항

8. 그 밖에 이 법 또는 다른 법령에 따라 보건복지부장관, 국가 또는 지방자치단체로부터 위탁받은 업무

정부는 사회보장급여의 이용 및 제공이 원활히 이루어질 수 있도록 사회보장정보원의 설립·운영에 필요한 비용을 출연하거나 지원할 수 있다(같은 조 제4항). 사회보장정보원에 관하여 이 법에서 규정한 사항 외에는 〈민법〉 중 재단법인에 관한 규정을 준용한다(같은 조 제5항). 사회보장정보원의 설립 및 운영 등에 필요한 사항은 대통령령으로 정한다(같은 조 제6항).

사회보장정보원의 임직원은 〈형법〉 제129조부터 제132조까지의 규정을 적용할 때에는 공무원으로 본다(같은 조 제7항). 그러므로 미수범, 공동정범, 교사범, 종범 등을 적용할 때에는 공무원과 같은 신분으로 보는 것이다. 사회보장정보원의 임직원이나 임직원으로 재직하였던 사람은 그 직무상 알게 된 비밀을 누설하거나 다른 용도로 사용하여서는 아니 된다(같은 조 제8항).

2) 사회보장정보의 보호

(1) 사회보장정보의 보호대책 수립·시행

보건복지부장관은 사회보장정보시스템의 사회보장정보를 안전하게 보호하기 위하여 물리적·기술적 대책을 포함한 보호대책을 수립·시행하여야 한다(법 제30조 제1항).

사회보장정보원의 장은 제1항에 따른 보호대책을 시행하기 위한 실행계획을 매년 수립하여 보건복지부장관에게 제출하여야 한다(같은 조 제2항).

사회보장정보시스템을 이용하는 보장기관의 장은 보안에 관한 업무를 총괄하는 자(이하 이 항에서 "정보보호책임자"라 한다)를 지정하여 보건복지부장관에게 통보하여야 하며, 정보보호책임자의 지정 및 업무 등에 필요한 사항은 대통령령으로 정한다(같은 조 제3항).

(2) 사회보장정보 침해행위 등의 금지

누구든지 사회보장정보를 처리할 때 다음 각 호의 어느 하나에 해당하는 행위를 하여서는 아니 된다(법 제31조 제1항).

1. 사회보장정보의 처리업무를 방해할 목적으로 사회보장정보를 위조·변경·훼손하거나 말소하는 행위
2. 정당한 사유 없이 사회보장정보를 위조·변경·훼손·말소·유출하거나 그 방법 또는 프로그램을 공개·유포·사용하는 행위
3. 정당한 사유 없이 사회보장정보시스템을 위조·변경·훼손하거나 이용하는 행위
4. 정당한 권한이 없거나 허용된 권한을 초과하여 사회보장정보를 처리하는 행위

(3) 사회보장정보시스템의 복구조치

사회보장정보원의 장 및 사회보장정보시스템을 이용하는 보장기관의 장은 사회보장정보시스템에 제31조에 따른 침해행위가 발생한 때에는 사회보장정보시스템의 피해복구 및 보호에 필요한 조치를 신속히 취하고 보건복지부장관에게 즉시 통보하여야 한다(법 제32조 제1항).

보건복지부장관은 제1항에 따른 피해복구가 신속히 이루어질 수 있도록 필요한 지원을 하여야 한다(같은 조 제2항).

(4) 사회보장정보 등에 대한 침해행위의 시정요구

보건복지부장관은 사회보장정보 또는 사회보장정보시스템에 대한 침해행위가 발생하였다고 판단할 상당한 근거가 있고 이를 방치할 경우 회복하기 어려운 피해가 발생할 우려가 있다고 인정되면 침해행위를 한 자에 대하여 다음 각 호에 해당하는 조치를 요구할 수 있다. 이 경우 요구를 받은 자는 이에 따라야 한다(법 제33조).

1. 사회보장정보 또는 사회보장정보시스템 침해행위의 중지
2. 정보처리의 일시적인 정지
3. 그 밖에 사회보장정보의 보호 및 침해행위 방지를 위하여 필요한 조치

(5) 사회보장정보의 파기

보장기관의 장 및 사회보장정보원의 장은 사회보장정보를 5년이 지나면 파기하여야 한다. 다만, 대통령령으로 정하는 지원대상자의 보호에 필요한 사회보장정보는 5년을 초과하여 보유할 수 있다(법 제34조).

10. 사회보장에 관한 지역계획 및 운영체계

1) 지역사회보장에 관한 계획

(1) 지역사회보장에 관한 계획의 수립

특별시장·광역시장·특별자치시장·도지사·특별자치도지사(이하 "시·도지사"라 한다) 및 시장(〈제주특별자치도 설치 및 국제자유도시 조성을 위한 특별법〉 제17조 제1항에 따른 행정시장을 포함한다. 이하 같다)·군수·구청장은 지역사회보장에 관한 계획(이하 "지역사회보장계획"이라

한다)을 4년마다 수립하고, 매년 지역사회보장계획에 따라 연차별 시행
계획을 수립하여야 한다. 이 경우 〈사회보장기본법〉 제16조에 따른 사
회보장에 관한 기본계획과 연계되도록 하여야 한다(법 제35조 제1항).

　시장·군수·구청장은 해당 시·군·구(자치구를 말한다. 이하 같다)
의 지역사회보장계획(연차별 시행계획을 포함한다. 이하 이 조에서 같다)
을 지역주민 등 이해관계인의 의견을 들은 후 수립하고, 제41조에 따
른 지역사회보장협의체의 심의와 해당 시·군·구 의회의 보고(보고의
경우 〈제주특별자치도 설치 및 국제자유도시 조성을 위한 특별법〉에 따른
행정시장은 제외한다)를 거쳐 시·도지사에게 제출하여야 한다(같은 조
제2항).

　시·도지사는 제2항에 따라 제출받은 시·군·구의 지역사회보장계
획을 지원하는 내용 등을 포함한 특별시·광역시·특별자치시·도·특
별자치도(이하 "시·도"라 한다) 지역사회보장계획을 수립하여, 제40조
에 따른 시·도사회보장위원회의 심의와 해당 시·도 의회의 보고를 거
쳐 보건복지부장관에게 제출하여야 한다. 이 경우 보건복지부장관은
제출된 계획을 사회보장위원회에 보고하여야 한다(같은 조 제3항).

　시·도지사 또는 시장·군수·구청장은 지역사회보장계획을 수립할
때 필요하다고 인정하는 경우에는 사회보장 관련 기관·법인·단체·
시설에 자료 또는 정보의 제공과 협력을 요청할 수 있다(같은 조 제4항).

　보장기관의 장은 지역사회보장계획의 수립 및 지원 등을 위하여 지
역 내 사회보장 관련 실태와 지역주민의 사회보장에 관한 인식 등에
관하여 필요한 조사(이하 "지역사회보장조사"라 한다)를 실시할 수 있으
며, 시·도지사 및 시장·군수·구청장은 지역사회보장계획 수립 시
지역사회보장조사 결과를 반영할 수 있다(같은 조 제5항).

　보건복지부장관 또는 시·도지사는 지역사회보장계획의 내용이 대

통령령으로 정하는 사유에 해당하는 경우에는 시·도지사 또는 시장·군수·구청장에게 그 조정을 권고할 수 있다. 이 경우 보건복지부장관은 관계 중앙행정기관의 장의 의견을 들을 수 있다(같은 조 제6항).

지역사회보장계획의 수립 및 지역사회보장조사의 시기·방법 등에 필요한 사항은 대통령령으로 정한다(같은 조 제7항).

(2) 지역사회보장계획의 내용

제35조 제2항에 따른 시·군·구 지역사회보장계획은 다음 각 호의 사항을 포함하여야 한다(법 제36조 제1항).

1. 지역사회보장 수요의 측정, 목표 및 추진전략
2. 지역사회보장의 목표를 점검할 수 있는 지표(이하 "지역사회보장지표"라 한다)의 설정 및 목표
3. 지역사회보장의 분야별 추진전략, 중점 추진사업 및 연계협력 방안
4. 지역사회보장 전달체계의 조직과 운영
5. 사회보장급여의 사각지대 발굴 및 지원 방안
6. 지역사회보장에 필요한 재원의 규모와 조달 방안
7. 지역사회보장에 관련한 통계 수집 및 관리 방안
8. 그 밖에 대통령령으로 정하는 사항

시·도 지역사회보장계획은 다음 각 호의 사항을 포함하여야 한다(같은 조 제2항).

1. 시·군·구의 사회보장이 균형적이고 효과적으로 추진될 수 있도록 지원하기 위한 목표 및 전략
2. 지역사회보장지표의 설정 및 목표
3. 시·군·구에서 사회보장급여가 효과적으로 이용 및 제공될 수 있는 기반 구축 방안

4. 시·군·구 사회보장급여 담당 인력의 양성 및 전문성 제고 방안
5. 지역사회보장에 관한 통계자료의 수집 및 관리 방안
6. 그 밖에 지역사회보장 추진에 필요한 사항

(3) 지역사회보장계획의 시행

시·도지사 또는 시장·군수·구청장은 지역사회보장계획을 시행하여야 한다(법 제37조 제1항).

　시·도지사 또는 시장·군수·구청장은 지역사회보장계획을 시행할 때 필요하다고 인정하는 경우에는 사회보장 관련 민간 법인·단체·시설에 인력, 기술, 재정 등의 지원을 할 수 있다(같은 조 제2항).

(4) 지역사회보장계획의 변경

시·도지사 또는 시장·군수·구청장은 사회보장의 환경 변화, 〈사회보장기본법〉 제16조에 따른 사회보장에 관한 기본계획의 변경 등이 있는 경우에는 지역사회보장계획을 변경할 수 있으며, 그 변경 절차는 제35조를 준용한다(법 제38조).

(5) 지역사회보장계획 시행결과의 평가

보건복지부장관은 시·도 지역사회보장계획의 시행결과를, 시·도지사는 시·군·구 지역사회보장계획의 시행결과를 각각 보건복지부령으로 정하는 바에 따라 평가할 수 있다(법 제39조 제1항).

　시·도지사는 제1항에 따른 평가를 시행한 경우 그 결과를 보건복지부장관에게 제출하여야 한다. 보건복지부장관은 이를 종합·검토하여 사회보장위원회에 보고하여야 한다(같은 조 제2항). 보건복지부장관 또는 시·도지사는 필요한 경우 제1항에 따른 평가결과를 제47조에 따른 지원에 반영할 수 있다(같은 조 제3항).

2) 지역사회보장 운영체계

(1) 시·도사회보장위원회

시·도지사는 시·도의 사회보장 증진을 위하여 시·도사회보장위원회를 둔다(법 제40조 제1항). 이는 강행규정이므로 반드시 지켜져야 한다. 시·도사회보장위원회는 다음 각 호의 업무를 심의·자문한다(같은 조 제2항).

1. 시·도의 지역사회보장계획 수립·시행 및 평가에 관한 사항
2. 시·도의 지역사회보장조사 및 지역사회보장지표에 관한 사항
3. 시·도의 사회보장급여 제공에 관한 사항
4. 시·도의 사회보장 추진과 관련한 중요 사항
5. 그 밖에 위원장이 필요하다고 인정되는 사항

시·도사회보장위원회는 다음 각 호의 사람 중 시·도지사가 임명 또는 위촉한 사람으로 구성한다(같은 조 제3항).

1. 사회보장에 관한 전문적 지식이나 경험을 가진 사람
2. 사회보장 관련 기관 및 단체의 대표자
3. 사회보장을 필요로 하는 사람의 이익 등을 대표하는 사람
4. 제41조 제3항에 따른 지역사회보장협의체의 대표자
5. 〈비영리민간단체지원법〉제2조의 비영리민간단체에서 추천한 사람
6. 〈사회복지공동모금회법〉제14조에 따른 사회복지공동모금지회에서 추천한 사람
7. 사회보장에 관한 업무를 담당하는 공무원

다음 각 호의 어느 하나에 해당하는 사람은 시·도사회보장위원회의 위원이 될 수 없다(같은 조 제4항).

1. 미성년자
2. 피성년후견인, 피한정후견인
3. 파산선고를 받고 복권되지 아니한 사람
4. 법원의 판결에 따라 자격이 상실되거나 정지된 사람
5. 금고 이상의 실형을 선고받고 그 집행이 끝나거나(집행이 끝난 것으로 보는 경우를 포함한다) 집행이 면제된 날부터 3년이 지나지 아니한 사람
6. 금고 이상의 형의 집행유예를 선고받고 그 유예기간 중에 있는 사람
7. 제5호 및 제6호에도 불구하고 〈사회복지사업법〉 제2조 제1호의 사회복지사업(이하 "사회복지사업"이라 한다) 또는 그 직무와 관련하여 〈아동복지법〉 제71조, 〈보조금 관리에 관한 법률〉 제40조부터 제42조까지 또는 〈형법〉 제28장·제40장(제360조는 제외한다)의 죄를 범하거나 이 법을 위반하여 다음 각 목의 어느 하나에 해당하는 사람
   가. 100만 원 이상의 벌금형을 선고받고 그 형이 확정된 후 5년이 지나지 아니한 사람
   나. 금고 이상의 형의 집행유예를 선고받고 그 유예기간이 끝난 날부터 7년이 지나지 아니한 사람
   다. 금고 이상의 실형을 선고받고 그 집행이 끝나거나(집행이 끝난 것으로 보는 경우를 포함한다) 집행이 면제된 날부터 7년이 지나지 아니한 사람
8. 제5호부터 제7호까지에도 불구하고 〈성폭력범죄의 처벌 등에 관한 특례법〉 제2조의 성폭력범죄(〈성폭력범죄의 처벌 등에 관한 특례법〉 제2조 제1항 제1호는 제외한다) 또는 〈아동·청소년의 성보호에 관한 법률〉 제2조 제2호의 아동·청소년대상 성

범죄를 저지른 사람으로서 형 또는 치료감호를 선고받고 확정된 후 그 형 또는 치료감호의 전부 또는 일부의 집행이 끝나거나(집행이 끝난 것으로 보는 경우를 포함한다) 집행이 면제되거나 집행의 유예기간이 끝난 날부터 10년이 지나지 아니한 사람

시·도사회보장위원회의 조직·운영에 필요한 사항은 보건복지부령으로 정하는 바에 따라 해당 시·도의 조례로 정한다(같은 조 제5항).

(2) 지역사회보장협의체

시장·군수·구청장은 지역의 사회보장을 증진하고, 사회보장과 관련된 서비스를 제공하는 관계 기관·법인·단체·시설과 연계·협력을 강화하기 위하여 해당 시·군·구에 지역사회보장협의체를 둔다(법 제41조 제1항). 이 또한 강행규정이므로 반드시 두어야 한다.

지역사회보장협의체는 다음 각 호의 업무를 심의·자문한다(같은 조 제2항).

1. 시·군·구의 지역사회보장계획 수립·시행 및 평가에 관한 사항
2. 시·군·구의 지역사회보장조사 및 지역사회보장지표에 관한 사항
3. 시·군·구의 사회보장급여 제공에 관한 사항
4. 시·군·구의 사회보장 추진에 관한 사항
5. 읍·면·동 단위 지역사회보장협의체의 구성 및 운영에 관한 사항
6. 그 밖에 위원장이 필요하다고 인정하는 사항

지역사회보장협의체의 위원은 다음 각 호의 사람 중 시장·군수·구청장이 임명 또는 위촉한다. 다만, 제40조 제4항에 해당되는 사람은 위원이 될 수 없다(같은 조 제3항).

1. 사회보장에 관한 학식과 경험이 풍부한 사람
2. 지역의 사회보장 활동을 수행하거나 서비스를 제공하는 기관·법인·단체·시설의 대표자
3. 〈비영리민간단체지원법〉 제2조의 비영리민간단체에서 추천한 사람
4. 제44조에 따른 복지위원의 대표자
5. 사회보장에 관한 업무를 담당하는 공무원

지역사회보장협의체의 업무를 효율적으로 수행하기 위하여 지역사회보장협의체에 실무협의체를 둔다(같은 조 제4항). 보장기관의 장은 지역사회보장협의체의 효율적 운영을 위하여 필요한 인력 및 운영비 등 재정을 지원할 수 있다(같은 조 제5항).

제1항부터 제5항까지에 규정된 사항 외에 지역사회보장협의체, 실무협의체 및 읍·면·동 단위 지역사회보장협의체의 조직·운영에 필요한 사항은 보건복지부령으로 정하는 바에 따라 해당 시·군·구의 조례로 정한다(같은 조 제6항).

(3) 사회보장사무 전담기구

시장·군수·구청장은 사회보장에 관한 업무를 효율적으로 수행하기 위하여 관련 조직, 인력, 관계기관 간 협력체계 등을 마련하여야 하며, 필요한 경우에는 사회보장에 관한 사무를 전담하는 기구(이하 "사회보장사무 전담기구"라 한다)를 별도로 설치할 수 있다(법 제42조 제1항).

사회보장사무 전담기구는 사회보장정보시스템을 활용하여 수급권자에게 필요한 정보를 종합 안내하고, 사회보장급여에 대한 신청 등이 편리하게 이루어질 수 있도록 운영되어야 한다(같은 조 제2항). 사회보장사무 전담기구의 사무 범위, 조직 및 운영 등에 필요한 사항은 해당 시·군·구의 조례로 정한다(같은 조 제3항).

(4) 사회복지전담공무원

사회복지사업에 관한 업무를 담당하게 하기 위하여 시·도, 시·군·구, 읍·면·동 또는 사회보장사무 전담기구에 사회복지전담공무원을 둘 수 있다(법 제43조 제1항).

사회복지전담공무원은 〈사회복지사업법〉 제11조에 따른 사회복지사의 자격을 가진 사람으로 하며, 그 임용 등에 필요한 사항은 대통령령으로 정한다(같은 조 제2항). 사회복지전담공무원은 사회보장급여에 관한 업무 중 취약계층에 대한 상담과 지도, 생활실태의 조사 등 보건복지부령으로 정하는 사회복지에 관한 전문적 업무를 담당한다(같은 조 제3항).

국가는 사회복지전담공무원의 보수 등에 드는 비용의 전부 또는 일부를 보조할 수 있다(같은 조 제4항). 시·도지사 및 시장·군수·구청장은 〈지방공무원 교육훈련법〉 제3조에 따라 사회복지전담공무원의 교육훈련에 필요한 시책을 수립·시행하여야 한다(같은 조 제5항).

(5) 복지위원

시장·군수·구청장은 읍·면·동 단위로 읍·면·동의 사회보장 관련 업무의 원활한 수행을 위하여 필요한 사람을 복지위원으로 위촉하여야 한다(법 제44조 제1항).

복지위원은 명예직으로 하되, 예산의 범위에서 수당을 지급할 수 있다(같은 조 제2항). 복지위원의 자격, 직무, 위촉 절차 등에 필요한 사항은 보건복지부령으로 정하는 바에 따라 해당 시·군·구의 조례로 정한다(같은 조 제3항).

3) 지역사회보장 지원 및 균형발전

(1) 지역사회보장의 균형발전
중앙행정기관의 장 및 시·도지사는 시·도 및 시·군·구 간 사회보장 수준의 차이를 최소화하기 위하여 예산 배분, 사회보장급여의 제공 기관 등의 배치 등에 필요한 조치를 하여야 한다(법 제45조).

(2) 지역사회보장 균형발전지원센터
보건복지부장관은 시·도 및 시·군·구의 사회보장 추진현황 분석, 지역사회보장계획의 평가, 지역 간 사회보장의 균형발전 지원 등의 업무를 효과적으로 수행하기 위하여 지역사회보장 균형발전지원센터를 설치·운영할 수 있다(법 제46조 제1항). 또한 보건복지부장관은 지역사회보장 균형발전지원센터의 운영을 관련 전문기관에 위탁할 수 있다(같은 조 제2항). 지역사회보장 균형발전지원센터의 설치·운영과 운영의 위탁 등에 필요한 사항은 보건복지부령으로 정한다(같은 조 제3항).

(3) 지방자치단체에 대한 지원
중앙행정기관의 장은 시·도지사 및 시장·군수·구청장에게 사회보장사업의 수행에 필요한 비용을 지원할 수 있으며, 이 경우 제39조에 따른 평가결과를 반영할 수 있다(법 제47조).

(4) 사회보장 특별지원구역 운영

중앙행정기관의 장 또는 시·도지사는 〈공공주택 특별법〉에 따른 영구임대주택단지, 저소득층 밀집 거주지, 그 밖에 보건, 복지, 고용, 주거, 문화 등 특정 분야의 서비스가 취약한 지역을 사회보장 특별지원구역으로 선정하여 지원할 수 있다. 이 경우 중앙행정기관의 장 또는 시·도지사는 사회보장 특별지원구역을 선정할 때 관계 행정기관의 장과 협의하여야 한다(법 제48조 제1항).

제1항에 따른 사회보장 특별지원구역의 선정 및 지원 등에 필요한 사항은 대통령령으로 정한다(같은 조 제2항).

11. 보 칙

1) 비밀유지의무

다음 각 호의 업무에 종사하거나 종사하였던 사람은 직무상 알게 된 비밀을 다른 사람에게 누설하거나 직무상 목적 외의 용도로 이용하여서는 아니 된다(법 제49조).

1. 제5조부터 제22조까지에 따른 신청, 조사, 결정, 확인조사, 환수 등 급여의 제공 및 관리 등에 관한 업무
2. 제23조에 따른 사회보장정보의 처리 등에 관한 업무

2) 사회보장급여의 압류 금지

사회보장급여로 지급된 금품과 이를 받을 권리는 압류하지 못한다(법 제50조).

3) 권한의 위임·위탁

이 법에 따른 보장기관의 장의 권한 또는 업무의 일부 중 다음 각 호의 사항을 소속기관의 장이나 지방자치단체의 장에게 위임하거나 보건복지부장관, 다른 행정기관의 장에게 위탁할 수 있다(법 제51조 제1항).

1. 제5조에 따른 신청의 접수
2. 제6조, 제7조 및 제19조에 따른 사회보장 요구의 조사, 수급자격의 조사 및 사회보장급여의 적정성 확인조사
3. 금융정보 등의 처리

이 법에 따른 보건복지부장관의 업무는 대통령령으로 정하는 바에 따라 그 일부를 제29조에 따른 사회보장정보원, 사회보장 관련 민간 법인·단체·시설에 위탁할 수 있다(같은 조 제2항).

4) 위임·위탁 시 인력 및 비용의 지원

보장기관의 장 또는 보건복지부장관은 제51조에 따라 위임·위탁된 업무의 처리에 필요한 인력 또는 경비를 지원하여야 한다(법 제52조).

5) 고발 및 징계요구

보건복지부장관은 이 법 위반에 따른 범죄혐의가 있다고 인정될 만한 상당한 이유가 있을 때에는 관할 수사기관에 그 내용을 고발하여야 한다(법 제52조 제1항).

보건복지부장관은 이 법의 위반행위가 있다고 인정될 만한 상당한 이유가 있을 때에는 책임이 있는 사람을 징계할 것을 해당기관의 장

에게 요구할 수 있다. 이 경우 요구를 받은 기관은 이를 존중하고, 그 결과를 보건복지부장관에게 통보하여야 한다(같은 조 제2항).

보장기관의 장은 소관 업무와 관련하여 이 법의 위반행위자에 대하여 관할 수사기관에 고발을 하거나 해당기관의 장에게 징계요구를 할 수 있다. 이 경우 징계요구를 받은 기관은 이를 존중하고, 그 결과를 보건복지부장관에게 통보하여야 한다(같은 조 제3항).

12. 벌 칙

1) 형벌

제31조(사회보장정보 침해행위) 제1호를 위반한 사람은 10년 이하의 징역 또는 1억 원 이하의 벌금에 처한다(법 제54조 제1항). 다음 각 호의 어느 하나에 해당하는 사람은 5년 이하의 징역 또는 5천만 원 이하의 벌금에 처한다(같은 조 제2항).

1. 제29조 제8항(사회보장정보원 임직원 또는 임직원이었던 자로서 비밀누설 등) 또는 제49조(비밀유지의무)를 위반한 사람
2. 제31조 제2호를 위반한 사람
3. 제31조 제3호를 위반한 사람
4. 제31조 제4호를 위반한 사람

제22조 제1항에 따른 부정수급자에 대하여는 1년 이하의 징역 또는 1천만 원 이하의 벌금에 처한다(같은 조 제3항).

2) 행정벌

제7조 제1항에 따른 조사범위를 초과하여 개인정보를 수집한 자에게는 5천만 원 이하의 과태료를 부과한다(법 제55조 제1항). 다음 각 호의 어느 하나에 해당하는 사람에게는 3천만 원 이하의 과태료를 부과한다(같은 조 제2항).

1. 제33조에 따른 시정요구에 따르지 아니한 사람
2. 제34조에 따른 파기를 하지 아니한 사람

13. 경과조치

이 법의 상당 부분이 기존의 〈사회복지사업법〉과 중복되는 경우가 많아 다음과 같이 경과규정을 둠으로써 혼란을 배제하고자 하였다.

1) 사회보장정보원 설립에 따른 경과조치

〈사회복지사업법〉 제6조의 3에 따른 정보시스템 운영 전담기구는 사회보장정보원으로 본다(법 부칙 제2조 제1항). 〈사회복지사업법〉 제6조의 3에 따른 정보시스템 운영 전담기구가 행한 모든 행위는 사회보장정보원의 행위로 본다(같은 조 제2항).

2) 지역사회보장계획의 수립에 관한 경과조치

〈사회복지사업법〉 제15조의 3에 따라 수립·시행 중인 지역사회복지계획은 이 법 시행 후 최초로 지역사회보장계획을 수립하기 전까지는 지역사회보장계획으로 본다(법 부칙 제3조).

3) 지역사회보장협의체에 관한 경과조치

〈사회복지사업법〉 제7조의 2에 따른 지역사회복지협의체는 지역사회보장협의체로 본다(법 부칙 제4조).

4) 다른 법률의 개정

〈사회복지사업법〉 일부를 다음과 같이 개정한다(법 부칙 제5조 제1항).
- 제7조 제1항 중 "제15조의 3 제2항에 따른 지역사회복지계획"을 "〈사회보장급여의 이용·제공 및 수급권자 발굴에 관한 법률〉에 따른 지역사회보장계획"으로 한다.
- 제7조의 2 제1항 중 "제15조의 3 제1항에 따른 지역사회복지계획"을 "〈사회보장급여의 이용·제공 및 수급권자 발굴에 관한 법률〉에 따른 지역사회보장계획"으로 한다.
- 제1장의 2(제15조의 3부터 제15조의 6까지)를 삭제한다.
- 제42조의 3 제2항 중 "제15조의 6"을 "〈사회보장급여의 이용·제공 및 수급권자 발굴에 관한 법률〉 제39조"로 한다.
- 제53조의 2 및 제53조의 3을 각각 삭제한다.
- 제56조 중 "제53조, 제53조의 2, 제53조의 3, 제54조 및 제55조"를 "제53조, 제54조 및 제55조"로 한다.

〈정신보건법〉 일부를 다음과 같이 개정한다(같은 조 제2항).
- 제7조의 2 제3호 중 "사회복지사업법"을 "〈사회복지사업법〉, 〈사회보장급여의 이용·제공 및 수급권자 발굴에 관한 법률〉"로 한다.

5) 다른 법령과의 관계

이 법 시행 당시 다른 법령에서 〈사회복지사업법〉 규정을 인용하고 있는 경우 〈사회복지사업법〉 일부를 다음과 같이 개정한다.

- 제11조 제4호 중 "〈지역보건법〉 제7조"를 "〈지역보건법〉 제10조"로 한다.
- 제13조 제2항 제19호 중 "〈지역보건법〉 제9조 제12호"를 "〈지역보건법〉 제11조 제1항 제5호 사목"으로 한다.

⑤부터 ⑨까지 생략

제4조 생략

제 15 장
사회복지사업법

1. 사회복지사업법의 법적 지위

사회복지사업법은 모든 국민의 인간다운 생활을 할 권리를 규정한 헌법 제34조 제1항과 국가의 사회보장·사회복지의 증진에 노력할 책임을 규정한 같은 조 제2항을 구체화하는 법률로서 그 의의를 갖는다. 이는 또한 사회적으로 소외되고 취약한 계층인 빈민, 아동, 노인, 장애인, 모자가정 등 다양한 계층에 대한 사회의 집합적 책임을 구현하는 규범적 성격을 가지고 있다.

이러한 사회복지사업법은 사회복지서비스 분야에 관한 입법들의 일반법이자 기본법으로서 의의를 갖는다. 이 법의 규정에 따르는 국민기초생활보장법, 아동복지법, 노인복지법, 장애인복지법, 모·부자복지법, 영유아보육법, 윤락행위 등 방지법, 정신보건법, 성폭력범죄의 처벌 및 피해자보호 등에 관한 법률, 입양촉진 및 절차에 관한 특례법, 일제하 일본군위안부에 대한 생활안정지원법, 사회복지공동모금회법, 장애인·노인·임산부 등의 편의증진보장에 관한 법률, 가정폭력방지 및 피해자보호 등에 관한 법률, 농어촌주민의 보건복지증진을 위한 특별법, 식품기부활성화에 관한 법률, 의료급여법, 기초노령연금법, 긴급복지지원법, 다문화가족지원법, 장애인연금법, 장애인 활동 지원에 관한 법률, 노숙인 등의 복지 및 지원에 관한 법률, 보호관찰 등에 관한 법률, 장애아동 복지지원법 등(법 제2조)은 사회복지사업법에 대해 특별법의 관계에 있다. 따라서 '특별법 우선의 원칙'에 따라 이들 법률에 사회복지사업의 내용 및 절차에 관하여 특별한 규정이 있는 경우 사회복지사업법보다 우선적으로 적용된다(법 제3조 제1항).

또한 이 법들을 개정할 때에는 상위법인 사회복지사업법에 부합되도록 해야 한다(같은 조 제2항). 그리하여 이 법은 국가·지방자치단체 및 민간부문의 도움을 필요로 하는 모든 국민에게 사회복지서비스를 제공하여 정상적 사회생활을 가능하도록 지원하기 위해서 사회복지서비스법들의 일반법이자 상위법으로서 법적 지위를 갖는 기본법이다.

그러나 이에 불구하고 법학자들이 집필한 사회보장법 관련 교과서에서는 아동복지법, 노인복지법, 장애인복지법 등을 다루고 있으면서도 사회복지사업법은 전혀 다루지 않고 있다. 이는 사회복지사업법의 법적 지위로 볼 때 대단히 중대한 오류라고 할 수 있으며, 법학이 견지하는 사회복지, 사회보장의 개념이 정확하지 않다보니, 사회복지사업법의 존재를 모르거나 알더라도 제대로 인식하지 못하고 있다는 것을 의미하는 것 같다.

2. 사회복지사업법의 연혁

사회복지사업법은 1969년 12월 23일 국회 본회의에서 통과되어 이듬해인 1970년 1월 1일자로 공포되어, 그 해 4월 15일자로 시행되었다. 이 법은 위에서와 같이 규범적으로 매우 중요한 법률임에도 불구하고 그동안 크게 주목받지 못했다. 점차 사회복지사 자격증에 대한 사회적 이해관계와 이를 둘러싼 갈등들이 증대되면서 사회복지사업법은 자주 논란의 대상이 되었다.

그동안 몇 차례 개정되었는데, 1983년 5월 21일에는 새롭게 제정된 노인복지법과 심신장해자복지법을 하위법으로 규정하는 부분개정이 이루어졌고, 특히 사회복지사 자격제도가 규정되었으며, 1992년 12월 8일에는 모자복지법, 영유아보육법 등을 하위법으로 추가했고, 동시에 재가복지와 정신질환자 사회복귀에 관한 사업 등을 규정하여 사회복지사업 범주를 확대하고, 사회복지전문요원의 법적 근거를 마련하고 전달체계 관련 규정을 두기 위한 전문개정이 이루어졌다. 1995년 12월 30일에는 정신보건법 제정에 따라 일부 개정이 되었다.

그러다가 지난 1996년 11월부터 터진 '에바다농아원 사태'를 계기로 장애인계로부터 생활시설의 인권문제를 개혁하기 위해 이의 근거 규범이 되는 사회복지사업법 개정론이 대두되었다. 이에 '사단법인 장애우권익문제연구소'를 중심으로 지난 1997년 법개정이 추진되었다. 이때 개정의 방향은 크게 보아 '사회복지시설의 민주화'로 설정되었다. 사회복지시설의 봉건적 부패와 폐쇄성을 개혁하기 위한 법개정안이 추진되었다. 또한 인권침해나 재정비리가 발생하는 사회복지시설의 공통적 특징이 주로 사회복지 비전문가들에 의해 운영되어 전문적 인식과 실천보다는 개인의 독선이 이러한 문제를 심화시킨다고 판단하여 '사회복지사업의 전문성 강화'라는 개정방향도 동시에 설정되었다. 전문성 문제는 사회복지사의 법적 지위, 권한과 책임을 확보하는 것과 사회복지사 자격증제도의 개선 두 가지 방향으로 추진되었다. 이 중에서 자격증제도는 '한국사회복지대학협의회'가 역할을 맡아 추진했다. 이렇게 해서 사회복지사업의 '민주성과 전문성'이라는 두 가지 쟁점을 축으로 하여 사회복지사업법의 전면적 개정운동이 전개되었다. 즉, 시설 거주자의 인권보장을 위한 운동적 차원에서 법개정운동이 이루어졌던 것이다.

이에 1997년 8월 22일 사회복지사업법이 전면적으로 개정되었고, 1999년 4월 30일 그리고 2000년 1월 12일 법개정의 후속조치와 정부의 규제완화 조치 차원에서 일부 개정되었다. 그리고 2000년 9월에 보건복지부가 지역사회복지를 강화하기 위해 지역사회복지계획의 수립과 지역사회복지협의체 설치를 골자로 하는 전문 개정안을 입법 예고했는데, 사회복지협의회 등 민간 사회복지계의 반발과 사회복지협의회 내부갈등으로 유보되었다가 2003년 6월 국회를 통과하여 7월 30일 공포되었다. 그리고 2006년 3월 24일 일부개정, 2007년 12월 14일 일부개정, 2009년 6월 9일 일부개정을 하였다.

그러다가 지난 2011년 영화 〈도가니〉[1]의 상영으로 사회복지시설 인권문제에 대한 국민적 분노와 개선에 대한 강력한 문제제기들이 나왔다. 이에 사회복지시설의 인권 개선을 위한 법개정이 이루어져 2012년 8월 3일 일부개정이 이루어졌다.

사회복지사업법의 연혁을 다음 〈표 15-1〉과 같이 대략적으로 정리해본다.

---

1 공지영의 소설 《도가니》(2009, 창비)를 영화한 것이다. 《도가니》는 특수학교에서 벌어진 장애아동 성폭행 등의 실제사건을 소재로 하여 쓰였다.

〈표 15-1〉 사회복지사업법 연혁

제 · 개정일자 (시행일자)	내용 및 특징
1970. 1. 1 (1970. 4. 2)	• 제정법률 • 3법: 생활보호법, 아동복리법, 윤락행위등방지법 • 사회복지법인 인가, 사회복지시설 허가 • 사회복지사업 종사자 자격 • 공동모금회 허가 근거
1983. 5. 21 (1983. 5. 21)	• 일부개정 • 5법: 3법 + 노인복지법, 심신장애자복지법 • 읍 · 면 · 동에 복지위원 위촉 • 한국사회복지협의회 법정단체 • 사회복지사 자격제도 도입
1992. 12. 8 (1993. 6. 9)	• 전부개정 • 7법: 5법 + 모자복지법 + 영유아보육법 • 사회복지위원회 • 사회복지전담공무원 • 사회복지전담기구 • 사회복지법인 및 시설 허가
1995. 1.2 30 (1996. 12. 31)	• 타법개정 • 정신보건법 제정으로 정신질환자 요양시설에 대한 경과조치 부칙 규정
1997. 8. 22 (1998. 7. 1)	• 전부개정 • 13개 법률 • 사회복지사 국가시험 • 사회복지법인 허가, 사회복지시설 신고 • 사회복지시설 평가, 시설장 상근 • 사회복지시설 운영위원회 • 한국사회복지사협회 법정단체
1999. 4. 30 (1999. 11. 1)	• 일부개정 • 14개 법률 • 행정규제기본법에 따른 규제 완화 • 사회복지법인 시 · 도지사 허가를 보건복지부장관의 허가로
2000. 1. 12 (2000. 7. 13)	• 일부개정 • 사회복지의 날 제정 • 사회복지시설의 보험가입의무, 안전점검

〈표 15-1〉계 속

제 · 개정일자 (시행일자)	내용 및 특징
2002. 12. 11 (2003. 6. 12)	• 타법개정 • 일제하 일본군위안부 피해자 생활안정 및 기념사업 등에 관한 법률
2002. 12. 18 (2003. 6. 19)	• 타법개정 • 모자복지법이 모 · 부자복지법으로
2003. 7. 30 (2004. 7. 31)	• 일부개정 • 지역사회복지협의체, 지역사회복지계획 • 사회복지서비스 신청, 재가복지 우선제공
2004. 1. 29 (2004. 4. 30)	• 타법개정 • 15개법: 농어촌 주민의 보건복지 증진을 위한 특별법
2004. 3. 22 (2004. 9. 23)	• 타법개정 • 윤락행위 등 방지법 폐지하고, 성매매 방지 및 피해자 보호 등에 관한 법률 제정
2005. 3. 31 (2006. 4. 1)	• 타법개정 • 채무자 회생 및 파산에 관한 법률에 의해 '파산자'를 '파산선고를 받은 자'로
2005. 7. 13 (2005. 8. 14)	• 일부개정 • 사회복지사의 결격사유
2006. 3. 24 (2006. 9. 25)	• 타법개정 • 16개법: 식품기부 활성화에 관한 법률
2007. 10. 17 (2008. 1. 18)	• 타법개정 • 모 · 부자복지법 폐지하고 한부모가족지원법
2007. 12. 14 (2007. 12. 14)	• 일부개정 • 17개법: 의료급여법 • 사회복지사업 전자화 • 사회복지사 보수교육 • 지역사회복지계획에 종사자 처우개선 포함
2008. 2. 29 (2008. 2. 29)	• 타법개정 • 정부조직법: 보건복지가족부
2009. 6. 9 (2009. 12. 1)	• 일부개정 • 20개법: 기초노령연금법, 긴급복지지원법, 다문화가족지원법 • 사회복지서비스통합전산망

〈표 15-1〉계 속

제 · 개정일자 (시행일자)	내용 및 특징
2010. 1. 18 (2010. 3. 19)	• 타법개정 • 정부조직법: 보건복지부
2010. 4. 12 (2010. 7. 1)	• 타법개정 • 21개법: 장애인연금법
2010. 4. 15 (2011. 1. 1)	• 타법개정 • 성폭력범죄의 처벌 및 피해자보호 등에 관한 법률 폐지. 성폭력방지 및 피해자보호 등에 관한 법률
2011. 1. 4 (2011. 10. 5)	• 타법개정 • 22개법: 장애인활동 지원에 관한 법률
2011. 6. 7 (2012. 6. 8)	• 타법개정 • 23개법: 노숙인 등의 복지 및 자립지원에 관한 법률
2011. 8. 4 (2011. 8. 4)	• 일부개정 • 24개법: 보호관찰 등에 관한 법률 • 사회복지시설 통합 설치 근거
2011. 8. 4 (2012. 2. 5)	• 타법개정 • 사회서비스 이용 및 이용권에 관한 법률
2011. 8. 4 (2012. 8. 5)	• 타법개정 • 아동복지법 전부개정
2011. 8. 4 (2012. 8. 5)	• 타법개정 • 입양특례법 전부개정
2011. 8. 4 (2012. 8. 5)	• 타법개정 • 25개법: 장애아동복지지원법
2012. 1. 26 (2012. 8. 5)	• 일부개정 • 사회복지사업에 인권보호 강화 • 사회복지법인 공익이사
2012. 5. 23 (2012. 11. 24)	• 타법개정 • 사회복지사 등의 처우 및 지위향상을 위한 법률 개정

3. 규범적 타당성

1) 목적과 이념

사회복지사업법의 규범적 목적은 사회복지사업에 관한 기본적 사항을 규정하여 사회복지를 필요로 하는 사람에 대하여 인간의 존엄성과 인간다운 생활을 할 권리를 보장하고 사회복지의 전문성을 높이며, 사회복지사업의 공정·투명·적정을 기하고, 지역사회복지의 체계를 구축함으로써 사회복지의 증진에 이바지함을 목적으로 한다(제1조).

이를 세분해서 보면, ① 사회복지사업의 기본적 사항 규정 ② 사회복지를 필요로 하는 사람들의 인간의 존엄성과 인간다운 생활을 할 권리의 보장 ③ 사회복지의 전문성 향상 ④ 사회복지사업의 공정성, 투명성, 적정성 추구 ⑤ 지역사회복지체계 구축 ⑥ 사회복지의 증진에 이바지하는 것이다. 궁극적으로 ⑥의 목적을 추구하기 위해 ①~⑤의 하위목적들이 설정된 것이다.

이 법은 에바다농아원 사건으로 인해 1997년 사회복지사업의 민주성과 전문성을 축으로 전부개정하여 ②와 ③을 추가하였는데, 그중 "인간의 존엄성"은 일명 〈도가니〉 사태로 인하여 2012년 1월 26일 개정법률에서 추가되었다. 이는 헌법 제34조에서 규정한 모든 국민의 인간다운 생활을 할 권리를 충족하고 국가의 사회복지에 대한 의무를 이행하기 위한 규범적 관련성을 가지고 있다. 2003년 개정에서 ⑤의 목적을 새로 추가하면서 강조하였는데, 지방자치 내지 지방분권시대를 맞이하여 지역사회복지를 강화함으로써 ⑥의 목적을 실현하고자 한 것이다.

이러한 법의 목적에 따르는 법의 이념을 살펴보자. 도가니법 개정으로 삽입된 사회복지사업법의 이념은 다음과 같다(제1조의 2).

① 사회복지를 필요로 하는 사람은 누구든지 자신의 의사에 따라 서비스를 신청하고 제공받을 수 있다(같은 조 제1항). 사회복지서비스 신청에 대한 주체적인 선택을 강조하고 있다. 이는 법 제33조의 2 이하의 규정과 관련하여 사회복지서비스 신청의 권리 가능성을 선언한 것으로 볼 수 있다.

② 사회복지법인 및 사회복지시설은 공공성을 가지며 사회복지사업을 시행하는 데 있어서 공공성을 확보하여야 한다(같은 조 제2항). 인권침해 또는 재정비리가 발생하는 사회복지법인 및 사회복지시설의 특징 중의 하나는 그 대표자나 운영자가 법인과 시설을 사유화(私有化)하는 것이다. 마치 개인의 재산처럼 운영하기 때문에 이익을 도모하게 되고 초법적인 행태를 나타내게 된다. 이를 막기 위해 사회복지법인과 사회복지시설의 공공성을 강조한 것이다.

③ 사회복지사업을 시행하는 데 있어서 사회복지를 제공하는 자는 사회복지를 필요로 하는 사람의 인권을 보장하여야 한다(같은 조 제3항). 사회복지사를 포함하여 사회복지사업 종사자들은 사회복지를 필요로 하는 사람들의 인권을 보장하는 데 주력해야 한다.

2) 사회복지사업의 정의 등

사회복지사업은 제3장에서 살펴보았듯이 영어의 'Social Work'을 일본이 '사회사업'으로 번역하고 이를 '사회복지사업'으로 명칭 변경한 것을 우리가 그대로 사용하는 용어이다. 이러한 사회복지사업에 대해 어떻게 정의를 내리느냐가 중요하다.

이 법에서 '사회복지사업'이라 함은 25개 법률에 의한 보호·선도 또는 복지에 관한 사업과 사회복지상담·부랑인 및 노숙인보호·직업보도·무료숙박·지역사회복지·의료복지·재가복지·사회복지관운영·정신질환자 및 한센병력자 사회복귀에 관한 사업 등 각종 복지사업과 이와 관련된 자원봉사활동 및 복지시설의 운영 또는 지원을 목적으로 하는 사업을 말한다(제 2조 제 1항).

규정상 사회복지사업의 정의는 법문에 예시된 복지사업들을 기준으로 하여 유추할 수 있겠다. 그러나 사회복지 현장에서 제기되는 문제는 그리 간단하지 않다. 예컨대, 정부의 지원을 얻고자 예산지원을 신청할 때, 일선 공무원들이 이 조문을 가지고 판단하는데, 여기에 명시되어 있지 않으면 사회복지사업으로 인정하지 않는 경향이 강하다는 것이다. 그래서 재가복지서비스가 도입되면 '재가복지'를 추가하고, 사회복지관이 지역사회복지의 중심적 역할을 하고 있음에도 불구하고 본 규정에 없어 사회복지관 예산지원을 놓고 갈등이 빈발하자 '사회복지관운영'을 삽입하는 식으로 법이 개정되어 온 것이다. 수많은 사회복지 프로그램을 일일이 나열하기로 한다면 법전의 분량은 상상할 수 없을 정도로 늘어날 것이다. 참으로 어리석은 일이 아닐 수 없다.

법문(法文)의 표현상 분명히 예시적 방법을 쓰고 있기 때문에 사회복지사업에 대해서는 유추해석이 필요한 것이다. 참고로, 일본 사회복지사업법에서는 사회복지사업을 1종 사회복지사업과 2종 사회복지사업으로 나누어 규정하고 있다(일본 사회복지사업법 제 2조). 그리하여 대개 생활시설 관련사업을 1종 사회복지사업으로, 상담이나 각종 프로그램을 중심으로 하는 이용시설 관련사업을 2종 사회복지사업으로 정의하고 있다. 우리의 규정보다는 훨씬 체계적으로 보이지만 예시주의적 입법이 아니라 열거주의에 의하고 있어 법문에 규정된 사업 이외의 것은 사회복지사업으로 인정되지 않는 문제가 있다.

따라서 우리도 예시주의의 취지를 살려 유추해석을 통해 법 집행에 융통성을 갖든지, 그렇지 않고 열거주의에 의할 것이라면 일본의 예처럼 체계적 사회복지사업 분류법을 도입하든지 해야 할 것이다.

그 밖에 이 법에서 사용되는 주요 용어들의 정의를 살펴보자. 법률에서 사용되는 용어의 정의는 학술적 정의와 일치할 필요가 없다. 학술적 정의는 매우 추상적이어서 법적 효력과 실효성 면에서 문제가 있을 수 있다. 오히려 구체적이거나 조작적인 정의가 더 필요하다.

먼저 "지역사회복지"란 주민의 복지증진과 삶의 질 향상을 위하여 지역사회 차원에서 전개하는 사회복지를 말한다(같은 조 제2호).

"사회복지법인"이란 사회복지사업을 할 목적으로 설립된 법인을 말하며(같은 조 제3호), "사회복지시설"이란 사회복지사업을 할 목적으로 설치된 시설을 말한다(같은 조 제4호).

또한 "사회복지관"이란 지역사회를 기반으로 일정한 시설과 전문인력을 갖추고 지역주민의 참여와 협력을 통하여 지역사회의 복지문제를 예방하고 해결하기 위하여 종합적인 복지서비스를 제공하는 시설을 말한다(같은 조 제5호).

그리고 "사회복지서비스"란 국가·지방자치단체 및 민간부문의 도움을 필요로 하는 모든 국민에게 상담, 재활, 직업소개 및 지도, 사회복지시설의 이용 등을 제공하여 정상적인 사회생활이 가능하도록 제도적으로 지원하는 것을 말하며(같은 조 제6호), "보건의료서비스"란 국민의 건강을 보호·증진하기 위하여 보건의료인이 하는 모든 활동을 말한다(같은 조 제7호).

3) 복지와 인권증진의 책임

(1) 국가 및 지방자치단체(장)의 책임

① 일반적 책임

첫째 국가와 지방자치단체는 사회복지서비스를 증진하고, 서비스를 이용하는 사람에 대하여 인권침해를 예방하고 차별을 금지하며 인권을 옹호할 책임을 진다(제4조 제1항). 가장 우선적으로 인권에 대한 책임을 규정하고 있어 그만큼 인권을 강조하는 것이다.

둘째 국가와 지방자치단체는 사회복지서비스와 보건의료서비스를 함께 필요로 하는 사람에게 이들 서비스가 연계되어 제공되도록 노력하여야 한다(같은 조 제2항). 사회복지대상자들은 대개 복지욕구뿐만 아니라 보건의료상의 욕구를 동시에 가지고 있는 경우가 많다. 이를 염두에 둔 규정이라 하겠다.

셋째 국가와 지방자치단체, 그 밖에 사회복지사업을 하는 자는 사회복지를 필요로 하는 사람에 대하여 그 사업과 관련한 상담, 작업치료(作業治療), 직업훈련 등을 실시하고 필요한 경우에는 주민의 복지욕구를 조사할 수 있다(같은 조 제3항).

넷째 국가와 지방자치단체는 도움을 필요로 하는 국민이 본인의 선호와 필요에 따라 적절한 사회복지서비스를 제공받을 수 있도록 사회복지서비스 수요자 등을 고려하여 사회복지시설이 균형 있게 설치되도록 노력하여야 한다(같은 조 제4항).

다섯째 국가와 지방자치단체는 민간부문의 사회복지 증진활동이 활성화되고 국가 및 지방자치단체의 사회복지사업과 민간부문의 사회복지 증진활동이 원활하게 연계될 수 있도록 노력하여야 한다(같은 조 제5항).

여섯째 국가와 지방자치단체는 사회복지를 필요로 하는 사람의 인권이 충분히 존중되는 방식으로 사회복지서비스를 제공하고 사회복지와 관련된 인권교육을 강화하여야 한다(같은 조 제6항).

일곱째 국가와 지방자치단체는 사회복지서비스를 이용하는 사람이 긴급한 인권침해 상황에 놓인 경우 신속히 대응할 체계를 갖추어야 한다(같은 조 제7항).

여덟째 국가와 지방자치단체는 시설거주자 또는 보호자의 희망을 반영하여 지역사회보호체계에서 서비스가 제공될 수 있도록 노력하여야 한다(같은 조 제8항).

아홉째 국가와 지방자치단체는 사회복지서비스를 필요로 하는 사람들에게 사회복지서비스의 실시에 대한 정보를 제공하여야 한다(같은 조 제9항).

이와 같이 사회복지사업법은 적절한 사회복지서비스의 통합적 제공과 함께 사회복지를 필요로 하는 사람의 인권에 대하여 매우 강조하고 있다. 사회복지시설의 인권침해 문제가 빈발하는 상황에서 인권책임을 강조하는 규정들이 도입되었다.

② 사회복지시설 설치의 책임
시장(〈제주특별자치도 설치 및 국제자유도시 조성을 위한 특별법〉 제17조 제2항에 따른 행정시장을 포함한다. 이하 같다) · 군수 · 구청장(자치구의 구청장을 말한다. 이하 같다)은 정당한 이유 없이 사회복지시설의 설치를 지연시키거나 제한하는 조치를 하여서는 아니 된다(제6조 제2항).

이것은 선언적 성격이 강하다. 그러나 같은 조 제1항에서 "누구나 사회복지시설의 설치를 방해하여서는 아니 된다"라고 규정하고, 이에 대해 1년 이하의 징역이나 1천만 원 이하의 벌금형을 규정하는(제54조 제1호) 취지로 보아, 지방자치단체장이 이를 위반했을 경우에도 형사

제 15 장 사회복지사업법   625

처벌의 대상이 된다고 볼 수 있겠다.

③ 사회복지업무의 전자화

사회적으로 디지털화가 급진전되면서 사회복지업무도 대개 디지털방식으로 처리되고 있다. 이에 국가 및 지방자치단체는 사회복지업무를 전자적으로 처리할 수 있도록 필요한 시책을 강구하여야 한다(법 제6조의 2 제1항). 보건복지부장관은 사회복지업무에 필요한 각종 자료 또는 정보의 효율적 처리와 기록·관리업무의 전자화를 위하여 정보시스템을 구축·운영할 수 있다(같은 조 제2항).

보건복지부장관은 제2항에 따른 정보시스템을 구축·운영하는 데 필요한 자료로서 다음 각 호의 어느 하나에 해당하는 자료를 수집·관리·보유할 수 있으며 관련기관 및 단체에 필요한 자료의 제공을 요청할 수 있다. 이 경우 요청을 받은 기관 및 단체는 정당한 사유가 없으면 그 요청에 따라야 한다(같은 조 제3항).

1. 제33조의 2에 따라 사회복지서비스를 신청할 때 신청자가 제출하는 자료
2. 제33조의 3에 따라 조사하는 자료
3. 제33조의 4에 따라 결정하는 보호의 실시여부 및 유형에 관한 자료
4. 제33조의 5에 따라 수립하는 보호계획 및 평가에 관한 자료
5. 제33조의 6 및 제33조의 7에 따라 실시하는 보호에 관한 자료
6. 그 밖에 이 법에 따른 사회복지사업을 실시하는 데 필요한 자료로서 보건복지가족부령으로 정하는 자료

한편 지방자치단체의 장은 사회복지사업을 수행함에서 관할 복지행정시스템과 제2항에 따른 정보시스템을 전자적으로 연계하여 활용하여야 한다(같은 조 제4항).

이에 따라 보건복지부장관은 제6조의 2 제2항에 따른 정보시스템의 효율적 운영을 위하여 그 운영에 관한 업무를 수행하는 전담기구를 설립할 수 있다(법 제6조의3 제1항). 이 전담기구는 법인으로 한다(같은 조 제3항).

보건복지부장관은 전담기구의 설립·운영에 필요한 비용을 지원할 수 있으며(같은 조 제3항), 이 전담기구에 관하여 이 법에서 규정한 것 외에는 '민법'중 재단법인에 관한 규정을 준용한다(같은 조 제4항). 그 밖에 전담기구의 설립 및 운영 등에 필요한 사항은 대통령령으로 정한다(같은 조 제5항).

④ 지역사회복지협의체의 설치 및
   지역사회복지계획의 수립·시행의무

관할지역 안의 사회복지에 관한 중요사항과 지역사회복지계획을 심의 또는 건의하고 사회복지·보건의료 관련기관·단체가 제공하는 사회복지서비스 및 보건의료서비스의 연계·협력을 강화하기 위하여 시·군·구에 지역사회복지협의체를 둔다(제7조의 2 제1항). 이를 위해 지역사회복지협의체 실무협의체를 둘 수 있으며(같은 조 제3항), 이들의 조직·운영에 관하여 필요한 사항은 보건복지부령이 정하는 바에 따라 시·군·구의 조례로 정한다(같은 조 제4항).

그리하여 시장·군수·구청장은 지역주민 등 이해관계인의 의견을 들은 후 지역사회복지협의체의 심의를 거쳐 당해 시·군·구의 지역사회복지계획을 수립하고 이를 시·도지사에게 제출하여야 한다(제15조의 3 제1항). 이 경우 지역보건법 제3조 제1항의 규정에 의한 지역보건의료계획과 연계되도록 하여야 한다(같은 항 후단부). 시·도지사는 제출받은 시·군·구의 지역사회복지계획을 종합·조정하여 사회복지위원회의 심의를 거쳐 시·도의 지역사회복지계획을 수립하고 이를 보건복지부장관에게 제출하여야 한다(같은 조 제2항). 이 경우에도 마찬가지로 지역보건의료계획과 연계하여야 한다(같은 항 후단부). 시·도지사 또는 시장·군수·구청장은 지역사회복지계획을 수립함에서 필요하다고 인정하는 경우에는 사회복지 관련 기관·단체 등에 대하여 자료제공 및 협력을 요청할 수 있다(같은 조 제3항). 보건복지부장관 또는 시·도지사는 지역사회복지계획의 내용에 관하여 필요하다고 인정하는 경우에는 시·도지사 또는 시장·군수·구청장에 대하여 보건복지부령이 정하는 바에 의하여 그 조정을 권고할 수 있다(같은 조 제4항). 이때, 조정 권고가 필요한 경우는 다음의 경우를 말한다(시행규칙 제6조의 2 제1항).

1. 지역사회복지계획의 내용이 관계법령에 위반된 경우
2. 지역사회복지계획의 내용이 국가 또는 시·도의 사회복지시책에 부합되지 아니한 경우
3. 지방자치단체의 생활권역과 행정구역이 상이함에도 불구하고 당해 지방자치단체에서 이를 고려하지 아니한 경우
4. 2개 이상의 지방자치단체에 걸친 광역복지행정에 대하여 당해 지방자치단체에서 이를 고려하지 아니한 경우
5. 지방자치단체 간 지역사회복지계획의 내용에 현저한 불균형이 있는 경우

또한 시·도지사 또는 시장·군수·구청장은 지역사회복지계획을 수립하기 전에 지역주민의 복지욕구 및 지역 내 복지자원 등에 대한 자료를 수집하고 이에 필요한 조사를 실시하여야 한다(시행령 제7조의 2 제1항). 이렇게 수립한 지역사회복지계획은 사회보장기본법 제20조의 규정에 의한 사회보장 증진을 위한 장기발전방향에 부합하여야 한다. 이 과정에서 시장·군수·구청장은 계획의 주요 내용을 20일 이상 공고하여 지역주민의 의견을 수립하여야 하며(같은 조 제3항), 지역사

회복지협의체의 심의를 거친 후 확정된 계획과 연차별 시행계획을 시행년도의 전년도 6월 말까지 시·도지사에게 제출하여야 한다(같은 조 제4항). 이에 따라 시·도지사는 시·도의 지역사회복지계획을 작성한 후 이를 20일 이상 공고하여 지역주민의 의견을 수렴해야 하고(같은 조 제5항), 사회복지위원회의 심의를 거쳐 확정된 계획과 연차별 시행계획을 시행년도의 전년도 11월 말까지 보건복지부장관에게 제출하여야 한다(같은 조 제6항).

이러한 지역사회복지계획은 4년마다 수립하되 지역보건법 제3조 제1항의 규정에 의한 지역보건의료계획의 수립시기와 일치하도록 하여야 한다(시행령 제7조의 3 제1항). 한편 시·도지사 또는 시장·군수·구청장은 지역 내 인구의 급격한 변화 등 예측하지 못한 복지환경의 변화에 따라 필요한 경우에는 지역주민, 사회복지 및 보건의료 관련기관·단체, 전문가의 의견을 들은 후 사회복지위원회 또는 사회복지협의체의 심의를 거쳐 지역복지계획을 변경할 수 있다(같은 조 제2항). 이와 같이 계획을 변경한 때에는 지체 없이 시·도지사 또는 보건복지부장관에게, 시장·군수·구청장은 시·도지사에게 각각 그 변경내용을 제출하여야 한다(같은 조 제3항).

이러한 지역사회복지계획에 포함되어야 할 내용은 다음과 같다 (제15조의 4).

1. 복지수요의 측정 및 전망에 관한 사항
2. 사회복지시설 및 재가복지에 대한 장·단기 공급대책에 관한 사항
3. 인력·조직 및 재정 등 복지자원의 조달 및 관리에 관한 사항
4. 사회복지전달체계에 관한 사항
5. 사회복지서비스 및 보건의료서비스의 연계제공방안에 관한 사항
6. 지역사회복지에 관련된 통계의 수집 및 정리에 관한 사항

7. 사회복지시설에 종사하는 사람의 처우 개선에 관한 사항

8. 그 밖에 대통령령이 정하는 사항

시·도지사 또는 시장·군수·구청장은 보건복지부령이 정하는 바에 의하여 지역사회복지계획을 시행하여야 한다(제15조의 5 제1항). 아울러 시·도지사 또는 시장·군수·구청장은 지역사회복지계획을 시행함에서 필요하다고 인정하는 경우에는 민간 사회복지관련 단체 등에 대하여 인력·기술 및 재정지원을 할 수 있다(같은 조 제2항).

이에 보건복지부장관 또는 시·도지사는 대통령이 정하는 바에 의하여 시·도 또는 시·군·구의 지역사회복지계획의 시행결과를 평가할 수 있다(제15조의 6 제1항). 보건복지부장관이나 시·도지사는 필요한 경우 제1항에 따른 평가결과를 제42조에 따른 비용의 보조에 반영할 수 있다(같은 조 제2항).

이 평가를 위해 시장·군수·구청장은 지역사회복지계획 및 그 연차별 시행계획의 시행결과를 매 시행년도 다음 해 2월 말까지 시·도지사에게, 시·도지사는 매 시행년도 다음 해 3월 말까지 보건복지부장관에게 제출해야 한다(시행령 제7조의 4 제2항). 이 평가기준은 보건복지부장관이 정하여 평가하되, 지역사회복지계획의 충실성, 시행과정의 적정성, 시행결과의 목표달성도, 지역주민의 참여도와 만족도를 고려하여야 한다(같은 조 제1항). 보건복지부장관 또는 시·도지사는 평가결과를 공표할 수 있다(같은 조 제3항).

이렇게 지역사회복지를 강화하기 위하여 지방자치단체장의 책임 하에 지역사회복지계획 수립과 시행의 의무를 규정하고 있다. 그러나 제13장에서도 살펴보았듯이, 사회보장기본법의 사회보장기본계획의 주기가 5년임을 감안할 때, 지역사회복지계획의 4년 주기를 변경할 필요가 있다.

⑤ 사회복지서비스의 실시의무

지역주민이 사회복지서비스를 신청하는 경우(제33조의 2), 시·군·구 복지담당공무원은 이 법에 따른 보호대상자가 누락되지 아니하도록 하기 위하여 관할지역에 거주하는 보호대상자의 서비스 제공을 직권으로 신청할 수 있다. 이 경우 보호대상자의 동의를 받아야 하며, 동의를 받은 경우에는 보호대상자가 신청한 것으로 본다(같은 조 제2항). 이것은 사회복지 실천에서 가장 중요하게 여기는 "자기결정의 원칙"을 반영한 것이다.

시장·군수·구청장은 제1항에 따른 서비스 제공 신청을 받거나 제2항에 따른 직권신청의 동의를 받을 때 보호대상자에게 제33조의 제1항 및 제4항에 따라 조사하거나 제공받는 자료 또는 정보에 관하여 다음 각 호의 사항을 고지하여야 한다(같은 조 제3항).

1. 법적 근거, 이용목적 및 범위
2. 이용방법
3. 보유기간 및 파기방법

제1항부터 제3항까지의 규정에 따른 보호의 신청 및 고지방법 등에 관하여 필요한 사항은 보건복지부령으로 정한다(같은 조 제4항).

시장·군수·구청장은 제33조의 2에 따른 서비스 제공 신청을 받으면 복지담당 공무원에게 다음 각 호의 사항을 조사하게 한다. 다만, 상담을 신청받은 경우나 그 밖에 보건복지부령으로 정하는 사유에 해당하는 경우에는 그러하지 아니하다(제33조의 3 제1항).

1. 신청인의 복지요구와 관련된 사항이나 그 밖에 신청인에게 필요하다고 인정되는 사회복지서비스 및 보건의료서비스에 관한 사항

2. 보호대상자 및 그 부양의무자(〈국민기초생활보장법〉에 따른 부양의무자를 말한다. 이하 같다)의 소득·재산·근로능력 및 취업상태에 관한 사항

3. 보호대상자 및 그 부양의무자에 대하여 제2조 제1호 각 목의 법률에 따라 실시되는 급여, 사회복지서비스 및 보건의료서비스 중 보건복지부령으로 정하는 수혜 이력에 관한 사항

4. 그 밖에 보호실시 여부를 결정하기 위하여 필요하다고 인정하는 사항

이 조사과정에서 보호대상자에게 의견을 진술할 기회를 제공하여야 한다(같은 조 제5항).

또한 시장·군수·구청장은 조사의 목적으로 자료를 확보하기 위하여 신청인 또는 보호대상자와 그 부양의무자에게 필요한 자료의 제출을 요구할 수 있다(같은 조 제2항).

제1항에 따른 조사 및 정보의 제공에 필요한 사항에 관하여는 〈국민기초생활보장법〉 제22조 제3항, 제5항부터 제8항까지 및 제23조를 준용한다(같은 조 제3항).

보건복지부장관이나 지방자치단체의 장이 제1항에 따른 조사를 하기 위하여 금융·국세·지방세·토지·건물·건강보험·국민연금·고용보험·산재보험·출입국·병무·보훈급여·교정(矯正)·가족관계증명 등 대통령령으로 정하는 관련 전산망 또는 자료를 이용하려는 경우에는 관계기관의 장에게 협조를 요청할 수 있다. 이 경우 관계기관의 장은 정당한 사유가 없으면 요청에 따라야 한다(같은 조 제4항).

그런가 하면, 보건복지부장관 및 시장·군수·구청장은 제33조의3 제2항부터 제4항까지의 규정에 따라 조사하거나 제공받은 정보 중 보호대상자가 아닌 사람의 정보는 5년을 초과하여 보유할 수 없다. 이 경우 정보의 보유기한이 지나면 지체 없이 이를 파기하여야 한다

(제33조의 8).

또한 시장·군수·구청장이 제33조의 3에 따른 조사를 한 때에는 서비스 제공의 실시여부와 그 유형을 결정하여야 한다(제33조의 4 제1항). 이에 따른 서비스 제공의 실시여부와 그 유형을 결정하려는 경우에는 보호대상자와 그 친족, 복지담당공무원 및 지역의 사회복지사업·보건의료사업 관련기관·단체의 의견을 들을 수 있다(같은 조 제2항). 그리고 시장·군수·구청장은 제1항에 따라 서비스 제공의 실시여부와 그 유형을 결정하였을 때에는 이를 서면이나 전자문서로 신청인에게 알려야 한다(같은 조 제3항).

이에 시장·군수·구청장은 보호대상자에 대하여 서비스 제공을 실시하기로 결정하였을 때에는 필요한 경우 지역사회복지협의체의 의견을 들어 다음 각 호의 사항이 포함된 보호대상자별 서비스 제공계획을 작성하여야 한다. 이 경우 보호대상자 또는 그 친족의 의견을 고려하여야 한다(제33조의 5 제1항).

1. 사회복지서비스 및 보건의료서비스의 유형·방법·수량 및 제공기간
2. 제1호에 따른 서비스를 제공할 기관 또는 단체
3. 같은 보호대상자에 대하여 제1호에 따른 서비스를 제공하여야 할 기관 또는 단체가 둘 이상인 경우에는 기관 또는 단체 간의 연계방법

이에 따른 보호대상자별 서비스 제공계획의 작성 등에 필요한 사항은 보건복지부령으로 정한다(같은 조 제3항).

시장·군수·구청장은 보호대상자의 사회복지서비스 실시결과를 정기적으로 평가하고 필요한 경우 보호대상자별 서비스 제공계획을 변경할 수 있다(같은 조 제2항).

이에 시장·군수·구청장은 작성된 보호대상자별 보호계획에 따라 서비스 제공을 실시하여야 한다(제33조의 6 제1항). 물론, 서비스 제공의 실시가 긴급을 요하는 등 보건복지부장관이 인정하는 경우 절차의 일부를 생략할 수 있다(같은 조 제2항).

⑥ 자원봉사활동 지원·육성 및 가정봉사원 양성책임

국가와 지방자치단체는 사회복지 자원봉사활동을 지원·육성하기 위해 자원봉사활동의 홍보 및 교육⑴, 자원봉사활동프로그램의 개발·보급⑵, 자원봉사활동 중의 재해에 대비한 시책의 개발⑶, 그 밖에 자원봉사활동의 지원에 필요한 사항⑷을 실시해야 한다(제9조 제1항). 자원봉사는 시민사회의 자발적 활동인데 이를 국가가 주도적으로 하는 것은 적절치 못하다고 볼 수 있다. 제3호 내지 제5호와 같은 자원봉사 지원사업은 국가의 책임으로 정당하지만, 국가 및 지방자치단체가 자원봉사활동을 교육하거나 프로그램을 개발, 보급하는 것은 시민사회의 자율성을 침해하는 것이 아닌가 여겨진다.

그러나 국가와 지방자치단체는 이를 효율적으로 수행하기 위해 사회복지법인 그 밖의 비영리법인·단체에 이를 위탁할 수 있다(같은 조 제2항). 민간으로 하여금 자원봉사 관련활동을 위탁해서 할 수 있다는 것이다. 하지만 이것도 기존에 민간 차원에서 진행되던 자원봉사활동과 경쟁관계를 만들 수 있어 자칫 민간의 자원봉사활동을 위축시킬 수도 있다. 다행히 몇몇 지방자치단체들이 자원봉사활동 지원에 관한 조례들을 제정하고 있다. 특히 제9조 제1항 제3호에 규정된 자원봉사활동 중의 재해에 대해 보상하는 내용들이 돋보인다.

또한 지역사회복지를 강화하고 보호대상자를 위하여 재가복지서비스를 우선적으로 제공하고자 하는 법의 취지에 따라 국가나 지방자치단체는 재가복지서비스를 필요로 하는 가정 또는 시설에서 보호대상자가 일상생활을 영위하기 위하여 필요한 각종 편의를 제공하는 가정봉사원을 양성하도록 노력하여야 한다(제41조의 4).

⑦ 지도 · 훈련 및 시설평가 책임

보건복지부장관은 이 법이나 그 밖의 사회복지 관련 법률의 시행에 관한 사무에 종사하는 공무원과 사회복지사업에 종사하는 자의 자질 향상을 위하여 인권교육 등 필요한 지도와 훈련을 행할 수 있다(제10조 제1항). 이러한 훈련에 필요한 사항은 보건복지부령2으로 정한다(같은 조 제2항).

---

2 시행규칙 제2조의 2(훈련기관 등) ① 법 제10조에 따라 실시하는 훈련은 영 제25조 제4항 제1호에 따라 보건복지부장관이 지도·훈련 업무를 위탁한 기관이 실시한다.
② 법 제10조에 따른 훈련은 다음 각 호의 구분에 따라 실시한다.
   1. 사회복지 관련 법률의 시행에 관한 사무에 종사하는 공무원에 대한 훈련
   2. 사회복지사업에 종사하는 사람으로서 공무원이 아닌 사람에 대한 훈
③ 제1항에 따른 훈련실시 기관(이하 "훈련기관"이라 한다)의 장은 훈련기관의 수용인원 및 훈련대상자의 직무내용 등을 고려하여 훈련대상자를 선발하여야 한다.
④ 훈련기관의 장은 훈련을 마친 사람에게 수료증을 발급하여야 한다.
⑤ 훈련기관의 장은 해당 사업연도 종료 후 1개월 이내에 다음 각 호의 사항을 보건복지부장관에게 보고하여야 한다.
   1. 훈련과정명
   2. 훈련기간
   3. 훈련 계획인원, 등록인원 및 수료인원
⑥ 제1항부터 제5항까지에서 규정한 사항 외에 훈련과목, 훈련기간, 훈련시간, 훈련대상자 선발방법 및 선발기준, 그 밖에 훈련의 실시에 필요한 사항은 훈련기관의 장이 정한다.

보건복지부장관은 시설에서 제공하는 서비스의 최저기준을 마련하여야 한다(제43조 제1항). 이는 제1조의 2에 따르는 기본이념을 실현하기 위한 것이다. 서비스 기준 대상시설과 서비스 내용 등에 관하여 필요한 사항은 보건복지부령3으로 정한다(같은 조 제2항).

또한 보건복지부장관과 시·도지사는 보건복지부령으로 정하는 바에 따라 시설을 정기적으로 평가하고, 그 결과를 공표하거나 시설의 감독·지원 등에 반영할 수 있으며 시설 거주자를 다른 시설로 보내는 등의 조치를 할 수 있다(제43조의 2 제1항).

이에 따라 시설 거주자를 다른 시설로 보내는 경우에는 제38조 제3항의 조치4를 하여야 한다(같은 조 제2항).

---

3 제27조(시설의 서비스 최저기준) ① 법 제43조 제1항에 따른 서비스 최저기준에는 다음 각 호의 사항이 포함되어야 한다.
   1. 시설 이용자의 인권
   2. 시설의 환경
   3. 시설의 운영
   4. 시설의 안전관리
   5. 시설의 인력관리
   6. 지역사회 연계
   7. 서비스의 과정 및 결과
   8. 그 밖에 서비스 최저기준 유지에 필요한 사항
② 제1항에 따른 서비스 최저기준 대상시설의 범위는 다음 각 호와 같다. 다만, 시설의 규모, 제공하는 서비스의 특성, 이용자 수 등을 고려하여 보건복지부장관이 정하는 시설은 제외한다.
   1. 법 제2조 제1호 각 목의 법률에 따른 사회복지시설
   2. 사회복지관
4 시설폐지 등에 따르는 전원조치.

⑧ 재정 책임

지역사회복지를 강화하고 지역주민의 서비스 신청권을 인정하는 현행 법에서 무엇보다도 중요한 것은 국가재정에 대한 책임이다.

국가나 지방자치단체는 사회복지사업을 수행하는 자 중 대통령령이 정하는 자에 대해 필요한 비용의 전부 또는 일부를 보조할 수 있다(제 42조 제1항). 여기에서 '대통령령이 정하는 자'는 사회복지법인, 사회 복지사업을 수행하는 비영리법인, 사회복지시설 보호대상자를 수용 하거나 보육·상담 및 자립지원을 하기 위해 사회복지시설을 설치· 운영하는 개인을 말한다(시행령 제20조). 이것은 민간이 사회복지사 업을 행하는 자에 대해 국가 또는 지방자치단체가 지원할 수 있는 법 적 근거에 해당된다.

또한 이 보조금은 보건복지부장관 또는 시·도지사가 지역사회복지 계획의 시행결과를 평가하여 비용의 보조에 반영할 수 있다(제15조의 6 제2항). 이에 따라 지방자치단체 간에 복지격차 내지 불평등이 발 생할 가능성이 높다.

지방자치단체의 지역사회복지계획 수립 및 시행, 사회복지 서비스 신청에 대한 보호실시 등에 대하여 구체적이고 명확한 재정책임 규정 이 없이 단지 지역사회복지계획 실시결과에 대해 보조금을 차등하여 반영할 수 있는 정도의 규정이라면, 지역사회 복지를 강화하고자 하 는 본 법의 입법취지가 훼손될 우려가 있다.

국가의 사회복지사업이 미미하고 민간 사회복지사업이 중심이 되는 현실에서 국가책임을 강화하는 취지로 국가의 사회복지사업 부담금제 도를 두는 것이 좋을 것이다. 보조 내지 지원총액은 국가 또는 지방자 치단체의 '부담'으로 의무화하고, 개별 주체에 대한 지원은 '보조'형식 을 취하는 것이다.

또한 이 법에 의한 복지조치에 필요한 비용을 부담한 지방자치단체의 장이나 그 밖에 시설을 운영하는 자는 그 혜택을 받은 본인 또는 그 부양의무자(국민기초생활보장법상 부양의무자를 말한다)로부터 대통령령이 정하는 바에 의해 그가 부담한 비용의 전부 또는 일부를 징수할 수 있다(제44조). 이것은 수익자 부담의 원칙을 규정한 것으로서 국민기초생활보장법상 수급자는 제외된다(시행령 제21조).

또한 국가나 지방자치단체는 예산의 범위에서 사회복지시설의 책임보험 또는 책임공제의 가입에 드는 비용의 전부 또는 일부를 보조할 수 있다(제34조의 3 제2항). 이와 더불어, 국가나 지방자치단체는 예산의 범위에서 사회복지시설의 안전점검, 시설의 보완 및 개수·보수에 드는 비용의 전부 또는 일부를 보조할 수 있다(제342조의 4 제4항).

⑨ 사회복지의 날

국가는 국민의 사회복지에 대한 이해를 증진하고 사회복지사업 종사자의 활동을 장려하기 위해 매년 9월 7일을 사회복지의 날로 하고 이날부터 1주간을 사회복지주간으로 한다(제15조의 2 제1항). 1999년 9월 7일 국민기초생활보장법이 공포되었는데, 이것을 기념하기 위해 사회복지의 날이 도입된 것이다. 국민기초생활보장법이 사회복지법 영역에서 획기적 내용을 갖추기도 했지만 그보다는 사회복지계와 시민단체, 노동단체, 종교단체 등 범시민사회단체가 연대해 법제정을 위해 투쟁한 결과 쟁취한 법이기 때문에 이를 기념하고자 하는 의의가 더 크다.

이 조항은 2000년 1월 12일자로 공포된 사회복지사업법에 규정되었고 시행일을 2000년 7월 13일자로 했기 때문에, 2000년 9월 7일(국민기초생활보장법 공포 1주년 기념일)이 첫 번째 사회복지의 날이 되었던 것이다.

이에 국가와 지방자치단체는 사회복지의 날 취지에 적합한 행사 등 사업을 실시하도록 노력해야 한다(같은 조 제2항). 이것은 선언적 규정으로 되어 있는데, 입법의 취지를 살리자면 "~실시한다" 또는 "~실시하여야 한다"로 규정하는 것이 더욱 국가의 책임의식을 고취하는 데 적절할 것이다.

(2) 사회복지법인, 시설(장) 및 종사자의 책임

① 인권존중 및 최대봉사의 원칙

이 법에 따라 복지업무에 종사하는 사람은 그 업무를 수행할 때에 사회복지를 필요로 하는 사람을 위하여 인권을 존중하고 차별 없이 최대로 봉사하여야 한다(제5조). 이는 윤리강령 수준의 규정이라고 할 수 있으나, 사회복지시설에서의 인권침해 문제에 대한 책임의식을 강조하는 규정이다.

② 전산화시책 협조의무

사회복지법인의 대표이사 및 사회복지시설의 장은 국가 및 지방자치단체가 실시하는 사회복지업무의 전자화 시책에 협력하여야 한다(법 제6조의 2 제5항).

③ 비밀보장의 의무

사회복지사업 또는 사회복지업무에 종사했거나 종사하는 자는 그 업무수행의 과정에서 알게 된 다른 사람의 비밀을 누설해서는 안 된다(제47조). 이 역시 윤리강령상의 규정과 같으나 비밀누설 금지를 위반했을 경우 사회복지를 필요로 하는 사람의 인간존엄성과 사생활 침해가 발생하기 때문에 이러한 책임규정이 필요하다.

그리하여 이 의무를 위반하면 1년 이하의 징역 또는 1천만 원 이하의 벌금에 처하게 된다(제54조 제6호).

④ 보험가입 및 안전점검 의무

시설의 운영자는 화재로 인한 손해배상책임을 이행하기 위하여 손해보험회사의 책임보험에 가입하거나 〈사회복지사 등의 처우 및 지위향상을 위한 법률〉 제4조에 따른 한국사회복지공제회의 책임공제에 가입하여야 한다(제34조의 3 제1항).

이에 따라 책임보험이나 책임공제에 가입하여야 할 시설의 범위는 대통령령으로 정한다(같은 조 제2항). 제2조 제1호 각 목의 법률에 따른 사회복지시설, 사회복지관, 결핵 및 한센병 요양시설이 여기에 해당된다(법 시행령 제18조의 3).

그런데 사회복지시설 거주자들의 거동능력 등을 감안했을 때 대물(對物)배상보다는 대인(對人)배상에 어려움이 있을 것으로 예상된다. 보험료가 높아 시설운영자들이 대인배상보험 가입을 회피하거나 보험회사가 수익성을 이유로 대인배상을 기피할 우려가 있다. 또한 거주자가 사망한 경우, 특히 무연고자이거나 부양의무자가 없는 사람의 경우 배상금 처리가 문제가 될 것이다. 이런 점들을 감안하여 구체적 시행령과 시행규칙이 마련되어야 할 것이다.

또한 시설의 장은 시설에 대해 정기 및 수시 안전점검을 실시해야 한다(제34조의 4 제1항). 정기 또는 수시 안전점검을 받아야 하는 시설의 범위, 안전점검 시기, 안전점검기관 및 그 절차는 대통령령으로 정한다(같은 조 제5항). 그 대상이 되는 시설은 보험가입 의무시설과 같다(법 시행령 제18조의 4 제1항). 시설의 장은 제1항에 따라 정기 또는 수시 안전점검을 한 후 그 결과를 시장·군수·구청장에게 제출하여야 한다(법 제34조의 4 제2항). 시장·군수·구청장은 제2항에 따른 결과를 받은 후 필요한 경우에는 시설의 운영자에게 시설의 보완 또는 개수(改修)·보수를 요구할 수 있으며, 이 경우 시설의 운영자는 요구에 따라야 한다(같은 조 제3항).

이와 같이 시설운영자 및 시설의 장에게 책임과 의무를 부과하는 것은 사회복지시설 거주자나 이용자의 생존과 인권을 보장하기 위함이다.

⑤ 상근 및 서류비치의 의무

시설의 장은 상근해야 한다(제35조 제1항). 비리 또는 부정을 저지른 시설들에서 공통적으로 나타나는 현상으로서 종교기관, 교육기관 및 기타기관의 장이 사회복지시설의 장을 겸직하여 전문성도 없고 책임의식도 낮은 문제가 있다. 이에 사회복지시설의 장은 겸직을 하지 않고 사회복지사업에 전념하도록 요구하는 취지에서 나온 규정이다.

또한 후원금품대장 등 보건복지부령이 정하는 서류5를 시설 내에 비

---

5 시행규칙 제25조(시설의 서류비치) 법 제37조의 규정에 의하여 시설에 비치하여야 할 서류는 다음 각 호와 같다.
  1. 법인의 정관(법인에 한한다)
  2. 법인설립허가증사본(법인에 한한다)
  3. 사회복지시설신고증
  4. 시설거주자 및 퇴소자의 명부
  5. 시설거주자 및 퇴소자의 상담기록부
  6. 시설의 운영계획서 및 예산·결산서
  7. 후원금품대장
  8. 시설의 건축물관리대장
  9. 시설의 장과 종사자의 명부

치해야 한다(제37조). 이것은 누구나 사회복지시설에 관한 주요 정보를 열람할 수 있도록 하여 시설의 투명성을 제고하기 위한 방안이다.

⑥ 사회복지사 채용 및 교육의무

사회복지법인 및 사회복지시설을 설치·운영하는 자는 대통령령이 정하는 바에 의해 사회복지사를 그 종사자로 채용해야 한다(제13조 제1항 전단부). 즉, 사회복지프로그램의 개발 및 운영업무, 시설거주자의 생활지도업무, 사회복지를 필요로 하는 사람에 대한 상담업무에 대해서는 사회복지사로 채용해야 하는 것이다(시행령 제6조 제1항). 이는 사회복지사업의 전문성을 제고하기 위함이다.

그런데 여기에서 시설의 장이 문제가 된다. '종사자'의 범주에 시설의 장이 포함되는가 하는 것이다. 사회복지사업의 전문성을 강조하는 경우 시설의 장도 사회복지사여야 한다. 그리하여 법 제13조의 '종사자'에는 시설의 장도 포함된다고 보는 것이다. 그러나 문맥상으로 보아 시설을 설치·운영하는 자가 종사자를 채용해야 하는 것이므로 시설의 장은 종사자의 범주에 포함시킬 수 없다. 또한 시설 내의 지위로 볼 때에도 시설의 장은 종사자들을 지휘하여 시설을 운영하는 위치에 있어 종사자와 구별이 된다. 따라서 사회복지사업의 전문성을 위해 시설의 장이 사회복지사일 필요는 있지만, 이 조항을 확대해석하여 적용하는 것은 논리적으로 무리가 있다고 본다. 제35조(시설의 장)에 이에 관련된 규정을 삽입하는 것이 적절하다고 본다. 또는 사회복지시설을 위탁하는 지방자치단체의 조례로 시설의 장의 자격으로서 사회복지사를 요구할 수도 있을 것이다.

그러나 대통령령이 정하는 사회복지시설은 사회복지사 채용의 의무가 면제된다(제13조 제1항 단서). 이에 해당되는 시설로는 노인복지법에 의한 노인여가복지시설(노인복지회관을 제외한다), 장애인복지법에 의한 점자도서관과 점서 및 녹음서 출판시설, 영유아보육법에 의한 보육시설, 윤락행위 등 방지법에 의한 여성복지상담소 · 일시보호소 및 자립자활시설, 정신보건법에 의한 정신질환자사회복귀시설 및 정신요양시설, 성폭력범죄의 처벌 및 피해자보호 등에 관한 법률에 의한 성폭력피해상담소가 있다(시행령 제6조 제2항).

또한 보건복지부장관은 사회복지사의 자질향상을 위하여 필요하다고 인정하는 경우 사회복지사에 대하여 교육받을 것을 명할 수 있다. 다만, 사회복지법인 또는 사회복지시설에 종사하는 사회복지사는 정기적으로 보수교육을 받아야 한다(법 제13조 제2항). 이는 사회복지사의 전문성을 유지, 강화하기 위한 정책이다. 보수교육에는 사회복지윤리 및 인권보호, 사회복지정책 및 사회복지실천기술 등이 포함되어야 한다(법 시행규칙 제5조 제4항).

이때 사회복지법인 또는 사회복지시설을 운영하는 자는 그 법인 또는 시설에 종사하는 사회복지사에 대하여 제2항 단서에 따른 교육을 이유로 불이익한 처분을 하여서는 아니 된다(법 제13조 제3항).

보건복지부장관은 제2항에 따른 교육을 보건복지부령으로 정하는 기관 또는 단체에 위탁할 수 있다(같은 조 제4항). 제2항에 따른 교육의 기간 · 방법 및 내용과 제4항에 따른 위탁 등에 관하여 필요한 사항은 보건복지부령으로 정한다(같은 조 제5항). 그리하여 보건복지부장관은 제1항 및 제2항에 따른 교육을 협회(한국사회복지사협회)에 위탁한다(법 시행규칙 제5조 제5항). 협회는 사회복지법인 또는 사회복지시설을 운영하는 자에게 보수교육 대상자명단 제출을 요청할 수 있다(같은 조 제6항).

⑦ 시설의 운영위원회 설치의무

시설의 장은 시설의 운영에 관한 다음 각 호의 사항을 심의하기 위하여 시설에 운영위원회를 두어야 한다. 다만, 보건복지부령으로 정하는 경우에는 복수의 시설에 공동으로 운영위원회를 둘 수 있다(법 제36조 제1항).

1. 시설운영계획의 수립·평가에 관한 사항
2. 사회복지프로그램의 개발·평가에 관한 사항
3. 시설종사자의 근무환경 개선에 관한 사항
4. 시설거주자의 생활환경 및 고충처리 등에 관한 사항
5. 시설종사자와 거주자의 인권보호 및 권익증진에 관한 사항
6. 시설과 지역사회와의 협력에 관한 사항
7. 그 밖에 시설의 장이 부의하는 사항

이것은 시설운영을 투명하고 합리적으로 하게 하기 위하여 규정한 것이다. 1997년 법개정에서는 임의규정으로 했던 것을 2003년에 강행규정으로 개정한 것이다. 그러나 사회복지시설의 위치가 농촌지역이거나 일반 거주지와 멀리 떨어져 있을 경우, 운영위원회의 구성이 원활하게 구성될 가능성이 낮아 문제가 될 것이다. 또한 인권보호 및 권익증진에 관한 사항은 도가니 입법시기인 2012년 1월 개정에서 추가된 것이다.

운영위원회의 위원은 다음 각 호의 어느 하나에 해당하는 사람 중에서 관할 시장·군수·구청장이 임명하거나 위촉한다(같은 조 제2항).

1. 시설의 장
2. 시설거주자 대표
3. 시설거주자의 보호자 대표

644

4. 시설종사자의 대표
5. 해당 시·군·구 소속의 사회복지업무를 담당하는 공무원
6. 후원자 대표 또는 지역주민
7. 공익단체에서 추천한 사람
8. 그 밖에 시설의 운영 또는 사회복지에 관하여 전문적인 지식과 경험이 풍부한 사람

또한 시설의 장은 다음 각 호의 사항을 운영위원회에 보고하여야 한다(같은 조 제3항).

1. 시설의 회계 및 예산·결산에 관한 사항
2. 후원금 조성 및 집행에 관한 사항
3. 그 밖에 시설운영과 관련된 사건·사고에 관한 사항

그 밖에 운영위원회의 조직 및 운영에 관한 사항은 보건복지부령으로 정한다(같은 조 제4항).

⑧ 후원금 관리의무
사회복지법인의 대표이사와 시설의 장은 아무런 대가 없이 무상으로 받은 금품 그 밖의 자산(이하 "후원금"이라 한다)의 수입·지출 내용을 공개하여야 하며 그 관리에 명확성이 확보되도록 하여야 한다(제45조 제1항). 후원금에 관한 영수증 발급, 수입 및 사용결과 보고, 그 밖에 후원금 관리 및 공개절차 등 구체적인 사항은 보건복지부령으로 정한다(같은 조 제2항).
이는 법인과 시설의 투명성을 확보하기 위한 규정이다.

(3) 일반국민의 책임

누구든지 정당한 이유 없이 사회복지시설의 설치를 방해해서는 안 된다(제6조 제1항). 이는 이른바 님비(NIMBY: *Not In My Back Yard*) 현상과 같은 지역이기주의나 집단이기주의에 의해 사회복지시설의 설치가 방해되는 것을 막기 위한 취지이다.[6] 그리하여 사회복지를 필요로 하는 사람들이 입소하거나 이용할 수 있는 시설이 설치될 수 있도록 하는 것이다.

만일 이것을 위반하면 1년 이하의 징역 또는 1천만 원 이하의 벌금에 처한다(제54조 제1호). 따라서 이것은 사회복지시설의 설치방해죄가 되는 것이다.

4) 대상자

이 법의 대상자는 '사회복지를 필요로 하는 사람'(제1조 및 제33조의 2)으로 규정해 놓고 있다. 그러나 그것이 일반 국민을 지칭하는 것인지 아니면 특정한 요건을 갖춘 사람을 말하는 것인지 불명확하다. 물론, 법 제2조에 의해 15개 법률로부터 급여 및 서비스를 받는 사람들이 대상이 되겠지만, 이 법에 의해 직접적으로 적용을 받는 대상자는 현재로서는 국민기초생활보장법상 보장시설에서 급여를 받는 수급자가 사회복지시설 입소와 관련하여 사회복지사업법의 적용을 받는 경우를 우선 생각할 수 있겠다.

---

6 이에 대해 박석돈 교수는 장애인학교 설립을 둘러싸고 지역주민들이 제기한 소송을 예로 드는데, 장애인학교는 법적으로 '사회복지시설'이 아니라 '교육시설'이다. 따라서 이 법의 적용을 받는 것이 아니다. 물론, 이용자가 장애인이라는 점에서 이 법의 조항을 유추해석 또는 물론해석하여 적용할 수도 있을 것이다. 박석돈, 《사회복지서비스법》 제7판(삼영사, 2000), 85쪽.

그리고 법 제33조의 3에서 사회복지서비스 신청인에 대한 복지욕구조사에 대한 규정을 보면 제1항 제2호에서 보호대상자 및 그 부양의무자의 소득·재산·근로능력 및 취업상태를 조사하도록 규정하고 있어 국민기초생활보장법의 수급자 또는 차상위계층에 속하는 사람을 대상자로 하는 것처럼 보인다. 또한 법 제33조의 2 제1항에서 서비스 신청자의 신청권을 인정하면서도 같은 조 제2항에서는 복지담당 공무원의 직권신청을 인정하고 있다. 물론, 이 경우에 보호대상자의 동의를 구하도록 규정하고 있지만, 이것은 마치 국민기초생활보장법 수급권자를 예정하는 듯하다.[7]

이렇게 법적용 대상자의 요건과 범위가 불명확한 것은 입법의 불비(不備)라 아니할 수 없다. 명확한 요건을 제시하든지, 아니면 최소한의 조건을 제시하고 구체적인 것은 복지담당공무원의 전문적 판단과 재량에 위임해야 할 것이다.

5) 급여 및 서비스

과거 이 법은 국가 또는 지방자치단체가 국민들에게 직접적으로 제공하는 급여 또는 서비스에 대해 규정이 없었다. 그러나 2003년 개정법률에 의해 몇 가지 새로운 사항들이 도입되었다.

---

7 사회복지서비스 신청권 판례에서도 볼 수 있듯이, 관할 자치단체장에게 사회복지서비스를 신청하였지만, 담당공무원들이 신청자가 국민기초생활보장 수급자가 아니라는 이유로 접수조차 거부했다. 이것이 현실이다. 청주지방법원 2010. 9. 30. 2010구합691, 서울행정법원 2011. 1. 28. 2010구합28434 참조.

(1) 사회복지서비스 신청

사회복지서비스를 필요로 하는 자("보호대상자"라 함)와 그 친족 그 밖의 관계인은 관할 시장·군수·구청장에게 보호대상자에 대한 사회복지서비스의 제공("보호"라 함)을 신청할 수 있다(제33조의 2 제1항).

이것은 사회복지사업법이 제정된 이래 34년 7개월 만에 인정된 일종의 수급권이다. 지방자치단체가 그 지역주민에게 직접적 서비스를 제공하겠다는 의지의 표현이라 하겠다. 따라서 이는 사회복지사업법 역사에서 매우 획기적인 변화라 하겠다.

그런데, 사회복지서비스 신청이 권리인가? 제33조의 2 제1항 본문에서 "신청할 수 있다"가 신청권을 의미하는 것인지 따져봐야 할 것이다.[8] "신청"은 행정절차법상 권리를 가진 자가 행사할 수 있는 것이다.

권리를 실체적 권리와 절차적 권리로 구분해본다면, 신청은 절차적 권리에 해당될 것이다. 일단, 신청이 있어야 사회복지서비스를 받을 수 있기 때문에 신청권은 실체적 권리의 성격도 일부 포함한다(양숙미, 2011: 318). 그러나 신청권을 실체적 권리로 보려면 법 규정에 사회복지서비스의 내용이 명시돼야 할 것이다. 그래야 구체적으로 권리성이 인정될 수 있을 것이다. 현재로서는 어떤 서비스를 제공하는지 명시되지 않아 실체적 권리로 인정하기 애매하다.

그러나 사회복지서비스 제공계획이 수립되면 제공될 서비스 품목을 알 수 있다. 이 단계 이후 신청권자와 서비스 제공에 대하여 계약을 하도록 한다면, 신청권자는 서비스에 대하여 당연히 청구할 수 있는 권리를 갖게 된다.

따라서 신청권을 절차적 권리로 이해하고, 이에 대해 서비스 제공

---

8 윤찬영, "사회복지서비스 신청권 관련 판례의 의미와 입법적 과제", 〈비판사회정책〉 제34호, 비판과 대안을 위한 사회복지학회, 2012.

계획을 놓고 공급자와 서비스를 받을 사람이 계약을 체결한다면, 사회복지서비스는 권리·의무 관계에 놓이게 되어 서비스를 받는 사람은 구체적인 실체적 권리를 갖게 된다. 앞으로 입법적으로 보완될 사항이다.

(2) 재가복지서비스

시장·군수·구청장은 제33조의 5에 따른 보호대상자별 서비스 제공계획에 따라 보호대상자에게 사회복지서비스를 제공하는 경우 시설입소에 우선하여 재가복지서비스를 제공하도록 하여야 한다(제41조의 2 제2항). 국가나 지방자치단체는 보호대상자가 다음 각 호의 어느 하나에 해당하는 재가복지서비스를 제공받도록 할 수 있다(같은 조 제1항).

1. 가정봉사서비스: 가사 및 개인활동을 지원하거나 정서활동을 지원하는 서비스
2. 주간·단기 보호서비스: 주간·단기 보호시설에서 급식 및 치료 등 일상생활의 편의를 낮 동안 또는 단기간 동안 제공하거나 가족에 대한 교육 및 상담을 지원하는 서비스

이것은 이 법이 지역사회복지를 강화하기 위하여 시설보호보다 재가복지서비스를 우선하여 제공하겠다는 취지를 표현한 것이다.

또한 국가나 지방자치단체는 보호대상자를 자신의 가정에서 돌보는 자에게 보건복지부령이 정하는 바에 따라 그 보호자의 부담을 경감하기 위한 상담을 실시하거나 금전적 지원 등을 할 수 있다(제41조의 3).

(3) 서비스 이용권 (券)

보호대상자에 대한 서비스 제공은 현물(現物)로 제공하는 것을 원칙으로 한다(제33조의 7 제1항). 시장·군수·구청장은 국가 또는 지방자치단체 외의 자로 하여금 제1항의 서비스 제공을 실시하게 하는 경우에는 보호대상자에게 사회복지서비스 이용권(이하 "이용권"이라 한다)을 지급하여 국가 또는 지방자치단체 외의 자로부터 그 이용권으로 서비스 제공을 받게 할 수 있다(같은 조 제2항). 여기에서 이용권이라 함은 곧 바우처(voucher)를 말한다.

이것은 시장·군수·구청장이 보호대상자에게 직접 서비스를 제공하기보다는 민간 사회복지시설이나 단체에 위탁하여 보호를 받게 하는 경우에 해당하는 것이다. 이때 시장·군수·구청장은 그 비용을 직접 지불하는 것이 아니라 이용권(이른바 바우처)을 발행하고, 보호대상자는 이용권을 가지고 자신이 서비스 기관을 선택하여 보호를 받는다. 서비스 기관은 보호대상자로부터 받은 이용권을 시장·군수·구청장에게 제출하여 그 액수만큼의 비용을 지급받는 것이다.[9]

이러한 이용권 방식은 사회복지시설 등의 재정의 투명화와 보호대상자의 서비스 선택권 보장으로 시설 간 서비스 경쟁을 유도할 수 있지만, 지역사회 내에 충분할 정도로 사회복지시설 등의 서비스 공급 자원이 존재해야 가능한 방식이다(윤찬영, 2003a: 125).

---

9 자세한 내용은 사회서비스 이용 및 이용권 관리에 관한 법률 참조.

4. 규범적 실효성

1) 조직

(1) 사회복지위원회

사회복지사업에 관한 중요 사항과 제15조의 3 제2항에 따른 지역사회
복지계획을 심의하거나 건의하기 위하여 특별시·광역시·도·특별자
치도(이하 "시·도"라 한다)에 사회복지위원회를 둔다(제7조 제1항).

사회복지위원회의 위원은 사회복지 또는 보건의료에 관한 학식과 경
험이 풍부한 자(1), 사회복지법인의 대표자(2), 사회복지사업을 행하는
비영리법인 또는 단체의 대표자(3), 사회복지를 필요로 하는 사람의 이
익을 대표하는 사람(4), 지역사회복지협의체 대표자(5), 공익단체(〈비
영리민간단체지원법〉제2조의 규정에 의한 비영리민간단체를 말한다)에서
추천한 사람(6), 사회복지공동모금회법의 사회복지공동모금지회에서
추천한 사람(7) 중에서 특별시장·광역시장·도지사·특별자치도지사
(이하 "시·도지사"라 한다)가 임명하거나 위촉한다(같은 조 제2항).

그러나 다음과 같은 사람은 사회복지위원회의 위원이 될 수 없다
(같은 조 제3항).

1. 미성년자
2. 금치산자 또는 한정치산자
3. 파산선고를 받고 복권되지 아니한 사람
4. 법원의 판결에 따라 자격이 상실되거나 정지된 사람
5. 금고 이상의 실형의 선고를 받고 그 집행이 끝나거나(집행이 끝
   난 것으로 보는 경우를 포함한다) 집행이 면제된 날로부터 3년이
   경과되지 아니한 사람

6. 금고 이상의 형의 집행유예를 선고받고 그 유예기간 중에 있는 사람

7. 제5호 및 제6호에도 불구하고 사회복지사업 또는 그 직무와 관련하여 〈아동복지법〉 제71조, 〈보조금 관리에 관한 법률〉 제40조부터 제42조까지 또는 〈형법〉 제28장·제40장(제360조는 제외한다)의 죄를 범하거나 이 법을 위반하여 다음 각 목의 어느 하나에 해당하는 사람

   가. 100만 원 이상의 벌금형을 선고받고 그 형이 확정된 후 5년이 지나지 아니한 사람

   나. 형의 집행유예를 선고받고 그 형이 확정된 후 7년이 지나지 아니한 사람

   다. 징역형을 선고받고 그 집행이 끝나거나(집행이 끝난 것으로 보는 경우를 포함한다) 집행이 면제된 날부터 7년이 지나지 아니한 사람

8. 제5호부터 제7호까지의 규정에도 불구하고 〈성폭력범죄의 처벌 등에 관한 특례법〉 2조의 성폭력범죄(〈성폭력범죄의 처벌 등에 관한 특례법〉 제2조 제1항 제1호는 제외한다) 또는 〈아동·청소년의 성보호에 관한 법률〉 제2조 제2호의 아동·청소년대상 성범죄를 저지른 사람으로서 형 또는 치료감호를 선고받고 확정된 후 그 형 또는 치료감호의 전부 또는 일부의 집행이 끝나거나(집행이 끝난 것으로 보는 경우를 포함한다) 집행이 유예·면제된 날부터 10년이 지나지 아니한 사람

여기에서 제4호 내지 제8호는 범죄를 범한 자가 사회복지위원이 될 수 없게 하기 위함이다. 특히 제7호는 사회복지사업과 관련하여 중대한 범죄를 범한 자가 형을 종료한 후 다시 사회복지사업에 관여하는 경우를 방지하기 위함이고, 제8호는 성범죄자의 사회복지사업 관여를 더욱 강하게 차단하기 위한 것이다.

아동복지법 제71조는 제17조의 금지행위를 위반한 자를 처벌하는 규정으로서[10] 아동학대의 범죄를 규정하는 것이고, 형법 제28장은 '유기와 학대의 죄'인데 노유(老幼), 질병 기타 사정으로 부조를 요하는 자를 보호할 법률상 또는 계약상 의무 있는 자가 유기한 때에는 3년 이하의 징역 또는 5백만 원 이하의 벌금에 처한다(형법 제271조 제1항). 또한 자기의 보호 또는 감독을 받는 사람을 학대한 자는 2년 이하의 징역 또는 5백만 원 이하의 벌금에 처한다(형법 제273조 제1항). 즉, 사회복지시설의 장은 거주자를 보호할 법적 의무가 있는 자로서 이를 위반하여 거주자를 유기하거나 학대하는 경우 처벌받는다. 그러므로 사회복지사업법 제7조 제3항 제7호는 이러한 전과가 있는 사람이 형의 집행을 종료하자마자 사회복지사업에 관여할 수 없게 하기 위한 취지의 규정이다.

---

10 제17조(금지행위) 누구든지 다음 각 호의 어느 하나에 해당하는 행위를 하여서는 아니 된다.
  1. 아동을 매매하는 행위
  2. 아동에게 음행을 시키거나 음행을 매개하는 행위
  3. 아동의 신체에 손상을 주는 학대행위
  4. 아동에게 성적 수치심을 주는 성희롱·성폭력 등의 학대행위
  5. 아동의 정신건강 및 발달에 해를 끼치는 정서적 학대행위
  6. 자신의 보호·감독을 받는 아동을 유기하거나 의식주를 포함한 기본적 보호·양육·치료 및 교육을 소홀히 하는 방임행위
  7. 장애를 가진 아동을 공중에 관람시키는 행위
  8. 아동에게 구걸을 시키거나 아동을 이용하여 구걸하는 행위
  9. 공중의 오락 또는 흥행을 목적으로 아동의 건강 또는 안전에 유해한 곡예를 시키는 행위
  10. 정당한 권한을 가진 알선기관 외의 자가 아동의 양육을 알선하고 금품을 취득하거나 금품을 요구 또는 약속하는 행위
  11. 아동을 위하여 증여 또는 급여된 금품을 그 목적 외의 용도로 사용하는 행위

보조금의 예산 및 관리에 관한 법률 제40조 내지 제42조는 국가로부터 보조금을 허위로 신청하거나 부정하게 신청한 자 및 보조금을 다른 용도에 사용한 자를 처벌하는 규정이다. 그리고 형법 제40장은 '횡령과 배임의 죄'를 규정하는데, 횡령죄 및 배임죄(형법 제355조)와 업무상 횡령 및 배임죄(형법 제356조) 등을 규정하고 있다. 사회복지

제71조(벌칙) ① 제17조를 위반한 자는 다음 각 호의 구분에 따라 처벌한다.

1. 제1호(〈아동·청소년의 성보호에 관한 법률〉 제12조에 따른 매매는 제외한다) 또는 제2호에 해당하는 행위를 한 자는 10년 이하의 징역 또는 5천만 원 이하의 벌금에 처한다.
2. 제3호부터 제8호까지의 규정에 해당하는 행위를 한 자는 5년 이하의 징역 또는 3천만 원 이하의 벌금에 처한다.
3. 제10호 또는 제11호에 해당하는 행위를 한 자는 3년 이하의 징역 또는 2천만 원 이하의 벌금에 처한다.
4. 제9호에 해당하는 행위를 한 자는 1년 이하의 징역 또는 500만 원 이하의 벌금에 처한다.

② 다음 각 호의 어느 하나에 해당하는 자는 1년 이하의 징역 또는 500만 원 이하의 벌금에 처한다.

1. 제25조 제3항을 위반하여 신고인의 인적사항 또는 신고인임을 미루어 알 수 있는 사실을 다른 사람에게 알려주거나 공개 또는 보도한 자
2. 제27조 제5항을 위반하여 폭행이나 협박을 하거나 현장 조사를 거부하는 등 업무 수행을 방해한 자
3. 제50조 제2항에 따른 신고를 하지 아니하고 아동복지시설을 설치한 자
4. 거짓으로 서류를 작성하여 제54조 제1항에 따른 아동복지시설 전문인력의 자격을 인정받은 자
5. 제56조에 따른 사업의 정지, 위탁의 취소 또는 시설의 폐쇄명령을 받고도 그 시설을 운영하거나 사업을 한 자
6. 제65조를 위반하여 비밀을 누설한 자
7. 제66조 제1항에 따른 조사를 거부·방해 또는 기피하거나 질문에 대하여 답변을 거부·기피 또는 거짓 답변을 하거나, 아동에게 답변을 거부·기피 또는 거짓 답변을 하게 하거나 그 답변을 방해한 자

사업과 관련하여 국가보조금 등에 대해 재정적 비리로 이러한 법률에 의해 처벌받은 전과가 있는 법인의 대표자나 시설의 장이 형을 종료하자마자 사회복지위원이 될 수 없게 하기 위한 것이 이 규정의 취지이다. 형법 제360조는 점유이탈물(占有離脫物) 횡령죄이므로 사회복지사업과 관련이 적기 때문에 제외시킨 것이다.

이러한 사회복지위원회의 조직·운영에 관해 필요한 사항은 보건복지령이 정하는 바에 따라 당해 시·도의 조례로 정한다(법 제7조 제4항). 이것은 필수적 조례이므로 각 시·도는 사회복지위원회의 조직과 운영에 대해 조례를 제정해야 한다.

(2) 지역사회복지협의체

관할지역의 사회복지사업에 관한 중요 사항과 제15조의 3 제1항에 따른 지역사회복지계획을 심의하거나 건의하고, 사회복지·보건의료 관련기관·단체가 제공하는 사회복지서비스 및 보건의료서비스의 연계·협력을 강화하기 위하여 특별자치도 또는 시(〈제주특별자치도 설치 및 국제자유도시 조성을 위한 특별법〉 제15조 제2항에 따른 행정시를 포함한다. 이하 같다)·군·구(자치구를 말한다. 이하 같다)에 지역사회복지협의체를 둔다(제7조의 2 제1항).

이것은 지역사회복지 강화를 위해 지역사회복지 계획을 의무화한 이 법이 그 계획의 협의구조로서 의무적으로 설치하도록 한 것이며, 기존에 유명무실했던 시·군·구의 사회복지위원회를 대체한 것이다.

지역사회복지협의체의 위원은 사회복지 또는 보건의료에 관한 학식과 경험이 풍부한 사람(1), 사회복지사업을 하는 기관·단체의 대표자(2), 보건의료사업을 하는 기관·단체의 대표자(3), 공익단체에서 추천한 사람(4), 사회복지 업무 또는 보건의료 업무를 담당하는 공무원

⑸ 중에서 특별자치도지사 또는 시장·군수·구청장이 임명 또는 위촉한다(같은 조 제2항).

이 협의체에는 실무협의체를 두며(같은 조 제3항), 지역사회복지협의체와 실무협의체에 관하여 필요한 사항은 보건복지령이 정하는 바에 따라 시·군·구의 조례로 정한다(같은 조 제4항). 이것 역시 필수적 조례에 해당된다.

(3) 복지사무 전담기구

사회복지사업에 관한 업무를 효율적으로 운영하기 위해 필요한 경우 시·군·구 또는 읍·면·동에 복지사무를 전담하는 기구를 따로 설치할 수 있다(제15조 제1항). 사회복지를 전담하는 전달체계가 없었기 때문에 그동안 사회복지 전문요원을 일선 읍·면·동사무소에 배치했다. 또한 1995년 7월부터 2년간 보건복지사무소를 전국 5개 보건소에서 시범적으로 운영했었고, 이에 대한 평가를 거쳐 1999년부터 2년간 시범사업을 연장했다. 그리고 2004년부터 사회복지사무소 시범사업을 실시하였으며, 현재는 희망복지지원단이 실시되고 있다.

사회복지 전문요원제도나 보건복지사무소 시범사업, 사회복지사무소 시범사업 등은 사회복지 전달체계를 확립하려는 노력의 일환이었으며, 언젠가는 독자적 사회복지전달체계를 구축하고자 그 근거 규정을 둔 것이다.

이에 따라 복지사무 전담기구의 사무의 범위·조직 기타 필요한 사항은 당해 시·군·구의 조례로 정한다(같은 조 제2항). 그러므로 지방자치단체 중에서 독자적 사회복지서비스 전달체계를 둔다면 이에 대해 반드시 조례를 제정하여 운영해야 한다.

2) 인력

(1) 복지위원

시장·군수·구청장은 읍·면·동의 사회복지사업을 원활하게 수행하도록 하기 위해 읍·면·동 단위에 복지위원을 위촉하여야 하며(제 8조 제1항), 복지위원은 명예직으로 하되, 예산의 범위 안에서 수당을 지급할 수 있다(같은 조 제2항). 그리고 복지위원의 자격, 직무, 위촉절차 등에 관하여 필요한 사항은 보건복지부령으로 정하는 바에 따라 시·군·구의 조례로 정한다(같은 조 제3항).

이러한 복지위원은 다음 각 호의 어느 하나에 해당하는 자 중에서 읍·면·동의 장의 추천으로 시장(〈제주특별자치도 설치 및 국제자유도시 조성을 위한 특별법〉 제17조 제2항에 따른 행정시장을 포함한다. 이하 같다)·군수·구청장(자치구의 구청장에 한한다. 이하 같다)이 위촉한다(법 시행규칙 제2조 제1항).

1. 해당 지역사회의 실정에 밝고 사회복지 증진에 열의가 있는 자
2. 사회복지에 관한 학식과 경험이 풍부한 자

복지위원의 임기는 3년이며(같은 조 제2항), 복지위원의 정수는 읍·면·동별로 각 2명 이상으로 한다(같은 조 제3항).

복지위원은 다음 각 호의 직무를 행한다(같은 조 제4항).

1. 관할지역 안의 저소득 주민·아동·노인·장애인·모자가족·부자가족·요보호자 등 법 제2조 제1호의 사회복지사업에 의한 도움을 필요로 하는 자(이하 이 항에서 "사회복지대상자"라 한다)에 대한 선도 및 상담

2. 사회복지대상자의 권익을 보호하기 위하여 필요한 사항
3. 사회복지관계 행정기관, 사회복지시설 그 밖의 사회복지관계 단체와의 협력
4. 그 밖에 관할지역 주민의 복지증진을 위하여 필요한 사항의 처리

복지위원은 일본의 민생위원을 모방한 것인데, 민생위원은 영·미식의 우애방문원(*friendly visitor*)보다 독일식의 엘버펠트(*Elberfeld*) 제도로부터 영향을 받은 것인데 관변적 성격이 농후한 것으로 전문성과 자발성이 미흡하며, 사회복지전담공무원과 자원봉사자 등의 활성화로 대체해야 하며, 따라서 복지위원은 폐지해도 좋은 것으로 비판되기도 한다(윤찬영, 1994: 195).

그러나 지역사회주민들이 적극적으로 지방자치단체의 복지행정에 참여할 수 있게 하는 의미와 기능을 유념해볼 필요가 있다.

(2) 사회복지사

사회복지사업법은 사회복지서비스 전달에 관련된 법이기 때문에 무엇보다도 사회복지사가 핵심적 인력이다. 그리하여 보건복지부장관은 사회복지에 관한 전문지식과 기술을 가진 사람에게 사회복지사 자격증을 발급할 수 있다(법 제11조 제1항). 사회복지사의 등급은 1급·2급·3급으로 하고 등급별 자격기준 및 자격증의 발급절차 등은 대통령령으로 정한다(같은 조 제2항). 사회복지사 1급 자격증을 받으려는 사람은 국가시험에 합격하여야 한다(같은 조 제3항). 보건복지부장관은 제2항에 따른 사회복지사 자격증을 발급받거나 재발급 받으려는 사람에게 보건복지부령으로 정하는 바에 따라 수수료를 내게 할 수 있다(같은 조 제4항).

그러나 다음 각 호의 어느 하나에 해당하는 사람은 사회복지사가 될 수 없다(제11조의 2).

1. 금치산자 또는 한정치산자
2. 금고 이상의 형을 선고받고 그 집행이 끝나지 아니하였거나 그 집행을 받지 아니하기로 확정되지 아니한 사람
3. 법원의 판결에 따라 자격이 상실되거나 정지된 사람
4. 마약·대마 또는 향정신성의약품의 중독자

제11조 제3항에 따른 국가시험은 보건복지부장관이 시행하되, 시험의 관리는 대통령령으로 정하는 바에 따라 시험관리능력이 있다고 인정되는 관계 전문기관에 위탁할 수 있다(제12조 제1항). 보건복지부장관은 제1항에 따라 국가시험의 관리를 위탁하였을 때에는 그에 드는 비용을 예산의 범위에서 보조할 수 있다(같은 조 제2항). 제1항에 따라 시험의 관리를 위탁받은 기관은 보건복지부장관의 승인을 받아 정한 금액을 응시수수료로 받을 수 있다(같은 조 제3항). 시험과목, 응시자격 등 시험의 실시에 필요한 사항은 대통령령으로 정한다(같은 조 제4항).

사회복지사 등급별 자격기준은 〈표 15-2〉와 같다(시행령 제2조 제1항 별표 1).[11] 그렇다면 보건복지부령이 정하는 사회복지학 전공교과목과 사회복지관련 교과목은 어떤 것인가?(시행규칙 제3조 별표 1) 이는 〈표 15-3〉과 같다.

---

11 비고: 외국의 대학 또는 대학원에서 사회복지학 또는 사회사업학을 전공하고 학사학위 이상의 학위를 취득한 자로서 등급별 자격기준과 동등한 학력이 있다고 보건복지부장관이 인정하는 경우에는 당해 등급의 사회복지사 자격증을 교부할 수 있다.

〈표 15-2〉 사회복지사의 등급별 자격기준 (제 2조 제 1항 관련)

등급	자격기준
사회복지사 1급	법 제 11조 제 3항의 규정에 의한 국가시험에 합격한 자
사회복지사 2급	가. 〈고등교육법〉에 따른 대학원에서 사회복지학 또는 사회사업학을 전공하고 석사학위 또는 박사학위를 취득한 자. 다만, 대학에서 사회복지학 또는 사회사업학을 전공하지 아니하고 동 석사학위를 취득한 자는 보건복지부령이 정하는 사회복지학 전공교과목과 사회복지관련 교과목 중 사회복지현장실습을 포함한 필수과목 6과목 이상(대학에서 이수한 교과목을 포함하되, 대학원에서 4과목 이상을 이수하여야 한다), 선택과목 2과목 이상을 각각 이수한 경우에 한하여 사회복지사 자격을 인정한다. 나. 〈고등교육법〉에 따른 대학에서 보건복지부령이 정하는 사회복지학 전공교과목과 사회복지관련 교과목을 이수하고 학사학위를 취득한 자 다. 법령에서 〈고등교육법〉에 따른 대학을 졸업한 자와 동등 이상의 학력이 있다고 인정하는 자로서 보건복지부령이 정하는 사회복지학 전공과목과 사회복지관련 교과목을 이수한 자 라. 〈고등교육법〉에 따른 전문대학에서 보건복지부령이 정하는 사회복지학 전공교과목과 사회복지관련 교과목을 이수하고 졸업한 자 마. 법령에서 〈고등교육법〉에 따른 전문대학을 졸업한 자와 동등 이상의 학력이 있다고 인정하는 자로서 보건복지부령이 정하는 사회복지학 전공교과목과 사회복지관련 교과목을 이수한 자 바. 〈고등교육법〉에 따른 대학을 졸업하거나 이와 동등 이상의 학력이 있는 자로서 보건복지부장관이 지정하는 교육훈련기관에서 12주 이상 사회복지사업에 관한 교육훈련을 이수한 자 사. 사회복지사 3급자격증 소지자로서 3년 이상 사회복지사업의 실무경험이 있는 자
사회복지사 3급	가. 〈고등교육법〉에 따른 전문대학을 졸업한 자 또는 법령에서 이와 동등 이상의 학력이 있다고 인정하는 자로서 보건복지부장관이 지정하는 교육훈련기관에서 12주 이상 사회복지사업에 관한 교육훈련을 이수한 자 나. 고등학교를 졸업하거나 이와 동등 이상의 학력이 있는 자로서 보건복지부장관이 지정하는 교육훈련기관에서 24주 이상 사회복지사업에 관한 교육훈련을 이수한 자 다. 3년 이상 사회복지사업의 실무경험이 있는 자로서 보건복지부장관이 지정하는 교육훈련기관에서 24주 이상 사회복지사업에 관한 교육훈련을 이수한 자 라. 법 제 2조 제 1항의 규정에 의한 업무에 8급 또는 8급 상당 이상으로 3년 이상 종사한 공무원으로서 보건복지부장관이 지정하는 교육훈련기관에서 4주 이상 사회복지사업에 관한 교육훈련을 이수한 자

비고: 외국의 대학 또는 대학원에서 사회복지학 또는 사회사업학을 전공하고 학사학위 이상의 학위를 취득한 자로서 등급별 자격기준과 동등한 학력이 있다고 보건복지부장관이 인정하는 경우에는 당해 등급의 사회복지사자격증을 교부할 수 있다.

〈표 15-3〉 사회복지학 전공교과목과 사회복지관련 교과목 (제 3조 관련)

1. 사회복지학 전공교과목과 사회복지관련 교과목 및 학점

구 분	교과목	이수과목(학점)	
		대학원	대학 · 전문대학
필수 과목	사회복지개론, 인간행동과 사회환경, 사회복지정책론, 사회복지법제, 사회복지실천론, 사회복지실천기술론, 사회복지조사론, 사회복지행정론, 지역사회복지론, 사회복지현장실습	6과목 18학점 (과목당 3학점) 이상	10과목 30학점 (과목당 3학점) 이상
선택 과목	아동복지론, 청소년복지론, 노인복지론, 장애인복지론, 여성복지론, 가족복지론, 산업복지론, 의료사회사업론, 학교사회사업론, 정신건강론, 교정복지론, 사회보장론, 사회문제론, 자원봉사론, 정신보건사회복지론, 사회복지지도감독론, 사회복지자료분석론, 프로그램 개발과 평가, 사회복지발달사, 사회복지윤리와 철학	2과목 6학점 (과목당 3학점) 이상	4과목 12학점 (과목당 3학점) 이상

비고: 교과목의 명칭이 동일하지 아니하더라도 교과의 내용이 동일하다고 보건복지부장관이 인정하는 경우에는 동일 교과목으로 본다.

2. 필수과목 중 사회복지현장실습에 관한 기준

가. 실습기관: 법 제 2조 제 1호에 따른 사회복지사업과 관련된 법인 · 시설, 기관 및 단체로 한다.

나. 실습지도자: 사회복지사 1급 자격증을 소지한 자로서 3년 이상 또는 사회복지사 2급 자격증을 소지한 자로서 5년 이상 사회복지사업의 실무경험이 있는 자가 실습을 지도하여야 한다.

다. 실습시간: 현장실습시간은 120시간 이상으로 한다.

〈표 15-4〉 사회복지사 1급 국가시험 응시자격 (제 4조 관련)

1. 〈고등교육법〉에 따른 대학원에서 사회복지학 또는 사회사업학을 전공하고 석사학위 또는 박사학위를 취득한 자. 다만, 대학에서 사회복지학 또는 사회사업학을 전공하지 아니하고 동 석사학위를 취득한 자는 보건복지부령이 정하는 사회복지학 전공교과목과 사회복지관련 교과목 중 사회복지현장실습을 포함한 필수과목 6과목 이상(대학에서 이수한 교과목을 포함하되, 대학원에서 4과목 이상을 이수하여야 한다), 선택과목 2과목 이상을 각각 이수하여야 한다.
2. 〈고등교육법〉에 따른 대학에서 보건복지부령이 정하는 사회복지학 전공교과목과 사회복지관련 교과목을 이수하고 학사학위를 취득한 자
3. 법령에서 〈고등교육법〉에 따른 대학을 졸업한 자와 동등 이상의 학력이 있다고 인정하는 자로서 보건복지부령으로 정하는 사회복지학 전공과목과 사회복지관련 교과목을 이수한 자
4. 외국의 대학 또는 대학원에서 사회복지학 또는 사회사업학을 전공하고 학사학위 이상을 취득한 자로서 제 1호 및 제 2호의 자격과 동등하다고 보건복지부장관이 인정하는 자
5. 별표 1의 사회복지사 2급 자격기준란 라목 내지 사목에 해당하는 자로서 시험일 현재 1년 이상 사회복지사업의 실무경험이 있는 자

사회복지사 자격증에 대한 국가시험은 보건복지부장관이 시행하되, 시험의 관리는 대통령령이 정하는 바에 의해 시험관리능력이 있다고 인정되는 관계전문기관에 위탁할 수 있다(법 제12조 제1항). 위탁받을 수 있는 전문기관은 시험에 관한 조사·연구 등을 통하여 시험에 관한 전문적인 능력을 갖춘 비영리법인, 사회복지에 관한 전문지식과 기술을 갖춘 비영리법인, 〈한국산업인력공단법〉에 따른 한국산업인력공단이다(법 시행령 제3조 제2항). 시험은 매년 1회 이상 실시하며(시행령 제3조 제1항), 국가시험의 응시자격은 〈표 15-4〉와 같다(시행령 제4조 별표3).

또한 국가시험 과목은 〈표 15-5〉와 같다(시행령 제3조 제3항 별표 2). 시험의 합격결정에서는 매 과목 4할 이상, 전 과목 총점의 6할 이상 득점한 자를 합격자로 한다(시행령 제3조 제5항).

〈표 15-5〉 사회복지사 국가시험 과목

1. 사회복지기초 (인간행동과 사회환경, 사회복지조사론)
2. 사회복지실천 (사회복지실천론, 사회복지실천기술론, 지역사회복지론)
3. 사회복지정책과 제도 (사회복지정책론, 사회복지행정론, 사회복지법제)

그런데 대학의 평생교육원 또는 사회교육원에서 시행령이 정하는 교과목들을 이수하는 경우가 있어 문제가 되고 있다. 평생교육정책에 따라 교육부가 평생교육법과 학점인정 등에 관한 법률을 통해 정규 교육과정이 아닌 대학부설의 평생교육원이나 사회교육원에서 학점취득을 가능케 하여 학사학위를 받을 수 있게 했고, 여기에서 사회복지 교육과정을 개설하여 법정 학점을 이수케 했던 것이다.

이 경우 고등교육법에 의한 대학에서 사회복지 전공교과목을 이수한 것에 해당되어 사회복지사 자격의 전문성과 충돌한다. 문리적(文理的) 해석으로는 대학부설 사회교육원이나 평생교육원이 독립법인에 의한 것이 아니라면 고등교육법에 의한 대학의 기구에 해당되어 자격증 취득이 가능할 수 있다.

그러나 해석론적으로 볼 때, 사회복지사업법 시행령이 정규 교육과정이 아닌 사회교육원이나 평생교육원을 예정한 것이 아니고, 또한 사회교육원이나 평생교육원이 대학교육과정이나 대학원 교육과정에 해당하는 것이 아니어서 학점인정 등에 관한 법률 제8조에서도 고등교육법에 의한 대학을 졸업한 자와 동등 이상의 학력으로 인정하고 있으며, 평생교육법이나 고등교육법이 사회복지사업법의 상위법도 아니며, 사회복지사업의 전문성과 대학 이상의 과정에서 사회복지교육을 받는 학생들과의 형평성 그리고 사회복지사업의 전문성을 고려할 때 평생교육원이나 사회교육원에서 취득한 학사학위에 대해 사회복지사 자격을 부여하는 것은 정당하지도 적절하지도 못하다고 하겠다. 이른바 평생교육법에 의한 원격대학 형태인 사이버대학의 경우는 더욱 말할 나위 없다. 사회복지사업법령에서는 고등교육법에 의한 대학을 졸업한 자와 동등 이상의 학력을 가진 자에 대해서는 그 조건만으로 사회복지사 자격을 인정하지 않기 때문에 이러한 학력을 가진 사람이 사회복지사 자격을 취득하는 것은 아니라고 보아야 한다.

그리고 사회복지사 자격은 자격기본법에 의거 국가자격에 해당된다. 국가자격을 취득하고자 하는 자는 국가자격관련법령으로 정하는 바에 따라 국가자격을 취득하여야 한다(자격기본법 제12조 제1항). 따라서 사회복지사 자격의 취득과 기준, 방법은 사회복지사업법 및 동 시행령과 시행규칙이 곧 국가자격관련법령에 해당한다. 따라서 여기에서 평생교육원이나 사이버대학 등에서 취득한 학점이나 학사학위에 대해 사회복지사 자격기준으로 인정하지 않는 규정을 두면 사회복지사 자격을 임의로 취득케 할 수는 없다고 본다.

또한 사회복지사가 사회복지를 필요로 하는 자의 복지를 위해 전문적 실천을 할 수 있으려면 그의 업무와 권한에 대해 체계적 규정이 마련되어야 할 것이다. 앞으로 입법론적으로 요청되는 사항이다. 이와 더불어 사회복지사 자격을 1급, 2급, 3급으로 구분하는 데 따른 업무와 역할, 권한, 보수 및 처우의 차이에 대한 어떤 구분도 규정되어 있지 않아 현재로서는 급수의 차이가 아무런 결과의 차이를 보이지 않는다. 이것 역시 앞으로 입법론적 과제라 할 수 있다.

(3) 사회복지전담공무원

사회복지사업에 관한 업무를 담당하게 하기 위해 시·도, 시·군·구 및 읍·면·동 또는 제15조의 규정에 의한 복지사무 전담기구에 사회복지전담공무원(이하 '복지전담공무원'이라 한다)을 둘 수 있다(제14조 제1항). 과거에는 읍·면·동에만 배치하던 것을 1999년 4월 30일 개정에서 시·도까지 확대했다.

복지전담공무원은 사회복지사의 자격을 가진 자로 하며, 그 임용 등 기타 필요한 사항은 대통령령으로 정한다(같은 조 제2항). 따라서 이에 대해서는 지방공무원 임용령이 정하는 바에 의한다(시행령 제7조 제1항). 다만, 사회복지전담공무원 중 별정직 공무원인 자의 임용 등에 관하여는 당해 지방자치단체의 조례가 정하는 바에 의한다(같은 항 단서).

복지전담공무원은 그 관할지역 안의 사회복지를 필요로 하는 사람 등에 대해 항상 그 생활실태 및 가정환경 등을 파악하고, 사회복지에 관해 필요한 상담과 지도를 한다(법 같은 조 제3항). 이것은 앞에서 살펴보았던 복지위원의 역할과 중복되는 것으로 보이기도 한다. 그러므로 복지위원을 폐지하고 사회복지전담공무원을 늘리는 것을 생각해 볼 수 있겠다.

관계행정기관 및 사회복지시설을 설치·운영하는 자는 복지전담공무원의 업무수행에 협조해야 한다(같은 조 제4항). 이는 복지전담공무원의 업무수행을 보장하기 위한 배려이자, 복지전담공무원은 이를 요구할 수 있다고 본다.

복지전담공무원이 지방공무원 임용령에 의해 임용되지만, 지방자치단체의 재정적 사정에 따라 지방간 임용결과의 차이가 날 수 있다. 따라서 국가는 복지전담공무원의 보수 등에 소요되는 비용의 전부 또는 일부를 보조할 수 있다(같은 조 제5항).

(4) 사회복지종사자 등

사회복지사업에 종사하는 일체의 사람들을 사회복지종사자라고 한다. 사회복지법인과 사회복지시설을 설치·운영하는 자는 시설에 근무할 종사자를 채용할 수 있다(법 제35조의 2 제1항).

그런데 다음 각 호의 어느 하나에 해당하는 사람은 사회복지법인 또는 사회복지시설의 종사자가 될 수 없다(같은 조 제2항).

1. 제7조 제3항 제7호 또는 제8호에 해당하는 사람
2. 제1호에도 불구하고 종사자로 재직하는 동안 시설이용자를 대상으로 〈성폭력범죄의 처벌 등에 관한 특례법〉 제2조에 따른 성폭력범죄 및 〈아동·청소년의 성보호에 관한 법률〉 제2조 제2호에 따른 아동·청소년대상 성범죄를 저질러 금고 이상의 형 또는 치료감호를 선고받고 그 형이 확정된 사람

이것 또한 사회복지를 필요로 하는 사람의 인권을 위하여 종사자에 대한 일정한 규제를 가하고 있는 것이다.

3) 사회복지법인

민간의 사회복지 전달체계를 이루는 사회복지시설을 설치·운영하는 주체로서 사회복지법인이 있다.

(1) 사회복지법인의 성격

이 법에서 '사회복지법인'이라 함은 사회복지사업을 할 목적으로 설립된 법인을 말한다(제2조 제3호). 이러한 사회복지법인은 기본적으로 재단법인에 속한다. 재단법인은 모두 비영리법인이므로 사회복지법

인 역시 비영리법인이다. 재단법인은 출연(出捐)된 재산이 법인격(法人格)을 취득한 것이기 때문에 사회복지법인도 마찬가지로 출연된 재산이 '사회복지'라는 공익의 목적을 추구하기 위해 법적 인격을 취득한 것이다.

따라서 사회복지법인(이하 '법인'이라 한다)은 재산 자체를 말하는 것이며, 이에 따라 법인은 사회복지사업의 운영에 필요한 재산을 소유해야 한다(제23조 제1항). 이 재산은 사회에 기부된 재산이므로 개인의 소유나 국가의 소유가 아니다. 법인 자체로 존재하며 재산은 법인의 소유일 뿐이다.

법인 역시 법적 인격체이기 때문에 자연인(自然人)이 이름을 가지는 것과 마찬가지로 명칭을 갖게 되며, 법인의 성명권도 보장된다. 따라서 이 법에 의한 사회복지법인이 아닌 자는 사회복지법인이라는 용어를 사용하지 못한다(제31조).

그리하여 법인에 관해 이 법에 규정된 것을 제외하고는 민법과 공익법인의 설립·운영에 관한 법률을 준용한다(제32조).

(2) 재산

법인의 재산은 보건복지부령이 정하는 바에 따라 기본재산과 보통재산으로 구분하며, 기본재산은 그 목록과 가액(價額)을 정관에 적어야 한다(제23조 제2항). 법인의 기본재산은 부동산, 정관에서 기본재산으로 정한 재산, 이사회의 결의에 의해 기본재산으로 편입된 재산이며(시행규칙 제12조 제1항 각 호), 기본재산은 목적사업용 기본재산과 수익용 기본재산으로 구분한다(시행규칙 같은 조 제2항). 물론, 시설의 설치·운용을 목적으로 하지 않고 사회복지사업을 지원하는 것을 목적으로 하는 법인은 법인의 운영경비의 전액을 충당할 수 있는 기본재산을 갖추어야 하기 때문에(시행규칙 제 13조 제 2항) 목적사업용 기본재산과 수익용 기본재산을 구분하지 않을 수 있다(시행규칙 제 12조 제 2항 단서).

법인은 기본재산에 관해 매도·증여·교환·임대·담보제공 또는 용도변경을 하려는 경우와 보건복지부령이 정하는 금액 이상을 1년 이상 장기 차입하고자 할 때에는 시·도지사의 허가를 받아야 한다(법 제 23조 제 3항).

법인이 매수·기부채납, 후원 등의 방법으로 재산을 취득한 때에는 지체 없이 이를 법인의 재산으로 편입 조치하여야 한다. 이 경우 법인은 그 취득사유, 취득재산의 종류·수량 및 가액을 매년 시·도지사에게 보고해야 한다(제 24조).

또한 해산한 법인의 남은 재산은 정관으로 정하는 바에 따라 국가 또는 지방자치단체에 귀속된다(제 27조 제 1항). 과거에는 유사목적을 갖는 법인에 귀속하게 할 수 있었는데, 이것이 사회복지법인 매매에 악용될 소지가 컸다.[12] 이에 국가 또는 지방자치단체에 귀속하게 한 것이다. 이때 국가 또는 지방자치단체에 귀속된 재산은 사회복지사업에 사용하거나 유사한 목적을 가진 법인에게 무상으로 대부하거나 무상으로 사용·수익하게 할 수 있다. 다만, 해산한 법인의 이사 본인 및 그와 대통령령으로 정하는 특별한 관계에 있는 사람이 이사로 있는 법인에 대하여는 그러하지 아니하다(같은 조 제 2항). 이는 법인의 매매를 방지하기 위한 것으로 볼 수 있다.

---

12 사회복지법인의 매매는 원칙적으로 금지된다. 그것은 사회복지법인이 사유재산이 아니기 때문이다. 그러나 음성적으로 매매를 결정하고 법인 이사회의 결정을 통해 이사 전원을 매수자 측의 이사로 교체하는 방식을 사용하면 적어도 외형적으로는 합법적으로 법인 매매를 하게 되는 것이다.

(3) 허가 및 허가취소

법인을 설립하고자 하는 자는 대통령령이 정하는 바에 의해 시·도지사의 허가를 받아야 한다(제16조 제1항). 이렇게 설립된 법인은 주된 사무소 소재지에서 설립등기를 해야 한다(같은 조 제2항).

그러나 시·도지사는 법인이 거짓이나 그 밖의 부정한 방법으로 설립허가를 받았을 때(1), 설립허가 조건을 위반했을 때(2), 목적달성이 불가능하게 되었을 때(3), 목적사업 외의 사업을 하였을 때(4), 정당한 사유 없이 설립허가를 받은 날부터 6개월 이내에 목적사업을 시작하지 아니하거나 1년 이상 사업실적이 없을 때(5), 법인이 운영하는 시설에서 반복적 또는 집단적 성폭력범죄가 발생한 때(6), 법인 설립 후 기본재산을 출연하지 아니한 때(7), 제18조 제1항의 임원정수를 위반한 때(8), 제18조 제2항을 위반하여 이사를 선임한 때(9), 제22조에 따른 임원의 해임명령을 이행하지 아니한 때(10), 그 밖에 이 법 또는 이 법에 따른 명령이나 정관을 위반하였을 때(11) 기간을 정하여 시정명령을 하거나 설립허가를 취소할 수 있다(제26조 제1항 각 호). 그러나 제1호 또는 제7호의 경우에는 반드시 설립허가를 취소해야 하며(같은 항 단서), 나머지에 해당하여 설립허가를 취소하는 경우에는 다른 방법으로 감독목적을 달성할 수 없거나 시정을 명한 후 6월 이내 법인이 이를 이행하지 아니한 경우로 한정한다(같은 조 제2항).

(5)와 (7)의 경우는 거짓으로 법인을 만들어 사회복지사업을 위장하려는 시도에 대한 것이고, (6)의 경우는 이른바 도가니 사태에 대한 대응이다.

법인설립 허가를 취소할 때에는 청문을 실시해야 한다(제49조).

(4) 정관

정관은 법인의 법이다. 제5장에서 보았듯이 이 또한 법규범으로서 근거법이자 상위법인 사회복지사업 등 관련법의 구속을 받는다.

법인의 정관에는 목적, 명칭, 주된 사무소의 소재지, 사업의 종류, 자산 및 회계에 관한 사항, 임원의 임면 등에 관한 사항, 회의에 관한 사항, 수익을 목적으로 하는 사업이 있는 경우 그에 관한 사항, 정관의 변경에 관한 사항, 존립시기와 해산사유를 정한 때에는 그 시기와 사유 및 잔여재산의 처리방법, 공고 및 그 방법에 관한 사항을 기재하여야 한다(제17조 제1항).

법인이 정관을 변경하고자 할 때에는 시·도지사의 인가를 받아야 하며, 보건복지부장관이 정하는 경미한 사항의 경우에는 그러하지 아니하다(제17조 제2항). 이때 '경미한 사항'이라 함은 정관 기재사항 중 공고 및 그 방법에 관한 사항을 말한다(시행규칙 제9조).

(5) 임원

법인의 임원으로는 이사와 감사를 둔다. 특히 이사회는 법인의 의사결정기구이기 때문에 이사의 역할은 매우 중요하다. 그래서 법인은 대표이사를 포함한 이사 7명 이상과 감사 2명 이상을 두어야 한다(제18조 제1항). 이사의 정수가 과거 5명 이상에서 7명 이상으로 증가되었다. 이는 법인의 사유화를 억제하고 공공성을 증진시키려는 의도이다.

법인은 제1항에 따른 이사 정수의 3분의 1(소수점 이하는 버린다) 이상을 사회복지위원회나 지역사회복지협의체가 사회복지위원회 위원이 될 수 있는 사람 중에서 사회복지법인의 대표자, 사회복지사업을 하는 비영리법인 또는 단체의 대표자, 지역사회복지협의체의 대표자의 경우를 제외하고 2배수로 추천한 사람 중에서 선임하여야 한다(같은 조 제2항).

이것은 민간법인 관련인사들을 배제한다는 뜻이다. 이른바 "공익이사"로 일컬어지는 외부이사를 선임하라는 것이며, 법인의 공공성을 높이겠다는 취지로서, 이 또한 도가니 사태에 대응하려는 취지에서 나온 것이다. 그러나 사회복지전문가나 공익적 활동을 하는 시민단체가 많지 않은 농촌형 지역에서는 이러한 공익이사를 구하기 어렵다는 문제점이 있다.

또한 이사의 임기는 3년, 감사의 임기는 2년인데 각각 연임할 수 있다(같은 조 제3항). 이사회 구성에서 대통령령이 정하는 특별한 관계에 있는 자가 이사 현원(現員)의 5분의 1을 초과할 수 없다(같은 조 제3항). 여기에서 '특별한 관계에 있는 자'[13]를 제외하려는 것은 법인

---

13 시행령 제9조(특별한 관계에 있는 자의 범위) ① 법 제18조 제3항에서 "대통령령으로 정하는 특별한 관계에 있는 사람"이란 다음 각 호의 사람을 말한다.
  1. 출연자
  2. 출연자 또는 이사와의 관계가 다음 각 목의 어느 하나에 해당하는 사람
    가. 6촌 이내의 혈족 나. 4촌 이내의 인척
    다. 배우자(사실상 혼인관계에 있는 사람을 포함한다)
    라. 친생자(親生子)로서 다른 사람에게 친양자(親養子)로 입양된 사람 및 그 배우자와 직계비속
  3. 출연자 또는 이사의 사용인 그 밖에 고용관계에 있는 자(출연자 또는 이사가 출자에 의하여 사실상 지배하고 있는 법인의 사용인 그 밖에 고용관계에 있는 자를 포함한다)
  4. 출연자 또는 이사의 금전 그 밖의 재산에 의하여 생계를 유지하는 자 및 그와 생계를 함께 하는 자
  5. 출연자 또는 이사가 재산을 출연한 다른 법인의 이사
  ② 제1항 제3호에서 "출자에 의하여 사실상 지배하고 있는 법인"이라 함은 법인이 다음 각 호의 1에 해당하는 것을 말한다.
  1. 법인의 발행주식총액 또는 출자총액의 100분의 30 이상을 출자자 1인과 그와 제1항 제2호·제4호 및 사용인 그 밖에 고용관계에 있는 자(이하 이 항에서 "지배주주"라 한다)가 소유하고 있는 경우
  2. 법인의 발행주식총액 또는 출자총액의 100분의 50 이상을 제1호의 법인과 그의 지배주주가 소유하고 있는 경우
  3. 법인의 발행주식총액 또는 출자총액의 100분의 50 이상을 제1호의 법인과 그의 지배주주 및 제2호의 법인이 소유하고 있는 경우

들이 가족과 친족 중심의 이사회를 구성하여 전문성이나 공익성을 추구하기보다는 법인을 사유화하여 폐쇄적이고 봉건적인 시설운영을 해 왔고, 이에 따라 시설거주자의 인권침해, 재정비리 등 폐단이 크기 때문에 이를 막기 위해 규제를 강화한 것이다.

외국인 이사는 이사 현원의 2분의 1 미만이어야 한다(법 제18조 제 5항). 특히 종교단체에서 설립한 사회복지법인의 경우 외국인 선교사 나 교직자들이 관여하는데, 이 경우 이사 현원의 2분의 1 이내에서 이 사가 될 수 있는 것이다.

법인은 임원을 임면하는 경우에는 보건복지부령이 정하는 바에 의 해 지체 없이 이를 시·도지사에게 보고해야 한다(같은 조 제6항). 과 거에는 승인을 얻어야 했는데, 정부의 규제완화 조치의 차원에서 보 고사항으로 변경되었다.

한편 감사는 이사와 제3항에 따른 특별한 관계에 있는 사람이 아니어야 하며, 감사 중 1명은 법률 또는 회계에 관한 지식이 있는 사람 중에서 선임하여야 한다. 다만, 대통령령으로 정하는 일정규모 이상 의 법인은 시·도지사의 추천을 받아 〈주식회사의 외부감사에 관한 법률〉 제3조 제1항에 따른 감사인에 속한 사람을 감사로 선임하여야 한다(같은 조 제7항). 그래서 법인의 감사는 변호사나 공인회계사 등 이 주로 맡는다. 그러나 법인의 사업이 사회복지사업이기 때문에 업 무를 감사할 수 있는 사회복지전문가를 반드시 포함하는 것도 고려해 야 한다.

법인의 임원이 되기 위해서는 사회복지위원회의 위원 결격사유(제7 조 제3항)를 그대로 따르며(제19조 제1항 제1호), 제22조의 규정에 의해 임원에서 해임된 날부터 5년이 경과되지 아니한 사람도 임원으 로서 결격된다(같은 항 제2호). 사회복지분야의 6급 이상 공무원으로 재직하다 퇴직한 지 2년이 경과하지 아니한 사람 중에서 퇴직 전 3년 동안 소속하였던 기초자치단체가 관할하는 법인의 임원이 되고자 하는 사람도 결격이 된다(같은 항 제3호). 이것은 사회복지공무원과 민간 사회복지법인 사이에 공무원의 퇴임 후 거취를 놓고 이루어지는 거래를 막기 위한 방안이다.

또한 현 임원 역시 결격사유가 발생하면 임원으로서의 자격을 상실한다(같은 조 제2항). 이사 또는 감사 중에 결원이 생긴 때에는 2월 이내에 이를 보충하여야 한다(제20조), 법인이 제20조에 따른 기간 내에 결원된 이사를 보충하지 아니하여 법인의 정상적인 운영이 어렵다고 판단되는 경우 시·도지사는 지체 없이 이해관계인의 청구 또는 직권으로 임시이사를 선임하여야 한다(제22조의 3 제1항). 임시이사는 제1항에 따른 사유가 해소될 때까지 재임한다(같은 조 제2항). 시·도지사는 임시이사가 선임되었음에도 불구하고 해당 법인이 정당한 사유 없이 이사회 소집을 기피할 경우 이사회 소집을 권고할 수 있다(같은 조 제3항). 제1항에 따른 임시이사의 선임 등에 필요한 사항은 보건복지부령으로 정한다(같은 조 제4항).

시·도지사는 다음 각 호의 어느 하나에 해당하는 경우 이해관계인의 청구 또는 직권으로 임시이사를 해임할 수 있다. 이 경우 제2호부터 제4호까지의 규정에 따라 임시이사를 해임하는 때에는 지체 없이 그 후임자를 선임하여야 한다(제22조의 4 제1항).

1. 임시이사 선임사유가 해소된 경우
2. 임시이사가 제7조 제3항 각 호의 어느 하나에 해당하는 경우
3. 임시이사가 직무를 태만히 하여 법인의 정상화가 어려운 경우
4. 임시이사가 제22조 제1항 각 호의 어느 하나에 해당하는 경우

이 경우에 법인은 제1항에 따라 해임된 임시이사를 이사로 선임할 수 없다(같은 조 제2항).

또한 이사는 법인이 설치한 사회복지시설의 장을 제외한 당해 시설의 직원을 겸할 수 없으며(제21조 제1항), 감사는 법인의 이사, 법인이 설치한 사회복지시설의 장 또는 그 직원을 겸할 수 없다(같은 조 제2항). 이는 친족 또는 지인(知人)들로 이루어지는 법인의 임원이 시설의 직원까지 맡는 것을 배제하기 위한 것이다.

또한 시·도지사는 임원이 시·도지사의 명령을 정당한 이유 없이 이행하지 아니한 때(1), 회계부정이나 인권침해 등 현저한 불법행위 기타 부당행위 등이 발견되었을 때(2), 법인의 업무에 관해 시·도지사에게 보고할 사항에 대해 고의로 보고를 지연하거나 거짓으로 보고를 하였을 때(3), 제18조 제2항·제3항 또는 제7항을 위반하여 선임된 사람(4), 제21조(겸직금지)를 위반한 사람(5), 제22조의 2에 따른 직무집행 정지명령을 이행하지 아니한 사람(6) 그 밖에 이 법 또는 이 법에 의한 명령을 위반하였을 때(7) 법인에 대해 그 임원의 해임을 명할 수 있다(제22조 제1항). 이 경우 시·도지사는 임원의 해임을 명할 수 있는' 수준에서 더 나아가 '반드시' 임원을 해임하도록 해야 할 것이다. 법인의 공익성과 임원의 책임성에 비추어 볼 때 강행규정으로 변경해야 할 것이다. 또한 제2호에서 불법행위뿐만 아니라 부당행위도 사유가 된다. 대개 부당행위는 불법행위일 수 있으나 법적으로 반드시 불법행위라고 볼 수 없다. 하지만 부당한 행위도 임원 해임의 사유가 된다.

그런가 하면, 시·도지사는 제22조에 따른 해임명령을 하기 위하여 같은 조 제1항 각 호의 사실 여부에 대한 조사나 감사가 진행 중인 경우 및 해임명령 기간 중인 경우에는 해당 임원의 직무집행을 정지시킬 수 있다(제22조의 2 제1항). 이 경우 시·도지사는 임원의 직무집행 정지사유가 소멸되면 즉시 직무집행 정지명령을 해제하여야 한다(같은 조 제2항).

(6) 회의록 작성 및 공개 등

이사회는 다음 각 호의 사항을 기재한 회의록을 작성하여야 한다. 다만, 이사회 개최 당일에 회의록 작성이 어려운 사정이 있는 경우에는 안건별로 심의·의결결과를 기록한 회의조서를 작성한 후 회의록을 작성할 수 있다(제25조 제1항).

1. 개의, 회의중지 및 산회 일시
2. 안건
3. 의사
4. 출석한 임원의 성명
5. 표결 수
6. 그 밖에 대표이사가 작성할 필요가 있다고 인정하는 사항

제1항 단서에 따라 회의조서를 작성한 경우에는 조속한 시일 내에 회의록을 작성하여야 한다(같은 조 제3항). 회의록 및 회의조서에는 출석임원 전원이 날인하되 그 회의록 또는 회의조서가 2매 이상인 경우에는 간인(間印)하여야 한다(같은 조 제2항).

또한 법인은 회의록을 공개하여야 한다. 다만, 대통령령으로 정하는 사항에 대하여는 이사회의 의결로 공개하지 아니할 수 있다(같은 조 제4항). 회의록의 공개에 관한 기간·절차, 그 밖에 필요한 사항은 대통령령으로 정한다(같은 조 제5항).

법인 이사회가 회의록을 작성하고 공개하는 것은 당연하다. 그러나

현실적으로 이러한 것들이 제대로 지켜지지 않아, 이를 강제함으로써 법인 운영의 투명성을 높이기 위한 규정이다.

(7) 수익사업

법인은 목적사업의 경비에 충당하기 위해 필요한 때에는 법인의 설립 목적 수행에 지장이 없는 범위 안에서 수익사업을 할 수 있다(제28조 제1항). 이 수익사업으로부터 생긴 수익을 법인 또는 그가 설치한 사회복지시설의 운영 외의 목적에 사용할 수 없다(같은 조 제2항). 수익사업에 관한 회계는 법인의 다른 회계와 구분하여 회계처리해야 한다(같은 조 제3항). 이는 비영리법인의 속성상 당연한 규정이다.

(8) 합 병

법인은 시·도지사의 허가를 받아 이 법에 따른 다른 법인과 합병할 수 있다. 다만, 주된 사무소가 서로 다른 시·도에 소재한 법인 간의 합병의 경우에는 보건복지부장관의 허가를 받아야 한다(제30조 제1항). 합병은 새로운 법인을 설립하는 것이기 때문에 보건복지부장관의 허가가 필요한 것이다. 이때 합병 후 존속하는 법인이나 합병에 의해 설립된 법인은 합병에 의해 소멸된 법인의 지위를 승계한다(같은 조 제2항).

　이때 소멸된 법인의 지위의 범위가 문제다. 사실상 법인이 설치한 시설까지 포함하게 되기 때문에 법인 직원은 물론 시설종사자들의 고용승계에 대한 원칙이 규정되어야 할 것이다.

(9) 한국사회복지협의회

사회복지에 관한 다음 각 호의 업무를 수행하기 위하여 전국 단위의 한국사회복지협의회(이하 "중앙협의회"라 한다)와 시·도 단위의 시·

도 사회복지협의회(이하 "시·도협의회"라 한다)를 두며, 필요한 경우에는 시·군·구 단위의 시·군·구 사회복지협의회(이하 "시·군·구협의회"라 한다)를 둘 수 있다(제33조 제1항).

1. 사회복지에 관한 조사·연구 및 정책 건의
2. 사회복지 관련기관·단체 간의 연계·협력·조정
3. 사회복지 소외계층 발굴 및 민간사회복지자원과의 연계·협력
4. 대통령령으로 정하는 사회복지사업의 조성 등

중앙협의회, 시·도협의회 및 시·군·구협의회는 이 법에 따른 사회복지법인으로 하되, 제23조 제1항(재산소유)은 적용하지 아니한다(같은 조 제2항). 중앙협의회의 설립 및 운영 등에 관한 허가, 인가, 보고 등에 관하여 제16조 제1항, 제17조 제2항, 제18조 제6항·제7항, 제22조, 제23조 제3항, 제24조, 제26조 제1항 및 제30조 제1항을 적용할 때에는 "시·도지사"는 "보건복지부장관"으로 본다(같은 조 제3항). 중앙협의회, 시·도협의회 및 시·군·구협의회의 조직과 운영 등에 필요한 사항은 대통령령으로 정한다(같은 조 제4항).

2003년 개정에서 시·군·구사회복지협의회의 설치근거가 마련되었는데, 이는 지역사회복지협의체 구성에 대비하기 위한 것이다.

법 시행령 제13조(중앙협의회 등의 회원)를 보면, 사회복지협의회는 사회복지사 또는 실무종사자보다는 사회복지법인과 시설의 경영자, 대표자 등을 중심으로 하는 단체이며, 사회복지사 등 종사자는 시·군·구협의회에 참여할 수 있다.

중앙협의회와 시·도협의회는 임원으로서 대표이사 1인을 포함한 15인 이상 30인 이하의 이사와 감사 2인을 둔다(시행령 제14조 제1항). 이사와 감사의 임기는 3년으로 하되, 연임할 수 있으며(같은 조 제2항),

임원의 선출방법과 그 자격요건에 관하여 필요한 사항은 정관으로 정한다(같은 조 제3항).

중앙협의회와 시·도협의회는 이사로 구성되는 이사회를 두며(시행령 제15조 제1항), 이사회는 정관이 정하는 바에 따라 각 협의회의 업무에 관한 중요한 사항을 심의·의결한다(같은 조 제2항). 대표이사는 이사회를 소집하고 그 의장이 되며(같은 조 제3항), 이사회의 운영에 관하여 필요한 사항은 정관으로 정한다(같은 조 제5항). 한편 감사는 이사회에 출석하여 의견을 진술할 수 있다(같은 조 제4항). 이사회의 운영에 관하여 필요한 사항은 정관으로 정한다(같은 조 제5항).

각 협의회의 운영경비는 회원의 회비, 국가 및 지방자치단체의 보조금, 사업수입 및 기타수입으로 충당한다(시행령 제17조). 그리고 각 협의회는 원활한 업무추진을 위하여 상호협조하여야 한다(시행령 제18조).

(10) 한국사회복지사협회

사회복지사는 사회복지에 관한 전문지식과 기술을 개발·보급하고 사회복지사의 자질향상을 위한 교육훈련 및 사회복지사의 복지증진을 도모하기 위해 한국사회복지사협회(이하 '협회'라 한다)를 설립한다(제46조 제1항).

협회는 법인으로 하되 협회의 조직과 운영 등에 필요한 사항은 대통령령으로 정한다(같은 조 제2항). 이 법에 규정된 것을 제외하고는 민법 중 사단법인에 관한 규정을 준용한다(같은 조 제3항).

협회의 회원은 사회복지사 자격증을 발급받은 자로 하며(시행령 제23조), 협회는 다음과 각 호의 업무를 행한다(시행령 제22조).

1. 사회복지사에 대한 전문지식 및 기술 개발·보급
2. 사회복지사의 전문성 향상을 위한 교육훈련
3. 사회복지사제도에 대한 조사연구·학술대회 개최 및 홍보·출판사업
4. 국제사회복지사단체와의 교류·협력
5. 보건복지부장관이 위탁하는 사회복지사업에 관한 업무
6. 기타 협회의 목적달성에 필요한 사업

사회복지협의회의 업무는 그동안 시행령에 규정되었던 것을 법 규정으로 승격시켰는데, 사회복지사협회의 업무는 여전히 시행령에 규정을 두고 있어 형평성 논란이 있을 것이다.

4) 사회복지시설

이 법에서 '사회복지시설'이라 함은 사회복지사업을 할 목적으로 설치된 시설을 말한다(제2조 제4호). 우리 법에서는 사회복지시설을 이용시설과 거주시설(생활시설)로 구분하지 않고 일괄하여 사회복지시설로 칭하는데, 이는 구분할 필요가 있다. 특히 거주시설 거주자들의 인권을 위해 이용시설과는 다른 규범이 적용될 필요가 있다.

(1) 시설의 설치

사회복지시설(이하 '시설'이라 한다)을 설치·운영할 수 있는 주체는 국가 또는 지방자치단체(제34조 제1항), 사회복지법인 및 기타 비영리법인, 임의단체, 개인 등 다양하다. 과거에는 시설의 설치가 보건복지부장관의 인가를 필요로 했지만, 현재는 시설의 설립주체가 다원화되었다.

그리하여 국가 또는 지방자치단체 외의 자가시설을 설치·운영하고
자 하는 때에는 보건복지부령이 정하는 바에 의해 시장·군수·구청
장에게 신고해야 한다. 다만, 제40조의 규정에 의해 폐쇄명령을 받고
3년이 경과되지 아니한 자는 시설의 설치·운영 신고를 할 수 없다(같
은 조 제2항). 이와 같이 시설의 설치가 인가제에서 신고제로 전환하
여 시설의 설치가 훨씬 자유로워졌다.

시설을 설치·운영하는 자는 보건복지부령으로 정하는 재무·회계
에 관한 기준에 따라 시설을 투명하게 운영하여야 한다(같은 조 제3항).
이는 시설의 재정비리를 예방하고자 하는 취지를 반영한다.

이 법 또는 제2조 제1호 각 목의 법률에 따른 시설을 설치·운영하
려는 경우에는 지역특성과 시설분포의 실태를 고려하여 이 법 또는 제
2조 제1호 각 목의 법률에 따른 시설을 통합하여 하나의 시설로 설치
·운영하거나 하나의 시설에서 둘 이상의 사회복지사업을 통합하여 수
행할 수 있다. 이 경우 국가 또는 지방자치단체 외의 자는 통합하여 설
치·운영하려는 각각의 시설이나 사회복지사업에 관하여 해당 관계법
령에 따라 신고하거나 허가 등을 받아야 한다(법 제34조의 2 제1항).

이는 사회복지관 등 사회복지시설이 지역특성과 시설분포의 불균형
으로 자원의 낭비 등 비효율적으로 기능하게 되는 문제가 발생하여
이를 시정하기 위함이다. 예컨대, 노인복지관이 장애인복지관과 통합
한다든지 하는 경우들을 상정하는 것이다.

제1항에 따라 둘 이상의 시설을 통합하여 하나의 시설로 설치·운
영하거나 하나의 시설에서 둘 이상의 사회복지사업을 통합하여 수행
하는 경우 해당시설에서 공동으로 이용하거나 배치할 수 있는 시설
및 인력기준 등은 보건복지부령으로 정한다(같은 조 제2항).

이에 법 시행규칙 제22조의 별표를 보면 〈표 15-6〉과 같다.

〈표 15-6〉 시설의 통합 설치·운영 등에 따른 시설 및 인력 기준

1. 둘 이상의 시설을 통합하여 하나의 시설로 설치·운영하는 경우
   가. 시설 및 설비기준
      시설거주자 또는 이용자의 불편을 초래하지 않는 범위에서 자원봉사자실, 사무실, 상담실, 식당, 조리실, 화장실, 목욕실, 세탁장, 건조장, 강당 등 상호 중복되는 시설·설비를 공동으로 사용할 수 있다.
   나. 인력기준
      간호(조무)사, 사무원, 영양사, 조리사(원), 위생원 등은 사업에 지장이 없는 범위에서 겸직하여 운영할 수 있다.
2. 하나의 시설에서 둘 이상의 사회복지사업을 통합하여 수행하는 경우
   가. 시설 및 설비기준
      시설거주자 또는 이용자의 불편을 초래하지 않는 범위에서 상호 중복되는 시설·설비를 공동으로 사용할 수 있다.
   나. 인력기준
      사업에 지장이 없는 범위에서 인력을 겸직하여 운영할 수 있다.

사회복지시설 중 가장 많고 알려진 것이 사회복지관이다. 제34조 제1항과 제2항에 따른 시설 중 사회복지관은 지역사회의 특성과 지역주민의 복지욕구를 고려하여 서비스 제공 등 지역복지증진을 위한 사업을 실시할 수 있다(법 제34조의 5 제1항).

사회복지관은 모든 지역주민을 대상으로 사회복지서비스를 실시하되, 다음 각 호의 지역주민에게 우선 제공하여야 한다(같은 조 제2항).

1. 〈국민기초생활보장법〉에 따른 수급자 및 차상위계층
2. 장애인, 노인, 한부모가족 및 다문화가족
3. 직업 및 취업 알선이 필요한 사람
4. 보호와 교육이 필요한 유아·아동 및 청소년
5. 그 밖에 사회복지관의 사회복지서비스를 우선 제공할 필요가 있다고 인정되는 사람

그 밖에 사회복지관의 설치·운영·사업 등에 필요한 사항은 보건복지부령으로 정한다(같은 조 제3항).

그동안 가장 많이 알려진 사회복지시설인 사회복지관이 법적으로 엄연히 사회복지시설임에도 불구하고 현장에서 구체적인 법적 근거를 필요로 하는 경우들이 많이 발생하여, 사회복지관에 대한 법적 규정들을 2012년 1월 법개정을 통해 새롭게 도입한 것이다.

(2) 시설의 위탁

또한 국가 또는 지방자치단체가 설치한 시설은 필요한 경우 보건복지부령이 정하는 바에 따라 사회복지법인이나 비영리법인에게 위탁하여 운영할 수 있다(같은 조 제4항). 위탁운영의 기준·기간 및 방법 등에 관하여 필요한 사항은 보건복지부령으로 정한다(같은 조 제5항).

이에 따라 국가 또는 지방자치단체가 설치한 시설을 위탁하여 운영하고자 하는 경우에는 공개모집에 의하여 수탁자를 선정하되, 수탁자의 재정적 능력, 공신력, 사업수행능력, 지역 간 균형분포 및 제27조의 2에 따른 평가결과(평가를 한 경우에 한한다) 등을 종합적으로 고려하여 선정하여야 한다(법 시행규칙 제21조 제1항).

이렇게 시설의 수탁자 선정을 위하여 당해 시설을 설치한 국가 또는 지방자치단체(이하 "위탁기관"이라 한다)에 수탁자선정심의위원회(이하 "선정위원회"라 한다)를 둔다(같은 조 제2항). 국가 또는 지방자치단체는 제1항에 따라 수탁자를 선정하고자 하는 경우에는 제2항에 따른 선정위원회의 심의를 거쳐야 한다(같은 조 제3항).

선정위원회는 위원장 1명을 포함한 9명 이내의 위원으로 구성하고, 위원은 다음 각 호의 어느 하나에 해당하는 자 중에서 위탁기관의 장이 임명 또는 위촉하며, 위원장은 위원 중에서 위탁기관의 장이 지명한다(같은 조 제4항).

1. 사회복지업무를 담당하는 공무원
2. 사회복지에 관한 학식과 경험이 풍부한 자
3. 공익단체에서 추천한 자
4. 그 밖에 법률전문가 등 선정위원회 참여가 필요하다고 위탁기관의 장이 인정하는 자

선정위원회는 재적위원 과반수의 출석으로 개의하고 출석위원 과반수의 찬성으로 의결한다(같은 조 제5항). 여기에 정한 것 외에 선정위원회의 운영에 관하여 필요한 사항은 위탁기관의 장이 정한다(같은 조 제6항).

이와 같이 위탁의 절차와 기준을 상세하게 규정하는 이유는 지방자치제도 실시와 더불어 사회복지시설의 민간위탁이 정치적 거래의 대상이 되는 경향이 나타나기 때문이다. 위탁과정을 공정하고 투명하게 하는 것이 매우 중요하다.

위탁할 때에는 다음 각 호의 내용이 포함된 계약을 체결하여야 한다(법 시행규칙 제21조의 2 제1항).

1. 수탁자의 성명 및 주소
2. 위탁계약기간
3. 위탁대상시설 및 업무내용
4. 수탁자의 의무 및 준수사항
5. 시설의 안전관리에 관한 사항
5의 2. 시설종사자의 고용승계에 관한 사항
6. 계약의 해지에 관한 사항
7. 기타 시설의 운영에 필요하다고 인정되는 사항

여기에서 위탁계약기간은 5년 이내로 한다. 다만, 위탁자가 필요하다고 인정하는 때에는 제21조 제2항에 따른 선정위원회의 심의를 거쳐 그 계약기간을 갱신할 수 있다(같은 조 제2항).

그러나 여전히 사회복지시설 위탁을 둘러싸고 여전히 갈등하는 경우가 많다. 수탁자의 재정적 능력을 우선할 것인지, 전문성을 우선할 것인지, 위탁횟수의 제한을 둘 것인지, 고용승계를 의무화할 것인지 너무나 많은 선택의 폭이 주어져 지방자치단체 및 단체장의 재량범위가 넓다. 그리하여 지방자치제도하에서 사회복지시설의 민간위탁은 지방정치 및 지역사회복지에서 일종의 정치적 흥정의 대상으로 전락하는 경향이 강하게 나타나고 있다.

(3) 의무

앞에서 살펴보았듯이, 시설 및 시설의 장은 보험가입의무(제34조의 2), 안전점검의무(제34조의 3), 시설장의 상근의무(제35조 제1항), 서류비치의무(제37조) 등이 있다. 그리고 시설의 장의 결격사유는 제7조 제3항의 사회복지위원회의 위원 결격사유와 같다(제35조 제2항).

이러한 의무들은 시설 거주자의 인권과 복지를 보장하기 위함이다.

(4) 운영위원회

시설의 장은 시설의 운영에 관한 다음 각 호의 사항을 심의하기 위하여 시설에 운영위원회를 두어야 한다. 다만, 보건복지부령으로 정하는 경우에는 복수의 시설에 공동으로 운영위원회를 둘 수 있다(제36조 제1항)

1. 시설운영계획의 수립·평가에 관한 사항
2. 사회복지 프로그램의 개발·평가에 관한 사항

3. 시설종사자의 근무환경 개선에 관한 사항
4. 시설거주자의 생활환경개선 및 고충처리 등에 관한 사항
5. 시설종사자와 거주자의 인권보호 및 권익증진에 관한 사항
6. 시설과 지역사회의 협력에 관한 사항
7. 그 밖에 시설의 장이 운영위원회의 회의에 부치는 사항

운영위원회의 위원은 다음 각 호의 어느 하나에 해당하는 사람 중에서 관할 시장·군수·구청장이 임명하거나 위촉한다(같은 조 제2항).

1. 시설의 장
2. 시설거주자 대표
3. 시설거주자의 보호자 대표
4. 시설종사자의 대표
5. 해당 시·군·구 소속의 사회복지업무를 담당하는 공무원
6. 후원자 대표 또는 지역주민
7. 공익단체에서 추천한 사람
8. 그 밖에 시설의 운영 또는 사회복지에 관하여 전문적인 지식과 경험이 풍부한 사람

시설의 장은 다음 각 호의 사항을 제1항에 따른 운영위원회에 보고하여야 한다(같은 조 제3항).

1. 시설의 회계 및 예산·결산에 관한 사항
2. 후원금 조성 및 집행에 관한 사항
3. 그 밖에 시설운영과 관련된 사건·사고에 관한 사항

그 밖에 운영위원회의 조직 및 운영에 관한 사항은 보건복지부령으로 정한다(같은 조 제4항).

이것은 시설을 지역사회와 연계시켜 지역주민을 시설운영에 참여시키고, 시설 또한 지역사회에 열린 자세를 갖게 하는 시설의 개방화를 위한 규정이다. 지난 1997년, 에바다농아원 사태로 인하여 '시설의 사회화'를 위하여 법의 전부개정을 추진하면서 처음 도입된 후 계속 강화되어 온 규정이다.

(5) 수용인원

그동안 보고된 시설의 부정이나 불법행위는 대개 시설거주자가 많은 대규모 시설의 경우가 오히려 많았다. 그리고 수용인원이 많을수록 거주자의 인권과 복지의 수준이 비례하지 않는다. 그리하여 각각의 시설은 그 수용인원이 300인을 초과해서는 안 된다(제41조). 그러나 노인복지법 제32조의 노인주거복지시설 중 양로시설과 노인복지주택, 제34조의 노인의료복지시설 중 노인요양시설은 예외다(시행령 제19조).

(6) 시설의 휴지·재개·폐지신고 등

제34조 제2항에 따른 신고를 한 자는 지체 없이 시설의 운영을 시작하여야 한다(법 제38조 제1항). 이는 준비되지 않았거나 다른 영리목적 등을 가지고 사회복지시설을 이용하려는 불순한 의도들을 차단하려는 취지의 규정이다.

시설의 운영자는 그 운영을 일정기간 중단하거나 다시 시작하거나 시설을 폐지하려는 경우에는 보건복지부령으로 정하는 바에 따라 시장·군수·구청장에게 신고하여야 한다(같은 조 제2항).

시장·군수·구청장은 제2항에 따라 시설운영이 중단되거나 시설

686

이 폐지되는 경우에는 보건복지부령으로 정하는 바에 따라 시설거주자의 권익을 보호하기 위하여 다음 각 호의 조치를 하여야 한다(같은 조 제3항).

1. 시설거주자가 다른 시설을 선택할 수 있도록 하고 그 이행을 확인하는 조치
2. 시설거주자가 이용료·사용료 등의 비용을 부담하는 경우 납부한 비용 중 사용하지 아니한 금액을 반환하게 하고 그 이행을 확인하는 조치
3. 보조금·후원금 등의 사용실태 확인과 이를 재원으로 조성한 재산 중 남은 재산의 회수조치
4. 그 밖에 시설거주자의 권익보호를 위하여 필요하다고 인정되는 조치

시설운영자가 제2항에 따라 시설운영을 재개하려고 할 때에는 보건복지부령으로 정하는 바에 따라 시설거주자의 권익을 보호하기 위하여 다음 각 호의 조치를 하여야 한다(같은 조 제4항).

1. 운영중단 사유의 해소
2. 향후 안정적 운영계획의 수립
3. 그 밖에 시설거주자의 권익보호를 위하여 보건복지부장관이 필요하다고 인정하는 조치

제1항과 제2항에 따른 시설운영의 개시·중단·재개 및 시설폐지의 신고 등에 관하여 필요한 사항은 보건복지부령으로 정한다(같은 조 제5항).

(7) 시설의 개선, 사업의 정지, 폐쇄 등

보건복지부장관, 시·도지사 또는 시장·군수·구청장은 시설이 다음 각 호의 어느 하나에 해당할 때에는 그 시설의 개선, 사업의 정지, 시설의 장의 교체를 명하거나 시설의 폐쇄를 명할 수 있다(제40조 제1항).

1. 시설이 설치기준에 미달하게 되었을 때
2. 사회복지법인 또는 비영리법인이 설치·운영하는 시설의 경우 그 사회복지법인 또는 비영리법인의 설립허가가 취소되었을 때
3. 설치목적이 달성되었거나 그 밖의 사유로 계속하여 운영될 필요가 없다고 인정할 때
4. 회계부정이나 불법행위 또는 그 밖의 부당행위 등이 발견되었을 때
5. 제34조 제2항에 따른 신고를 하지 아니하고 시설을 설치·운영하였을 때
6. 제36조 제1항에 따른 운영위원회를 설치하지 아니하거나 운영하지 아니하였을 때
7. 정당한 이유 없이 제51조 제1항에 따른 보고 또는 자료제출을 하지 아니하거나 거짓으로 하였을 때
8. 정당한 이유 없이 제51조 제1항에 따른 검사·질문을 거부·방해하거나 기피하였을 때
9. 시설에서 〈성폭력범죄의 처벌 등에 관한 특례법〉 제2조 제1항 제3호부터 제5호까지의 성폭력범죄 또는 〈아동·청소년의 성보호에 관한 법률〉 제2조 제3호의 아동·청소년대상 성폭력범죄가 발생한 때
10. 1년 이상 시설이 휴지상태에 있어 시장·군수·구청장이 재개를 권고하였음에도 불구하고 재개하지 아니한 때

제 1항에 따른 사업의 정지 및 시설의 폐쇄명령을 받은 경우에는 제 38조 제 3항을 준용한다(같은 조 제 2항). 즉, 시설거주자를 위한 전원조치, 재산 환수조치 등을 해야 하는 것이다. 제 1항에 따른 행정처분의 세부적인 기준은 그 위반행위의 유형과 위반 정도 등을 고려하여 보건복지부령으로 정한다(같은 조 제 3항).

이를 정리하면 다음 〈표 15-7〉과 같다(법 시행규칙 제 26조의 2).

이와 같은 규정들은 사회복지시설의 입장에서 보면 마치 형벌처럼 인식되는 강력한 행정조치들이다. 비영리와 인권을 추구해야 하는 사회복지시설이 이를 빙자하여 각종 부패와 비리를 저지르는 일이 발생하기 때문에 이를 바로잡고자 하는 취지의 규정이다.

또한 시설의 폐쇄를 하고자 할 때에는 청문을 실시해야 한다(제 49조). 이는 시설 측에 대해서도 발언의 기회를 제공하는 것으로서 시설 폐쇄 등에 상응하는 균형적 권리를 인정하는 것이다.

〈표 15-7〉 행정처분의 기준

1. 일반기준

가. 위반행위("2. 개별기준"에 의한 위반행위를 말한다. 이하 같다)의 차수에 따른 행정처분의 기준(이하 "처분기준"이라 한다)은 최근 3년간(제 2호 개별기준의 제 9호의 위반행위의 경우에는 5년간) 같은 위반행위로 행정처분을 받은 경우에 적용한다. 이 경우 처분기준의 적용일은 동일한 위반행위에 대한 행정처분일과 재적발일을 기준으로 한다.

나. 동시에 2종 이상의 위반행위가 있는 경우에는 가장 중한 위반행위에 대한 처분기준을 적용한다.

다. 위반행위가 4종 이상 또는 시설거주자에 대한 학대 · 성폭력 등 중대한 불법행위로 인하여 시설의 정상적인 운영이 불가능하다고 인정되는 때에는 제 2호의 개별기준에 불구하고 1차 위반 시에 시설의 폐쇄를 명할 수 있다.

라. 위반행위가 "2. 개별기준"에 의한 시설장 교체 또는 시설폐쇄 명령의 사유에 해당된다 하더라도 그 위반의 정도가 경미하거나 기타 상당한 사유가 있다고 인정되는 경우에는 각각 1회에 한하여 시설장 교체에 갈음하여 개선명령을, 시설폐쇄에 갈음하여 시설장 교체명령을 발할 수 있다. 이 경우 당해 처분은 차수의 산정에 산입하지 아니한다.

2. 개별기준

위반행위	근거법령	행정처분기준 1차 위반	행정처분기준 2차 위반	행정처분기준 3차 위반 이상
1. 사회복지시설이 설치기준에 미달하게 된 때	법 제40조 제1항 제1호	개선명령	시설장 교체	시설폐쇄
2. 사회복지법인 또는 비영리법인이 설치·운영하는 시설의 경우 그 사회복지법인 또는 비영리법인의 설립허가가 취소된 때	법 제40조 제1항 제2호	시설폐쇄	–	–
3. 설치목적의 달성 기타의 사유로 계속하여 운영될 필요가 없다고 인정할 때	법 제40조 제1항 제3호	시설폐쇄	–	–
4. 회계부정이나 불법행위 기타 부당행위 등이 발견된 때				
가. 국가나 지방자치단체의 보조금 또는 후원금을 사용용도 외의 용도로 사용한 때	법 제40조 제1항 제3호의2	개선명령	시설장 교체	시설장 교체
나. 회계장부를 기재하지 아니하거나 허위로 기재한 때	법 제40조 제1항 제3호의2	개선명령	시설장 교체	시설장 교체
다. 기타 회계 및 시설운영과 관련한 부당행위가 발생된 때	법 제40조 제1항 제3호의2	개선명령	개선명령	시설장 교체
라. 시설 거주자에 대한 부당한 체벌, 폭행, 학대 등 인권침해가 발생한 경우	법 제40조 제1항 제4호	개선명령	시설장 교체	시설폐쇄
5. 법 제34조 제2항에 따른 신고를 하지 아니하고 시설을 설치·운영한 때	법 제40조 제1항 제4호	개선명령	시설폐쇄	–
6. 법 제36조 제1항에 따른 운영위원회를 설치 또는 운영하지 아니한 때	법 제40조 제1항 제5호 법 제40조 제1항 제6호	개선명령	시설장 교체	시설장 교체
7. 정당한 이유 없이 법 제51조 제1항에 따른 보고 또는 자료제출을 하지 아니하거나 거짓으로 한 때	법 제40조 제1항 제7호	개선명령	시설장 교체	시설장 교체
8. 정당한 이유 없이 법 제51조 제1항에 따른 검사·질문을 거부·방해하거나 기피한 때	법 제40조 제1항 제9호	개선명령	시설장 교체	시설장 교체

(계속)

위반행위	근거법령	행정처분기준		
		1차 위반	2차 위반	3차 위반 이상
9. 시설에서 〈성폭력범죄의 처벌 등에 관한 특례법〉 제2조 제1항 제3호부터 제5호까지의 성폭력범죄 또는 〈아동·청소년의 성보호에 관한 법률〉 제2조 제3호의 아동·청소년 대상 성폭력범죄가 발생한 경우로서 다음 각 목의 어느 하나에 해당하는 경우	법 제40조 제1항 제9호			
가. 시설의 장에 의하여 시설 거주자·이용자에 대한 〈형법〉 제300조 또는 〈성폭력범죄의 처벌 등에 관한 특례법〉 제11조부터 제14조까지의 범죄가 발생한 경우	법 제40조 제1항 제9호	시설장 교체	시설폐쇄	
나. 종사자에 의하여 시설 거주자·이용자에 대한 〈형법〉 제300조 또는 〈성폭력범죄의 처벌 등에 관한 특례법〉 제11조부터 제14조까지의 범죄가 발생한 경우	법 제40조 제1항 제9호	개선명령	시설장 교체	시설폐쇄
다. 시설의 장 또는 종사자에 의하여 시설 거주자·이용자에 대한 중대한 성폭력 범죄(〈성폭력범죄의 처벌 등에 관한 특례법〉 제2조 제1항 제3호부터 제5호까지의 성폭력범죄 또는 〈아동청소년의 성보호에 관한 법률〉 제2조 제3호의 아동·청소년대상 성폭력 범죄 중 가목·나목에 해당하는 범죄를 제외한 범죄를 말한다)가 발생한 경우	법 제40조 제1항 제9호	시설폐쇄		
라. 시설 거주자·이용자 간의 성폭력 범죄가 발생한 경우	법 제40조 제1항 제9호	개선명령	시설장 교체	시설폐쇄
10. 1년 이상 시설이 휴지상태에 있어 시장·군수·구청장이 재개를 권고하였음에도 불구하고 재개하지 아니한 경우	법 제40조 제1항 제10호	개선명령 (6개월 내 재개)	시설폐쇄	

(8) 시설평가

보건복지부장관 및 시·도지사는 보건복지부령이 정하는 바에 따라 시설을 정기적으로 평가하고, 그 결과를 공표하거나 시설의 감독·지원 등에 반영할 수 있으며 시설거주자를 다른 시설로 보내는 등의 조치를 할 수 있다(법 제43조의 2 제1항).

보건복지부장관이나 시·도지사는 제1항의 평가 결과에 따라 시설거주자를 다른 시설로 보내는 경우에는 제38조 제3항의 조치를 하여야 한다(같은 조 제2항).

이는 시설평가를 통해 시설의 전문성과 민주성 향상에 기여하기 위한 목적을 가진 규정이다. 1997년 전부개정법률에서 처음 이 규정이 삽입되었는데, 1999년 4월 30일 개정 때 전원조치가 도입되었고, 2003년 개정에서 강행규정으로 바뀌었다.

보건복지부장관 및 시·도지사는 법 제43조의 2에 따라 3년마다 1회 이상 시설에 대한 평가를 실시하여야 한다(법 시행규칙 제27조의 2 제1항). 제1항에 따른 시설의 평가기준은 법 제43조 제1항에 따른 서비스 최저기준을 고려하여 보건복지부장관이 정한다(같은 조 제2항). 이에 따른 평가의 방법 기타 평가에 관하여 필요한 사항은 보건복지부장관이 정한다(같은 조 제4항).

보건복지부장관과 시·도지사는 제1항에 따른 평가의 결과를 해당 기관의 홈페이지 등에 게시하여야 한다(같은 조 제3항).

(9) 부대시설 지원

시·도지사 또는 시장·군수·구청장은 시설을 설치·운영하는 자가 시설거주자의 원활한 보호를 위해 종사자(시설의 장을 포함한다. 이하 같다)의 숙소를 시설에 부대해 설치하고자 하는 때에는 예산의 범위

692

안에서 그 종사자의 숙소를 설치하는 데 필요한 비용을 보조할 수 있다. 이 경우 가족과 같이 거주하는 종사자의 숙소는 주택법에 의한 국민주택의 규모 이하로 하고, 가족과 같이 거주하지 않는 종사자의 숙소는 1인당 20제곱미터 이내로 한다(시행규칙 제31조).

이는 생활시설에서 숙식을 해야 하는 종사자들의 편의를 위한 것이다. 일반적으로 시설의 장은 종사자로 볼 수 없으나, 정책상 종사자와 같이 지원의 대상으로 정한 것이다.

5) 사회복지서비스 신청절차와 방법 등

사회복지서비스를 필요로 하는 사람(이하 "보호대상자"라 한다)과 그 친족, 그 밖의 관계인은 관할 시장·군수·구청장에게 보호대상자에 대한 사회복지서비스의 제공(이하 "서비스 제공"이라 한다)을 신청할 수 있다(법 제33조의 2 제1항). 시·군·구 복지담당공무원은 이 법에 따른 보호대상자가 누락되지 아니하도록 하기 위하여 관할지역에 거주하는 보호대상자의 서비스 제공을 직권으로 신청할 수 있다. 이 경우 보호대상자의 동의를 받아야 하며, 동의를 받은 경우에는 보호대상자가 신청한 것으로 본다(같은 조 제2항).

시장·군수·구청장은 제1항에 따른 서비스 제공신청을 받거나 제2항에 따른 직권신청의 동의를 받을 때 보호대상자에게 제33조의 3 제1항 및 제4항에 따라 조사하거나 제공받는 자료 또는 정보에 관하여 다음 각 호의 사항을 고지하여야 한다(같은 조 제3항).

1. 법적 근거, 이용목적 및 범위
2. 이용방법
3. 보유기간 및 파기방법

이에 따른 보호의 신청 및 고지방법 등에 관하여 필요한 사항은 보건복지부령으로 정한다(같은 조 제4항).

시장·군수·구청장은 제33조의 2에 따른 서비스 제공신청을 받으면 복지담당공무원에게 다음 각 호의 사항을 조사하게 한다. 다만, 상담을 신청받은 경우나 그 밖에 보건복지부령으로 정하는 사유에 해당하는 경우에는 그러하지 아니하다(제33조의 3 제1항).

1. 신청인의 복지요구와 관련된 사항이나 그 밖에 신청인에게 필요하다고 인정되는 사회복지서비스 및 보건의료서비스에 관한 사항
2. 보호대상자 및 그 부양의무자(〈국민기초생활보장법〉에 따른 부양의무자를 말한다. 이하 같다)의 소득·재산·근로능력 및 취업상태에 관한 사항
3. 보호대상자 및 그 부양의무자에 대하여 제2조 제1호 각 목의 법률에 따라 실시되는 급여, 사회복지서비스 및 보건의료서비스 중 보건복지부령으로 정하는 수혜이력에 관한 사항
4. 그 밖에 보호실시 여부를 결정하기 위하여 필요하다고 인정하는 사항

이에 따른 조사과정에서 보호대상자에게 의견을 진술할 기회를 제공하여야 한다(같은 조 제5항).

시장·군수·구청장은 제1항에 따른 조사의 목적으로 자료를 확보하기 위하여 신청인 또는 보호대상자와 그 부양의무자에게 필요한 자료의 제출을 요구할 수 있다(같은 조 제2항). 제1항에 따른 조사 및 정보의 제공에 필요한 사항에 관하여는 〈국민기초생활보장법〉 제22조 제3항, 제5항부터 제8항까지 및 제23조를 준용한다(같은 조 제3항).

보건복지부장관이나 지방자치단체의 장이 제1항에 따른 조사를 하기 위하여 금융·국세·지방세·토지·건물·건강보험·국민연금·고용보험·산재보험·출입국·병무·보훈급여·교정(矯正)·가족관

계증명 등 대통령령으로 정하는 관련전산망 또는 자료를 이용하려는 경우에는 관계기관의 장에게 협조를 요청할 수 있다. 이 경우 관계기관의 장은 정당한 사유가 없으면 요청에 따라야 한다(같은 조 제4항).

시장·군수·구청장은 제33조의 3에 따른 조사를 하였을 때에는 서비스 제공의 실시여부와 그 유형을 결정하여야 한다(제33조의 4 제1항). 이에 따라 서비스 제공의 실시여부와 그 유형을 결정하였을 때에는 이를 서면이나 전자문서로 신청인에게 알려야 한다(같은 조 제3항).

시장·군수·구청장은 제1항에 따른 서비스 제공의 실시여부와 그 유형을 결정하려는 경우에는 보호대상자와 그 친족, 복지담당공무원 및 지역의 사회복지사업·보건의료사업 관련기관·단체의 의견을 들을 수 있다(같은 조 제2항).

시장·군수·구청장은 보호대상자에 대하여 서비스 제공을 실시하기로 결정하였을 때에는 필요한 경우 지역사회복지협의체의 의견을 들어 다음 각 호의 사항이 포함된 보호대상자별 서비스 제공계획을 작성하여야 한다. 이 경우 보호대상자 또는 그 친족의 의견을 고려하여야 한다(제33조의 5 제2항).

1. 사회복지서비스 및 보건의료서비스의 유형·방법·수량 및 제공기간
2. 제1호에 따른 서비스를 제공할 기관 또는 단체
3. 같은 보호대상자에 대하여 제1호에 따른 서비스를 제공하여야 할 기관 또는 단체가 둘 이상인 경우에는 기관 또는 단체 간의 연계 방법

시장·군수·구청장은 보호대상자에 대한 사회복지서비스 실시결과를 정기적으로 평가하고 필요한 경우 보호대상자별 서비스 제공 계획을 변경할 수 있다(같은 조 제2항). 제1항에 따른 보호대상자별 서

비스 제공계획의 작성 등에 필요한 사항은 보건복지부령으로 정한다 (같은 조 제3항).

시장·군수·구청장은 제33조의 5에 따라 작성된 보호대상자별 서비스 제공계획에 따라 서비스 제공을 실시하여야 한다(제33조의 6 제1항). 시장·군수·구청장은 긴급히 서비스 제공을 실시할 필요가 있는 경우 등 보건복지부장관이 인정하는 경우에는 이 장의 규정에 따른 절차의 일부를 생략할 수 있다(같은 조 제2항).

보호대상자에 대한 서비스 제공은 현물(現物)로 제공하는 것을 원칙으로 한다(제33조의 7 제1항). 시장·군수·구청장은 국가 또는 지방자치단체 외의 자로 하여금 제1항의 서비스 제공을 실시하게 하는 경우에는 보호대상자에게 사회복지서비스 이용권(이하 "이용권"이라 한다)을 지급하여 국가 또는 지방자치단체 외의 자로부터 그 이용권으로 서비스 제공을 받게 할 수 있다(같은 조 제2항). 보건복지부장관 및 시장·군수·구청장은 제33조의 3 제2항부터 제4항까지의 규정에 따라 조사하거나 제공받은 정보 중 보호대상자가 아닌 사람의 정보는 5년을 초과하여 보유할 수 없다. 이 경우 정보의 보유기한이 지나면 지체 없이 이를 파기하여야 한다(제33조의 8).

6) 지도·감독 및 권한의 위임

보건복지부장관, 시·도지사 또는 시장·군수·구청장은 사회복지사업을 운영하는 자의 소관업무에 관하여 지도·감독을 하며, 필요한 경우 그 업무에 관하여 보고 또는 관계서류의 제출을 명하거나, 소속 공무원으로 하여금 사회복지법인의 사무소 또는 시설에 출입하여 검사 또는 질문을 하게 할 수 있다(제51조 제1항).

사회복지법인의 주된 사무소의 소재지와 시설의 소재지가 같은 시·도 또는 시·군·구에 있지 아니한 경우 그 시설의 업무에 관하여는 시설소재지의 시·도지사 또는 시장·군수·구청장이 지도·감독 등을 한다. 이 경우 지도·감독 등을 위하여 필요할 때에는 사회복지법인의 업무에 대하여 사회복지법인의 주된 사무소 소재지의 시·도지사 또는 시장·군수·구청장에게 협조를 요청할 수 있다(같은 조 제2항). 이에 따른 지도·감독 등에 관하여 따로 지방자치단체 간에 협약을 체결한 경우에는 제2항에도 불구하고 협약에서 정한 시·도지사 또는 시장·군수·구청장이 지도·감독 등의 업무를 수행한다(같은 조 제3항).

제1항에 따라 검사 또는 질문을 하는 관계 공무원은 그 권한을 표시하는 증표를 지니고 이를 관계인에게 보여주어야 한다(같은 조 제4항).

보건복지부장관 또는 시·도지사는 지도·감독을 실시한 후 제26조 및 제40조에 따른 행정처분 등을 한 경우에는 처분대상인 법인 또는 시설의 명칭, 처분사유, 처분내용 등 처분과 관련된 정보를 대통령령으로 정하는 바에 따라 공표할 수 있다(같은 조 제5항). 지도·감독기관은 사회복지사업을 운영하는 자의 소관업무에 대한 지도·감독에 있어 필요한 경우 촉탁할 수 있으며 촉탁받은 자의 업무범위와 권한은 대통령령으로 정한다(같은 조 제6항).

그리고 이 법에 따른 보건복지부장관 또는 시·도지사의 권한은 그 일부를 대통령령이 정하는 바에 의해 시·도지사 또는 시장·군수·구청장에게 위임할 수 있다(제52조 제1항). 보건복지부장관은 이 법에 따른 업무의 일부를 대통령령으로 정하는 바에 따라 제6조의3 제1항에 따른 전담기구, 사회복지 관련기관 또는 단체에 위탁할 수 있다(같은 조 제2항).

법 제52조 제2항에 따라 보건복지부장관은 다음 각 호의 업무를 전담기구에 위탁할 수 있다(법 시행령 제25조 제2항).

1. 법 제6조의2 제3항에 따른 자료의 수집·관리·보유 및 관련기관 및 단체에 대한 자료의 제공요청에 관한 사항
2. 법 제33조의3 제4항에 따른 복지요구의 조사에 필요한 관련전산망 또는 자료의 이용요청에 관한 사항

법 제52조 제2항의 규정에 의하여 보건복지부장관의 업무 중 법 제9조의 규정에 의한 자원봉사활동의 지원·육성에 관한 업무는 중앙협의회에, 법 제11조의 규정에 의한 사회복지사자격증의 교부업무는 협회에 위탁한다(같은 조 제3항).

또한 법 제52조 제2항에 따라 보건복지부장관은 다음 각 호의 업무를 정부가 설립·운영비용의 일부를 출연한 비영리법인으로서 사회복지 지도·훈련 또는 시설평가에 관한 전문적인 능력을 갖춘 전문기관에 위탁할 수 있다(같은 조 제4항).

1. 법 제10조의 규정에 의한 사회복지사업종사자에 대한 지도·훈련업무
2. 법 제43조의2 제1항에 따른 사회복지시설에 대한 평가업무

7) 벌칙

법의 실효성을 높이는 데 벌칙의 기능은 중요하다.

(1) 5년 이하의 징역 또는 3천만 원 이하의 벌금(제53조의 2 제1항)

제33조의 3에 따라 조사하거나 제공받은 금융정보('국민기초생활보장법' 제21조 제3항 제1호의 금융정보를 말한다)를 다른 사람에게 제공하거나 누설한 자는 5년 이하의 징역 또는 3천만 원 이하의 벌금에 처한다.

(2) 5년 이하의 징역 또는 천 5백만 원 이하의 벌금(제53조)

- 제23조 제3항 위반: 법인 기본재산 처분 및 장기차입 때 보건복지부장관의 허가를 받지 않은 자
- 제42조 제2항 위반: 국가보조금 목적 외 용도에 사용한 자

(3) 3년 이하의 징역 또는 3천만 원 이하의 벌금(제53조의 3)

정당한 접근권한 없이 또는 허용된 접근권한을 넘어 제6조의 2 제2항에 따른 정보시스템의 정보를 훼손·멸실·변경·위조하거나 검색·복제한 자는 3년 이하의 징역 또는 3천만 원 이하의 벌금에 처한다.

(4) 3년 이하의 징역 또는 2천만 원 이하의 벌금(제53조의 2 제2항)

제33조의 3에 따라 조사하거나 제공받은 신용정보 또는 보험정보('국민기초생활보장법' 제21조 제3항 제2호·제3호의 신용정보·보험정보를 말한다)를 다른 사람에게 제공하거나 누설한 자는 3년 이하의 징역 또는 2천만 원 이하의 벌금에 처한다.

(5) 3년 이하의 징역 또는 2천만 원 이하의 벌금(제 53조의 2 제 3항)

제 33조의 3에 따라 조사하거나 제공받은 정보(금융정보·신용정보 및 보험정보를 제외한다)를 다른 사람에게 유출하거나 누설한 자는 3년 이하의 징역 또는 1천만 원 이하의 벌금에 처한다.

(6) 1년 이하의 징역 또는 3백만 원 이하의 벌금 (제 54조)

- 제 6조 제 1항 위반: 시설설치를 방해한 자
- 제 28조 제 2항 위반: 수익사업에서 생긴 수익을 목적 외 사용한 자
- 제 34조 제 2항 위반: 신고하지 아니하고 시설을 설치·운영한 자
- 정당한 이유 없이 제 38조 제 3항(제 40조 제 2항에서 준용하는 경우를 포함한다)의 규정에 의한 시설거주자 권익보호 조치를 기피 또는 거부한 자
- 정당한 이유 없이 제 40조 제 1항의 규정에 의한 명령(시설의 개선, 사업의 정지, 시설의 장의 교체, 시설의 폐쇄를 명함)을 이행하지 아니한 자
- 제 47조 위반: 업무과정에서 알게 된 비밀을 누설한 자
- 제 51조 제 1항 위반: 보고하지 아니하거나 허위보고, 자료제출을 하지 아니하거나 허위자료 제출, 검사·질문 거부·방해 또는 기피한 자

(7) 3백만 원 이하의 벌금 (제 55조)

- 제 13조 위반: 사회복지사 채용의무 위반

(8) 과태료 3백만 원 이하 (제 58조 제 1항)

- 제 13조 제 2항의 단서 위반: 사회복지법인 또는 사회복지시설에 종사하는 사회복지사의 정기적으로 보수교육 위반

- 제13조 제3항 위반: 보수교육을 이유로 한 불이익 처분금지 위반
- 제18조 제5항 위반: 임원의 임면 보고 위반
- 제24조 위반: 재산취득 보고 위반
- 제31조 위반: 사회복지법인 용어사용금지 위반
- 제34조의 2 위반: 보험가입의무 위반
- 제34조의 3 위반: 안전점검의무 위반
- 제37조 위반: 서류비치의무 위반
- 제38조 제1항·제2항 위반: 신고 후 지체 없이 시설운영·휴지, 재개, 폐지 때 신고의무 위반
- 제45조 위반: 후원금 관리의무 위반

(9) 양벌규정

법인의 대표자나 법인 또는 개인의 대리인·사용인, 그 밖의 종업원이 그 법인 또는 개인의 업무에 관하여 제53조, 제53조의 2, 제53조의 3, 제54조 및 제55조의 위반행위를 하면 그 행위자를 벌하는 외에 그 법인 또는 개인에게도 해당 조문의 벌금형을 과(科)한다. 다만, 법인 또는 개인이 그 위반행위를 방지하기 위하여 해당업무에 관하여 상당한 주의와 감독을 게을리하지 아니한 경우에는 그러하지 아니하다(제56조).

(10) 공무원 의제

제12조 제1항 또는 제52조 제2항에 따라 위탁받은 업무를 수행하는 제6조의 3 제1항에 따른 전담기구, 사회복지 관련기관 또는 단체 임직원은 〈형법〉 제129조부터 제132조까지의 규정을 적용할 때에는 공무원으로 본다(제57조).

여기에서 형법 제129조는 수뢰 및 사전수뢰, 제130조는 제3자 뇌물제공, 제131조는 수뢰 후 부정처사, 사후수뢰, 제132조는 알선수뢰죄를 규정한다. 따라서 사회복지사업법에서도 위탁받은 전담기구, 사회복지 관련기관 또는 단체 임직원은 공무원에게 적용되는 뇌물관련 범죄에서 공무원으로 간주하는 것이다. 이는 위탁과정에서 발생할 수 있는 뇌물관련 범죄를 가중처벌하기 위함이다.

제 16 장
국민기초생활보장법

일정한 소득수준 이하에 처해 있어 자력(自力)으로 인간다운 생존을 유지할 수 없는 사람들에게 개인적 노력과 사회의 모든 분배가 이뤄진 후 마지막 수단으로 국가가 생존을 보장하기 위한 배려를 하는 최후의 사회보장제도가 곧 공공부조제도이다(윤찬영, 2000a: 85~86). 우리나라에서는 과거 생활보호법이 공공부조제도로서 역할을 해왔으나 1999년 제정되어 2000년 10월부터 실시된 국민기초생활보장법이 그 자리를 대체하게 되었다(국민기초생활보장법 부칙 제 1조 및 제 2조).

이에 따라 생활보호법의 변천을 살펴보고 현행 국민기초생활보장법에 대해 분석해보기로 한다.

1. 생활보호법 변천의 개요

생활보호법이 처음 제정된 것은 1961년이나 그 유래는 일본이 식민지 조선에 실시했던 1944년 '조선구호령'으로 거슬러 올라간다. 일본은 1874년 휼구규칙(恤救規則)을 제정하여 무연고자(無緣故者)만을 대상으로 구제사업을 행했고, 1920년의 공황(恐慌)으로 1929년 '구호법'을 제정했다. 그러나 정부의 재정난을 이유로 실시를 유보했다가 1932년에야 실시하기 시작했다. 이것이 조선에 적용했던 조선구호령의 모법(母法)이었던 것이다. 이 법은 휼구규칙에 비해 구제대상이 확대되고 부조의 종류가 증가되는 등 일부 진전된 제도이기는 했지만 가족주의, 상호부조주의 등과 같은 입장을 취하고 있었고 피구제권(被救濟權)의 부인(否認), 피구제자의 시민권 박탈 등과 같은 문제점을 내포하고 있었으며, 이것은 1834년에 개정된 영국 '신빈민법'의 아류(亞流)였다고 볼 수 있다(윤찬영, 1998: 13).

우리나라는 해방 이후에도 미군정 체제에서부터 조선구호령체계와 군정당국의 '구호준칙'을 가미하여 시행했고, 건국 이후에도 여전히 조선구호령에 의존하다가 5·16군사정변 이후 국가재건최고회의에 의해 1961년 12월 31일 비로소 '생활보호법'이 제정된 것이다. 그 후 경제성장으로 인한 사회적 환경의 변화에 따라 1982년 12월 31일 1차 법 개정이 이루어졌고, 1997년 8월 22일 2차 개정이 이루어졌다. 그러나 1997년 말 환난으로 IMF의 구제금융을 받게 되었고, 개정 법률을 제대로 시행해보지도 못하고 국민기초생활보장법으로 대체된 것이다.

2. 내용상의 변천

1) 규범적 타당성

(1) 법의 목적

제정법(制定法)의 목적은 생활유지능력이 없는 자에 대한 보호 자체가 목적이었다(제1조). 그러나 1차 개정법(改定法) 이후부터는 '최저생활의 보장'과 '자활조성'이 그 목적으로 규정되었다. 이것은 두 가지 의미를 갖는다고 볼 수 있다. 첫째, 생활보호법이 제정법에서는 조선구호령의 수준을 크게 벗어나지 못하여 구제 또는 구호에 주력하고자 했던 것이 경제성장 이후 비로소 최저생활을 보장하기 위한 공공부조제도라는 규범적 목적을 갖게 되었다는 점이다. 둘째, 자활의 조성을 목적으로 한다는 것은 생활보호법이 사회보장법으로서의 지위뿐만 아니라 사회복지서비스법으로서도 그 의의를 갖는다는 것을 뜻한다(박석돈, 1995: 168~169). 왜냐하면, 자활을 조성해주기 위해서는 전문적지식과 기술을 동원하여 서비스를 제공하는 것이 필요하기 때문이다. 물론, 사회복지서비스법 분야의 일반법인 사회복지사업법이 1970년 1월 1일 제정되었을 때, 이미 같은 법 제2조에서 생활보호법상의 각종 보호와 보호시설의 운영을 사회복지사업으로 규정했는데 이는 주로 시설보호를 고려한 규정이었다. 시설보호에서 더 나아가 각종 지도, 육성 등을 포함하는 서비스까지 법의 목적이 된 것은 1983년 1차 개정법부터였으며, 이를 통해 입법상의 균형이 이루어지게 된 것이다.

(2) 대상자의 요건과 범위

생활보호법 제정법에서는 ① 65세 이상의 노쇠자 ② 18세 미만의 아동 ③ 임산부 ④ 불구, 폐질, 상병 기타 정신 또는 신체장애로 근로능력이 없는 자 ⑤ 기타 보호기관이 본 법에 의한 보호를 필요로 한다고 인정하는 자로서 부양의무자가 없거나 있어도 부양할 능력이 없는 경우에 대상자가 될 수 있었다(제3조 제1항). 이러한 대상자 자격조건은 조선구호령에서 유래(由來)한 것이다.[1] 그 후 1차 개정법에서 ④ 폐질 또는 심신장애로 근로능력이 없는 자 ⑤ 기타 생활이 어려운 자로서 보호기관이 이 법에 의한 보호를 필요로 한다고 인정한 자로 표현이 약간 변화되었고, 2차 개정법에서는 이러한 조건에 덧붙여 최저생계비를 감안한 소득과 재산을 기준으로 대상자를 선정토록 규정했다. 이것은 상당히 진일보한 규정이지만 연령기준 등을 그대로 온존시켰기 때문에, 결국 생활보호법의 적용 대상자는 조선구호령부터 1997년 2차 개정법까지 본질적 변화가 없었다.

이와 같이 생활보호법의 대상자 선정기준을 개인의 인구학적 특징, 특히 연령기준으로 하는 것은 요보호대상자들이 노동능력이 없는 자신의 생물학적, 신체적 특징 때문에 빈곤해졌다는 것 이상을 의미하지 않는다. 이것은 빈곤의 원인을 개인적 차원에만 집중시켜 그것을 정형화하려는 입법 태도에 불과하다. 역사적으로 보면, 빈민을 가치 있는 빈민과 가치 없는 빈민으로 구분하여 가치 없는 빈민에게 더 많은 동정을 보냈던 영국 빅토리아 시대(Victorian era)의 빈민법의 유산이며, 이러한 제도는 오늘날에도 계속되고 있다 할 수 있다(Young, 1995: 94).

생존권적 기본권을 규정한 헌법 제34조의 취지, 개인적 노력과 생활의 방편을 최대한 활용했어도 여전히 빈곤하여 국가의 사회보험이나 사회수당 외에 최종적 배려가 필요한 자에게 급여를 제공한다는 생활보호

---

[1] 참고로 조선구호령에서는 '13세' 미만의 아동이 대상자의 자격조건 중 하나였다.

법의 보족성(補足性) 원리, 빈곤의 원인과 책임을 묻지 않고 빈민이면 누구에게나 국가가 급여를 제공해야 한다는 무차별 평등의 원리 등을 생각해볼 때, 연령기준 등 인구학적 기준으로 대상자를 선정하는 것은 제도로서의 공공부조나 생활보호법의 취지에 부합되지 않는다. 일본 생활보호법 제2조에서도 "모든 국민은 이 법률이 정하는 요건을 만족하는 한, 이 법률에서의 보호를 무차별 평등하게 받는다"라고 규정하고 있으며, 대상자 기준에서 인구학적 기준을 제시하지 않고 있다.

따라서 빈곤의 확인을 위해 필요한 기준 외에 부양의무자나 연령기준을 적용하는 것은 헌법의 취지나 생활보호법의 규범적 정당성을 무색케 하는 독소 조항으로 볼 수 있다. 그러므로 생활보호법의 대상자는 자산(생계용 자산 제외)과 소득을 기준으로 선정하는 것이 적절하다. 그러나 2차 개정법에서 최저생계비의 결정에 관한 규정(제5조의 2)을 신설하고도 제3조 제1항의 연령기준을 그대로 온존시킴으로써 입법의 불균형을 나타냈다.

또한 생활보호대상자의 종류를 구분하는 것도 문제였다. 생활보호대상자는 법 제6조 제1항(2차 개정법 기준)의 위임에 따라 시행령에서 자활보호대상자, 거택보호대상자, 시설보호대상자로 구분했다. 그런데 이것은 법률에서 정한 보호의 종류의 하나인 '자활보호'와 혼선을 일으키는 문제를 가지고 있었다. 즉, 생활보호법은 대상자와 보호내용을 분리시키지 않고 '신분'과 보호의 '실체'를 혼동하고 있었던 것이다(전재경, 1992: 193). 사정이 이러하다보니 보호의 종류별로 대상자를 구분하는 혼란도 나타났다. [2]

---

2 전광석, 《한국사회보장법론》(법문사, 1997), 400쪽에서는 '생계보호대상자'와 '자활보호대상자'의 구별에 대해서 논의하는데, 이것은 생계보호를 받는 '거택 보호대상자'와 생계보호를 받지 못하는 '자활보호대상자'를 구분하는 것에 대해 착오가 있었던 것으로 보인다.

그런가 하면, 실제 보호를 받는 대상의 범주도 문제가 되었다. 1차 개정법 이래 생활보호법은 세대단위 보호의 원칙을 규정했다(제5조 제3항). 개인단위의 보호는 예외적으로 인정되고 있었다. 그러나 개인단위의 보호에 대해서 모법(母法)은 물론 시행령이나 시행규칙에서도 구체적 규정이 없어 유명무실했다. 이것은 대상자 선정기준으로 부양의무자의 존재가 하나의 조건으로 규정되어 있던 것의 당연한 귀결이다. 실제로 주택을 소유한 아들 내외와 의절한 채 혼자 사는 노인, 시골에서 시아버지가 농사를 짓고 있지만 거의 왕래가 없고 남편과 사별한 채 어렵게 사는 여성과 같은 경우(전재경, 1992: 102)에는 생활보호대상자로 선정되어 국가의 보호를 받아야 할 필요가 있지만, 세대단위의 보호 및 부양의무자의 존재와 같은 사유로 생활보호를 받을 수 없었다. 이 외에도 대상자 선정기준과 보호대상의 범주 기준 때문에 많은 사람들이 최저생계비 이하의 수준에 처해 있으면서도 생활보호법상의 보호로부터 누락되는 경우가 많았다. 그러므로 규범적으로 타당성을 상실한 면이 강하다.

(3) 급여의 요건과 종류

우선, 생활보호법은 '급여' 대신에 '보호'로 표현하고 있었다. 급여가 국가와 개인 사이에 권리·의무관계를 나타내는 반면, 보호는 가부장적 국가관을 드러내는 것이다. 즉, 보호에서 개인은 국가의 처분과 재량에 좌우되는 매우 수동적 위치에 서게 된다. 권리 없는 자선의 대상에 불과한 것이다. 따라서 '급여'가 아니라 '보호'를 받는다는 것은 법의 목적이나 보호의 수준을 규정한 조문의 취지에도 불구하고 개인은 국가정책의 대상일 뿐 권리주체로 인식되지 않았다는 것이다. 공공부조법으로서의 규범적 정당성에 문제가 있는 것이다.

그러나 비록 보호라고 하여도, 생활보호법상 필요즉응(必要卽應)의 원칙에 따라 요보호대상자의 연령, 세대구성, 거주지역, 기타 생활여건 등을 고려해 보호의 종류를 정해야 한다(2차 개정법 제5조 제2항). 즉, 생활보호법은 요보호대상자의 생활상의 욕구나 상태를 정확히 예측하여 이에 대한 적절한 대응으로서 보호의 종류를 개설하는 것이 마땅하다. 그래야 요보호대상자의 상태에 따라 적절한 보호를 제공할 수 있으며 규범적으로도 타당한 것이다.

이러한 보호의 종류로서 제정법에서는 생계보호, 의료보호, 해산보호, 장제보호 등 네 가지 종류를 규정했으며(법 제5조 제1항), 이는 요보호자의 사정에 따라 여러 종류의 보호를 제공할 수 있었다(같은 조 제2항). 그 후 1차 개정법에서 법의 목적으로 자활조성이 규정되면서 자활보호와 교육보호가 추가되었고(법 제7조 제1항), 필요즉응의 원칙이 규정되었다(법 제5조 제2항). 이 내용은 2차 개정법에서도 그대로 유지되었다. 그러나 생계보호의 내용에 변화가 있었다. 제정법에서 생계보호의 내용은 의복, 음식물, 기타 일상생활의 수요를 충족하는 데 필요한 금품으로 규정되었고(법 제6조 제1항), 이것이 1차 개정법에서는 변화가 없었으나 2차 개정법에서는 '주거'의 품목이 추가되었다.[3]

어떠한 보호 또는 급여가 필요한 것인가는 인간의 기본적 욕구를 어느 범위까지 인정할 것인가와 관련된다. 따라서 보호(또는 급여)의 종류를 어떻게 설정하느냐 하는 것은 공공부조법의 규범적 정당성에 중요한 관건이 되는 것이다.

---

3 2차 개정 당시 주거보호의 필요성이 제기되었으나 결국 주거보호를 신설하는 대신에 생계보호의 내용으로 '주거'를 포함시키게 되었다.

(4) 보호수준

생활보호법 제정법에서 '건강하고 문화적인 최저생활'을 유지할 수 있는 수준을 법의 보호수준으로(법 제4조) 규정한 이래 이 수준은 2차 개정법까지 그대로 유지되었다. 이 법에 의한 급여수준이 실제로 건강하고 문화적인 최저생활을 보장했는지에 대해서는 이미 앞에서 살펴보았다.[4] 그러므로 여기에서는 규범적 성격을 중심으로 살펴보고자 한다.

우선, 왜 하필이면 최저생활을 보호수준으로 설정했는가 하는 문제를 제기해볼 수 있겠다. 예컨대, '평균생활수준'이나 '적정생활수준'으로 하면 안 되는 것인가? 아니면 '최저생활수준 이상'으로 하면 안 되는가? 그리고 과연 최저생활수준이 곧 건강하고 문화적인 생활수준인가 하는 문제를 제기해볼 수 있겠다. 즉, 헌법 제34조 제1항에서 규정하는 '인간다운 생활'에 부합하는가 하는 수직적 법체계상의 문제점이다. 최저생활수준이 인간다운 생활수준에 부합하지 않는 뜻으로 해석된다면 이는 곧 위헌적 법률이 되는 것이다.

2차 개정법에 제5조의 2는 최초로 최저생계비를 규정했다. 이때 최저생계비라 함은 건강하고 문화적인 생활을 유지할 수 있는 수준의 하한선을 의미하는 것이다. 즉, 빈곤선을 의미하는 것이다. 생활수준이 이 선 이하에 처해 있는 사람들을 최소한 이 선의 수준까지는 끌어올려 보장하겠다는 것이 공공부조법으로서 생활보호법의 규범적 취지인 것이다. 따라서 그것이 최저수준이든 적정수준이든 추상적 표현일 수밖에 없으며, 중요한 것은 빈곤선 이상의 생활수준을 보장하는 것이 된다. 그러므로 요보호자들의 자존심을 배려하는 차원에서라도(전

---

4 제6장(권리로서의 사회복지)에서 심창섭 노인 부부의 헌법소원 판례를 통해 알 수 있었다.

재경, 1992: 5) '최저생활'이라는 표현보다는 '인간다운 생활수준'으로 대체하는 것이 바람직했었을 것이다.

(5) 책임의 원칙

헌법 제34조 제2항 및 제5항에 따라 생활보호에 관해 국가는 책임이 있다. 이에 따라 사회보장기본법 제5조에서도 국가 및 지방자치단체의 재원조달의 책임까지 명시했다. 따라서 하위법인 생활보호법은 당연히 이러한 상위법들의 국가책임 규정을 근거로 하여 규정을 두어야 하는 것이다. 이 책임은 공공부조의 취지상 무한책임이며 법적, 행정적, 재정적 책임을 포함하는 것으로 보아야 한다. 그리하여 제정법 이래 생활보호법은 국가와 지방자치단체 간의 보호비용 분담에 관한 규정과 보호기금에 관한 규정을 두어왔다.

그러나 대상자 선정기준에서도 보았듯이 실질적으로 빈곤가정이 모두 생활보호대상자로 책정되지 못했고, 가장 현실적인 이유는 역시 국가 예산부족 때문이었다. 그동안 공공부조예산은 국민총생산(GNP) 대비 0.35% 내외로 거의 변동이 없었으며, 국가재정지출의 약 1~1.5% 사이에 있었다(노인철 외, 1995: 149). 수치상으로 볼 때에도 이는 저소득층이나 빈민에 대해 국가가 책임을 이행하겠다는 의지로 보기 어려운 것이었다. 오히려 열등처우의 원칙을 고수하려는 정책의지로 볼 수 있는 것이었다. 그리고 빈민 규모에 따른 예산의 할당보다는 할당된 예산에 따라 보호대상자의 범위와 보호수준이 결정되었다는 왜곡된 경직성 때문이었다고 보아야 한다(노인철 외, 1995: 157).

따라서 국가로 하여금 생활보호예산에 대한 우선적 배정의무와 신청과 선정에 따른 예산 할당의 의무를 규정하는 것이 규범적으로 타당하다고 본다.

(6) 권리성

헌법 제34조 제1항, 제2항, 제5항 등을 종합적으로 고려해보면, 생활보호는 개인의 권리에 기초하여 제공되어야 한다. 그리고 사회보장기본법 제9조는 관계법령이 정하는 바에 의해 사회보장의 급여를 받을 권리를 규정하고 있다. 사회보장기본법의 하위법인 생활보호법 역시 제정법에서부터 피보호자의 권리와 의무를 규정했다. 보호변경의 금지, 공과(公課)금지, 압류금지, 양도금지 등을 규정했는데, 1차 개정법 이후 공과금지 규정은 삭제되었다. 또한 피보호자에게는 변동사항에 대한 신고의 의무가 동시에 주어져 있었다.

그러나 이러한 규정들은 일단 보호대상자로 선정되어 보호를 받는 사람들의 보호에 대한 권리성을 인정하는 것이다. 물론 '급여', '수급' 등 권리성에 상응하는 용어보다 '보호', '대상자' 등 가부장적 용어를 사용하는 것부터 이미 권리성과는 거리가 먼 것으로 보인다. 그러나 더욱 중요한 것은 실제로 보호를 받아야 할 처지에 있는 사람들이 생활보호급여에 대한 권리를 주장할 수 있는가 하는 점이다.

대상자 선정에 있어 과거 제정법에서는 신청주의 원칙만을 규정했고(법 제18조), 1차 개정법 이후부터는 그 방법과 절차를 보건복지부령으로 규정하도록 위임했다. 따라서 입법의 태도는 피보호자의 권리성을 인정하는 것처럼 보인다. 그러나 제정법 제17조와 1차 개정법 제17조는 직권조사를 규정했다. 즉, 직권조사는 강행규정으로 보호의 신청은 임의규정으로 되어 있어 직권보호가 우선했고 신청보호는 부수적인 것으로 되어 있었던 것이다. 이러한 규정들로 볼 때, 대상자들의 권리성을 실질적으로 인정했다고 보기 어렵다. 2차 개정법에서는 직권조사를 과거 년 1회 이상 실시하도록 규정했던 것을 수시로 조사하도록 하여(법 제17조 제1항) 대상자들의 권리성을 실질적으로 보충하는 방향으로 이루어졌다.

생활보호대상자들의 노동능력이나 학력 등을 고려한다면, 신청을 통해 자신의 권리를 행사할 가능성이 적은 경우들이 있기 때문에 보호신청을 원칙으로 하고 직권조사를 부수적으로 채택하는 것이 타당했을 것이다(윤찬영, 1998: 18).

2) 규범적 실효성

(1) 전달체계, 조직 및 인력

생활보호급여의 전달체계는 보건복지부로부터 광역시·도, 시·군·구, 읍·면·동의 일반 행정체계를 통하여 이루어졌다. 생활보호만을 위한 전문적 전달체계가 별도로 존재하는 것은 아니다. 읍·면·동에 사회복지전담공무원이 배치되어 생활보호사업을 맡았는데, 이에 대한 법적 근거는 생활보호법이 아니라 그 상위법인 사회복지사업법 제14조에 의한 것이다. 따라서 해석상 사회복지전담공무원은 생활보호사업 이외의 사회복지관련 업무를 전담할 수 있지만 실제로는 생활보호사업에 치중했다. 또한 사회복지전담공무원의 법적 임무, 권한과 책임 등이 명시된 법규정이 없어 문제다. 사회복지 전달체계를 마련하고 이의 근거와 세부적 운영에 관한 규정체계가 마련되어야 한다.

또한 법제도의 운영에 대해 심의와 자문 더 나아가서는 의결을 통해 법의 실효성을 제고(提高)할 수 있는 장치로서 위원회제도가 있다. 생활보호법 제정법에서는 보호위원회(법 제16조)를 보건사회부와 특별시, 시·도·군에 각각 두도록 강행규정으로 되어 있었고, 1차 개정법에서는 생활보호위원회(법 제16조)를 보건사회부와 특별시, 직할시, 도, 시 및 군에 두도록 강행규정으로 했고, 2차 개정법에서는 생활보호위원회(법 제16조)를 보건복지부와 특별시·광역시·도, 시·군·구, 읍·면·동에 두도록 강행규정으로 했다. 그러나 2차 개정법 시행 당시까지 중앙에서도 생활보호위원회는 구성되어 있지 않았으며, 지방자치단체에서도 이에 대한 조례조차 제정하지 않았다. 위원회의 구성이 강행규정으로 되어 있어 규범적 실효성은 갖추었으나 이를 강제할 만한 실제적 장치를 두지 않아 유명무실한 규정에 그치게 되었다.

빈민이나 저소득층의 자립을 도모하기 위해서는 물질적 급여뿐만 아니라 사회복지사와 같은 전문인력에 의한 대인서비스 제공이 필수적으로 요청된다. 따라서 사회복지전담공무원이 할 수 있는 일의 범위와 이에 따르는 개입의 권한과 책임을 명시해야 함에도 불구하고 생활보호법의 역사에서 이를 규정한 적은 없었다. 이는 법의 실효성 증대를 위해 반드시 필요한 규정이다.

(2) 권리구제 절차

생활보호 급여가 권리에 의해 제공되는 것이라면, 이러한 권리가 침해되었을 때 이를 회복시켜 주거나 보상해주는 구제체계가 존재해야 한다. 생활보호법에서는 제정법 이래 전심절차(前審節次)로서 이의신청(異議申請)제도를 규정했다. 즉, 피보호자는 보호 또는 보호변경의 신청을 하고 그 결정의 통지를 받은 날로부터 60일 이내에 시장 또는 군수의 처분에 대해 이의가 있는 경우에는 당해 보호기관을 통하여 도지사에게, 서울특별시장 또는 광역시장의 처분에 대해 이의가 있는 경우에는 당해 보호기관에 각각 서면으로 이의를 신청할 수 있으며, 이 경우 구두로 이의신청을 접수한 보호기관의 공무원은 이의신청서를 작성할 수 있도록 협조해야 할 의무가 있다(2차 개정법 제32조 제1항).

따라서 생활보호법은 대상자의 권리성을 인정한다는 간접적 태도를 나타냈다. 그러나 이의신청이 필요한 행정절차를 완료하는 데에는 '대상자→시장·군수·구청장(60일) → 시·도지사(10일) → 결정(30일) → 통지(즉각)→ 대상자→ 시·도지사(60일)→ 보건복지부장관(10일)→ 결정(30일)→ 통지(즉각)'와 같은 절차를 거쳐야 하기 때문에 상당한 시일이 요구되었다. 게다가 이 절차를 통해서 문제가 해결되지 않으면 고등법원에 행정심판을 제기해야 하기 때문에 최종적 확정판결을 받기까지 더욱 상당한 시일이 요구된다. 그러므로 권리를 확인받는 과정과 시간이 복잡하고 길어진다면 그만큼 권리성 실현의 실효성이 저하될 수 있고, 특히 빈민의 욕구충족이라는 점에서 매우 심각한 문제를 야기할 수밖에 없다.

(3) 벌칙

사회복지법에서 벌칙은 형벌과 행정벌로 구성되는데, 법률 위반에 대해 불이익 처분을 함으로써 법의 실현을 심리적으로 강제하는 실효적 수단의 하나이다. 제정법 이래 부정수급자나 수탁시설(受託施設)의 수탁거부 등에 대해서 벌칙을 규정했다. 2차 개정법에서 보호기관의 공무원이나 공무원이었던 자가 자산조사 등의 과정에서 얻은 정보와 자료를 이 법에서 정한 용도와 목적 이외에 사용하거나 타인 또는 다른 기관에 제공할 경우 3년 이하의 징역 또는 1천만 원 이하의 벌금에 처할 수 있도록 규정했다(법 제41조).

그동안 피보호자나 민간 사회복지시설 대표 및 관련자만이 벌칙의 대상이었으나 관련 공무원에게도 일정한 벌칙을 규정함으로써 대상자의 권리성 보장에 약간의 진전이 있었다고 볼 수 있다.

3. 생활보호법의 변화 필요성:
'보호'에서 '보장'으로

생활보호법과 같은 공공부조제도는 빈민의 문제에 접근하고 대응하는 제도이다. 빈민의 문제는 인간의 문제로서 규범적 중요성을 가지고 있다. 따라서 생활보호법은 빈민의 인간다운 생활을 해야 할 욕구와 권리를 충족시키기 위한 장치를 가지고 있어야 한다.

이를 위해 생활'보호'제도가 가지고 있는 가부장적이거나 통제적인 의미를 불식시키고 대상자를 수급자로 하여 그 권리성을 인정하는 생활'보장'법의 필요성이 대두되기 시작했다(윤찬영, 1995: 158). 실제로 지난 1995년(이남진·윤찬영, 1995)과 1998년(이찬진, 1998)에 시민단체인 참여연대에서는 '생활보장법' 입법청원을 시도했다. 이러한 청원안들은 특히 연령을 기준으로 하는 생활보호대상자 선정기준에 문제제기를 했다. 연령기준은 생활보호법이 공공부조로서 제 기능을 발휘하는 데 치명적 걸림돌이었다.

결과적으로 이러한 노력들이 1997년 말 환난을 맞이하여 IMF의 구제금융 이후 사회 전반적 구조조정으로 빈곤화가 가속되는 상황과 맞물리면서 국민기초생활보장법이 제정에 기여한 것이다. 즉, 단순한 빈곤구제의 수준인 생활'보호'가 생활'보장'으로 변화하게 된 것이다.

4. 국민기초생활보장법

1) 법제정의 배경 및 의의

IMF에 의해 요구된 신자유주의적 구조조정은 실업문제를 야기했다. 그러나 우리나라는 실업문제에 대처하는 사회보장 프로그램이 취약한 상황이었다. 서구 복지국가에서와 같은 실업수당제도나 실업부조 도입에 대한 논의도 부분적으로 있었으나 우선 장기(長期) 실업자들이 빈민으로 전락할 가능성에 주목하게 되었다.

당시의 생활보호법이 공공부조제도로서 기본적 수준을 유지하지 못하는 점에 착안하여, 누구나 빈곤하면 국가의 보호를 받을 수 있도록 대상자 범위에 관한 인구학적 연령기준을 철폐하는 것을 골자로 하여 1998년 4월 참여연대 사회복지특별위원회는 다시 한 번 국회에 '생활보장법'을 입법청원했으나 사회적 쟁점으로 부각시키는 데 실패했다.[5] 이에 7월에 구체적인 제도적 기술과 관련된 내용을 대폭 보강하여 다시 '국민기초생활보장법'이라는 명칭으로 새롭게 입법청원을 하게 된 것이다.

1998년 참여연대를 중심으로 하는 시민단체들과 노동단체, 종교단체, 사회복지단체가 국민기초생활보장법제정추진연대회의를 구성하여 입법청원과 법제정 추진운동을 대대적으로 전개했고, 당시 여당인 국민회의 정책위원회에서도 이를 당론으로 채택하기로 하여 드디어 1999년 8월 12일 제206회 임시국회에서 통과되고 9월 7일 대통령이

---

5 당시 청원한 법안의 주요 골자는 이찬진, "생활보호법을 생활보장법으로", 〈월간 복지동향〉 창간준비 1호(참여연대 사회복지특별위원회, 1998. 5), 참고 바람.

법률 6024호로 공포했다.[6] 동 법은 2000년 10월 1일부터 시행했다(동법 부칙 제1조). 이에 따라 조선구호령 이래 우리나라의 공공부조법으로서 명맥을 유지했던 생활보호법은 폐지하게 되었다.

이 법의 제정이 갖는 의미는 그 내용적 혁신성에서도 찾을 수 있지만, 입법이 이루어지기까지 시민사회단체의 광범위한 연대가 추진되었다는 점이 돋보였던 시민운동적 성과에 의미를 둘 수 있다. 또한 국민연금이나 국민건강보험제도와 같이 대다수의 국민이 대상으로 되어 있는 사회보험제도가 아니고 한정적으로 빈민을 대상으로 하는 이 제도가 사회복지분야를 넘어 전국적으로 많은 시민사회단체, 노동단체, 종교단체 등의 적극적 참여와 지지 속에서 정치적 의제로 설정되었다는 점에서 매우 경이적인 경험이요 결과였다는 데 새로운 의미를 부여할 수 있다. 이와 같이 자신들의 이해관계를 표출해 내고 관찰시킬 수 있는 역량을 갖지 못한 사회복지대상자 집단을 대변하는 단체들의 운동으로 그들을 위한 법이 제정되고 시행된다는 것은 사회복지의 실천이라는 면에서도 매우 의미 있는 일이라 하겠다.

국민기초생활보장법은 소득과 자산을 평가하여 최저생계비를 기준으로 대상자를 선정하고 자활을 도모하려는 실질적인 국가의 노력을 천명하고 있어 공공부조제도로서 명실상부한 지위를 확립하게 된 것이며, 한편으로는 연령을 기준으로 하는 대상자 규정을 철폐했다는 측면에서 법사적(法史的)으로도 발전적 의의를 갖는다.

이러한 국민기초생활보장법은 사회복지법체계의 면에서도 상당한 의미가 있다. 우선 수직적 법체계의 면에서 볼 때, 국민기초생활보장법은 헌법 제34조 제1항이 규정하는 모든 국민의 인간다운 생활을

6 이날을 기념해 '사회복지의 날'이 제정되었다(사회복지사업법 제15조의 2).

할 권리를 구체적 입법으로 체계화시켰다는 점에서 평가될 수 있다. 또한 내용적 체계의 면에서도, 법의 적용대상자에 관한 인구학적 연령규정을 철폐하고 최저생계비 규정(법 제5조)을 도입한 것은 사회복지법으로서, 구체적으로는 공공부조법으로서의 규범적 정당성에 기여하는 것이며, 자활후견기관(법 제16조), 합리적 자산조사 규정(법 제22조, 제23조, 제24조 등), 지방자치단체의 재정부담비율 조정(법 제43조) 등은 법의 규범적 실효성을 증진시키는 데 기여하는 것으로 평가할 수 있다.

또한 국민기초생활보장법은 자활급여(법 제15조), 자활지원계획의 수립(법 제28조), 보장시설(법 제32조 및 제33조) 등과 관련하여 사회복지서비스법으로서도 그 의의를 갖는다.

그러나 법 시행 후 여러 가지 문제점들이 나타나 개정의 필요성이 제기되어, 논란 끝에 2004년 3월 5일 개정되었다. 여기에서는 부양의무자의 범위를 2촌 이내의 혈족에서 1촌 이내의 혈족으로 바꾸고 최저생계비 공표시한을 12월 1일에서 9월 1일로 변경하였다. 그리고 법명변경 때문에 2005년 12월 29일 개정이 이루어졌다. 그 후로 거의 매년 법이 개정되었다.

국민기초생활보장법의 연혁을 〈표 16-1〉과 같이 정리해본다.

2) 규범적 정당성

(1) 목적

국민기초생활보장법은 생활이 어려운 자에게 급여를 실시하여 이들의 최저생활을 보장하고 자활을 돕는 것을 목적으로 한다(법 제1조). 즉, 최저생활의 보장과 자활의 조성이 법의 목적이 된다.

⟨표 16-1⟩ 국민기초생활보장법 연혁

제·개정일(시행일)	내용과 특징
1999. 9. 7 (2000. 10. 1)	• 제정법 • 생활보호법 폐지 • 보호에서 보장으로: 수급권 인정
2004. 3. 5 (2004. 3. 5)	• 일부개정 • 최저생계비 공표시기: 12월 1일 → 9월 1일 • 최저생계비 계측 주기: 5년 → 3년
2005. 12. 23 (2007. 1. 1)	• 일부개정 • 부양의무자 범위축소: 1촌의 직계혈족 및 그 배우자 • 개별가구 개념 명확화 • 외국인 특례 신설
2005. 12. 29 (2006. 7. 1)	• 타법개정: 국가공무원법 개정
2006. 12. 28 (2007. 7. 1)	• 일부개정 • 차상위계층에 부분급여 • 중앙자활센터, 지역자활센터 • 수급자의 고용촉진, 자활기금 적립
2007. 10. 17 (2008. 7. 1)	• 일부개정 • 자산조사에서 금융정보 조회절차 간소화 • 국가, 시·도, 시·군·구 비용부담 차등비율
2008. 2. 29 (2008. 7. 1)	• 타법개정 • 정부조직법: 보건복지부 → 보건복지가족부
2009. 4. 1 (2009. 10. 2)	• 일부개정 • 금융정보 관련 • 법률용어 순화
2009. 10. 9 (2010.10.10)	• 타법개정: 직업안정법
2010. 1. 18 (2010. 3. 19)	• 타법개정 • 정부조직법: 보건복지가족부 → 보건복지부
2011. 3. 30 (2011. 10. 1)	• 일부개정 • 외국인 특례 범위 확대 • 양벌규정 조정
2011. 6. 7 (2011. 9. 8)	• 일부개정 • 고용지원서비스 연계, 사회복지서비스지원
2011. 7. 14 (2011. 7. 14)	• 타법개정: 금융거래 및 비밀보장에 관한 법률
2011. 8. 14 (2011. 8. 14)	• 타법개정: 사회복지사업법
2012. 2. 1 (2012. 8. 2)	• 일부개정: 문장 순화 • 광역자활센터

이러한 목적을 달성하기 위해 급여를 제공하는 것이며, 그 대상자는 생활이 어려운 자가 된다. 그러므로 생활이 어렵다는 기준이 급여의 구성요건이 되며 구체적 요건은 제5조(수급권자의 범위)에 규정되어 있다. 또한 수급권자에게 제공되는 급여는 법의 목적을 달성할 수 있도록 적절성을 유지해야 하는데, 급여의 수준과 종류는 제4조(급여의 기준 등), 제7조 이하에 규정되어 있다.

(2) 급여의 기본원칙: 보충성의 원칙

공공부조제도는 최후의 사회보장제도이기 때문에 수급자 개인이 자신의 생존을 위해 모든 노력을 기울이고 국가적으로도 여타 법제도를 통해 생존권을 보장하기 위한 배려를 했으나 결과적으로 인간다운 생존이 확보되지 않은 경우에 대해 마지막으로 국가가 제공하는 급여체계이다. 이것이 공공부조제도의 보충성의 원리이다. 이는 시민법의 '자기책임의 원칙'의 유산으로 볼 수 있다.

따라서 이 법의 수급자는 자신의 생활 유지·향상을 위해 그 소득·재산·근로능력 등을 최대한 활용해야 하며, 이를 전제로 급여를 보충·발전시킨다(법 제3조 제1항). 즉, 개인의 노력으로 자신의 생활을 유지하는 것을 우선하는 것이며, 이를 통해서 자신의 생활을 유지할 수 없을 때 비로소 국가가 급여를 제공한다는 뜻이다.

또한 부양의무자가 있을 때에는 이 법에 의한 급여를 신청하기 전에 부양의무자의 부양 이행을 청구해야 하며, 다른 법령에 의한 급여는 이 법에 의한 급여에 우선하여 행하여지는 것으로 한다(같은 조 제2항). 다만, 다른 법령에 따른 보호의 수준이 이 법에서 정하는 수준에 이르지 아니하는 경우에는 나머지 부분에 관하여 이 법에 따른 급여를 받을 권리를 잃지 아니한다(같은 항 단서). 이 법의 수급자가 되고자 하는 사람은 부양의무자에게 부양 이행을 청구하고 결과적으로 부양을 받지 못하거나 다른 법령에 따라 우선 급여를 받고도 이 법의 규정에 부합하는 조건을 유지할 때 비로소 수급자가 될 수 있다는 것이다. 그야말로 마지막으로 제공되는 사회보장급여인 것이다.

그러므로 수급자에게 부양능력을 가진 부양의무자가 있다는 사실이 확인되면 보장기관은 생활보장위원회의 심의·의결을 거쳐 보장비용의 전부 또는 일부를 부양의무의 범위 안에서 징수할 수 있는 것이다(법 제46조 제1항). 이것이 곧 구상권(求償權)의 개념이다. 보장기관의 구상권은 보충성의 원리에 근거한 것이다.

구상권은 사회보장기본법에서 살펴보았듯이 민법 등에서 채권·채무 관계에서 인정되는 개념이다. 그렇다면, 사회복지법 중에서도 공공부조법인 국민기초생활보장법에서 구상권 개념을 도입하는 것은 타당하거나 적절한 것인가? 실제로 이 법 시행 초기에 경기도 평택시와 전라북도 전주시에서 구상권을 행사한 사례가 있다.[7] 이것은 사적 부양을 일차적 책임으로 하고 공적 부양을 최후의 국가적 책임으로 하는 국민기초생활보장법의 논리상 당연한 것으로 받아들일 수도 있으나, 이미 사실적으로 부양관계가 파탄된 가정에서 피해자인 수급권자에게 국가가 사적 부양책임을 부과하는 정책으로 이용되어서는 곤란하다.

따라서 부양의무자가 부양능력이 있음에도 불구하고 수급권자의 고의 또는 과실로 수급자가 된 경우 그리고 부양의무자와 수급권자가 사실적으로 파탄관계에 있는 경우를 판별하여 각각 다른 처우를 하는

---

7 2001년 3월 말 전국적으로 부양능력을 가진 부양의무자가 있는 국민기초생활보장법 수급자는 약 200여 명으로 밝혀졌으며, 이에 대해 경기도 평택시가 2001년 4월 수급자 자녀 19명에게 구상권을 행사했으며, 전라북도 전주시 역시 2001년 5월 수급자 자녀 14명에게 구상권을 행사했다. 자세한 내용은 〈국민일보〉, 2001년 4월 6일자 및 5월 18일자 참조.

것이 적절하다고 본다. 이에 대한 결정은 구체적인 정책적 목표에 따라 다를 수 있을 것이다.

(3) 급여의 기준

이 법에 따른 급여는 건강하고 문화적인 최저생활을 유지할 수 있는 것이어야 한다(법 제4조 제1항). 이것이 최저생활보장의 원리이다. 여기에서 '건강하고 문화적인 최저생활' 수준이 어느 정도인가 하는 것은 법으로 규정될 성질이 아닌 매우 추상적인 표현이다. 이것은 행정 당국의 구체적인 정책적 결정으로 이루어지는 것으로서 일종의 불확정성의 개념이다. 따라서 행정부의 재량에 위임된 사항이다.

그러나 이것이 전적으로 자유재량 행위는 아니다. 법 제6조가 정하는 최저생계비 개념에 구속된다고 보아야 한다. 즉, 기속적(羈屬的) 재량의 범주에 해당된다고 볼 수 있다.

또한 이 법에 따른 급여의 기준은 보건복지부장관이 수급자의 연령·가구규모·거주지역 기타 생활여건 등을 고려하여 급여의 종류별로 정한다(같은 조 제2항). 이것은 수급자의 욕구를 반영하라는 주문이다. 즉, 필요즉응의 원칙이다.

그리고 보장기관은 이 법에 따른 급여를 세대를 단위로 실시하되, 특히 필요하다고 인정하는 경우에는 개인을 단위로 하여 실시할 수 있다(같은 조 제3항). 이것은 공공부조가 세대를 단위로 제공된다는 원칙을 정한 것이다. 왜냐하면 주거와 생계를 같이하는 자를 집합적으로 보호하기 위한 정책적 배려 때문이다. 그러나 세대구성원 중 특정 개인이 특별한 조건을 갖추고 있어 세대에 영향을 미치는 경우에는 이에 대해 분리하여 특별한 서비스를 제공할 수 있다. 이 부분에서 전문적 사회복지사의 역할이 요구된다.

(4) 수급권자의 범위

과거 생활보호법에서 대상자의 범위는 연령기준이 중요했으나 국민기초생활보장법에서는 이를 폐지했다. 우선, 용어에서부터 변화가 생겼다. 이 법에서 '수급권자'라 함은 이 법에 의해 급여를 받을 수 있는 자격을 가진 사람을 말한다(법 제2조 제1호). 또한 '수급자'는 이 법에 의해 급여를 받는 사람을 말한다(같은 조 제2호).

수급권자는 부양의무자가 없거나 부양의무자가 있어도 부양능력이 없거나 부양을 받을 수 없는 사람으로서 소득인정액이 최저생계비 이하인 사람으로 한다(제5조 제1항). 즉, 이 법에 의한 급여를 받을 수 있는 자격요건은 부양의무자의 유무, 부양의무자의 부양능력 유무, 부양의무자의 부양여부, 최저생계비 이하인 소득인정액 등의 요건들을 갖추어야 한다.

① 부양의무자의 부재

'부양의무자'라 함은 수급권자를 부양할 책임이 있는 자로서 수급권자의 1촌의 직계혈족 및 그 배우자를 말한다(제2조 제5호). 여기에서 '부양할 책임이 있는 자'는 민법상 부양의무자를 말한다.

민법 제777조(친족의 범위)를 보면 다음과 같다.

> 친족관계로 인한 법률상 효력은 이 법 또는 다른 법률에 특별한 규정이 없는 한 다음 각 호에 해당하는 자에 미친다.
>
> 1. 8촌 이내의 혈족[8]
> 2. 4촌 이내의 인척[9]
> 3. 배우자

민법의 규정에 따라 국민기초생활보장법은 친족의 범위에 관한 한 민법의 특별법이 되므로 특별법을 우선적으로 적용해야 한다. 이것은 민법의 친족범위가 넓기 때문에 이것을 그대로 적용하면 국민기초생활보장법의 수급권자가 될 수 있는 범위는 극히 협소해진다. 따라서 사회복지법의 취지를 살리기 어렵다. 그리하여 국민기초생활보장법에서는 실제 생활관계를 중시하여 제정법에서 혈족의 범위를 2촌 이내로 한정하였다가 2004년 개정에서 1촌의 직계혈족으로 범위를 좁혔다. 또한 민법상 부양의무관계자의 범위는 다음과 같다.

제974조(부양의무) 다음 각 호의 친족은 서로 부양의 의무가 있다.

1. 직계혈족 및 그 배우자 간
2. 삭제(90. 1. 13)
3. 기타 친족 간(생계를 같이 하는 경우에 한한다)

민법에서도 현실 생활관계에 주목하여 생계를 같이하는 친족을 부양의무자로 규정하고 있다. 국민기초생활보장법은 이를 더욱 축소하여 수급권자의 1촌의 직계혈족과 그 배우자로 한정하고 있다. 이렇게 부양의무자 범위를 축소하는 것은 수급권자 범위를 확대하기 위한 배려 때문이다.

---

8 혈족(血族)은 피를 물려받거나 피를 나눈 관계를 말한다. 부모 자식 간이나 형제간, 고모, 삼촌, 이모 및 외삼촌 등은 모두 혈족관계에 있으나 배우자, 고모부, 이모부, 숙모, 외숙모 등은 혈족이 아니다.
9 인척(姻戚)은 혼인을 통해서 이루어지는 친족관계를 말한다. 형부, 처제, 매부, 매제, 고모부, 숙모, 이모부, 외숙모 등이 모두 인척의 범위에 포함된다.

② 부양 및 부양능력의 부존재

민법상 부양의무는 부양을 받을 자가 자기의 자력(資力) 또는 근로에 의해 생활을 유지할 수 없는 경우에 한하여 이를 이행할 책임이 있다 (민법 제975조). 즉, 피부양자가 생활유지의 능력이 없을 때에 비로소 부양의무 이행의 책임이 있게 되는 것이다.

그런데 국민기초생활보장법에서 부양능력이 없는 경우는 어떤 경우인가? 이것은 매우 중요한 요건이 된다. 부양의무자의 부양능력 여부에 따라 수급자가 될 수도 있고 아닐 수도 있기 때문이다. 이에 대해 국민기초생활보장법 시행령은 다음과 같이 규정을 두고 있다.

제4조 (부양능력이 없는 경우)

① 법 제5조 제3항에서 "부양의무자가 있어도 부양능력이 없는 경우"란 부양의무자가 다음 각 호의 어느 하나에 해당하는 경우를 말한다. 이 경우 제2호에 해당하는 부양의무자는 개별가구에 속하지 아니하는 다른 직계혈족에 대해서만 부양능력이 없는 것으로 본다.

1. 수급자인 경우
2. 직계존속 또는 〈장애인복지법〉에 따른 중증장애인인 직계비속을 자신의 주거에서 부양하는 경우(보건복지부장관이 정하여 고시하는 경우로 한정한다)
3. 다음 각 목의 어느 하나에 해당하는 사람으로서 재산의 소득환산액이 보건복지부장관이 정하여 고시하는 금액 미만인 경우
   가. 제3조에 따른 실제소득에서 질병, 교육 및 가구특성을 고려하여 보건복지부장관이 정하여 고시하는 금액을 뺀 금액(이하 "차감된 소득"이라 한다)이 최저생계비의 100분의 130 미만인 사람
   나. 일용근로 등에 종사하는 사람. 이 경우 일용근로는 근로를 한 날이나 시간에 따라 근로대가를 계산하는 근로로서 고용계약기간이 1개월 미만인 근로로 한다.

4. 제1호부터 제3호까지 외의 사람으로서 다음 각 목의 요건을 모두 충족하는 경우

가. 차감된 소득이 수급권자 및 해당 부양의무자 각각의 최저생계비를 합한 금액의 100분의 130 미만일 것. 다만, 노인·장애인·한부모가정 등 수급권자 가구의 특성으로 인하여 특히 생활이 어렵다고 보건복지부장관이 정하는 경우에는 100분의 185 미만으로 한다.

나. 재산의 소득환산액이 보건복지부장관이 정하여 고시하는 금액 미만일 것

다. 부양의무자의 차감된 소득에서 부양의무자 최저생계비의 100분의 130(가목 단서의 경우에는 100분의 185)에 해당하는 금액을 뺀 금액의 범위에서 보건복지부장관이 정하는 금액을 수급권자에게 정기적으로 지원할 것

5. 그 밖에 질병, 교육, 가구 특성 등으로 인하여 부양능력이 없다고 보건복지부장관이 정하는 경우

② 보건복지부장관은 제1항에도 불구하고 부양의무자인 혼인한 딸 등의 부양능력에 대해서는 인정기준을 완화하여 정할 수 있다.

여기 시행령 제4조 제2항에서 출가한 딸의 부양능력 인정기준을 완화하도록 한 것은 현실적 생활관계를 고려하여 법률상 수급권자의 범위가 축소되지 않도록 하기 위한 것이다. 이에 따라 이 법의 대상자 적격성의 요건이 완화될 수 있게 한 입법정책적 규정으로 볼 수 있다.

③ 부양받을 수 없는 경우

법 제5조 제3항에서 "부양의무자가 있어도 부양을 받을 수 없는 경우"란 부양의무자가 다음 각 호의 어느 하나에 해당하는 경우를 말한다.

1. 〈병역법〉에 따라 징집되거나 소집된 경우
2. 〈해외이주법〉 제2조에 따른 해외이주자에 해당하는 경우
3. 제2조 제2항 제3호부터 제6호까지에 해당하는 경우
4. 부양을 기피하거나 거부하는 경우
5. 그 밖에 수급권자가 부양을 받을 수 없다고 특별자치도지사·시장·군수·구청장이 확인한 경우

④ 소득인정액이 최저생계비 이하

가. 소득인정액의 산출

국민기초생활보장법은 이른바 생산적 복지의 이념과 공공부조의 무차별 평등 원리에 따라 수급자 선정에서 소득인정액의 기준을 사용하도록 규정한다. 이와 같은 방식으로 대상자를 선정하는 것은 우리나라의 독특한 방법이다. '소득인정액'이라 함은 개별가구의 소득평가액과 재산의 소득환산액을 합산한 금액을 말하는데(법 제2조 제8호), 이는 매우 복잡한 현실적 자료들을 통해 계산의 항목과 방법을 개발해야 하므로 많은 연구와 준비가 필요했다. 그래서 법은 소득인정액의 기준 사용을 2003년부터 하도록 유예기간을 정하였었다(법 부칙 제1조).

개별가구의 '소득평가액'은 근로유인을 위한 장치로서, 개별가구의 실제소득에 불구하고 보장기관이 급여의 설정 및 실시에 사용하기 위해 산출한 금액을 말한다(법 제2조 제9호). 따라서 이 금액에는 가구 특성에 따른 지출요인과 근로를 유인하기 위한 요소 등을 반영해야 한다(같은 호).

여기에서 일단 개별가구를 단위로 소득을 산출하기 때문에 동일한 가구에 속하는지 여부가 중요한 기준이 된다. '개별가구'라 함은 다음과 같다(같은 법 시행령 제2조).

① 〈국민기초생활보장법〉(이하 "법"이라 한다) 제 2조 제 7호부터 제 9호까지의 규정에서 "개별가구"란 다음 각 호의 사람으로 구성된 가구를 말한다.

1. 〈주민등록법 시행령〉 제 6조 제 1항에 따른 세대별 주민등록표에 등재(登載)된 사람(동거인은 제외한다)
2. 제 1호 외의 사람으로서 다음 각 목의 어느 하나에 해당하는 사람
   가. 제 1호에 해당하는 사람의 배우자(사실상 혼인관계에 있는 사람을 포함한다. 이하 같다)
   나. 제 1호에 해당하는 사람의 미혼 자녀 중 30세 미만인 사람
   다. 제 1호에 해당하는 사람과 생계 및 주거를 같이하는 사람(제 1호에 해당하는 사람 중 생계를 책임지는 사람이 그의 부양의무자인 경우로 한정한다)

② 제 1항에도 불구하고 다음 각 호의 어느 하나에 해당하는 사람은 개별가구에서 제외한다.

1. 현역 군인 등 법률상 의무를 이행하기 위하여 다른 곳에서 거주하면서 의무 이행과 관련하여 생계를 보장받고 있는 사람
2. 외국에 최근 6개월간 통산하여 90일을 초과하여 체류하고 있는 사람
3. 〈형의 집행 및 수용자의 처우에 관한 법률〉 및 〈치료감호법〉 등에 따른 교도소, 구치소, 치료감호시설 등에 수용 중인 사람
4. 제 38조에 따른 보장시설에서 급여를 받고 있는 사람
5. 실종선고 절차가 진행 중인 사람
6. 가출 또는 행방불명으로 경찰서 등 행정관청에 신고된 후 1개월이 지났거나 가출 또는 행방불명 사실을 특별자치도지사·시장·군수·구청장(자치구의 구청장을 말한다. 이하 같다)이 확인한 사람
7. 그 밖에 제 1항 제 1호에 해당하는 사람과 생계 및 주거를 달리한다고 특별자치도지사·시장·군수·구청장이 확인한 사람

또한 실제소득은 어떤 것들을 포함하는지가 또 하나 중요한 기준이 된다. 여기에서 소득의 범위는 다음과 같다(같은 법 시행령 제3조).

① 법 제2조 제9호에서 "실제소득"이란 다음 각 호의 소득을 합산한 금액을 말한다.
1. 근로소득: 근로의 제공으로 얻는 소득. 다만, 〈소득세법〉에 따라 비과세되는 근로소득은 제외하되, 다음 각 목의 급여는 근로소득에 포함한다.
    가. 〈소득세법〉 제12조 제3호 더목에 따라 비과세되는 급여
    나. 〈소득세법 시행령〉 제16조 제1항 제1호에 따라 비과세되는 급여
2. 사업소득
    가. 농업소득: 경종업(耕種業), 과수·원예업, 양잠업, 종묘업, 특수작물생산업, 가축사육업, 종축업(種畜業) 또는 부화업과 이에 부수하는 업무에서 얻는 소득
    나. 임업소득: 영림업, 임산물생산업 또는 야생조수사육업과 이에 부수하는 업무에서 얻는 소득
    다. 어업소득: 어업과 이에 부수하는 업무에서 얻는 소득
    라. 기타사업소득: 도매업, 소매업, 제조업, 그 밖의 사업에서 얻는 소득
3. 재산소득
    가. 임대소득: 부동산, 동산, 권리 또는 그 밖의 재산의 대여로 발생하는 소득
    나. 이자소득: 예금·주식·채권의 이자와 배당 또는 할인에 의하여 발생하는 소득 중 보건복지부장관이 정하는 금액 이상의 소득
    다. 연금소득: 〈소득세법〉 제20조의3 제1항 제3호부터 제5호까지의 규정에 따라 발생하는 연금 또는 소득과 〈보험업법〉 제4조 제1항 제1호 나목의 연금보험에 의하여 발생하는 소득
4. 기타소득

가. 친족 또는 후원자 등으로부터 정기적으로 받는 금품 중 보건
　　복지부장관이 정하는 금액 이상의 금품
나. 제4조 제1항 제4호 다목에 따라 보건복지부장관이 정하는 금액
다. 〈국민연금법〉, 〈기초노령연금법〉, 〈공무원연금법〉, 〈군인
　　연금법〉, 〈사립학교교직원 연금법〉, 〈고용보험법〉, 〈산업재
　　해보상보험법〉, 〈독립유공자예우에 관한 법률〉, 〈국가유공
　　자 등 예우 및 지원에 관한 법률〉, 〈고엽제후유의증 등 환자
　　지원 및 단체설립에 관한 법률〉, 〈자동차손해배상 보장법〉,
　　〈참전유공자예우 및 단체설립에 관한 법률〉 등에 따라 정기
　　적으로 지급되는 각종 수당·연금·급여 또는 그 밖의 금품.
　　다만, 다음의 금품은 제외한다.
　　1) 〈독립유공자예우에 관한 법률〉 제14조 및 〈국가유공자 등 예
　　　우 및 지원에 관한 법률〉 제14조에 따른 생활조정수당
　　2) 〈참전유공자예우 및 단체설립에 관한 법률〉에 따라 지급되는
　　　참전명예수당 중 가구당 최저생계비의 100분의 20 이하에 해
　　　당하는 금액
② 제1항에도 불구하고 다음 각 호의 금품은 소득으로 보지 아니한다.
1. 퇴직금, 현상금, 보상금 등 정기적으로 지급되는 것으로 볼 수
　　없는 금품
2. 보육·교육 또는 그 밖에 이와 유사한 성질의 서비스 이용을 전제
　　로 받는 보육료, 학자금, 그 밖에 이와 유사한 금품
3. 법 제43조 제5항에 따라 지방자치단체가 지급하는 금품으로서
　　보건복지부장관이 정하는 금품

이러한 실제소득을 기준으로 하여 다음과 같이 소득평가액을 산정
한다(같은 법 시행규칙 제2조).

〈국민기초생활보장법〉(이하 "법"이라 한다) 제2조 제9호 후단에 따
른 소득평가액은 〈국민기초생활보장법 시행령〉(이하 "영"이라 한다)

제3조에 따른 실제 소득에서 다음 각 호에 해당하는 금액을 차감한 금액으로 한다.

1. 〈장애인연금법〉 제6조에 따른 기초급여액 및 같은 법 제7조에 따른 부가급여액
2. 〈장애인복지법〉 제49조에 따른 장애수당, 같은 법 제50조에 따른 장애아동수당 및 보호수당
3. 〈한부모가족지원법〉 제12조 제1항 제4호에 따른 아동양육비
4. 〈고엽제후유의증 환자 지원 등에 관한 법률〉 제7조 제7항에 따른 수당(제1호에 따른 기초급여액 및 부가급여액에 해당하는 금액에 한정한다)
5. 만성질환 등의 치료 · 요양 · 재활로 인하여 지속적으로 지출하는 의료비
6. 장애인이 〈장애인복지법 시행규칙〉 제41조 및 별표 4에 따른 장애인복지관 및 장애인 직업재활시설, 〈정신보건법 시행규칙〉 제10조의 2 및 별표 6의 2에 따른 주간재활시설 및 정신질환자직업재활시설에서 실시하는 직업재활사업에 참가하여 얻은 소득의 100분의 50에 해당하는 금액
7. 영 제10조 제1항 제3호에 따른 자활근로 중 수급자의 근로능력 정도, 사업의 근로 강도 등을 고려하여 보건복지부장관이 정하는 사업 및 같은 항 제7호에 따른 자활기업(이하 "자활기업"라 한다)의 사업에 참가하여 받은 소득의 100분의 30에 해당하는 금액
8. 학생 · 장애인 · 노인이 얻은 영 제3조 제1항 제1호 및 제2호에 따른 소득의 100분의 30에 해당하는 금액
9. 제6호부터 제8호까지의 규정에 해당하지 아니하는 소득으로서 영 제3조 제1항 제1호 및 제2호에 따른 소득에 100분의 10의 범위에서 보건복지부장관이 정하는 비율을 곱한 금액
10. 그 밖에 가구 특성에 따라 추가적인 지출이 필요하다고 인정되어 보건복지부장관이 정하는 금품

그러므로 소득평가액은 실제소득에서 필요경비를 제하고 근로유인을 위한 소득공제 금액을 제하는 방식으로 계산되는 것이다. 여기에서 어떤 비용을 필요경비로 할 것인가가 중요한 요건이 되며 근로소득 공제율과 공제범위를 어느 정도로 할 것인가가 중요한 관건이 될 것이다. 위 시행규칙에 따라 의료비가 공제되며, 자활을 위한 근로소득의 30%를 공제한다. 제정법의 시행규칙에서는 10% 내지 15%였던 공제율을 30%로 인상하여 근로유인을 높이고자 하였다. 공제율이 너무 낮은 수준이면 오히려 근로소득의 은폐 문제를 가져온다. 반면에 공제율을 너무 높이면 근로유인의 효과가 높지만 사회보장기본법 제10조 제3항(최저임금과 최저생계비)의 한계에 부딪힐 수 있으며 차상위계층의 소득수준보다 높게 될 가능성이 있어 형평성의 문제가 야기될 것이다. 또한 공제율을 낮추게 되면 근로유인의 효과가 상실되어 법의 목적(제1조)상 자활을 돕는 목적과 거리가 멀어질 위험이 있다.

재산의 소득환산액은 보장기관이 급여의 결정 및 실시 등에 사용하기 위해 개별가구의 재산가액에 소득환산율을 곱하여 산출한 금액을 말한다(법 제2조 제9호). 그러나 이 경우 재산의 범위, 재산가액의 산정기준 등은 매우 복잡하다. 이에 이 법 시행규칙은 다음과 같이 규정하고 있다.

제3조(재산의 범위 및 재산가액의 산정기준) ① 법 제2조 제10호 후단에 따른 소득환산의 대상이 되는 개별가구의 재산의 범위는 다음 각 호의 어느 하나에 해당하는 재산으로 한다.
1. 일반재산
    가. 〈지방세법〉 제104조 제1호부터 제3호까지의 규정에 따른 지, 건축물 및 주택. 다만, 종중재산·마을공동재산 그 밖에 이에 준하는 공동의 목적으로 사용하는 재산은 제외한다.

나. 〈지방세법〉 제104조 제4호 및 제5호에 따른 선박 및 항공기

　다. 주택·상가 등에 대한 임차보증금(전세금을 포함한다)

　라. 100만 원 이상의 가축, 종묘(種苗) 등 동산(장애인 재활보조
　　　기구 등 보건복지부장관이 정하는 동산은 제외한다) 및 〈지방
　　　세법〉 제6조 제11호에 따른 입목

　마. 〈지방세법〉 제6조 제14호부터 제17호까지의 규정에 따른 회원권

　바. 〈소득세법〉 제89조 제2항에 따른 조합원입주권

　사. 건물이 완성되는 때에 그 건물과 이에 부수되는 토지를 취득
　　　할 수 있는 권리(바목에 따른 조합원입주권은 제외한다)

　아. 〈지방세법〉 제6조 제13호에 따른 어업권

2. 금융재산

　가. 현금 또는 수표, 어음, 주식, 국채·공채 등 유가증권

　나. 예금·적금·부금·보험 및 수익증권 등

3. 〈지방세법〉 제124조에 따른 자동차. 다만, 장애인 사용 자동차
　 등 보건복지부장관이 정하여 고시하는 자동차는 제외하고, 화물
　 자동차 등 보건복지부장관이 정하여 고시하는 자동차는 제1호에
　 따른 일반재산으로 본다.

② 영 제2조 제2항 제1호부터 제6호까지의 규정에 해당하는 사람
의 제1항 각 호의 재산을 개별가구의 가구원이 사용·수익하는 경우
에는 해당 재산을 개별가구의 재산에 포함한다.

③ 제1항 및 제2항에 따른 재산의 가액은 법 제22조부터 제24조까
지의 규정에 따른 조사일(이하 "조사일"이라 한다)을 기준으로 다음 각
호의 구분에 따른 방법에 따라 산정한 가액으로 한다. 다만, 재산의
가액을 산정하기 어려운 경우에는 해당 재산의 종류 및 거래상황 등
을 고려하여 보건복지부장관이 정하는 바에 따라 가액을 산정한다.

1. 제1항 제1호 가목: 〈지방세법〉 제4조 제1항 및 제2항에 따른
　 시가표준액 등을 고려하여 보건복지부장관이 정하는 가액

2. 제1항 제1호 나목: 〈지방세법〉 제4조 제2항에 따른 시가표준액
　 등을 고려하여 보건복지부장관이 정하는 가액

3. 제1항 제1호 다목: 임대차계약서 상의 보증금 및 전세금
4. 제1항 제1호 라목: 동산은 조사일 현재의 시가, 입목은 〈지방세법 시행령〉 제4조 제1항 제5호에 따른 시가표준액
5. 제1항 제1호 마목: 〈지방세법 시행령〉 제4조 제1항 제9호에 따른 시가표준액
6. 제1항 제1호 바목: 다음 구분에 따른 금액
   가. 청산금을 납부한 경우: 〈도시 및 주거환경정비법〉 제48조에 따른 관리처분계획에 따라 정해진 가격(이하 "기존건물평가액"이라 한다)과 납부한 청산금을 합한 금액
   나. 청산금을 지급받은 경우: 기존건물평가액에서 지급받은 청산금을 차감한 금액
7. 제1항 제1호 사목: 조사일 현재까지 납부한 금액
8. 제1항 제1호 아목: 〈지방세법 시행령〉 제4조 제1항 제8호에 따른 시가표준액
9. 제1항 제2호: 영 제36조 제1호 및 제3호에 따른 금융재산별 가액
10. 제1항 제3호: 차종·정원·적재정량·제조연도별 제조가격(수입하는 경우에는 수입가격) 및 거래가격 등을 고려하여 보건복지부장관이 정하는 가액

이와 같이 재산을 소득으로 환산하여 계산하는 것은 매우 복잡하다. 그래서 이의 첫 시행을 2003년으로 유예했던 것이다. 이는 수급권자가 재산을 소유하고 있더라도 획일적으로 인정하던 생활보호제도의 모순을 시정하기 위한 것으로써 개별가구의 특성을 반영하여 실제 생활에 기초가 되는 재산은 소득환산에서 제외하여 수급자가 될 수 있는 가능성을 높여주기 위한 것이다.

나. 최저생계비

앞에서와 같은 절차로 소득인정액을 산출하여, 그 액수가 최저생계비 이하일 때 이 법에 의한 수급자로 선정될 수 있다. 따라서 최저생계비를 얼마로 정하느냐 하는 것은 법적으로 매우 중요한 요건이 되는 것이다. 그러므로 최저생계비를 산출하는 방식이 결과의 차이를 가져오게 할 것이다. 예컨대, 전물량(全物量)방식, 반(半)물량방식 등의 절대적 방법, 박탈지수와 같은 상대적 방법, 라이덴(Leyden) 방식과 같은 주관적 방법 등 다양한 방법들이 빈곤 내지 최저생계비를 계측하기 위한 방법으로 고려될 수 있다.

그러나 이 법에서는 이에 대해 규정이 없고, 그 대신에 국민의 소득·지출수준과 수급권자의 가구유형 등 생활실태, 물가상승률 등을 고려하여 최저생계비를 결정하도록 규정하고 있다(제6조 제1항). 이것은 매년 최저생계비를 실제로 조사할 수 없기 때문이다. 즉, 최저생계비를 결정하기 위한 계측조사는 3년마다[10] 실시하도록 되어 있기 때문에(같은 조 제3항), 계측조사를 하지 않는 연도에 최저생계비를 결정하기 위해 이와 같이 규정한 것이다. 그러나 3년이란 기간은 경제상황의 변화가 급진적일 때에는 물가상승률만 반영하는 것으로는 매우 비현실적인 기간이 될 수 있다. 이로 인한 괴리를 메우기 위해 2004년 개정에서 가구유형별, 예컨대 장애인가구, 노인가구, 학생가구 등을 고려하도록 하였으나, 이 역시 여전히 미흡하다. 왜냐하면, 대도시, 중소동시, 농어촌 등 지역에 따라 최저생계비에 차이가 현저한데, 이것을 반영하고 있지 못하기 때문이다.

보건복지부장관은 제20조 제2항의 규정에 의해 중앙생활보장위원

---

10 과거에는 5년마다 조사하도록 되었던 것을 2004년 개정법률에서 3년 주기로 단축시켜 현실에 대한 구체적 타당성을 높였다.

회의 심의·의결을 거쳐 계측조사계획을 수립하고 그 계획에 따라 계측조사를 실시해야 한다(시행규칙 제5조 제1항). 이 계측조사는 공공기관, 민간기관, 공공단체, 민간단체 또는 그 밖의 전문가에게 의뢰하여 실시할 수 있다(같은 조 제2항). 이렇게 하여 확보된 최저생계비에 대해 보건복지부장관은 중앙생활보장위원회의 심의·의결을 거쳐 매년 9월 1일까지 다음 연도의 최저생계비를 공표해야 한다(법 제6조 제2항).[11]

⑤ 차상위계층

과거 생활보호법과 달리 국민기초생활보장법은 차상위계층을 예정하고 있다. 시장·군수·구청장은 최저생계비의 변경 등에 의해 수급권자의 범위가 변동함에 따라 다음 연도에 이 법에 의한 급여가 필요할 것으로 예측되는 수급권자의 규모를 조사할 수 있다(제24조 제1항). 이때 차상위계층에 대한 조사를 할 수 있는데, 차상위계층이라 함은 소득인정액이 최저생계비의 100분의 120 이하인 사람을 말한다(시행령 제3조의 2).

그러므로 차상위계층은 이 법의 완전한 적용을 받을 수 있는 잠재적 수급권자라 할 수 있겠다. 이 법의 원활한 시행을 위해 수급권자의 범위를 실제적으로 넓혀 생활이 어려운 자들이 누락되지 않기 위한 정책적 배려로 볼 수 있다.

---

11 과거에는 매년 12월 1일까지 최저생계비를 공표하도록 했는데, 1997년에 개정된 생활보호법에서 처음으로 규정되었다. 그러나 그 해 12월 1일 당시 보건복지부장관이었던 김모임 씨는 공표하지 않았다. 그리하여 1998년 참여연대는 김 장관을 직무유기죄로 고발했었다. 2004년 법개정으로 9월 1일로 변경되었다.

⑥ 주민등록의 문제

이 법 제10조 제1항에 따라 급여가 행해지는 곳은 원칙적으로 수급자의 주거이다. 그런데 이와 관련하여 주거를 확인할 수 있는 법적, 행정적 근거라 할 수 있는 주민등록이 말소되어 없거나 실제 거주지와 주민등록상 거주지가 다른 경우가 문제가 되었다.

지난 2000년 8월 서울시 송파구 문정2동 화훼마을 비닐하우스촌에 거주하는 사람들의 주민등록전입신고가 해당 동사무소에 의해 거부처분이 내려져 이 처분에 대한 취소청구 소송이 제기되었다. 이에 고등법원에서 원고측이 승소하여 보건복지부는 2001년 8월 2일, 이들에게 기초생활보장번호를 부여하여 이들도 국민기초생활보장법의 생계급여를 받을 수 있도록 '사회취약계층 기초생활보장 특별보호대책'을 발표했다.

이에 따라 주민등록이 말소되었거나 현 거주지에 주민등록이 이루어지지 않은 수급권자들도 자격을 취득하게 되었다.

⑦ 외국인에 대한 특례

이 법의 상위법인 사회보장기본법 제8조는 원칙적으로 외국인에 대하여 상호주의 입장을 취하고 있다. 그러나 구체적 입장은 관계법령에 위임하기 때문에 국민기초생활보장법에서 외국에 대하여 특례를 둔 것이다.

국내에 체류하는 외국인 중 대한민국 국민과 혼인하여 본인 또는 배우자가 임신 중이거나 대한민국 국적의 미성년 자녀를 양육하거나 배우자의 대한민국 국적인 직계존속(直系尊屬)과 생계나 주거를 같이하는 사람으로서 대통령령으로 정하는 사람이 제5조에 해당하는 경우에는 수급권자가 된다(제5조의 2). 이 규정은 2005년 개정법률에서 규정되어 2007년 7월부터 적용되었고, 2011년 그 범위가 확대되었다.

이에 따라 수급권자가 될 수 있는 외국인은 '출입국관리법' 제31조에 따라 외국인 등록을 한 자로서 다음 각 호의 어느 하나에 해당하는 자로 한다(동 시행령 제5조의 2).

1. 대한민국 국민과 혼인 중인 사람으로서 다음 각 목의 어느 하나에 해당하는 사람
   가. 본인 또는 대한민국 국적의 배우자가 임신 중인 사람
   나. 대한민국 국적의 미성년 자녀(계부자·계모자 관계와 양친자관계를 포함한다. 이하 이 조에서 같다)를 양육하고 있는 사람
   다. 배우자의 대한민국 국적인 직계존속과 생계나 주거를 같이하는 사람
2. 대한민국 국민인 배우자와 이혼하거나 그 배우자가 사망한 사람으로서 대한민국 국적의 미성년 자녀를 양육하고 있는 사람 또는 사망한 배우자의 태아를 임신하고 있는 사람

따라서 불법체류자는 대상이 아니며, 대한민국 국민과 결혼했더라도 대한민국 국적을 가진 미성년자를 양육하지 않는 외국인은 대상이 아니다. 이러한 조건을 가진 외국인을 특례자로 규정한 것은 외국인 자체에 대한 생활보장이 목적이라기보다 대한민국 국민으로서 대한민국 국적자와 결혼하지 못한 자들[12]과 미성년의 그 자녀들을 위함이다.

그러나 일단 결혼과 부모·자녀관계를 근거로 하여 외국인을 우리나라 사회보장법의 대상으로 하는 것은 과거에 비해 진일보한 것이다. 물론, 대한민국 국적자와 결혼한 외국인이 대한민국 국적을 취득하면 내국인과 동일하게 취급된다.

---

12 대개는 농촌거주의 청·장년층의 남성.

(5) 급여의 종류와 방법

이 법에 의한 급여의 종류는 모두 일곱 가지인데, ① 생계급여 ② 주
거급여13 ③ 의료급여 ④ 교육급여 ⑤ 해산급여 ⑥ 장제급여 ⑦ 자활
급여 등이다(제7조 제1항). 과거 생활보호법과 달리 주거급여가 신설
되었다. 이 법에 의한 급여는 필요에 따라 생계급여와 나머지 급여를
함께 행한다(같은 조 제2항 전단부). 그런데 법 제4조 제1항에서 선
언하는 것처럼 '건강하고 문화적인' 생활수준을 유지할 수 있는 급여
의 종류는 보이지 않는다. 특히 문화적 수준의 욕구를 충족하기 위해
서 어떤 급여가 제공되는가? 복지서비스 등 필요한 서비스 형태의 급
여가 제공되어야 할 것이다(전광석, 2000: 391).

그러나 이 경우 급여수준은 제1항의 제1호 내지 제4호 및 제7호
의 급여와 수급자의 소득인정액을 포함하여 최저생계비 이상이 되도
록 해야 한다(같은 항 후단부). 이는 법 제1조에서 규정한 최저생활
보장의 목적상 당연한 것이다.

그런데 여기에서 대부분의 교과서들이 법문(法文)대로 해석하여 생
계급여, 주거급여, 의료급여, 교육급여, 자활급여와 수급자의 소득인
정액을 포함한 것이 최저생계비 이상이 되어야 한다고 하고 있다(박
석돈, 2000: 224; 전광석, 2000: 389 ; 현외성, 2001: 362). 그러나 입법론
적으로 볼 때, 제1항 제3호 의료급여는 제외되는 것으로 해야 할 것
이다. 왜냐하면 의료급여는 질병이 있거나 부상을 당한 경우에만 받
을 수 있는 의료보장적 성격의 급여인데, 이를 수급자의 총소득에 포
함시키는 것은 불합리하다.

---

13 과거 생활보호법에서는 생계보호, 의료보호, 교육보호, 해산보호, 장제보호,
   해산보호 등이 있었고 주거보호는 없었다. 단지, 1997년에 생활보호법을 개
   정하면서 생계보호와 주거에 필요한 비용을 반영하도록 되어 있었다.

게다가 '최저생계비 이상'이라는 표현의 의미가 최저생계비 수준을 넘어 무한대의 수준까지 포함하는 것이 아니라 최저생계비 수준까지는 충족해야 한다는 뜻이기 때문에, 의료급여를 많이 받는 만큼 다른 급여를 받을 수 없는 경우가 발생할 수 있는 것이다. 참으로 황당한 경우라고 하겠다.

따라서 해석론적으로도 생계급여, 주거급여, 교육급여, 자활급여의 총액과 수급자의 소득인정액을 합친 액수가 최저생계비에 달하도록 급여를 제공해야 한다는 의미로 이해해야 할 것이다.

또한 현행법상 의료급여는 따로 법률이 정하는 바에 따르기 때문에 (같은 조 제3항), 국민기초생활보장법의 다른 급여들과는 별도로 운영되고 있다.[14] 여기에서 법률은 곧 의료급여법을 말한다.

① 생계급여

생계급여는 수급자에게 의복·음식물 및 연료비와 그 밖에 일상생활에 기본적으로 필요한 금품을 지급하여 그 생계를 유지하게 하는 것으로 한다(제8조). 이 생계급여는 금전을 지급함으로써 행한다(제9조 제1항 전단부). 다만, 금전으로 지급할 수 없거나 금전으로 지급하는 것이 적당하지 아니하다고 인정하는 경우에는 물품을 지급할 수 있다 (같은 항 단서).

이때 수급품은 매월 정기적으로 지급해야 하며(같은 조 제2항 전단부), 이 경우 매월 20일(공휴일인 경우에는 그 전일)에 금융회사나 우편

---

14 의료급여의 부조적 성격 때문에 국민기초생활보장법에서 규정하는데, 이는 '의료'급여라는 특성 때문에 국민건강보험법과 통합적으로 규정되고 운영되는 것이 바람직할 것이다. 즉, 국민건강보험법과 의료보호법을 통합하여 '국민건강보장법'으로 제정하는 것이 좋을 것이다.

관서의 수급자 명의의 지정된 계좌에 입금한다(시행령 제6조 전단부). 다만, 특별한 사정이 있는 경우에는 그 지급방법을 다르게 정하여 지급할 수 있다(법 제9조 제2항 단서).

수급품은 수급자에게 직접 지급한다. 다만, 제10조 제1항 단서의 규정에 의해 제32조 규정에 의한 보장시설이나 타인의 가정에 위탁하여 생계급여를 행하는 경우에는 그 위탁받은 자에게 이를 지급할 수 있다. 이 경우 보장기관은 보건복지부장관이 정하는 바에 따라 정기적으로 수급자의 수급여부를 확인해야 한다(제9조 제3항). 이것이 제대로 확인되지 않으면, 사회복지시설의 비리가 발생하게 되는 것이다.

이렇게 수급자에 대한 직접 수급을 규정한 이유는 생활보호법 시대에 사회복지시설에 수용되어 있는 시설보호대상자들의 생계보호비용이 시설 또는 시설장들에 의해 제대로 전달되지 않는 사고들이 보고되어 이를 막기 위한 방편으로 도입된 규정이다. 그러나 현실적 편의상 이들을 수용하거나 맡고 있는 보장시설 등에도 급여를 수령할 수 있도록 선택적으로 규정하고 있다. 그러나 이 경우에도 수급자인 시설 입소자들의 급여가 정확히 그들에게 제대로 전달되었는지 보건복지부장관이 정기적으로 확인하도록 보강장치를 규정해 두는 것이다.

과거 생활보호법 시대에는 보호대상자로 선정되기만 하면 누구에게나 동일한 액수가 지급되는 것이 원칙이었다. 그러나 국민기초생활보장법에서는 보충급여 방식을 도입하고 있다. 그리하여 생계급여는 수급자의 소득인정액 등을 감안하여 차등지급될 수 있는 것이다(같은 조 제4항). 이는 최저생계비를 대상자 선정의 기준으로 정했기 때문에 국가가 급여를 제공한 후의 결과 역시 최저생계비의 구속을 받게 되는 것이다. 그러므로 수급자 본인의 소득과 생계급여를 합쳐서 최저생계비 수준에 도달하면 되기 때문에 국가에서는 수급자의 소득인정액을 차감하고 나머지 액수를 제공하여 최저생활을 유지할 수 있게 하면 되는 것이다.

이러한 보충급여 방식은 근로의욕의 저하를 가져올 수 있다. 왜냐하면 근로를 하든 안 하든 수급자가 되면 최저생계비 수준까지는 국가가 보장을 해주기 때문이다. 따라서 보충급여제도의 도입은 필연적으로 근로유인제도를 수반하게 된다. 이를 위해 앞에서 살펴보았듯이 소득인정액의 산출을 통해 근로를 유인할 수 있도록 소득공제가 합리적으로 이루어져야 하는 것이다.

여기에서 더 나아가 근로능력이 있는 수급자들에게 근로유인의 제공이 필수적이다. 이에 보장기관은 근로능력이 있는 수급자에게 자활에 필요한 사업에 참가할 것을 조건으로 하여 생계급여를 지급할 수 있다(같은 조 제5항 전단부). 이 경우 보장기관은 제28조의 규정에 의한 자활지원계획을 감안하여 조건을 제시해야 한다(같은 항 후단부). 따라서 근로능력이 있는 수급자가 자활에 필요한 사업에 참가하지 않으면 조건을 이행할 때까지 수급자 본인의 생계급여의 전부 또는 일부를 지급하지 아니할 수 있다(제30조 제2항). 이 규정은 근로능력이 있는 사람들에게까지 국가가 급여를 제공할 필요가 있느냐는 비판론에 대응하기 위해 도입된 규정이다. 그러므로 이 규정에 대해서는 별도의 검토가 필요하다.

이 조건부수급제도는 '생산적 복지'와 관련된다. 1999년 8월 15일 광복절 대통령 경축사를 통해 제시된 '생산적 복지'의 이념을 구체화한 대표적 예가 이 조항이다. 정해진 일을 해야만 급여를 제공함으로써 생산성을 확보하겠다는 것이다. 그야말로 일하는 자를 위한 복지이다. 즉, 근로능력이 있는 수급자에게 일방적으로 급여만 제공하는 것이 아니라 일을 해야 그 반대급부로 급여를 제공한다는 것이다.

그러나 이 조항 속에서 우리는 생존과 자율성의 갈등을 읽어 낼 수 있다. 즉, 국가의 부조로 생존하기 위해서는 국가가 요구하는 일정한 노동을 해야 한다는 것이다. 이는 법적으로 생존권 또는 사회권과 자유권의 대립 문제를 낳는다(윤찬영, 2000: 104~105). 이러한 예는 과거 서구 빈민법 시대에 근로능력이 있는 빈민들을 작업장에 수용하고 강제노역을 시켰던 것에서 찾아볼 수 있다. 그것은 곧 생존과 자율성을 맞바꾼 셈이었다. 당시 빈민법의 대상자들은 기본적 성원권(成員權)조차 획득하지 못한 상태였기 때문에 생존권을 제공받는 대신에 자유권을 박탈당했다는 표현은 과분한 표현일지도 모른다.

그러나 20세기에 들어와 성원권이 국가 구성원 모두에게 인정되고 자유권과 참정권이 보편적 권리로 인정되고, 제2차 세계대전 이후 복지국가가 등장한 이래 사회권도 보편화되는 단계에 이르렀다. 따라서 최소한 법이념적으로는 사회권과 자유권은 양립(兩立)할 수 있는 것으로 인정되었다. 이때 자유권과 사회권의 양립이란 가진 자의 경제적 자유권과 사회적 약자의 사회권의 조화를 말하는 것이다(김철수, 1994: 499~500 ; 권영성, 1994: 648).

신자유주의의 득세로 사회권은 많은 제한을 받게 되었다. 사회권은 국가와 개인 사이의 권리·의무관계를 전제로 하는데, 국가가 책임지던 사회복지를 축소, 철폐하거나 민영화함으로써 국가의 의무를 축소하여 사회권을 약화시키는 것이 신자유주의체제가 사회권을 통제하는 방향이다. 그런데 사회권을 약화시키는 방법으로서 국가가 사회보장급여를 제공하는 데 수급자에게 부수적 의무를 강화시키는 방법도 있다. 공공부조제도에서 근로를 전제로 하는 경우가 여기에 해당된다.

그러므로 국민기초생활보장법에서 강구하는 근로조건부 생계급여(제9조 제5항)는 제30조 제2항의 제한조치를 볼 때 수급자의 자유권, 특히 헌법이 보장하는 근로의 자유, 직업선택의 자유를 침해할 우려가 있다. 근로의 의지가 있음에도 불구하고 직업이 없거나 근로를 할 수 없는 사람들에게 특정한 장소에서 특정한 근로를 할 것을 명하는 것은 명백하게 위헌적 조치로 보아야 한다. 그러나 근로 능력이 있는데도 불구하고 근로의지 없이 생계급여에 의존하려는 사람에 대해서는 근로를 강제하기 전에 근로의욕을 고취시킬 수 있는 교육, 상담, 치료 등이 고려되어야 할 것이다.

이 문제에 대해서는 근로능력과 근로의지를 판단하는 것이 일차적 문제가 되고, 근로의 강제여부는 그 다음 관건이 된다.[15] 게다가 산업 사회에서의 근로능력의 개념과 정보화사회에서의 근로능력의 개념은 매우 다를 것이다. 또한 수급자가 자발적으로 일하여 자활할 수 있게 하는 데 중점을 두지 않고 오히려 수급자에게 강제하여 근로하도록 만드는 것에 초점을 맞추면 더 많은 비용이 들 수 있으며 실패로 끝날 수 있게 된다(Karger & Midgley, 1994: 240).

더욱 문제가 되는 것은 국민기초생활보장법은 이에 대한 판단기준을 대통령령에 위임하고 있다는 것이다(법 제9조 제5항). 이에 대한 시행령의 규정을 보자.

---

15 참고적으로 미국의 근로연계 프로그램에 대한 평가를 살펴보자. 근로연계 프로그램과 관련하여 세 부류의 집단을 상정해볼 수 있다. 첫째, 긍정적 삶의 경험을 갖는 사람들로서 이들에게는 강제적 근로연계 프로그램을 실시하는 것보다도 자율적 재량에 맡기는 것이 더욱 효과적이다. 둘째, 이와는 정반대 유형의 사람들로서 다루기 힘든 사람들이다. 이들에 대한 강제적 근로연계는 효과를 거두기 어렵다. 오히려 그 자녀들을 보호하고 교육하는 프로그램이 필요할 것이다. 셋째, 양자의 중간 계층인데 이들에게는 적절한 보상과 강제가 병행되어야 할 것이다. 전통적 근로연계 프로그램은 이들을 대상으로 하는 것이 효과적이다. Karger, H. J. & Midgley, J., ed. (1994), *Controversial Issues in Social Policy*, Allyn and Bacon, pp. 241~243.

제7조 (근로능력이 있는 수급자) ① 법 제9조 제5항 전단에 따른 근로능력이 있는 수급자는 18세 이상 64세 이하의 수급자로 한다. 다만, 다음 각 호의 어느 하나에 해당하는 사람은 제외한다.

1. 〈장애인고용촉진 및 직업재활법〉 제2조 제2호에 따른 중증장애인
2. 질병, 부상 또는 그 후유증으로 치료나 요양이 필요한 사람 중에서 근로능력평가를 통하여 특별자치도지사·시장·군수·구청장이 근로능력이 없다고 판정한 사람
3. 삭제 〈2011. 12. 30〉
4. 삭제 〈2011. 12. 30〉
5. 그 밖에 근로가 곤란하다고 보건복지부장관이 정하는 사람

② 특별자치도지사·시장·군수·구청장은 제1항 제2호에 따른 근로능력평가를 〈국민연금법〉 제24조에 따른 국민연금공단에 의뢰할 수 있다.

③ 제1항 제2호에 따른 판정에 이의가 있는 사람은 보건복지부령으로 정하는 바에 따라 특별자치도지사·시장·군수·구청장에게 재판정(再判定)을 신청할 수 있다.

④ 제1항 제2호에 따른 근로능력 평가의 기준, 방법 및 절차 등에 관한 사항은 보건복지부장관이 정하여 고시한다.

제8조 (조건부수급자) 법 제9조 제5항에 따라 자활에 필요한 사업(이하 "자활사업"이라 한다)에 참가할 것을 조건으로 생계급여를 지급받는 사람(이하 "조건부수급자"라 한다)은 제7조에 따른 근로능력이 있는 수급자 중 다음 각 호의 어느 하나에 해당하지 아니하는 사람으로 한다.

1. 개별가구 또는 개인의 여건 등으로 자활사업에 참가하기가 곤란한 다음 각 목의 어느 하나에 해당하는 사람
   가. 미취학 자녀, 질병·부상 또는 장애 등으로 거동이 곤란한 가구원이나 치매 등으로 특히 보호가 필요한 가구원을 양육·간병 또는 보호하는 수급자(가구별로 1명으로 한정하되, 양육·간병 또는 보호를 할 수 있는 다른 가구원이 있거나 사회복지시설 등에서 보육·간병 또는 보호서비스를 제공받는 경우는 제외한다)

나. 〈고등교육법〉제 2조 각 호(제 5호는 제외한다)에 따른 학교에 재학 중인 사람

다. 〈장애인고용촉진 및 직업재활법〉제 9조에 따른 장애인 직업재활 실시 기관 및 같은 법 제 43조에 따른 한국장애인고용공단이 실시하는 고용촉진 및 직업재활사업에 참가하고 있는 장애인

라. 임신 중이거나 분만 후 6개월 미만인 여자

마. 공익근무요원 등 법률상 의무를 이행 중인 사람

2. 근로 또는 사업에 종사하는 대가로 소득을 얻고 있는 다음 각 목의 어느 하나에 해당하는 사람. 다만, 특별자치도지사·시장·군수·구청장은 최저생계비와 자활근로에 참여하여 받는 소득 등을 고려하여 보건복지부장관이 정하여 고시하는 기준 이하의 소득에 해당하는 사람에 대하여 조건부수급자로 결정할 수 있다.

가. 주당 평균 3일(1일 6시간 이상 근로에 종사하는 경우만 해당한다) 이상 근로에 종사하거나 주당 평균 4일 이상의 기간 동안 22시간 이상 근로에 종사하는 사람

나. 〈부가가치세법〉제 5조에 따라 사업자등록을 하고 그 사업에 종사하고 있는 사람

3. 환경 변화로 적응기간이 필요하다고 인정되는 다음 각 목의 어느 하나에 해당하는 사람. 이 경우 그 기간은 3개월로 한정한다.

가. 〈병역법〉에 따른 입영예정자 또는 전역자

나. 〈형의 집행 및 수용자의 처우에 관한 법률〉및 〈치료감호법〉 등에 따른 교도소, 구치소, 치료감호시설 등에서 출소한 사람

다. 제 38조에 따른 보장시설에서 퇴소한 사람

라. 〈초·중등교육법〉제 2조 제 4호부터 제 6호까지의 규정에 따른 학교 또는 〈고등교육법〉제 2조 각 호(제 5호는 제외한다) 에 따른 학교의 졸업자

마. 질병·부상 등으로 2개월 이상 치료를 받고 회복 중인 사람

4. 그 밖에 자활사업에 참가할 것을 조건으로 생계급여를 지급하는 것이 곤란하다고 보건복지부장관이 정하는 사람

이와 같은 항목에 해당하면 근로능력이 있다고 인정받지 않거나 조건부수급자의 범주에서 제외된다. 제정법의 시행령에서보다 2003년 개정된 시행령에서 근로능력이 있는 수급자의 범위가 오히려 확대되었다. 상한연령 60세를 64세로 높인 것은 근로능력의 범위를 확대한 것이다. 이는 무상급여의 범위를 축소하는 것으로서 근로연계를 강화한 것이다.

이러한 요건에 따라 그냥 생계급여를 받거나 강제로 일을 해야 한다. 이것은 법적 효력의 차이다. 따라서 수급자의 권리실현에 중요한 차이를 가져오는 것이다. 그런데 이러한 사항을 시행령으로 위임하는 것은 지나친 포괄적 위임이거나 과잉위임이 될 수 있고, 시행령 개정 여하에 따라 자칫 개인의 권리를 침해하는 결과를 가져올 수도 있다. 따라서 모법의 규정으로 두는 것이 적절하다고 본다.

이렇게 해서 조건부수급자로 선정되면, 시장·군수·구청장은 수급자의 자활을 체계적으로 지원하기 위해 보건복지부장관이 정하는 바에 따라 제22조 내지 제24조의 규정에 의한 조사결과를 감안하여 수급자 가구별로 자활지원계획을 수립하고 그에 따라 이 법에 따른 급여를 실시해야 한다(제28조 제1항).

그렇다면 '자활에 필요한 사업'은 어떤 것들을 말하는가? 시행령 제10조에서 다음과 같이 규정한다.

제10조 (자활에 필요한 사업) ① 법 제9조 제5항에 따른 자활에 필요한 사업은 다음 각 호의 사업으로 한다.
1. 제18조에 따른 직업훈련
2. 제19조에 따른 취업알선 등의 제공
3. 제20조에 따른 자활근로
4. 〈직업안정법〉 제2조의 2 제1호에 따른 직업안정기관(이하 "직업

안정기관"이라 한다)의 장이 제시하는 사업장에의 취업

5. 〈고용정책 기본법〉 제34조 제1항 제5호에 따른 공공근로사업
6. 법 제16조에 따른 지역자활센터(이하 "지역자활센터"라 한다)의 사업
7. 법 제18조에 따른 자활기업(이하 "자활기업"라 한다)의 사업
8. 개인 창업 또는 공동 창업
9. 근로의욕 제고 및 근로능력 유지를 위한 자원봉사
10. 그 밖에 수급자의 자활에 필요하다고 보건복지부장관이 정하여
   고시하는 사업

② 특별자치도지사·시장·군수·구청장은 제1항 제9호에 따라 생계급여의 조건으로 자원봉사를 제시받은 조건부수급자가 그와 다른 자원봉사를 하려는 경우에는 그 자원봉사의 내용·기간 및 자원봉사 이행 여부의 확인자 등을 고려하여 그 자원봉사를 생계급여의 조건으로 인정할 수 있으며, 필요한 경우에는 자원봉사의 내용 등을 변경하여 인정할 수 있다.

생계급여는 어디에서 행하는가? 일단 수급자의 주거에서 행한다(법 제10조 제1항). 다만, 수급자가 주거가 없거나 주거가 있어도 그곳에서는 급여의 목적을 달성할 수 없는 경우 또는 수급자가 희망하는 경우에는 수급자를 제32조의 규정에 의한 보장시설이나 타인의 가정에 위탁하여 급여를 행할 수 있다(같은 항 단서). 여기에서 생계급여를 행하는 장소인 보장시설은 사회복지사업법에 의한 사회복지시설로서 대통령령이 정하는 시설을 의미하며(제32조), 타인의 가정일 경우는 거실의 임차료 기타 거실의 유지에 필요한 비용은 이를 수급품에 가산하여 지급한다(제10조 제2항 전단부). 이 경우 주거급여가 행해진 것으로 본다(같은 항 후단부).

② 주거급여

과거 생활보호법과 달리 신설된 급여가 바로 주거급여이다. 주거급여는 수급자에게 주거안정에 필요한 임차료, 유지수선비 기타 대통령령이 정하는 수급품을 지급하는 것으로 한다(제11조 제1항). 여기에서 임차료를 지급하는 것은 월세임차료를 지급하거나 전세금(임차보증금을 포함한다)을 대여하는 것으로 한다(같은 법 시행규칙 제8조). 주거급여의 기준 및 지급절차 등에 관해 필요한 사항은 보건복지부령으로 정한다(법 제11조 제2항).

③ 교육급여

교육급여는 수급자에게 입학금·수업료·학용품비 기타 수급품을 지원하는 것으로 하되, 학교의 종류·범위 등에 관해 필요한 사항은 대통령령으로 정한다(제12조 제1항).

빈곤의 세습을 예방하는 데 있어서 교육급여의 역할은 매우 중요하다. 우리나라에서도 비준된 '경제적, 사회적 및 문화적 권리에 관한 국제규약'(A규약) 제13조 제2항 (C)에 따르면, 고등교육도 능력에 기초하여 모든 사람에게 동등하게 개방되어야 한다. 빈곤가정의 아동이라 할지라도 국가의 공공부조 내지 기타 사회보장제도에 의해 고등교육까지 보장이 된다면 빈곤을 벗어나는 데 효과적일 것이다. 그러나 국민기초생활보장법 시행령에 따르면 중등교육(중·고등학교)까지만 급여의 대상이 되고 있다(시행령 제16조). 이것은 물론 우리나라 전체적 교육보장이 취약한 탓이기도 하지만 약자에 대해 우선적으로 배려한다면 불가능한 일도 아니라고 본다.

이러한 교육급여는 금전 또는 물품을 수급자 또는 수급자의 친권자나 후견인에게 지급함으로써 행한다. 다만, 보장기관이 필요하다고 인정하는 경우에는 수급자가 재학하는 학교의 장에게 수급품을 지급할 수 있다(법 제12조 제2항). 이 경우에도 제9조 제3항을 준용(準用)하는 것이 필요하다. 즉, 보장기관은 정기적으로 수급자의 수급여부를 확인해야 할 것이다. 수급자 이외의 제3자를 통한 급여 제공이기 때문에 반드시 확인의 과정이 필요한 것이다.

④ 해산급여
해산급여는 수급자에게 조산(助産), 분만 전과 분만 후의 필요한 조치와 보호를 행하는 것으로 한다(제13조 제1항). 이러한 해산급여는 정상적 출산뿐만 아니라 사산(死産)의 경우에도 제공된다(시행규칙 제17조 제3항). 이는 모성보호의 취지상 당연한 것이다.

해산급여는 보건복지부령이 정하는 바에 따라 보장기관이 정하는 의료기관에 위탁하여 행할 수 있다(법 제13조 제2항). 이때 의료기관은 의료급여법 제2조 제2호에 따른 의료급여기관이 된다(시행규칙 제17조 제1항).

해산급여에 필요한 수급품은 보건복지부령이 정하는 바에 따라 수급자나 그 세대주 또는 세대주에게 준하는 자에게 지급한다. 다만, 제2항의 규정에 의해 그 급여를 의료기관에 위탁하는 경우에는 수급품을 그 의료기관에 지급할 수 있다(법 제13조 제3항).

⑤ 장제급여
장제급여는 수급자가 사망한 경우 사체의 검안·운반·화장 또는 매장 기타 장제조치를 행하는 것으로 한다(제14조 제1항). 이것은 보건복지부령이 정하는 바에 따라 실제로 장제를 행하는 자에게 장제에 필요한 비용을 지급함으로써 행한다. 다만, 그 비용을 지급할 수 없

거나 비용을 지급하는 것이 적당하지 아니하다고 인정하는 경우에는 물품을 지급할 수 있다(같은 조 제2항).

⑥ 자활급여

자활급여는 수급자의 자활을 조성하기 위해 자활에 필요한 금품의 지급 또는 대여(1), 자활에 필요한 근로능력의 향상 및 기능습득의 지원(2), 취업알선 등 정보의 제공(3), 자활을 위한 근로기회의 제공(4), 자활에 필요한 시설 및 장비의 대여(5), 창업교육, 기능훈련 및 기술·경영지도 등 창업지원(6), 자활에 필요한 자산형성지원(7), 그 밖에 대통령령이 정하는 자활조성을 위한 각종 지원(8) 등을 실시하는 것으로 한다(제15조 제1항). 이는 조건부수급자에게 행하는 자활에 필요한 사업과 거의 비슷하다.

　이 자활급여는 관련공공기관, 비영리법인·시설 그 밖에 대통령령이 정하는 기관에 위탁하여 실시할 수 있다. 이 경우 그에 소요되는 비용은 보장기관이 부담한다(같은 조 제2항).

⑦ 의료급여

의료급여법에 의한 수급자는 다음과 같다(의료급여법 제3조 제1항).

1. 〈국민기초생활보장법〉에 의한 수급자
2. 〈재해구호법〉에 의한 이재민
3. 〈의사상자 등 예우 및 지원에 관한 법률〉에 따른 의상자 및 의사자유족
4. 〈입양특례법〉에 따라 국내에 입양된 18세 미만의 아동
5. 〈독립유공자예우에 관한 법률〉, 〈국가유공자 등 예우 및 지원에 관한 법률〉 및 〈보훈보상대상자 지원에 관한 법률〉의 적용을 받고 있는 자와 그 가족으로서 국가보훈처장이 의료급여가 필요하

다고 요청한 자 중 보건복지부장관이 의료급여가 필요하다고 인정한 자

6. 〈문화재보호법〉에 의하여 지정된 중요무형문화재의 보유자(명예보유자를 포함한다) 및 그 가족으로서 문화재청장이 의료급여가 필요하다고 요청한 자 중 보건복지부장관이 의료급여가 필요하다고 인정한 자

7. 〈북한이탈주민의 보호 및 정착지원에 관한 법률〉의 적용을 받고 있는 자와 그 가족으로서 보건복지부장관이 의료급여가 필요하다고 인정한 자

8. 〈5·18민주화운동 관련자 보상 등에 관한 법률〉 제8조의 규정에 의하여 보상금 등을 받은 자와 그 가족으로서 보건복지부장관이 의료급여가 필요하다고 인정하는 자

9. 〈노숙인 등의 복지 및 자립지원에 관한 법률〉에 따른 노숙인 등

10. 그 밖에 생활유지의 능력이 없거나 생활이 어려운 자로서 대통령령이 정하는 자

의료급여 수급권자의 질병·부상·출산 등에 대한 의료급여의 내용은 진찰·검사, 약제·치료재료의 지급, 처치·수술과 그 밖의 치료, 예방·재활, 입원, 간호, 이송과 그 밖의 의료목적의 달성을 위한 조치 등이다(같은 법 제7조 제1항).

(6) 권리성 및 책임성

① 권리성

과거 생활보호법이 요보호대상자에 대한 국가의 보호를 중심으로 규정된 체계라면, 국민기초생활보장법은 수급자의 권리성을 중심으로 이루어진 법체계이다. 우선 요보호대상자와 같은 가부장적 용어에서 벗어나 '수급권자', '수급자'라는 용어를 사용함으로써 대상자의 권리성을 명확하게 선언하고 있다.

이 법에서 '수급권자'라 함은 이 법에 의한 급여를 받을 자격을 가진 사람을 말하며(제2조 제1호), '수급자'라 함은 이 법에 의한 급여를 받는 사람을 말한다(같은 조 제2호). 이에 따라 수급자에게 급여하거나 대여하는 금전 또는 물품을 '수급품'이라 한다(같은 조 제3호).

수급자에 대한 급여는 정당한 사유 없이 이를 불리하게 변경할 수 없다(제34조). 또한 수급자에게 지급된 수급품과 이를 받을 권리는 압류할 수 없으며(제35조 제1항), 제27조의 2 제1항에 따라 지정된 급여수급계좌의 예금에 관한 채권은 압류할 수 없다(같은 조 제2항). 또한 수급자는 급여를 받을 권리를 타인에게 양도(讓渡)할 수 없다(제36조). 반면에 수급자는 거주지역·세대의 구성에 변동이 있거나 제22조 제1항 각 호의 사항에 현저한 변동이 있는 때에는 지체 없이 관할 보장기관에 이를 신고해야 할 의무를 가지고 있다(제37조).

이에 따라 급여를 행하는 국가 또는 지방자치단체 역시 보호기관 또는 보호실시기관이 아니라 '보장기관'이라 한다(제2조 제4호). 이는 수급자의 권리를 보장해야 하는 의무를 강조하기 위한 표현이라 하겠다.

② 책임성

가. 보장비용

국가 및 지방자치단체는 생활이 어려운 자에게 급여를 행할 책임이 있는데, 이를 제대로 이행하기 위해서는 무엇보다도 재정책임이 우선적으로 필요하다. 즉, 보장비용을 책임져야 한다. 보장비용이라 함은 이 법에 의한 보장업무에 소요되는 인건비와 사무비(1), 제 20조의 규정에 의한 생활보장위원회의 운영에 소요되는 비용(2), 제 8조부터 제 15조까지, 제 15조의 2, 제 15조의 3, 및 제 16조부터 제 18조까지의 규정에 의한 급여실시비용(3), 기타 이 법에 의한 보장업무에 소요되는 비용을 말한다(4) (제 42조).

보장비용에 대한 부담원칙은 다음과 같다(제 43조 제 1항).

1. 국가 또는 시·도가 직접 수행하는 보장업무에 드는 비용은 국가 또는 해당 시·도가 부담한다.
2. 제 19조 제 2항에 따른 급여의 실시 비용은 국가 또는 해당 시·도가 부담한다.
3. 시·군·구가 수행하는 보장업무에 드는 비용 중 제 42조 제 1호 및 제 2호의 비용은 해당 시·군·구가 부담한다.
4. 시·군·구가 수행하는 보장업무에 드는 비용 중 제 42조 제 3호 및 제 4호의 비용(이하 이 호에서 "시·군·구 보장비용"이라 한다) 은 시·군·구의 재정여건, 사회보장비 지출 등을 고려하여 국가, 시·도 및 시·군·구가 다음 각 목에 따라 차등하여 분담한다.
   가. 국가는 시·군·구 보장비용의 총액 중 100분의 40 이상 100분의 90 이하를 부담한다.
   나. 시·도는 시·군·구 보장비용의 총액에서 가목의 국가부담분을 뺀 금액 중 100분의 30 이상 100분의 70 이하를 부담하고,

시·군·구는 시·군·구 보장비용의 총액 중에서 국가와 시·도가 부담하는 금액을 뺀 금액을 부담한다. 다만, 특별자치도는 시·군·구 보장비용의 총액 중에서 국가가 부담하는 금액을 뺀 금액을 부담한다.

즉, 보장기관이 자체적으로 직접 행하는 보장사업의 비용과 보장시설 입소비용은 당해 보장기관이 부담하며, 인건비·사무비·생활보장위원회의 운영비 등은 당해 시·군·구가 부담하는 것이다. 급여실시 비용은 지방자치단체의 재정능력을 감안하여 국가, 특별시, 광역시 및 도, 시·군·구가 적절하게 분담한다는 원칙이다.

이에 따라 국가는 매년 이 법에 의한 보장비용 중 국가부담예정 합계액을 각각 보조금으로 교부하고, 그 과부족은 정산에 의해 추가로 교부하거나 반납하게 한다(같은 조 제2항). 이는 예산운영의 경직성을 탈피하여 신청에 따르는 수시 조사(제22조)에 대응하는 유연성을 확보하기 위함이다. 그리하여 시·도는 매년 시·군·구에 대해 제2항의 규정에 의한 보조금에, 제1항 제4호의 규정에 의한 시·도의 부담예정액을 합하여 보조금으로 교부하고 그 과부족은 정산에 의해 추가로 교부하거나 반납하게 한다(같은 조 제3항).

법 제43조 제2항 및 제3항의 규정에 의한 보조금의 산출은 법 제22조부터 제24조까지의 규정에 의하여 조사된 수급자 총수와 실시중인 급여의 종류를 기준으로 산출한다(시행령 제39조).

또한 지방자치단체는 그 지출한 보장비용의 총액이 법 제43조 제2항 또는 제3항의 규정에 의하여 국가(시·군·구의 경우에는 시·도를 말한다)로부터 교부받은 보조금과 법 제43조 제1항 제4호의 비율에 의한 당해 지방자치단체부담금의 합계액을 초과한 때에는 그 초과 지출된 금액에 대하여 법 제43조 제1항 제4호의 비율에 의한 보조금의 교부를 국가에 신청할 수 있다(시행령 제40조 제1항).

반면에 지방자치단체는 그 지출한 보장비용의 총액과 법 제43조 제2항 또는 제3항의 규정에 의하여 국가로부터 교부받은 보조금 및 당해 지방자치단체 부담금의 합계액을 정산한 결과 잉여금이 있는 때에는 그 잉여금에서 법 제43조 제1항 제4호의 비율에 의한 당해 지방자치단체 부담금을 빼고 잔여 잉여금은 이를 국가에 반납하여야 한다(같은 조 제2항).

그러나 지방자치단체의 조례에 의해 이 법에 의한 급여범위 및 수준을 초과하여 급여를 실시하는 경우 그 초과비용은 당해 지방자치단체가 부담한다(법 제43조 제5항). 이것은 지방자치제도의 실시에 따라 보장기관으로서 지방자치단체가 관할지역 내에서 이 법에 규정을 넘어 독자적 급여를 실시하거나 높은 급여수준을 유지하고자 한다면 자체적 부담으로 할 수 있다는 것이다. 이는 과거 생활보호법 시대에 몇몇 지방자치단체가 자활보호대상자에 대한 생계보호를 실시하려고 조례를 제정하는 과정에서 조례의 효력범위로서 '법령의 범위'에 관한 논란이 있었기 때문에 이에 대해 적극적으로 규정을 둔 것이다.

나. 자활기금

이 법 초기에는 보장기금을 설치하도록 하였으나 2006년 12월 법 개정에서 보장기금을 폐지하고 자활기금을 설치하도록 하였다. 국민기초생활보장법이 '생산적 복지'의 이념에 따라 '일을 통한 복지'(Workfare)를 강조하는 법이기 때문에, 과거 보장기금의 실제기능이나 용도 역시 단순한 생활자금의 대여보다는 창업지원 등을 목표로 했다. 따라서 기금의 목적을 분명하게 자활에 두기 위하여 자활기금으로 변경된 것이다.

이를 통해 보장기관은 이 법에 의한 자활지원사업의 원활한 추진을 위하여 일정한 금액과 연한을 정하여 자활기금을 적립할 수 있다(제18조의3 제1항). 보장기관은 자활지원사업의 효율적 추진을 위하여 필요하다고 인정하는 경우에는 자활기금의 관리·운영을 중앙자활센터 또는 자활지원사업을 수행하는 비영리법인에 위탁할 수 있다. 이 경우 그에 소요되는 비용은 보장기관이 이를 부담한다(같은 조 제2항). 자활기금의 적립에 관하여 필요한 사항은 대통령령으로 정한다(같은 조 제3항).

이 자활기금(이하 "기금"이라 한다)은 지방자치단체의 조례가 정하는 바에 따라 특별시·광역시·도·특별자치도(이하 "시·도"라 한다) 또는 시·군·구에 설치할 수 있다(시행령 제26조의2 제1항). 기금은 당해 지방자치단체의 조례가 정하는 바에 따라 다른 사회복지관련 기금과 통합하여 설치·운영할 수 있다. 이 경우 기금은 다른 사회복지관련 기금과 계정을 분리하여 운용·관리하여야 한다(같은 조 제2항).

기금의 재원은 지방자치단체 또는 지방자치단체외의 자로부터의 출연금, 다른 기금으로부터의 출연금, 금융회사 또는 다른 기금으로부터의 장기차입금, 기금의 대여에 따른 이자수입, 자활근로의 실시결과 발생하는 수익금, 기금의 운용수익으로 조성한다(시행령 제26조의3 제1항). 한편 국가는 기금의 재원확충을 위하여 시·도에 보조할 수 있다(같은 조 제2항).

또한 이렇게 조성된 기금은 자활공동체가 금융회사 등으로부터 대여받은 자금의 금리차이에 대한 보전, 법 제15조 제1항 제1호에 따른 자활근로 참가자의 자활조성을 위한 자금대여, 법 제15조 제1항 제5호의3에 따른 자산형성지원, 법 제18조 제3항 제1호에 따른 자활기업 사업자금 대여, 법 제18조의2에 따른 수급자 채용기업에 대한 사업자금 대여, 제37조의 규정에 의한 지역자활지원계획의 집행을 위하여 필요한 비용, 지역신용보증재단법, 기타 다른 법률의 규정에 의하여 신용보증업무를 수행하는 기관이 자활기업이 금융회사 또는 기금으로부터 대여 받는 채무, 수급자가 대여받는 생업자금 채무를 신용보증하는 데 소요되는 비용, 수급자 및 차상위자의 자활지원에 필요하여 해당 지방자치단체의 조례로 정하는 사업, 자활사업 연구·개발·평가 등을 위한 비용, 수급자 및 차상위자(근로소득 또는 사업소득의 증가 등으로 수급자에서 차상위자로 된 사람에 한정한다)의 자활지원을 위하여 〈국민건강보험법〉, 〈국민연금법〉 또는 〈고용보험법〉 등에 따라 부담하는 본인의 보험료 지원 등의 용도로 운용한다(시행령 제26조의 4).

이 기금은 특별시장·광역시장·도지사(이하 "시·도지사"라 한다) 또는 시장·군수·구청장이 운용·관리한다(시행령 제26조의 5 제1항). 시·도지사 또는 시장·군수·구청장은 기금의 수입과 지출에 관한 사무를 행하게 하기 위하여 소속공무원 중에서 기금수입징수관·기금재무관·기금지출관 및 기금출납공무원을 임명한다(같은 조 제2항). 기타 기금의 운용·관리에 관하여 필요한 사항은 당해 지방자치단체의 조례로 정한다(같은 조 제3항).

기금의 결산상 이익금이 생긴 때에는 이를 전액 적립하여야 한다(시행령 제26조의 6 제1항). 기금의 결산상 손실금이 생긴 때에는 제1항의 규정에 의한 적립금으로 보전하고, 그 적립금으로 부족한 때에는 당해 지방자치단체의 예산으로 이를 보전할 수 있다(같은 조 제2항).

기금의 효율적 관리를 위하여 필요한 때에는 보건복지부장관은 시·도에 설치된 기금의 운용상황을, 시·도지사는 시·군·구에 설치된 기금의 운용상황을 지도·감독할 수 있다(시행령 제26조의 7 제1항).

이에 시·도지사는 보건복지부령이 정하는 바에 따라 당해 시·도 및 관할 시·군·구의 설치된 기금의 운용·관리실적을 보건복지가족부 장관에게 제출하여야 한다(같은 조 제2항).

이와 같은 자활기금의 규정들은 보장기관의 재정책임성과 관련하여 중요한 원칙이기 때문에 시행령보다는 모법에 규정을 두는 것이 상대적으로 타당하다.

다. 보장시설의 책임

보장시설은 이 법 제7조에 규정된 급여를 행하는 사회복지사업법에 의한 사회복지시설로서 대통령령이 정하는 시설을 말하는데(법 제32조), 다음과 같다(시행령 제38조).

1. 〈장애인복지법〉 제58조 제1항 제1호에 따른 장애인 생활시설
2. 〈노인복지법〉 제32조 제1항에 따른 노인주거복지시설 및 같은 법 제34조 제1항에 따른 노인의료복지시설 중 보건복지부령으로 정하는 시설
3. 〈아동복지법〉 제52조 제1항 제1호부터 제3호까지 및 제5호에 따른 아동복지시설 및 같은 법 제52조 제2항에 따른 통합 시설 (〈아동복지법〉 제52조 제1항 제1호부터 제3호까지 및 제5호에 따른 시설이 포함된 경우로 한정한다)
4. 〈정신보건법〉 제3조 제4호 및 제5호에 따른 정신질환자사회복귀시설 및 정신요양시설
5. 〈노숙인 등의 복지 및 자립지원에 관한 법률〉 제16조 제1항 제3호에 따른 노숙인재활시설 및 같은 항 제4호에 따른 노숙인요양시설
6. 그 밖에 보건복지부령으로 정하는 시설

따라서 보장시설 역시 국가 및 지방자치단체와 마찬가지로 이 법 시행에 대해 일정한 책임성을 갖게 된다. 특히 보장시설의 장은 보장기관으로부터 수급자에 대한 급여를 위탁받은 때에는 정당한 사유 없이 이를 거부해서는 안 된다(법 제33조 제1항). 또한 위탁받은 수급자에게 보건복지부장관이 정하는 최저기준 이상의 급여를 행해야 하며(같은 조 제2항), 이때 수급자에게 성별·신앙 또는 사회적 신분을 이유로 차별대우를 해서는 안 된다(같은 조 제3항). 특히 위탁받은 수급자에게 종교상의 행위를 강제해서는 안 되며(같은 조 제5항), 급여를 행함에서 수급자의 자유로운 생활을 보장해야 한다(같은 조 제4항).

이것은 수급자가 헌법상 보장받는 인간으로서의 존엄과 행복추구권(헌법 제10조), 인간다운 생활을 할 권리(헌법 제34조 제1항) 그리고 헌법상 기본적 자유권을 보장하기 위함이다. 민간의 보장시설의 장은 수급자의 이러한 기본적 권리가 침해되지 않도록 해야 하는 법적 의무와 책임을 가지고 있는 것이다.

3) 규범적 실효성

이상에서와 같은 내용을 시행하기 위해 필요한 법적 실효성과 관련된 사항들을 살펴본다.

(1) 관련조직 및 인력

① 보장기관과 보장시설
보장기관이라 함은 이 법에 의한 급여를 실시하는 국가 또는 지방자치단체를 말한다(제2조 제4호). 그리하여 이 법에 의한 급여는 수급권자 또는 수급자의 거주지를 관할하는 특별시장·광역시장·도지사·특별자치도지사(이하 "시·도지사"라 한다)와 시장·군수·구청장(자치구16의 구청장을 말한다. 이하 같다)이 행한다. 다만, 주거가 일정하지 아니한 경우에는 수급권자 또는 수급자가 실제 거주하는 지역을 관할하는 특별자치도지사·시장·군수·구청장이 행한다(제19조 제1항). 수급권자 또는 수급자가 거주지를 변경하는 경우의 처리방법과 상호간의 협조 기타 업무처리에 관해 필요한 사항은 보건복지부령으로 정한다(같은 조 제3항).

보장기관은 수급권자·수급자·차상위계층에 대한 조사와 수급자 결정 및 급여의 실시 등 이 법에 의한 보장업무를 수행하게 하기 위해 사회복지사업법 제14조의 규정에 의한 사회복지전담공무원을 배치해야 한다(같은 조 제4항). 이 경우 제15조에 따른 자활급여 업무를 수행하는 사회복지 전담공무원은 따로 배치하여야 한다(같은 항 단서).

또한 보건복지부장관과 시·도지사는 수급자를 각각 국가 또는 당해 지방자치단체가 경영하는 보장시설에 입소하게 하거나 다른 보장시설에 위탁해 급여를 실시할 수 있다(같은 조 제2항). 여기에서 보장시설이라 함은 제7조에 규정된 급여를 실시하는 사회복지사업법에 의한 사회복지시설로서 대통령령이 정하는 시설을 말한다(제32조).

따라서 이 법을 시행하고 책임지는 주체로는 보장기관과 보장시설을 들 수 있다. 또한 업무수행을 위해 사회복지전담공무원을 반드시 배치해야 한다. 이들 각각이 수행하는 업무의 내용과 역할은 이상과 같은 것인데, 법의 실효성 있는 시행을 위해 기본적으로 필요한 사항들이다.

---

16 예컨대, 청주시 흥덕구, 전주시 완산구 등과 같이 자치구가 아닌 행정구는 제외한다.

② 생활보장위원회

가. 권한과 업무

이 법에 의한 생활보장사업의 기획·조사·실시 등에 관한 사항을 심의·의결하기 위해 보건복지부와 특별시·광역시·도(이하 '시·도'라 한다) 및 시·군·구(자치구를 말한다. 이하 같다)에 각각 생활보장위원회를 둔다. 다만, 시·도 및 시·군·구에 두는 생활보장위원회는 그 기능을 담당하기에 적합한 다른 위원회가 있고, 그 위원회의 위원이 제4항에 규정된 자격을 갖춘 경우에는 시·도 또는 시·군·구의 조례가 정하는 바에 따라 그 위원회가 생활보장위원회의 기능을 대신할 수 있다(제20조 제1항).

대개 위원회들이 유명무실할 정도로 부실하게 운영되는 폐단을 피하고 법의 실효성을 높이기 위해 생활보장위원회에는 의결권이 주어졌다. 보통 위원회는 자문 또는 심의의 권한만 주어지는 데 반해 생활보장위원회는 의결권까지 부여된 강력한 위원회라 할 수 있겠다. 또한 이를 대신할 수 있는 위원회는 사회복지사업법상의 사회복지위원회가 가장 적절하다. 그러나 이 경우는 반드시 조례를 제정해야 한다.

보건복지부에 두는 생활보장위원회는 중앙생활보장위원회라 하는데, 여기에서는 생활보장사업의 기본방향 및 대책수립(1), 소득인정액 산정방식의 결정(2), 급여기준의 결정(3), 최저생계비의 결정(4), 제18조의 3의 규정에 의한 자활기금의 적립·관리 및 사용에 관한 지침의 수립(5), 그 밖에 위원장이 부의하는 사항(6)을 심의·의결한다(같은 조 제2항).

나. 위원과 위원장

중앙생활보장위원회는 위원장을 포함하여 13인 이내의 위원으로 구성하고, 위원은 공공부조 또는 사회복지와 관련된 학문을 전공한 전문가로서 대학의 조교수 이상인 자 또는 연구기관의 연구원으로 재직중인 사람 4명 이내(1), 공익을 대표하는 사람 4명 이내(2), 관계행정기관 소속 3급 이상 공무원 또는 고위공무원단에 속하는 일반직 공무원 4명 이내(3) 중에서 보건복지부장관이 위촉·지명하며 위원장은 보건복지부장관으로 한다(같은 조 제3항). 여기에서 관계 행정기관 소속 공무원은 기획재정부, 행정안전부, 노동부의 차관으로 한다(시행령 제27조 제3항). 제정법에서는 10인 이내로 하던 것을 2004년 개정에서 13인 이내로 증원했다.

지방생활보장위원회는 사회보장에 관한 학식과 경험이 있는 사람(1), 공익을 대표하는 사람(2), 관계행정기관 소속의 공무원(3) 중에서 시·도지사 또는 시장·군수·구청장이 위촉·지명하고 위원장은 당해 지방자치단체장이 된다. 다만 다른 위원회가 생활보장위원회의 기능을 대신하는 경우 위원장은 조례로 정한다(법 제20조 제4항).

이렇게 위원의 자격을 정하는 것은 위원회의 전문성, 객관성, 공익성, 책임성을 확보하기 위해서이다. 그리고 지방의 경우 해당 지방자치단체 관할 내에 대학이나 연구기관이 존재하지 않는 경우가 많아 중앙생활보장위원의 자격 기준을 그대로 적용할 수 없기 때문에 포괄적이고 추상적으로 규정한 것이다.

다. 권한

생활보장위원회는 심의·의결권이 있다는 것은 앞에서 살펴보았다. 이러한 심의·의결과 관련하여 필요한 경우 보장기관에 대해 그 소속

공무원의 출석이나 자료제출을 요청할 수 있다(같은 조 제5항 전단부). 과거 사회복지법상의 각종 위원회들이 일반적으로 특별한 권한이 부여되지 않았을 때, 장애인복지법의 장애인복지조정위원회에만 이러한 권한이 부여되었었다(장애인복지법 제11조 제3항). 그리하여 이러한 권한을 생활보장위원회에도 부여한 것이다. 이 경우 당해 보장기관은 정당한 사유가 없는 한 이에 응해야 한다(같은 항 후단부).

　법 시행의 실효성을 높이기 위해서 위원회의 권한을 강하게 부여한 것으로 보인다.

라. 기타
지방생활보장위원회의 기능과 각 생활보장위원회의 구성·운영 등에 관해 필요한 사항은 대통령령으로 정한다(같은 조 제6항).

③ 자활관련 기관 및 조직

가. 중앙자활센터
수급자 및 차상위자의 자활촉진에 필요한 다음 각 호의 사업을 수행하기 위하여 중앙자활센터를 둘 수 있다(법 제15조의 2 제1항).

1. 자활지원을 위한 조사·연구·교육 및 홍보사업
2. 자활지원을 위한 사업의 개발 및 평가
3. 제15조의 3에 따른 광역자활센터, 제16조에 따른 지역자활센터 및 제18조에 따른 자활기업의 기술·경영지도 및 평가
4. 자활 관련기관 간의 협력체계 및 정보네트워크 구축·운영
5. 취업·창업을 위한 자활촉진 프로그램 개발 및 지원
6. 그 밖에 자활촉진에 필요한 사업으로서 보건복지부장관이 정하는 사업

이는 과거 자활정보센터의 기능을 중심으로 확대 개편한 것이다. 중앙자활센터는 법인으로 한다(같은 조 제2항). 정부는 중앙자활센터의 설치 및 운영에 필요한 경비의 전부 또는 일부를 보조할 수 있다(같은 조 제3항). 중앙자활센터의 설치 및 운영 등에 필요한 사항은 대통령령으로 정한다(같은 조 제4항).

나. 광역자활지원센터

중앙자활센터와 지역자활지원센터 이후 뒤늦게 입법화된 것이 광역자활센터이다. 이로써 자활과 관련하여 중앙-광역-지역의 전달체계의 틀을 갖추게 된 것이다.

보장기관은 수급자 및 차상위자의 자활촉진에 필요한 다음 각 호의 사업을 수행하게 하기 위하여 사회복지법인 등 비영리법인과 단체(이하 이 조에서 "법인 등"이라 한다)를 법인 등의 신청을 받아 특별시·광역시·도·특별자치도(이하 "시·도"라 한다) 단위의 광역자활센터로 지정할 수 있다. 이 경우 보장기관은 법인 등의 지역사회복지사업 및 자활지원사업의 수행 능력·경험 등을 고려하여야 한다(법 제15조의 3 제1항).

1. 시·도 단위의 자활기업 창업지원
2. 시·도 단위의 수급자 및 차상위자에 대한 취업·창업지원 및 알선
3. 제16조에 따른 지역자활센터 종사자 및 참여자에 대한 교육훈련 및 지원
4. 지역특화형 자활프로그램 개발·보급 및 사업개발 지원
5. 제16조에 따른 지역자활센터 및 제18조에 따른 자활기업에 대한 기술·경영지도
6. 그 밖에 자활촉진에 필요한 사업으로서 보건복지부장관이 정하는 사업

766

보장기관은 광역자활센터의 설치 및 운영에 필요한 경비의 전부 또는 일부를 보조할 수 있다(같은 조 제2항). 보장기관은 광역자활센터에 대하여 정기적으로 사업실적 및 운영실태를 평가하고 수급자의 자활촉진을 달성하지 못하는 광역자활센터에 대하여는 그 지정을 취소할 수 있다(같은 조 제3항).

제1항부터 제3항까지에서 규정한 사항 외에 광역자활센터의 신청·지정 및 취소 절차와 평가, 그 밖에 운영 등에 필요한 사항은 보건복지부령으로 정한다(같은 조 제4항).

다. 지역자활지원센터

보장기관은 수급자 및 차상위자의 자활의 촉진에 필요한 사업을 수행하게 하기 위해 사회복지법인 등 비영리법인과 단체 또는 개인(이하 '법인 등'이라 한다. 이하 이 조에서 같다)을 법인 등의 신청을 받아 지역자활센터17로 지정할 수 있다(제16조 제1항 전단부).

지역자활센터가 수행하는 사업은 자활의욕 고취를 위한 교육(1), 자활을 위한 정보제공·상담·직업교육 및 취업알선(2), 생업을 위한 자금융자 알선(3), 자영창업 지원 및 기술·경영지도(4), 자활기업의 설립·운영지원(5), 그 밖에 자활을 위한 각종 사업(6)이다(법 제16조 제1항 각호). 이러한 지역자활센터를 지정할 때에는 법인 등의 지역사회복지사업 및 자활지원사업의 수행능력·경험 등을 고려해야 한다(같은 항 후단부).

법 제15조 제2항에서 자활급여는 관련 공공기관·비영리법인·시설 그 밖에 대통령령이 정하는 기관에 위탁하여 이를 행할 수 있다고 규정하는데, 이때 수탁기관의 대표적인 것이 바로 지역자활센터이다. 이 지역

---

17 생활보호법 1997년 개정법률과 국민기초생활보장법 제정법에서는 자활후견기관으로 명명했던 것을 2006년 12월 개정법률에서 지역자활센터로 개정했다.

자활센터는 보장기관에 의해 지정되는 것이기 때문에 사회복지사업법에서의 일반적 사회복지시설 민간위탁과는 구별된다. 지정은 행정조치의 성격이 강하므로 민·관간의 위탁계약과는 성격이 다르다고 할 수 있다. 지역자활센터를 지정하고, 이에 대해 자활급여를 위탁하는 이중의 절차를 두는 것이다. 그러므로 지정된 지역자활센터는 보장기관과의 관계에서 자율성을 갖기 어렵고 일정한 정도 통제의 범위 안에 있을 수밖에 없는 것이다. 예컨대, 보장기관은 지역자활센터에 대해 정기적으로 사업실적 및 운영실태를 평가하고 수급자의 자활촉진을 달성하지 못하는 지역자활센터에 대해서는 그 지정을 취소할 수 있다(법 제16조 제3항).

그리고 제16조 제1항 제6호에서 '기타 자활을 위한 각종 사업'은 수급자 또는 차상위자의 부업소득 향상을 위한 부업장의 설치·운영사업(1), 자활기업 또는 부업장의 일감 확보 및 판로개척을 위한 알선사업(2), 자활기업 또는 부업장의 운영을 위한 후원의 알선사업(3), 수급자 또는 차상위자의 자녀교육 및 보육을 위한 자활지원관의 설치·운영사업(4), 그 밖에 보건복지부령이 정하는 자활을 위한 사업(5)을 말한다(시행령 제22조).

이렇게 지정을 받은 지역자활센터에 대해 보장기관은 지역자활센터의 설립·운영비용 또는 사업수행 비용의 전부 또는 일부(1), 국·공유재산의 무상임대(2),18 보장기관이 실시하는 사업의 우선 위탁(3)의

---

18 국·공유재산의 무상임대는 국민기초생활보장법상 자활지원센터뿐만 아니라, 장애인복지법 제48조(국유·공유재산의 우선매각이나 유상·무상대여), 사회적 기업 육성법 제11조(시설비 등의 지원), 중소기업진흥에 관한 법률 제35조(국유지와 공유지의 매각 등) 등에 규정되어 있어, 지방자치단체의 입장에서 볼 때 공유지를 무상으로 임대하거나 지원해야 할 대상과 사업이 다양하여 어떤 기준과 원칙으로 제한된 공유지를 사용해야 하는지 불분명하다. 이에 대한 조례의 제정을 의무화하여 자치단체별로 합리적 기준과 절차를 마련하도록 해야 법의 실효성이 담보될 것이다.

지원을 행할 수 있다(법 제16조 제2항). 그러나 지역자활센터가 보장기관의 지정에 의한 것이기 때문에 사업수행비용은 '지원을 행할 수 있다'는 임의적 규정보다는 '부담해야 한다'는 강행규정이 바람직하다고 본다.

지역자활센터는 수급자 및 차상위자에 대한 효과적 자활지원과 지역자활센터의 발전을 공동으로 도모하기 위하여 지역자활센터협회를 설립할 수 있다(같은 조 제4항).

보장기관은 지역자활센터에 대하여 정기적으로 사업실적 및 운영실태를 평가하고 수급자의 자활촉진을 달성하지 못하는 지역자활센터에 대하여는 그 지정을 취소할 수 있으며(같은 조 제3항), 그 밖에 지역자활센터의 신청·지정 및 취소절차와 평가 기타 운영 등에 관하여 필요한 사항은 보건복지가족부령으로 정한다(같은 조 제5항).

라. 자활기관협의체

특별자치도지사·시장·군수·구청장(자치구의 구청장을 말한다)은 자활지원사업의 효율적 추진을 위하여 지역자활센터, '직업안정법' 제2조의 2 제1호의 직업안정기관, '사회복지사업법' 제2조 제4호의 사회복지시설의 장 등과 상시적 협의체계(이하 "자활기관협의체"라 한다)를 구축하여야 한다(법 제17조 제1항). 자활기관협의체(이하 "자활기관협의체"라 한다)의 위원장은 시장·군수·구청장이 되며, 위원은 다음 각 호에 해당하는 자로 한다(시행규칙 제30조의 2 제1항).

1. 지역자활센터의 장
2. 다음 각 목의 기관 또는 시설의 대표자
   가. 〈직업안정법〉 제2조의 2 제1호에 따른 직업안정기관
   나. 〈상공회의소법〉 제4조에 따른 상공회의소 및 〈소기업 및 소

상공인 지원을 위한 특별조치법〉제10조의 4 제4항에 따른 소상공인지원센터

다. 〈사회복지사업법〉제2조 제4호에 따른 사회복지시설, 그 밖에 자활사업을 실시하는 기관으로서 특별자치도지사·시장·군수·구청장이 인정하는 기관

이것은 위원회와는 다르지만 조건부수급자의 자활과 관련된 각 기관 및 시설의 장이 상시적으로 협의하는 기구를 말한다. 조건부수급자의 자활의 실효성을 제고하기 위한 기구이다.

자활기관협의체는 다음 각 호의 업무를 효율적으로 수행하기 위하여 실무자회의를 구성·운영할 수 있다(같은 조 제2항).

1. 지역자활사업 추진실적 및 개선필요사항의 점검
2. 조건부수급자의 사업별 적정 대상자의 선정
3. 자활대상자의 사전·사후관리
4. 지역자활지원계획 내용의 검토 및 이행사항의 점검
5. 그 밖에 자활기관협의체의 구성 기관이 협의의 필요성을 제기하는 사항

시장·군수·구청장은 자활기관협의체의 매 연도 운영실적을 매년 보건복지부장관에게 보고하여야 하며(같은 조 제3항), 자활기관협의체의 조직·운영 및 회의사항에 관하여 그 밖에 필요한 사항은 해당 시·군·구 조례로 정한다(같은 조 제4항).

마. 자활기업

수급자와 차상위자는 상호협력하여 자활기업을 설립·운영할 수 있다(법 제18조 제1항). 이 자활기업은 조합 또는 부가가치세법상 2인 이상의 사업자로 설립한다(같은 조 제2항).

보장기관은 공동체에게 직접 또는 중앙자활센터, 광역자활센터 및 지역자활센터를 통하여 자활을 위한 사업자금 융자(1), 국유지·공유지 임대(2), 국가 또는 지방자치단체가 실시하는 사업의 우선 위탁(3), 국가 또는 지방자치단체가 조달구매 시 자활기업 생산품의 우선 구매(4), 그 밖에 수급자의 자활촉진을 위한 각종 사업(5) 등의 지원을 할 수 있다(같은 조 제3항).

(2) 급여의 실시

① 신청

이 법은 수급권자 및 수급자의 권리성에 기초해 있기 때문에 수급자가 되기 위해 수급권자는 신청을 할 수 있는 것이다. 즉, 수급권자와 그 친족, 기타 관계인은 관할 특별자치도지사·시장·군수·구청장에게 수급권자에 대한 급여를 신청할 수 있다(제21조 제1항).

그러나 문맹, 거동불편, 정보부재 등의 이유로 신청할 수 없는 수급권자가 존재할 수 있다. 그리하여 사회복지전담공무원은 이 법에 의한 급여를 필요로 하는 자가 누락되지 않게 하기 위해 관할지역 내에 거주하는 수급권자에 대한 급여를 직권으로 신청할 수 있다(같은 조 제2항 전단부). 신청주의의 한계를 보완하기 위해 직권주의 방식을 인정하는 것이다. 물론, 이 경우 수급권자의 동의를 구해야 하며 이를 수급권자의 신청으로 볼 수 있다(같은 항 후단부).

제1항에 따라 급여신청을 할 때나 제2항에 따라 사회복지 전담공무원이 급여신청을 하는 것에 수급권자가 동의하였을 때에는 수급권자와 부양의무자는 다음 각 호의 자료 또는 정보의 제공에 대하여 동의한다는 서면을 제출하여야 한다(같은 조 제3항).

1. 〈금융실명거래 및 비밀보장에 관한 법률〉제2조 제2호 및 제3호에 따른 금융자산 및 금융거래의 내용에 대한 자료 또는 정보 중 예금의 평균잔액과 그 밖에 대통령령으로 정하는 자료 또는 정보(이하 "금융정보"라 한다)
2. 〈신용정보의 이용 및 보호에 관한 법률〉제2조 제1호에 따른 신용정보 중 채무액과 그 밖에 대통령령으로 정하는 자료 또는 정보(이하 "신용정보"라 한다)
3. 〈보험업법〉제4조 제1항 각 호에 따른 보험에 가입하여 낸 보험료와 그 밖에 대통령령으로 정하는 자료 또는 정보(이하 "보험정보"라 한다)

제1항 및 제2항에 따른 급여의 신청방법 및 절차 등에 관하여 필요한 사항은 보건복지부령으로 정한다(같은 조 제4항). 제3항에 따른 동의의 방법·절차 등에 관하여 필요한 사항은 대통령령으로 정한다(같은 조 제5항).

② 조 사

가. 신청에 의한 조사
특별자치도지사·시장·군수·구청장은 제21조의 규정에 의한 급여신청이 있는 경우에는 사회복지전담공무원으로 하여금 급여의 결정 및 실시 등에 필요한 사항을 조사하게 하거나 수급권자에게 보장기관이 지정하는 의료기관에서 검진을 받게 할 수 있다(제22조 제1항). 이때 조사할 사항은 부양의무자의 유무(有無) 및 부양능력 등 부양의무자와 관련된 사항(1), 수급권자 및 부양의무자의 소득·재산에 관한 사항(2), 수급권자의 근로능력·취업상태·자활욕구 등 자활지원계획 수립에 관한 사항(3), 그 밖에 수급권자의 건강상태·가구특성 등 생활실태에 관한 사항(4)이다(같은 항 각 호).

〈표 16-2〉 신청조사 제출자료

가구원 및 부양의무자 확인	군복무확인서, 출입국사실증명서, 가출확인서 등
근로능력 확인	진단서, 장애인등록증 사본 등
생계급여조건 부과 결정	재직증명서, 사업자등록증 등
소득확인	월급명세서, 매출신고서
금융자산 및 부채	금융거래정보자료 제공동의서, 금융기관 통장사본
기 타	소득, 재산, 건강상태, 주거실태 확인에 필요한 자료

특별자치도지사·시장·군수·구청장은 제1항의 규정에 의해 신청한 수급권자 또는 그 부양의무자의 소득·재산 및 건강상태 등을 확인하기 위해 필요한 자료 확보가 곤란한 경우 보건복지부령이 정하는 바에 따라 수급권자 또는 부양의무자에게 필요한 자료의 제출을 요구할 수 있다(같은 조 제2항).

이때 요구되는 자료는 〈표 16-2〉와 같다(시행규칙 제35조 제1항).

이렇게 요구되는 자료의 제출이 너무 많거나 까다로우면 결국 수급권자의 권리실현을 방해할 수 있다. 따라서 이러한 자료를 요구하는 경우에는 급여여부 및 급여내용의 결정에 필요한 최소한으로 해야 한다(같은 조 제2항). 특별자치도지사·시장·군수·구청장은 수급자 등에게 제1항 각 호의 자료제출을 요구하기 전에 법 제22조 제3항 및 제4항(법 제23조 제2항 및 제24조 제3항에 따라 준용되는 경우를 포함한다)에 따라 관계기관, 고용주 그 밖의 관계인이나 전산망을 통하여 제1항 각 호의 자료를 우선적으로 확보하여야 한다(같은 조 제3항).

보장기관이 조사를 실시하기 위해 금융·국세·지방세·토지·건물·국민건강보험·국민연금·고용보험·병무·교정 등 관련 전산망을 이용하고자 할 경우에는 관계기관의 장에게 협조를 요청할 수 있다. 이 경우 관계기관의 장은 정당한 사유가 없는 한 이에 응해야 한다(법 제22조 제4항). 일반적으로 이러한 예시 사항을 취급하는 각 기관은 법적으로 비밀의 유지 또는 비밀누설 금지의 의무를 부여받고 있기 때문에 자신들이 보유하는 자료를 외부로 유출할 수 없다. 따라서 이 법에 의한 조사과정에서 보장기관이 공식적으로 관계기관의 전산망을 이용하는 것은 해당기관의 입장에서 보면 비밀을 누설하는 것과 마찬가지가 된다. 그러나 이 법에서 명문으로 이러한 규정을 둠으로써 비밀누설의 위법성이 조각(阻却)된다고 보겠다.

이와 마찬가지로 보장기관의 공무원 또는 공무원이었던 자는 법 제22조 제1항 내지 제4항의 규정에 의해 얻은 정보와 자료를 이 법이 정한 목적 외에 다른 용도로 사용하거나 다른 사람 또는 기관에 제공해서는 안 된다(같은 조 제6항). 또한 제1항의 규정에 의해 조사를 실시하는 사회복지전담공무원은 그 권한을 표시하는 증표를 휴대하고 이를 관계인에게 제시해야 한다(같은 조 제5항).

보장기관은 제1항 내지 제4항의 규정에 의해 조사결과를 대장으로 작성·비치해야 하며 조사에 관해 기타 필요한 사항은 보건복지부장관이 정한다. 다만, 전산정보처리조직에 의해 관리되는 경우에는 전산파일로 대체할 수 있다(같은 조 제7항).

만일 수급권자 또는 부양의무자가 제1항 및 2항의 규정에 의한 조사 또는 자료제출 요구를 2회 이상 거부·방해 또는 기피하거나 검진지시에 따르지 아니한 때에는 급여신청을 각하(却下)할 수 있다. 이 경우 제29조 제2항을 준용하여 서면으로 그 이유를 명시하여 본인에게 통지해야 한다(같은 조 제8항).

나. 확인조사

수급자의 권리성에 상응하여 보장기관은 행정적 책임을 성실히 이행해야 하는데, 그중 확인조사의 책임이 있다.

특별자치도지사·시장·군수·구청장은 수급자 및 수급자에 대한 급여의 적정성을 확인하기 위해 매년 연간조사계획을 수립하고 관할구역 안의 수급자를 대상으로 제22조 제1항의 각 호 사항을 매년 1회 정기적으로 조사를 실시해야 하며, 특히 필요하다고 인정하는 경우에는 보장기관이 지정하는 의료기관에서 검진을 받게 할 수 있다. 다만, 보건복지부장관이 정하는 사항은 분기마다 조사를 실시해야 한다(제23조 제1항).

이때 수급자의 자료제출, 조사의 위촉, 관련전산망의 이용 등 기타 확인조사를 위해 필요한 사항에 관해서는 제22조 제2항 내지 제7항의 규정을 준용한다(같은 조 제2항).

또한 수급자 또는 부양의무자가 제1항에 따른 조사나 제2항에 따라 준용되는 제22조 제2항에 따른 자료제출요구를 2회 이상 거부·방해 또는 기피하거나 검진지시에 따르지 아니한 때에는 수급자의 급여결정을 취소하거나 급여를 정지 또는 중지할 수 있다. 이 경우에도 제29조 제2항의 규정을 준용한다(같은 조 제3항).

다. 금융정보 등의 제공(법 제23조의 2)

보건복지부장관은 '금융실명거래 및 비밀보장에 관한 법률' 제4조 제1항과 '신용정보의 이용 및 보호에 관한 법률' 제32조 제1항에도 불구하고 수급권자와 그 부양의무자가 제21조 제3항에 따라 제출한 동의 서면을 전자적 형태로 바꾼 문서에 의하여 금융기관 등('금융실명거래 및 비밀보장에 관한 법률' 제2조 제1호에 따른 금융기관, '신용정보의 이용 및 보호에 관한 법률' 제25조에 따른 신용정보집중기관을 말한다. 이하 같다)의 장에게 금융정보·신용정보 또는 보험정보(이하 "금융정보 등"이라 한다)의 제공을 요청할 수 있다(제1항).

보건복지부장관은 제23조에 따른 확인조사를 위하여 필요하다고 인정하는 경우 '금융실명거래 및 비밀보장에 관한 법률' 제4조 제1항과 '신용정보의 이용 및 보호에 관한 법률' 제32조 제1항에도 불구하고 대통령령으로 정하는 기준에 따라 인적사항을 기재한 문서 또는 정보통신망으로 금융기관 등의 장에게 수급자와 부양의무자의 금융정보 등을 제공하도록 요청할 수 있다(제2항).

제1항 및 제2항에 따라 금융정보 등의 제공을 요청받은 금융기관 등의 장은 '금융실명거래 및 비밀보장에 관한 법률' 제4조와 '신용정보의 이용 및 보호에 관한 법률' 제32조에도 불구하고 명의인의 금융정보 등을 제공하여야 한다(제3항).

제3항에 따라 금융정보 등을 제공한 금융기관 등의 장은 금융정보 등의 제공사실을 명의인에게 통보하여야 한다. 다만, 명의인의 동의가 있는 경우에는 '금융실명거래 및 비밀보장에 관한 법률' 제4조의 2 제1항과 '신용정보의 이용 및 보호에 관한 법률' 제35조에도 불구하고 통보하지 아니할 수 있다(제4항).

제1항부터 제3항까지의 규정에 따른 금융정보 등의 제공요청 및 제공은 '정보통신망 이용촉진 및 정보보호 등에 관한 법률' 제2조 제1항 제1호에 따른 정보통신망을 이용하여야 한다. 다만, 정보통신망의 손상 등 불가피한 경우에는 그러하지 아니하다(제5항).

제1항부터 제3항까지의 규정에 따른 업무에 종사하거나 종사하였던 자는 업무를 수행하면서 취득한 금융정보 등을 이 법으로 정한 목적 외의 다른 용도로 사용하거나 다른 사람 또는 기관에 제공하거나 누설하여서는 아니 된다(제6항). 이를 위반하면 3년 이하의 징역 또

는 2천만 원 이하의 벌금에 처하게 된다(제 48조 제 2항 제 1호).

제 23조의 2 제 1항부터 제 3항까지와 제 5항에 따른 금융정보 등의 제공요청 및 제공 등에 관하여 필요한 사항은 대통령령으로 정한다 (제 22조 제 7항).

라. 차상위계층에 대한 조사

특별자치도지사·시장·군수·구청장은 최저생계비의 변경 등에 의해 수급권자의 범위가 변동함에 따라 다음 연도에 이 법에 의한 급여가 필요할 것으로 예측되는 수급권자의 규모를 조사하기 위해 보건복지부령이 정하는 바에 따라 제 5조에 규정된 수급권자의 차상위계층에 대해 조사를 실시할 수 있다(제 24조 제 1항). 최저생계비가 상승하면 수급권자의 폭이 넓어지기 때문에 미리 대처하기 위함이다. 법률의 구체적 타당성을 높여 수급권자의 권리성에 기여하려는 배려에서 나온 것이다.

이 조사를 실시하고자 하는 경우 조사대상자의 동의를 얻어야 하며, 이 동의는 다음 연도의 급여신청으로 본다(같은 조 제 2항). 그러므로 이 조사에 동의하게 되면 다음 연도에 급여신청을 하지 않아도 신청을 한 것으로 간주되는 것이다.

조사대상자의 자료제출, 조사의 위촉, 관련전산망의 이용 등 기타 차상위계층에 대한 조사를 위해 필요한 사항에 관해는 제 22조 제 2항 내지 제 7항의 규정을 준용한다. (같은 조 제 3항).

마. 조사결과의 보고 등

시장·군수·구청장이 위 세 가지 조사를 한 때에는 보건복지부령이 정하는 바에 따라 관할 시·도지사에게 보고해야 하며 보고를 받은 시·도지사는 이를 보건복지부장관에게 보고해야 한다. 시·도지사가 조사한 때에도 마찬가지이다(제 25조).

③ 급여의 결정 · 실시 · 변경 및 중지

특별자치도지사 · 시장 · 군수 · 구청장은 제22조에 의해 조사를 한 때에는 지체 없이 급여실시 여부와 급여의 내용을 결정해야 한다(제26조 제1항). 그러나 차상위계층을 조사한 시장 · 군수 · 구청장은 제27조 제1항의 단서에 규정된 급여개시일이 속하는 달에 급여실시여부와 급여내용을 결정해야 한다(같은 조 제2항).

이렇게 결정한 때에는 특별자치도지사 · 시장 · 군수 · 구청장은 그 결정의 요지, 급여의 종류 · 방법 및 급여의 개시시기 등을 서면으로 수급권자 또는 신청인에게 통지해야 한다(같은 조 제3항). 이 통지는 제21조 규정에 의한 급여의 신청일부터 14일 이내에 해야 한다. 다만, 부양의무자의 소득 · 재산 등의 조사에 시일을 요하는 특별한 사유가 있는 경우와 수급권자 또는 부양의무자가 제22조 제1항 및 제2항에 따른 조사나 자료제출요구를 거부 · 방해 또는 기피하는 경우에는 신청일부터 30일 이내에 통지할 수 있다. 이 경우 통지서에 그 사유를 명시해야 한다(같은 조 제4항). 이는 수급권자의 권리를 충족케 하는 신속한 업무처리 및 결정에 대한 행정책임을 규정한 것이다. 그러나 이를 위반했을 때 벌칙을 부과할 근거 규정이 없다.

제26조 제1항의 규정에 의해 급여실시 및 내용이 결정된 수급자에 대한 급여는 제21조의 규정에 의한 급여 신청일부터 개시한다. 다만, 제6조의 규정에 의해 보건복지부장관이 매년 결정 · 공표하는 최저생계비 변경으로 매년 1월에 새로이 수급자로 결정된 자에 대한 급여는 해당 연도의 1월 1일을 그 급여개시일로 한다(제27조 제1항).

보장기관이 급여를 금전으로 지급할 때에는 수급자의 신청에 따라 수급자 명의의 지정된 계좌(이하 "급여수급계좌"라 한다)로 입금하여야 한다. 다만, 정보통신장애나 그 밖에 대통령령으로 정하는 불가피한 사유로 급여수급계좌로 이체할 수 없을 때에는 대통령령으로 정하는 바에 따라 급여를 지급할 수 있다(제27조의 2 제1항).

급여수급계좌의 해당 금융기관은 이 법에 따른 급여만이 급여수급계좌에 입금되도록 관리하여야 한다(같은 조 제2항). 제1항에 따른 계좌 입금이나 현금 지급 등의 방법·절차와 제2항에 따른 급여수급계좌의 관리에 필요한 사항은 대통령령으로 정한다(같은 조 제3항).

보장기관은 수급자의 소득·재산·근로능력 등에 변동이 있는 경우에는 직권 또는 수급자나 그 친족 기타 관계인의 신청에 의해 그에 대한 급여의 종류·방법 등을 변경할 수 있다(제29조 제1항). 이러한 급여의 변동은 서면으로 그 이유를 명시하여 수급자에게 통지해야 한다(같은 조 제2항).

또한 보장기관은 수급자에 대한 급여의 전부 또는 일부가 필요 없게 된 경우(1), 수급자가 급여의 전부 또는 일부를 거부한 경우(2), 급여의 전부 또는 일부를 중지해야 한다(제30조 제1항). 조건부수급자의 경우 조건을 이행하지 않을 때에는 조건을 이행할 때까지 수급자 본인의 생계급여의 전부 또는 일부를 지급하지 아니할 수 있다(같은 조 제2항).

이렇게 보장기관이 급여를 중지할 때에는 급여의 변경 때와 마찬가지로 서면으로 수급자에게 통지해야 한다(같은 조 제3항).

④ 긴급급여

특별자치도지사·시장·군수·구청장은 제26조 제1항의 규정에 의해 급여실시 여부의 결정 전이라도 수급권자에게 급여해야 할 긴급한 필요가 있다고 인정될 때에는 제7조 제1항 각 호에 규정된 급여의 일부를 지급할 수 있다(제27조 제2항).

이러한 긴급급여는 수급권자의 욕구의 긴급성 내지 절박성에 부응하고자 하는 것이다. 일종의 가처분(假處分)제도이다. 그러나 나중에 조사결과 급여를 실시하지 않기로 결정한 경우, 특별자치도지사·시장·군수·구청장은 급여비용의 반환을 명할 수 있다(제47조 제2항).

⑤ 자활지원계획의 수립

특별자치도지사·시장·군수·구청장은 수급자의 자활을 체계적으로 지원하기 위해 보건복지부장관이 정하는 바에 따라 제22조 내지 제24조의 규정에 의한 조사결과를 감안해 수급자 가구별로 자활지원계획을 수립하고 그에 따라 이 법에 의한 급여를 실시해야 한다(제28조 제1항). 특별자치도지사·시장·군수·구청장은 수급자의 자활여건 변화와 급여실시 결과를 정기적으로 평가하고 필요한 경우 자활지원계획을 변경할 수 있다(같은 조 제3항).

한편 보장기관은 수급자의 자활을 위해 필요한 경우에는 다른 법률에 의해 보장기관이 제공할 수 있는 급여가 있거나 민간기관 등이 후원을 제공하는 경우 제1항의 자활지원계획에 따라 급여를 실시하거나 후원을 연계할 수 있다(같은 조 제2항). 이것은 사회복지전담공무원이 자활관련 사업을 지역사회복지의 개념에서 실시하도록 요구하는 의미를 가진다.

(3) 청문 및 이의신청

이 법에 의한 권리가 침해되었다고 판단될 때 그것을 주장할 수 있는 기회가 주어져야 한다. 청문(聽聞)절차와 이의신청절차가 그러한 기능을 한다.

① 청문

이 법에 의해 청문이 이루어지는 것은 두 가지 경우이다. 첫째는 보장기관이 제16조 제3항의 규정에 의해 지역자활센터의 지정을 취소하고자 하는 경우이고, 둘째는 제23조 제3항의 규정에 의해 급여 결정을 취소하고자 하는 경우이다. 이 경우 반드시 청문을 실시해야 한다(제31조).

② 이의신청

이 법에 의한 이의신청에는 두 단계가 있다. 시·도지사에 대한 이의신청(제38조)과 보건복지부장관에 대한 이의신청(제40조)이다.

가. 시·도지사에 대한 이의신청

수급자나 급여 또는 급여변경의 신청을 한 사람은 그 결정의 통지를 받은 날로부터 60일 이내에 특별자치도지사·시장·군수·구청장의 처분에 대해 이의가 있는 경우에는 해당 보장기관을 거쳐 시·도지사에게 서면 또는 구두로 이의를 신청할 수 있다. 이 경우 구두로 이의신청을 접수한 보장기관의 공무원은 이의신청서를 작성할 수 있도록 협조해야 한다(제38조 제1항). 이 규정에 의한 이의신청을 받은 시장·군수·구청장은 10일 이내에 의견서와 관계서류를 첨부하여 시·도지사에게 보내야 한다(같은 조 제2항).

시·도지사가 제38조 제2항의 규정에 의해 시장·군수·구청장으로부터 이의신청서를 받았을 때(특별자치도의 경우에는 특별자치도지사가 직접 이의신청을 받았을 때를 말한다)에는 30일 이내에 필요한 심사를 하고 이의신청을 각하하거나 당해 처분을 변경 또는 취소하거나 기타 필요한 급여를 명해야 한다(제39조 제1항). 시·도지사는 제1항의 규정에 의한 처분 등을 한 때에는 지체 없이 신청인과 해당 시장·군수·구청장에게 각각 서면으로 통지해야 한다(같은 조 제2항).

나. 보건복지부장관에 대한 이의신청

제39조의 규정에 따른 처분 등에 대해 이의가 있는 사람은 그 처분 등의 통지를 받은 날부터 60일 이내에 시·도지사를 거쳐 보건복지부장관에게 서면 또는 구두로 이의를 신청할 수 있다. 이 경우 구두로 이의신청을 접수한 고장기관의 공무원은 이의신청서를 작성할 수 있도록 협조해야 한다(제40조 제1항). 시·도지사는 제1항의 규정에 의한 이의신청이 있은 때에는 10일 이내에 의견서와 관계서류를 첨부해 이를 보건복지부장관에게 보내야 한다(같은 조 제2항).

보건복지부장관은 제40조 제2항의 규정에 의해 이의신청서를 받았을 때에는 30일 이내에 필요한 심사를 하고 이의신청을 각하하거나 당해 처분의 변경 또는 취소의 재결을 하여야 한다(제41조 제1항). 재결을 한 때에는 보건복지부장관은 지체 없이 당해 시·도지사와 신청인에게 각각 서면으로 재결내용을 통지해야 한다(같은 조 제2항).

(4) 재정관리

재정과 관련하여 발생하는 문제를 처리하는 규정들을 살펴본다.

① 비용의 징수

수급자에게 부양능력을 가진 부양의무자가 있음이 확인된 경우에는 보장비용을 지급한 보장기관은 생활보장위원회의 심의·의결을 거쳐 그 비용의 전부 또는 일부를 그 부양의무자로부터 부양의무의 범위 안에서 징수할 수 있다(제46조 제1항). 이것이 바로 구상권의 문제이다. 앞의 3장에서 민법과 사회복지법의 비교 속에서 살펴보았다. 사회보험에서 보험자가 구상권을 행사하는 것은 나름대로 의미가 있다고 하겠으나 공공부조법인 국민기초생활보장법에서 부양의무자에게 구상권을 행사하는 것이 과연 적절한가에 대해서는 논란의 여지가 있다. 이것은 공적 부양에 앞서 사적 부양을 우선시하는 것을 전제로 하여 보장기관이 피부양자가 부양의무자에 대해 갖는 채권(부양청구권)을 대위(代位)하는 것이 된다.

부양의무자에 대한 구상권의 정당성을 주장하기 위해서는 수급권자 중에서 급여신청을 하지 않는 '숨겨진 수급권자'[19]의 비율을 고려해야 할 것이다. 여러 가지 이유로 인해서 급여를 신청하지 않는 수급권자들이 얼마나 존재하는지에 대한 정확한 정보를 가지고 있지 않은 상태에서 개인의 부양관계를 강요하는 구상권 행사는 신중히 접근해야 할 것이다. 게다가 정서적으로나 관계적으로 이미 파탄되거나 해체된 부양관계를 법적으로 강제하는 것이 과연 현명한 태도인가에 대해서도 고민해야 할 것이다.

또한 속임수나 그 밖의 부정한 방법에 의해 급여를 받거나 타인으로 하여금 급여를 받게 한 경우에는 보장비용을 지급한 보장기관은 그 비용의 전부 또는 일부를 그 급여를 받은 자 또는 급여를 받게 한 자(이하 '부정수급자'라 한다)로부터 징수할 수 있다(같은 조 제2항). 이 경우 부정수급자는 1년 이하의 징역, 500만 원 이하의 벌금, 구류 또는 과료에 처한다(제49조).

---

19 이것을 암수(暗數, *Dunkelziffer*)라고 한다. 예컨대, 독일에서는 암수가 약 100% 정도라고 한다. 즉, 법적으로 보장받아야 할 빈민의 수가 실제로 보장받는 빈민의 수만큼 더 존재한다는 것이다. 전광석, 《한국사회보장법론》 제3판(법문사, 2000), 387쪽.

이러한 비용의 징수는 각각 부양의무자 또는 부정수급자에게 통지하여 이를 징수하고, 부양의무자 또는 부정수급자가 이에 응하지 않는 경우 국세 또는 지방세체납 처분의 예에 따라 징수한다(같은 조 제3항).

② 유류금품의 처분

제14조의 규정에 의한 장제급여를 행함에 있어 사망자에게 부양의무자가 없는 때에는 특별자치도지사·시장·군수·구청장은 사망자가 유류(遺留)한 금전 또는 유가증권으로 그 비용에 충당하고, 그 부족액에 대해는 유류물품의 매각대금으로 이를 충당할 수 있다(제45조). 이는 사망한 수급자가 사망 당시 가지고 있던 금품을 장제비용으로 충당할 수 있다는 것이다.

③ 반환명령

보장기관은 급여의 변경 또는 급여의 정지·중지에 따라 수급자에게 이미 지급한 수급품 중 과잉지급분이 발생한 경우에는 즉시 수급자에 대해 그 전부 또는 일부의 반환을 명해야 한다. 다만, 이미 이를 소비하였거나 그 밖에 수급자에게 부득이한 사유가 있는 때에는 그 반환을 면제할 수 있다(제47조 제1항).

또한 긴급급여를 실시했으나 조사결과에 따라 급여를 실시하지 않기로 결정한 경우 급여비용의 반환을 명할 수 있다(같은 조 제2항).

(5) 벌칙

법의 실효성을 제고하는 방법으로서 형벌이나 행정벌과 같은 벌칙의 기능은 매우 중요하다. 우선, 제23조의 2 제6항을 위반하여 금융정보를 사용·제공 또는 누설한 자는 5년 이하의 징역 또는 3천만 원 이하의 벌금에 처한다(제48조 제1항).

또한 제22조 제6항(제23조 제2항에서 준용하는 경우를 포함하고, 제 23조의 2 제6항을 위반한 경우를 제외한다)을 위반하여 정보 또는 자료를 사용하거나 제공한 자와 제23조의 2 제6항을 위반하여 신용정보 또는 보험정보를 사용·제공 또는 누설한 자는 3년 이하의 징역 또는 2천만 원 이하의 벌금에 처한다(같은 조 제2항). 즉, 보장기관의 공무원 또는 공무원이었던 자가 제22조 제1항 내지 제4항의 신청조사 규정에 의하여 얻은 정보와 자료를 이 법이 정한 보장목적 외에 다른 용도로 사용하거나 다른 사람 또는 기관에 제공하면 전술한 처벌을 받게 되는 것이다. 이것은 제23조 제2항에 따라 수급자의 자료제출, 조사의 위촉, 관련전산망의 이용 등 기타 확인조사를 하는 경우에도 준용되며, 제23조의 2 제1항부터 제3항까지의 규정에 따른 업무에 종사하거나 종사하였던 자는 업무를 수행하면서 취득한 금융정보 등을 이 법으로 정한 목적 외의 다른 용도로 사용하거나 다른 사람 또는 기관에 제공하거나 누설하는 경우는 이 항의 적용을 받는 것이 아니라, 제48조 제1항에 따라 더욱 가중 처벌된다. 이는 수급권자의 사적 생활의 정보 및 자유를 보호하기 위함이며, 특히 금융정보의 보호에 더욱 치중하고자 하는 표현이다.

반면에 부정수급자는 1년 이하의 징역, 5백만 원 이하의 벌금, 구류 또는 과료에 처한다(제49조). 그리고 보장시설의 장이 보장기관으로부터 수급자에 대한 급여를 위탁받은 때 정당한 사유 없이 이를 거부하거나 위탁받은 수급자에게 종교상의 행위를 강제할 경우 3백만 원 이하의 벌금, 구류 또는 과료에 처한다(제50조). 이는 보장시설에 입소하게 되는 수급자의 기본적 생존권과 자유권, 특히 종교의 자유를 보장하기 위함이다. 현실적으로 종교법인이나 종교단체가 운영하는 사회복지시설들에서 입소자들에게 특정 종교를 강요하는 사례들이 많이 있기 때문에 이에 대해 금지하려는 목적이 있는 것이다.

　법인의 대표자나 법인 또는 개인의 대리인, 사용인 기타 종업원이 그 법인 또는 개인의 업무에 관해 제48조 또는 제49조의 위반행위를 한 때에는 행위자를 벌하는 외에 그 법인 또는 개인에 대해서도 각 해당조의 벌금 또는 과료의 형을 과한다(제51조). 이것은 양벌규정이다. 사회복지시설 같은 보장시설의 설립주체에게도 위반행위에 관련된 개인과 더불어 동시에 처벌한다는 취지이다. 이는 책임성과 연대성을 요구하는 것이다. 또한 법인은 자연이 아니므로 징역형과 같은 신체적 형벌은 부과할 수 없고 벌금 등의 재산형을 부과하는 것이다.

부 록

1. 대한민국 헌법

개정 1952. 7. 7 1954.11.29
1960. 6.15 1962.12.26
1969.10.21 1972.12.27
1980.10.27 1987.10.29

(1948. 7. 17)

전 문

유구한 역사와 전통에 빛나는 우리 대한국민은 3 · 1 운동으로 건립된 대한민국 임시정부의 법통과 불의에 항거한 4 · 19 민주이념을 계승하고, 조국의 민주개혁과 평화적 통일의 사명에 입각하여 정의 · 인도와 동포애로써 민족의 단결을 공고히 하고, 모든 사회적 폐습과 불의를 타파하며, 자율과 조화를 바탕으로 자유민주적 기본질서를 더욱 확고히 하여 정치 · 경제 · 사회 · 문화의 모든 영역에 있어서 각인의 기회를 균등히 하고, 능력을 최고도로 발휘하게 하며, 자유와 권리에 따르는 책임과 의무를 완수하게 하여, 안으로는 국민생활의 균등한 향상을 기하고 밖으로는 항구적인 세계평화와 인류공영에 이바지함으로써 우리들과 우리들의 자손의 안전과 자유와 행복을 영원히 확보할 것을 다짐하면서 1948년 7월 12일에 제정되고 8차에 걸쳐 개정된 헌법을 이제 국회의 의결을 거쳐 국민투표에 의하여 개정한다.

1987년 10월 29일

제1장 총강

제1조 ① 대한민국은 민주공화국이다.

② 대한민국의 주권은 국민에게 있고 모든 권력은 국민으로부터 나온다.

제2조 ① 대한민국의 국민이 되는 요건은 법률로 정한다.

② 국가는 법률이 정하는 바에 의해 재외국민을 보호할 의무를 진다.

제3조 대한민국의 영토는 한반도와 그 부속도서로 한다.

제4조 대한민국은 통일을 지향하며, 자유민주적 기본질서에 입각한 평화적 통일정책을 수립하고 이를 추진한다.

제5조 ① 대한민국은 국제평화의 유지에 노력하고 침략적 전쟁을 부인한다.

② 국군은 국가의 안전보장과 국토방위의 신성한 의무를 수행함을 사명으로 하며, 그 정치적 중립성은 준수된다.

제6조 ① 헌법에 의해 체결·공포된 조약과 일반적으로 승인된 국제법규는 국내법과 같은 효력을 가진다.

② 외국인은 국제법과 조약이 정하는 바에 의해 그 지위가 보장된다.

제7조 ① 공무원은 국민주체에 대한 봉사자이며, 국민에 대해 책임을 진다.

② 공무원의 신분과 정치적 중립성은 법률이 정하는 바에 의해 보장된다.

제8조 ① 정당의 설립은 자유이며, 복수정당제는 보장된다.

② 정당은 그 목적·조직과 활동이 민주적이어야 하며, 국민의 정치적 의사형성에 참여하는 데 필요한 조직을 가져야 한다.

③ 정당은 법률이 정하는 바에 의해 국가의 보호를 받으며, 국가는 법률이 정하는 바에 의해 정당운영에 필요한 자금을 보조할 수 있다.

④ 정당의 목적이나 활동이 민주적 기본질서에 위배될 때에는 정부는 헌법재판소에 그 해산을 제소할 수 있고, 정당은 헌법재판소의 심판에 의해 해산된다.

제9조 국가는 전통문화의 계승·발전과 민족문화의 창달에 노력해야 한다.

제 2 장 국민의 권리와 의무

제 10 조 모든 국민은 인간으로서의 존엄과 가치를 가지며, 행복을 추구할 권리를 가진다. 국가는 개인이 가지는 불가침의 기본적 인권을 확인하고 이를 보장할 의무를 진다.

제 11 조 ① 모든 국민은 법 앞에 평등하다. 누구든지 성별·종교 또는 사회적 신분에 의해 정치적·경제적·사회적·문화적 생활의 모든 영역에 있어서 차별을 받지 아니한다.

② 사회적 특수계급의 제도는 인정되지 아니하며, 어떠한 형태로도 이를 창설할 수 없다.

③ 훈장 등의 영전은 이를 받은 자에게만 효력이 있고, 어떠한 특권도 이에 따르지 아니한다.

제 12 조 ① 모든 국민은 신체의 자유를 가진다. 누구든지 법률에 의하지 아니하고는 체포·구속·압수·수색 또는 심문을 받지 아니하며, 법률과 적법한 절차에 의하지 아니하고는 처벌·보안처분 또는 강제노역을 받지 아니한다.

② 모든 국민은 고문을 받지 아니하며, 형사상 자기에게 불리한 진술을 강요당하지 아니한다.

③ 체포·구속·압수 또는 수색을 할 때에는 적법한 절차에 따라 검사의 신청에 의해 법관이 발부한 영장을 제시해야 한다. 다만, 현행범인 경우와 장기 3년 이상의 형에 해당하는 죄를 범하고 도피 또는 증거인멸의 염려가 있을 때에는 사후에 영장을 청구할 수 있다.

④ 누구든지 체포 또는 구속을 당한 때에는 즉시 변호인의 조력을 받을 권리를 가진다. 다만, 형사피고인이 스스로 변호인을 구할 수 없을 때에는 법률이 정하는 바에 의해 국가가 변호인을 붙인다.

⑤ 누구든지 체포 또는 구속의 이유와 변호인의 조력을 받을 권리가 있음을 고지받지 아니하고는 체포 또는 구속을 당하지 아니한다. 체포 또는 구속을 당한 자의 가족 등 법률이 정하는 者에게는 그 이유와 일시·장소가 지체 없이 통지되어야 한다.

⑥ 누구든지 체포 또는 구속을 당한 때에는 적부의 심사를 법원에 청구할 권리를 가진다.

⑦ 피고인의 자백이 고문·폭행·협박·구속의 부당한 장기화 또는 기망 기

타의 방법에 의해 자의로 진술된 것이 아니라고 인정될 때 또는 정식재판에 있어서 피고인의 자백이 그에게 불리한 유일한 증거일 때에는 이를 유죄의 증거로 삼거나 이를 이유로 처벌할 수 없다.

제13조 ① 모든 국민은 행위 시의 법률에 의해 범죄를 구성하지 않는 행위로 소추되지 아니하며, 동일한 범죄에 대해 거듭 처벌받지 아니한다.

② 모든 국민은 소급입법에 의해 참정권의 제한을 받거나 재산권을 박탈당하지 아니한다.

③ 모든 국민은 자기의 행위가 아닌 친족의 행위로 인해 불이익한 처우를 받지 아니한다.

제14조 모든 국민은 거주·이전의 자유를 가진다.

제15조 모든 국민은 직업선택의 자유를 가진다.

제16조 모든 국민은 주거의 자유를 침해받지 아니한다. 주거에 대한 압수나 수색을 할 때에는 검사의 신청에 의해 법관이 발부한 영장을 제시해야 한다.

제17조 모든 국민은 사생활의 비밀과 자유를 침해받지 아니한다.

제18조 모든 국민은 통신의 비밀을 침해받지 아니한다.

제19조 모든 국민은 양심의 자유를 가진다.

제20조 ① 모든 국민은 종교의 자유를 가진다.

② 국교는 인정되지 아니하며, 종교와 정치는 분리된다.

제21조 ① 모든 국민은 언론·출판의 자유와 집회·결사의 자유를 가진다.

② 언론·출판에 대한 허가나 검열과 집회·결사에 대한 허가는 인정되지 아니한다.

③ 통신·방송의 시설기준과 신문의 기능을 보장하기 위해 필요한 사항은 법률로 정한다.

④ 언론·출판은 타인의 명예나 권리 또는 공중도덕이나 사회윤리를 침해해서는 아니 된다. 언론·출판이 타인의 명예나 권리를 침해한 때에는 피해자는 이에 대한 피해의 배상을 청구할 수 있다.

제22조 ① 모든 국민은 학문과 예술의 자유를 가진다.

② 저작자·발명가·과학기술자와 예술가의 권리는 법률로써 보호한다.

제23조 ① 모든 국민의 재산권은 보장된다. 그 내용과 한계는 법률로 정한다.

② 재산권의 행사는 공공복리에 적합하도록 해야 한다.

③ 공공필요에 의한 재산권의 수용·사용 또는 제한 및 그에 대한 보상은 법률로써 하되, 정당한 보상을 지급해야 한다.

제24조 모든 국민은 법률이 정하는 바에 의해 선거권을 가진다.

제25조 모든 국민은 법률이 정하는 바에 의해 공무담임권을 가진다.

제26조 ① 모든 국민은 법률이 정하는 바에 의해 국가기관에 문서로 청원할 권리를 가진다.

② 국가는 청원에 대해 심사할 의무를 진다.

제27조 ① 모든 국민은 헌법과 법률이 정한 법관에 의해 법률에 의한 재판을 받을 권리를 가진다.

② 군인 또는 군무원이 아닌 국민은 대한민국의 영역 안에서는 중대한 군사상 기밀, 초병, 초소, 유독음식물공급, 포로, 군용물에 관한 죄 중 법률이 정한 경우와 비상계엄이 선포된 경우를 제외하고는 군사법원의 재판을 받지 아니한다.

③ 모든 국민은 신속한 재판을 받을 권리를 가진다. 형사피고인은 상당한 이유가 없는 한 지체 없이 공개재판을 받을 권리를 가진다.

④ 형사피고인은 유죄의 판결이 확정될 때까지는 무죄로 추정된다.

⑤ 형사피해자는 법률이 정하는 바에 의해 당해 사건의 재판절차에서 진술할 수 있다.

제28조 형사피의자 또는 형사피고인으로서 구금되었던 자가 법률이 정하는 불기소처분을 받거나 무죄판결을 받은 때에는 법률이 정하는 바에 의해 국가에 정당한 보상을 청구할 수 있다.

제29조 ① 공무원의 직무상 불법행위로 손해를 받은 국민은 법률이 정하는 바에 의해 국가 또는 공공단체에 정당한 보상을 청구할 수 있다. 이 경우 공무원 자신의 책임은 면제되지 아니한다.

② 군인·군무원·경찰공무원 기타 법률이 정하는 자가 전투·훈련 등 직무집행과 관련하여 받은 손해에 대해는 법률이 정하는 보상 외에 국가 또는 공공단체에 공무원의 직무상 불법행위로 인한 배상은 청구할 수 없다.

제30조 타인의 범죄행위로 인해 생명·신체에 대한 피해를 받은 국민은 법률이 정하는 바에 의해 국가로부터 구조를 받을 수 있다.

제31조 ① 모든 국민은 능력에 따라 균등하게 교육을 받을 권리를 가진다.

② 모든 국민은 그 보호하는 자녀에게 적어도 초등교육과 법률이 정하는 교육을 받게 할 의무를 진다.

③ 의무교육은 무상으로 한다.

④ 교육의 자주성·전문성·정치적 중립성 및 대학의 자율성은 법률이 정하는 바에 의해 보장된다.

⑤ 국가는 평생교육을 진흥해야 한다.

⑥ 학교교육 및 평생교육을 포함한 교육제도와 그 운영, 교육재정 및 교원의 지위에 관한 기본적인 사항은 법률로 정한다.

제32조 ① 모든 국민은 근로의 권리를 가진다. 국가는 사회적·경제적 방법으로 근로자의 고용의 증진과 적정임금의 보장에 노력해야 하며, 법률이 정하는 바에 의해 최저임금제를 시행해야 한다.

② 모든 국민은 근로의 의무를 진다. 국가는 근로의 의무의 내용과 조건을 민주주의 원칙에 따라 법률로 정한다.

③ 근로조건의 기준은 인간의 존엄성을 보장하도록 법률로 정한다.

④ 여자의 근로는 특별한 보호를 받으며, 고용·임금 및 근로조건에 있어서 부당한 차별을 받지 아니한다.

⑤ 연소자의 근로는 특별한 보호를 받는다.

⑥ 국가유공자·상이군경 및 전몰군경의 유가족은 법률이 정하는 바에 의해 우선적으로 근로의 기회를 부여받는다.

제33조 ① 근로자는 근로조건의 향상을 위해 자주적인 단결권·단체교섭권 및 단체행동권을 가진다.

② 공무원인 근로자는 법률이 정하는 자에 한하여 단결권·단체교섭권 및 단체행동권을 가진다.

③ 법률이 정하는 주요방위산업체에 종사하는 근로자의 단체행동권은 법률이 정하는 바에 의해 이를 제한하거나 인정하지 아니할 수 있다.

제34조 ① 모든 국민은 인간다운 생활을 할 권리를 가진다.

② 국가는 사회보장·사회복지의 증진에 노력할 의무를 진다.

③ 국가는 여자의 복지와 권익의 향상을 위해 노력해야 한다.

④ 국가는 노인과 청소년의 복지향상을 위한 정책을 실시할 의무를 진다.

⑤ 신체장애자 및 질병·노령 기타의 사유로 생활능력이 없는 국민은 법률이

정하는 바에 의해 국가의 보호를 받는다.

⑥ 국가는 재해를 예방하고 그 위험으로부터 국민을 보호하기 위해 노력해야 한다.

제35조 ① 모든 국민은 건강하고 쾌적한 환경에서 생활할 권리를 가지며, 국가와 국민은 환경보전을 위해 노력해야 한다.

② 환경권의 내용과 행사에 관해는 법률로 정한다.

③ 국가는 주택개발정책 등을 통하여 모든 국민이 쾌적한 주거생활을 할 수 있도록 노력해야 한다.

제36조 ① 혼인과 가족생활은 개인의 존엄과 양성의 평등을 기초로 성립되고 유지되어야 하며, 국가는 이를 보장한다.

② 국가는 모성의 보호를 위해 노력해야 한다.

③ 모든 국민은 보건에 관해 국가의 보호를 받는다.

제37조 ① 국민의 자유와 권리는 헌법에 열거되지 아니한 이유로 경시되지 아니한다.

② 국민의 모든 자유와 권리는 국가안전보장·질서유지 또는 공공복리를 위해 필요한 경우에 한하여 법률로써 제한할 수 있으며, 제한하는 경우에도 자유와 권리의 본질적인 내용을 침해할 수 없다.

제38조 모든 국민은 법률이 정하는 바에 의해 납세의 의무를 진다.

제39조 ① 모든 국민은 법률이 정하는 바에 의해 국방의 의무를 진다.

② 누구든지 병역의무의 이행으로 인해 불이익한 처우를 받지 아니한다.

제3장 국회

제40조 입법권은 국회에 속한다.

제41조 ① 국회는 국민의 보통·평등·직접·비밀선거에 의해 선출된 국회의원으로 구성한다.

② 국회의원의 수는 법률로 정하되, 200인 이상으로 한다.

③ 국회의원의 선거구와 비례대표제 기타 선거에 관한 사항은 법률로 정한다.

제42조 국회의원의 임기는 4년으로 한다.

제43조 국회의원은 법률이 정하는 직을 겸할 수 없다.

제44조 ① 국회의원은 현행범인 경우를 제외하고는 회기 중 국회의 동의 없이

체포 또는 구금되지 아니한다.

② 국회의원이 회기 전에 체포 또는 구금된 때에는 현행 범인이 아닌 한 국회의 요구가 있으면 회기 중 석방된다.

제45조 국회의원은 국회에서 직무상 행한 발언과 표결에 관해 국회 외에서 책임을 지지 아니한다.

제46조 ① 국회의원은 청렴의 의무가 있다.

② 국회의원은 국가이익을 우선하여 양심에 따라 직무를 행한다.

③ 국회의원은 그 지위를 남용하여 국가·공공단체 또는 기업체와의 계약이나 그 처분에 의해 재산상의 권리·이익 또는 직위를 취득하거나 타인을 위해 그 취득을 알선할 수 없다.

제47조 ① 국회의 정기회는 법률이 정하는 바에 의해 매년 1회 집회되며, 국회의 임시회는 대통령 또는 국회재적의원 4분의 1 이상의 요구에 의해 집회된다.

② 정기회의 회기는 100일을, 임시회의 회기는 30일을 초과할 수 없다.

③ 대통령이 임시회의 집회를 요구할 때에는 기간과 집회요구의 이유를 명시해야 한다.

제48조 국회는 의장 1인과 부의장 2인을 선출한다.

제49조 국회는 헌법 또는 법률에 특별한 규정이 없는 한 재적의원 과반수의 출석과 출석의원 과반수의 찬성으로 의결한다. 가부동수인 때에는 부결된 것으로 본다.

제50조 ① 국회의 회의는 공개한다. 다만 출석의원 과반수의 찬성이 있거나 의장이 국가의 안전보장을 위해 필요하다고 인정할 때에는 공개하지 아니할 수 있다.

② 공개하지 아니한 회의내용의 공표에 관해는 법률이 정하는 바에 의한다.

제51조 국회에 제출된 법률안 기타의 의안은 회기 중에 의결되지 못한 이유로 폐기되지 아니한다. 다만, 국회의원의 임기가 만료된 때에는 그러하지 아니하다.

제52조 국회의원과 정부는 법률안을 제출할 수 있다.

제53조 ① 국회에서 의결된 법률안은 정부에 이송되어 15일 이내에 대통령이 공포한다.

② 법률안에 이의가 있을 때에는 대통령은 제1항의 기간 내에 이의서를 붙여

국회로 환부하고, 그 재의를 요구할 수 있다. 국회의 폐회 중에도 또한 같다.

③ 대통령은 법률안의 일부에 대해 또는 법률안을 수정하여 재의를 요구할 수 없다.

④ 재의의 요구가 있을 때에는 국회는 재의에 붙이고, 재적의원 과반수의 출석과 출석의원 3분의 2 이상의 찬성으로 전과 같은 의결을 하면 그 법률안은 법률로서 확정된다.

⑤ 대통령이 제1항의 기간 내에 공포나 재의의 요구를 하지 아니한 때에도 그 법률안은 법률로서 확정된다.

⑥ 대통령은 제4항과 제5항의 규정에 의해 확정된 법률을 지체 없이 공포해야 한다. 제5항에 의해 법률이 확정된 후 또는 제4항에 의한 확정법률이 정부에 이송된 후 5일 이내에 대통령이 공포하지 아니할 때에는 국회의장이 이를 공포한다.

⑦ 법률은 특별한 규정이 없는 한 공포한 날로부터 20일을 경과함으로써 효력을 발생한다.

제54조 ① 국회는 국가의 예산안을 심의·확정한다.

② 정부는 회계연도마다 예산안을 편성하여 회계연도 개시 90일 전까지 국회에 제출하고, 국회는 회계연도 개시 30일 전까지 이를 의결해야 한다.

③ 새로운 회계연도가 개시될 때까지 예산안이 의결되지 못한 때에는 정부는 국회에서 예산안이 의결될 때까지 다음의 목적을 위한 경비는 전년도 예산에 준하여 집행할 수 있다.

  1. 헌법이나 법률에 의해 설치된 기관 또는 시설의 유지·운영

  2. 법률상 지출의무의 이행

  3. 이미 예산으로 승인된 사업의 계속

제55조 ① 한 회계연도를 넘어 계속하여 지출할 필요가 있을 때에는 정부는 연한을 정하여 계속비로서 국회의 의결을 얻어야 한다.

② 예비비는 총액으로 국회의 의결을 얻어야 한다. 예비비의 지출은 차기국회의 승인을 얻어야 한다.

제56조 정부는 예산에 변경을 가할 필요가 있을 때에는 추가경정예산안을 편성하여 국회에 제출할 수 있다.

제57조 국회는 정부의 동의 없이 정부가 제출한 지출예산 각항의 금액을 증가

하거나 새 비목을 설치할 수 없다.

제58조 국채를 모집하거나 예산 외에 국가의 부담이 될 계약을 체결하려 할 때에는 정부는 미리 국회의 의결을 얻어야 한다.

제59조 조세의 종목과 세율은 법률로 정한다.

제60조 ① 국회는 상호원조 또는 안전보장에 관한 조약, 중요한 국제조직에 관한 조약, 우호통상항해조약, 주권의 제약에 관한 조약, 강화조약, 국가나 국민에게 중대한 재정적 부담을 지우는 조약 또는 입법사항에 관한 조약의 체결·비준에 대한 동의권을 가진다.

② 국회는 선전포고, 국군의 외국에의 파견 또는 외국군대의 대한민국 영역 안에서의 주류에 대한 동의권을 가진다.

제61조 ① 국회는 국정을 감사하거나 특정한 국정사안에 대해 조사할 수 있으며, 이에 필요한 서류의 제출 또는 증인의 출석과 증언이나 의견의 진술을 요구할 수 있다.

② 국정감사 및 조사에 관한 절차 기타 필요한 사항은 법률로 정한다.

제62조 ① 국무총리·국무위원 또는 정부위원은 국회나 그 위원회에 출석하여 국정처리상황을 보고하거나 의견을 진술하고 질문에 응답할 수 있다.

② 국회나 그 위원회의 요구가 있을 때에는 국무총리·국무위원 또는 정부위원은 출석·답변해야 하며, 국무총리 또는 국무위원이 출석요구를 받은 때에는 국무위원 또는 정부위원으로 하여금 출석·답변하게 할 수 있다.

제63조 ① 국회는 국무총리 또는 국무위원의 해임을 대통령에게 건의할 수 있다.

② 제1항의 해임건의는 국회재적의원 3분의 1 이상의 발의에 의해 국회재적의원 과반수의 찬성이 있어야 한다.

제64조 ① 국회는 법률에 저촉되지 않는 범위 안에서 의사와 내부규율에 관한 규칙을 제정할 수 있다.

② 국회는 의원의 자격을 심사하며, 의원을 징계할 수 있다.

③ 의원을 제명하려면 국회재적의원 3분의 2 이상의 찬성이 있어야 한다.

④ 제2항과 제3항의 처분에 대해서는 법원에 제소할 수 없다.

제65조 ① 대통령·국무총리·국무위원·행정각부의 장·헌법재판소 재판관·법관·중앙선거관리위원회 위원·감사원장·감사위원 기타 법률이 정한 공무원이 그 직무집행에 있어서 헌법이나 법률을 위배한 때에는 국회는 탄핵의

소추를 의결할 수 있다.

② 제1항의 탄핵소추는 국회재적의원 3분의 1 이상의 발의가 있어야 하며, 그 의결은 국회재적의원 과반수의 찬성이 있어야 한다. 다만, 대통령에 대한 탄핵소추는 국회재적의원 과반수의 발의와 국회재적의원 3분의 2 이상의 찬성이 있어야 한다.

③ 탄핵소추의 의결을 받은 자는 탄핵심판이 있을 때까지 그 권한행사가 정지된다.

④ 탄핵결정은 공직으로부터 파면함에 그친다. 그러나 이에 의해 민사상이나 형사상의 책임이 면제되지는 아니한다.

제4장 정부

제1절 대통령

第66條 ① 대통령은 국가의 원수이며, 외국에 대해 국가를 대표한다.

② 대통령은 국가의 독립·영토의 보전·국가의 계속성과 헌법을 수호할 책임을 진다.

③ 대통령은 조국의 평화적 통일을 위한 성실한 의무를 진다.

④ 행정권은 대통령을 수반으로 하는 정부에 속한다.

第67條 ① 대통령은 국민의 보통·평등·직접·비밀선거에 의해 선출한다.

② 제1항의 선거에 있어서 최고득표자가 2인 이상인 때에는 국회의 재적의원 과반수가 출석한 공개회의에서 다수표를 얻은 자를 당선자로 한다.

③ 대통령 후보자가 1인일 때에는 그 득표수가 선거권자 총수의 3분의 1 이상이 아니면 대통령으로 당선될 수 없다.

④ 대통령으로 선거될 수 있는 자는 국회의원의 피선거권이 있고 선거일 현재 40세에 달해야 한다.

⑤ 대통령의 선거에 관한 사항은 법률로 정한다.

第68條 ① 대통령의 임기가 만료된 때에는 임기 만료 70일 내지 40일 전에 후임자를 선거한다.

② 대통령이 궐위된 때 또는 대통령 당선자가 사망하거나 판결 기타의 사유로 그 자격을 상실한 때에는 60일 이내에 후임자를 선거한다.

제69조 대통령은 취임에 즈음하여 다음의 선서를 한다.

"나는 헌법을 준수하고 국가를 보위하며 조국의 평화적 통일과 국민의 자유와 복리의 증진 및 민족문화의 창달에 노력하여 대통령으로서의 직책을 성실히 수행할 것을 국민 앞에 엄숙히 선서합니다."

제70조 대통령의 임기는 5년으로 하며, 중임할 수 없다.

제71조 대통령이 궐위되거나 사고로 인해 직무를 수행할 수 없을 때에는 국무총리, 법률이 정한 국무위원의 순서로 그 권한을 대행한다.

제72조 대통령은 필요하다고 인정할 때에는 외교·국방·통일 기타 국가안위에 관한 중요 정책을 국민투표에 붙일 수 있다.

제73조 대통령은 조약을 체결·비준하고, 외교사절을 신임·접수 또는 파견하며, 선전포고와 강화를 한다.

제74조 ① 대통령은 헌법과 법률이 정하는 바에 의해 국군을 통수한다.

② 국군의 조직과 편성은 법률로 정한다.

제75조 대통령은 법률에서 구체적으로 범위를 정하여 위임받은 사항과 법률을 집행하기 위해 필요한 사항에 관해 대통령령을 발할 수 있다.

제76조 ① 대통령은 내우·외환·천재·지변 또는 중대한 재정·경제상의 위기에 있어서 국가의 안전보장 또는 공공의 안녕질서를 유지하기 위해 긴급한 조치가 필요하고 국회의 집회를 기다릴 여유가 없을 때에 한하여 최소한으로 필요한 재정·경제상의 처분을 하거나 이에 관해 법률의 효력을 가지는 명령을 발할 수 있다.

② 대통령은 국가의 안위에 관계되는 중대한 교전상태에 있어서 국가를 보위하기 위해 긴급한 조치가 필요하고 국회의 집회가 불가능한 때에 한하여 법률의 효력을 가지는 명령을 발할 수 있다.

③ 대통령은 제1항과 제2항의 처분 또는 명령을 한 때에는 지체 없이 국회에 보고하여 그 승인을 얻어야 한다.

④ 제3항의 승인을 얻지 못한 때에는 그 처분 또는 명령은 그때부터 효력을 상실한다. 이 경우 그 명령에 의해 개정 또는 폐지되었던 법률은 그 명령이 승인을 얻지 못한 때부터 당연히 효력을 회복한다.

⑤ 대통령은 제3항과 제4항의 사유를 지체 없이 공포해야 한다.

제77조 ① 대통령은 전시·사변 또는 이에 준하는 국가비상사태에 있어서 병력

으로써 군사상의 필요에 응하거나 공공의 안녕질서를 유지할 필요가 있을 때에는 법률이 정하는 바에 의해 계엄을 선포할 수 있다.

② 계엄은 비상계엄과 경비계엄으로 한다.

③ 비상계엄이 선포된 때에는 법률이 정하는 바에 의해 영장제도, 언론·출판·집회·결사의 자유, 정부나 법원의 권한에 관해 특별한 조치를 할 수 있다.

④ 계엄을 선포한 때에는 대통령은 지체 없이 국회에 통고해야 한다.

⑤ 국회가 재적의원 과반수의 찬성으로 계엄의 해제를 요구한 때에는 대통령은 이를 해제해야 한다.

제78조 대통령은 헌법과 법률이 정하는 바에 의해 공무원을 임면한다.

제79조 ① 대통령은 법률이 정하는 바에 의해 사면·감형 또는 복권을 금할 수 있다.

② 일반사면을 명하려면 국회의 동의를 얻어야 한다.

③ 사면·감형 및 복권에 관한 사항은 법률로 정한다.

제80조 대통령은 법률이 정하는 바에 의해 훈장 기타의 영전을 수여한다.

제81조 대통령은 국회에 출석하여 발언하거나 서한으로 의견을 표시할 수 있다.

제82조 대통령의 국법상 행위는 문서로써 하며, 이 문서에는 국무총리와 관계 국무위원이 부서한다. 군사에 관한 것도 또한 같다.

제83조 대통령은 국무총리·국무위원·행정각부의 장 기타 법률이 정하는 공사의 직을 겸할 수 없다.

제84조 대통령은 내란 또는 외환의 죄를 범한 경우를 제외하고는 재직 중 형사상의 소추를 받지 아니한다.

제85조 전직대통령의 신분과 예우에 관해는 법률로 정한다.

제2절 행정부

제86조 ① 국무총리는 국회의 동의를 얻어 대통령이 임명한다.

② 국무총리는 대통령을 보좌하며, 행정에 관해 대통령의 명을 받아 행정각부를 통할한다.

③ 군인은 현역을 면한 후가 아니면 국무총리로 임명될 수 없다.

제87조 ① 국무위원은 국무총리의 제청으로 대통령이 임명한다.

② 국무위원은 국정에 관해 대통령을 보좌하며, 국무회의의 구성원으로서 국정을 심의한다.

③ 국무총리는 국무위원의 해임을 대통령에게 건의할 수 있다.

④ 군인은 현역을 면한 후가 아니면 국무위원으로 임명될 수 없다.

제88조 ① 국무회의는 정부의 권한에 속하는 중요한 정책을 심의한다.

② 국무회의는 대통령·국무총리와 15인 이상 30인 이하의 국무위원으로 구성한다.

③ 대통령은 국무회의의 의장이 되고, 국무총리는 부의장이 된다.

제89조 다음 사항은 국무회의의 심의를 거쳐야 한다.

1. 국정의 기본계획과 정부의 일반정책

2. 선전·강화 기타 중요한 대외정책

3. 헌법개정안·국민투표안·조약안·법률안 및 대통령법안

4. 예산안·결산·국유재산처분의 기본계획·국가의 부담이 될 계약 기타 재정에 관한 중요사항

5. 대통령의 긴급명령·긴급재정경제처분 및 명령 또는 계엄과 그 해제

6. 군사에 관한 중요사항

7. 국회의 임시회 집회의 요구

8. 영전수여

9. 사면·감형과 복권

10. 행정각부간의 권한의 확정

11. 정부 안의 권한의 위임 또는 배정에 관한 기본계획

12. 국정처리상황의 평가·분석

13. 행정각부의 중요한 정책의 수립과 조정

14. 정당해산의 제소

15. 정부에 제출 또는 회부된 정부의 정책에 관계되는 청원의 심사

16. 검찰총장·합동참모의장·각군참모총장·국립대학교총장·대사 기타 법률이 정한 공무원과 국영기업관리자의 임명

17. 기타 대통령·국무총리 또는 국무위원이 제출한 사항

제90조 ① 국정의 중요한 사항에 관한 대통령의 자문에 응하기 위해 국가원로로 구성되는 국가원로자문회의를 둘 수 있다.

② 국가원로자문회의의 의장은 직전대통령이 된다. 다만, 직전대통령이 없을 때에는 대통령이 지명한다.

③ 국가원로자문회의의 조직·직무범위 기타 필요한 사항은 법률로 정한다.

제91조 ① 국가안전보장에 관련되는 대외정책·군사정책과 국내정책의 수립에 관해 국무회의의 심의에 앞서 대통령의 자문에 응하기 위해 국가안전보장회의를 둔다.

② 국가안전보장회의는 대통령이 주재한다.

③ 국가안전보장회의의 조직·직무범위 기타 필요한 사항은 법률로 정한다.

제92조 ① 평화통일정책의 수립에 관한 대통령의 자문에 응하기 위해 민주평화통일자문회의를 둘 수 있다.

② 민주평화통일자문회의의 조직·직무범위 기타 필요한 사항은 법률로 정한다.

제93조 ① 국민경제의 발전을 위한 중요정책의 수립에 관해 대통령의 자문에 응하기 위해 국민경제자문회의를 둘 수 있다.

② 국민경제자문회의의 조직·직무범위 기타 필요한 사항은 법률로 정한다.

제94조 행정각부의 장은 국무위원 중에서 국무총리의 제청으로 대통령이 임명한다.

제95조 국무총리 또는 행정각부의 장은 소관사무에 관해 법률이나 대통령령의 위임 또는 직권으로 총리령 또는 부령을 발할 수 있다.

제96조 행정각부의 설치·조직과 직무범위는 법률로 정한다.

제97조 국가의 세입·세출의 결산, 국가 및 법률이 정한 단체의 회계검사와 행정기관 및 공무원의 직무에 관한 감찰을 하기 위해 대통령 소속하에 감사원을 둔다.

제98조 ① 감사원은 원장을 포함한 5인 이상 11인 이하의 감사위원으로 구성한다.

② 원장은 국회의 동의를 얻어 대통령이 임명하고, 그 임기는 4년으로 하며, 1차에 한하여 중임할 수 있다.

③ 감사위원은 원장의 제청으로 대통령이 임명하고, 그 임기는 4년으로 하며, 1차에 한하여 중임할 수 있다.

제99조 감사원은 세입·세출의 결산을 매년 검사하여 대통령과 차년도 국회에 그 결과를 보고해야 한다.

제100조 감사원의 조직직무범위·감사위원의 자격·감사대상공무원의 범위 기타 필요한 사항은 법률로 정한다.

제 5 장 법 원

제101조 ① 사법권은 법관으로 구성된 법원에 속한다.

② 법원은 최고법원인 대법원과 각급법원으로 조직된다.

③ 법관의 자격은 법률로 정한다.

제102조 ① 대법원에 부를 둘 수 있다.

② 대법원에 대법관을 둔다. 다만, 법률이 정하는 바에 의해 대법관이 아닌 법관을 둘 수 있다.

③ 대법원과 각급법원의 조직은 법률로 정한다.

제103조 법관은 헌법과 법률에 의해 그 양심에 따라 독립하여 심판한다.

제104조 ① 대법원장은 국회의 동의를 얻어 대통령이 임명한다.

② 대법관은 대법원장의 제청으로 국회의 동의를 얻어 대통령이 임명한다.

③ 대법원장과 대법관이 아닌 법관은 대법관회의의 동의를 얻어 대법원장이 임명한다.

제105조 ① 대법원장의 임기는 6년으로 하며, 중임할 수 없다.

② 대법관의 임기는 6년으로 하며, 법률이 정하는 바에 의해 연임할 수 있다.

③ 대법원장과 대법관이 아닌 법관의 임기는 10년으로 하며, 법률이 정하는 바에 의해 연임할 수 있다.

④ 법관의 정년은 법률로 정한다.

제106조 ① 법관은 탄핵 또는 금고 이상의 형의 선고에 의하지 아니하고는 파면되지 아니하며, 징계처분에 의하지 아니하고는 정직 · 감봉 기타 불리한 처분을 받지 아니한다.

② 법관이 중대한 심신상의 장해로 직무를 수행할 수 없을 때에는 법률이 정하는 바에 의해 퇴직하게 할 수 있다.

제107조 ① 법률이 헌법에 위반되는 여부가 재판의 전제가 된 경우에는 법원은 헌법재판소에 제청하여 그 심판에 의해 재판한다.

② 명령 · 규칙 또는 처분이 헌법이나 법률에 위반되는 여부가 재판의 전제가 된 경우에는 대법원은 이를 최종적으로 심사할 권한을 가진다.

③ 재판의 전심절차로서 행정심판을 할 수 있다. 행정심판의 절차는 법률로 정하되, 사법절차가 준용되어야 한다.

제108조 대법원은 법률에서 저촉되지 않는 범위 안에서 소송에 관한 절차, 법

원의 내부규율과 사무처리에 관한 규칙을 제정할 수 있다.

제109조 재판의 심리와 판결은 공개한다. 다만, 심리는 국가의 안전보장 또는 안녕질서를 방해하거나 선량한 풍속을 해할 염려가 있을 때에는 법원의 결정으로 공개하지 아니할 수 있다.

제110조 ① 군사재판을 관할하기 위해 특별법원으로서 군사법원을 둘 수 있다.

② 군사법원의 상고심은 대법원에서 관할한다.

③ 군사법원의 조직·권한 및 재판관의 자격은 법률로 정한다.

④ 비상계엄하의 군사재판은 군인·군무원의 범죄나 군사에 관한 간첩죄의 경우와 초병·초소·유독음식물공급·포로에 관한 죄 중 법률이 정한 경우에 한하여 단심으로 할 수 있다. 다만, 사형을 선고한 경우에는 그러하지 아니하다.

제6장 헌법재판소

제111조 ① 헌법재판소는 다음 사항을 관장한다.

1. 법원의 제청에 의한 법률의 위헌여부 심판

2. 탄핵의 심판

3. 정당의 해산 심판

4. 국가기관 상호 간, 국가기관과 지방자치단체 간 및 지방자치단체 상호 간의 권한쟁의에 관한 심판

5. 법률이 정하는 헌법소원에 관한 심판

② 헌법재판소는 법관의 자격을 가진 9인의 재판관으로 구성하며, 재판관은 대통령이 임명한다.

③ 제2항의 재판관 중 3인은 국회에서 선출하는 자를, 3인은 대법원장이 지명하는 자를 임명한다.

④ 헌법재판소의 장은 국회의 동의를 얻어 재판관 중에서 대통령이 임명한다.

제112조 ① 헌법재판소 재판관의 임기는 6년으로 하며, 법률이 정하는 바에 의해 연임할 수 있다.

② 헌법재판소 재판관은 정당에 가입하거나 정치에 관여할 수 없다.

③ 헌법재판소 재판관은 탄핵 또는 금고 이상의 형의 선고에 의하지 아니하고는 파면되지 아니한다.

제113조 ① 헌법재판소에서 법률의 위헌결정, 탄핵의 결정, 정당해산의 결정

또는 헌법소원에 관한 인용결정을 할 때에는 재판관 6인 이상의 찬성이 있어야 한다.

② 헌법재판소는 법률에 저촉되지 않는 범위 안에서 심판에 관한 절차, 내부규율과 사무처리에 관한 규칙을 제정할 수 있다.

③ 헌법재판소의 조직과 운영 기타 필요한 사항은 법률로 정한다.

제7장 선거관리

제114조 ① 선거와 국민투표의 공정한 관리 및 정당에 관한 사무를 처리하기 위해 선거관리위원회를 둔다.

② 중앙선거관리위원회는 대통령이 임명하는 3인, 국회에서 선출하는 3인과 대법원장이 지명하는 3인의 위원으로 구성한다. 위원장은 위원 중에서 호선한다.

③ 위원의 임기는 6년으로 한다.

④ 위원은 정당에 가입하거나 정치에 관여할 수 없다.

⑤ 위원은 탄핵 또는 금고 이상의 형의 선고에 의하지 아니하고는 파면되지 아니한다.

⑥ 중앙선거관리위원회는 법령의 범위 안에서 선거관리·국민투표관리 또는 정당사무에 관한 규칙을 제정할 수 있으며, 법률에 저촉되지 않는 범위 안에서 내부법률에 관한 규칙을 제정할 수 있다.

⑦ 각급 선거관리위원회의 조직·직무범위 기타 필요한 사항은 법률로 정한다.

제115조 ① 각급 선거관리위원회는 선거인 명부의 작성 등 선거사무와 국민투표사무에 관해 관계 행정기관에 필요한 지시를 할 수 있다.

② 제1항의 지시를 받은 당해 행정기관은 이에 응해야 한다.

제116조 ① 선거운동은 각급 선거관리위원회의 관리하에 법률이 정하는 범위 안에서 하되, 균등한 기회가 보장되어야 한다.

② 선거에 관한 경비는 법률이 정하는 경우를 제외하고는 정당 또는 후보자에게 부담시킬 수 없다.

제8장 지방자치

제117조 ① 지방자치단체는 주민의 복리에 관한 사무를 처리하고 재산을 관리하며, 법령의 범위 안에서 자치에 관한 규정을 제정할 수 있다.

② 지방자치단체의 종류는 법률로 정한다.

제118조 ① 지방자치단체에 의회를 둔다.

② 지방의회의 조직·권한·의원선거와 지방자치단체의 장의 선임방법 기타 지방자치단체의 조직과 운영에 관한 사항은 법률로 정한다.

제9장 경제

제119조 ① 대한민국의 경제질서는 개인과 기업의 경제상의 자유와 창의를 존중함을 기본으로 한다.

② 국가는 균형 있는 국민경제의 성장 및 안정과 적정한 소득의 분배를 유지하고, 시장의 지배와 경제력의 남용을 방지하며, 경제주체간의 조화를 통한 경제의 민주화를 위해 경제에 관한 규제와 조정을 할 수 있다.

제120조 ① 광물 기타 중요한 지하자원·수산자원·수력과 경제상 이용할 수 있는 자연력은 법률이 정하는 바에 의해 일정한 기간 그 채취·개발 또는 이용을 특허할 수 있다.

② 국토와 자원은 국가의 보호를 받으며, 국가는 그 균형 있는 개발과 이용을 위해 필요한 계획을 수립한다.

제121조 ① 국가는 농지에 관해 경자유전의 원칙이 달성될 수 있도록 노력해야 하며, 농지의 소작제도는 금지된다.

② 농업생산성의 제고와 농지의 합리적인 이용을 위하거나 불가피한 사정으로 발생하는 농지의 임대차와 위탁경영은 법률이 정하는 바에 의해 인정된다.

제122조 국가는 국민 모두의 생산 및 생활의 기반이 되는 국토의 효율적이고 균형 있는 이용·개발과 보전을 위해 법률이 정하는 바에 의해 그에 관한 필요한 제한과 의무를 과할 수 있다.

제123조 ① 국가는 농업 및 어업을 보호·육성하기 위해 농·어촌 종합개발과 그 지원 등 필요한 계획을 수립·시행해야 한다.

② 국가는 지역 간의 균형 있는 발전을 위해 지역경제를 육성할 의무를 진다.

③ 국가는 중소기업을 보호·육성해야 한다.

④ 국가는 농수산물의 수급균형과 유통구조의 개선에 노력하여 가격안정을 도모함으로써 농·어민의 이익을 보호한다.

⑤ 국가는 농·어민과 중소기업의 자조조직을 육성해야 하며, 그 자율적 활동과 발전을 보장한다.

제124조 국가는 건전한 소비행위를 계도하고 생산품의 품질향상을 촉구하기 위한 소비자보호운동을 법률이 정하는 바에 의해 보장한다.

제125조 국가는 대외무역을 육성하며, 이를 규제·조정할 수 있다.

제126조 국방상 또는 국민경제상 긴절한 필요로 인해 법률이 정하는 경우를 제외하고는, 사영기업을 국유 또는 공유로 이전하거나 그 경영을 통제 또는 관리할 수 없다.

제127조 ① 국가는 과학기술의 혁신과 정보 및 그 인력의 개발을 통하여 국민경제의 발전에 노력해야 한다.

② 국가는 국가표준제도를 확립한다.

③ 대통령은 제1항의 목적을 달성하기 위해 필요한 자문기구를 둘 수 있다.

제10장 헌법개정

제128조 ① 헌법개정은 국회재적의원 과반수 또는 대통령의 발의로 제안된다.

② 대통령의 임기연장 또는 중임변경을 위한 헌법개정은 그 헌법개정 제안 당시의 대통령에 대해는 효력이 없다.

제129조 제안된 헌법개정안은 대통령이 20일 이상의 기간 이를 공고해야 한다.

제130조 ① 국회는 헌법개정안이 공고된 날로부터 60일 이내에 의결해야 하며, 국회의 의결은 재적의원 3분의 2 이상의 찬성을 얻어야 한다.

② 헌법개정안은 국회가 의결한 후 30일 이내에 국민투표에 붙여 국회의원선거권자 과반수의 투표와 투표자 과반수의 찬성을 얻어야 한다.

③ 헌법개정안은 제2항의 찬성을 얻은 때에는 헌법개정은 확정되며, 대통령은 즉시 이를 공포해야 한다.

부 칙

제1조 이 헌법은 1988년 2월 25일부터 시행한다. 다만, 이 헌법을 시행하기 위해 필요한 법률의 제정·개정과 이 헌법에 의한 대통령 및 국회의원의 선거 기타 이 헌법시행에 관한 준비는 이 헌법시행 전에 할 수 있다.

제2조 ① 이 헌법에 의한 최초의 대통령선거는 이 헌법시행일 40일 전까지 실시한다.

② 이 헌법에 의한 최초의 대통령의 임기는 이 헌법시행일로부터 개시한다.

제3조 ① 이 헌법에 의한 최초의 국회의원선거는 이 헌법공포일로부터 6월 이내에 실시하며, 이 헌법에 의해 선출된 최초의 국회의원의 임기는 국회의원선거 후 이 헌법에 의한 국회의 최초의 집회일로부터 개시한다.

② 이 헌법공포 당시의 국회의원의 임기는 제1항에 의한 국회의 최초의 집회일 전일까지로 한다.

제4조 ① 이 헌법시행 당시의 공무원과 정부가 임명한 기업체의 임원은 이 헌법에 의해 임명된 것으로 본다. 다만, 이 헌법에 의해 선임방법이나 임명권자가 변경된 공무원과 대법원장 및 감사원장은 이 헌법에 의해 후임자가 선임될 때까지 그 직무를 행하며, 이 경우 전임자인 공무원의 임기는 후임자가 선임되는 전일까지로 한다.

② 이 헌법시행 당시의 대법원장과 대법원판사가 아닌 법관은 제1항 단서의 규정에 불구하고 이 헌법에 의해 임명된 것으로 본다.

③ 이 헌법 중 공무원의 임기 또는 중임제한에 관한 규정은 이 헌법에 의해 그 공무원이 최초로 선출 또는 임명된 때로부터 적용한다.

제5조 이 헌법시행 당시의 법령과 조약은 이 헌법에 위배되지 않는 한 그 효력을 지속한다.

제6조 ① 이 헌법시행 당시에 이 헌법에 의해 새로 설치될 기관의 권한에 속하는 직무를 행하고 있는 기관은 이 헌법에 의해 새로운 기관이 설치될 때까지 존속하며 그 직무를 행한다.

2. 경제적, 사회적 및 문화적 권리에 관한 국제규약 (A규약)
International Covenant on Economic, Social and Cultural Rights

1990. 7. 10. 우리나라 발효

이 규약의 당사국은, 국제연합헌장에 선언된 원칙에 따라 인류사회의 모든 구성원의 고유의 존엄성 및 평등하고 양도할 수 없는 권리를 인정하는 것이 세계의 자유, 정의 및 평화의 기초가 됨을 고려하고, 이러한 권리는 인간의 고유한 존엄성으로부터 유래함을 인정하며, 세계인권선언에 따라 공포와 결핍으로부터의 자유를 향유하는 자유인간의 이상은 모든 사람이 자신의 시민적, 정치적 권리뿐만 아니라 경제적, 사회적 및 문화적 권리를 향유할 수 있는 여건이 조성되는 경우에만 성취될 수 있음을 인정하며, 인권과 자유에 대한 보편적 존중과 준수를 촉진시킬 국제연합헌장상의 국가의 의무를 고려하며, 타 개인과 자기가 속한 사회에 대한 의무를 지고 있는 개인은, 이 규약에서 인정된 권리의 증진과 준수를 위해 노력해야할 책임이 있음을 인식하여, 다음 조문들에 합의한다.

제 1 부

제1조

1. 모든 인민은 자결권을 가진다. 이 권리에 기초하여 모든 인민은 그들의 정치적 지위를 자유로이 결정하고, 또한 그들의 경제적, 사회적 및 문화적 발전을 자유로이 추구한다.

2. 모든 인민은, 호혜의 원칙에 입각한 국제경제협력으로부터 발생하는 의무 및 국제법상의 의무에 위반하지 않는 한, 그들 자신의 목적을 위해 그들의 천연의 부와 자원을 자유로이 처분할 수 있다. 어떠한 경우에도 인민은 그들의 생존수단을 박탈당하지 아니한다.

3. 비자치지역 및 신탁통치지역의 행정책임을 맡고 있는 국가들을 포함하여 이 규약의 당사국은 국제연합헌장의 규정에 따라 자결권의 실현을 촉진하고 동 권리를 존중해야 한다.

제 2 부

제2조

1. 이 규약의 각 당사국은 특히 입법조치의 채택을 포함한 모든 적절한 수단에 의해 이 규약에서 인정된 권리의 완전한 실현을 점진적으로 달성하기 위해, 개별적으로 또한 특히 경제적, 기술적인 국제지원과 국제협력을 통하여, 자국의 가용 자원이 허용하는 최대한도까지 조치를 취할 것을 약속한다.

2. 이 규약의 당사국은 이 규약에서 선언된 권리들이 인종, 피부색, 성, 언어, 종교, 정치적 또는 기타의 의견, 민족적 또는 사회적 출신, 재산, 출생 또는 기타의 신분 등에 의한 어떠한 종류의 차별도 없이 행사되도록 보장할 것을 약속한다.

3. 개발도상국은, 인권과 국가 경제를 충분히 고려하여 이 규약에서 인정된 경제적 권리를 어느 정도까지 자국의 국민이 아닌 자에게 보장할 것인가를 결정할 수 있다.

제3조

이 규약의 당사국은 이 규약에 규정된 모든 경제적, 사회적 및 문화적 권리를 향유함에 있어서 남녀에게 동등한 권리를 확보할 것을 약속한다.

제4조

이 규약의 당사국은, 국가가 이 규약에 따라 부여하는 권리를 향유함에 있어서, 그러한 권리의 본질과 양립할 수 있는 한도 내에서, 또한 오직 민주사회에서의 공공복리증진의 목적으로 반드시 법률에 의해 정하여지는 제한에 의해서만, 그러한 권리를 제한할 수 있음을 인정한다.

제5조

1. 이 규약의 어떠한 규정도 국가, 집단 또는 개인이 이 규약에서 인정되는 권리 및 자유를 파괴하거나, 또는 이 규약에서 규정된 제한의 범위를 넘어 제한하는 것을 목적으로 하는 활동에 종사하거나 또는 그와 같은 것을 목적으로 하는 행위를 행할 권리를 가지는 것으로 해석되지 아니한다.

2. 이 규약의 어떠한 당사국에서 법률, 협정, 규칙 또는 관습에 의해 인정되거나 또는 현존하고 있는 기본적 인권에 대해서는, 이 규약이 그러한 권리를 인정하지 아니하거나 또는 그 인정의 범위가 보다 협소하다는 것을 구실로 동 권리를 제한하거나 또는 훼손하는 것이 허용되지 아니한다.

제 3 부

제6조

1. 이 규약의 당사국은, 모든 사람이 자유로이 선택하거나 수락하는 노동에 의해 생계를 영위할 권리를 포함하는 근로의 권리를 인정하며, 동 권리를 보호하기 위해 적절한 조치를 취한다.

2. 이 규약의 당사국이 근로권의 완전한 실현을 달성하기 위해 취하는 제반조치에는 개인에게 기본적인 정치적, 경제적 자유를 보장하는 조건하에서 착실한 경제적, 사회적, 문화적 발전과 생산적인 완전고용을 달성하기 위한 기술 및 직업의 지도, 훈련계획, 정책 및 기술이 포함되어야 한다.

제7조

이 규약의 당사국은 특히 다음사항이 확보되는 공정하고 유리한 근로조건을 모든 사람이 향유할 권리를 가지는 것을 인정한다.

(a) 모든 근로자에게 최소한 다음의 것을 제공하는 보수
   (i) 공정한 임금과 어떠한 종류의 차별도 없는 동등한 가치의 노동에 대한 동등한 보수, 특히 여성에게 대해는 동등한 노동에 대한 동등한 보수와 함께 남성이 향유하는 것보다 열등하지 아니한 근로조건의 보장
   (ii) 이 규약의 규정에 따른 근로자 자신과 그 가족의 품위 있는 생활

(b) 안전하고 건강한 근로조건

(c) 연공서열 및 능력이외의 다른 고려에 의하지 아니하고, 모든 사람이 자기의 직장에서 적절한 상위직으로 승진할 수 있는 동등한 기회

(d) 휴식, 여가 및 근로시간의 합리적 제한, 공휴일에 대한 보수와 정기적인 유급휴일

제8조

1. 이 규약의 당사국은 다음의 권리를 확보할 것을 약속한다.

(a) 모든 사람은 그의 경제적, 사회적 이익을 증진하고 보호하기 위해 관계 단체의 규칙에만 따를 것을 조건으로 노동조합을 결성하고, 그가 선택한 노동조

합에 가입하는 권리. 그러한 권리의 행사에 대해는 법률로 정하여진 것 이외의 또한 국가안보 또는 공공질서를 위해 또는 타인의 권리와 자유를 보호하기 위해 민주사회에서 필요한 것 이외의 어떠한 제한도 과할 수 없다.

(b) 노동조합이 전국적인 연합 또는 총연합을 설립하는 권리 및 총연합이 국제노동조합조직을 결성하거나 또는 가입하는 권리

(c) 노동조합은 법률로 정하여진 것 이외의 또한 국가안보, 공공질서를 위하거나 또는 타인의 권리와 자유를 보호하기 위해 민주사회에서 필요한 제한 이외의 어떠한 제한도 받지 아니하고 자유로이 활동할 권리

(d) 특정국가의 법률에 따라 행사될 것을 조건으로 파업을 할 수 있는 권리

2. 이 조는 군인, 경찰 구성원 또는 행정관리가 전기한 권리들을 행사하는 것에 대해 합법적인 제한을 부과하는 것을 방해하지 아니한다.

3. 이 조의 어떠한 규정도 결사의 자유 및 단결권의 보호에 관한 1948년의 국제노동기구협약의 당사국이 동 협약에 규정된 보장을 저해하려는 입법조치를 취하도록 하거나, 또는 이를 저해하려는 방법으로 법률을 적용할 것을 허용하지 아니한다.

제 9 조

이 규약의 당사국은 모든 사람이 사회보험을 포함한 사회보장에 대한 권리를 가지는 것을 인정한다.

제 10 조

이 규약의 당사국은 다음 사항을 인정한다.

1. 사회의 자연적이고 기초적인 단위인 가정에 대해는, 특히 가정의 성립을 위해 그리고 가정이 부양 어린이의 양육과 교육에 책임을 맡고 있는 동안에는 가능한 한 광범위한 보호와 지원이 부여된다. 혼인은 혼인의사를 가진 양 당사자의 자유로운 동의하에 성립된다.

2. 임산부에게는 분만전후의 적당한 기간 동안 특별한 보호가 부여된다. 동 기간 중의 근로 임산부에게는 유급휴가 또는 적당한 사회보장의 혜택이 있는 휴가가 부여된다.

3. 가문 또는 기타 조건에 의한 어떠한 차별도 없이, 모든 어린이와 연소자를 위해 특별한 보호와 원조의 조치가 취하여 진다. 어린이와 연소자는 경제적, 사회적 착취로부터 보호된다. 어린이와 연소자를 도덕 또는 건강에 유

해하거나 또는 생명에 위험하거나 또는 정상적 발육을 저해할 우려가 있는 노동에 고용하는 것은 법률에 의해 처벌할 수 있다. 당사국은 또한 연령제한을 정하여 그 연령에 달하지 않은 어린이에 대한 유급노동에의 고용이 법률로 금지되고 처벌될 수 있도록 한다.

제11조

1. 이 규약의 당사국은 모든 사람이 적당한 식량, 의복 및 주택을 포함하여 자기 자신과 가정을 위한 적당한 생활수준을 누릴 권리와 생활조건을 지속적으로 개선할 권리를 가지는 것을 인정한다. 당사국은 그러한 취지에서 자유로운 동의에 입각한 국제적 협력의 본질적인 중요성을 인정하고, 그 권리의 실현을 확보하기 위한 적당한 조치를 취한다.

2. 이 규약의 당사국은 기아로부터의 해방이라는 모든 사람의 기본적인 권리를 인정하고, 개별적으로 또는 국제협력을 통하여 아래 사항을 위해 구체적 계획을 포함하는 필요한 조치를 취한다.

    (a) 과학·기술 지식을 충분히 활용하고, 영양에 관한 원칙에 대한 지식을 보급하고, 천연자원을 가장 효율적으로 개발하고 이용할 수 있도록 농지제도를 발전시키거나 개혁함으로써 식량의 생산, 보존 및 분배의 방법을 개선할 것.

    (b) 식량수입국 및 식량수출국 쌍방의 문제를 고려하여 필요에 따라 세계식량공급의 공평한 분배를 확보할 것.

제12조

1. 이 규약의 당사국은 모든 사람이 도달 가능한 최고 수준의 신체적·정신적 건강을 향유할 권리를 가지는 것을 인정한다.

2. 이 규약당사국이 동 권리의 완전한 실현을 달성하기 위해 취할 조치에는 다음 사항을 위해 필요한 조치가 포함된다.

    (a) 사산율과 유아사망율의 감소 및 어린이의 건강한 발육

    (b) 환경 및 산업위생의 모든 부문의 개선

    (c) 전염병, 풍토병, 직업병 및 기타 질병의 예방, 치료 및 통제

    (d) 질병 발생 시 모든 사람에게 의료와 간호를 확보할 여건의 조성

제13조

1. 이 규약의 당사국은 모든 사람이 교육에 대한 권리를 가지는 것을 인정한다. 당사국은 교육이 인격과 인격의 존엄성에 대한 의식이 완전히 발전되는

방향으로 나아가야 하며, 교육이 인권과 기본적 자유를 더욱 존중해야 한다는 것에 동의한다. 당사국은 나아가서 교육에 의해 모든 사람이 자유사회에 효율적으로 참여하며, 민족 간에 있어서나 모든 인종적, 종족적 또는 종교적 집단 간에 있어서 이해, 관용 및 친선을 증진시키고, 평화유지를 위한 국제연합의 활동을 증진시킬 수 있도록 하는 것에 동의한다.

2. 이 규약의 당사국은 동 권리의 완전한 실현을 달성하기 위해 다음 사항을 인정한다.

   (a) 초등교육은 모든 사람에게 무상 의무교육으로 실시된다.

   (b) 기술 및 직업 중등교육을 포함하여 여러 가지 형태의 중등 교육은, 모든 적당한 수단에 의해, 특히 무상교육의 점진적 도입에 의해 모든 사람이 일반적으로 이용할 수 있도록 하고, 또한 모든 사람에게 개방된다.

   (c) 고등교육은, 모든 적당한 수단에 의해, 특히 무상교육의 점진적 도입에 의해, 능력에 기초하여 모든 사람에게 동등하게 개방된다.

   (d) 기본교육은 초등교육을 받지 못했거나 또는 초등교육의 전 기간을 이수하지 못한 사람들을 위해 가능한 한 장려되고 강화된다.

   (e) 모든 단계에 있어서 학교제도의 발전이 적극적으로 추구되고, 적당한 연구·장학제도가 수립되며, 교직원의 물질적 처우는 계속적으로 개선된다.

3. 이 규약의 당사국은 부모 또는 경우에 따라서 법정후견인이 그들 자녀를 위해 공공기관에 의해 설립된 학교 이외의 학교로서 국가가 정하거나 승인하는 최소한도의 교육수준에 부합하는 학교를 선택하는 자유 및 그들의 신념에 따라 자녀의 종교적, 도덕적 교육을 확보할 수 있는 자유를 존중할 것을 약속한다.

4. 이 조의 어떠한 부분도 항상 이 조 제1항에 규정된 원칙을 준수하고, 그 교육기관에서의 교육이 국가가 결정하는 최소한의 기준에 일치한다는 요건 하에서, 개인과 단체가 교육기관을 설립, 운영할 수 있는 자유를 간섭하는 것으로 해석되지 아니한다.

제14조

이 규약의 당사국이 되는 때 그 본토나 자국 관할 내에 있는 기타 영토에서 무상으로 초등의무교육을 확보할 수 없는 각 당사국은 계획상에 정해질 합리적인 연한이내에 모든 사람에 대한 무상의무교육 원칙을 점진적으로 시행하기 위한 세부실천계획을 2년 이내에 입안, 채택할 것을 약속한다.

제 15 조

1. 이 규약의 당사국은 모든 사람의 다음 권리를 인정한다.

   (a) 문화생활에 참여할 권리

   (b) 과학의 진보 및 응용으로부터 이익을 향유할 권리

   (c) 자기가 저작한 모든 과학적, 문학적 또는 예술적 창작품으로부터 생기는 정신적, 물질적 이익의 보호로부터 이익을 받을 권리

2. 이 규약의 당사국이 그러한 권리의 완전한 실현을 달성하기 위해 취하는 조치에는 과학과 문화의 보존, 발전 및 보급에 필요한 제반조치가 포함된다.

3. 이 규약의 당사국은 과학적 연구와 창조적 활동에 필수불가결한 자유를 존중할 것을 약속한다.

4. 이 규약의 당사국은 국제적 접촉의 장려와 발전 및 과학과 문화분야에서의 협력으로부터 이익이 초래됨을 인정한다.

제 4 부

제 16 조

1. 이 규약의 당사국은 규약에서 인정된 권리의 준수를 실현하기 위해 취한 조치와 성취된 진전사항에 관한 보고서를 이 부의 규정에 따라 제출할 것을 약속한다.

2. (a) 모든 보고서는 국제연합사무총장에게 제출된다. 사무총장은 이 규약의 규정에 따라, 경제사회이사회가 심의할 수 있도록 보고서 사본을 동 이사회에 송부한다.

   (b) 국제연합사무총장은 이 규약의 당사국으로서 국제연합전문기구의 회원국인 국가가 제출한 보고서 또는 보고서 내용의 일부가 전문기구의 창설규정에 따라 동 전문기구의 책임에 속하는 문제와 관계가 있는 경우, 동 보고서 사본 또는 그 내용 중의 관련 부분의 사본을 동 전문기구에 송부한다.

제 17 조

1. 이 규약의 당사국은 경제사회이사회가 규약당사국 및 관련 전문기구와 협의한 후, 이 규약의 발효 후 1년 이내에 수립하는 계획에 따라, 자국의 보고서를 각 단계별로 제출한다.

2. 동 보고서는 이 규약상의 의무의 이행정도에 영향을 미치는 요소 및 장애를 지적할 수 있다.

3. 이 규약의 당사국이 이미 국제연합 또는 전문기구에 관련 정보를 제출한 경우에는, 동일한 정보를 다시 작성하지 않고 동 정보에 대한 정확한 언급으로서 족하다.

제18조

경제사회이사회는 인권과 기본적 자유의 분야에서의 국제연합헌장상의 책임에 따라, 전문기구가 동기구의 활동영역에 속하는 이 규약 규정의 준수를 달성하기 위해 성취된 진전사항을 이사회에 보고하는 것과 관련하여, 당해 전문기구와 협정을 체결할 수 있다. 그러한 보고서에는 전문기구의 권한 있는 기관이 채택한 규정의 행에 관한 결정 및 권고의 상세를 포함할 수 있다.

제19조

경제사회이사회는 제16조 및 제17조에 따라 각국이 제출하는 인권에 관한 보고서 및 제18조에 따라 전문기구가 제출하는 인권에 관한 보고서중 국제연합 인권위원회의 검토, 일반적 권고, 또는 정보를 위해 적당한 보고서를 인권위원회에 송부할 수 있다.

제20조

이 규약의 당사국과 관련 전문기구는 제19조에 의한 일반적 권고에 대한 의견 또는 국제연합인권위원회의 보고서 또는 보고서에서 언급된 어떠한 문서에서도 그와 같은 일반적 권고에 대해 언급하고 있는 부분에 관한 의견을 경제사회이사회에 제출할 수 있다.

제21조

경제사회이사회는 일반적 성격의 권고를 포함하는 보고서와 이 규약에서 인정된 권리의 일반적 준수를 달성하기 위해 취한 조치 및 성취된 진전사항에 관해 이 규약의 당사국 및 전문기구로부터 입수한 정보의 개요를 수시로 총회에 제출할 수 있다.

제22조

경제사회이사회는 이 규약의 제4부에서 언급된 보고서에서 생기는 문제로서, 국제연합의 타 기관, 그 보조기관 및 기술원조의 제공에 관여하는 전문기구가 각기 그 권한 내에서 이 규약의 효과적, 점진적 실시에 기여할 수 있는 국제적 조치의 타당성을 결정하는데 도움이 될 수 있는 문제에 대해 그들의 주의를 환기시킬 수 있다.

제 23 조

이 규약의 당사국은 이 규약에서 인정된 권리의 실현을 위한 국제적 조치에는 협약의 체결, 권고의 채택, 기술원조의 제공 및 관계정부와 협력하여 조직된 협의와 연구를 목적으로 하는 지역별 회의 및 기술적 회의의 개최와 같은 방안이 포함된다는 것에 동의한다.

제 24 조

이 규약의 어떠한 규정도 이 규약에서 취급되는 문제에 관해 국제연합의 여러 기관과 전문기구의 책임을 각각 명시하고 있는 국제연합헌장 및 전문기구헌장의 규정을 침해하는 것으로 해석되지 아니한다.

제 25 조

이 규약의 어떠한 규정도 모든 사람이 그들의 천연적 부와 자원을 충분히, 자유로이 향유하고, 이용할 수 있는 고유의 권리를 침해하는 것으로 해석되지 아니한다.

제 5 부

제 26 조

1. 이 규약은 국제연합의 모든 회원국, 전문기구의 모든 회원국, 국제사법재판소 규정의 모든 당사국 또한 국제연합총회가 이 규약에 가입하도록 초청한 기타 모든 국가들의 서명을 위해 개방된다.
2. 이 규약은 비준되어야 한다. 비준서는 국제연합사무총장에게 기탁된다.
3. 이 규약은 이 조 제1항에서 언급된 모든 국가들의 가입을 위해 개방된다.
4. 가입은 가입서를 국제연합사무총장에게 기탁함으로써 이루어진다.
5. 국제연합사무총장은 이 규약에 서명 또는 가입한 모든 국가들에게 각 비준서 또는 가입서의 기탁을 통보한다.

제 27 조

1. 이 규약은 35번째의 비준서 또는 가입서가 국제연합사무총장에게 기탁된 날로부터 3개월 후에 발효한다.
2. 35번째 비준서 또는 가입서의 기탁 후에 이 규약을 비준하거나 또는 이 규약에 가입하는 국가에 대해서는, 이 규약은 그 국가의 비준서 또는 가입서가 기탁된 날로부터 3개월 후에 발효한다.

제 28 조

이 규약의 규정은 어떠한 제한이나 예외 없이 연방국가의 모든 지역에 적용된다.

제 29 조

1. 이 규약의 당사국은 개정안을 제안하고 이를 국제연합사무총장에게 제출할 수 있다. 사무총장은 개정안을 접수하는 대로, 각 당사국에게 동 제안을 심의하고 표결에 회부하기 위한 당사국회의 개최에 찬성하는지에 관한 의견을 사무총장에게 통보하여 줄 것을 요청하는 것과 함께, 개정안을 이 규약의 각 당사국에게 송부한다. 당사국 중 최소 3분의 1이 당사국회의 개최에 찬성하는 경우, 사무총장은 국제연합의 주관 하에 동 회의를 소집한다. 동 회의에 출석하고 표결한 당사국의 과반수에 의해 채택된 개정안은 그 승인을 위해 국제연합총회에 제출된다.

2. 개정안은 국제연합총회의 승인을 얻고, 각기 자국의 헌법절차에 따라 이 규약당사국의 3분의 2의 다수가 수락하는 때 발효한다.

3. 개정안은 발효 시 이를 수락한 당사국을 구속하며, 여타 당사국은 계속하여 이 규약의 규정 및 이미 수락한 그 이전의 모든 개정에 의해 구속된다.

제 30 조

제 26조 제 5항에 의한 통보에 관계없이, 국제연합사무총장은 동 조 제 1항에서 언급된 모든 국가에 다음을 통보한다.

(a) 제 26조에 의한 서명, 비준 및 가입

(b) 제 27조에 의한 이 규약의 발효일자 및 제 29조에 의한 모든 개정의 발효일자

제 31 조

1. 이 규약은 중국어, 영어, 불어, 러시아어 및 서반아어본이 동등히 정본이며, 국제연합 문서보존소에 기탁된다.

2. 국제연합사무총장은 제 26조에서 언급된 모든 국가들에게 이 규약의 인증등본을 송부한다.

이상의 증거로, 하기 서명자들은 각자의 정부에 의해 정당히 권한을 위임받아 1966년 12월 19일 뉴욕에서 서명을 위해 개방된 이 규약에 서명했다.

법률용어 해설

강행규정(强行規定)·**임의규정**(任意規定)　강행규정은 당사자의 의사와는 무관하게 적용되는 규정이고, 임의규정은 당사자가 법규정과 다른 의사를 가지고 있을 때 법규정이 적용되지 않고 당사자의 의사에 따르게 되는 규정이다.

게르만법　게르만민족은 현재의 독일 및 스칸디나비아제국에 사는 민족의 선조이며, 게르만민족 고유의 법을 게르만법이라 한다. 게르만법은 유목민시대로부터 중세를 거쳐 독자적으로 발전해 왔다. 따라서 공동체적 질서를 강조하는 성향이 강하다. 현재 독일의 물권법(物權法) 분야에 압도적으로 영향을 미쳤다.

고의(故意)　행위에 대한 결과의 발생을 의욕(意慾)하거나 그것을 인식 또는 예견하여 이를 용인(容認)하여 행동하는 주관적인 상황을 말한다. 따라서 어떠한 사정을 알고 있는 상태를 말한다. 이러한 고의는 대개 확정적 고의라 하며, 불확정적 고의도 인정된다. 불확정적 고의에는 개괄적 고의, 택일적 고의, 미필적(未畢的) 고의 등이 있다. 개괄적 고의는 자신의 행위에 대해서 결과가 발생하게 될 대상자를 불특정의 다수로 인식하는 경우이다. 예컨대 아무나 죽이겠다는 뜻으로 군중에게 발포하는 상황의 고의를 말한다. 결과의 발생은 확실하게 예측이 되지만 그 대상이 둘 중의 하나가 될 것으로 판단하는 상황은 택일적인 고의에 해당된다. 결과 발생의 가능성은 인식하였지만 결과의 발생이 불확정적인 경우가 미필적 고의에 해당된다. 예컨대 담장 너머로 돌을 던지면 지나가던 사람이 맞아서 다칠 수 있을 것이라는 것을 예측하고 돌을 던졌으나 지나가던 행인에게 맞아 결과가 발생하였는지를 알지 못하는 상태가 곧 미필적 고의에 의한 상해죄에 해당된다.

공권력(公權力) 국가 또는 공공단체가 우월한 의사(意思)의 주체로서 국민에 대하여 명령하거나 강제하는 권력 또는 그 권력을 행사하는 국가 자체를 의미하기도 한다.

공법(公法)·사법(私法) 공법과 사법을 분류하는 기준으로서 권력관계의 법과 대등관계의 법, 공익(公益)에 관한 법과 사익(私益)에 관한 법, 국가에 관한 법과 사인(私人)에 관한 법 등 다양하게 제시되고 있다. 그런가 하면, 순수법학에서는 법의 본질상 공법과 사법의 분류는 불가능하다고 보고 있고, 또한 최근 공법과 사법의 공존 또는 융합현상에 주목하면서 이의 구분을 부정하는 학자들도 많다. 그러나 현실적으로 많은 국가들이 양자를 구별하여 법의 해석에서 서로 다른 법의 원리를 적용하고 있으며 실정법상의 제도를 운영하는 과정에서 기술적으로 이를 구분해야 할 필요가 있다. 대체로 헌법, 행정법, 형법, 소송법 등이 공법으로 분류되고, 민법, 상법 등은 사법에 속하는 것으로 본다. 사회법에 대해서는 학자에 따라 공법이라 하기도 하고 공법과 사법의 절충적인 형태로 보기도 하며 또한 공법 및 사법과는 전혀 다른 제3의 법으로 보기도 한다.

공법관계(公法關係) 공법상의 법률관계로서 사법관계(私法關係)에 대립된다. 법률관계임과 동시에 권리관계임은 사법관계와 본질적인 차이가 없지만 당사자의 자치가 인정되지 않고 또한 당사자가 대등한 관계에 있지 않다. 법률상 행정주체에게 우월한 지위가 승인되는 원칙을 특징으로 한다.

과실(過失) 행위에 따르는 일정한 결과를 인식 또는 예견할 수 있었음에도 불구하고 통상적으로 요구되는 주의를 기울이지 않은 것을 과실이라 한다. 이때 통상적으로 요구되는 주의의 정도는 개인의 직업, 환경, 사회적 지위에 따라 사회적으로 기대되는 수준을 말한다.

과실책임(過失責任) 이는 자기책임의 원칙이라 한다. 즉, 개인이 고의나 과실 없이 타인에게 손해를 가한 자는 손해배상책임을 지지 않는다는 것이다. 이로써 개인은 경제활동에서 최대한의 자유를 보장받아 왔던 것이다. 그리하여 이 원칙은 근대 자본주의사회의 성장에 기여하였다.

구상권(求償權) 타인을 위하여 재산상의 이익을 부여한 자가 그 타인에 대해 가지고 있는 반환청구권이다.

구속적부심사(拘束適否審査) 구속된 피의자(被疑者) 또는 그 변호인, 법정대리인, 배우자, 직계친족, 형제자매, 호주, 가족이나 동거인, 고용주는 구속영장의 발부가 법률 위반이거나 구속 후 중대한 사정변경이 있어 구속을 계속할 필요가 없는 때에는 관할법원에 구속의 적부를 청구할 수 있으며, 이 청구를 받은 법관은 지체 없이 구속된 피의자를 심문하고 수사관계서류와 증거물을 조사하여 그 청구가 이유 없다고 인정될 때는 결정으로 이를 기각(棄却)하고, 이유있다고 인정한 때는 결정으로 구속된 피의자의 석방을 명(命)하여야 한다.

구체적 타당성(具體的 妥當性) 법을 해석, 적용하여 구체적 사실을 적절히 해결하는 것을 가리켜 구체적 타당성을 가진다고 한다. 그러나 구체적 타당성을 지나치게 강조하게 되면 법적 안정성이 파괴될 우려가 있다. 법적 안정성을 유지하면서 구체적 타당성을 확보하는 탄력적인 태도가 필요하다.

권력관계(權力關係) 국가 또는 공공단체와 개인이 법률상 지배자와 복종자의 지위를 갖게 되는 관계를 말한다. 양자의 지위가 대등하지 않고 전자의 지위가 우월하다.

권리장전(權利章典) 시민의 권리를 확립, 보장하는 문장을 의미한다. 역사적으로 영국의 명예혁명(1668년)의 다음해에 시민의 기득권을 확인하기 위하여 의회가 기초(起草)하여 국왕 윌리엄이 인가한 역사적 문서를 말한다.

기속재량(羈束裁量) 구체적인 경우에 무엇이 법인가의 문제에 관한 행정청의 재량을 말하는데, 법규재량이라고 한다. 이것은 편의재량에 대항하는 개념이다. 겉보기에는 행정청의 재량을 허용한 것처럼 보이지만 불문법적 제한이 있고, 그 재량을 그르친 것은 결국 법의 해석을 그르친 것이 되어 위법의 문제가 발생하게 된다.

기속행위(羈束行爲)·**재량행위**(裁量行爲) 행정청의 행정행위는 법치주의체제에서는 법치행정이 원칙이다. 따라서 법규의 엄격한 구속을 받는 행정행위를 기속행위라 한다. 재량행위는 법적인 구속 없이 행정청의 자유로운 판단에 따라 처리할 수 있는 행정행위를 말한다. 그러나 자유재량의 행정행위 역시 법의 이념이나 원칙을 위반해서는 아니 된다. 재량이라 하더라도 무엇이 공익에 맞는가, 무엇이 합목적적인가를 판단해야 하는 것이다. 재량권의 행사를 그르친 경우라 하더라도 이 경우에는 위법의 문제는 발생하지 않고 단지 당(當)·부당(不當)의 문제만 남는다.

대륙법(大陸法) 유럽 대륙의 법을 의미하는 것으로 영미법(英美法)에 대립하는 말로 사용된다. 대륙법은 로마법과 게르만법의 영향을 많이 받았고, 추상적인 법을 만들어 놓고 이것을 구체적인 사건에 적용하기 위해 제정된 것이다. 현재 대륙법계는 영미법계와 양대(兩大) 법계를 이루고 있으며, 대륙법계에는 독일법계, 프랑스법계, 러시아법계가 존재한다.

대리(代理) 대리인이 타인(본인)을 위하여 한다는 의사표시를 통하여 본인에게 법률효과가 직접적으로 발생케 하는 법률행위이다. 따라서 단순한 심부름이나 대행(代行)과는 다른 것이며 불법행위의 대리는 존재할 수 없다.

대위(代位) 권리의 주체 또는 객체라는 지위를 대신한다는 뜻이다.

라드브루흐(G. Radbruch, 1878~1949) 독일의 법철학자이며 형법학자. 서남(西南)독일학파의 신(新)칸트주의의 흐름을 흡수하고 방법이원론과 가치상대주의에 입각한 법가치론을 체계적으로 전개하였다. 특정 가치의 절대적 타당성은 인정할 수 없지만 가능한 법가치체계의 종합적 고찰은 학문적으로 가능하고 특히 필요하다고 하여 개인주의, 전체주의, 문화주의를 제시함과 동시에 민주주의의 기초를 마련하였다. 나치스의 폭정(暴政)을 경험하고 전후(戰後)에는 자연법에로의 경사(傾斜)를 표시하였다.

로마법 로마법은 처음에는 로마시민에게만 적용되다가 로마제국이 건설되면서 세계법 또는 만민법으로서의 성격을 띠게 되었다. 다양한 민족이 섞여 있는 광대한 로마제국을 다스리기 위해 로마법은 각 민족의 관습과 자치를 허용하는 방향으로 발전하여 게르만법에 비해 비교적 개인의 자유를 존중하였다. 로마법은 노르만족에 의해 영국으로 전파되었으며 독일법에도 채권법(債權法) 분야에 압도적인 영향을 미쳤다.

무과실책임주의(無過失責任主義) 과실 없이 타인에게 손해를 가한 경우에도 배상책임을 져야 한다는 이론이다. 이것의 이론적 근거는 사회적 손해에 대한 공평부담의 사상에 기초를 두고 있다. 예컨대 현대의 대규모기업은 막대한 이익을 얻으면서도 사회에 대하여 필연적으로 위험과 손해를 끼치고 있다. 그 손해에 대해 비록 구체적인 과실을 인정할 수 없다 하여도 "이익이 있는 곳에 손실도 있다"는 원리에 따라 배상책임을 지우는 것이 공평의 원칙에 적합한 것이다(보상책임론). 또한 위험한 시설을 소유하고 이용하는 자는 당연히 그 시설을 안전하게 관리할 책임이 있으므로 배상책임을 부담해야 한다(위험책임론). 이러한 무과실책임론은 현대사회의 복잡성에 따라 개인들이 받게 되는 피해와 손실의 구체적인 원인을 확인할 수 없게 됨에 따라 등장한 법리이다.

물권(物權) 특정한 물건을 배타적으로 지배하는 것을 내용으로 하는 권리를 말한다. 소유권, 지상권, 지역권, 전세권과 같은 용익물권(用益物權), 유치권(留置權), 질권(質權), 저당권과 같은 담보물권, 그리고 사실상의 지배관계에서 발생하는 점유권 등을 총칭하여 물권이라 한다.

반사적 이익(反射的 利益) 법이 공익의 보호 및 증진을 위해 일정한 규율을 행하지 않거나 법에 근거한 행정이 집행될 때 그 반사적 효과로서 개인에게 일정한 이익이 발생하는 경우가 있는데, 법적으로 보장되는 권리와 구별하여 반사적 이익이라 부른다. 권리와 반사적 이익은 구별하기가 어려운 경우들이 있으며, 반사적 이익으로 인정되는 것은 재판을 통하여 청구할 수 없는 것이다.

법계(法系) 법에는 국가나 민족을 초월한 계통이 인정된다. 이것을 법계라 한다. 우리나라의 법은 대체로 독일법의 영향을 받은 부분이 많기 때문에 독일법계에 속한다고 할 수 있다. 독일법에는 로마법의 영향을 받은 부분과 게르만법의 영향을 받은 부분이 많기 때문에 독일법은 로마법계와 게르만법계에 속한다. 그러나 우리나라 법률은 중국, 프랑스, 미국 등의 법률에 부분적으로 영향을 받았으며 또한 우리 고유의 것도 있어 독일법계에만 속한다고 할 수 없다. 그러므로 엄밀히 따지자면 각 법률의 각 조문에 관하여 각각의 법계를 추적해볼 수밖에 없는 것이다.

법률의 우위(優位) 의회에서 제정된 법률은 다른 기관에서 제정하는 법형식(행정명령 등)에 대해 우월한 효력을 가진다는 원칙으로 법치주의를 이루는 내용이다. 헌법 제107조 제2항은 이 원칙을 제도적으로 보장한다.

법률행위(法律行爲) 일정한 효과의 발생을 목적으로 하는 하나 또는 여러 개의 의사표시를 요소로 하는 법률요건이다.

법원(法源) 법의 존재형식을 말한다. 법은 헌법의 형식을 취할 때도 있고, 법률이나 명령의 형식으로 표현되는 경우도 있다. 또한 성문법뿐만 아니라 관습법 등의 형태로 존재하기도 한다. 이러한 것들을 통칭하여 법원이라 부른다.

법의 지배(支配) 누구든지 법원이 적용하는 법 이외의 것에는 지배되지 않는다는 법지상주의적인 사상으로서 '사람의 지배'에 대항하는 개념이다. "신(神)이나 왕(王)이라 할지라도 법(法) 밑에 있다"는 신조를 표현한다. 이것은 영국에서 의회주의의 강화로 나타났으며, 미국에서는 사법권(司法權)의 우위로 귀결되었다. 결국 법의 지배의 원칙은 개인의 생명, 신체, 재산의 자유를 정치권력으로부터 방어하려는 영국형 법치주의의 원칙이 되었다. 그러나 자본주의 경제질서의 변화, 사회법의 등장, 계획경제의 발전 등은 행정권의 강화를 가져오게 되었으며 법의 지배의 원칙은 비판받게 되었다.

법익(法益) 법에 의해 보호되는 생활이익이나 가치를 말한다. 모든 법은 나름대로 추구하는 법익을 가지고 있으며, 이는 명문화되거나 법해석을 통해 파악할 수 있다. 예컨대 형법상 살인죄의 규정은 인간의 생명을 그 보호 법익으로 하는 것이다. 이러한 법익은 그 주체에 따라서 생명 및 재산과 같은 개인적 법익, 통화의 안정 및 사회의 평온 등과 같은 사회적 법익, 국가작용의 수행을 위한 국가적 법익 등으로 구별된다.

법인(法人) 사람들의 결합체 또는 재산의 결합체에 대해서 권리·의무의 주체가 될 수 있는 자격을 부여한 것이 법인이다. 이는 육체를 가진 개인, 즉 자연인과 더불어 법이 인정한 사람이다. 사회에서 활동하는 주체는 자연인뿐만 아니라 각종 단체 등이 있기 때문에 이들에 대해 권리능력을 부여하는 것이다. 국가나 자연단체, 각종 회사, 노동조합, 학교 등의 대부분은 법인이다. 자연인만이 권리능력을 갖는다고 보고 법인에 대해서는 법이 의제(擬制)하여 권리와 의무를 갖는다고 보는 법인의제설(法人擬制說)은 법인의 정관이나 설립목적 등에 의해서만 권리의무를 가질 수 있다고 보아 법인의 활동을 제한적으로 파악하려 한다. 그러나 법인도 자연인과 더불어 사회적 활동을 하는 엄연한 주체임을 인정하는 법인실재설(法人實在說)은 자연인과 법인을 거의 동등하게 취급한다. 현재의 통설적(通說的) 입장이다. 사람들의 단체인 법인은 사단법인(社團法人)이며 재산의 결합체는 재단법인(財團法人)이다. 또한 주식회사와 같이 영리를 목적으로 하는 법인은 영리법인이며, 영리를 추구하지 않는 것을 목적으로 하는 법인은 비영리법인으로 분류된다. 재단법인은 모두 비영리법인이다. 특수한 목적을 갖는 육영(育英)법인, 종교법인, 사회복지법인 등은 모두 재단법인을 토대로 인정되는 것이다. 즉, 특수한 사회적 목적(교육, 문화, 종교, 복지 등)을 위해 비영리를 전제로 바쳐진 재산의 법적 인격인 것이다.

법적 안정성(安定性) 사회에서 행해지고 있는 법질서가 동요하지 않고 어떤 행위가 정당하고 어떤 권리가 보호되며 어떤 책임이 부과되느냐가 일반적으로 분명히 제시되어 있어, 사람들이 법의 권위를 믿고 행동할 수 있는 상태로서 법적 확실성이라고도 한다. 따라서 법이 법적 안정성을 확보하기 위해서는 법이 함부로 변경되는 것을 방지해야 한다. 이를 위해서는 법의 뜻을 성문화(成文化)하는 것이 필요하다. 그러므로 법적 안정성의 요구는 성문법의 발달을 가져왔다. 그러나 사회적 변화를 외면한 채 지나치게 법적 안정성을 고수한다면 오히려 법적 안정성이 붕괴될 수 있기 때문에 구체적 타당성과의 조화가 필요하다.

법치주의(法治主義) 국가가 법에 의해 다스려져야 한다는 주의(主義)를 말한다. 이 경우 법이란 원칙적으로 의회에서 제정된 법률을 말한다. 법률에 의하지 아니하고서 국가는 국민에 대하여 명령 또는 금지를 할 수 없다. 법에 따라 국가의 행정과 사법(司法)이 이루어져야 하기 때문에 법률에 의한 행정, 법률에 의한 재판이 요구된다. 이것이 가능하기 위해서 권력분립이 필요한 것이다. 이러한 법치주의의 궁극적 목적은 국민 개인의 자유권을 보장하기 위한 것으로서 자유주의적 원리에 입각한 것이다. 따라서 법치국가는 자유주의국가를 말하는 것이다.

부당이득(不當利得) 법률상의 원인 없이 타인의 재산 또는 노무(勞務)로 인하여 이익을 얻고 이로 인하여 타인에게 손해를 끼친 경우 그 이익을 부당이득이라 한다. 이때 부당이득의 수익자는 선의인 경우 현존이익을 반환하여야 하고 악의의 수익자는 이자를 붙여 반환하고 손해가 있는 경우에는 이를 배상하여야 한다.

불문법(不文法) 성문법 이외의 법으로서 중요한 것으로는 관습법과 판례법이 있다. 관습법은 오랜 관습을 바탕으로 하여 성립하는 법이다. 관습법이 성립하기 위해서는 관습이 존재해야 하고 그 관습에 대해 사회 일반이 규범으로서 지지를 하게 되어야 하며, 그리고 국가가 이것을 법으로서 인정하여야 한다. 영국헌법의 대부분은 관습법으로 되어 있다. 판례법은 법원의 판결이 반복됨에 따라서 법적 효력을 가지게 되는 것이다. 법원의 판결은 그 사건만을 구속하는 데 불과한 것이지만, 같은 사건에 대한 동일한 판결이 반복되면 그 판결은 그 이후에 동종의 사건에 대해 사실상 법률적 구속력을 갖게 된다. 이렇게 판결에 의해 인정되는 구속력 있는 규범을 판례법이라 한다.

불법행위(不法行爲) 고의 또는 과실로 인한 위법행위로 타인에게 손해를 가하는 행위를 말한다. 이때 손해는 재산상의 손해뿐만 아니라 신체, 자유, 명예, 정신상의 손해 등을 모두 포함한다.

불복신청(不服申請) 행정처분을 위법 또는 부당하다고 하여 그 처분의 취소 또는 변경을 요구하기 위해 권한을 가진 행정청에 재심사를 요구하는 행위를 말한다. 실정법상 이의신청, 재심사청구, 행정심판 등이 있다.

비준(批准) 서명에 의해서 내용이 확정된 조약을 국가원수가 심사하고 국가로서 최종적으로 동의를 부여하는 것을 말한다.

상계(相計) 채권자와 채무자가 서로 동종(同種)의 채권·채무를 가지고 있는 경우에 그 채권과 채무를 같은 액수만큼 소멸시키는 일방적 의사표시를 말한다.

선의(善意)·악의(惡意) 민법상 사용되는 용어인데, 선의란 일정한 사실을 모르는 상태를 말하며 악의란 일정한 사실을 알고 있는 상태를 말한다.

성문법(成文法) 성문법이란 문서로 표현되며 일정한 형식 및 절차를 거쳐서 공포(公布)되는 법을 말하며, 불문법(不文法)에 대립하는 개념이다. 헌법, 민법, 형법, 상법 등 우리나라 법률은 거의 전부 성문법으로 되어 있으며, 성문법 이외의 모든 법을 불문법이라 한다.

소원전치주의(訴願前置主義) 행정소송을 제기함에 있어서 행정심판 등 행정절차를 경유해야 하는 것을 요구하는 원칙이다. 이것은 행정청 자신의 반성을 먼저 요구하는 것이며 또한 사건을 신속하고 간편하게 해결하여 법원의 부담을 경감하려는 데서 연유된 원칙이다.

소유권(所有權) 어떤 물건을 자기가 사용하는 것은 물론, 그것을 타인에게 임대하든(수익) 매각 및 파괴하든(처분), 전적으로 자기의 자유의사대로 할 수 있는 것을 내용으로 하는 권리로서 물권(物權)의 가장 기본적이고 대표적인 권리이다. 또한 재산권 중 가장 기본적인 권리로서 자본주의사회의 법은 이것을 기초로 하여 존재하고 있다고 할 수 있다. 그리하여 헌법에서 이를 보장하고 있으며, 이것의 침해에 대해 민법상, 형법상 보호장치들이 존재하는 것이다. 이와 같이 소유권의 행사가 소유자에게 일체 주어져 있는 것을 소유권 절대의 원칙이라 한다. 그러나 20세기에 들어오면서 소유권에 대해 사회복지의 이념에 따라 일정한 제한을 가해야 한다는 사상이 강조되고 있어 소유권 법리에 변화가 생긴 것은 사실이다. 그렇다고 해서 소유권의 자유를 근본적으로 제한하는 것은 아니다.

시효(時效) 일정한 사실상태가 일정 기간 계속되어 온 경우에, 그 사실상태가 진정한 권리관계와 합치하는가의 여부를 떠나 법률상 그 사실상태에 상응하는 법률효과를 인정해주는 제도이다. 이것은 제3자의 법률행위 및 법률관계를 보호하기 위한 것이다. 어떤 사실상태가 오랫동안 지속되어 왔는데, 갑자기 원래의 권리자가 나타나 권리를 주장하게 되면 사실상태를 믿고 법률행위를 했던 제3자에게 막대한 지장과 피해를 줄 수 있기 때문이다. 여기에는 취득시효와 소멸시효가 있다. 취득시효는 타인의 물건을 일정 기간 계속하여 점유하는 자에게 그 소유권을 취득케 해주는 것 등을 말하며, 소멸시효는 일정 기간 권리를 행사하지 않으므로 권리를 소멸시키는 것을 말한다.

실정법(實定法) 국가에 의해 제정된 법으로서 과거 또는 현재에 존재하는 법을 말한다. 이것은 자연법에 대립되는 개념이다.

실체법(實體法)·**절차법**(節次法) 실체법이란 사항의 실체에 대한 법이고, 절차법이란 실체법을 실현하는 절차의 규정에 관한 법이다. 그러나 실체법의 내용 중에도 절차법적 규정이 삽입되는 경우도 있다.

영미법(英美法) 처음에는 앵글로색슨족의 법이 지배하였으나 노르만족의 침공 이후 노르만왕조가 성립되면서 영국국민의 관습을 존중하는 법체계가 수립되었다. 그리하여 관습법에 따라 판례가 성립되었고, 이것을 선례(先例)로 하여 재판을 했다. 이렇게 축적된 것이 보통법(common law)이다. 보통법에 의해 구제되지 못한 개인들을 위해 대법관이 재판을 하게 되었으며 이것이 선례가 되어 축적된 것이 형평법이다. 현대에 와서 판례에 군림하는 제정법도 많아졌지만 영국법의 근간은 보통법이라 할 수 있다. 이것은 미국을 비롯한 식민지에 전파되면서 영미법계를 이루게 되었다.

위임(委任) 당사자의 일방이 법률행위나 그 밖의 사무의 처리를 상대방에게 위탁하고 상대방이 이를 승낙함으로써 성립되는 계약이다. 위임은 무상(無償)이 원칙이나 의사표시 또는 관습에 의해 유상(有償)의 위임도 가능하다.

의사표시(意思表示) 일정한 권리 또는 법률관계를 창설 또는 개폐(改廢)하려는 목적을 가진 법률행위의 요소로서 그 내용에 따라 일정한 법률효과를 발생시킨다. 예를 들면, '취소한다', '판매한다', '구매한다' 등이 의사표시이며, 이에 대해 법은 일정한 효력을 부여하는 것이다.

의제(擬制) 비록 진실에는 반(反)하더라도 어떤 사실을 법이 이러하다고 정해 버려 반대 증거가 있어도 이를 뒤집거나 움직이지 못하는 것을 의제한다고 한다. 종래의 법문에서는 '간주한다'는 표현을 많이 하였으나 최근에는 '본다'로 표현하고 있다.

이의신청(異議申請) 행정법상 위법 또는 부당한 행정처분의 재심사를 처분청에 대하여 청구하는 행위를 말한다.

인가(認可) 당사자의 법률행위를 보충하여 그 법률상의 효력을 완성시키는 감독 관청의 행정행위를 말한다. 실정법상으로는 허가, 인가, 승인 등의 용어가 혼용되고 있다. 인가는 효력발생의 요건이 되기 때문에 인가를 얻지 아니하고 하는 행위는 원칙적으로 무효이다. 허가가 일종의 하명행위(下命行爲)라면 인가는 형성행위(形成行爲)로서 인가의 대상이 되는 것은 법률적 행위에 한한다. 인가는 보충적 의사표시이기 때문에 신청자의 법률행위에 대해 행정청은 동의할 것인가의 여부만을 결정하면 되는 것이다.

일반법(一般法)·특별법(特別法) 일반법은 보통법이라 하는데, 특별법에 비하여 좀더 광범위한 대상, 장소, 사항 등에 적용되는 법을 말한다. 특별법은 일반법보다 좁은 범위에 적용되는 법이다. 특별법은 일반법에 우선하여 적용되며 특별법에 규정이 없을 때는 일반법을 적용한다.

입헌주의(立憲主義) 국민주권사상에 기초하여 개인의 자유를 본질적 내용으로 하는 헌법을 추구하는 주의. 개인의 자유 보장, 권력의 분립, 성문헌법 등을 주요 요소로 한다.

자연법(自然法) 자연 또는 이성(理性)을 기초로 하여 존립하는 법. 그 내용은 주장하는 학자에 따라 다양한데, 신의 이성, 인류의 이성, 보편적 이념 등으로 해석되고 있다. 그러나 근세 이후 자연법은 인간 자연의 본성에 적합한 법으로 이해되고 있으며 시간과 공간적으로 제약을 받지 않는다. 따라서 자연법은 실정법(實定法)보다 고차원적인 법이며 실정법의 기본원리로서 존재한다. 모든 실정법이 자연법과 원리적으로 일치하는 것은 아니지만 법적 가치판단의 최후의 근거는 자연법에 있다는 것이 자연법론의 주장이다. 이에 대항하는 개념이 법실증주의이다.

자연채무(自然債務) 채무자가 채무를 변제(辨濟)하지 않았는데도 채권자가 법적으로 청구할 수 없는 채무를 말한다. 로마법시대에 많이 존재하였던 채무이다. 예컨대 노름빚은 갚지 않아도 된다는 것은, 이 경우의 채권·채무가 노름이라는 불법적인 원인에 의한 것이기 때문에 채무자가 빚을 갚으면 채무는 소멸되지만 갚지 않더라도 채권자는 법적으로 청구할 수 없는 것이다.

작위(作爲)·부작위(不作爲) 작위는 적극적으로 어떤 행위를 하는 것이고, 부작위는 하지 않는 것을 말한다.

조리(條理) 사물(事物)의 당연한 이치(理致) 또는 원리를 말한다. 아무리 완결된 성문법이라 할지라도 완벽할 수는 없는 것이다. 따라서 법의 흠결(欠缺)이 있는 경우 조리에 의해 보충되어야 하는 것이다.

조약(條約) 2개국 이상의 국가 간에 체결되고 국제법에 의해 규제된 문서에 의한 국제적인 합의를 조약이라 한다. 그 명칭은 조약, 협정, 의정서, 규약, 헌장, 협약, 교환공문, 합의서, 각서 등 다양하다.

죄형법정주의(罪刑法定主義) "법률이 없으면 형벌도 없고 범죄도 없다"는 사상을 말한다. 이것은 형법의 근본원칙으로서 모든 범죄와 형벌은 반드시 법률로 미리 정해야 한다는 것이다. 왜냐하면 형벌을 부과하는 것은 개인의 신체, 생명, 재산의 자유를 구속하는 것이기 때문에 엄격하고도 신중하게 이루어져야 하기 때문이다. 그래서 형법은 범죄인의 마그나카르타(대헌장, 1215년)라고 불린다.

주관적 공권(主觀的 公權) 국민이 국가에 대해 가지는 공권이다. 이것은 사권(私權)과 달리 국가적, 공익적 관점에서 인정되는 것이기 때문에 일신전속적(一身專屬的) 성격을 가진다. 따라서 양도할 수 없고 포기 역시 제한된다.

증여(贈與) 당사자 일방(一方)이 대가 없이 무상으로 상대방에게 재산을 준다는 의사표시를 하고 상대방이 그것을 승낙함으로써 성립되는 계약이다.

채권(債權) 일방(一方)이 타방(他方)에게 일정한 행위를 청구할 수 있는 권리가 채권이다. 상품의 매매, 금전의 대차(貸借), 차지(借地), 차가(借家), 근로계약, 손해배상청구권 등은 모두 채권에 속하는 권리이다. 자본주의가 발달할수록 물권보다는 채권의 중요성이 커지며, 기업의 생산 역시 물권 관계에 의해 이루어지기보다는 채권관계에 의해 이루어진다. 즉, 소유자가 직접 생산을 하는 것보다는 근로계약, 금전의 차입, 상품의 매매 등을 통하여 경제활동이 이루어지기 때문에 채권의 역할이 커진 것이다.

청원(請願) 국민이 국가기관에 대하여 일정한 사항을 문서로 진정하는 것. 민주정치의 이념상 당연히 인정되는 국민의 기본권이다. 국회에 대한 청원은 국회법, 지방자치단체에 대한 청원은 지방자치법, 그리고 일반법으로 청원법이 있다.

한시법(限時法) 일정한 효력기간을 미리 법률로 규정해 놓은 법률을 한시법이라 한다. 일반 법률에서는 법률이 폐지될 경우 폐지 전에 행한 범죄행위 등은 면소(免訴)된다. 그러나 한시법에서는 효력발생기간에 발생한 범죄행위에 대해서는 추급효(追及效)를 인정할 것인가에 대하여 한시법 자체에 이와 관련된 규정이 없을 경우에 대하여 이론(異論)이 있다.

허가(許可) 법령에 의하여 일반적으로 금지된 행위를 특정한 경우에 한하여 해제하여 적법하게 행할 수 있는 행정처분을 말한다. 실정법상으로는 면허, 인가, 허가, 등록 등의 용어들이 사용되고 있지만 반드시 학문적 개념의 허가와 일치하는 것은 아니다. 따라서 허가처분은 일반적 금지를 해제하는 것일 뿐 특정한 권리나 능력을 부여하는 것은 아니다. 그러므로 허가처분에 의해 누리는 독점적 이익은 권리에 의한 것이 아니라 반사적 이익에 그치는 것이다.

형성권(形成權) 권리자의 일방적 의사표시에 의하여 일정한 권리 또는 법률관계의 발생, 변경, 소멸 등을 가져오게 하는 권리. 취소권, 해제권, 상계권, 환매권 등이 포함되며 지배권이나 청구권과 비교되는 권리이다. 행정법상에서는 행정청이 권리 또는 포괄적 법률관계를 설정하거나 변경, 소멸시키는 행정행위를 말한다.

흠결(欠缺) 성문법이 아무리 완벽하다고 해도 모든 것을 규정할 수는 없다. 따라서 필연적으로 법의 공백이 생길 수 있다. 이러한 흠결이 있을 때는 관습법에 의하고, 그것도 존재하지 않을 때는 조리로 보충하여야 한다.

참고문헌

1. 국내 문헌

곽윤직 (1990), 《민법총칙》 신정판, 박영사.

국민기초생활보장법 제정추진 연대회의 (1999), 〈국민기초생활보장법 제정 추진 연대활동자료집〉.

국순옥 편 (1992), 《자본주의와 헌법》 제 4판, 까치.

권문일 (1989), "한국사회보험입법의 형성에 관한 연구", 서울대학교 석사학위논문.

권영성 (1994), 《헌법학원론》, 법문사.

김경혜 (2000), 《복지시설 민간위탁 운영평가 및 개선방안에 관한 연구》, 서울 시정개발연구원.

김광병 (2012), "지역사회복지 규범으로서 사회복지조례 입법평가에 관한 연구", 고려대학교 대학원 박사학위논문.

김근조 (1994), 《사회복지법론》, 광은기획.

김남진 (1992), 《행정법 II》 제 2판, 법문사.

_____ (1994), 《행정법 I》 제 4판, 법문사.

김려수 (1964), 《사회법》, 진명출판사.

김만두 (1985a), 《사회복지와 법》, 홍익재.

_____ (1985b), "헌법과 사회복지 : 생존권적 기본권을 중심으로", 〈사회사업론집〉 제 9집, 강남사회복지학교 사회사업학과.

_____ (1988), "인권으로서의 사회복지에 대한 체계적 연구 서설", 〈사회사업론집〉 제 11집, 강남사회복지학교 사회사업학과.

_____ (1991), 《사회복지법제론》, 홍익재.

김문현(1992), "헌법상 가능한 복지국가모델에 관한 일고찰", 〈공법연구〉 제 20 집, 한국공법학회.

김미곤(1999), "국민기초생활보장법 제정에 따른 향후 과제", 〈보건복지포럼〉 통권 제 37호, 한국보건사회연구원.

김봉룡(1988), 《의료보험법 해설》, 월간경리사.

김상균(1987), 《현대사회와 사회정책》, 서울대학교 출판부.

김수복(1992), 《산업재해보상보험법 해설》 개정판, 중앙경제사.

김영란(2001), "사회권의 재정립에 관한 연구", 〈사회복지정책〉 제 3집, 한국사회복지정책학회.

김유성(1985), 《사회보장법》, 동성사.

_____(1992), 《한국사회보장법론》, 법문사.

김진국(1987), "산업재해보상제도의 연구: 업무상 재해개념을 중심으로", 서울대학교 석사학위논문.

김철수(1985), 《입법자료교재 헌법》, 박영사.

_____(1994), 《헌법학개론》, 박영사.

김치선(1992), 《노동법강의》, 박영사.

김태성(1997), "사회복지학, 사회복지전문직 그리고 사회복지제도", 〈사회복지연구〉 제 9호, 서울대학교 사회복지연구소.

김태성·성경륭(2000), 《복지국가론》 제 2판, 나남출판.

남찬섭(2015), "법적 근거 없는 유사·중복 사회보장정비조치", 〈복지이슈 Today〉 제 33호, 서울시복지재단.

노연희(1992), "사회정책형성과정에서의 정당역할 변화에 관한 연구", 서울대학교 석사학위논문.

문원주·조석련(1992), 《산업재해보상보험법》 3정판, 법원사.

문진영(1999), "국민기초생활보장법 제정의 쟁점과 운영방안에 관한 연구", 〈한국사회복지학〉 통권 38호, 한국사회복지학회.

문홍주(1987), 《제六공화국 한국헌법》, 해암사.

민경식(1992), "현대국가에 있어서의 사회보장권의 보호", 〈공법연구〉 제 20집, 한국공법학회.

박능후(1991), "사회법규의 체계성에 관한 연구", 〈기독교 사회복지〉 창간호, 서울신학대학 기독교사회복지연구소.

박석돈(1989), "한국사회복지법제의 정향을 위한 연구", 대구대학교 박사학위논문.

_____(2000), 《사회복지서비스법》, 삼영사.

박송규(1988), 《사회복지법론》, 법령편찬보급회.

박일경(1990), 《제六공화국 헌법》, 법경출판사.

보건사회부 국민의료정책심의위원회(1988), "의료보장제도의 발전적 개선방안", 의료보험에 관한 공청회.

석종현(1988), 《일반행정법 上·下》, 삼영사.

손주한(1981), 《법학통론》, 박영사.

손준규(1983), 《사회보장·사회개발론》, 집문당.

신섭중 외 7인(1986), 《각국의 사회보장》, 유풍출판사.

신섭중 외 5인(1993), 《한국사회복지법제개설》 개정증보판, 대학출판사.

신수식(1988), 《사회보장론》, 박영사.

심헌섭(1982), 《법철학 I》, 법문사.

안용교(1986), 《한국헌법》, 고시연구사.

안치민(2003), "복지권의 구성과 성격", 〈한국사회복지학〉 통권 55호, 한국사회복지학회.

양 건(1990), 《법사회학》 제 5판, 민음사.

양승미(2011), "사회복지서비스 신청권과 지방자치단체의 과제: 사회복지서비스 신청권 판례를 중심으로", 〈지방자치법연구〉 제 11권 제 2호, 한국지방자치법학회.

엄영진(1989), 《법학입문》, 대왕사.

연하청 외(1988), 《사회보장제도의 정책과제와 발전방향》, 한국개발연구원.

오규석(1993), "시민법의 한계와 사회복지권의 출현에 관한 연구", 〈사회복지연구〉 제 3집, 부산대학교 사회복지연구소.

오승환(1999), "개정 사회복지사업법의 평가: 전문성의 관점에서", 〈상황과 복지〉 제 5호, 한국사회복지학연구회.

오정수(1987), "국민연금제도의 형성과정과 입법변천에 관한 연구", 〈사회보장연구〉 제 3권, 한국사회보장학회.

원미혜(2005), "성판매 여성의 '인권' 탐색을 위한 시론", 〈상황과 복지〉 제 21호, 비판과 대안을 위한 사회복지학회.

유광호(1985), "사회보장의 개념에 관한 연구", 〈사회보장연구〉 제 1권, 한국사회보장학회.

유기천(1992), 《개정 형법학》, 일조각.

유동철(2005), "장애인의 차별철폐와 사회권 보장방안", 〈상황과 복지〉 제 20호, 비판과 대안을 위한 사회복지학회.

유병혁(1988), "최저임금제 정책형성과정에 관한 연구", 서울대학교 석사학위논문.

유상하(1993), "국민연금제도의 형성에 관한 연구", 서울대학교 석사학위논문.

윤찬영(1990), "사회복지제도 발달론에 대한 비판적 고찰", 〈사회복지연구〉제 2
집, 한국사회복지연구회.

_____(1991), "사회복지법의 이해를 위한 기초적 연구", 〈한국사회복지학〉통
권 18호, 한국사회복지학회.

_____(1992), "산업재해보상보험법에서 '업무상 재해'의 개념에 관한 연구",
〈논문집〉제 21집, 전주대학교.

_____(1994a), "사회복지법의 규범적 타당성과 실효성의 문제", 〈한국사회복지
학〉통권 23호, 한국사회복지학회.

_____(1994b), "사회복지법제의 체계화 방안", 추계학술대회 자료집, 한국사
회복지학회.

_____(1995), "사회복지법의 체계화를 위한 연구", 서울대학교 박사학위논문.

_____(1996), "지방자치단체의 사회복지조례에 관한 연구", 〈호남사회연구〉
제 3집, 호남사회연구회.

_____(1997a), "사회복지 관련 조례의 제·개정 방향", 21세기 지방자치비전
연속포럼-2, 한국일보사·참여연대.

_____(1997b), "사회복지시설의 신고제에 따른 사회복지사업법 시행령 및 시
행규칙(안)", 사회복지사업법 시행령 및 시행규칙 개정 정책토론회, 서울
가톨릭사회복지회.

_____(1997c), "사회복지사업법의 개정방향과 대안", 사회복지사업법개정을 위
한 공청회, 국회복지포럼.

_____(1997d), "사회복지사업법, 복지사업가를 위한 법인가?", 〈함께걸음〉통
권 제 104호, (사) 장애우권익문제연구소.

_____(1998a), "지역복지의 규범으로서 조례의 가능성과 한계", 〈상황과 복
지〉제 4호, 한국사회복지학연구회.

_____(1998b), "빈민에 관한 사회복지법의 문제", 〈사회복지정책〉제 7집, 한
국사회복지정책학회.

_____(1999), "개정사회복지사업법의분석과 평가", 〈사회복지〉통권 제 141호,
한국사회복지협의회.

_____(2000 a), 《더불어 사는 사회를 위한 이론과 실천》개정증보판, 전주대
학교출판부.

_____(2000b), "민간위탁 관련 제도개선을 위한 방안 : 사회복지시설 위탁, 무

엇이 문제인가", 사회복지시설의 민간위탁 실태와 개선방안에 관한 공청회, 참여연대 사회복지위원회.

_____(2000c), "국민기초생활보장법 제정의 의의와 잠재적 쟁점에 관한 연구", 〈상황과 복지〉제 7호, 한국사회복지학연구회.

_____(2002a), "사회복지시설에 대한 노동관계법 적용에 관하여", 〈사회복지〉통권 153호, 한국사회복지협의회.

_____(2002b), "사회복지법에 나타난 신자유주의 경향", 〈상황과 복지〉제 12호, 비판과 대안을 위한 사회복지학회.

_____(2003a), "지방분권론과 지역사회복지의 전망: 지방자치법과 사회복지법을 중심으로", 〈사회복지정책〉제 16집, 한국사회복지정책학회.

_____(2003b), "노인요양법제의 현황과 과제", 〈사회법연구〉제 1호, 한국사회법학회.

_____(2004), "이데올로기와 사회복지법", 〈사회복지〉통권 160호, 한국사회복지협의회.

_____(2007), "사회복지법의 민주화와 시장화", 〈민주법학〉통권 35호, 민주주의법학연구회.

_____(2012), "사회복지서비스 신청권 관련 판례의 의의와 입법적 과제", 〈비판사회정책〉제 34호, 비판과 대안을 위한 사회복지학회.

_____(2015), "박근혜 정부, 복지도 '국정화' 하려 하나?", 〈프레시안〉(http://www.pressian. com/news/article. html?no=131501)

_____(2016), "중앙정부와 자치단체 사회보장사업 권한의 법률적 문제", 〈복지이슈 Today〉제 36호, 서울시복지재단.

윤혜미(1984), "의료보험 일원화의 정책논의과정에 관한 연구", 서울대학교 석사학위논문.

이두호 외 3인(1991), 《빈곤론》, 나남.

이남진(1995), "우리나라 공익소송의 역사와 법제", 〈시민법률운동과 공익소송〉, 참여연대 공익소송센터 제 1회 연찬회.

이남진·윤찬영(1995), "현행 생활보호법제의 문제점에 관한 검토", 노인복지법·생활보호법개정 공청회, 참여연대 외.

이상광(1988), 《사회법》, 박영사.

이성기(1988), "사회복지 관련 법률과 정책의 변천에 관한 일고찰", 《한국의 사회복지 1》, 한국복지연구회.

이원희(1994), "한국의 사회보장 관련 재정지출의 결정과정에 관한 연구", 서울대학교 박사학위논문.

이인재(1987), "한국산업재해보상보험제도 변천과정에 있어서 관련집단들의 영향력에 관한 연구", 서울대학교 석사학위논문.

이재완(2015), "중앙정부가 동네복지까지 간섭하도록 해야 하나", 〈복지이슈 Today〉 제 33호, 서울시복지재단.

이진숙·안대영(2005), "건강가정기본법의 정책결정과정에 관한 연구 : 킹돈의 이론을 중심으로", 〈사회복지정책〉 제 23집, 한국사회복지정책학회.

이찬진(1995), "국민생활 최저선 확보운동과 관련한 공익소송 사례", 〈시민법률 운동과 공익소송〉, 참여연대 공익소송센터 제 1회 연찬회.

_____ (1998), "생활보호법을 생활보장법으로", 〈월간 복지동향〉 창간 준비 1호, 참여연대 사회복지특별위원회.

이혜원(2006), "한일 아동복지법의 내용에 관한 비교연구", 〈한국사회복지학〉 제 58권, 한국사회복지학회.

이흥재(1990), "사회보험수급권의 범위에 관한 소고", 〈법학〉 제 31권 제 3·4호, 서울대학교 법과대학.

장동일(1996), 《사회복지법의 이해》, 학문사.

장인협(1986), 《사회복지학개론》, 서울대학교 출판부.

장재식(1990), 《조세법》, 서울대학교 출판부.

장 훈(1984), 《사회보장법 총론》, 대구대학교 출판부.

전광석(1990), "사회보장법과 헌법의 규범력: 서독의 경험", 〈연세법학연구〉 창간호, 연세법학연구회.

_____ (1991), "사회보장행정법관계와 행정구제의 새 국면", 〈남하 서원우 교수 회갑기념논문집〉.

_____ (1993), 《사회보장법학》, 한림대학교 출판부.

_____ (1994), 《독일사회보장법론》, 법문사.

_____ (1997), 《한국사회보장법론》, 법문사.

_____ (2000), 《한국사회보장법론》 3판, 법문사.

전남진(1987), 《사회정책학강론》, 서울대학교 출판부.

정이환 외(2003), 《노동시장 유연화와 노동복지》, 인간과 복지.

정인섭(1991), "노동법학 방법론의 비판적 고찰", 서울대학교 노동법연구회 편, 〈노동법연구〉 제 1권 제 1호.

정순희(1982), "분석적 법이론에서 법과 법체계론에 관한 연구", 서울대학교 석사학위논문.

조홍준(1996), "의료보장제도의 문제점과 개혁방안", 정책토론회, 의료보험통합
　　일원화와 보험적용확대를 위한 제주연대회의.
최세종(1987), "한국의료보험제도의 정책결정과정에 관한 연구", 서울대학교 석
　　사학위논문.
최영욱 외(1990), 《사회복지시설론》, 범론사.
최종고(1971), "법주체로서의 인간에서 본 사회법의 존재론적 구조", 서울대학
　　교 석사학위논문.
하상락 편(1989), 《한국사회복지사론》, 박영사.
한국사회과학연구소 편(1983), 《복지국가의 형성》, 민음사.
한국법제연구원(1992), 《생활보호법제의 운용실태와 개선방향》.
＿＿＿＿(1998), 《자치입법의 이론과 실제》.
한병호(1984), "사회적 기본권의 법적 구조", 서울대학교 석사학위논문.
＿＿＿＿(1993), "인간다운 생존의 헌법적 보장에 관한 연구", 서울대학교 박사학위논문.
한인섭·이철우 편(1987), 《법, 국가, 저발전》, 이성과현실사.
허　선(1999), "국민기초생활보장법의 제정 의의와 정착방안", 1999년도 정책토
　　론회: 생산적 복지와 보건복지정책, 한국보건복지정책학회.
허　영(1999), 《한국헌법론》 제 11판, 박영사.
현외성(1983), "한국노인정책의 형성과정과 입법변천에 관한 연구", 서울대학교
　　석사학위논문.
＿＿＿＿(1988), "한일 노인복지법의 형성과정에 관한 비교연구", 《한국의 사회복
　　지 1》, 한국복지연구회.
＿＿＿＿(1989), "아사히(朝日) 소송의 사회정책적 의미 일고", 〈사회복지연구〉
　　창간호, 한국사회복지연구회.
＿＿＿＿(2001), 《한국사회복지법제론》, 양서원.
홍경준(1992), "영국과 독일의 사회정책개념에 관한 비교연구", 〈한국사회복지
　　학〉 통권 19호, 한국사회복지학회.

청주지방법원2010. 9. 30.　2010구합691; 서울행정법원2011. 1. 28.　2010구합28434;
　　대구고등법원2011. 4. 29.　2010누2549
大判 89 누 2295; 92 추 31; 누 7727; 96다38933; 96 추 244; 2000 다 20090; 2000
　　두 5661; 2011다96932
憲裁 90 헌가 27; 94 헌마 33; 96 헌가 6; 97 헌마 190; 98 헌마 363; 99 헌마365;
　　00 헌마 390; 2000 헌마 668; 2001 헌바 96; 2002 헌마 52

〈국민일보〉 2001. 4. 6; 2001. 5. 18

〈동아일보〉 1994. 4. 13

〈세계일보〉 1993. 7. 19.

〈조선일보〉 1986. 8. 15; 1986. 9. 2

〈중앙일보〉 1986. 9. 2

〈한겨레〉 1994. 7. 23; 1994. 12. 24.

〈한국일보〉 1986. 9. 2

2. 영·미 문헌

Adler, M. & Asquith, S. (1981), *Discretion and Welfare*, H. E. B.

Alock, P. & Harris, P. (1982), *Welfare Law and Order*, Macmillan.

Bean, P. et al. (1985), *In Defence of Welfare*, Tavistock Publications.

Borgatta, E. F. & Borgatta, M. L. (1992), *Encyclopedia of Sociology*, Macmillan.

Calvert, H. (1978), *Social Security Law*, 2nd ed, Sweet & Maxwell.

Carrier, J. & Kendall, I. (1992), "Law and the Social Division of Welfare", *International Journal of the Sociology of Law*, Vol. 20.

Dolgoff, R. & Feldstein, D. (1984), *Understanding Social Welfare*, 2nd ed, Longman.

Dunn, W. N. (1988), 이대희 역, 《정책분석론》, 대영문화사.

Fink, H. (1983), 김현일 역, 《사회철학입문》, 풀빛.

Fook, J. (1993), *Radical Casework: A Theory of Practice*, Allen and Unwin Pty Ltd.

Frazer, D. (1984), *The Evolution of the Welfare State*, 2nd ed, Macmillan.

Freeman, M. (2001), *Human Rights: An interdisciplinary approach*, 김철효 역 (2005), 《인권 : 이론과 실천》, 아르케.

Freeman, M. D. A., ed. (1990), *Critical Issues in Welfare Law: Current Legal Problems*, London: Stevens & Sons.

Friedlander, W. A. & Apte, R. Z. (1980), *Introduction to Social Welfare*, 5th ed., Prentice-Hall.

Friedman, K. V. (1981), *Legitimation of Social Rights and the Western Welfare State: A Weberian Perspective*, The University of North Carolina Press.

George, V. & Wilding, P. (1985), *Ideology and Social Welfare*, 2nd ed., R. K. P.

Gilbert, N. et al. (1993), *Dimensions of Social Welfare Policy*, 3rd ed., Prentice-Hall.

Goodin, R. E. (1988), *Reason for Welfare: The Political Theory of the Welfare State*, Princeton University Press.

Gough, I. (1979), *The Political Economy of the Welfare State*, Macmillan.

Gouldner, A. W. (1960), "The Norm of Reciprocity", *American Sociological Review*, Vol. 25, No. 2.

Harris, D. (1987), *Justifying State Welfare*, Basil Blackwell.

Heffernan, J. et al. (1992), *Social Work and Social Welfare: An Introduction*, 2nd ed., West Publishing Co.

Hindess, B. (1987), *Freedom, Equality, and the Market*, Tavistock Publications.

Huby, M. & Wyley, C. (1996), "Take-up and the Social Fund", *Journal of Social Policy* 25, Part 1.

Ife, J. (2001), *Human Rights & Social Work*, 김형식 · 여지영 역(2001), 《인권과 사회복지실천》, 인간과 복지.

Jansson, B. S. (1988), *The Reluctant Welfare State: A History of American Social Welfare Policies*, Wadsworth Publishing Co.

Johnson, H. W., ed., (1990), *The Social Services: An Introduction*, 3rd ed, F. E. Peacock Publishers.

Karger, H. J. & Midgley, J. ed. (1994), *Controversial Issues in Social Policy*, Allyn and Bacon.

LaFrance, A. B. (1979), *Welfare Law: Structure and Entitlement*, West Publishing Co.

Lockwood, D. (1964), "Social Integration and System Integration", *Explorations in Social Change*, edited by G. K. Zollschan & Hirsh, Routledge.

Marmor, T. R. & Mashaw, J. L., eds. (1988), *Social Security: Beyond the Rhetoric of Crisis*, Princeton University Press.

Marshall, T. H. (1950), *Citizenship and Social Class and Other Essays*, Cambridge University Press.

_____ (1963), *Sociology at the Crossroads*, Heinemann.

_____(1977), *Class, Citizenship and Social Development*, Chicago University Press.

Marx, K. (1967), *Capital*, Vol. 1. Translated by Moore, S. & Aveling, E. International Publishers.

Merryman, J. H. (1985), *The Civil Law Tradition: An Introduction to the Legal Systems of Western Europe and Latin America*, 2nd ed, Stanford University Press, 윤대규 역(1990), 《시민법전통 : 대륙법과 영미법의 비교》, 한국신용평가(주).

Mishra, R. (1977), *Society and Social Policy*, Macmillan.

_____(1984), *The Welfare State in Crisis: Social Thought and Social Change*, Wheatsheaf Books.

Mommsen, W. J. (1981), *The Emergence of the Welfare State in Britain and Germany*, Croom Helm.

Partington, M. & Jowell, J., eds. (1979), *Welfare Law & Policy*, Nicholas Publishing Co, & Frances Pinter.

Piven, E. F. & Cloward, R. A. (1971), *Regulating the Poor: The Functions of Public Welfare*, Random House.

Plant, R. et al. (1980), *Political Philosophy and Social Welfare*, R. K. P.

Poliny, K. (1957), *The Great Transformation*, Beacon Press.

Pope, R. et al., eds. (1986), *Social Welfare in Britain 1885~1985*, Croom Helm.

Reisman, D. (1977), *Richard Titmuss: Welfare and Society*, H. E. B.

Rimlinger, G. V. (1971), *Welfare Policy and Industrialization in Europe, America, and Russia*, John Wiley & Sons.

Robson, P., ed. (1992), *Welfare Law*, New York University Press.

Saltzman, A. & Proch, K. (1990), *Law in Social Work Practice*, Nelson-Hall.

Sampford, C. J. G. & Galligan, D. J., eds. (1986), *Law, Rights and the Welfare State*, Croom Helm.

Stone, D. A. (1988), *Policy Paradox and Political Reason*, Scott, Foresman and Co.

Titmuss, R. M. (1968), *Commitment to Welfare*, 2nd ed., George Allen & Unwin.

_____(1974), *Social Policy*, George Allen & Unwin.

_____(1976), *Essays on the Welfare State*, George Allen & Unwin.

Thompson, S. & Hoggett, P. (1996), "Universalism, Selectivism and Par-
    ticularism", *Critical Social Policy* 46, Vol. 16.

Towle, C. (1987), *Common Human Needs*, revised ed, NASW.

Turner, B. S. (1986), *Citizenship and Capitalism*, George Allen & Unwin.

_____ & Hamilton, P., eds. (1994), *Citizenship: Critical Concept*, Routledge.

Ware, A. & Goodin, R. E. (1990), *Needs and Welfare*, Sage Publications.

Watson, D. (1980), *Caring for Strangers*, R. K. P.

Wilding, P., ed. (1986), *In Defence of the Welfare State*, Manchester
    University Press.

Wilensky, H. L. & Lebeaux, C. (1980), 장인협 역, 《산업사회와 사회복지》,
    대한교과서주식회사.

Young, P. (1995), *Mastering Social Welfare*, 3rd ed., Macmillan Press Ltd.

3. 독일 문헌

Bley, H. (1986), *Sozialrecht* 5, Aufl.

Brück, G. W. (1976), *Allgemeine Sozialpolitik*, Bund-Verlag.

Fuchs, M. (1992), *Zivilrecht und Sozialrecht*, Verlag C. H. Beck.

Gitter, W. (1992), *Sozialrecht*, Verlag C. H. Beck.

Hambüchen, U., hrsg. (1990), *Handbuch des Fachanwalts: Sozialrecht* 2,
    Aufl, Luchterhand.

Jäger, H. (1987), *Sozialversicherungsrecht und sonstige Bereiche des Sozial-
    gesetz-buchs*, Erich Schmidt Verlag.

Kaufmann, F. X. (1973), *Sicherheit als Soziologishes und Sozialpolitisches
    Problem*, Stuttgart.

Radbruch, G. (1981a), 손지열 · 황우려 공역, 《법에 있어서의 인간》, 육법사.

_____ (1981b), 최종고 역, 《법철학》, 삼영사.

Richter, A. (1979), *Grundlagen des Rechts der sozialen Sicherheit*, W. Kohl-
    hammer Gmbh Verlag.

Ritter, C. A. (1992), 전광석 역, 《복지국가의 기원》, 교육과학사.

Rüfner, W. (1991), *Einführung in das Sozialrecht* 2, Aufl, Verlag C. H. Beck.

Schulte, B. und T. Hinterberger, P. (1988), *Bundessozialhilfegesetz* 2, Aufl,
    Verlag C. H. Beck.

Stern, K. usw. (1986), 김용한·이순철 공역,《독일법의 개관》, 대왕사.

Thieler, H. S. (1987), *Sozialrecht 2*, Aufl, Carl Hetmanns Verlag KG.

Wickenhangen, E. (1980), *Geschichte der gewerblichen Unfallversicherung*, R, Oldenbourg Verlag.

Zacher, H. F., hrsg. (1981), *Wahlfach Sozialrecht*, C. F. Müller Juristischer Verlag.

Zippelius, R. (1976), 김형배 역,《법학방법론》, 삼영사.

4. 일본 문헌

京極高宣(1987),《明日の福祉をめざして》, 中央法規出版.

堀勝洋(1994),《社會保障法總論》, 東京大學 出版會.

渡邊洋三(1981a),《現代法と法社會學》, 東京大學 出版會.

_____(1981b),《法社會學と法解釋學》, 岩波書店.

東京大學 社會科學研究所 編(1984),《福祉國家 4：日本の法と福祉》, 東京大學 出版會.

ミネルヴァ書房 編輯部 編(1992),《社會福祉小六法》.

山本正淑·小山路南 編(1975),《社會保障教室》, 有斐閣.

西原道雄 編(1987),《社會保障法》第3版, 有斐閣.

小林弘人 編著(1986),《社會福祉のための法入門：權利としての福祉をえる》, 川島書店.

小川政亮 編著(1978),《扶助と福祉の法學》, 一粒社.

_____ 著(1992),《社會事業法制》第4版, minerva書房.

野川照夫·松本眞一(1980),《社會福祉法要論》, 相川書房.

遠藤昇三(1991),《‘人間の尊嚴の原理’と社會保障法》, 法律文化社.

佐藤進(1985),《社會福祉の行財政》, 勁草書房.

_____(1990),《社會保障の法體系》(全), 勁草書房.

仲村優一 外 編(1982),《講座社會福祉 6：社會福祉の法と行財政》, 有斐閣.

荒木誠之(1993),《社會保障法讀本》改訂 2版, 有斐閣.

孝橋正一(1991a), 중앙사회복지연구회 역,《현대자본주의와 사회사업》, 이론과실천.

_____(1991b), 중앙사회복지연구회 역,《사회사업의 기본문제》, 이론과실천.

나남사회복지학총서

나남의 책은 쉽게 팔리지 않고 오래 팔립니다.

인간행동과 사회환경 개정 3판

이인정(덕성여대) · **최해경**(충남대)

인간과 환경의 원리를 다룬 사회복지학 필독서

초판 발행 이후 20여 년간 사회복지학을 넘어 인접 학문 분야에서도 큰 사랑을 받아 온《인간행동과 사회환경》의 새로운 개정판. 지금-여기의 인간과 환경의 원리를 읽을 수 있도록 대표적 사회이론들과 사이버환경 내용을 추가했다. '환경 속의 인간'이라는 사회복지실천의 주요 관점을 확립하는 데 지침이 되어 줄 책이다.

신국판 | 680면 | 27,000원

사회복지실천 기법과 지침 개정 3판

브래드퍼드 셰퍼 · 찰스 호레이시 지음 | **남기철**(동덕여대) · **정선욱**(덕성여대) 옮김

성공적인 사회복지실천을 위한 고전으로 자리 잡은 가이드북, 셰퍼와 호레이시의《사회복지실천 기법과 지침》제10판의 번역서. 높은 전문성을 요구하는 시대의 흐름에 따라 현장의 변화를 반영하여 새로운 내용을 추가하고 낡은 내용을 덜어내 사회복지실천의 본질을 명료하게 짚었다. 보편적 원칙과 실천적 지침을 균형 있게 제시하여 전공생과 현업인에게 유용한 안내서가 될 것이다. 4×6배판 | 668면 | 38,000원

사회복지실천론 개정 5판

양옥경(이화여대) 외

사회복지실천의 이념과 철학, 윤리를 비롯해 발달과정과 개념을 다뤘으며, 사회복지실천과정에서 꼭 알아야 할 관계론, 면담론, 과정론을 중심으로 소개하고 있다. 사회복지실천의 본질부터 직접적 기술까지 사회복지실천의 A to Z를 담았다.

신국판 | 580면 | 26,000원

사회복지법제론 개정 7판

윤찬영(전주대)

사회복지가 단순히 자선의 산물이 아니라 헌법 또는 법적인 권리로서 존재하고 작용해야 한다는 것을, 또 실제로 그렇게 작용할 수 있다는 점을 강조하는 이 책은 법이 사회복지실천의 중요한 수단이라는 점을 확인시켜 준다. 신국판 | 856면 | 34,000원

산업복지론 개정판

조흥식(서울대) · 김진수(연세대) · 홍경준(성균관대)

이 책은 산업복지의 필요성과 형성배경, 발달과정은 물론 산업복지의 구체적 내용과
접근방법을 제시한다. 또한 산업복지의 제도화 내용과 산업소셜워크의 산업현장에서
활용할 수 있는 다양한 프로그램 등을 폭넓게 다뤘다. 신국판 | 392면 | 28,000원

사회복지실천론

김혜란(서울대) · 공계순(호서대) · 박현선(세종대)

'사회복지실천론'은 '사회복지실천기술론'의 선수과목으로 일반적으로 학생들은 이
두 과목을 이수하고 실천현장으로 실습을 나가게 된다. 이 책은 사회복지실천의 이론
과 현장, 사회복지사와 클라이언트의 관계, 사례관리, 국내 현황 등 사회복지실천에
대해 필수적으로 알아야 하는 내용을 다뤘다. 신국판 | 372면 | 18,000원

사회복지실천기술론 개정 2판

김혜란(서울대) · 홍선미(한신대) · 공계순(호서대)

제1장에서는 사회복지사의 전문성에 관한 내용을, 제4장에서는 사례관리 내용을 추
가하였고, 제7장에서는 지역사회를 대상으로 하는 사회복지실천기술에 관한 내용을
새로 포함하였다. 신국판 | 350면 | 18,000원

사회복지행정론 개정 3판

최성재(서울대) · 남기민(청주대)

사회복지행정은 사회문제의 해결을 통한 사회구성원의 삶의 질 향상이라는 목적을
위하여 조정과 협력을 통해 조직의 목표를 정의하고 성취해가는 과정으로, 사회복지
행정의 영향은 사회복지조직의 모든 구성원과 그 이해관계자에게 미친다. 이 책을 통
해 사회복지조직의 모든 이해관계자들의 사회복지행정에 대한 이해가 한 단계 높아
질 수 있을 것이다. 신국판 | 612면 | 24,000원

사회복지개론 개정 4판

조흥식 · 김상균 · 최일섭 · 최성재 · 김혜란 · 이봉주 · 구인회 · 홍백의 · 강상경 · 안상훈

사회복지학의 입문자를 위한 개론서. 사회복지와 사회복지학의 개념, 동기, 구성요소
부터 사회복지와 빈곤 및 불평등, 인권, 복지국가 등의 관계에 관한 응용지식까지 살
펴본다. 4판에서는 고령사회 추세를 반영해 "사회복지와 노후 소득보장" 부분을 추가
했다. 크라운판 | 560면 | 24,000원

사회보장론 `개정3판`

이인재·류진석·권문일·김진구

이 책은 사회복지학의 저변확대와 사회보장제도에 대한 이론적, 실천적 지식을 넓히는 데 일조하려는 동기로 쓰였다. 우리나라의 제도보다는 사회보장의 이론적 논의들과 쟁점들을 중점적으로 소개하고 있다. 신국판 | 490면 | 25,000원

인간행동과 사회환경 `개정판`

강상경(서울대)

이 책은 사회복지학의 기초과목인 '인간행동과 사회환경'의 교재로 '인간행동'을 행동주의, 인지이론 등을 통해 탐구하고, '사회환경'을 갈등론, 기능론, 다원주의 이론 등을 통해 탐구하며, 인간과 사회의 상호작용을 '생태체계론'을 통해 고찰하여 궁극적으로 효과적인 사회복지 개입을 실천하는 것을 목적으로 한다. 신국판 | 564면 | 26,000원

지역사회복지론 이론 · 기술 · 현장 `개정2판`

백종만(전북대)·감정기(경남대)·김찬우(가톨릭대)

2009년 출간된 개정판을 제도의 변화에 맞게 다시 한 차례 개정했다. 지역사회복지의 개념과 역사, 지역사회복지실천 관련 관점과 이론 전반적 틀을 유지하면서 세부적 내용을 손질했다. 제도적 환경이 크게 바뀐 상황을 반영하여 변경된 사항을 보완했다. 신국판 | 472면 | 24,000원

사회복지정책론

구인회(서울대)·손병돈(평택대)·안상훈(서울대)

현실사회에서 작동하고 있는 사회복지정책을 이해하는 데에 중요한 이론들을 정리하였고, 사회복지제도의 분석틀을 제시하여 사회보험과 공공부조, 노동시장과 가족 등의 각 분야의 정책들을 검토하고 평가하는 내용을 담았다. 신국판 | 528면 | 20,000원

한국수화회화 첫걸음

이준우·김연신·송재순·한기열·홍유미

이 책은 기존의 수화학습서와는 달리 독자가 수화를 처음 배울 때부터 농인들이 실제로 많이 사용하고 있는 어휘와 관용적인 표현을 학습할 수 있도록 구성되었다. 인사하기, 길 묻기, 약속하기 등 실생활에서 사용하는 대화와 수화 사진을 싣고, 수화 특유의 독특한 표현방식과 수화문법을 소개하여 누구나 쉽게 수화로 대화할 수 있도록 꾸몄다. 4×6배판 | 296면 | 18,000원